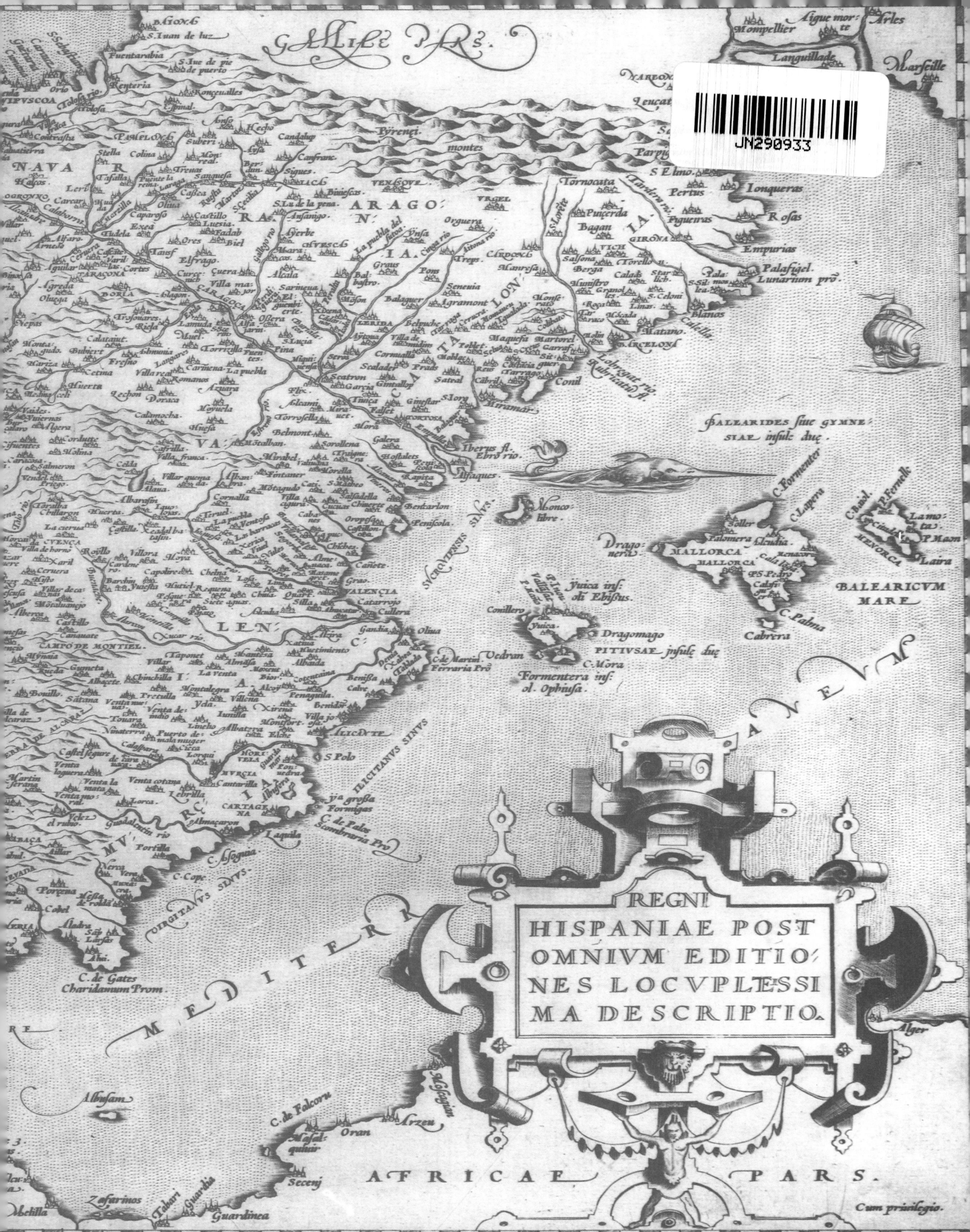

図説 世界文化地理大百科
スペイン・ポルトガル

Senior Editor and Project Manager
Susan Kennedy
Editor Hilary McGlynn
Art Editor Chris Munday
Design Adrian Hodgkins
Picture Editor Linda Proud
Picture Manager Jo Rapley
Senior Cartographic Editor Sarah Phibbs
Cartographic Editors Pauline Morrow,
Tim Williams
Cartographer Richard Watts
Editorial Assistant Marian Dreier
Index Ann Barrett
Production Clive Sparling
Typesetting Brian Blackmore

AN ANDROMEDA BOOK

Copyright © 1994 Andromeda
Oxford Limited

Planned and produced by
Andromeda Oxford Limited
9-15 The Vineyard, Abingdon
Oxfordshire, England OX14 3PX

口絵 マドリードの街頭もの売り達．
19世紀の子供用アルファベット入門書
より．マドリード市立博物館所蔵．

図説 世界文化地理大百科
スペイン・ポルトガル
Cultural Atlas of SPAIN and PORTUGAL

メアリ・ヴィンセント
ロバート・A・ストラドリング 著

小林一宏 監修
瀧本佳容子 訳

朝倉書店

目　次

8　年　表
10　序

第1部　環　境

12　国土と住民

第2部　イベリアの歴史

24　西ゴート王国滅亡までのイベリア
42　征服と再征服　711-1480
66　カトリック帝国　1480-1670
104　王家の野心と現実路線　1670-1812
126　立憲政治と内戦　1812-1974
162　民主主義の新生

第3部　イベリアの地域

186　南　部
194　地中海沿岸部
202　中央部
206　エブロ川流域
212　大西洋沿岸部
220　大西洋上の島々

224　スペインとポルトガルの歴代支配者
226　用語解説
229　図版リスト
231　監修者のことば
232　訳者のことば
233　地名索引
241　索　引
246　参考文献

トピックス

- 26 イベリア芸術
- 36 エメリタ・アウグスタ（現メリダ）
- 40 西ゴート王国とアストゥリアス王国の聖堂
- 44 コルドバの大メスキータ
- 50 イベリアの初期フレスコ画
- 54 中世のトレード
- 60 中世イベリアのユダヤ教徒
- 62 サン・ヴィセンテ修道院の祭壇衝立
- 64 グラナーダのアルハンブラ宮殿
- 68 学術の保護者イサベル女王
- 74 バターリャの聖堂
- 80 エル・エスコリアル修道院
- 82 スペイン神秘思想
- 86 ポルトガルの航海者達
- 90 スペイン大艦隊
- 94 中央広場の役割
- 98 画家ベラスケス
- 116 ポンバール侯とリスボアの再建
- 118 ポルトガルの彩色タイル
- 122 スペインの王宮
- 124 ゴヤ
- 132 スペインを旅する人々
- 136 クーデター時代の軍隊
- 142 バルセローナの近代主義建築
- 144 カフェ「4匹の猫」
- 150 フェデリーコ・ガルシーア・ロルカ
- 160 スペイン内戦下のポスター
- 164 カーネーション革命
- 174 92年セビージャ万博
- 198 バエージャ
- 214 ポートワイン

地図リスト

- 14-15 イベリアの地勢
- 16-17 イベリアの気候
- 20 イベリアの植生
- 28 イベリア先住民の定住
- 30 植民活動と交易
- 34 ローマ期のイベリア
- 39 西ゴート期のイベリア
- 42 8-9世紀のキリスト教徒とイスラム教徒
- 47 キリスト教スペイン諸国の発展
- 58 アラゴン帝国の成立
- 70-71 スペインのカスティージャ化（1480-1600）
- 72-73 16世紀におけるカトリック帝国
- 84 ヨーロッパの列強スペイン（1560-1660）
- 92 経済の衰退（1590-1650）
- 103 ハプスブルク時代のポルトガル
- 115 18世紀の経済復興
- 121 スペイン独立戦争（1808-14）
- 126-127 帝国支配の遺産
- 129 19世紀における地方の反乱
- 139 交通網の整備
- 146-147 工業化と都市化
- 154 土地の所有形態と農業
- 156 スペイン内戦
- 171 地方自治

地域地図リスト

- 186-187 南　部
- 195 地中海沿岸部
- 202-203 中央部
- 206 エブロ川流域
- 212-213 大西洋沿岸部
- 220-221 大西洋上の島々

年表

前500　　　　　　1　　　　　　500　　　　700　　　　900　　　　1100

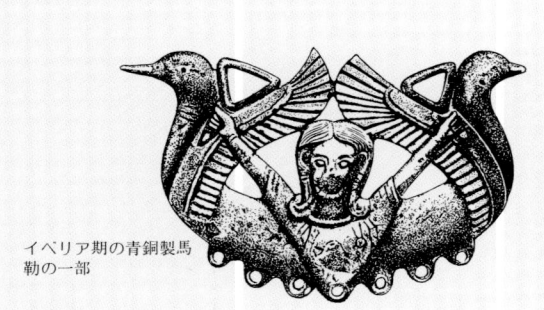

イベリア期の青銅製馬勒の一部

マルクス・アウレリウス帝．タラゴナ

キリスト教徒の騎士．10世紀

イベリアと世界	前237年 ハミルカル・バルカがガデスをカルタゴ統治の中心とする 前218-201年 第2次ポエニ戦争の結果，イベリアがローマの支配下に入り，「ヒスパニア」と呼ばれる 前50-45年 ローマの内戦．イベリアはポンペイウスとカエサルの両軍の戦場となる 前29-19年 皇帝アウグストゥスがイベリアの征服を完了	170年 アフリカからの最初の侵入 258年 フランク族の侵入 409年 この年以後，ヴァンダル族・スエブ族・アラン族の侵入が続き，これに対処するためにローマは西ゴート族を盟約軍としてイベリアに派遣 476年 西ローマ帝国の滅亡	507年 フランク族との一戦に敗れた西ゴート族はガリアを失ってイベリアに後退．以後，イベリアが西ゴート王国の中心となる 552-624年 イベリア南部が東ローマ領となる	711年 イスラム教徒のイベリア侵攻 716-732年 イスラム軍はフランスにまで進撃したが，トゥール・ポワティエの戦いでシャルル・マルテルに敗れる 778年 ピレネー西部ロンセスバージェスでの戦いに敗れたシャルルマーニュはイベリア北東部に「イスパニア辺境区」を設定 844-866年 ヴァイキングが数度にわたり襲来したが，イスラム教徒によって撃退される		1208年 アルビジョワ十字軍の結果，南フランスにおけるアラゴンの影響力が後退 1257年 カスティージャ王アルフォンソ10世は神聖ローマ帝国の帝位を窺うがローマ教皇庁の反対によって断念 1282年 アラゴン王ペドロ3世がシチリア島を征服
政治と国家の形成	前227年 カルタゴ人がイベリア東岸にカルタゴ・ノウァ（現カルタヘーナ）を建設 前206年 ローマ軍がガデスを降してカルタゴ勢をイベリアから放逐，ローマ人によるイベリア最初の都市イタリカの建設 前197年 イベリアがヒスパニア・キテリオルとヒスパニア・ウルテリオルの2行政区に分割される 前155-133年 ルシタニア戦争 前83-72年 セルトリウスがローマからのイベリアの独立を画策 前24年 イベリアがバエティカ，ルシタニア，タラコネンシスの3行政区に分割再編される	75年 ウェスパシアヌス帝がイベリアの全住民にローマ市民権の一部であるラテン法を授与 298年 イベリアが新たにガラエキアとカルタギネンシスを加えた5行政区に分割される 456年 西ゴート族がスエブ族を破ってイベリア北西部のガラエキアに追詰める 476年 西ローマ帝国が滅亡し，エウリーゴ王の下に西ゴート王国が誕生	585年 西ゴート王レオビヒルドがガラエキアのスエブ王国を征服してイベリア全土を統一，トレードに首都を定める 654年『西ゴート法典』が発布され，イベリア全土が1つの法によって統一される	712-718年 イスラム軍がイベリアのほぼ全域を制圧 718/722年 コバドンガの戦いの結果，キリスト教徒のアストゥリアス王国が誕生 739年 ガリシアの回復 756年 コルドバ・ウマイヤ朝の成立 801年 フランク軍がバルセローナを回復 9世紀中葉 アストゥリアスの版図が平野部のレオンにまで拡大	914年？ オルドーニョ2世がレオンに遷都 929年 コルドバ・ウマイヤ朝がカリフを自称 10世紀中葉 国土回復戦争の前線はドゥエロ川に達する 1031年 コルドバ・ウマイヤ朝の崩壊 11世紀中葉 カスティージャ，アラゴン，ナバーラのキリスト教王国とバルセローナ伯国の登場 1064年 バルバストロの回復によって国土回復戦争は新段階に入る 1085年 トレードの回復 1086年 ムラービト軍がアル・アンダルスの事態に介入してキリスト教徒軍の進撃を阻止	1137年 アラゴン・カタルーニャ連合の成立 1139年 ポルトガルがカスティージャから独立 1146-1172年 ムラービト朝に代わってムワッヒド朝がアル・アンダルスを支配 1212年 ラス・ナーバス・デ・トローサの戦いでイスラム軍が大敗 1230年 レオンとカスティージャの2国が最終的に統合 1236-1248年 カスティージャ王フェルナンド3世がアンダルシアの大部分を回復 1238年 グラナダ王国の建国
宗教と文化	前5世紀-前3世紀 フェニキア人とギリシア人の影響の下でイベリア文化が栄える 前2世紀以降 イベリアのローマ化が進行	1世紀 イベリアはセネカ，ルカヌス，マルティアリスなどの文人を輩出 3世紀以降 イベリアでキリスト教が徐々に広まる 400年 第1回トレード教会会議 456年 西ゴート族がアリウス派の異端説をもたらす	569-680年 西ゴート文化が定着，随所に聖堂や修道院が建設される 589年 レカレード王が第3回トレード教会会議で西ゴート王国のカトリック信仰への改宗を宣言 600-636年 セビージャ司教聖イシドーロ 633年 第4回トレード教会会議	785年 コルドバの大モスク（メスキータ）の建設着工 9世紀以降 キリスト教スペインにモサラベ芸術と建築様式が流布 899年 サンティアゴ・デ・コンポステーラの大聖堂完成	10世紀-11世紀 首都コルドバを中心にアル・アンダルス文化が繁栄 11世紀 北部ではロマネスク建築が始まる	12世紀 トレードがイスラム・ユダヤ教・キリスト教の3世界の学術交流の場となる 13世紀 北ではゴチック建築が，南ではムデーハル建築が始まる 1212年 バレンシアにイベリア初の大学が創立 1219年 ドミニコ会創立 1252-1284年 賢王アルフォンソ10世の下で学芸の振興 1290年 リスボア大学創立（後にコインブラへ移転）
社会と経済	前5世紀以降 多少封建的な色彩を伴った都市の建設，イベリアの南部と東部にフェニキア人とギリシア人の交易基地 前1世紀 ローマの退役兵のための植民都市の建設	1世紀-3世紀 ローマ文化がイベリアに定着し，大規模な建造物が造られる 4世紀 公共建築の衰退 5世紀 後期ローマ社会の崩壊	680-710年 西ゴート社会の崩壊と内乱状態	8世紀中葉-11世紀 アル・アンダルスではイスラム教徒・ユダヤ教徒・キリスト教徒の3者間におおむね平和な共存	10世紀-11世紀 キリスト教スペインの王権が発展する都市に地域法を与えて自治を認める 1031年 コルドバ・ウマイヤ朝の崩壊によってアル・アンダルスはタイファ諸国群に分裂	12世紀-13世紀 キリスト教スペインでは領主領民制に基づく封建社会が成立，定住生活による人口の増加 13世紀-15世紀 バルセローナを基地とするカタルーニャ人の地中海貿易の繁栄

	1500	1600	1700	1800	1900
1500年頃のポルトガルの帆船 		ミゲール・デ・セルバンテス，1600年 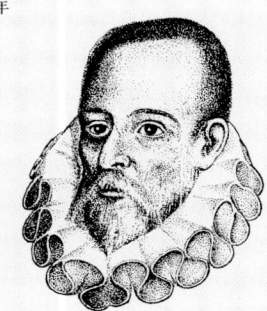	カタルーニャの絵タイル，18世紀 		バルセローナの聖家族教会 

1323-1324年 アラゴン軍がサルデーニャ島を征服 1341年 ポルトガルがカナリア諸島に探検船を派遣 1419-1427年 ポルトガルがマデイラ諸島とアソーレス諸島を発見して植民 1443年 アラゴン王アルフォンソ5世がナポリ王国を征服 1487-1488年 バルトロメウ・ディーアスが喜望峰を周航 1492年 コロンの初の大西洋横断航海 1494年 スペインとポルトガルがトルデシージャス条約を締結 1498年 ヴァスコ・ダ・ガマがインドに到達	1500年 ペドロ・アルヴァレス・カブラールがブラジルに到達 1519-1521年 マガリャンエスの死後、セバスティアン・エルカーノが初の地球周航を果たす 1521年 エルナン・コルテースがメキシコを征服 1531-1555年 ドイツ宗教戦争 1532年 フランシスコ・ピサーロがインカ皇帝アタワルパを捕える 1543年 ポルトガル船が日本に漂着 1568年 フランドルでスペインの支配に対する反乱が勃発 1571年 レパントの海戦 1588年 ドーヴァーの海戦でスペイン艦隊が敗北	1618-1648年 三十年戦争 1635-1659年 西仏戦争 1648年 ウエストファリア条約でスペインはオランダの独立を承認 1667-1697年 フランドル南部の都市その他の帰属をめぐってフランスとの戦争が続く	1702-1713年 オーストリア、フランス、イギリスを巻き込んだスペイン王位継承戦争、この結果、スペインはジブラルタルをイギリスに、また最後まで残っていたフランドルでの領土をオーストリアにそれぞれ割譲 1776-1786年 スペイン領アメリカの行政改革 1789年 フランス革命勃発 1793-1794年 フランス革命政府との戦争 1796年 サン・イルデフォンソ条約による西仏同盟	1804-1815年 ナポレオン帝国 1807年 ポルトガル王家がブラジルへ亡命 1810-1824年 アメリカ大陸部のスペイン領の独立 1822年 ポルトガル皇太子ジョアンを皇帝としたブラジルの独立 1882-1891年 ポルトガルがアフリカの植民地支配を強化 1898年 米西戦争の結果、スペインはキューバ、プエルトリコ、フィリピンを失う	1914-1918年 第1次世界大戦、スペインは中立、ポルトガルは連合国側に付く 1936-1939年 スペイン内戦、ドイツ、イタリア、ソ連が介入 1939-1945年 第2次世界大戦、スペインとポルトガルは共に中立 1974-1975年 ポルトガル植民地の独立 1986年 スペインとポルトガルがECに同時加盟 1992年 バルセローナ・オリンピックとセビージャ万博
1350-1474年 カスティージャの内戦 1385年 ポルトガルがアルジュバロータの戦いでの勝利によって独立を強化 1464年 アラゴン王子フェルナンドとカスティージャ王女イサベルの結婚 1474年 イサベル1世の即位 1479年 フェルナンド2世の即位 1492年 グラナーダ王国の征服	1516年 カルロス1世がアラゴンとカスティージャ2国の王位を継ぐ 1519年 カルロス1世が神聖ローマ帝国皇帝に選出される（カール5世） 1519-1521年 カスティージャにおけるコムネーロの乱 1556年 カルロス1世の退位とフェリーペ2世の即位 1580年 ポルトガルのアヴィース朝が断絶、フェリーペ2世がポルトガルの王位を継ぐ	1621-1643年 オリバーレス伯侯がスペインの政治を牛耳る 1640年 カタルーニャとポルトガルが反乱を起こし、後者はジョアン4世の下で独立を回復 1659年 ピレネー条約でスペインはルシヨンとセルダーニュの2地方をフランスに割譲 1665年 スペイン・ハプスブルク朝最後の王カルロス2世が即位 1668年 リスボア条約でスペインはポルトガルの独立を承認	1700年 カルロス2世の死でスペイン・ハプスブルク朝が断絶、ブルボン家のフェリーペ5世が王位を継ぐ。アラゴンとカタルーニャは対立候補のウィーン・ハプスブルク家のカールを支持 1716年 アラゴン、バレンシア、マジョルカの地域法が廃止される 1746-1788年 ブルボン朝によるスペインの政治行政改革 1750-1777年 ポンバール侯によるポルトガルの改革	1807年 ナポレオン軍のイベリア侵入 1808-1814年 スペインの対ナポレオン独立戦争 1812年 カディス憲法 1814年 フェルナンド7世がスペインに帰国 1823-1834年 ポルトガルのミゲリスタ戦争 1833-1840年 スペインの第1次カルリスタ戦争 1868年 スペインのイサベル2世の退位 1873-1874年 第1次スペイン共和国 1874年 スペインで王制復古	1908年 ポルトガル王カルロス1世の暗殺死 1910年 ポルトガル共和国成立 1923-1930年 スペインでプリモ・デ・リベーラ将軍の独裁 1931-1939年 第2次スペイン共和国 1933-1974年 ポルトガルの新国家体制 1936-1939年 スペイン内戦 1939-1975年 スペインのフランコ体制 1974年 ポルトガル革命 1975年 フランコ没、フアン・カルロス1世即位 1976年 ポルトガル新憲法発布（1982年に改正） 1978年 スペイン新憲法発布 1980-1983年 スペインは17の自治州に分かれる
1390年 セビージャで反ユダヤ暴動が発生、カスティージャとアラゴンの各地に波及 1416年 ポルトガルのエンリーケ王子が最初の航海学校を創立 1474年 イベリア初の印刷機がバレンシアで稼働 1480年 カスティージャで異端審問所が発足、その後アラゴンにも逐次導入 1492年 カスティージャのユダヤ教徒に対する国外退去令 1497年 ポルトガルのユダヤ教徒に対する国外退去令	16世紀 ポルトガル建築のマヌエル様式とスペイン建築のプラテレスコ様式。スペイン文学の「黄金の世紀」 1536年 ポルトガルで異端審問所設立 1540年 イエズス会創立 1563年 トリエント公会議が閉幕してスペインの対抗宗教改革路線が定まる 1572年 カモンエスの『ウズ・ルジアダス』刊行	17世紀 スペインの「黄金の世紀」続く 1605-1615年 セルバンテスの『ドン・キホーテ』刊行 1609-1614年 モリスコの追放 1635年 生涯に約1800点の作品を書いた戯曲家ローペ・デ・ベーガ没 1660年 宮廷画家ベラスケス没 1681年 100篇以上の戯曲と76篇の宗教劇を書いたカルデロン・デ・ラ・バルカ没	1720年 ポルトガルの歴史アカデミア設立 1735年 スペインの歴史アカデミア設立 1759年 ポルトガルがイエズス会士を追放 1767年 スペインがイエズス会士を追放 1786-1824年 ゴヤが宮廷画家として活躍	1814-1832年 スペインとポルトガルの多くの自由主義派知識人が国外に亡命 1840-1870年 カタルーニャ語とカタルーニャ文学の復興 1860年 マドリードとバルセローナの新都市計画、バルセローナが国際的な文化の中心として発展 1898年 ウナムーノ、オルテーガ、アントニオ・マチャードなどの「98年世代」	1900年 ピカソがパリに移って他の亡命スペイン人芸術家のグループに加わる 1927年 ロルカ、アルベルティ、アレイクサンドレなどの「27年世代」 1933-1975年 独裁政権下のスペインとポルトガルから多くの芸術家が亡命 1975年 スペインの地方文化の再生、政治と市民生活に関する検閲の廃止
1348年 ペストの流行による人口の減少が社会経済条件の悪化を招く 15世紀 農村の生活条件が幾分改善に向かい、これにカトリック両王の改革政策が続く 1499年 アンダルシーアでモリスコの反乱	16世紀 スペインとポルトガルの経済は共に新世界貿易によって活性化されるが、同時に価格革命が始まる 1550年 新世界からの金銀がスペインの積極的な対外政策の負担を賄いきれず、王室財政は度重なる破綻に陥る 1568-1570年 モリスコが再度反乱を起こす	17世紀 繰り返される王室財政の破綻から世紀末にはカスティージャの内政と経済は完全に行き詰まる 1632-1640年 オリバーレス伯侯は経済改革を試みるが失敗	1700-1755年 ブラジル貿易によるポルトガルの繁栄、スペイン経済に立直りの兆しが見え始める 1703年 メシュエン条約によって英葡貿易の基礎が定まる 1749-1788年 カルロス3世によるスペインの経済改革 1755年 リスボア大震災	19世紀末 スペインとポルトガルの農村経済の停滞、労働者階級の政治化が進行、社会への抗議手段としての無政府主義の誕生、スペイン地方主義の先鋭化	1945-70年 政府指導型のスペインの経済復興 1950年 分離主義運動が再び活発化し、ETAはテロ路線を展開 1974年 民主主義体制への復帰によってさまざまな自由化運動が推進

序

「一味違うスペイン」．1960年代に使われた観光客向けのポスターに載ったこの文句は，豊かな陽光と人々の生活が何百年にもわたって変わらない国スペインへの人々の想いを大いに掻き立てた．村の暮らし振りやイスラム建築を写した写真はヴァカンス用のパンフレットには欠かせないものとなった．観光業界はイベリア半島を忘れられた国，ヨーロッパの中でもっとも知られざる地域，人々の理解から外れた土地として紹介した．しかしながら，多くの人々が抱いたイベリア像の背後には実は測り知れないほど多様な文化が隠されていた．かつて広大な帝国を築いたスペインとポルトガルの発展を通して生まれた歴史は豊かな文化の遺産を今に残した．それはかつてフェニキア人，ケルト人，ギリシア人，ローマ人，西ゴート人，イスラム教徒がイベリアに残していった遺産に肩を並べるものだった．本書「スペインとポルトガルの文化地図」はこの注目に値する過去の遺産を掘り起こそうとするものである．

本書の第1部はイベリアの広さ，山勝ちな地勢，過酷な条件が支配する大地といった自然環境を扱う．この壮観なイベリアの自然はスペインとポルトガルの歴史の展開の決め手となった．乾ききった南部と穏やかな気候の北部との対照はイベリアの歴史で繰り返される主題のひとつである深刻な地域差を知る手掛かりとなる．フランスとの境を成すピレネー山脈と長い海岸線はイベリアと外界との交流に重要な役割を演じた．すなわち，西ヨーロッパとの交流に先んじてイベリアは幾世紀にもわたって東は地中海諸国と，南はアフリカと，そして西は大西洋及びこれを越えた地域と交流してきたのである．

第2部ではスペインとポルトガル両国の政治と文化の歩みを先史時代から現代までたどる．フェニキア人から西ゴート人までの初期の渡来民族がイベリアの先住民と融合していった一方，711年のイスラム教徒の侵入はイベリアをキリスト教徒の北部とイスラム教徒の南部に二分した．イスラム教徒，ユダヤ教徒，キリスト教徒の共存は中世ヨーロッパでは他に類を見ない学問と文化の繁栄をもたらした．しかし，キリスト教スペイン諸国が力を付けていくにつれてイスラム教徒は領土を失っていき，そして1492年にはイベリア最後のイスラム王国グラナーダがフェルナンドとイサベル両王の手に落ちた．そしてこの同じ年，コロン（コロンブス）はその最初の航海で新世界に到達した．

ポルトガルとスペインはヨーロッパ人による発見の時代の先駆けとしてアジアとアメリカにそれぞれの帝国を築き上げた．イベリアにもたらされる富は芸術と文学の見事な花を咲かせた．ハプスブルク朝の下で統合されたスペインは「黄金の世紀」を迎え，その版図は西ヨーロッパの一部にまで広がった．さらにポルトガルも1640年までの一時期，スペインの支配下に入った．1700年にブルボン朝がスペインの王位に就くと，スペインの宮廷は親フランス色を次第に強めていった．スペインの旧体制はフランス革命の衝撃に耐えられず，ナポレオン軍の侵入を受けて崩壊した．これに続く混乱の過渡期の模様はゴヤの天才的な作品の中に見てとれる．19世紀に入るとスペインはアメリカの領土を失い，国内は内戦とクーデターの舞台と化した．その一方でカタルーニャとバスコ地方は急速な工業化を遂げて地方主義の台頭の素地が生まれた．この趨勢は19世紀末から20世紀初めにかけてのバルセローナの建築に見事な芸術の開花となって現れた．

ポルトガルは1910年のマヌエル2世の退位によって共和国となり，スペインのアルフォンソ13世は1931年に王位を失った．この後，両国とも国体の危機に陥り，ポルトガルはサラザールの，スペインは内戦を経てフランコの独裁体制に至った．政治と道徳の両面で保守的な独裁体制は異論の存在を許さず，芸術と文化は窒息状態を強いられた．1974年と翌75年にかけて両国が民主主義に復帰すると，これに続く社会と文化の変容はイベリアの様相を一変させた．社会は世俗化され，女性は家庭の外で日増しに重要な役割を果たすようになった．そして家庭そのものにも相当な変化が見られた．

第3部ではイベリアを地理の観点からいくつかの地域に分けて取り上げる．詳細な地図は各地域の様子が一目瞭然で分かるようなものであり，解説文は自然環境・文化状況・歴史の展開などを内容とすると共にイベリアでは地域の独自性が途切れることなく今日に至っている事実を指摘する．

全編にわたる地図によって環境・文化・政治の背景が掴め，また図版付きの特別記事は各章で扱われる主題の一部をさらに詳しく取り上げている．

本書の執筆分担は次の通りである．メアリ・ヴィンセントは第1部と第2部の最後の2章と第3部を，ロバート・ストラドリングは1470年から1812年までのイベリア史を担当した．またアンドリュー・フィア博士とジョン・エドワーズ博士はそれぞれ古代と中世を受け持ち，ロジャー・コリンズ博士には特別記事「西ゴート王国とアストゥリアス王国の聖堂」，「コルドバの大モスク」，「イベリアのロマネスク絵画」，「グラナーダのアルハンブラ宮殿」の執筆と挿絵の解説文に多大な協力をいただいた．またリンダ・ブラウドには特別記事「聖ヴィセンテ修道院の祭壇衝立」と「スペインを旅する人々」を執筆していただいた．そして最後にボドリアン図書館のロバート・マクニール氏には日付の確認，年表の作成，歴代統治者表，特殊用語の解説に加えて特別記事「バターリャの聖堂」，「ポルトガルの航海者達」，「ポンバール侯とリスボアの再建」，「ポルトガルの彩色タイル」，「ゴヤ」をお書き願った．

メアリ・ヴィンセント
ロバート・A・ストラドリング

第1部 環境
THE PHYSICAL BACKGROUND

国土と住民

イベリア半島

スペインとポルトガルのあるイベリア半島はあらゆる意味で周縁の地である．ヨーロッパ大陸の南西端，つまりヨーロッパのまさに西の果てであり，南の果てである．それでも地政学的に見る限り，イベリアの2国は強国になる条件を欠いているわけではない．面積50万4782 km²のスペインはフランスよりはわずかに小さいが，統一ドイツの1倍半あり，ロシアを除くとヨーロッパで2番目に広い国である．その上，大西洋に面し，もっとも狭い部分はわずか13 kmというジブラルタル海峡を隔ててアフリカ大陸に隣接する唯一の国である．したがって，イベリアがヨーロッパと南北アメリカ，そしてヨーロッパとアフリカという大陸間の掛橋としての役割を果たしても不思議ではない．しかし，現実にはヨーロッパから突出した形のイベリアはむしろ東と西を，そして南と北を分かつ壁であり，イベリアの2国はその長い歴史を通してヨーロッパ史の主流をなすことはなかった．よく言われてきたように，イベリアは確かにヨーロッパに位置するものの，ヨーロッパの真の一部ではない．

外観

イベリアの周囲の8分の7は海に面している．海は長い間，人間の交流を阻む大きな障害であった．その上，唯一陸続きのフランスとの間にはイベリアでもっとも幅が広くそして高いピレネー山脈が立ちはだかる．スペインとポルトガルはこのピレネーと海によってほとんど島国に等しい存在とされてきた．6500万年前から200万年前までの第3紀から第4紀にかけて生まれたピレネーの最高峰アネート山は3404 mに達する．海岸部を除けばピレネー越えは困難であり，その複雑に入り組んだ険しい山並みと渓流の流れる深い谷が織りなす複雑な地勢は人の侵入を容易に許さない．

イベリアはスペインとポルトガルという独立国によって二分される．例外はピレネーの谷間の小国アンドラとイベリア南端の岩山ジブラルタルである．面積6 km²の後者は1713年以来イギリス領である．ポルトガルはスペインに比べるとはるかに小さく，その面積はイベリア半島の15%ほどを占めるにすぎない．13世紀以来変わっていないスペインとの国境線を決めたのは政治的な要因だが，地理的な要素もかなり影響している．国境線の大部分は人口稀薄なエストレマドゥーラ地方を通り，その他ではいくつかの河川がそのまま国境となっている．河川の多くは小さなものだが，カスティージャに発してポルトガル北東部の国境線となってポルトで海に注ぐドゥエロ（ポルトガル語ではドーロ）川は大きな川である．またはるか南にはグアディアーナ川がポルトガルのアルガルヴェとスペインのアンダルシーアを分けるように流れてカディス湾に注ぐ．ポルトガルの東の国境地帯の54%は切り立った断崖で，バラデーラとバルカ・ダルヴァの間ではドゥエロ川は場所によっては高さ30 mに達する断崖の間を500 mも流れ下る．深い峡谷と国境地帯に広がる人の住まない不毛の土地に隔てられて，ポルトガルは昔から辺境のさらなる辺境の地であった．距離よりもむしろその地勢によってイベリアの内陸部から切り離されたポルトガルは常に海岸部へ目を向けてきた．その領土にはモロッコからは600 km，ポルトガルからは1200 km離れたマデイラ諸島とアソーレス諸島も含まれる．これら大西洋火山帯に浮かぶ島々は海と深く結び付いたポルトガルの歴史の遺産である．

山岳

スペインはイベリア半島の85%を占める．この他にイベリア南部のベティカ山脈の延長で地中海に浮かぶバレアール諸島，北アフリカ沿岸の町セウタとメリージャ，そしてはるか大西洋を南下した所にある火山帯のカナリア諸島などもスペイン領である．スペインの発展は，「禦しにくい」と呼ばれてきたその地理上の条件に大きく左右されてきた．低地が大半を占めるポルトガルとは対照的に，スペインはヨーロッパではスイスに次いで平均海抜が高い国である．イベリアの最高峰はベティカ山脈の一部をなすネバーダ連山にあるムラセン山（3478 m）である．ピレネーの高い山々とネバーダ連山の高山はともに表情豊かな景観を呈しているが，スペインの平均海抜が高い主な要因はイベリアの内陸部を占めるメセータ（meseta）と呼ばれる広大な台地である．海抜600 m以上になるメセータの平原と広い空こそは，スペインの中でもっとも平坦ながら見る者に厳粛な思いを抱かせる，他に比類のない風景のひとつである．

メセータはポルトガルのトラス・オス・モンテス，ベイラ，アレンテージョまで広がっているが，通常この名で呼ばれるのは近代スペイン形成の核となったかつてのカスティージャ

下　スペイン南東部カルタヘーナ近くの海岸には，かつてこの地で盛んに行なわれた鉱山開発の施設跡が立ち並んでいる．この地に鉱物を発見したのはフェニキア人とローマ人だった．カルタヘーナとは「新カルタゴ」の意味である．昔の銀鉱はとうに掘り尽くされたが，まだ採掘が行なわれている鉱脈もある．ここにスペイン地中海沿岸の観光開発が及ばなかったのはおそらくこの鉱山開発のためである．だが，今日では白壁のホテルや別荘が最近まで人気のなかった海岸に建設されつつある．

国土と住民

右　アラゴン地方最北部のウエスカはピレネー山脈の麓にある。国定禁猟区に指定された山岳地ではここにしか残っていないピレネーヒグマなどの野生動物が保護され、多くの行楽客を集めている。集落は高い山々に護られるように点在する。この地域の交通路が近年急速に改善されるまでは、この地方の集落は周囲からまったく孤立していた。

右下　この乾ききった地中海世界の山はスペイン南部で広く見られる典型的な景観である。ムルシアのモリーナ連山はごく低いにもかかわらず、乾燥した気候のために植物は低木を除いてほとんど生えていない。剝き出しの岩の斜面を登れるのはヤギのような足の丈夫な動物だけである。上空では猛禽類が輪を描く。

13

第1部　環　境

王国とほぼ一致する地域である．カスティージャは領土もイベリアでもっとも広く，また中世末期からは政治的にも優位に立ったが，その荒涼とした土地は人口は少なく，住民は禁欲的なことで知られる．表土は薄く，乾いている．ラ・マンチャ地方の平原では随所で地表に岩が顔を出し，他の地方では風による浸食が激しい．

ポルトガルの海岸沿いに広がる平地に向かって下降していく西部を除き，メセータは高い山脈に周りを囲まれている．北は 2642 m のセレード岳を含む中生代のカンタブリア山脈がメセータを大西洋から隔て，南ではモレーナ連山がメセータを区切る．ゆるやかにうねるモレーナ連山の荒涼とした高地はイベリアでもっとも古い地層のひとつである．メセータの東端はイベリア山脈である．これの支脈はグアダラーマ，グレードス，ガータ，ペーニャ・デ・フランシアの各連山へと断続的に続き，メセータを南北に二分する．これの最終点となるのがポルトガルの最高峰エストレーラ連山である．イギリスの作家ローリー・リーの言葉を借りていえば，これらの「東西に延びる城砦はスペインを横断し，住民を別々の人種に分けている」．多くの者が指摘していることだが，国への愛着よりも，自分の住む地域への郷土愛とそこに自分のアイデンティティの対象を見出すことが，近代スペイン人とポルトガル人のもっとも顕著な特徴のひとつである．

交通路

こうした頑固な地方意識には地理の影響が一役買っている．カスティージャの内陸部と古くから繁栄している海岸部とは数々の山脈によって実質的に切り離されている．また航行可能な河川を欠いているために国内の交流は発達しなかった．メセータ地帯を流れるドゥエロ，エブロ，タホ（ポルトガル語ではテージョ），グアディアーナ，グアダルキビールの 5 大河川はエブロ川を除いて西の大西洋に向かって流れるが，この内でもともと完全に航行可能なものはひとつもない．イベリアの河川は交通路ではなく，しばしば境界線となってきた．ポルトガルにもスペインにもエストレマドゥーラ（スペイン語では Extremadura，ポルトガル語では Estremadura）と呼ばれる地域があるが，これは「ドゥエロ川の向こう」を意味する．またポルトガル南部の平野部の地名アレンテージョは「テージョ川の向こう」という意味である．事実，エストレーラ連山の南を流れるテージョ（スペイン語ではタホ）川により，ポルトガルはちょうど二分されている．

スペインには 3144 km，またポルトガルには 974 km の海岸線がある．したがって，両国の発展に海上交通がきわめて重大な役割を果たしてきたことは驚くに値しない．少なくともエンジンを備えた交通機関の登場までは，もっとも速くて費用も安く，もっとも便利なのは海上輸送だった．しかし，この長い海岸線にさえも，地理的な障害は少なくなかった．ヨーロッパでもっとも古い港のひとつであるリスボアを除けば，大西洋岸の自然の港は後背地から隔絶している．ポルトガルの北にあるスペインのガリシア地方は大西洋に面し，その海岸線は複雑に入り組んだいわゆるリアス式海岸である．この一帯はこの辺りの危険な沖合いで操業する漁船にとっては絶好の港として土地の人々に恩恵をもたらしてきたが，これも 20 世紀までのことであった．今日では北欧のフィヨルドに似たこの地勢は内陸部との交通の障害となっている．その上，ガリシアはメセータの北限であり，所によってはほとんど人を寄せつけないカンタブリア山脈によってスペインの他の地方から隔てられている．

第1部 環境

気候と農作物

スペインは地域差の激しい国である．もっとも激しい地域差のひとつに湿潤地帯と乾燥地帯との違いがある．北西部はイベリアでもっとも湿度の高い地域である．年間の降雨量が1650 mmを超える所もあり，イベリアの他の地域とは対照的に夏も水が涸れることはない．湿度の高いこの山岳部では牧畜が行なわれ，スペイン唯一の酪農地帯である．カシ，マツ，クルミの木が生い茂り，農地はわずかしかない．その美しく一見のどかな光景とは裏腹に，この地域での生活はしばしば厳しい．

南の乾燥地帯の厳しさには疑いの余地がない．スペイン南東端のアルメリーアやムルシアの一部の乾燥した所は半ば砂漠化している．ここはまた1960年代と70年代に作られたマカロニ・ウェスタン映画の理想的なロケ地となり，小ハリウッドとして知られている．その乾ききった大地には *Chamaerops humilis* という，イベリア原産の唯一のヤシが自生する．そしてこの他にはほとんど植物は生えていない．イベリアの他の地域では雨期は冬であり，夏は全然雨が降らず，降ってもほんのわずかである．

イベリアの乾燥地帯では強烈な太陽が照りつける．光に満ちた空は青く澄みわたり，陽射しは目に痛いほどきつい．夏はぐったりするほどの厳しい暑さだが，内陸部のカスティージャでは海が寒さを和らげることもないために，冬もまた厳しい．そのためにカスティージャの気候を指して「9カ月の冬と3カ月の地獄」と俗に言われる．沿岸部では冬らしい冬はないが，カタルーニャではトラモンターナ (tramontana,「山の向こうに」の意)と土地の人が呼ぶ冷たい北風が吹く．一見矛盾しているようだが，イベリア半島で暑く乾いた夏と温暖で湿潤な冬という地中海性気候を本当に楽しめるのは，ポルトガル南部の大西洋岸だけである．

イベリアの気候

周囲を海に囲まれ，山が多く，内陸部が広い平野のイベリアでは，地域間の気温の差（上左図）と降水量の差（上右図）が激しい．雨が降るのはおおむね冬で，大西洋からの偏西風が大西洋岸に寒気と湿気をもたらす．偏西風は内陸部に達する前にメセータ上空の高気圧によって北部と南部に押し流される．この高気圧のためにメセータは乾燥し，気温は大幅に下がる．風がメセータから沿岸部に吹くとイベリア全土が寒気に覆われる．偏西風の帯は夏は北上し，北部と北西部の山岳地帯にのみ雨をもたらす．その南側の大西洋

国土と住民

左 イベリアの暑く乾燥した他の地域と同様に、アルメリーアでは野菜の大規模なハウス栽培が行なわれている。トマト、ピーマン、ナス、メロンが1年を通じて栽培され、大量に輸出される。

下 ガリシアの大西洋岸は昔から豊富な海産物で知られる。二枚貝の養殖と缶詰はこの地域の重要産業である。二枚貝の養殖場はリア・デ・アローサにある。その周辺ではしばしば密輸業者の高速艇を拿捕しようとする沿岸警備隊の激しい追跡劇が繰り広げられ、大立ち回りも珍しくない。密輸業者の中にはタバコを運ぶ者もあるが、たいていの業者は大麻を扱う。

次頁 スペインの多くの地域ではブドウが栽培され、1970年代にはヨーロッパで最大のブドウ栽培面積を誇った。一見矛盾するが、ブドウ酒生産量が増えるにつれてブドウの栽培面積は減少した。ブドウ畑の土起こしは、広い面積を1台の耕耘機で耕せる3月と4月に行なわれる。

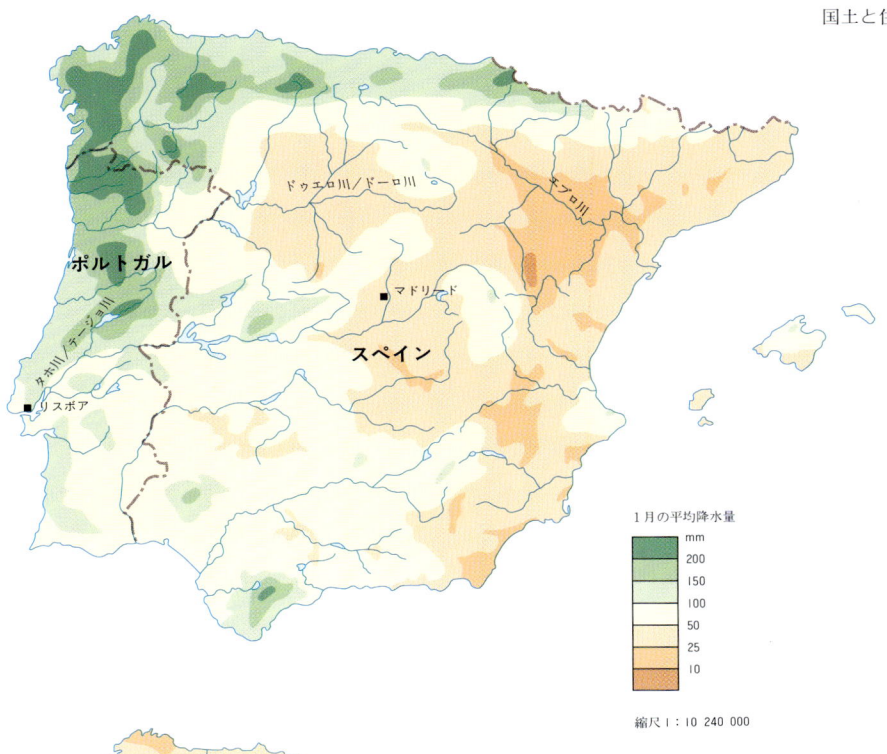

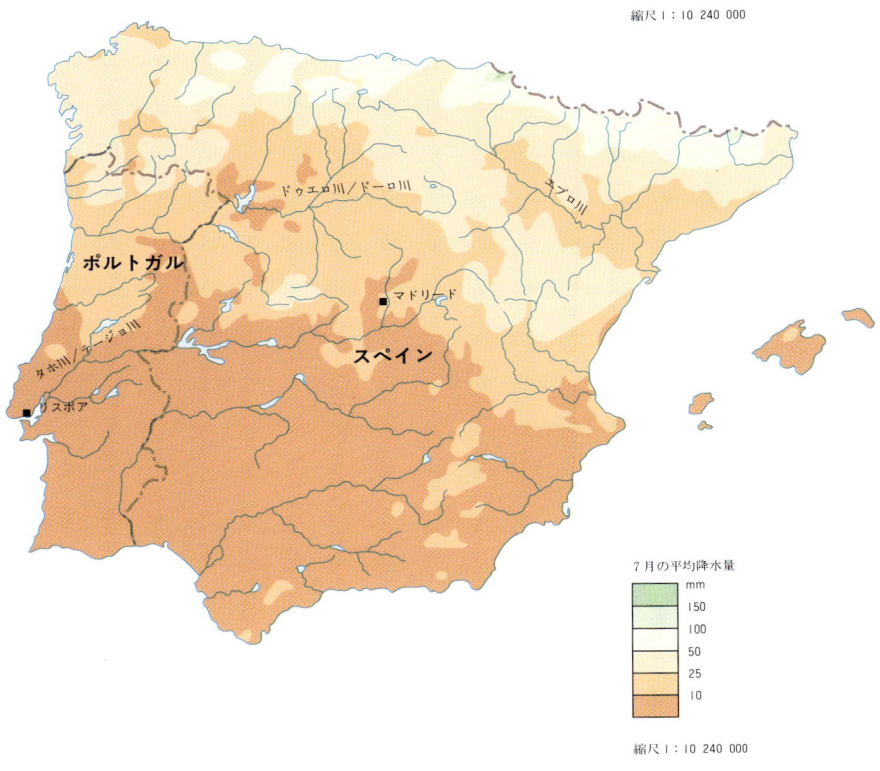

岸は西のアソーレス諸島上空の高気圧の影響で気温は高く乾燥する。内陸部の温度は急激に上昇し、1年を通して大体乾燥している。乾燥はアフリカからの熱く乾燥した季節風によってさらに募る。地中海に面した北東部沿岸では、ほとんどの雨は海から湿気を帯びた風が吹く秋に降る。その南では地域によって大きな差がある。山脈が雨を遮る沿岸部の平野と盆地は乾燥しているが、山岳部には多少の雨が降る。ネバーダ連山は年間7カ月以上も雪で覆われ、ピレネー山脈の高い山々では年間を通じて雪は消えない。

グアダルキビール川流域の肥沃な土地と並んで、イベリアでもっとも豊かな農業地帯は海沿いの平野部である。有名な柑橘類やトマト・メロンから米・綿花・ナツメヤシ・バナナといったものまですべてが栽培されている。この楽園以外の所では特にアンダルシーアの海抜度の高い所を中心にもっぱらオリーブが栽培されている。オリーブの木は1億9000万本以上にのぼり、スペインはオリーブ油の世界一の生産量を誇る。夏の乾燥には強いが冬の霜には弱いオリーブはこの地域の原産であり、地中海気候には格別適している。

冬の寒さが厳しいイベリアの内陸部の作物はまるで違ってくる。メセータでもっとも多いのは北部のカシや南部と東部のヤシではなくエンシーナ(和名トキワガシ)である。一方、スペインのエストレマドゥーラ地方とポルトガルのアレンテージョ地方ではコルクガシがよく育つ。メセータでは古くから羊の放牧が行なわれてきた。しかし、メセータは降雨だけに頼った小麦の栽培が可能な西ヨーロッパの数少ない地域のひとつであることがわかり、今では広大な小麦畑が広がっている。この小麦畑は一見果てしなく続き、もともと平坦な北部メセータの景観をいっそう平らなものにしている。少なくとも20世紀スペインの最高の詩人の1人であるラファエル・アルベルティ(1902-)によれば、風にそよぐ小麦畑を海の波と見間違えてハトが方向を見失うという。

住民

激しい変化に富む景観と気候とは対照的に、イベリアの住民は人種的には均質である。彼らの大部分はラテン人の末裔であり、その外貌は褐色の肌に黒い髪と茶色の瞳という地中海人のものである。ただ、もっと淡い色合いの肌の人たちも決して珍しくはなく、ケルト人の血が入った北西部では特に多い。紀元前2世紀にローマ人がやってくる前は、イベリア

第1部 環境

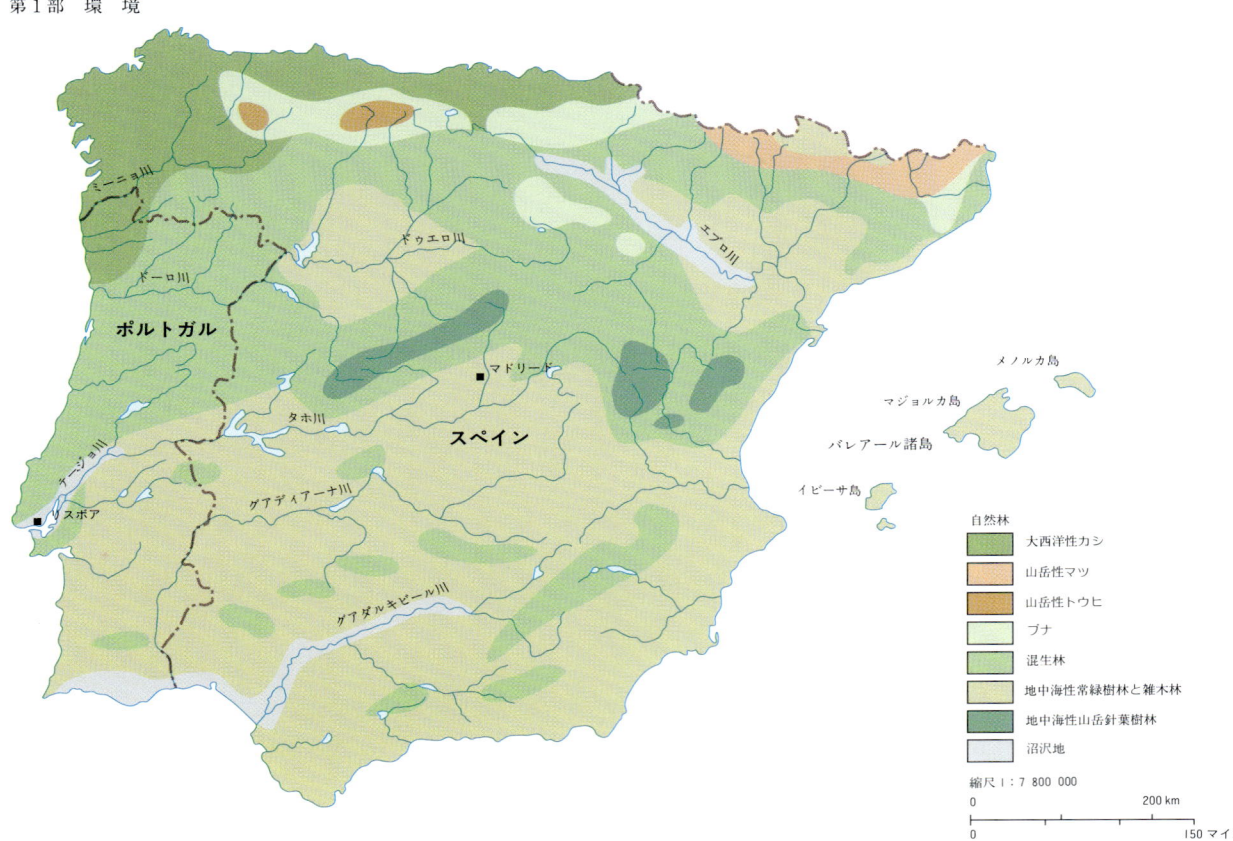

イベリアの植生

北部と北西部の自然林はカシワ類を中心とする落葉樹林で、高地ではブナと針葉樹が多くなる。ピレネー山脈ではマツが高木の生育限界線まで広がっている。今日、北部の森では林業と乳製品の生産が行なわれている。南部の植生はわずかな常緑樹のカシワ類のみである。北メセータの大部分では小麦が栽培され、耕作に適さない痩地では羊の放牧が行なわれている。南部でオリーヴとブドウが広く栽培されている。何世紀にもわたる人間の活動の結果、この地域の大部分に見られるのはもっぱら下草と低灌木と常緑樹からなる地中海性の植生だけである。南東部の乾燥地帯ではアフリカ北部に典型的な亜熱帯性植物が一部に見られる。

凡例（自然林）:
- 大西洋性カシ
- 山岳性マツ
- 山岳性トウヒ
- ブナ
- 混生林
- 地中海性常緑樹林と雑木林
- 地中海性山岳針葉樹林
- 沼沢地

縮尺 1:7 800 000

イベリアの言語

現代の標準スペイン語、すなわちカスティージャ語はスペイン全土で話されているが、この他に注目に値する少数言語がいくつかある。フランス南部のプロヴァンス語にきわめて近いカタルーニャ語はカタルーニャ、バレンシア、バレアール諸島で広く話される。ポルトガル語の古い形であるガリシア語はガリシア、アストゥリアスの一部、カスティージャ・レオン地方の北部で生き残っている。イベリアで印欧語に属さない唯一の言語であり、ローマ人やケルト人の到来よりも古いバスコ語（バスコ語ではエウスケーラ）は、かつては現在よりもっと広い地域で話されていたが、今日ではバスコ地方とナバーラの一部、それからアラゴン北部の僻地で話されるだけである。ポルトガルにはこれといった少数言語はない。

左　何世紀もの間、羊毛産業はカスティージャの繁栄を支え、羊の放牧は人々の生活の一部だった。今日では昔ながらの放牧を行なう地域は次第に少なくなっている。この羊飼いの写真は司教座聖堂のあるセゴビア近郊で撮影された。ここの地味は羊の放牧には適しているが、他に利用価値はほとんどない。

には広くケルトイベロ人が住んでいた。ケルトイベロ人とは、中央ヨーロッパ起源で紀元前7-6世紀頃にピレネーを越えてイベリアに入ってきたケルト人と、北アフリカ起源とも地中海起源とも考えられ、一足先にイベリアに定住していたイベロ人との混血である。今日のイベリアの住民の間に広く見られるラテン的外見は、定住したローマ人との混血による。ただピレネー山脈の西部に住むバスコ人だけはローマ人と混血せず、インドヨーロッパ語族以前の独自の文化をローマ人からも、そしてその後に侵入してきた西ゴート族からも守り抜いた。

ケルト人の文化遺産がもっとも多く残っているのはガリシア地方である。いつも雨に濡れた景色ばかりではなく、バグパイプの演奏に耳を傾け、人魚伝説を語ったりするガリシア人は、ロマンティックで芸術家肌の人々だとの評判がある。そこからガリシアはよくアイルランド西部と比較される。ガリシアとアイルランドの西岸を語る時、よく「物悲しい」という形容詞が使われる。しかし、ガリシア人はアイルランド人の喧嘩早さは持ち合わせていない。ケルト人の侵入した西ヨーロッパの地域はすべて、長年にわたって特に新世界への移民を大量に送り出した。そのためにアルゼンチンでは普通スペイン人はすべてガジェーゴ（ガリシア人）と呼ばれるほどである。

南部と違ってイベリア北部では、8世紀に北アフリカから侵入してきたイスラム教徒の支配はごく短かった。イスラムの遺産は南部の特にアンダルシーア人に多い褐色の肌とアラビア人に似た容貌に現れているかもしれない。アンダルシーアやアルガルヴェという地名自体がアラビア語を起源としている。また南部の特色のひとつをなしている白壁の家、彩色タイルで飾られた中庭、形の整った庭などもまたかつてのイスラム教徒の支配の直接の遺産である。

現在知られているどの言語とも関連がないとされるバスコ語を除いて、イベリアで話されている言語はすべてラテン語から生まれた。ただ個々の単語にはアラビア語からの借用語も少なくない。イベリアの主要言語はスペイン語（カスティージャ語）とポルトガル語で、それぞれスペインとポルトガルの公用語である。ポルトガル語はポルトガルで唯一の言語である。一方、スペインでは、過去にカスティージャ語以外の言語は次第に使われなくなったり、時には使用を厳しく禁じられたりしたが、それでもまだいくつかの少数言語が残っている。今日ではすべてのスペイン人が自分達の地域の言語のほかにカスティージャ語を話しはするが、これら少数言語が生き延びてきたことは近代国家となったスペインの内部で地方の独自性が根強く生き続けていることの証しである。ガリシア語はポルトガル語の古い形である。一方、古い歴史を持つ難解なバスコ語（バスコ語ではエウスケーラ）は、ピレネー山脈の西部で今日なお使われている。南仏のプロヴァンス語と近い関係にあるカタルーニャ語は少数言語の中ではもっとも広く話され、カタルーニャのほかにバレンシア地方とバレアール諸島の言語である。

都市化

20世紀初頭まで、イベリアの住民の圧倒的な部分は田舎に住む農民だった。歴史的に見ると都市の多くはローマ人によって交易や防衛に適した場所に建設された。紛争の多い国境地帯を守ってきたエルヴァスやシウダード・ロドリーゴのような要塞都市は、スペインとポルトガルの国境線が定まりイスラム教徒からの領土回復が果たされた後には重要性を失った。

イベリアの住民は長い間、気候が激しいメセータ地方よりも海岸地帯に住むのを好んだ。1561年にフェリーペ2世はカスティージャの中心にあるマドリードを首都としたが、マドリードが経済的にもスペインの中心部となったのは今世紀に入ってからである。商業や産業は発展するに従って海岸部の都市の後背地に集中していった。特に地中海岸ではバルセローナ、北部ではビルバーオへの集中が著しく、これにポルトガルのポルトとリスボアが続いた。19世紀のバルセローナは

第1部 環境

左 今日のマドリードは活気に溢れた近代都市であり、高層ビルやガラス張りの建物が林立する。しかし、市民は旧市街に愛着を抱き、狭い街路に軒を連ねる店、屋台、バール、レストランはいつも賑わっている。写真は往時マドリードの中心だった17世紀の中央広場。かつてここでは闘牛や公開処刑が行なわれたが、今日ではカフェの沢山のテーブルが並び、特に日曜日の午前中は大勢の人が集まる。写真の奥はフェリーペ5世が建てたオリエンテ宮。今日、ここに国王は住んでいないが、国事に利用される。

交易と織物業を主要産業とし、スペインでもっとも重要な都市だった。同じ理由からポルトガル第二の都市ポルトも首都リスボアよりも逸速い発展をとげた。だが、リスボアはすぐに首位を回復した。というのも、マドリードと違って肥沃な後背地と天然の港を持つリスボアはまさに首都に適した立地条件にあるからである。マドリードは20世紀後半に高速道路や飛行機が交通革命をもたらして初めてスペインでもっとも重要な都市となった。1950年のマドリードはバルセローナよりわずかに大きいだけにすぎなかったが、1990年にはこれを大きく引き離した。

都市の発展の陰には農業の衰退と農村部の過疎化があった。これらの現象は20世紀初頭に始まって1950年から加速化し、イベリアの都市化を押し進めた。成長を続ける観光産業がイベリア東部と南部の海岸地帯の景観を変え、好景気をもたらした。超高層建築のホテルや休暇用の賃貸マンションが林立し、アルガルヴェからカタルーニャまでイベリアの海岸線はくまなく都市化された。ファーロ、マラガ、アリカンテといった古くからの都市ではその周辺部までもが広く都市化された。トレモリーノスやベニドルムのように以前は漁村だった所が巨大な保養地に様変わりした。特にポルトやガリシア地方のビーゴなどの港町、海軍基地のあるムルシア地方のカルタヘーナ、またリスボアの南にある工業地帯に隣接したセトゥーバルの都市化は急速だった。

海岸から遠く離れた所でも、19世紀の末からほぼすべての県都で人口が増加した。県都の多くはまだ農村部に大きく依存しているものの、地方行政・銀行業・サービス業の発展によって雇用の機会が増えるにつれて農業人口は減少している。旧カスティージャの州都バジャドリード、エブロ川沿いのサラゴーサといった軽工業都市にも人口は移動した。今日、マドリードの郊外は急速に宅地化が進んでいる。高収入の若い夫婦がこれまでの長い伝統を捨てて郊外に住むようになったからである。しかし、マドリードとその近郊はカスティージャでは珍しいケースである。今日の交通手段の発達は人口流出を加速化し、内陸部ではますます過疎化が進んでいる。

第2部　イベリアの歴史
A HISTORY OF THE PENINSULA

西ゴート王国滅亡までのイベリア

先史時代

　広大で変化に富むイベリアに太古の昔よりさまざまな民族が住みついてきたことはなんら驚くには値しない．イベリアの先史時代を見る時，こうした民族の間になんらかの統一性を無理に見出そうとしたり，あるいは文化の漸進的な発展があったなどと想定してはならない．多くの場合，彼らは生活の場を共にし，それぞれの文化は互いに影響し合い，多種多様な形で混淆していった．

　歴史以前の時代，すなわち一般によく言われる「先史時代」というのは的を射た呼称である．当時の人間の営みを考古学の面だけからたどることは到底不可能である．文字が現れる以前の時代についてできるのは，せいぜいすでに消滅してしまった社会や人々が所々に残していった痕跡の研究だけである．旧石器人の生活を裏付ける最高傑作は野牛やその他の動物を描いたカンタブリア山脈にあるアルタミーラの洞窟壁画群である．躍動感に溢れるこの壁画群を描いたのは，紀元前1万6000年から1万年頃の最後の氷河期末期のマドレーヌ文化の人々だった．そして近くのコバラーナスではこれよりさらに時代を遡って紀元前3万年よりも前のオーリニャック期の絵も発見されている．

西ゴート王国滅亡までのイベリア

右　メノルカ島のエルス・トゥデンスにあるナベータと呼ばれる紀元前1500-1300年の集合墳墓はスペインで今日まで崩れずに残っている最古の建築物である．青銅期に造られたこの墓の内室からは100人以上の人骨が発見された．

下　さまざまな色と驚くほど正確な遠近法で描かれたアルタミーラの洞窟壁画群は，今日知られる旧石器時代の芸術作品としては世界屈指の傑作である．石器時代の人々がこの壁画を描いたはっきりした理由は不明だが，一般的には狩りの成功を祈願するための儀式と関係があると思われる．

　巨石を用いた遺構，わけても新石器時代にヨーロッパの北部と西部の初期農耕民の間に広まった巨石文化が生んだいくつかの石室からなる墳墓もまた見る者を圧倒する．紀元前2000年紀の青銅器時代末期のミュケナイ期のギリシアの蜂窩状墳墓トロス (tholos) に似たこれらの石室墳墓は，かつては地中海東部の文化にその起源があるとされた．だが，放射性炭素による調査の結果，原型とされたトロスよりもはるかに古いことが判明した．イベリアの巨石遺構は大西洋沿岸から南部沿岸にかけて馬蹄形状に分布する．ポルトガルのカラビートで見つかった紀元前4000年紀に遡る大規模な石室墳墓や，スペイン南部アンテケーラ近郊のロメラールの洞窟で発見された石室墳墓はこの一例である．後者の中心にある石室の高さ4mの壁は乾いた石を持ち送り状に積み上げて造られ，その上を直径70mもの土の塚が覆っている．また防禦用の稜堡付きの壁をめぐらせた砦も見つかっている．ポルトガルのテージョ（スペイン語名はタホ）川流域のザンブジャールやヴィラ・ノヴァ・デ・サン・ペドロ，スペインのアルメリーア県のロス・ミジャーレスの砦などは紀元前3000年紀初期のものである．この時期にはイベリアで銅器も作られ始めた．

イベロ人

　今日，イベロ人の名で呼ばれる人々の起源をめぐってはさまざまな学説がある．紀元前1600年頃にイベリアに姿を現した彼らの祖地は北アフリカというのが長い間の定説であったが，現在ではヨーロッパ南部と見る研究者が多い．イベロ人の住居址はスペイン南部の沿岸とグアダルキビール川流域，次いでカタルーニャまでの地中海沿岸，それからさらにその北にまで分布する．アンセリュ―ヌをはじめ，フランス南部でもイベロ人の住居址が発見されている．

　他の地中海民族と同じく，イベロ人もまたその歴史の初めから好んで都市に住んだらしい．この傾向は時とともに強まり，ついには高度に整った内部空間を備えた要塞都市が造られた．こうした都市はイベリア北東部のウジャストレート（紀元前500-200年）やセビージャ県のオスーナ（紀元前1世紀）に見るように，巨石を積み上げた防壁に守られていた．イベ

ロ人の社会の様子は不明なところが多い．彼らは多くの部族に分かれ，それぞれの長の支配下にあった．互いの間に共同体意識はなく，ただある種の封建的階級差のようなものがあったらしい．現在のアンダルシーアに相当する地域にあった20もの町を支配したクルクスという王の名が今に伝わっている．イベロ人の兵士は命をかけて最後まで指揮者に従うのが義務だった．後世のローマ人の記録には「イベロ人の忠誠」(devotio iberica) という言葉が出てくるが，これは多分イベロ人のこうした慣わしを指すものと思われる．

　イベロ人は独自の文字を持っていた．彼らは後にフェニキア文字を採り入れてこれを改良し，半は音節文字である29文字のアルファベットを創り出した．彼らの文字で書かれた碑文は数多く見つかっているが，まだ解読はされていない．ただ，彼らの言語はどうやらアンダルシーアと地中海沿岸とでは違っていたようであり，またインドヨーロッパ語族の言語ではなかったらしい．一時は現在のバスコ語がかつてのイベロ語の系統を引いていると考えられたが，今日では両者は無関係であるというのが定説となっている．その結果，バスコ語の起源は依然として謎のままである．

　イベリアの住民はイベロ人だけではなかった．紀元前7-6世紀に中央ヨーロッパのハルシュタット文化に属するケルト人が大挙ピレネー山脈を越えてイベリアの北部と西部に侵入し，やがて中央部のメセータ一帯を中心にイベリアのおよそ半分に相当する地域に住みついた．彼らは先住民と速やかに混淆し，そこから特異なケルトイベロ文化が生まれた．それはイベロ人の文化よりも農耕色の濃い文化だった．

広がる交流─フェニキア人の渡来

　紀元前1300年代に入ると，イベリアの南西部で文化の大きな展開が見られた．ポルトガル南部のアレンテージョを中心に，文様を彫った石碑 (stela) を特徴とする石棺に死者を葬る文化が現れた．石碑に彫られているのは主に槍や剣といった武器と錨の形をした不可解な物体である．この文化は徐々に東のアンダルシーアとエストレマドゥーラに広がり，文様も多様化していった．文様の中には，ミュケナイの戦士の壺に描かれた楯によく似て，奇妙なジグザグ模様が付いた楯や

イベリア芸術

　紀元前1000年紀のイベリアでの人間の生活を知るのに最良の情報源は芸術作品で，これによって当時の服装や武器，その他のことを詳しく知ることができる．こうした遺物は一般に副葬品や祭具であり，その出土時の状況を慎重に研究することによって当時のイベリア社会の構造の大筋が推測できる．加えて，作品そのものの完成度も高い．

　イベリア芸術の中で特に際立つもののひとつは彫刻である．もっとも多いのは人物像だが，動物を象った出土品も多い．大型の作品は石造りだが，奉納用に青銅で作られた小型の人間の立像も珍しくない．陶器や装身具類も相当な数に上る．イベリア芸術にはフェニキアとギリシアの影響が見られる．だが，それは決して単なる模倣ではなく，独自の様式が認められる．ただ正確な制作年代の特定は難しい．一般には紀元前4世紀がイベリア芸術の最盛期と考えられているが，セビージャ県のオスーナで出土した数点の見事な彫像は紀元前1世紀のものと思われる．紀元前3世紀にはイベリアにローマ人が登場するが，これによってイベリア芸術の伝統が途絶えることはなかった．紀元後1世紀になってもなお彩色陶器は作られ続け，イベリア芸術の影響はローマ時代の多くの彫刻にさえ認められる．

下　支えのない牡牛の彫刻はイベリア芸術によく見られる．バラソーテで出土したこの半牛人は耳の上に角の一部が残っている非常に珍しいものである．この作品はイベリア芸術の典型で，やや粗い仕上りはいかにも原始人の芸術である．しかし，これの起源は土着のものではないらしい．半獣人という空想的な主題はオリエントの宗教に遍在することから，フェニキアの影響が考えられる．またスペインのロージョスでアルカイックなギリシア彫刻の半馬人ケンタウルスが出土していることから，ギリシア起源の可能性もある．類似物が存在しないことから，こうした彫刻はイベロ人にはあまり好まれなかったと思われる．

「エルチェの貴婦人」(上)と「バーサの貴婦人」(右)は墓石彫像である．後者は1971年に墓の中で発見されたままの状態で展示されている．両者の後部の穴には骨壺が納められていた．彫像にはもとは白いモルタルが薄く塗られ，鮮やかに彩色されていた．「バーサの貴婦人」にはこの彩色がかなり残っている．墓には兵士の装身具が納められていたところから彫像が埋葬者を象ったものではないことは明らかである．イベロ人が信奉した冥界の女神か，あるいはフェニキアの女神アスタルテではないかと言われる．

西ゴート王国滅亡までのイベリア

左 剣と楯を捧げ持つこの青銅の兵士像はイベリア彫刻の典型的な作品のひとつである．カエトラと呼ばれる小さな楯と剣と広い帯はイベリア南部のイベロ人兵士の装身具だと考えられている．しかし，この彫像は祭祀関連の品物と共に出土したため，これがイベロ人の生活をそのまま反映しているという確証にはならない．

下 陶器の装飾から当時の人々の生活がわかる．ここに描かれているのは何人かの兵士である．大きな楯と槍を持っているのははっきりわかるが，身なりの違いについては衣服なのか武具なのか解釈が分かれている．

下 イベリアの工芸品にはオリエントとギリシアから伝えられた技術にイベリア独自の芸術感覚を加えて製作された金銀細工が多く，高度な技術を窺わせる．ハーベアで発見されたこれらの作品はある女性の収集品だったらしい．王冠の線細工にはオリエントの強い影響が見られる．螺旋状の模様はケルトの影響だが，植物文様とこれの平面上の展開はイベリア独自のものである．

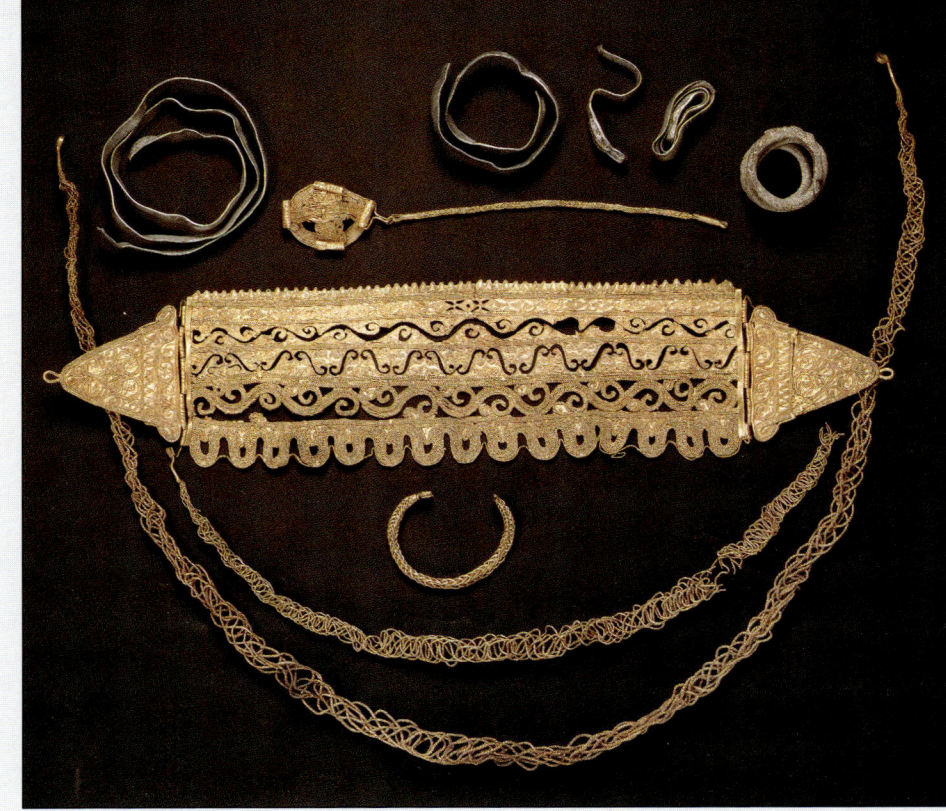

27

第2部 イベリアの歴史

戦車がある．それからこの石棺文化の最北端で出土した紀元前800〜650年頃の石棺には竪琴が彫られている．青銅器時代のこの文化がヨーロッパの他の文化から隔絶していなかったことは，ウエルバ県のオディエル川で発見された紀元前800年頃のものと思われる船の残骸からも明らかである．この残骸の中には400点を超える品物が含まれていたが，これの半数以上を占める武器の多くはフランス中部のロワール川流域が発祥地とされる「鯉の舌」と呼ばれる類の剣である．

しかし，拡大する外界との交流の中でもっとも重要なのは，地中海東部の町ティルスを拠点とするセム系のフェニキア人との交流だった．「要塞化された土地」を意味するフェニキア語 Gadir に由来する現在のカディスは，伝承によれば渡来したフェニキア人によって紀元前1100年に創設された．だが，同地でのフェニキア人の入植を示すもっとも古い出土品は紀元前8世紀のものである．そしてイベリアの南岸，特にマラガその他の居留地が生まれたのも同じ頃と思われる．どうやら初期のカディスは単なる交易基地に過ぎなかったらしいが，トスカーノスその他の交易基地は明らかに最初から入植地として建設されたと見られる．

タルテソス文化

フェニキア人の到来に刺激されてイベリア先住民の青銅器文化は大きく発展した．イベリアのオリエント化時代と呼ばれるこの時期の最後の所産はタルテソス文化である．ギリシ

左 ソラーナ・デ・カバーノスで出土した紀元前850-750年頃の文様を彫ったこの石の墓碑は，イベリア南西部にエリートの軍人貴族階層が出現したことを物語る証拠のひとつである．死者は武器や奇妙なジグザグ模様が彫り込まれた楯，それから戦車に囲まれて描かれている．こうした石碑の多くには未解読の碑文が彫られている．

右 金属加工技術に優れたイベロ人は多くの工芸品を創り出した．右の金の壺と器はアリカンテ県のビジェーナで出土した．ここからは合計66個の金属製品が見つかったが，このうち6個を除いて他はすべて純金製だった．出土品の中に2個の鉄製品があったことはイベロ人が鉄を重視したことを物語っている．紀元前730年頃に丁寧に地中に埋められたこれらの品物は，地方首長の財産かあるいは戦利品と見られる．

西ゴート王国滅亡までのイベリア

イベリア先住民の定住

巨石文化の分布からもわかるように，イベリアの先住民が気象条件の厳しい中央部のメセータ台地を避けてもっと居住条件に恵まれた沿岸部を選んで定住したのは驚くに値しない．青銅器時代のイベリアでは実に多種多様な文化が展開した．左の地図は主要な4つの文化圏を示す．これらの社会は農業を主な基盤とし，硬い土壌の上に巧みに定住地を切り開いた．エル・アルガール文化圏では紀元前2200年に灌漑技術が使われた．モティージャス文化はラ・マンチャの平原に石造りの城を建てた．ここでの農業は主に家畜の飼育の形を採った．また銅・鉛・錫の鉱脈が採掘された．イベロ人は数多くの独立した部族に分かれていた．今日これらの部族については多くの場合，ギリシア・ローマ時代の文献が伝える名前しかわかっていない．それだけにギリシア・ローマ文明と活発な交流のあった地中海沿岸と南部については情報が多い．実際は部族社会はイベリア全土に広がっていたと考えられる．イベリアの北部と中央部は鉄器を持ったケルト人の侵入によって，そして南部はフェニキア人をはじめとする商人の到来によって，青銅器時代の人々の生活には大きな変化が起こった．フェニキア人との交流からイベリア先住民のタルテソス文化が生まれ，現在のアンダルシーアを中心に繁栄した．

ア人の手になる史料によってその名が今に伝わるタルテソスは，長い間ひとつの大きな町と考えられてきた．そしてそれが伝説によれば繁栄の最中に海中に沈んだとされるアトランティスにまつわる神話の元となったとする学者もいた．しかし，タルテソスの所在地を突き止めようとした多くの努力がことごとく失敗に終わった現在，研究者の大半は「タルテソス文化」という呼称の方を好んで用いる．

フェニキア文化とイベリアの先住民文化との密度の高い融合から生まれたタルテソス文化はスペイン南部一帯に広まった．その中核地帯にはニエブラ，ウエルバ，セビージャ県のエル・カランボーロなど，整然とした町並みを備えた要塞都市が建設された．わけてもエル・カランボーロからは驚くほどの量の金の宝飾品が出土している．これらを見ると，タルテソス人は金属加工技術に優れ，フェニキア人のさまざまな技術に精通していたことがわかる．また先に述べたイベロ人の2つの言語の文字とは異なる独自の文字を持っていた．ただ不思議なことに，このタルテソス文字の碑文はその文化の中核地帯ではなく，ポルトガル南部のアルガルヴェに集中して発見されている．

タルテソス文化を支えたのはモレーナ連山とティント川流域の銀・鉛・錫などの豊かな鉱物資源だった．研究者の中にはタルテソスと旧約聖書に出てくるタルシスとを同一視する向きがある．そうなると，タルテソスは中東との間に遠隔交易を行なったことになる．だが，これには確証がない．タルテソス文化は原因不明のうちに紀元前6世紀に滅びたと見られる．

ギリシア人の渡来

イベリアの豊かな鉱物資源に惹かれたのはフェニキア人だけではなかった．ギリシア人も古くからイベリアについて知っていた．ホメーロスの『オデュッセイア』ではヘラクレスの柱，すなわちジブラルタル海峡を越えた所に冥界の入口があるとされ，それはどうやらイベリアの海岸部を指しているらしい．『オデュッセイア』が書かれたのは紀元前750年頃だが，主人公オデュッセウスがこの幻想の国を訪れる話は，当時のギリシア人にとってイベリアがまだ半ば神話の国であったことを示している．またタルテソスの名が初めて現れるのはヘロドトス（紀元前484？-420？）の『歴史』の中である．そこにはサモスのコライオスというギリシアの商人が風に船を流されてイベリアに漂着，ここでアルガントニウスというタルテソスの王と交易を行なった話が語られている．「銀山の王」を意味するアルガントニウスという名から，鉱物資源に恵まれたタルテソスの様子が窺われる．ヘレースで発見された潰れたコリント風の兜を含む一連の出土品から判断すると，イベリアに対するギリシア人の関心はウエルバ地方周辺に集中していたらしく，ここではギリシアの陶器類が大量に見つかっている．ただ，こうした品物がギリシア人によってもたらされたのか，それともギリシアの品物を扱う他国の商人達の手で運ばれてきたのかは明らかではない．

紀元前550年頃になるとギリシアの陶器はイベリア南部から姿を消す．これがコルシカ沖でのアラリアの海戦で，ギリシア軍がフェニキア・エトルリアの連合軍に敗れたことと関連していることはまず間違いない．以後，西地中海は完全にギリシアとの関係を断たれてしまった．それにしてもフェニキア人の場合と異なり，ギリシア人の影響はイベリア南部の先住民の文化に大きな飛躍をもたらすことはなかったと思われ，これ以降のギリシアからの影響はごく微々たるものに留まった．

第2部　イベリアの歴史

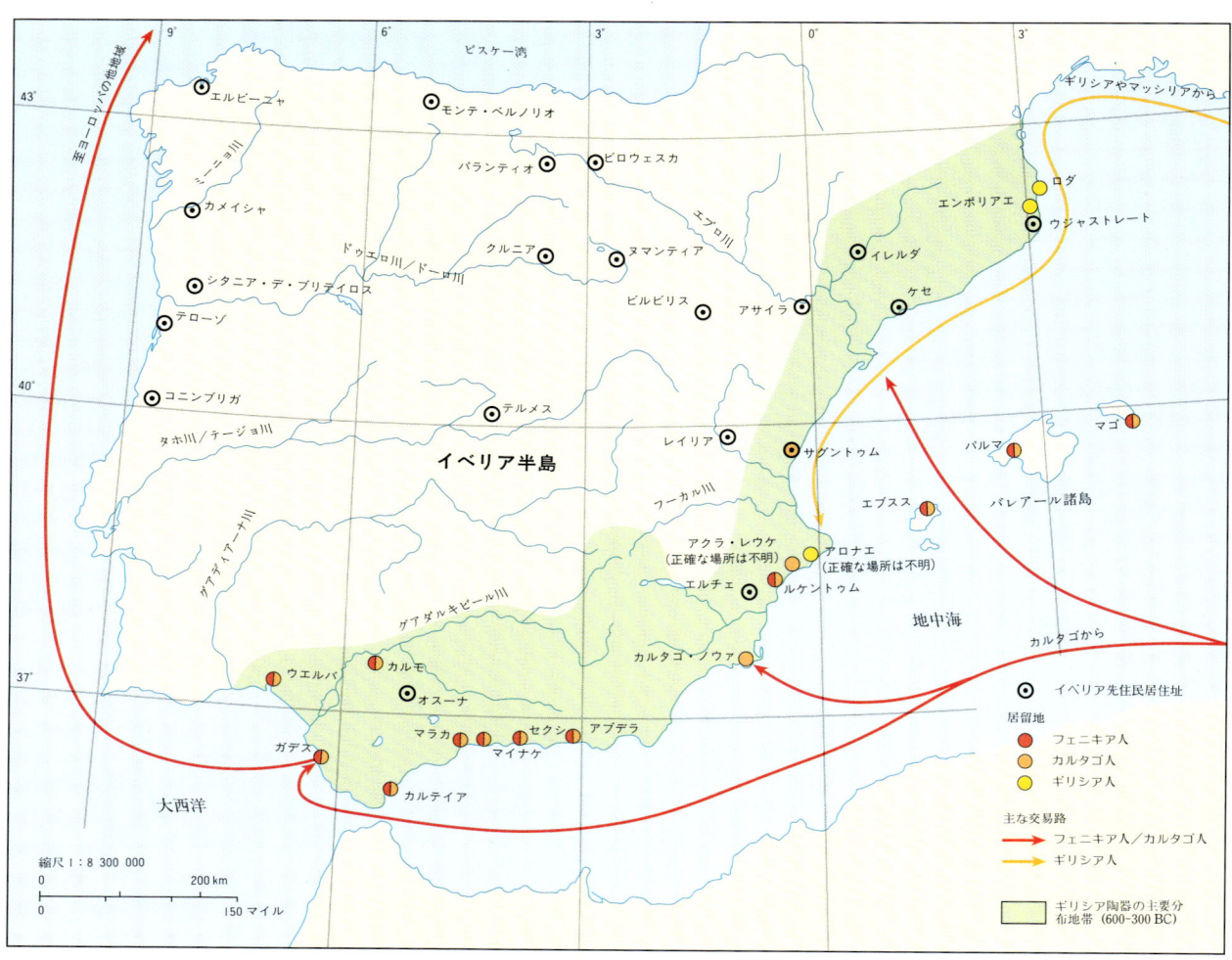

植民活動と交易

先ローマ期のイベリアにもっとも大きな影響を及ぼした外来文化はフェニキア文化だった。そもそも「スペイン」という名称からして、「穴兎」を意味するフェニキア語に由来するという説が有力である。イベリアに多くいる穴兎が及ぼす害についてはローマ時代の地誌学者ストラボンも言及している。ギリシア人はイベリアを知っていた。フォカイア人とサモス島から来たコライオスという名の商人がイベリアの大西洋岸にあるタルテソスを訪れたという記述が年代記に見られる。しかし、紀元前535年のアラリアの戦いの後、ギリシア船は西地中海から閉め出されたことから、ギリシアの影響はわずかだったと思われる。陶器をはじめとするギリシア製品の商取引は続いたが、これは主にフェニキア人を仲介に行なわれた。ギリシア人の定住はマッシリア（現マルセーユ）からのギリシア人が植民地を建てたイベリアの北東部に限られていた。フェニキア人は個々に独立した交易拠点を築いて定住を始めたが、中でもっとも重要だったのはガデス（現カディス）だった。紀元前3世紀中頃、フェニキア人の町はバルカ一族の建てたカルタゴ帝国に併合された。こうしたカルタゴの勢力拡大にローマは警戒心を抱き、カルタゴの勢力圏はカタルーニャのエブロ川までと定められた。ギリシアの影響もカルタゴの影響もイベリアの地中海沿岸と南部沿岸に限られた。中にはもっと北部にまで進出した果敢な商人もいたが、その数は少なく、先住民の生活に影響を及ぼすには至らなかった。

これに比べるとイベリアの北東部ではギリシア人の影響はもっと大きかった。紀元前575年頃、フランス南部のギリシア人の町マッシリア（現マルセーユ）からの入植者がエンポリアエ（現アンプリアス）とロダ（現ローサス）にいくつかの居留地を設けた。エンポリアエの意味は「市場」である。やがてこれらからギリシア陶器が大量にイベリアの他の地域に広まっていったが、カルタゴ風の文様が施された壺が多いことから、伝播の担い手となったのはギリシア人ではなくフェニキア人だったようである。中でも、アンプリアスに近いイベロ人の町ウジャストレートでは驚くほどの量のギリシア陶器がこれまでに出土している。事実、しばしば指摘されるように、この町の創設にはギリシア人の技術が大いに関わった。だが、ここでひとつ注意しなければならないのは、こうした影響はしばしば見る者の眼にそう映るものだという点である。つまり、これまでイベロ人の芸術にはギリシアの影響が大きいとされてきたが、あるいはこの地域におけるフェニキアの影響が逆に過小評価されてきたのかもしれない。かつてはギリシア人の町と見られていたマイナケ（現ベレス・マラガ）やアブデラ（現アドラ）が、今日ではフェニキア起源とされるのと同じく、見直しの必要がありそうである。

ポエニ戦争

やがてイベリアはフェニキアとギリシアとの間の争いよりもはるかに大規模な抗争に巻き込まれた。カルタゴとローマとの対立である。フェニキア人が北アフリカに建てたカルタゴは西地中海を制する勢力に成長し、また同じ頃新興のローマも台頭が著しかった。両者の覇権争いは歴史上ポエニ戦争の名で知られる。第1次ポエニ戦争（紀元前264-241）で敗れたカルタゴはシチリア島とサルデーニャ島をローマに譲り、代わってイベリアの征服で再起を図った。イベリア南部にフェニキア以来の地盤がある以上、当時カルタゴの政治の第一線に立っていたバルカ一族のこの決断はごく自然な選択だった。

紀元前237年、ハミルカル・バルカ（紀元前229/8没）は軍勢を率いてカディスに上陸した。そして続く数年間、カルタゴの支配はイベリアの沿岸部から内陸部に向かって北上を続けた。また3万人の「フェニキアの芽」、すなわち入植者がカルタゴからイベリアに移住、南部の沿岸一帯にフェニキア文化の基礎を据えた。これの影響はその後300年以上も後のローマ帝国期まで続いた。要衝となる町は防備を固めて要塞化された。後にローマ人やイスラム教徒の手で再建されるカルモナのセビージャ門が建てられたのもこの時期である。紀元前228年、イベリア南東部の沿岸にカルタゴ・ノウァ、すなわち新カルタゴ（現カルタヘーナ）がこの新帝国の首都として創設され、紀元前221年にはハンニバル（紀元前247-183）がその支配権を握った。強力な拡大政策を推し進めた結果、ハンニバルの版図はおそらく西部ではサラマンカにまで達したと思われる。彼はイベリア南部カストゥロ（現カスロナ）のイミルケというイベロ人の女性を妻に迎えた。カルタゴの支配は野蛮だったと言われる。だが、これを伝える唯一の史料がローマ側のものである以上、この評価をそのまま受け入れることはできない。

イベリアにおけるカルタゴの支配が急速に拡大したことにローマは警戒心を募らせた。紀元前226年、エブロ川をカルタゴの勢力圏の北限とし、これの南側ではカルタゴはまったく自由であるとする内容の条約が両勢力の間に結ばれた。しかし、第2次ポエニ戦争（紀元前218-201）の原因となったのはまさにイベリアのサグントゥム（現サグント）であり、ロ

ーマのイベリア介入は以後途切れることはなかった．イベロ人の一派であるアルセタノ人の町サグントゥムはエブロ川の南160kmの所にあった．住民はカルタゴの支配を嫌い，ローマの同盟都市となった．ローマとカルタゴが結んだ条約で言及されるエブロ川が今日のエブロ川を指すとするならば，サグントゥムは完全にローマがカルタゴに認めた勢力圏内にあった．ローマは自らの同盟都市であるサグントゥムに干渉しないようにとの警告をカルタゴに発したが，イベリアの領地を確保する意を固めていたハンニバルはこれを無視してサグントゥムへの攻略に踏み切った．

開戦とともに，ハンニバルは大勢のイベロ人を加えた部隊と戦闘用の象37頭を率いてピレネーとアルプスを越えてイタリアに迫った．これに対してローマは紀元前218年にグナエウス・コルネリウス・スキピオの指揮下に2軍団をイベリアの戦場に派遣した．彼は今日のカタルーニャ地方のタラコ（現タラゴーナ）に基地を置いた．翌年，弟のププリウスも戦線に加わった．続く5年間，「双子の雷」と呼ばれた2人はカルタゴ軍に連勝を重ねて南下，グアダルキビール川流域にまで達した．これによってイベリアからハンニバル軍への補給路が断たれ，ローマは存亡の危機を脱した．しかし，紀元前211年にグナエウス指揮下のケルトイベロ兵が戦列を離脱し，次いでグナエウスがカルタゴ・ノウァの近くで殺されるとローマの連勝も頓挫した．そしてその1カ月後にはププリウスもグアダルキビール川の上流地点での戦闘で死んだ．後世，民衆の好古趣味からタラゴーナの真北に立つ塔こそはこの2人の墓であるとされ，今日でも「スキピオの塔」と呼ばれているが，これはまったくの俗説に過ぎない．ちなみに，イベリアの先住民はカルタゴ軍にもローマ軍にも兵として加わっていた．

ローマ軍の損失は間もなくププリウスの息子の登場によって補われた．父親と同名の彼は後にカルタゴを征服してスキピオ・アフリカヌス（紀元前236-184/3）の名で後世に知られる人物である．紀元前210年に1万の兵を率いてカタルーニャの沿岸に上陸したププリウスは若年で経験にも乏しかったが，たちまち優れた軍才を発揮，紀元前209年にはカルタゴ・ノウァを包囲してこれを降した．この後，イベリアでのカルタゴの命運は急速に傾き，敗北を重ねて南へ後退していった．そして紀元前205年のイリパ（おそらくはグアダルキビール川下流にある現アルカラー・デル・リーオ）の戦いの後，カルタゴはイベリアをローマに譲った．

ローマ人のイベリア定着

スキピオはイリパの戦いで負傷した兵の一部をセビージャの北にある村に入植させ，これをイタリカ（現サンティポンセ）と命名した．これ以後，イベリアに対するローマの関心は消えることがなかった．ローマがイベリアを放棄せずに海外領土のひとつに加えたのは経済的な理由からだった．紀元前202年から198年にかけての間に，約2トンの金と100トンの銀がイベリアからローマの国庫へ送られた．紀元前197年，ローマはイベリアの領土を2つの属州に分割した．広い方はピレネー山脈から東部海岸沿いに下って南部のリナーレスに至る地域で，ヒスパニア・キテリオル（近ヒスパニア）と呼ばれた．首都はカルタゴ時代の首都カルタゴ・ノウァに置かれた．もう一方のヒスパニア・ウルテリオル（遠ヒスパニア）は現在のアンダルシーアのほぼ東半分に相当し，グアダルキビール川が遡上可能な最終地点に位置するコルドゥバ（現コルドバ）が首都となった．

ローマはこの後200年以上かけて支配圏を徐々に北と西へ広げていった．この拡張政策の理由は研究者によってまちまちである．ローマは当初からイベリア全土の掌握を狙ったとする者もいれば，国境線を確保する必要から絶えず支配圏の拡大に引き込まれていったと見る者もいる．また支配圏の拡大は中央からの命令に沿うというよりはむしろ1年任期でイベリアの統治に当たった代々の属州総督が，帰国後ローマの政界で栄達を図るのに必要な富と功績を求めた結果であるとの見方もある．理由はともあれ，イベリアはローマにとって手強い相手だった．ブリタニアを50年足らずで降したのとは対照的に，ローマはイベリアを制圧するにはこれのほぼ4倍の歳月を要した．

イベリアの征服はほとんど絶えることのない裏切りと蛮行の連続だった．属州となってから間もなく，ヒスパニア・ウルテリオルの広い地域で反乱が起きた．自由の身になるのではなく，単に支配者が交代するだけだと知ったイベリア先住民の反乱はヒスパニア・キテリオルにもすぐに飛び火した．反乱の勢いは凄まじく，執政官カトー（紀元前234-149）が自ら7万の軍勢を率いてイベリアの戦場に赴かざるを得ないほどだった．カトーは反乱を鎮圧し，その間に相当な富とローマで凱旋式を挙げる栄誉を手にした．しかし，この反乱と容赦のない弾圧はこの後ローマがイベリアで長期にわたって遭遇することになる数々の難問の前触れでしかなかった．

ケルトイベロ人の抵抗

イベリア中央部に住むケルトイベロ人は執拗にローマの支配地域に攻撃を仕掛け，ローマの安定した支配をほとんど不可能にした．ヒスパニア・キテリオルと境を接する部族とは一応の和平が成立したが，ヒスパニア・ウルテリオルの事態は深刻だった．紀元前150年代に同地は現在のエストレマドゥーラに住んでいたルシタニア人の相次ぐ略奪を被り，あげくのはてに紀元前151年には属州総督スルピキウス・ガルバが率いる部隊が敗北を喫して7000人もの兵を死なせた．この後，ガルバはヒスパニア・キテリオルの総督と結束してルシ

下　エンポリアエ（アンプリアス）という名前がギリシア語で「市場」を意味することから推測されるように，この町はマッシリアからやってきたギリシア人の交易拠点として紀元前575年頃に建設された．ギリシア人の進出は成功し，間もなくイベロ人の居住区も生まれた．ギリシア人が建てた町に隣接して後にローマ人が都市を建設した．写真はその中央広場の一部．

第2部　イベリアの歴史

タニア人への挟撃作戦に打って出た．そしてルシタニア人が間もなく和平を申し入れてくると，ガルバは直ちに一計を弄してルシタニア人9000人を殺戮し，2万人を奴隷として売り飛ばした．

ガルバの行為はローマでも非難を巻き起こした．無駄に終わったとはいえ，カトーはガルバの身柄をルシタニア人に引き渡すべしと訴えた．ルシタニア人は紀元前141年にはウィリアトゥスという名の指導者の下に結集し，再びヒスパニア・ウルテリオルを意のままにした．しかし，ここでウィリアトゥスがローマとの和平に応じたのは失策だった．ローマはルシタニア人の領地を安堵し，ウィリアトゥスを「ローマ人の盟友」とするというのが和平の内容だった．だが，和平は翌年には破棄され，ローマはルシタニア人への攻撃を再開した．やがてウィリアトゥスはローマ軍に買収された自分の側近2人に喉を刺されて死んだ．

ウィリアトゥスの死後，ローマの支配に対する抵抗の中心はもっと遠い北部に移った．そこではケルトイベロ人の数部族が結束してセゲダの町に立てこもっていた．ローマ軍の1部隊が派遣されて町を破壊すると，住民は近くのヌマンティアに避難した．ヌマンティアはドゥエロ河畔に立つ現在のソリア市の近郊にあった．直ちに町は包囲され，20年に及ぶ攻防の末にようやく紀元前133年にローマの軍門に降った．勝ったローマ軍の指揮官スキピオ・アエミリアヌスは町を完全に破壊し，生き残った住民を奴隷として売り飛ばした．これはすでにイベリアでは慣例となっていた戦後処理法だった．この戦争の余波は長い目で見るとおそらく勝者も敗者も想像もしえなかったほど大きかった．すなわち，戦場の指揮を取るべくヌマンティアに赴く途中，過疎化した北イタリアの農村を目にして深い衝撃を受けた若き日のティベリウス・グラックス（紀元前162-132）が後にローマで一連の改革に着手するが，それはやがてローマの共和制を根底から揺さぶり，期せずして共和制の崩壊へと繋がっていったのである．

内戦の舞台

ヌマンティアの陥落によってローマへの頑強な抵抗は大きな支えを失った．だが，イベリアは今度はローマの内紛に巻き込まれた．紀元前83年，クイントゥス・セルトリウス（紀元前123？-72）はヒスパニア・キテリオルの総督に任命された．その後，自分が属する派閥がローマでの政争に敗れると，彼は任地から逃亡してしまった．しかし，紀元前81年にルシタニア人から自分達の指導者になって欲しいとの要請を受けると，イベリアに舞い戻った．セルトリウスは有能で人を惹きつける非凡な力を具えた軍人だった．ケルトイベロ人と亡命ローマ人から成る混成部隊を率いた彼は，瞬く間にイベリアをローマの中央政府の手から切り離してしまった．紀元前77年にはイベリアの実質的な支配者となって北東部のウエスカを自分の首都に定めた．先住民の信望を得たセルトリウスは向上心に富む土地の支配階層にローマ流の教育を施す一方，自分の目的のために先住民の慣習を採り入れることも辞さなかった．たとえば，どこへ行くにもいつも1頭の飼い馴らした鹿を連れていった．彼に付き従う先住民達の多くはこの鹿をセルトリウス家の霊の化身と見做した．

軍才に長けたセルトリウスは10年もの間，ローマから派遣されてくる討伐軍をことごとく退けた．彼の前に敗れた者の中には討伐軍の指揮を執った若き日の野心に溢れるポンペイウス（紀元前106-48）もいた．しかしながら，セルトリウスの方も次第に力を消耗していった．そしてそれまで付き従ってきた先住民の多くに見捨てられたあげくにペルペナという臣下に暗殺された．セルトリウスの後を継いだペルペナには

セルトリウスが具えていた人望も軍才もなく，たちまちポンペイウスの前に敗れ去った．

ローマの支配下に戻ったのも束の間，イベリアは今度はローマの内戦の舞台と化した．紀元前49年，ユリウス・カエサル（紀元前100-44）はイベリア北部のイレルダ（現レリダ）でポンペイウス軍を打ち破った．続いてカエサルはイベリア全土を駆けめぐって自分を支持してくれると確信できる者を役職に就けた．しかし，彼がヒスパニア・ウルテリオルの総督に任命したクイントゥス・ロンギヌス・カッシウス（紀元前47没）は不手際な統治によって任地を混乱に陥れ，これをポンペイウス側に走らせてしまった．続いて起こった反乱でコルドゥバは灰塵に帰した．そこで紀元前45年にカエサルは自らイベリアに戻り，ムンダの戦いでポンペイウス軍に止めの一撃を加えた．戦場となったムンダがアンダルシーアのどこであったかは不明だが，この合戦は後に「ムンダの戦い」と言えば「血で血を洗う戦闘」の代名詞となったほどの激戦だった．

共和制ローマの支配

共和制末期の紀元前31年までにはローマは北西部の僻地を除いてイベリア全土を掌握した．共和制ローマの支配が先住民に与えた影響は一様ではなかった．19世紀西ヨーロッパの植民地帝国と異なり，ローマには文明の伝播者たる使命感はなかった．ローマ文化の受容とこれへの順応は上からの強制によるのではなく，むしろ先住民自身の方から始まった動きだった．紀元前87年のボトリータ（サラゴーサ市の南西にある町）での一件に見るように，ローマ人はイベリア先住民との関係にローマ法をもって対処した．しかし，これは被征服民に有無を言わせぬローマ人の態度の現れにほかならず，先住民の間にラテン語とローマ法が広まりつつあったことの明らかな証拠と捉えるべきではない．

ローマ人の到来によってもイベリア文化は消滅しなかった．むしろイベリア文化の出土品の多くはローマ時代に入ってからのものである．タラコの堂々とした城壁は長い間，ローマ以前のものと考えられてきたが，現在ではローマ時代の初めに築かれたことが判明している．この城壁は異文化融合の好例である．すなわち，城壁はイベリア流に大きな平石で造られているが，同時にその内のひとつの門の上にはローマの女神ミネルウァの像が置かれている．町の守護神の像をこうした形で置くのはイタリアの慣例だった．だが，よく見ると，ミネルウァを象徴する楯には普通ならばゴルゴンの頭部が彫られているのだが，ここではそれがイベリアの狼に置き換えられている．概して共和制時代に建てられたローマ風の建物は数少ない．ボトリータにある柱廊が付いた土煉瓦造りの建物は徐々に強まりつつあったローマの影響を反映するものでもあろうが，それでもその外観を見る限りローマの影響はまだ半ばといったところである．

この時期にはイベリアでの貨幣鋳造も始まった．その一部はローマの基準に沿ったいわゆるイベリア銀貨である．鋳造の目的は，おそらくローマ軍に編入されたイベリア先住民の兵に支払う給与の額をローマ当局が容易に把握できるようにするためだった．そしてここにもまたイベリアとローマ双方の要素の混淆が見られる．文化借用の流れは決して一方的ではなかった．イベリアでの戦闘を通してローマ軍団の歩兵はイベリアの剣を採用し，また衝撃を加えると曲がるように造られたピルム（pilum）と呼ばれる投槍はソリフェルム（soliferrum）というイベリア人の似たような武器がモデルだった．

紀元前171年，ローマ元老院はイベリア南部のカルテイア

西ゴート王国滅亡までのイベリア

(現アルヘシーラス近郊)の住民の要請に応えてローマ市民権の一部を彼らに授与した．だが，このような早い時期にこの種のことで記録に残っている例はこれだけである．組織を持った有力商人がコルドゥバやヒスパリス（現セビージャ）のような大きな都市に定住する例はあっても，イベリアへ移住してくるローマ人は概して多くはなかった．ローマの行政機構も全体として見れば広く全面的に持ち込まれたわけではなかった．確かに共和制末期にはガデス（前出 Gadir のラテン語名．現カディス）はイタリア都市の基準に沿って統治されるようになっていたが，その背後には先住民社会の広範かつ圧倒的なローマ化の進行があったというよりは，有力なフェニキア人バルビー族の思惑がおそらく働いていたと思われる．カエサルに軍資金を提供したバルビー族と対照的なのが同じくカエサルを支持した先住民部族の王インドで，彼の名前と称号はいずれもローマのものではなかった．この2つの例を見ても，共和制時代におけるローマの支配に対するイベリア社会の反応は決して一様ではなかったことが読み取れる．バルビー族はローマ社会に同化したと思われる数少ないイベリア生まれの人達だった．それにしても詩人のカトゥルス（紀元前84-54）は「ケルトイベロ人」という単語を民族の呼称としてではなく，一時期イベリアに滞在したローマ人に対しても用いているが，それはどうやらケルトイベロ人の恋敵エグナティウスに負けた腹いせからくる濫用のようである．

イベリアを掌握したカエサルは多くの退役軍人をコロニア，すなわちローマをそのまま小さくしたような町に入植させた．当のローマとこうした町がどれほど似ていたかは，青銅板に彫り込まれて今に伝わるコロニアのひとつウルソ（現オスーナ）のために定められた法規を見ればわかる．これをローマ世界をひとつにまとめようとする遠大な願望の表れと解釈する向きがあるが，実際のところは報酬を受け取って除隊した大勢の兵士に土地を与える必要から採られた策であったらしい．イベリアはカエサルとポンペイウスとの戦いの際には総じて後者に与した．その結果，勝ったカエサルにとって土地の没収と再分配はたやすいことであり，これによって彼は自分の部下に酬いると同時に敵対した者を処罰したのである．カエサルの方針は皇帝アウグストゥス（在位紀元前27–紀元後14）によって受け継がれた．カエサルと同様に退役させなければならない大勢の兵士を抱えていた彼はイベリアに全部で26のコロニアを建てた．だが，その後はコロニアの創設はぷつりと途絶えた．カエサルはまた先住民の町にも完全なローマ市民権，ないしはその一部を与えたが，これもまた理念よりは実際的な理由によっていたと見える．この恩恵に浴した町の多くはイベリアの中でももっともローマ化された町というよりは，戦略上の要衝であった．このほかに完全なローマ市民権を与えられた例では，たとえばバルビー族の根拠地であったカディスがあるが，この場合はカエサルの個人的な動機が働いたことは明らかである．

ローマ期のイベリア

イベリアのローマ領は初め2つの属州に分けられた．南部のヒスパニア・ウルテリオルと北部のヒスパニア・キテリオルである．アウグストゥスの時代にヒスパニア・ウルテリオルはバエティカとルシタニアに二分され，ヒスパニア・キテリオルはタラコネンシスと改称された．タラコネンシスはさらに3世紀の終わりに三分割された．298年まではこれらの属州はそれぞれ完全に独立していた．各州には属州総督が置かれ，コンウェントゥスと呼ばれるいくつかの司法区に分かれていた．各地の政治を担ったのはそれぞれの議会と下級裁判権を持つ都市だった．もっとも格式が高い都市はコロニアで，ここには通常，完全なローマ市民権を持つローマの退役軍人が住んだ．属州総督はしばしば軍の総司令官を兼ねた．ただし，イベリアには駐留部隊は少なく，軍団の駐屯基地は北部のレギオのみだった．ローマ時代末期にはイベリアの5つの属州は独立した行政組織を残しながらも，北アフリカのマウリタニア・ティンギターナと共にヒスパニア管区を構成し，これの長官府はアウグスタ・エメリタに置かれた．ヒスパニア管区は皇帝近衛兵団の司令官が統轄する西方部に組み込まれた．

前頁　セビージャの真北にあるイタリカはイベリア最初の植民都市コロニアで，イリパの戦いにおける負傷者を収容する目的で大スキピオによって建設された．後にここでハドリアヌス帝が生まれた．同帝はここに贅を尽くした新興地区を開き，ここに帝国最大の円形劇場を造った．現在でも闘技場と出番前の動物が入れられていた地下室の跡を見ることができる．円形劇場は天然の排水脈である丘の斜面を利用して建設されたために，出水の被害に遭ったと思われる．

下　スペイン北西部で発掘されたイベリア先住民のケルト人のカストルムと呼ばれる住居址．この円形の小屋は南部の正方形で整然としたイベロ人の住居址とはきわめて対照的である．こうした住居にはローマの帝政期に入ってかなり経ってからも人が住んでいた．

帝政期のイベリア

　紀元前31年，アウグストゥスが権力の座に就くと元首政治，すなわちローマ帝国が誕生した．当時，イベリアでは北西部がまだ未征服だった．この征服戦の最終段階には一時期アウグストゥス自らが参加し，紀元前24年にはイベリアで病に倒れて生死の間をさまよった．征服を終わらせたのは配下の将軍アグリッパ（紀元前63-12）だった．アウグストゥスは行政機構を見直し，共和制時代の2つの属州を3つに再編成した．ヒスパニア・ウルテリオルはバエティカとルシタニアに二分された．前者は現在のアンダルシーアの大部分とエストレマドゥーラの一部を占め，首都はコルドゥバに置かれた．後者は現在のポルトガルにおおむね相当し，グアディアーナ河畔に新設されたエメリタ・アウグスタ（現メリダ）のコロニアが首都と定められた．大体ヒスパニア・キテリオルに当たる残りの地域はヒスパニア・タラコネンシスと呼ばれ，今日のタラゴナがその首都となった．ルシタニアとタラコネンシスは皇帝の直接任命による知事（legatus）によって統治され，これに対してバエティカは元老院任命の前執政官（proconsul）が治めた．

　イベリアはこれ以後200年に及ぶ平和な時代を迎えた．イベリアはローマ軍に多くの兵士と部隊を提供した．ブリタニアが三軍団の駐屯を要したのとは対照的に，イベリアにはレギオ（現レオン）にわずかゲミナ第7軍団ひとつが駐屯するだけだった．69年に皇帝となるタラコネンシスの知事ガルバはイベリア在任中に皇帝ネロ（在位54-68）に反旗を翻したが，イベリアはこの時には戦場とならず，1年間に皇帝が4人も乱立する無政府状態を免れた．

　イベリア各地の経済発展はまちまちだった．もっとも豊かなのはモレーナ連山とウエルバ地方の鉱物資源に富の一部を支えられたバエティカだった．モレーナ（Morena）の名はおそらく鉱山開発の特権の持主だったローマ人富豪マリアヌス（Marianus）に由来する．だが，バエティカの豊かさの最大の源はグアダルキビール川流域で採れるオリーヴ油だった．オリーヴ油は考古学者がドレッセル20型と呼ぶアンフォラ，つまり中央部分が膨らんだ独特の形の壺に入れられてローマに送られた．その量がどのくらいのものであったかは，ローマにあるモンテ・テスタッチョというかなり大きな丘がこのアンフォラの破片だけで出来上がっていることからも察せられよう．だが，このバエティカの経済発展もその中味は一様ではなかった．グアダルキビール川の北と南の高地部の町ではローマ色ははるかに乏しく，人々はレキンクトゥム（recinctum）と呼ばれるローマ以前の村に住み続けた．

　ルシタニアとタラコネンシスでの経済発展とローマ文化の受容にはさらに大きな地域差が見られた．両属州ともにローマ化が相当に進んだ地域もあれば，その兆しさえほとんど見られない地域もあった．また北のカンタブリア地方では，カストルム（castrum）と呼ばれるケルト起源の円形住居がローマ時代を通して丘の頂きに見られた．そして南部の沿岸地帯ではフェニキア文化がきわめて根強く生き続け，取りわけガデスにおいて著しかった．ここではフェニキアの神メルカル

第2部　イベリアの歴史

エメリタ・アウグスタ（現メリダ）

エメリタ・アウグスタは紀元前25年，皇帝アウグストゥスの治世にププリウス・カリシウスによって建設された．アラウダエ第5軍団とゲミナ第10軍団の退役兵を入植させるためであったが，同時に創設間もない属州ルシタニアの首都もここに置かれた．先住民の小さな居住地があった場所に建てられたエメリタ・アウグスタだが，四角形の広場・神殿・水道橋・劇場・円形闘技場・戦車競技場など，ローマ都市には欠かせない施設はすべて整っていた．これらの建造物はなによりもまず退役兵の娯楽のために造られたが，その規模はルシタニアの先住民に支配者たるローマ人の力量を誇示する恰好のものとなったに違いない．エメリタ・アウグスタの重要性はローマ時代はもとより，ローマ帝国の滅亡後も変わらなかった．つまり，短期間ながらスエヴ王国はここを首都とし，次いで549年から555年までは西ゴート王国の首都もここに置かれた．

下　今日まで常に人が住んできたにもかかわらず，メリダには現在もローマ時代の遺跡が多く残っている．われわれがもっとも驚嘆するものは劇場，円形劇場，ロス・ミラグロスと呼ばれる水道橋である．他の公共の建物にはディアナの神殿やかつての広場への入口であったトラヤヌス帝の凱旋門などがある．また富裕層の私邸跡も多く見つかっている．西ゴート期の遺跡はサンタ・エウラリア聖堂やイスラム時代に改築された城塞などに認められる．

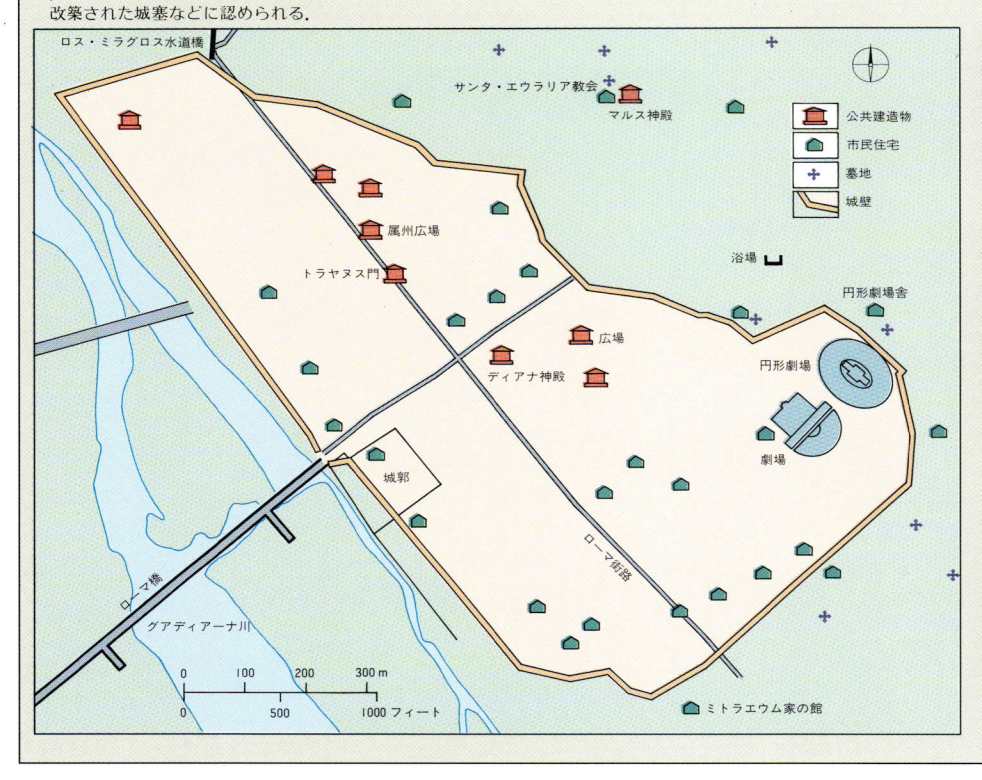

トが帝政期を通じてかなりの信仰を集め，その大神殿ではオリエント風の儀式が執り行なわれ続けた．アブデラをはじめ沿岸部のいくつかの町ではティベリウス帝（在位14-37）の治世になってもフェニキアの銘を彫った貨幣の鋳造が続いた．カルモーナには岩を掘り抜いて造られた帝政初期の墓があるが，これもまたフェニキア文化の存続を物語っている．

ウェスパシアヌス帝（在位69-79）の治世にはイベリアのすべての都市にラテン法，つまりローマ市民権の一部が授与された．これによってイベリア諸都市の公職にある者は1年の任期を終えると数人の家族共々完全なローマ市民権を手にする一方，他の住民はローマ市民権が意味する種々の権利のうちの相当部分を享受するラテン法の恩恵に与る市民となっ

た．ウェスパシアヌス帝がこのような措置を講じた動機も，またこれがいつのことであったかもわからない．ただそれは必ずしもローマ化が進んだことへの見返りであったとは言えない．というのは，このラテン法の授与はローマ化がごくわずかしか進んでいない地域やその兆しがまったくなかった地域までも一様に対象としていたからである．またローマには蛮地を文明化する意図がなかった以上，ローマ化の推進を狙った策であったとも思えない．カエサルの初期の判断と同じく，そこにはおそらく現実的な理由があった．すなわち，即位直後のウェスパシアヌス帝はガリアでの反乱に対処するためにも，背後のイベリアを懐柔する必要を感じたのかもしれない．69年に次期皇帝の候補に名乗り出た4人のうち，ウェ

スパシアヌスだけがイベリアとの絆を欠いていたか，ないしはそれまでにイベリアになんの特権も与えていなかった事実は念頭に置く必要がある．

理由はともあれ，このような特権的な地位が一挙に大勢の人間に授与されたのは帝国の中でもイベリアの諸州だけだった．ただ，特権が最終的にきちんと成文化されるのはウェスパシアヌス帝の息子ドミティアヌス帝（在位81-96）の治世になってからだった．青銅板にも彫られた法文のかなりの部分がこれまでに出土しているが，発見場所はすべてバエティカである．法文そのものは高度に専門的な文体で書かれていて，まぎれもなくローマの法思想の産物である．だが，このことから当時のイベリアにこれだけのラテン語を理解し，またローマの法慣習を受容できるほど高度な文化水準があったと考えるのは早計であろう．周知のように，法はローマの中枢で作られた．これは取りも直さずローマが他の多くの事柄と同じく，この点に関しても各地の伝統に一歩も譲ろうとはしなかった姿勢を物語っている．もっとも保存状態が良好な法令であるイルニタヌス法の終わりに添えられたある書状によれば，婚姻に関する重要な条項は施行後間もなく破棄された．

帝政初期にはローマ風の建物が数多く建てられた．例としてはベロとコニンブリガ（現コンデイシャ・ア・ヴェーリャ）に見る都市としての発展，ムニグア（現ムルバ）の柱廊の付いた見事な寺院，ローマ世界広しと言えども見る者を圧倒する点では他にふたつとはないセゴビアの水道橋などが挙げられる．こうした建設事業に要した資金はローマからきたのではなく，自らの権勢と財力を町の仲間に誇示しようと欲した地元の富豪達が提供した．彼らの多くはこの頃にはもうローマ風の名を名乗り始めていた．都市の行政もラテン法の授与後は確実にローマのそれに倣っていった．

イベリアの諸州は帝政期のローマ文化に貢献した．学識のあるセネカ一族はコルドゥバの出身である．哲学者で文筆家のセネカ（紀元前4-紀元後65）と詩人ルカヌス（39-65）は若くしてイベリアを離れた後はほとんど故郷の地を踏まなかったが，修辞学の実践的な教本を著した老セネカ（紀元前55-紀元後40）の方はコルドゥバで暮らした．ウェスパシアヌス帝の時代，ローマで最初に修辞学を講じたクインティリアヌス（35-96？）はカラグリス（現カラオーラ）の生まれだったし，ビルビリス（現カラタジュード）出身の詩人マルティアリス（38？-103？）は故郷を余生の地に選んだ．ローマ人作家がヒスパニアエ（Hispaniae）と複数形で呼んだイベリアは，少なくともトラヤヌス帝（在位98-117）とその養子ハドリアヌス帝（在位117-138）の2人の皇帝を生んだ．2人は共にイタリカの出身である．ハドリアヌスはトラヤヌスに捧げられた壮麗な神殿と帝国で広さ4番目の規模を持つ円形劇場の建設を含めて，生まれ故郷のさらなる発展に貢献した．またマルクス・アウレリウス帝（在位161-180）の家系をイベリア南部のウクビ（現エスペーホ）の出身としている後世の史料が正しいとすれば，イベリア出身の皇帝は3人ということになる．

社会不安の増大と帝国の再編

イベリアの平和は2世紀末から3世紀初めにかけて突如終わりを告げた．170年と210年にバエティカは北アフリカからの侵入に晒された．侵入者は短期間ながらマラガの周辺に居座ったが，やがて北アフリカの属州マウリタニアの代官によって追い払われた．この働きを讃えてイタリカに建てられた碑は，事件がグアダルキビール川の流域一帯に与えた深刻な被害のほどを窺わせる．こうした事態に見舞われたのは南部だけではなかった．北東部ではガリア駐屯のローマ軍からの脱走兵が現在のカタルーニャに流れ込み，ゲミナ第7軍団によって撃退された．

258年から270年にかけてイベリアはローマの統治から引き離され，ブリタニアやガリアと共に帝位簒奪者ポストゥムスのガリア帝国（258-268）に組み込まれた．そしてポストゥムスの版図を通って侵入してきたフランク族はタラコやその他の都市を略奪してからアフリカへ渡り，後に反転して297年には海からイベリアの沿岸部を襲った．この時の略奪はイベリアの経済に再起不能なほどの打撃を与えた．交易の範囲は急速に狭まってイベリア内部だけとなり，これに貨幣価値の大幅な下落が追い打ちをかけた．

298年，イベリアの統治は帝国全体の改革の一環として再編成された．タラコネンシスは三分割され，切り離された北部と西部はブラカラ・アウグスタ（現ブラーガ）を首都とする新しい属州ガッラエキアを形成した．また南東部はカルタギネンシスとなって，首都はカルタゴ・ノウァに置かれた．さらにイベリアの5属州は北アフリカのマウリタニア・ティンギターナと共にヒスパニア管区（diocesis）を形成した．これを統治するのは属州総督の上に立つ管区長官（vicarius）と呼ばれる行政官で，その本部はエメリタに置かれた．これら一連の改革によって地方に対する中央の統制は大幅に強化されたが，その反面，官僚機構が肥大化し，これに要する経費が増大した．この負担を主に担ったのは，ローマが以前から属州の円滑な統治を託してきた各地の富裕階層だった．

イベリアの景観はこうした変動を経て一変した．都市は縮小し，周囲には城壁がめぐらされた．コンデイシャ・ア・ヴェーリャではこの時の城壁がそれ以前の家屋を分断する形で築かれた．同じく都市の様子も著しく変わった．かつて富裕階層はわずかばかりの見返りを意にも介せず，増え続ける公共事業の経費をこれ見よがしに負担してきた．ところが帝国末期になると，それまでとは逆にどこでも自分の家に金をかける傾向が普通となった．公共建築が顧みられなくなっていくのに反比例して，個人の邸宅は時を追って宏壮で贅沢になっていった．エメリタやコンプルトゥム（現アルカラー・デ・エナーレス）に見られるような富裕階層の私邸はこの時代のものである．逆に350年にタラコのバシリカ，すなわち政庁舎が焼け落ちた時，建物の再建や現場の再開発への努力はまったく見られなかった．同じ頃，市内の劇場からも人々の姿が消えた．それから約50年後，ガデスを訪れたアウィエヌスが目にしたのは，かつての繁栄とは裏腹の荒れ果てた光景だった．だが，さらにもっと重大な変化はパッランティア（現バレンシア）近郊のオルメーダやポンペーロ（現パンプローナ）近郊のフォス・デ・ルンビエールなどに見るように，広大な土地を所有し，その真ん中に豪勢な屋敷を構える者が増えてきたことかも知れない．そこには富める者がかつて古典古代の理念であった都市を今や見限ったという事実が歴然と現れている．

キリスト教への改宗

ローマ時代末期の最後の重要な変化はキリスト教への改宗である．幾人かの皇帝を輩出したテオドシウス家はイベリアの出身だった．中でも一番有名なのは分割前の統一帝国最後の皇帝となったテオドシウス大帝（在位379-395）である．彼はまた帝国全域で異教を禁じた皇帝でもある．

イベリアにおける初期キリスト教会の様子はほとんどわかっていない．聖パウロはイベリアに行くつもりであると書いたが，予定を果たそうとしたか否かは明らかではない．同じく，使徒ヤコブについてもイベリアを訪れたとは言われるものの，伝承以上の証拠はない．いずれにせよ，キリスト教は速やかにイベリアに根を下ろしたと見られる．3世紀中葉に

下　エメリタ・アウグスタの劇場は町が造られた直後に，アウグストゥス帝の司令官マルクス・アグリッパからの寄付金によって建てられた．5500席を擁するこの劇場は数回の改築を経て4世紀後半まで使用された．写真は2世紀に再建された舞台の正面．この劇場は初期のローマ人が公共施設の建設に惜しみなく私財を投じたことを物語っている．しかし，時代が下ると，彼らは贅沢な自宅に金を費やすようになった．こうした邸宅はフレスコ画やモザイクで豪華に飾り立てられた．左の写真はこの時期のエメリタ・アウグスタの私宅にあるブドウの収穫の様子を描いたモザイク．

はすでにエメリタ，レギオ，アストゥリカ(現アストルガ)にはかなりの数の信徒がいた．彼らはアフリカやローマの信徒と繋がりを持っていた．259年，タラコの司教フルクトゥオスと2名の助祭が棄教を拒んだために町の円形劇場で火刑に処せられた．同じ頃，ヒスパリスでは壺作りのユスタとルフィーナという2人の女性が殉教した．殉教者を出さないイベリアの町はほとんどなかった．初期のイベリア教会の勢いは後のコンスタンティヌス1世(在位324-337)が帝位に就く前の側近の1人がコルドゥバの司教ホシウスだったことからも窺える．

313年，コンスタンティヌス帝のミラノ勅令による容認後，キリスト教は帝国全土で急速に教勢を伸ばした．この時期のもっとも見るべきキリスト教に関連する建造物はタラコ近郊のセンセージェスにある霊廟である．これはおそらくはコンスタンティヌス帝の息子コンスタンティウス2世(在位337-361)の墓所で，その主室の丸天井は旧約聖書の場面を描いたモザイクで飾られている．イベリア教会は初期キリスト教文学の面でも大きな貢献をした．カラグリス出身の詩人プルデンティウスは作品の主題が豊富なことで多分もっともよく知られるが，著名な人物は彼だけではない．同郷のユウェンクスは福音書をラテン語の韻文に翻訳し，アウグスティヌスに師事したブラカラのオロシウスは5世紀にキリスト教の視点に立った世界史を著して後世に影響を与えた．381年から384年にかけて聖地とエジプトに巡礼したガラエキア出身の裕福な貴族の女性エゲリアは，生き生きとした筆致の紀行文を著して巡礼紀行文学の草分けとなった．

蛮族の侵入

5世紀初頭，ローマの社会は崩壊した．中央アジアからやってきた遊牧騎馬民族のフン族に押されたゴート族やその他のゲルマン諸族が次々と国境を越えてローマ帝国内に入ってきた．こうした事態を前に帝国そのものが崩れていった．407年，ブリタニア出身の帝位篡奪者コンスタンティヌス3世は息子のコンスタンティウスと最高司令官ゲロンティウスをイベリア掌握のために派遣，容易に目的を達成した．そこでコンスタンティヌスはイベリアから常備軍を引き揚げ，ゲルマン人の傭兵を盟友としてピレネーの国境防備を任せた．ところが409年，このゲルマン人部隊が無能だったのか，あるいはなにか共謀があったのかはともかく，ゲルマン人が大挙してイベリアに侵入してきた．

コンスタンティヌスはこれらの侵入者に対して2年もの間なんの手も打つことなく，南フランスでの戦闘で相次ぐ敗北を重ねた．この間にイベリアにおけるローマの支配は終局を迎え，いまや随所に蛮族が定着した．バエティカはヴァンダル族に占領され，ガッラエキアはヴァンダル族とスエヴ族に分有され，ルシタニアとカルタギネンシスの一部はアラン族に掌握されていた．わずかに東部沿岸の一部，特にタラコネンシスとカルタギネンシスの一部だけが名目上はローマの支配下に留まっていた．

事態はきわめて不安定だった．そこでローマはゲルマン人同士を互いに刃向かわせ，スエヴ族以外の侵入者を巧く放逐することに成功した．この時期，次々と指導者に恵まれたスエヴ族は拠点のガッラエキアからその勢力を急速に伸ばして439年にエメリタを占領，これを発展期にあったスエヴ王国の首都とした．この後，441年にはヒスパリスもその版図に加えられた．446年，ローマは残る最後の力でイベリアの奪回を試みたが，失敗に終わった．

しかし，スエヴ王国の勢いは長続きしなかった．ローマはスエヴ族と対峙させるべく，410年のローマ略奪後ガリアの一部に定着していた西ゴート(ヴィシゴート)族をイベリア

下　元はケルト人の居住地だったコニンブリガはアウグストゥス帝の時代に入るとローマ人の町として発展した．イベリアの他の都市と同じく，71年にウェスパシアヌス帝からローマ市民権の一部を授与されたことが重要な契機となって，町の建設が推進された．公共の建物の他に豪華な個人の邸宅もあった．写真は2世紀か3世紀に建てられた「噴水の家」のモザイクで舗装された中庭．

西ゴート王国滅亡までのイベリア

西ゴート期のイベリア

5世紀に入って西ローマ帝国の崩壊が進む中, イベリアもゲルマン諸族の侵入を被った. 初めブラカラ (現ブラーガ) を首都に北西部に定住したスエヴ族は急速な発展を遂げ, レチーラ王の時代にはメリダを首都にイベリアのほぼ全土を支配下に収める勢いを示した. だが, 448年に同王が死ぬと, スエヴ族は次第にもうひとつの有力な蛮族である西ゴート族に押されて北西部に後退した. それでもスエヴ王国はガラエキアで585年まで命脈を保った. 西ゴート族はカンタブリア山脈の住民およびバスコ人を完全に制圧することはできなかった. 西ゴート期のイベリアは当初は南フランスのトゥールーズを中心とする広大な西ゴート王国の一部にすぎなかった. これがフランク族に押されて分裂すると, イベリアはイタリアの東ゴート (オストロゴート) 王の保護国となり, 再び独立するまでには長い年月を要した. そして独立後も西ゴート王国の政情は常に不安定だった. 首都はレオビヒルド王によってようやく569年にトレードに落ちついた. こうした状況に乗じた東ローマ帝国のユスティニアヌス1世は, 西ローマ帝国の再興計画の一環としてイベリア南東部の一部を占領した. この東ローマ帝国の飛び地は70年以上存続したが, 624年に西ゴート王シセブートはこれを奪回した. 政情不安が続くイベリア社会にあってキリスト教会は以前よりもはるかに重要な役割を果たすようになった. 聖堂の建設に多額の富が費やされ, 教会は知的活動の中心となった. 西ゴート族はイベリア先住民とは異なり, 異端であるアリウス派のキリスト教を信仰していた. このためにイベリアの教会は二派に分裂していた. この分裂状態は589年にレカレード王が正統信仰に改宗することで終わった.

に招き入れた. 456年, 西ゴート族はアストゥリカでスエヴ族を破り, ブラカラとエメリタを奪取してイベリアの支配者の座におさまった. 彼らの版図から外れたのは, スエヴ族が踏み留まったガッラエキアと, 今やローマに残された最後の属州タラコネンシスだけだった. ローマの支配は470年代に西ゴート王エウリーコ (在位466-484) によって終止符を打たれたが, ガッラエキアのスエヴ王国はさらに100年間命脈を保った.

西ゴート王国の領土はイベリアとトゥールーズ以南のフランスに跨がっていた. しかし, 507年の戦いでフランク族に敗れてフランス内の領土を奪われた西ゴート王国は, イタリアの東ゴート (オストロゴート) 王の保護国となった. やがてテウディスが531年に王位に就くと, 西ゴート王国は東ゴート王の支配を脱した. とはいえ, この新しい西ゴート王国の内情は安定に程遠かった. これに乗じた東ローマ帝国のユスティニアヌス1世 (在位527-565) は, 552年に面積のほどは明らかではないがイベリアの南部沿岸一帯を征服してこれを624年まで支配した. イベリア全土を西ゴート王権の下に統一したのはレオビヒルド (在位573-586) だった. 同王はガラエキアのスエヴ王国を滅ぼし, トレードに首都を置いた. 以後, トレードは711年にイスラム教徒に征服されるまで西ゴート王国の首都の座を保った.

西ゴート王国

ローマの支配によってイベリアの土着文化が消滅しなかったのと同じように, 西ゴート王権の下でも後期ローマ帝国の足跡が完全に消えてしまうことはなかった. 西ゴート族は武力にこそ勝ってはいても, その数は彼らの支配下に入ったイスパノロマーノ, すなわちイベリアのローマ系住民の人口には到底及ばなかった. かつてローマ人がイベリアの先住民を使ったのと同じく, 西ゴート族もイスパノロマーノをさまざまな面で登用してできるだけローマの属州以来の行政組織の温存を図った. イスパノロマーノの貴族は地方行政の日常的な事項の処理を任され, 中央政府に代わって徴税責任の少な

西ゴート王国とアストゥリアス王国の聖堂

下 オビエドのサン・ミゲール・デ・リージョ聖堂は中世末期に交差廊と聖堂内陣が崩壊して以来、西端部分だけが残っている。ラミーロ1世(在位842-850)が建てた宮殿の付属聖堂か、それ以前の西ゴート期に建てられたのか議論が続いている。

他の西ヨーロッパ諸国と比べるとイベリアにはその大半が6世紀から7世紀にかけて造られたと見られる聖堂が多い。碑文から661年の建設と判明しているバレンシア県のサン・フアン・デ・バーニョス聖堂をはじめ、いくつかの聖堂の存在は以前から知られていた。しかし、その他の聖堂は近年になって発見、ないしは考古学者の研究からこの時代のものと確認された。つまり、建設後に大がかりな修復を受けた聖堂から創建当時の古い要素が見つかる可能性は今後ともあるということである。

西ゴート時代の聖堂の構造は一様ではない。建物はいずれも直線で構成され、後陣や円蓋は見られない。ただし、時には天井の高い翼廊を持った聖堂もある。こうした例のひとつであるポルトガルのサン・フルクトゥーゾ・デ・モンテリーオス聖堂の平面図は縦横の長さが等しいギリシア十字である。装飾もこれまた一様ではない。サモーラ県のサン・ペドロ・デ・ラ・ナーベ聖堂には聖書から採られたいろいろな場面が描かれ、本廊の交差部分の柱の上部には使徒達の頭部が刻まれている。他方、サン・フアン・デ・バーニョスやその他の聖堂では人間を表す装飾は皆無で、単純な植物文様や幾何学模様が柱頭と蛇腹を飾るに留まる。711年のイスラム教徒の侵入によっても聖堂の建設は途絶えはしなかった。だが、続く2世紀間にある程度の数の聖堂が造られたのはアストゥリアス王国だけであった。アルフォンソ3世(在位866-910)の治世には特に多くの聖堂が建てられたが、そのうちのいくつかには凝った絵画ないしはフレスコ画の痕跡が残っている。一方、これらの聖堂にある石像は一般に西ゴート期のものよりも単純で、彫師の技術も劣る。

上 7世紀建設のサン・ペドロ・デ・ラ・ナーベ聖堂の柱頭彫刻のひとつには、ライオンの洞窟の中のダニエルが、そして身廊を挟んで真向かい側にある柱頭にはイサクを犠牲に捧げようとするアブラハムが彫られている。この2つの柱頭彫刻は現存する西ゴート期の具象彫刻の逸品である。

右 あまり固くない地盤の上に立つアストゥリアスのサンタ・クリスティーナ・デ・レーナ聖堂は9世紀中葉の建設とされている。内陣中央には、かつてこの周辺にあった西ゴート期の聖堂のものと思われる彫刻が施された祭壇石の一部が見られる。

上 建設年代の文書が残っている唯一の西ゴート期の聖堂サン・フアン・デ・バーニョスの石彫りの窓。レセスビント王により洗者聖ヨハネへの寄進として661年に建てられた。近くには西ゴート期に造られた石の噴水があり、薬効のある水を湛えている。

右　現在はマドリードの国立考古学博物館に所蔵されているこの奉納用の王冠は，現存する西ゴート期の宝飾品の傑作に算えられる．かつての西ゴート王国の首都トレード近郊のグアラサールで1858年に他の品々と共に出土した8個の王冠のうちの1個で，さらに1860年にはあと4個の王冠が発見された．いずれもイスラム教徒の侵入時に埋蔵されたらしい．王冠はすべて儀式で用いられる奉納品で，その多くは小さなものである．しかし，写真の王冠は大きく，直径が20.6cmあり，吊リ下げられた金細工文字「RECCESVINTH REX OFFERET（レセスビント王これを献納す）」は献納者の名前を表している．もうひとつスインティーラ王（在位621-631）が献納した王冠は1921年に盗まれた．王冠本体は金製で，ガーネット・真珠・サファイア・水晶などがはめ込まれている．

期のイベリアでもっとも傑出した知識人は600年頃から635年までセビージャの司教であったイシドーロである．博識なイシドーロは神学と歴史について多くの本を書いた．中でも『起源論』は一種の百科事典であり，長い間中世ヨーロッパ人の必読書となった．だが，イシドーロの本命は聖職者にあった．確かに教会は西ゴート期にイベリア全土でその力を著しく伸ばした．この時代の生活がもっともよく描かれている『メリダ教父列伝』からは，6世紀末のイベリア社会に深い関わりを持つに至ったキリスト教会の存在が読み取れる．一般に公共施設の建設は顧みられなかったが，聖堂は例外だった．メリダの司教座聖堂のような立派なものも含めて，数多くの聖堂が特異な様式で建てられた．また修道院や病院も建てられた．修道院はトレードだけでも4つを算えた．

589年の第3回トレード教会会議においてレカレード1世（在位586-601）はアリウス派から正統信仰に改宗した．同王の改宗は西ゴート族とイスパノロマーノの上層部の関係が緊密化しつつあったことを物語っている．レカレード王の時代には西ゴート風の服装は姿を消した．また法律も統一に向けて歩み始め，やがて654年，レセスビント王（在位653-672）による『西ゴート法典』の発布で実現した．この法典は西ゴート期のもっとも優れた所産のひとつである．これによってローマ法の原則は，一部ゲルマン人の慣習法の要素を組み入れた形で，法の原点として後世に引き継がれていくことになる．ほぼ同じ頃，かつてイベリアがローマの属州であった頃の政治機構は最終的に崩壊し，はるかに集権化された統治機構に取って代わられた．

こうした変化によって西ゴートとローマ双方の支配者階層が一体化し，それによって安定した政治機構の誕生に繋がったか否かは，今の時点で判断はできない．711年，ロドリーゴ王（在位710-711）は北アフリカからジブラルタル海峡を渡って侵入してきたイスラム軍の前に敗退し，西ゴート王国は滅亡した．この事件の背後にはもしかすると王位簒奪を目論む者の手引きがあったのかもしれない．

くとも一部を担った．服装・信仰・法律上の権利などの面で，西ゴート族とイスパノロマーノはそれぞれ別々の生活をしていた．信仰について言えば，イスパノロマーノが三位一体の教義を信じていたのに対して，西ゴート族は父なる神とその子であるキリストは異質であるとする，4世紀以来キリスト教会を二分してきたアリウス派の教説を奉じていた．また法律上の相違は目の前にあるローマ法を採り入れた2種類の法典という形で現れた．ひとつはエウリーコ王が475年に発布し，後にレオビヒルド王が手を加えたもので，西ゴート族を適用の対象としていた．もうひとつは506年にアラリーコ王が発布した法典で，イスパノロマーノの諸権利を定めていた．

西ゴート時代の初期の模様については，400年頃ガリシア（旧ガラエキア）に生まれたイダシオによる記録がある．彼はその作品の中でイベリアでの出来事だけを扱っており，その意味でイベリア史の父と言える人物である．だが，西ゴート

征服と再征服　711-1480

西ゴート王国の滅亡

　711年4月の末，イスラム軍の指揮官ターリクは小隊を率いて現在のモロッコとスペインを隔てる狭い海峡を渡り，そこに突き出たジブラルタルの岩山を占拠した．ジブラルタルの名は「ターリクの山」を意味するアラビア語 Jabel al-Tariq に由来する．前年にもイベリアに渡っているターリクが，711年にはなにか奇襲以上の目論見を持っていたかどうかは知りようもない．いずれにせよ，ターリクの作戦は短期間に大成功を収めた．そこで，現在のチュニジアにほぼ相当する北アフリカのイフリキーヤの総督だったムーサ・イブン・ヌサイルは直ちにターリクに合流すべく大軍を集めた．

　王位を狙うアヒラという貴族との対立の一方で，西ゴート王ロドリーゴはちょうどこの頃北部のバスコ人の反乱の鎮圧に当たっていた．侵入者の知らせを受けた同王は急遽南に向かったが，7月19日，イベリアの南西部を流れるグアダレーテ河畔での合戦でターリクに敗れた．この後，セビージャの東のエシハでもうひとつの西ゴート軍を破ったターリクは小隊を派遣してマラガの情勢を探らせる一方，自らは西ゴート王国の首都トレードを目指して北に軍を進め，その途中で無防備だったコルドバを占領した．次いで，トレードの攻略もこれまた容易だった．ターリクはカンタブリアとアストゥリアスで抵抗の姿勢を見せていたキリスト教徒勢を討つべく，さらに北へ向かった．この間に彼の上官であったと考えられるムーサも712年にイベリアへ渡っていくつかの町を占領した．ターリクが南に戻ってムーサと合流したのは713年だった．

　続く3年間で北部の大西洋沿岸を除くイベリアのほぼ全土がイスラム教徒の手に落ちた．後のポルトガルとスペインはこうして，7世紀初めにアラビア半島の遊牧民の間に生まれ，急速に拡大しつつあったイスラム世界に呑み込まれた．これより先にイスラム教徒は中東と北アフリカの大部分を版図に収めた．新たな征服者はイベリアをアル・アンダルスと呼び，これが現在の地名アンダルシーアの語源となる．アル・アンダルスはこれ以後，全イスラム世界における宗教と政治の最高指導者であるダマスコのカリフ，すなわち「神を信じる者達の指導者」が任命する総督によって統治されることになっ

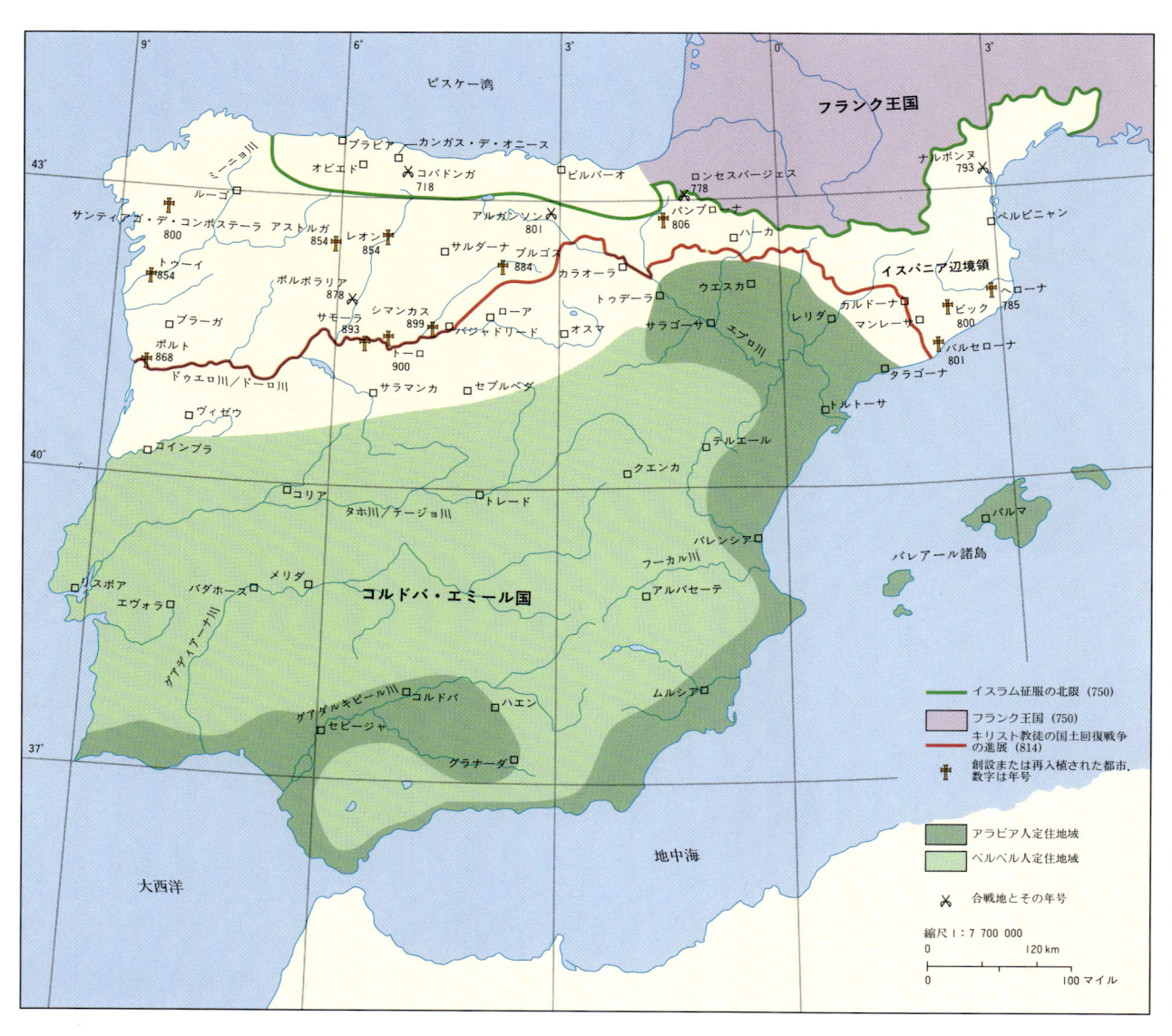

8-9世紀のキリスト教徒とイスラム教徒

コバドンガの戦い（718あるいは722年）での勝利の後，ペラージョによって興されたイベリア北西部アストゥリアスのキリスト教王国は，まずカンガス・デ・オニース，次いでプラビアに拠点を置き，最後は790年代以降オビエドに落ちついた．9世紀，反乱によってアル・アンダルスの支配者の勢いが衰えると，アストゥリアス王国は山岳部から南部に向けて勢力を拡大した．ブルゴスなどの新しい都市が生まれ，レオンなどローマ時代からの都市が再興された．後にレオンはオルドーニョ2世（在位914-924）の時代に首都になった．イベリア東部では788年にフランクの皇帝シャルルマーニュがエブロ川流域に遠征したものの間もなく敗れた．それでも801年にはキリスト教徒はバルセロナを奪回し，後のカタルーニャを形成するフランク王国のイスパニア辺境領が設けられた．南部では農村部を中心に住民の多くは少なくとも11世紀初頭まではキリスト教を守っていた．一方，イスラム教徒は当初の征服者から入植者へと変わっていった．その内のアラビア人はグアダルキビール川やエブロ川流域地帯などの肥沃な土地を占め，ベルベル人はイベリア内陸部のキリスト教圏との辺境に追いやられた．

上　アンダルシーアのバエーサで発見された13世紀のこの旗には，剣と十字架を手に出陣する7世紀のセビージャ司教聖イシドーロが描かれている．実際の聖イシドーロは戦場に出向いたことはなく，したがってこのような姿で描かれることはきわめて珍しい．しかし，聖イシドーロはフェルナンド1世（在位1037-65）の時代から次第にレオン・カスティージャ王家の崇拝の対象となり，アルフォンソ9世（在位1188-1230）の守護聖人になった．同王の息子フェルナンド3世（在位1217-52）は1226年にバエーサを制圧した．聖イシドーロが戦う聖人として崇拝されたのは短期間だったが，これはレオンとカスティージャの王たちが自らの野心に適した象徴や表象を西ゴート時代に求めたことを物語る．

た．後世，イベリアのイスラム教徒は「モーロ」と呼ばれた．ローマ時代の北アフリカの属州マウリタニアの住民を指すラテン語に由来するこの呼称には，スペインとポルトガルの歴史のさまざまな問題が内蔵する．

確かに西ゴート王国はもともと脆弱であり，その滅亡はいかにも自然の成り行きであったかに見える．だが，必ずしもそうだったとは言い切れないところがある．確かに自国の危機に際して，国王のために戦う気構えを示した者はほとんどいなかったらしい．ローマの長い支配の最後の遺産として，人々は強力な中央集権に信頼を置いていた．そのためにイスパノロマーノが大半を占めるイベリアの住民のかなりの部分は，抵抗らしい抵抗もせずにイスラム教徒の支配に屈してしまったと考えられる．だが，これとは別に，イベリアには紀元以前からユダヤ教徒が住んでいた．その数は，70年にエルサレムの神殿が破壊され，ローマの属州パレスティナから追われた難民の流入によって増加した．西ゴートの支配の下でユダヤ教徒は法律上のさまざまな規制を受けていた．充分な統治能力を具えていなかった王権はキリスト教会を介して政治を行なったが，ユダヤ教徒に対する規制の実施もその例外ではなかった．教会から改宗もしくは死を迫られた以上，彼らの多くがイスラム教徒を歓迎したとしても驚くには値しない．イスラム教徒の方もまた同じく一神教を奉じる者として，占拠した都市の防衛をユダヤ教徒に任せたようである．

キリスト教徒の敗北の責めを負う者は誰か．これの糾明は征服後あまり日を待たずして始まり，以来今に続く．スペインとポルトガルの歴史はこの責任者追及の歴史であり，それは自らのアイデンティティ創造の道程でもあった．だが，同時に両国を後世長く悩ませる数々の問題の根もそこにあった．カトリック両王が1492年1月にイベリアにおけるイスラム教徒の支配に終止符を打った時には，イスラム教徒の征服とその直後に始まったキリスト教徒の抵抗の話はすでに神話として確立していた．聴罪司祭としてフェルナンドとイサベルの宮廷に侍ったイタリア出身のピエトロ・マルティレ・ダンギエラ（1457-1526）は1502年にエジプトのスルタンを表敬訪問し，イベリアにおけるキリスト教徒の敗北は身内の裏切りが原因だったと語った．この説によれば，西ゴート王ロドリーゴがフリアンというある貴族の娘を凌辱したために，フリアンは復讐の手助けをさせるべく北アフリカからターリクを呼び寄せたのだという．718年か翌年のある日，アストゥリアスの山中でペラージョという西ゴート貴族がイスラム軍を破った．後に，この戦いでキリスト教徒の女達はイスラム軍に石を投げて味方の男達を援けたと言われる．歴史家達は従来からこの小さな一戦をもってキリスト教徒の国土回復戦争，レコンキスタが始まったとしている．

イスラムの初期の影響

グラナダのアルハンブラ宮殿やコルドバの大メスキータ（中央モスク）のようなイスラムの遺産が観光客で賑わう今日では，イベリアを征服したイスラム勢がごく少数だったことを想像するのは難しい．また征服者は人種の面から言うと雑多な集団だった．彼らはアラビア半島をはじめシリア，エジプト，北アフリカなどイスラム世界の方々から集められた人々だった．その後のアル・アンダルス史を通じて，アラビア人とこれの支持者を一方とし，イスラムへの改宗後まだ日も浅い北アフリカのベルベル人をもう一方とする両者の対立はアル・アンダルスの随所でイスラム教徒の支配を根底から切り崩すことに繋がった．侵入の当初はイベリアはイスラム教徒にとって異郷であり，彼らは数の上で劣っていた．そして彼らとて多くの者の目にはギリシア・ローマ文明の方が自分達の文明よりもはるかに洗練された文明と映ったはずである．にもかかわらず，ターリクのイベリア侵入より前の数十年間で，数も少なく雑多な人種からなるイスラム勢は中東や北アフリカにおけるギリシア・ローマ文明を覆してしまった．8世紀の初めのイベリアの征服も同じようなものだったと見做せるかもしれない．

西ゴート族と同じくイスラム教徒もまたイスパノロマーノの住民を支配するのに軍隊・行政官僚組織・財政収入の大部分を占めた地租など，ローマの支配が残していった基本的な制度を活用した．イスラム教徒は別に新しいことを始めたわけではなかった．ムハンマド（570?-632）が新しい宗教を説いたアラビアの遊牧民社会の仕組みは，ギリシア・ローマ以来さまざまな民族が大勢混ざり住む東地中海の都市を治めるにはおよそ不向きだった．だが，イベリアに達する頃のイスラム教徒はすでにこれらの都市の社会と経済の仕組みを大幅に採り入れていた．それは彼らがイベリアで出会った都市の構造と大筋において似たようなものだった．その結果，キリスト教会が政治・社会・宗教の要としてその影響力を増しつつあったピレネー以北でこの頃生まれつつあったキリスト教諸国の制度と比べると，アル・アンダルスの制度はかつてのローマ帝国の制度にはるかに近かった．

イスラム側の史料の編者は人口などに関心がなく，したがってそこから数値を引き出すのは不可能とは言わないまでもきわめて難しい．だが，少なくとも10世紀まではアル・アンダルスの住民の大部分は間違いなく依然としてキリスト教徒であったようであり，他に少数のユダヤ教徒がいた．生活様式について言えば，程度の差こそあれ多くのキリスト教徒と支配者であるイスラム教徒との間に大した違いはなかった．アラビア化したこのようなキリスト教徒をどのように呼ぶべきかについてはいろいろな議論があるが，もっとも一般的な呼称は「アラビアの慣習を身に付けた者」を意味するアラビア語musta'ribからきたモサラベ（mozárabe）である．モサ

第2部　イベリアの歴史

コルドバの大メスキータ

下　今日のメスキータの平面図．礼拝の時刻を知らせるムアッジンが信徒に礼拝を呼びかけるミナレット（モスクに附属する塔）は鐘楼に改造された．礼拝堂に入る前，信徒は一定の儀式に則って中庭で身を清める．

下　アル・ハカム2世時代のミフラーブに施された華麗なモザイク装飾．模様の中にはコーランの章句やアル・ハカム2世を讃える文句が金文字で書かれている．キリスト教徒による征服後，このミフラーブは人目に触れぬよう隠されたため，19世紀に再び日の目を見るまで損なわれることなく保存された．

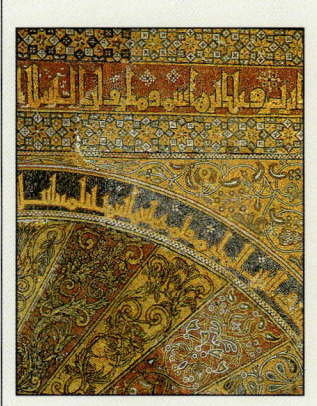

　イスラム時代を迎えたイベリアの主要な都市には，そこに住む男性の信者が毎金曜日の礼拝に集まってくる場所として早くからメスキータ（mezquita）と呼ばれる中央モスクが設けられた．後に信徒数の増加とともにメスキータは拡張を迫られた．9世紀以降はこの問題の解決策として大きな町には別途に小規模なメスキータが建てられていった．伝承によれば，コルドバの最初のメスキータはサン・ビセンテ聖堂の半分がこれに転用された．しかし，アブド・アッラフマーン1世（在位756-788）の治世の末期には大規模なメスキータが新築された．これは後に彼の曾孫に当たるアブド・アッラフマーン2世（在位822-852）の時代にほぼ2倍に拡張され，次いでアル・ハカム2世（在位961-976）によってさらにもっと大がかりな拡張工事がなされた．この時の拡張部分には見事なモザイクの装飾が施され，ミフラーブ（メッカの方向を示す壁龕，イスラム教徒はこの方向に向かって礼拝をする）の上には帆立貝の貝殻を象った円蓋が造られた．最後の大々的な拡張工事はハージブ，つまり侍従アルマンスールが978年から翌年にかけて行なったもので，これによってコルドバのメスキータはイスラム世界でもっとも大規模な宗教建築のひとつとなった．1236年に同市がカスティージャによって征服されると，メスキータの中にゴシック様式の聖堂が造られ，さらに1520年代にはメスキータの中央部分にもっと大規模でおよそ周囲とは不釣り合いなルネサンス様式の聖堂が建てられた．

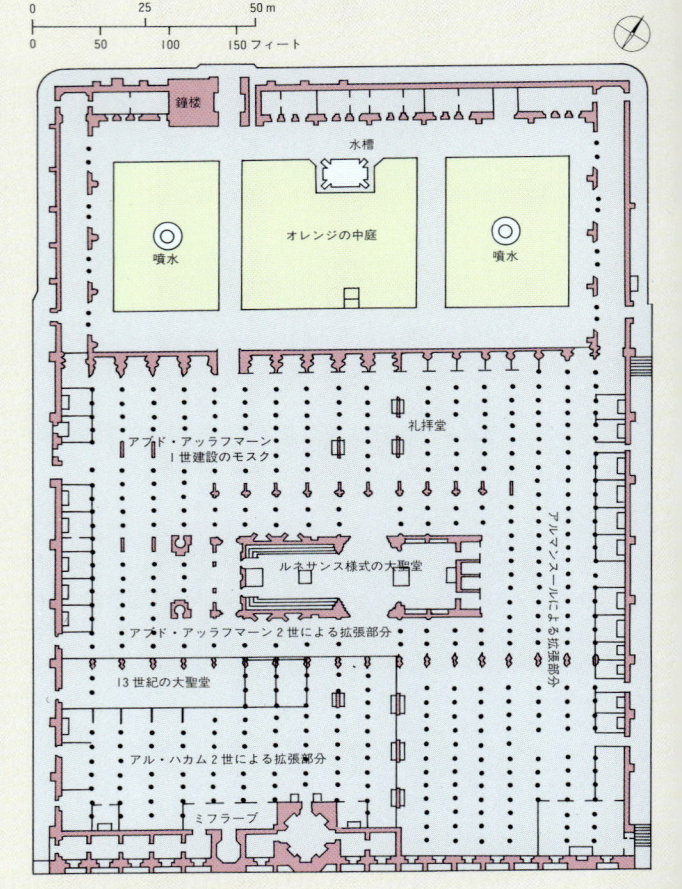

征服と再征服 711–1480

ラベの中にはアラビア語をおぼえた者もいれば、さらには宗教と世俗の事柄全般の采配を振る支配者の列に加わるべくイスラムに改宗する者もいた．改宗者はマウラ (maula) またはムラディー (muladî) と呼ばれた．支配者層は階級と呼べるようなものではなく、さまざまな人種の出身者から成っていた．ところがその一方では、相当数のキリスト教徒やユダヤ教徒も政治権力に近い距離にいた．こうした状況は10世紀初頭にアル・アンダルスが統一イスラム国家となった後も続いた．11世紀から13世紀にかけて北からのキリスト教徒の入植者が中部や南部へ下りてきた時、彼らは多くのキリスト教徒やユダヤ教徒と出会った．

コルドバのカリフ国

632年に死んだムハンマドは自分の宗教上の後継者に関する規定のようなものは一切残さなかった．彼の後に続いた最初の4人はいずれもカリフを称し、どうやら宗教と政治の両面で指導者としての役割を立派に果たしたと見える．だが、661年にダマスコの総督だったムアーウィヤ1世（在位661–680）がカリフとなって世襲制のウマイヤ朝を開くと、後にスンナ派と呼ばれるイスラム教徒の主流の間ではカリフの政治的な指導者としての性格が強まった．以来、ムアーウィヤの子孫は少なくとも理論上はイスラム支配下のイベリアを含む全イスラム世界の統治者だった．ところが、ウマイヤ朝は750年にバグダード出身のアッバース朝に滅ぼされた．この時、ウマイヤ家の1人、後のアブド・アッラフマーン1世（在位756–788）が西方へ逃げて、アル・アンダルスにコルドバを首都とする国を建てた．この国はやがて929年に西方イスラム世界のカリフ国となり、1031年まで続いた．バグダードのアッバース朝はウマイヤ朝をその成立当初から脅威と受け止めた．バグダードにとってコルドバは侮辱であり、闖入者であった．8世紀から9世紀にかけてウマイヤ朝はアル・アンダルスにおける他勢力の制圧に努める一方、周辺のイスラム勢力との抗争に明け暮れた．

政治こそ混乱したが、アル・アンダルスは繁栄を謳歌した．これを支えた最大の要因は農業の目覚ましい発展だった．イスラム教徒は新たな農地を開拓し、灌漑を普及させた．井戸水を汲み上げる水車やカナートと呼ばれる地下水路の技術が東方から導入され、米・モロコシ・綿・砂糖キビ・柑橘類やその他の果物など新しい一連の農作物も持ち込まれた．イスラム教徒はさらに数学をはじめ相当な科学知識を伝えた．彼らは中東や北アフリカでギリシア・ローマの学問の伝統を引き継ぎ、これを自分達の手でさらに発展させた．当のイベリアにおいても、ローマとこれの後継者であった西ゴートの遺産を基盤に新たなものが築かれた．ギリシア・ローマの遺産と東方の意匠や技術との融合から生まれた様式で建てられたモスクや宮殿などが既存の町の景観を飾った．やがて自分達の伝統に沿って樹陰を配し、流水をめぐらせた庭園を持つ建物がアル・アンダルスの随所で見られるようになった．中でもカリフの住む首都コルドバ市内の大メスキータと少し離れた市外のメディーナ・アザハーラ宮は壮麗この上なかった．コルドバ・ウマイヤ朝の威勢は、「勝利者」を意味するアルマンスールの異名で知られる宰相イブン・アビ・アーミル（在任976–1002）の下で絶頂期を迎えた．ヒシャーム2世（在位976–1009）の治世に政治の実権を握ったアルマンスールは文化を繁栄の極みに至らしめる一方、キリスト教徒の住む北部に約50回に及ぶ軍事遠征を仕掛けた．そのうちのひとつ、997年の遠征ではアルマンスールはサンティアゴ・デ・コンポステーラの大聖堂の鐘を奪って持ち帰り、自らが完成させたコルドバの大メスキータの飾物にした．

上　965年に完成したミフラーブの丸天井．モザイクには同時代のビザンツのモザイクの影響が見られ、10世紀末のコンスタンティノープル（現イスタンブール）のハギアソフィア寺院のモザイクほど繊細ではないが、類似性が認められる．丸天井の建設にリブボールトが使用されていることから、イラン、ビザンツ、アルメニアの技術が採り入れられたと思われる．

前頁左端　礼拝堂中央に無理にルネサンス様式の大聖堂を造ったことにカルロス1世は激怒した．キリスト教徒による征服後、礼拝堂に通じるアーチが封鎖されたため、内部は彼らの想像以上に暗くなってしまった．

上　具象を排して幾何学的な植物文様で豪華に飾られた礼拝堂側面の門．アル・ハカム2世の時代の作品で、コルドバの西約8kmにあるメディーナ・アザハーラ宮殿内のカリフの謁見の間の装飾にきわめて似ている．

左　メスキータでおそらくもっとも有名なのは850本の大理石の柱に支えられ建物の内部を19の身廊に分けている2層のアーチであろう．この部分は特にアルマンスールによる最後の拡張工事によって造られた．

第2部　イベリアの歴史

繁栄と威勢の一方で，1世紀以上に及ぶウマイヤ朝カリフ国の歴史は対立と内紛の連続だった．原因はすでに触れた多様な民族構成の他にも多々あった．初期イスラムの伝統によれば，宗教と社会は不可分だった．神がムハンマドに与えた啓示を集めた聖典コーランとその内容に関する当初からの伝統的な解釈によれば，宗教は日常生活を律するものであり，そうでなければ意味がなかった．アル・アンダルスの支配者がカリフを名乗ったのもまさしく宗教と政治の一体化に他ならなかった．今日のモロッコ，チュニジア，アルジェリアに相当するマグレブ地方の宗主権はダマスコ，次いでバグダードのカリフにあった．これに対してコルドバ・ウマイヤ朝はその強大な軍事力と経済力を背景に西方イスラム世界に宗教上の権威を行使しようとしたが，その意図は達成されなかった．マグレブ諸国の支配者達は幾度かアル・アンダルスに支援を送り，また共通の交易圏を形成したものの，政治の面では断えず分裂を繰り返してアル・アンダルスと似たような問題を抱えていた．

イスラム世界は政治面でひとつに結ばれている反面，これが到る所でフィトナ，すなわち分裂を煽る最大の要因となった．コルドバ・ウマイヤ朝もこの例に漏れなかった．統一アル・アンダルスの崩壊は強大な権力を掌握したアルマンスールが1002年に死ぬと同時に始まった．ヒシャーム2世はそれでもまだ1009年までコルドバ・カリフの地位に留まったものの，崩壊を阻止することはできなかった．原因は北アフリカのベルベル族とイベリア北部のキリスト教徒を主とする外部勢力の攻勢とカリフ国自体の内的脆弱さにあった．そしてついに1031年，コルドバ・カリフ国は最終的に滅亡した．

アル・アンダルスでは言うまでもなく宗教が政治の紐帯だった．このことはイスラム教徒にとっては神への服従を意味し，非イスラムの者にとってはアラビア語の使用を含めて政治・社会・文化の面でイスラム教徒の支配者への服従を意味した．ウンマ，つまりイスラム社会にあってはムハンマドの子孫を自称しうる者，ムハンマドの活動または現在のサウジアラビアにあるメッカやメディナといった聖地の防衛になんらかの働きをした者が周囲から一目置かれ，優先された．その結果，アラビア人以外のイスラム教徒とキリスト教徒やユダヤ教徒は明らかに不利な立場に置かれた．一般に人々はいずれか有力なアラビア人の一族と忠誠の絆で結ばれた．その結果，血縁ではなく個人・政治・社会などさまざまな要因によって結ばれた大集団が生まれた．民族・政治利害・後継者問題をめぐる争いが頻発する社会にあって，こうした集団はおよそ不安定な存在だった．このために1008-09年以後はカリフの権威は紛争による混乱のうちに失墜の一途をたどり，ついにコルドバ・カリフ国は1031年に滅びた．この後，アル・アンダルスはエミールを首長とする一連の群小国家，タイファに分裂した．因みに，タイファとは「部分」という意味である．

北部のキリスト教徒

イスラム教徒は一度としてイベリアの全土を掌握しなかった．そのために，彼らに奪われた土地を取り戻そうというキリスト教徒の根強い抵抗の拠点が常に存在した．そしておよそ1040年頃までには，キリスト教徒はイベリアの3分の1ほどの土地を取り戻した．この南進の起点となったのは，722年にキリスト教徒の手に戻った北部沿岸のカンタブリア山中にあるカンガス・デ・オニース一帯のごく狭い地域だった．これは8世紀から9世紀にかけて発展し，やがてアストゥリアス王国となった．同じ頃，ピレネー山脈の西部では後のナバーラ王国が生まれ，さらにその東ではハカを中心にアラゴン王国が興りつつあった．

イベリアの北東部にはフランク王国からの影響が及んでいた．フランク王国の南西部に当たるこの国境地帯にはキリスト教徒の小国が点在していた．パリを拠点とするメロヴィング朝に取って代わったシャルルマーニュ（カール大帝．在位768-814）は，フランク王国の版図を今日のドイツの相当部分をはじめ西ヨーロッパ各地に拡大したが，8世紀末から9世紀初めにかけてこれらイベリア北東部の小国群のいくつかを自らの支配下に置いた．後にイスパニア辺境領の名で知られるこの一帯はキリスト教ヨーロッパとアル・アンダルスとの間の一種の緩衝地帯となり，これを核としてやがてカタルーニャが誕生した．そしてこのカタルーニャはアラゴンと共に後世のスペインの経済史と文化史の中で重要な役割を演じた．

シャルルマーニュが北東部でアル・アンダルスとの国境を固めたのとほぼ同じ頃，イベリアの北部から北西部にかけてのカンタブリアの山岳部でもきわめて重要な動きが見られ，それは間もなく北メセータの高地へ広がっていった．これこそは他の何にも増してキリスト教徒の支配圏をイベリア中央部へと南下させていった運動であり，その過程でレオンとカスティージャという2つの王国が誕生した．両国とも1000年までには歴史の中にはっきりとその姿を現した．

こうした初期の段階のキリスト教徒の集団を現代におけるのと同じ意味で「国家」と呼ぶと，誤解を招きかねない．それはかつての侵入者であるゲルマン人の子孫がローマの遺産の余勢に援けられて支配する多分に「蛮族の国」だった．後世の歴史家はいざ知らず，為政者も年代記筆者も自らを西ゴート王国の直系の子孫と見做し，711年以前に存在したキリスト教国家の再興こそが自分達の使命であるとした．だが，現実には生まれて日も浅い北部のこれらの国とかつての西ゴート王国を結び付けるようなものは何もなかった．

加えて，この時期のキリスト教徒の支配圏は隣接するアル・アンダルスに比べるとおよそ取るに足らない存在だった．政治・経済・社会・宗教などの面で多くの問題を抱えていたと

左　946年にアル・ハカム2世の妻スブフに後のヒシャーム2世が誕生したことを記念して献上された象牙の宝石箱．コルドバ近郊のメディーナ・アザハーラで10世紀末に造られたと思われる象牙製の箱類のうちで現存する1例．しばしば製造年月日と発注者の氏名が刻まれている．ウマイヤ朝末期の宮廷芸術の至宝のひとつである．

右　8世紀末にアストゥリアスの聖職者ベアート・デ・リエーバナによって書かれ，キリスト教スペインに広く普及して今日まで多くの版が残っている『黙示録註解』の彩色写本に描かれた刈入れの風景．この写本は1047年にファクンドという筆写者によりリカスティージャ・レオン王国のフェルナンド1世と王妃サンチャのために製作されたもので，ベアートの作品の中でも出色の出来映えである．色の使い方や形の崩し方などには，アル・アンダルスのモサラベの間で発達した技法が見受けられる．人物像が『ヨハネの黙示録』の内容を寓意的に表す一方，下部にはブドウの圧搾機が描かれるなど当時の農民の生活の一端が窺える．書き込まれている文章は『ヨハネの黙示録』の第14章20節で，「搾り桶は，都の外で踏まれた．すると，血が搾り桶から流れ出て，馬のくつわに届くほどになり，1600スタディオンにわたって広がった」．

征服と再征服 711-1480

キリスト教スペイン諸国の発展

国土回復戦争をキリスト教徒とイスラム教徒の間の絶え間ないイデオロギー闘争と見ることは、フロンティアでの地域紛争や国家間の争いに見られる複雑な関係を無視した見方である。北部のキリスト教諸国の南への勢力拡大は、ひとつの連続した過程というよりはむしろ一連の突発的な出来事の結果だった。北西部のアストゥリアス王国は、従前から住んでいたガリシア人やバスコ人などのキリスト教徒の集団やイスラム教徒の地方官を排除しつつ、9世紀末にはドゥエロ河畔にまで版図を拡大した。その後、アストゥリアス王国を継承したレオン・カスティージャ王国は1085年にトレードを征服し、11世紀末から12世紀初頭にかけてグアダラーマ連山の南までを支配下に置いた。一方、アラゴン王国は1096年にウエスカ、1118年にサラゴーサを征服してエブロ川流域の大部分を掌握した。こうしたキリスト教スペインの南進は北アフリカからのムラービト朝とムワッヒド朝の反撃によって一度は阻止されたが、1212年のラス・ナーバス・デ・トローサの戦いでの勝利の結果、キリスト教勢の優位は決定的となった。そして13世紀中頃までには南部の大部分はカスティージャの手に落ち、地中海沿岸の大部分はアラゴンの支配下に置かれた。唯一ナスル朝グラナーダ王国のみが進貢国として存続したが、1492年にはフェルナンドとイサベルの攻勢の前に陥落した。

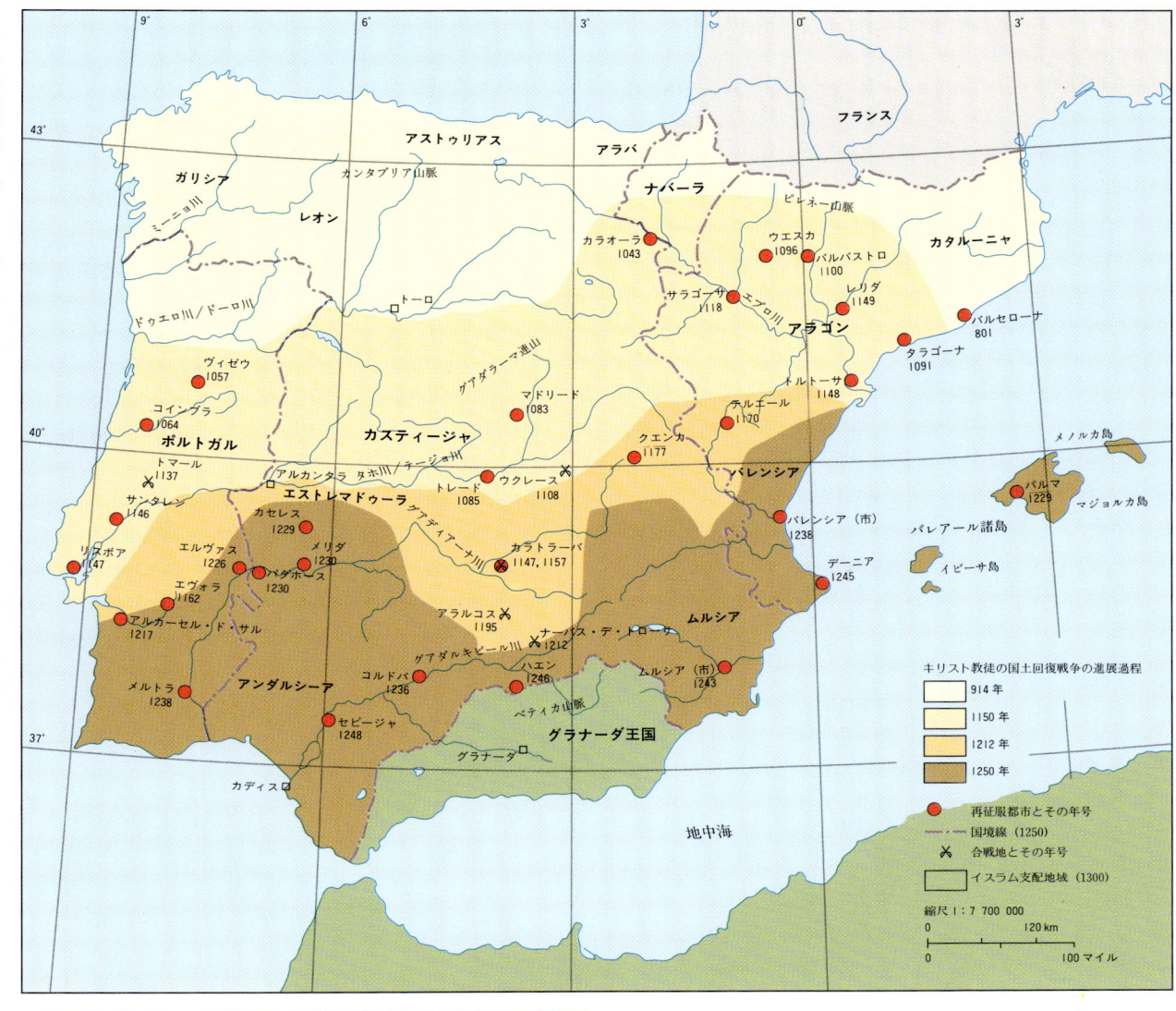

は言え、中世初期のアル・アンダルスは東ローマ帝国以西のヨーロッパにあってもっとも高度な政治組織だった。往時のローマの支配者から豊かな土地と堅固な諸制度を受け継いだアル・アンダルスは大規模な軍隊を擁し、これを維持するに足る地租からの収入があった。だが、後にきわめて重要な意味を持つことになるのは、大体1000年頃までにイベリアの北部で成立した制度と社会組織だった。中世後期から近代初期にかけてのイベリア社会の価値観はやがてスペインとポルトガルの発展によって海外に広まっていく。だが、それが果たして北部と中部に獲得した新たな領土への入植と定着を試みた素性もあまり定かではない貴族・農民・商人・聖職者といった人々の間に生まれたものであるか否かはまだ議論の余地が残っている。

イベリアの封建制

中世の支配者はもし仮に自分が「封建君主」と呼ばれても、誰一人これの意味を理解する者はいなかったであろう。だが、今日この時代の社会・政治・経済の側面を理解しようとする時、為政者と領主貴族、あるいは地主と小作人との関係を指す封建社会という概念は役に立つ。ローマ帝国の統治組織はすでに消滅したか、ないしは消滅しつつあった。為政者は正規の軍隊が抑えている土地の租税でさえも、きちんと徴収する手立てを欠いていた。ヨーロッパの大部分の地域で時代のこうした要求に応えたのが封建体制だった。そしてもっと高い次元では、フランク王国、神聖ローマ帝国、そして自らの宗教上の権限は全世界に及ぶという主張を打ち出してその力

を伸ばしつつあったローマ教皇庁による民族の枠を超えたなんらかの権威の再興を願う思いがあった．

一方，一般の民衆にとっては自分の身の安全が第一だった．900年頃までには社会は「戦う人」・「祈る人」・「働く人」，すなわち軍人・聖職者・農民という3つの身分によって成り立つという考えが広まった．そこには生まれつつあった新しい社会がまずなにを必要としていたかが如実に反映している．西ヨーロッパを幾世紀にもわたって支配するこの考えの中には，商人およびユダヤ教徒やイスラム教徒などの非キリスト教徒のための場はなかった．世俗勢力の権利に対抗して教会は自らの権利を確保し，これを広く行き渡らせる努力を強めていったが，その一方では王侯貴族の経済支援と保護を得るために彼らが支配する社会の一端を占めざるを得なかった．また貴族は貴族でかつては自由の身であった農民への支配を強め，武力をもってあらゆる制度を自分の影響下に置こうとした．

イスラム教徒の侵入時から1050年頃までの間に，キリスト教スペインは西ヨーロッパの封建体制の多くの面を採り入れた．だが，彼らの反イスラム運動を支えたのは確かに宗教だった．とは言え，キリスト教徒がイスラム教徒から土地を奪回するなどというのはおよそ夢みたいなことであり，彼らにできるのはせめて軍事力の強化と組織化に努めてイスラム教徒との共存を図ることだけだった．こうした状況の下で後のキリスト教スペインの諸王国は形成されていった．封建社会の基盤は初めから揃っていた．アストゥリアス，レオン，ナバーラ，アラゴンなどでは「王」を称し，カスティージャ，ポルトガル，バルセローナでは「伯」を名乗った初期の支配者の本質は戦闘の指揮者だった．彼らは南部のイスラム教徒からの反撃の脅威を逆手に取って自分とその配下の権利を周囲に認めさせ，教会と農民を服従させた．

ピレネー以北の多くの王達と同じく，キリスト教スペインの支配者，中でも初期のアストゥリアスの王達はかつてのローマ皇帝の権威を復活させる夢を抱いた．彼らは自分達のオビエドの宮廷衣装をカロリング朝風のものにしようと努め，またアーヘンのシャルルマーニュの宮廷に倣って自分達の霊廟やその他の粋を凝らした建物を造った．こうしてアストゥリアス王権は自らをひとつの帝国と捉えた．このことは後世の伯や王の思想に大きな影響を与えた．取りわけ，15世紀のカスティージャ王国とその後の16-17世紀のいわゆる「黄金の世紀」のスペイン王にはその影響が顕著だった．

フロンティア

中世のイベリアは多くの点で19世紀の米国の西部に似通っていた．南のアル・アンダルスの都市と北のキリスト教諸国との間には広大なフロンティアが広がり，そこには近代ヨーロッパに見るようなはっきりした国境線はなかった．人口の点でアル・アンダルスはキリスト教スペインを大きく上廻っていたが，この中間地帯では人影は疎らだった．その結果，10世紀から11世紀にかけて徐々に南下していったキリスト教徒が出会ったのは，多くの住民を抱えて守りも堅い都市ではなく，ほとんど人気のない空間だった．反面，キリスト教徒とイスラム教徒との間にはこの空白地帯を跨ぐ形で相当な交流があった．闖入者や家畜泥棒は言うに及ばず，合法不法を問わない商人・兵士・難民・囚人・奴隷・イスラムとキリスト教双方の聖職者など，彼らもまた国境を越え難い障壁とは感じていなかった．

こうした状況は当然ながら北部のキリスト教諸国の封建社会に影響を及ぼした．当時は言うに及ばずもっと時代が下がっても，イベリアの国土回復戦争では籠城や白兵戦はごく稀だった．それよりも繰り返し見られたのは，キリスト教徒の入植者がすでに住民の姿が消えた町に乗り込み，新たに得た土地を開拓し防衛するという光景だった．19世紀北米の西部と同じく，最初の入植者の後から支配者と聖職者がやってきた．彼らはそれぞれの領域で秩序を打ち立てようとしたが，ことはしばしばその思惑通りには運ばなかった．11世紀以前は防衛用の石造りの建物や城は稀で，代わりに見張リ用の塔が盛んに造られた．領土内への敵の侵入を見張るのがもっとも重要だったのである．また敵の襲来に迅速に対応できるような騎兵も必要だった．地租や賦役を納める農民がいなかったことから，彼らは生活のために自ら畑を耕し，商いもしなければならなかった．戦う者が同時に農民であり商人でもあるというこの状況は，3つの身分がはっきりと分かれた西ヨーロッパの他の地域における封建社会のそれとはまったく異なっていた．

こうした戦闘員は発展段階にあったカスティージャ語で平民騎士 (caballero villano) と呼ばれた．他のヨーロッパ語にはこの呼称に対応する適切な単語は見当たらない．このことからも，封建制を語る際に一般に使われる用語をもってイベリアの状況を語るのは難しいことがわかる．Caballeroとは馬に乗って戦う者，すなわち騎士を意味するが，caballeroは必ずしも貴族とは限らなかった．もうひとつのカスティージャ語 villano の意味はいまひとつはっきりしない．つまり，ローマ時代後期には villa は「町」を意味し，したがって villano は「町の住民」を意味したとも考えられる．しかし，villa はまた中世初期には，広い領地内に建てられた「領主の館」を意味した．そこから villano は土地に縛られた「農奴」を意味した可能性もある．封建社会の用語では1人の人間が騎士でありかつ農奴でもあるというのはまったくの矛盾であるが，フロンティアというイベリアの特殊状況の下ではこの2つの意味は無理なく並立し得たのである．

13世紀末の西ヨーロッパでは，騎士と言えば大体貴族と同じ身分の者を指した．だが，キリスト教スペインのフロンティアの町では，騎士は馬上で戦うという本来の任務をまだ失っていなかった．イベリアの南部では15世紀になっても敵の突然の襲来や略奪に対して，一時の油断も許されなかった．ヘレース・デ・ラ・フロンテーラはその名にもかかわらず13世紀にはもうキリスト教徒とイスラム教徒を隔てる境界線上の町ではなくなっていた．それでも1420年代，イスラム襲来の報を受けて市議会はしばしば中断され，市議達は直ちに馬に飛び乗って迎撃に向かった．

十字軍としての国土回復戦争

コルドバ・カリフ国の滅亡から30年余りの間，人口に余裕のないキリスト教スペインはアル・アンダルスの弱体化に乗じての武力行使に打って出る気配をあまり見せなかった．代わりにその支配者達は武力行使の脅しをかけて条約を強要したり，パリアスの名で知られる一種の保護税を現金で納めさせるなどしてタイファ諸国間の不和を煽った．こうした中，1064年，ピレネーの北側のアキテーヌからの援軍を混じえたアラゴンの軍勢がイスラム教徒の手中にあったバルバストロを攻略した．この軍事行動は事前にローマ教皇から特別の祝福を受けていたことから，一部の人々から十字軍運動の先駆けと見做された．確かにこの後30年ほど経った1095年，教皇ウルバヌス2世はイスラム教徒の支配からの聖地解放を呼び掛け，これに応えて最初の本格的な十字軍運動が始まった．

厳密な意味で本格的な十字軍であったか否かはともかく，バルバストロの攻略を機にイベリアにおけるイスラム教徒と

上 ポルトガル中央部，モンデーゴの谷の中ほどに立つモンテモール・オ・ヴェーリョの要塞．カスティージャ・レオン王フェルナンド1世が1064年にイスラム教徒から奪還したコインブラを，おそらく南部から沿岸部の平野を北上してくる敵の攻撃から守るために11世紀に築かれた．この要塞はスペインとポルトガルの随所に10-11世紀に造られた多くの要塞のひとつで，中世全般を通じて繰り返された全面戦争や局地戦争の証しである．

キリスト教徒との戦いはそれまでの性格を一変した．教皇庁は国土回復戦争をキリスト教世界を挙げての対イスラム戦の一端として捉え，次第にこれへの支持を高めていった．これによってキリスト教スペインの支配者達は大いに援けられた．イベリアのイスラム教徒と戦うことで十字軍の免償，すなわち犯した罪に対する現世でのあらゆる罰の赦しを得ようと相当な数の騎士が国外から馳せ参じてきたからである．また実際に戦わずして十字軍に参加したのと同じ霊的な恩恵を受けたいと望む者は，十字軍税と引換えに教皇の免償証明を手にすることができた．こうして集められた金は王権の財政を大いに援け，13世紀中葉以降はイベリアの諸王にとって経常収入の一部となった．

フロンティアの占拠と防衛のために多くの新しい騎士修道会が生まれた．中でもサンティアゴ，カラトラーバ，アルカンタラの三大騎士修道会は時を追って重要な存在になっていった．騎士修道会の成員は騎士に取り立てられる儀式を経るだけでなく，修道士として清貧・貞潔・従順の誓願も立てた．彼らこそは教皇庁が唱える十字軍思想の体現者そのものだった．彼らの宿営は同時に修道院でもあった．騎士修道会は人々にとって実に頼もしい戦闘集団だった．だが，その任務を援けるために人々が差し出す多くの寄進を受けるうちに，騎士修道会は初期の軍事的使命感を失っていき，やがて入ってくる多額の金をただ浪費するだけの存在に成り下がった．

イベリアにおける対イスラム戦への教皇庁の関心の高まりはまたイベリア教会の刷新に繋がった．1080年頃になると，ピレネーを越えてイベリアを目指す騎士達に修道士，取りわけフランスの修道士が同行するようになった．修道士は保護者の名目で俗権が教会と聖職者に及ぼす影響力を抑える一方，聖職者の独身制を徹底し，聖職の売買を禁じるなど，イベリア教会を北西ヨーロッパ，特にフランスの基準に照らして改革していった．このイベリアと西ヨーロッパとの結び付きによって最大の恩恵を被ったのはブルゴーニュのクリュニー修道院だった．レオン・カスティージャのアルフォンソ6世(在位1072-1109)の時代，イスラム教徒の諸王がキリスト教徒からの攻撃を免れるために納めるパリアスのかなりの部分がクリュニーの修道士のもとに流れた．この特権はその後

イベリアの初期フレスコ画

　今日，カタルーニャ北部のピレネーの村々に約2000を算えるロマネスク様式の聖堂は9世紀から12世紀にかけて建てられたもので，その規模と多様さはこの種の建造物としては西ヨーロッパ屈指のものである．その後，この山岳地帯は経済力を失ったために，これらの聖堂のうちで中世に修復された例は比較的少なかった．こうした事情が幸いして驚くほど多くの聖堂でフレスコ画の一部が今日まで原型のままに残されてきた．そうした傑作のうちのいくつかはバルセロナのカタルーニャ美術館に移され，作品が元あった聖堂を模した展示室で観ることができる．保存状態の良好なフレスコ画が数多いおかげで，この地域で活躍した絵師の流派と彼らが受けた影響を明らかにすることができた．一部の作品は高度な技術で描かれており，カタルーニャ教会や貴族から芸術に理解のある保護の手が差しのべられたことを窺わせる．

　レオン市のサン・イシドーロ聖堂の西の端にはレオン・カスティージャ王家の霊廟がある．ここに今日まで残るフレスコ画は同国の最高傑作であり，ここにもカタルーニャのそれを凌ぐ熱烈な芸術の保護者がいたことが推測される．この聖堂はフェルナンド1世（在位1035-65）により1063年に献堂されたが，現存のフレスコ画は12世紀後半のものである．描かれているのは福音書に述べられている主な出来事とヨハネの黙示録から採られたさまざまな場面である．各月の主な農作業を描いた農業暦もある．レオン・カスティージャではこの他にはロマネスクのフレスコ画がまとまって観られる例はほとんどない．サン・イシドーロ聖堂のフレスコ画はこの時期のレオン・カスティージャの美術にピレネー北部からの強い影響があったことを物語っている．

上　レオンのサン・イシドーロ聖堂にある歴代王霊廟の円蓋は広さが約8m^2ある．天井の隅までも覆うフレスコ画はおそらくフェルナンド2世（在位1157-88）の時代のものである．イエスの誕生を告げられる羊飼い（右）のように，聖書に登場する数々の出来事が描かれており，製作者達の技量の高さを示している．製作者達の名前や出身地は不明だが，明らかにフランス南西部の技術に負うところが多い．

左　全能の支配者として聖母マリアと使徒達の上に立つキリストを描いたこのフレスコ画は，11世紀末か12世紀初頭に描かれた．元はカルターニャ北西部エステーリ・デ・カルドースのサン・パウ聖堂にあったが，現在はバルセローナのカタルーニャ美術館内に特別に造られた後陣に展示されている．

征服と再征服　711-1480

下　右下の預言者イザヤが描かれたこの6枚の翼を持つセラフィム(熾天使)は、ピレネー山中エステーリ・ダネウのサンタ・マリーア聖堂の後陣のフレスコ画の一部である。傷みが激しいこの作品はバルセローナのカタルーニャ美術館に現在所蔵されているペドレートのサン・キルゼ聖堂のフレスコ画と同一の作者のものとされている。

下　現在はカタルーニャ美術館に所蔵されているピレネー山中ボイのサン・ジョアン聖堂の身廊にあったフレスコ画。11世紀末に「ボイの名工」の名で知られる職人によって描かれたこの作品は、キリスト教の最初の殉教者である聖ステファヌスの殉教を描いたもので、神の指が天上から下方の聖人を指している。

51

も数年間続き，中世ヨーロッパのロマネスク建築の傑作のひとつに算えられるあの見事な修道院の建設に一役買ったことは間違いない．

ロドリーゴ・ディーアス・デ・ビバール (1043?-99?) は生前に「主人」を意味するアラビア語 as-sid に由来する諢名をイスラム教徒から与えられ，エル・シードの名で知られるカスティージャの遍歴の騎士だった．そして彼の生涯に見るように，イスラム教徒との戦いの中では私利私欲の追求もまた十字軍思想に優るとも劣らない強い動機として働いた．カスティージャのブルゴスに生まれたエル・シードは，1081年に当時アルフォンソ6世の保護下にあったイスラム王国トレードを攻めたことで主君の不興を買い，追放の身となった．そこで彼は同じくイスラム王国サラゴーサの王に仕え，イスラム教徒とキリスト教徒を問わず同王に敵対する者を相手に戦った．1094年には，これまたイスラム教徒の手にあったバレンシアの町を包囲してこれを見事降した．この時，バレンシアの占領はアルフォンソ王の名においてなされたものの，実際のところエル・シードは独立した支配者として同市に臨んだ．エル・シードの死後，アルフォンソ王がバレンシアの防衛を放棄したために，町は1102年にムラービト軍によって奪回され，1238年までイスラム教徒の支配下に置かれた．エル・シードの生涯は数々の武勲伝に飾られ，13世紀初頭には『わがシードの歌』というひとつの武勲詩を生んだ．今日知られるカスティージャ語最古のこの作品によって，エル・シードはキリスト教スペイン人の国民的英雄の地位に上げられた．

トレードの陥落

1085年，教会と王権の新たな結束を利用してアルフォンソ6世はトレード王国の征服に成功した．同王の軍勢にはイベリア全土から馳せ参じた兵士だけでなく，フランスをはじめとする国外からの義勇兵もいた．キリスト教徒もイスラム教徒もトレードの奪回によってイベリア社会におけるそれぞれの立場が逆転したことを認識させられた．トレードはキリスト教徒が勝ち取ったアル・アンダルス最初の大きな都市だった．勝利者の中にはイスラム教徒と戦ってキリスト教圏の拡大を目指そうという宗教的な熱意に駆られてピレネーの北からイベリアへやってきた者が大勢いた．国土回復戦争はこの後，次第に宗教戦争としての性格を強めていった．

これはまたフランスが軍事と教会の両面でイベリアの事情に介入の度を増していく機会でもあった．トレード大司教座が再興され，これの初代大司教にはフランス人の修道士が任命されたが，北部の他の司教座についてもこの時，似たような人事が相次いだ．北部でフランスの影響が強まるに伴い，サンティアゴ・デ・コンポステーラは国境を越えて重要な存在になっていった．ピレネーから半島北部を横断するサンティアゴ巡礼路として知られる街道沿いには次第に多くのフランス人が住み着いた．また今日ハカの司教座聖堂，レオン市のサン・イシドーロ聖堂，そしてサンティアゴ・デ・コンポステーラの司教座聖堂に見るように，ロマネスク様式が11世紀から12世紀にかけて同じくこの巡礼路を通ってイベリアに広まっていった．そして13世紀に入ると新たにフランスで生まれたゴシック様式が伝えられた．レオン，ブルゴス，そして当のトレードの司教座聖堂はスペインを代表するゴシック建築である．

トレードの奪回はある意味では初期のキリスト教スペインが手にした勝利の繰り返しに他ならなかった．つまり，ひとつの都市が征服され，次いでその周辺部が支配下に組み込まれるという方式である．とは言え，1085年にトレードに入ったキリスト教徒達は深い文化衝撃を受けたはずである．豊かな農地と菜園に囲まれた同市はそれまでに征服してきた人口稀薄な北部の町とはまるで様子が違っていた．カスティージャ人と彼らに味方するイベリア内外からの援軍が目にしたトレードは高度に洗練された都市だった．そして驚いたことに，そこではイスラム教徒の支配の下でキリスト教徒とユダヤ教徒が平和裡に暮らしていた．彼らは一様にアラビア語を話し，その服装も生活ぶりもキリスト教徒の目には贅沢と同時に頽廃的とも映るイスラム教徒のそれだった．そればかりか，彼らにはフランス封建社会の約束事や当時ローマ教皇庁が進めつつあった教会の改革理念といった新しいものを進んで学ぼうとする姿勢が見られなかった．

折からフランスやその他の国では司教座聖堂付属の学問所が大学へと脱皮しつつあった．したがって，学問と知的交流の活気に満ちたトレードとの出会いは，ピレネー以北の学問に大きな変化を与えずには済まなかった．トレードがキリスト教徒の手に落ちた時，西ヨーロッパの学問はイスラム世界のそれに比べると大幅な遅れをとっていた．ギリシア・ローマの科学・数学・哲学などの書籍は近東の諸都市で保存され，9世紀にダマスコやバグダードでアラビア語に訳出された．イスラム教徒の学者達は学問的な探究心をもってこれらの書籍を研究した．たとえば，医学ではヒッポクラテスやガレノスの著作にイスラム教徒の研究者は植物学や薬理学の知見と病気の診断に関する情報を加筆した．コルドバで教育を受けた地理学者イドリーシー (1100-66) はローマ時代の地理学者ストラボンとプトレマイオスの著述に欠けている部分を地中海に関する自らの知識で補った．ちなみに，ストラボンもプトレマイオスも当時の西ヨーロッパでは知られていなかった．

古典古代の学問が中世そして近世の西ヨーロッパに伝えられたのは，イスラム世界との接触を介してであった．そしてその主な舞台となったのがイベリアやシチリア，それから地中海東部だった．12世紀，トレードをはじめイベリアと南フランスの町はアラビア語の学術書や詩をラテン語に翻訳する一大中心地となった．これらの書物の多くはもともとはギリシア語で書かれていたが，この時は一般にそのアラビア語訳がたとえばカスティージャ語，カタルーニャ語，南部フランス語（オクシタニア語）といった各地のロマンス語に訳出さ

上　印刷機が発明されて間もない1498年出版の『エル・シード年代記』に挿入された木版画．ロドリーゴ・ディーアス・デ・ビバール（エル・シード）の生涯を詠った13世紀初頭の武勲詩『わがシードの歌』を散文化した作品．ここに描かれているのは，エル・シードの2人の娘が夫であるカリオンの公子兄弟から辱めを受ける場面だが，史実ではない．実際には2人の娘ははるかに良縁に恵まれ，それぞれナバーラとカタルーニャの支配者に嫁いだ．

右　ブルゴスの壮麗なゴティック様式の大聖堂は1221年に着工し、1261年に聖別された。1219年にカスティージャ王フェルナンド3世の外交使節としてフランス北部とライン河沿岸地方を訪れたブルゴス司教マウリーセが目にした各地の大聖堂をモデルにしている。西側の2つの塔の尖頭部分は15世紀に加えられた。

れた。訳者はしばしばイベリアに住むユダヤ教徒だった。ロマンス語訳は次にフランス、イングランド、イタリアなどからやってきた学者の手によって当時のヨーロッパの学問の共通語であったラテン語に訳され、各地に広められた。これによって西ヨーロッパの学問の内容は著しく豊かになった。こうした過程を経てアリストテレスの著作のような異教ギリシア・ローマの遺産に限らず、ユダヤ教徒やイスラム教徒の学者達の作品までもが大学で教えられるようになった。この趨勢の中で12世紀の半ば、クリュニーのフランス人修道士尊者ピエール（1092？-1156）はコーランのラテン語訳の依頼を出した。

イスラムの改革運動と反撃

アル・アンダルスでは多くの人がついにトレードを失うにまで至ったキリスト教徒の南進を、イスラムの厳格な戒律が遵守されなくなったためであると見做した。そこで一部のタイファ諸国の王は戒律の厳守を徹底させるべく、ムラービトの名で知られる北アフリカの改革派をイベリアに招き入れた。ムラービトはブドウ酒生産を目的に広く行きわたっていたブドウの栽培を特に厳しく糾弾した。このブドウの栽培は明らかにローマ時代から西ゴート時代を経て受け継がれてきた伝統だった。ムラービト朝は改革に全力を傾けたが、その努力は不徹底と見做され、1150年には新たにこれまた北アフリカに興ったイスラムの急進的な改革派ムワッヒド朝に取って代わられた。

この頃、宗教と学問をめぐってイスラム・ユダヤ教・キリスト教の三宗教の学者達がしばしば論争を繰り広げていた。ムワッヒド朝は合意には至らないまでも互いに相手の立場を尊重するという雰囲気のうちに、うまくこれに終止符を打った。これは12世紀イベリアの黄金時代の特色のひとつである三宗教の共存（convivencia）の具体例である。だが、その一方でムワッヒド改革の犠牲となった1人にイブン・ルシュド（1126-98）がいる。アヴェロエスの名で知られるこの人物は、アリストテレスの著作に関する註釈で中世西ヨーロッパの聖職者の注目を浴びた。一時、コルドバのエミールの宮廷に医師として仕えた彼は、やがて周囲の嫌疑を受けて1195年にはモロッコへの亡命を余儀なくされた。同じような運命に見舞われたもう1人に哲学・医学・神学に通じたユダヤ教徒モシェ・ベン・マイムーン、すなわちマイモニデス（1135-1204）がいる。中世ユダヤ社会を代表するこの人物もまたコルドバ生まれだった。ムワッヒド朝から敵視された彼は家族共々まずモロッコへ、次いでカイロへ逃れていかなければならなかった。

1195年、ムワッヒド軍はトレードから少し南に下ったアラルコスでキリスト教徒の軍勢に圧勝したが、この勝利は束の間のものだった。1212年、アンダルシーアの北東部、北から

中世のトレード

　三方をタホ川に囲まれた自然の要塞であるトレードはローマ時代の初期から主を欠いたことは一度とてなかった．かつて西ゴート王国の首都であったこの町はイスラム教徒の手中にあった時代 (712-1085) もまた商業と工業の中心地であり続けた．住民の多くはキリスト教徒で，彼らはイベリア南部に居を構えたイスラムの支配者にたびたび反旗を翻しはしたものの，アラビア語を話しイスラム文化に同化するなど完全にイスラム化した人々だった．またトレードには相当数のユダヤ教徒も住んでいた．1031 年にコルドバのウマイヤ朝が滅びるとトレードはタイファと呼ばれる群小国家のひとつを成したが，次第にレオン・カスティージャ王国への従属を強いられていき，1085 年にはその軍門に降った．再征服後のトレードは直ちにイベリア全土の教会の上に立つ首都大司教座都市の地位を回復し，その大司教は速やかに市の最重要人物の列に伍した．

　1085 年以降のトレードに建てられた数ある聖堂はムデーハル様式の傑作に算えられ，それまでのイスラムの建築様式がいかにキリスト教徒の間において根強い影響を持ち続けたかを物語っている．しかし，かつて中央メスキータがあった場所に 13 世紀半ばに着工された新しい大聖堂はゴティック様式で建てられた．中世トレードのシナゴーグ（ユダヤ教の会堂）のうちのわずか 2 つが今日まで残っているが，そのひとつを建てたのはペドロ 1 世残酷王（在位 1350-69）の財務官を務めたユダヤ教徒だった．こうした三宗教の共存は 15 世紀に入ると，トレードに住むユダヤ教徒に対するキリスト教徒の攻撃が激しさを増すにつれて失われていく運命にあった．

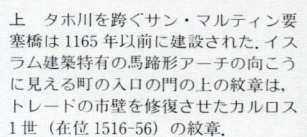

上　タホ川を跨ぐサン・マルティン要塞橋は 1165 年以前に建設された．イスラム建築特有の馬蹄形アーチの向こうに見える町の入口の門の上の紋章は，トレードの市壁を修復させたカルロス 1 世（在位 1516-56）の紋章．

左　下町を意味するアラバールというその名の通り，サンティアゴ・デル・アラバール聖堂は 1085 年のトレードの再征服直後に建設された市壁の外側にあった．聖堂の大部分は 13 世紀のもので，ムデーハル様式の傑作である．イスラム芸術の影響は 12 世紀の鐘楼の窓や交差廊の窓に近い閉鎖拱廊，それから南側の門などに見られる．写真の奥は新ビサーグラ門，かつての市外部分を市内に取り込んだ中世の市壁の一部にカルロス 1 世がトレードの外観に威厳を持たせるために設けた．

右　サンタ・マリーア・ラ・ブランカ聖堂は元は 12 世紀に建てられ，13 世紀に改修されたユダヤ教のシナゴーグだった．キリスト教徒による占領後，聖ビセンテ・フェレールの説教に触発された住民が 1405 年にキリスト教の聖堂に改めた．

征服と再征服　711-1480

上　南東方向からトレードを一望すると、この町が蛇行するタホ川を見下ろす丘の上にあり、防衛に有利であることがよくわかる．かつて要塞があった市内の一番高い所には、16世紀のアルカーサル（要塞と王宮を兼ねた城）がそびえる．そしてその左手には1227年着工のゴティック様式の大聖堂が見え、1085年以降ここがイベリアのキリスト教の中心となったことを象徴している．

右　この煉瓦造りのムデーハル様式の後陣は、999年か1000年に個人用に建てられたモスクが12世紀にクリスト・デ・ラ・ルース聖堂に改められた際に付け加えられた．

第2部　イベリアの歴史

の交通路に当たる山岳部に近いラス・ナーバス・デ・トローサでカスティージャ軍とその援軍を前に今度はムワッヒド軍が大敗を喫した．この一戦によって国土回復戦争は重要な転機を迎えた．いまやキリスト教徒の前にはグアダルキビール川流域，つまりコルドバとセビージャといったアル・アンダルスの主要都市への道が開かれた．

勢力均衡の変化

1085年のトレードの奪回からラス・ナーバス・デ・トローサの戦いまでの間に，イベリア半島のほとんど3分の1がキリスト教徒の手に帰した．今日でもイベリアの風景を彩る石造りの城や堅固な見張りの塔が新しく勝ち取ったばかりの領土を守り抜くために築かれ，町はその周囲に城壁をめぐらせた．アル・アンダルスの経済が依然として繁栄を続ける一方で，タイファ諸国は政治の混乱を収拾できずにいた．それはある意味で北部のキリスト教スペインのかつての状況に似ていた．しかし，国土回復戦争の初期に比べると，大きな内部変化を経たキリスト教スペイン諸国の統治能力と軍事力はピレネー以北の封建ヨーロッパ諸国のそれと歩を一にし始めていた．13世紀に入ると，それまで自由というよりも政治不在と言うべき状態にあったイベリア北部のあのフロンティアの社会も国王や領主貴族の支配下に組み込まれた．またカスティージャ・レオン，ポルトガル，アラゴン・カタルーニャ，ナバーラといった，中世後半のイベリアの政治史を司る国々がすでにそれぞれの位置を占めていた．

イベリア西部のポルトガル公国のフロンティアはドゥエロ川の北辺一帯で，当時は名目上はカスティージャ王の支配下にあった．12世紀中葉，アフォンソ・エンリーケス(在位1139-85)はこれを南に押し進め始めた．彼は1147年にサンタレンをイスラム教徒の手から奪回し，続いて聖地に向かうとされていたフランス，フランドル，アングロ・ノルマンの十字軍兵士の支援を得てリスボアを降した．アフォンソ・エンリーケスは1179年にポルトガルを教皇庁に封土として差し出し，代わりに国王としての承認を手に入れた．

イベリアの東部でも1137年，バルセローナ伯ラモン・ベレンゲール4世(在位1131-62)とアラゴンの王位継承権を持つペトロニーラ王女との婚約によって新しい政治体が誕生した．これより前の半世紀間にバルセローナ伯の版図はほぼ現在のカタルーニャに相当する地域に広がる一方，南フランスのかなりの部分に直接の繋がりはないものの影響力を行使するまでになっていた．そしてまた地中海貿易でもバルセローナはすでに大きな存在となっていた．プロヴァンスとの文化上の類似性は，双方の言語がきわめてよく似ていることからも明らかだった．またバルセローナは当時すでに成文法を持っていた点でも，他のキリスト教諸国とは異なっていた．アラゴン・カタルーニャ連合王国は領土こそカスティージャ・レオンよりもかなり小さいものの，キリスト教スペインの事実上の指導権を握るカスティージャ・レオンに対抗できるだけの力は充分に具えていた．

アンダルシーアの再征服

かつてウマイヤ・カリフ国の首都であったコルドバが1236年にカスティージャ軍によって奪回された経緯には多分に偶然が働いたように思われる．当時，コルドバ市内は2つの地区に分かれ，いずれも城壁をめぐらせていた．このうち，東側の地区にはさまざまな職種の職人が住んでいた．そこへコルドバ市の北辺一帯で盗賊行為を働いていたキリスト教徒の一群が同宗の手引きを得て侵入すると，やがてカスティージャ王フェルナンド3世(在位1217-52)が軍勢を率いて現れ，

左　カタルーニャ北部のベサルーを流れるフルビアー川に12世紀に架けられたこの要塞橋は、かつては町の防衛線の一部として、また町に入る商品に課される通行税の徴収所として用いられた。10世紀にベサルーは同名の伯領の中心都市となり、同伯領は1111年にはバルセロナ伯領に併合された。1018年にベサルーを司教区にする動きがあったが失敗し、アル・アンダルスとの国境線が南へ下るに従って町の重要性も低下した。ここでもっとも人目を惹く史蹟はユダヤ教徒の儀式用の浴場ミクバーである。11世紀か12世紀に造られたこのミクバーは、今日では残っていないシナゴーグに繋がっていた。

右　セゴビア県クエジャルにある13世紀のサン・マルティン聖堂の後陣は、イスラム建築の影響を色濃く残すムデーハル様式の典型的な建物である。赤煉瓦と3層の閉鎖拱廊がこの様式によく見られる特徴である。この後陣は簡素な方で、拱廊の上部が単純な半円形と矩形である。また写真上部に見られるように、壁の表面に対して角を突き出した装飾用の煉瓦が用いられているのも部分的であり、デザインも単純である。

左　賢王と称されるカスティージャ王アルフォンソ10世の『チェスの本』の写本の挿画。おそらくチェスに関するアラビア語の本から訳出された同書は、アルフォンソ10世の宮廷で編纂された多くの書物のひとつで、1283年に王自身が書いた序文が付けられている。数々の法律書、史書、詩集を生んだ当時のカスティージャの宮廷文化が生んだ典型的な作品であり、イベリア北部のキリスト教諸国の支配層の間でイスラム文化の影響が依然強かったことを物語っている。

事態を掌握してしまったのである。国土回復戦争での出来事がしばしばそうであったように、この時もまた戦闘らしい戦闘はほとんどなかった。ただ大メスキータ、かつてのカリフの宮殿、主な市場などがある西側の地区がキリスト教徒の手に落ちるまでにはその後しばらく時間を要した。

コルドバの占領と新しい住民の入植の手順はハエン (1246)、セビージャ (1248)、カディス (1262) など、この後13世紀の中葉に征服されたグアダルキビール流域の町の場合と同じようなものだった。すなわち、まず町そのものが占領されてイスラム教徒の住民の大部分が町を去り、代わりにキリスト教徒の入植者が入った。占領軍の中にはしばしば外国兵が混ざっていたが、彼らはカスティージャ王から報酬を受け取ると足早に祖国へ帰っていった。王吏はすぐに土地と家屋の配分作業に取りかかった。だが、これは町の周辺一帯の農地がキリスト教徒の手に渡されるのを待って行なわれるのが普通だった。この農地の引渡しは大体交渉によってなされた。こうして都市部の住民はその大半がキリスト教徒で占められたが、農村部では北からやってきた王権と教会の支配下に暮らす住民はイスラム教徒が圧倒的に多かった。ムデーハルの名で呼ばれる彼らはキリスト教徒の新しい支配者に税を納める代わりに、信仰の自由を約束された。

新たに獲得したアンダルシーアの土地と家屋を配分する際の詳細はレパルティミエント（分配）という文書によって今日知ることができる。国土回復戦争が教皇庁が采配を振る十字軍に変容すると、キリスト教スペインでは王権も社会も神の摂理に従うとする概念が支配的となった。カスティージャ王権は都市部と農村部の土地と家屋の配分を努めてこの新しい概念に則して行ない、騎士は歩兵よりも優遇された。また創立間もないドミニコ会とフランシスコ会の修道士が、古い歴史と組織を誇るベネディクト会士よりも優先的にアンダルシーアの各町へ派遣された。ベネディクト会が人里を避けて農村部の広い敷地内で修道生活を送るのに対して、宣教と異端の撲滅を使命とするドミニコ会士とフランシスコ会士は、多くの場合、町の中で数人からなる共同生活を営んだ。

異教徒の支配下に暮らすことを望まないイスラム教徒が相次いで暴動を起こすと、キリスト教徒の支配者はこれを解決するには彼らの追放しかないという結論に達した。こうして1260年代の初めには、以前に結ばれた協定に基づく両者の共存は破綻した。以後、キリスト教スペインでは都市部にごくわずかなイスラム教徒が残るだけとなった。彼らは一般に左官やその他の建設関係の職種、皮革工芸、家畜の飼育などを生業とした。職人であった彼らの手によってキリスト教徒とイスラム教徒双方の様式が融合し、そこから陶器・金属工芸・織物・赤味がかった煉瓦造りの建物や閉鎖アーチなどに見られるムデーハル独特の装飾が生まれた。

イベリア南部の農村からイスラム教徒が姿を消して土地を耕す労働力が急減すると、皮肉なことにこれが原因となって国土回復戦争の進行が支障をきたした。王権から土地を授与された貴族達は事態に対処するために北部から人手を呼ぼうと努めたが、効果が思わしくなかったばかりか北部との間に反目感情を引き起こした。そうこうしているうちに、1260年を過ぎるとかつてイスラム教徒が耕していたアンダルシーアの広大な地域が不毛の地に変わってしまった。そしてこれが再び農地に戻るのは、場所によっては19世紀も大分進んでからのことだった。

ナスル家という、それまでアル・アンダルスでは無名ながら政治力を具えた一族がこの頃にハエンからグラナーダへ移住したが、これはキリスト教徒の占領地域からイスラム農民の大部分が姿を消したことと決して無関係ではなかった。そして彼らがグラナーダで築き上げた国は以後長く続き、しかも宗教の面でほぼ完全に統一されていた。これは中世のイベリアではまったく稀有な例だった。中世後半に生まれたこのグラナーダ王国は山に守られ、住民の大半はイスラム教徒として生き続けるためにここを選んだ人々だった。ユダヤ教徒はわずかながらいたが、キリスト教徒は戦争捕虜以外にはほとんどいなかった。グラナーダの経済は地中海に臨むマラガ

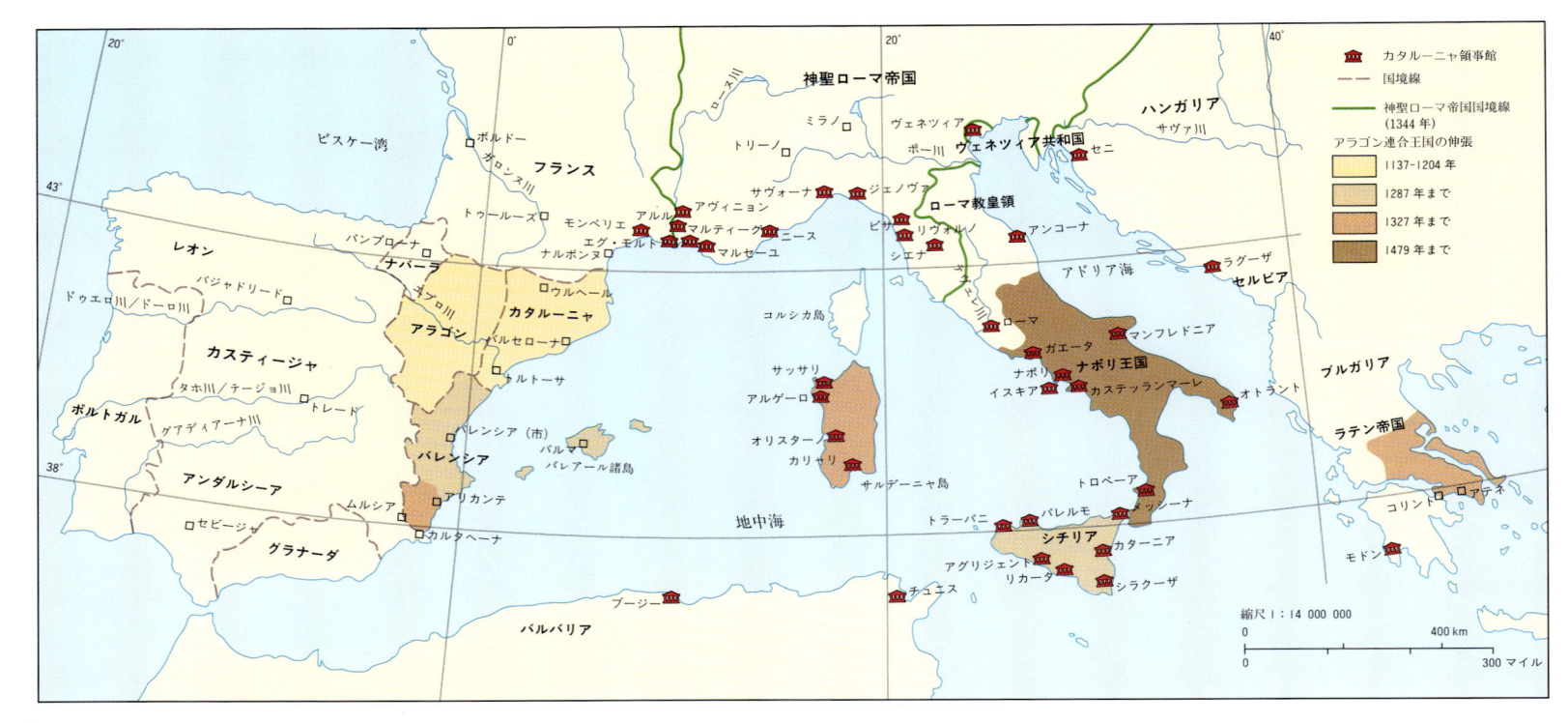

とアルメリーアの港を介しての交易に大きく依存した．だが，このアル・アンダルス最後の拠点も1480年代から90年代にかけて，フェルナンドとイサベル両王の率いる十字軍の攻撃を受けてついにキリスト教徒の軍門に降った．

三宗教共存の地

時を追って盛んになるイベリアと西ヨーロッパとの交流によってもたらされたものの中に，カスティージャ王アルフォンソ10世（在位1252-84）を夢中にさせた帝国とか皇帝といった概念があった．これは当時，特にドイツとフランスにおいて大いにもてはやされていた．そして1257年，同王は自ら神聖ローマ帝国の皇帝選挙の候補者に名乗りを上げた．彼は自分を地上における神の代理人と見做し，自国を天上の国の影の存在であるとした．そして己の権力は神意によるものゆえ絶対的なものとした．このような同王とその側近達にとって最大の課題は，主だった臣下が国王たる者は政治と軍事に関してはすべて配下の貴族に意見を求めなければならないとする封建時代からの古い考えに固執している現実にいかに対処するかだった．彼が自分の考えを盛り込んだ『七部法典』を公布しようとした時，決して強いとは言えない議会ながら，カスティージャ議会はこれを拒否した．同王の治世下では社会と政治の両面で対立と抗争が激化した．アンダルシーア南部の再征服が終わって戦闘がなくなるや，臣下達は抗争と反乱に明け暮れた．それはあたかもカスティージャの貴族が王権の強化を容認してきたのは外敵と戦う時だけであったかのようだった．『七部法典』の公布はそれから1世紀後，もっと意志堅固で実行力に富んだアルフォンソ11世（在位1312-50）の登場まで待たなければならなかった．

アルフォンソ10世は神聖ローマ帝国の皇帝にもなれなければ，配下の貴族との問題も解決できなかったが，このカスティージャ王は賢王の名で後世に知られる．彼は確かに教養人であり，聖母マリアを讃えた自作の歌集『聖母頌歌』を世に出し，自国史編纂の采配を執り，チェスや誹謗中傷といったようなことまで含む多種多彩な主題を取り上げた著述を残した．しかし，彼の賢王たる所以は自分が治めるキリスト教徒・ユダヤ教徒・イスラム教徒といったすべての人間を理解し，その代表者たらんと努めた点にある．いきおい，彼の治世は開明色の強い治世となった．とは言え，同王がイベリアに残るイスラム支配下の地を取り戻す考えを放棄したり，あるいは最後に勝利を得る真の宗教はキリスト教であるという信念を変えるようなことはなかった．それでもその後のカスティージャをはじめ他のイベリア諸国の国内の事態の推移からアルフォンソ10世の治世の価値はますます高まっていった．

今日までイベリアにおけるユダヤ教徒の歴史は，キリスト教徒とイスラム教徒との間で繰り広げられた国土回復戦争という大きな出来事の影に隠れてほとんど日の目を見ることがなかった．だが，13世紀，ますます強まる教皇庁の影響も相俟ってある意味の啓蒙期を迎えたキリスト教スペイン諸国では，キリスト教とユダヤ教との間に古くからある緊張が改めて表面化してきた．1263年，アルフォンソ10世と同時代の隣国アラゴンの王ハイメ1世（在位1213-76）は，西ヨーロッパではナフマニデスの名で知られるユダヤ教の律法学者で神秘主義者のモシェ・ベン・ナフマン（1194?-1279?）と，ユダヤ教からキリスト教に改宗したパブロ・クリスティアーノがバルセローナで行なった神学論争の司会を務めた．相対した双方の立場から書かれた議論の記録が今日まで伝わっているが，どちらも自分の方が勝ったとしているのは別に驚くに値しない．実際のところ，バルセローナでのこの論争は純粋な宗教論争というよりは，ユダヤ教とこれの信者を被告席に座らせての裁判だった．1000年から1350年までのイベリアは，時としてユダヤ教徒の黄金時代だったと言われることがある．だが，それは12世紀のアル・アンダルスにおける散発的な例外を除けば，西ヨーロッパで最大だったイベリアのユダヤ教徒社会が表立った迫害に晒されなかったというだけのことである．

アラゴン帝国

13世紀，アラゴン連合王国の政治と文化は大きな転換を経験した．同国と南フランスとを結んでいた絆が断ち切られてしまったのである．フランスのカベー朝は教皇庁からアルビ派異端の撲滅を依頼されたことを口実に1208年から28年にかけてアルビ十字軍を起こし，トゥールーズ伯をはじめその他の支配者を武力によって制圧した．プロヴァンス各地の宮

アラゴン帝国の成立

イベリア内での領土拡張が1243年のカスティージャによるムルシアの征服で阻まれると，アラゴンの王達はバルセローナをはじめとするカタルーニャの沿岸部の港町を活かして船団を組織，地中海での勢力拡大に乗り出した．1287年にはバレアール諸島の征服が完了したが，もっと目覚ましかったのは新しい支配者アンジュー家に反感を持つシチリア島の住民の呼びかけに応えて1282年に同島を征服したことだった．アラゴンのペドロ3世（在位1276-85）とかつてのシチリア島の支配者ホーエンシュタウフェン家の後継者との結婚の結果，シチリアは1283年からアラゴン王家の傍系の支配下に入った．そしてサルデーニャ島もまた1324年に征服されてアラゴン領となった．オスマン・トルコに対抗する東ローマ帝国支援のためにギリシアに進出したカタルーニャ商人は，1311年にシチリア王の息子を支配者とするアテネ公国を建てた．しかし，これは1387年までしか存続しなかった．カタルーニャはその海運力を活かして各地の商業都市を繋ぐ広範な交易網を築き，バルセローナ市の代表を各地の領事館に置いた．15世紀になるとカタルーニャの商業経済は急速に衰え，また1410年にはアラゴン宗家の王位が空位となった．その後，トラスタマラ朝の下で再編されたアラゴン軍は，アルフォンソ5世（在位1416-58）の時代にナポリ王国を征服した．だが，同王が死ぬとこのアラゴン帝国の分裂は決定的となった．すなわち，アルフォンソ5世の弟ファン2世（在位1458-79）がアラゴン王国を継承し，息子のフェランテ（在位1458-94）はイタリアの領土を継承した．

廷に花開いた吟遊詩人の詩と音楽は12世紀にはアラゴンとカタルーニャにも広まり，これに触発された詩歌の流れはカスティージャのアルフォンソ10世の作品にまで影響を与えた．イベリアの中では1238年にハイメ1世はバレンシア市とバレンシア王国を奪回したものの，ムルシアをカスティージャに押さえられてそれ以上の南進を阻まれた．バレンシアはアラゴン連合王国内の新たな一員として独自の法と議会を与えられたが，征服後も残ったイスラム教徒の住民は1247年から58年にかけて相次ぐ反乱を起こしてキリスト教徒の統治に激しく抵抗した．

こうした事態の展開が主な原因となってアラゴン人とカタルーニャ人のエネルギーはイタリアと東地中海に向けられた．そこで彼らはすでにカタルーニャの商人と船乗りが築き上げていた海上貿易網を守り，これをさらに発展させることに成功した．1229年から翌年にかけてアラゴン・カタルーニャの連合軍はマジョルカ島からイスラム教徒を放逐して地中海に確固たる地位を占める第一歩を踏み出した．この後，1283年にシチリア島が，1323年にサルデーニャ島が，そして1442年にはナポリ王国もアラゴン王家の支配下に入った．こうして海外進出を目指す同国の野心は見事に達成された．しかし，同時にアラゴンはこのためにやがて15世紀から16世紀にかけて長くイタリア情勢に巻き込まれることになり，これは多くの人の眼にはアラゴンの不運と映った．同国の文化と政治は驚くほど高度な洗練の域に達した．アラゴン王の版図の中ではさまざまな言語が話される一方，13世紀から14世紀にかけて議会が強固な伝統として発展した．後世，スペイン王国は数世紀にわたってこれに悩まされ続けることになる．

危機の時代

1315年から17年にかけてヨーロッパの広い部分を見舞った飢饉は，イベリアにはさほどの被害を与えなかったらしい．しかし，1347年に東方からヨーロッパに入った黒死病，すなわち腺ペストによる被害は甚大だった．1351年までにヨーロッパ全土に広まったペストは最後の段階でイベリアを襲った．大方の国で人口の3分の1から半分が死んだ．以前はイベリアで同じような高い死亡率が出たのはカタルーニャだけと考えられていたが，今日ではカスティージャも，それから西のポルトガルも少なくとも死者の数には相違はなかったとされている．スペインもポルトガルも他のヨーロッパ諸国と同様に人口の激減によって社会は事態への対応を強いられた．こうした中で一般に強者は利益を，弱者は不利益を被った．裕福な，あるいは進取の気質に富んだわずかな農民が周囲の不運な隣人を尻目に莫大な利を手にした．

1350年からイサベルがカスティージャの王位に就く1474年までは，イベリアにとって政治・経済・社会・宗教の多方面にわたって危機の時代だった．カスティージャでは内戦の過程で残酷王と渾名されるペドロ1世（在位1350-69）が1369年に異母弟で庶子のエンリーケの手にかかって暗殺された．暗殺者はエンリーケ2世（在位1369-79）として王位に就き，トラスタマラ朝の開祖となった．この王朝はフェルナンド5世，アラゴン王としてはフェルナンド2世が死ぬ1516年まで続いた．アラゴンがカスティージャの内戦に介入することによって激しさを増した両国間の国境紛争は，トラスタマラ朝の1人がフェルナンド1世（在位1412-16）としてアラゴンの王位に就くことで鎮静化に向かった．

ポルトガルの勃興

ポルトガルとの間にもまた紛争は再三繰り返された．1250年以来続くポルトガルのアルガルヴェ進出によって，アンダルシーアから同地に版図を広げようとするカスティージャの狙いはその行手を阻まれた．わけてもこれによってカスティージャは大西洋に臨む重要な港を確保する望みを絶たれた．その後も両国間の緊張は続き，国境線沿いにしばしば城が築かれ，防備が強化された．ポルトガル王フェルナンド1世（在位1367-83）が後継者を残さずに死ぬと，カスティージャはこの政治危機に乗じてポルトガルに侵入したものの，1385年8月14日のアルジュバロータの戦いで敗北した．この時，カスティージャ軍よりはるかに少ない軍勢を率いて勝利を得たのは，合戦の少し前にコインブラでの議会で国王に選ばれたジョアン・デ・アヴィースこと，ジョアン1世（在位1385-1433）だった．この時の勝利で同王は完全に国を掌握した．そしてこれを記念して建てられたのがバターリャ（合戦）の大修道院である．ジョアン1世はその後さらにイングランド王エドワード3世（在位1327-77）の孫に当たるランカスター家のフィリーパ（1360-1415）と結婚，これによって国内における地位を固めると同時に国際的地歩をも強化した．

アヴィース朝成立の決め手となったのは，ジョアン1世の即位を援けたリスボアの商人階層の利権との密接な結び付きだった．イスラム教徒から受け継いだ海事と造船の技術によって15世紀のポルトガルは海事立国に成長した．この分野での成功はジョアン1世の末子エンリーケ航海王子（1394-1460）に負うところが多い．クリスト騎士修道会の総長だった同王子は，1419年から44年にかけて同修道会の豊富な資金をカナリア諸島・マデイラ諸島・アソーレス諸島・カーボ・ヴェルデ諸島などの探検と入植活動に投じた．彼が1460年に死んだ時，ポルトガルの船乗り達はアフリカ西岸をシエラ・レオーネにまで達していた．王子の甥に当たるアフォンソ5世（在位1438-81）の治世には多くの遠征部隊が北アフリカに送られ，1471年にはタンジールが占領された．だが，遠征の成果は必ずしも成功一色ではなかった．

右　現在はバルセローナのカタルーニャ美術館に所蔵されている13世紀のフレスコ画の一部．アラゴン王ハイメ1世による1220年のパルマ・デ・マジョルカの包囲と征服の模様が描かれている．戦いは短期間で終わったが，多くの血が流された．ムワッヒド朝の旗が塔のひとつに翻り，別の塔には投石機を持ったイスラム教徒がいる．興味深いことに，記録によれば，この武器はローマ時代からバレアール諸島の住民に独特のものだったという．

中世イベリアのユダヤ教徒

　1200年頃のイベリアにはおそらく20万人を超えるユダヤ教徒が住んでいた．この無視しえない数のユダヤ教徒はキリスト教スペインとアル・アンダルス，中世ヨーロッパのラテン・カトリック文明と中東のアラビア・イスラム文明という2つの世界に跨がる特異な地位を占めていた．彼らは祭儀や学問ではヘブライ語を用いたが，この他にアラビア語やラテン語，そしてイベリア各地のロマンス語にも等しく通じていた．その文化と教養はこれらの言葉の影響を反映し，また哲学や思想で優れた人材が輩出した．この一方でユダヤ教徒は自分達の領土を持たず，常に他の宗教を奉じる支配者の下で生き，その自由は制限されていた．イベリアの勢力均衡がイスラム教徒からキリスト教徒へと傾くと，イスラム王国グラナーダは別としてキリスト教スペインに住むユダヤ教徒を取り巻く状況は次第に厳しくなっていった．それまでの比較的寛容な空気に代わって，北からピレネーを越えて伝わってくる反ユダヤの気運が時を追って高まっていった．1300年頃にはユダヤ教徒は少なくとも建前上はユダヤ教徒であることを示す特別な印を身につけさせられた．そして1391年を期して起こった一連の反ユダヤ暴動では何千人ものユダヤ教徒がキリスト教に改宗した．それでもまだ15世紀にはユダヤ教徒の学者の協力を得てアルバ版聖書の編纂がなされたが，すでに彼らの運命は決まっていた．ユダヤ教徒は1492年にスペインから，次いで1497年にはポルトガルから追放された．

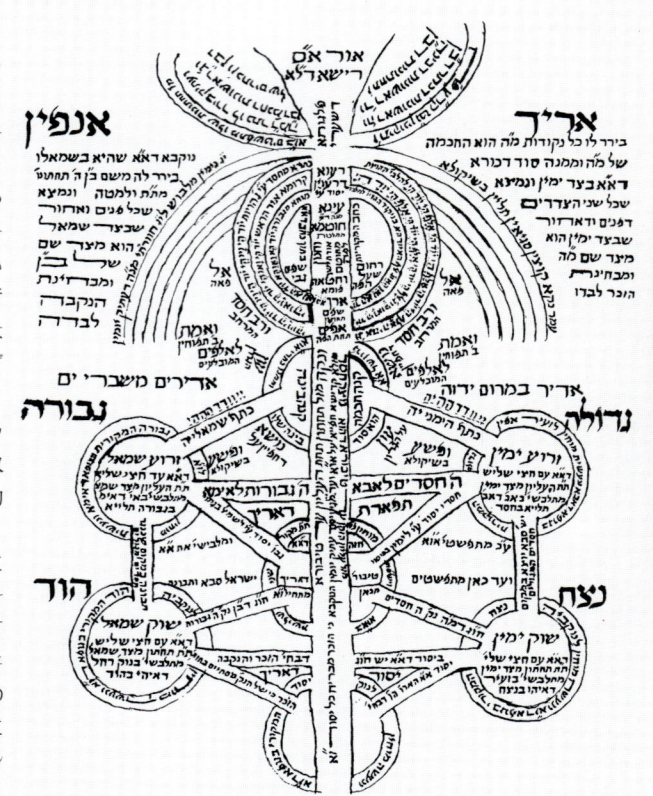

迫害と混乱

13世紀中葉以来，グラナーダ王国はイベリアに残る唯一のイスラム国だった．キリスト教スペイン諸国が紛争や戦闘に明け暮れている間，ナスル朝の王達は傍観者の立場に徹することができた．だが，ユダヤ教徒はそうはいかなかった．1360年代の後半に起こったカスティージャの内戦では，ユダヤ教徒はペドロ1世に反旗を翻したトラスタマラ側の攻撃に晒された．特にトレード市のユダヤ教徒が標的となった．これは後の事態の前触れだった．確かに中世も後半に入ると，ユダヤ教徒への姿勢の如何が次第にイベリア諸国の社会情勢を推し量る指標となっていった．この頃の年代記に記されているように，ユダヤ教徒を擁護する者は誰一人おらず，キリスト教徒がユダヤ教徒を襲うのはきわめて容易であり，これによって罰せられることはなかった．しかし，相手がもしもイスラム教徒であれば，イベリア内であろうとあるいはイスラム圏であろうと，キリスト教徒は報復を覚悟しなければならなかったはずである．

1391年の初夏，イベリアの大部分は深刻な社会・経済不安に見舞われ，その最中に激しい反ユダヤ運動が発生した．セビージャに近いエシハの助祭長フェラン・マルティーネスは説教の中でおそらくはごく月並みな口調でユダヤ教徒を非難したものと思われる．だが，セビージャの民衆はこの時の説教にかつてないほど激しく反応した．たちまち件の助祭長の下に結集した群衆はそのままユダヤ教徒の住む一画に向かい，略奪と住民の殺害の限りを尽くした．この反ユダヤ感情はアンダルシーア中に広まり，次いでイベリアの北部と東部に飛び火した．そして最後には到る所で主要なユダヤ教徒居住区が破壊された．

当局は事態の鎮静化に努めたがその努力は無駄に終わり，大部分のユダヤ教徒は自らの手で問題の解決に当たらなければならなかった．棄教を拒んだユダヤ教徒は当局が大規模な暴動に手をこまねいているだけの主要な都市から，まだ少しは法の支配と治安がましな小都市や農村へと難を逃れた．この一方でイベリアのユダヤ教徒の3分の1かあるいはこれを上廻る約20万人はキリスト教への改宗という別の道を選んだ．その後の続く30年間にキリスト教への改宗者はさらに増えた．短期間に大量の改宗者を出したこの出来事は他に類がなく，後に大きな反響を多々生むことになる．

1391年から1480年にかけてイベリア社会を見舞った幾多の問題の中心には必ずユダヤ教徒およびコンベルソと呼ばれたキリスト教への改宗者がいた．取りわけ，イサベルが即位した1474年以降はこの傾向が強まった．いまから振り返ってみれば，前世紀特有の問題は別として，事態は当時の人々が思ったほど絶望的だったとは思えない．イベリア諸国の国際的な地位は，アヴィニョンとローマに相対立する2人の教皇が立って教会を二分した事態（西方教会の分裂．1378-1417）の収拾に向けた尽力によって大いに高まった．

そればかりか15世紀の大半にわたってカスティージャとアラゴンを混乱に落としいれた内戦の最中にあってなお，両国の国力は共に確実に伸びていった．王権と貴族との抗争の合間を縫って職人層は徐々に富を蓄積していった．当時の封建的・十字軍的倫理は職人達とは相容れないものであったが，彼らはこれを超えることのできた企業精神の数少ない持ち主だった．そしてその経済力こそは，磐石とは言えないまでも，後の16世紀のスペイン帝国を支える礎石となるのである．ただ問題はスペインもポルトガルも共に概して乏しいその農業生産が，やがて訪れる両国の地球規模の発展を支えるに足る充分な経済の基礎に果たしてなりうるか否かであった．

左上　中世イベリアのユダヤ教徒の最大の功績はカバラ（ヘブライ語で伝統の意）と呼ばれる神秘主義思想だった．カバラはまず13世紀のカタルーニャで発展し，聖書に述べられている神のさまざまな属性を聖書の文字に関連付けようとした．神の属性と聖書の文字の関連はしばしば左上の図表で示された．

上　ユダヤ教徒とキリスト教徒とイスラム教徒の三者の社会と文化の面における共存が生んだ最後の見事な結実のひとつがトレードのトランシトのシナゴーグである．14世紀半ばにカスティージャのペドロ残虐王の助けを得てサムエル・アレビが建てたこのシナゴーグは，イスラム教徒の職人によって造られたイスラム様式の建物である．

左　このシナゴーグの建設当時，ユダヤ教徒はキリスト教徒にとって赦し難い敵であるという政治宣伝が広く行き渡っていた．14世紀のイベリアで描かれたこの絵には，聖別されたパンを聖堂から盗み出してつぶそうとしているユダヤ教徒が描かれている．

左端　1422年にキリスト教徒のルイス・デ・グスマンの依頼で編纂されたアルバ版聖書は，15世紀におけるキリスト教徒とユダヤ教徒との協力を物語る稀有な例である．このページには玉座に着いたルイス・デ・グスマンが描かれ，ページの下部に同聖書の編纂に協力したユダヤ教の律法学者グアダラハーラのモーセス・アラヘルが写本を差し出している．

上　ポルトガル国王の紋章入りの帆を張ったガレオン船を描いた15世紀の陶製の椀．イスラム教徒の装飾技法が根強く残っていたことが高度に様式化された植物文様の縁取りに看て取れる．15世紀を通じてポルトガル人は航海術と操船術を大きく進歩させ，特に大西洋の風と海流に耐えうる船舶を造り上げた．

サン・ヴィセンテ修道院の祭壇衝立

1) 聖ヴィセンテ　4) ジョアン王子　7) 律法書トーラーを持った
2) ゴンサルヴェスの自画像　5) アフォンソ5世　　ユダヤ教徒
3) エンリーケ航海王子　6) イザベル王妃

修道士　　漁師　　　王子　　　　　大司教　　騎士　　聖遺物

　1450年頃から1472年までアフォンソ5世の宮廷画家を務めたヌーノ・ゴンサルヴェスは当時のポルトガル随一の画家だった．1548年，フランシスコ・デ・オランダはゴンサルヴェスを「絵画の鷲」と呼び，レオナルド・ダ・ヴィンチやミケランジェロなどの巨匠と比肩すると記した．そうしたゴンサルヴェスが今日ではほとんど無名に等しいのは，1755年のリスボア大地震で彼の作品の大部分が失われてしまったからである．事実，彼の作品は1点も残っていないと1世紀以上もの間思われてきた．ところが1882年，それまで忘れられ，そして上塗りされた数枚の作品が汚れきった状態でリスボアのサン・ヴィセンテ修道院で発見された．そして専門家のジョゼ・デ・フィゲイレードが数年かけて綿密に調査修復した結果，1902年にはこれらはゴンサルヴェスの作品であることが証明された．当初，これらの作品はゴンサルヴェスが聖ヴィセンテを題材にしてリスボアの大聖堂のために制作した祭壇衝立の一部と考えられた．しかし，ゴンサルヴェスに関する唯一の史料であるフランシスコ・デ・オランダが書き残した同祭壇衝立の記述と食い違う点が多々あり，今日では現存の祭壇衝立はまったく別物であるとされている．卓抜な構成，豊かな人物描写，巧みな色彩の用い方などはいずれもゴンサルヴェスをルネサンスの巨匠の1人に加えるに充分なものである．彼に先行するポルトガルの画家はいないし，その画風は明らかにディリック・ブーツ(1400？-75)とヤン・ヴァン・アイク(1380？-1441？)の影響を受けるなど，フランドル派とブルゴーニュ派の流れを汲んでいる．祭壇衝立の中央の2枚にはいずれもリスボアとポルトガル王室の守護聖人である聖ヴィセンテが描かれている．そしてこれをポルトガルの宮廷と教会の重鎮が取り巻いている．描かれている人物が誰であるかについてはかなりの論争があったが，実在の人物であることは明白である．フィゲイレードによる当初の判断の多くはこれまでにも疑問視され，修正された．しかし，「王子のパネル」と呼ばれる部分で聖ヴィセンテの前に跪いている人物はアフォンソ5世，そしてその後方に息子のように描かれている少年は後のジョアン2世であると一般に考えられている．これが正しいとすれば，この作品は1465年頃のものであろう．そしておそらくは「アフリカ人」と諡名されるアフォンソ5世が1458年から64年にかけて行なった自らのモロッコ遠征を記念し，多分聖ヴィセンテに対して行なったはずの誓いを果たす意味で作らせたのかもしれない．

上　パネルの左から右にさまざまな社会階層が描かれている．アルコバーサのシトー会修道士が修道生活を，漁師と船乗りの信心会が労働者を，王族が王国を，大司教と司教座聖堂参事会員が教会を，ブラガンサ公とアフリカ遠征への参戦兵が騎士修道会をそれぞれに代表している．最後のパネルには修道院に保管されていた聖ヴィセンテの聖遺物箱が描かれている．上の図は当時のパネルの配列と思われるものの復元図だが，聖ヴィセンテの肖像画はもともとは中央の2枚のパネルの間に置かれていたと思われる．

右　聖ヴィセンテの周囲に配された人物群から当時のポルトガル社会には海上探検と海外進出に乗り出す態勢が整っていたことが看て取れる．神に感謝を捧げるこの儀式には，やがて16世紀に実現するポルトガルの海外発展がすでに予告されている．国王アフォンソ5世(5)とジョアン王子(4)と共にこの王子のパネルに描かれた黒い帽子の人物はアフォンソ5世の叔父であるエンリーケ航海王子(3)だと思われる．アフォンソ5世の正面にいるのは妻のイザベル(6)である．以上の推測が正しいとすれば，エンリーケとイザベルの肖像画は両人の死後に描かれたことになる．おそらくアフォンソ5世としては，自分の治世下のポルトガルが成し遂げた偉業のためにこの2人が果たした役割を認めたいという気持があったのであろう．左上の隅の人物(2)は一般にパネルの製作者自身とされている．

右端　聖ヴィセンテは漁師と船乗りの信心会の守護聖人でもあった．漁師を描いたこのパネルはポルトガルと海の繋がりを示す．中央上部の2人の人物は綱をつくろい，その下では別の漁師が祈りを捧げている．

左　このパネルにユダヤ教徒が描かれている理由は不明だが，別のパネルにイスラム教徒が描かれていることから，アフォンソ5世の宮廷の空気が宗教の面で寛容であったことを暗示している．

征服と再征服　711-1480

第2部　イベリアの歴史

グラナーダの
アルハンブラ宮殿

　周囲を山に囲まれたグラナーダ王国．堅い防備をめぐらせたそのアルハンブラ宮殿都市は多分アル・アンダルスでもっとも有名な史跡であろう．かつてその城壁内には多くの住居・商店・工房・モスク・王達のための浴場などがあった．しかし，今日イスラム時代を偲ばせるものはわずかに西の端に残る要塞部分だけである．要塞の一部はジール朝期（1013-90）に築かれ，宮殿の相当な部分はナスル朝期，特にユースフ1世（在位 1333-54）とムハンマド5世（在位 1354-59；1362-91）の治世下に建てられた．これらの建物の中で目を惹くのは「閣議の間」（別名メスアール），「謁見の間」（別名，大使の間），それから王とその大勢の家族の住まいの一部であった「銀梅花の中庭」（別名コマーレスの中庭）と「ライオンの中庭」である．これらすべてを見下ろす形で16世紀にカルロス1世が建てた宮殿がある．アルハンブラ宮殿が今日まで残っているのはイスラム教徒の遺構に対する同王の関心に負うところが大きい．

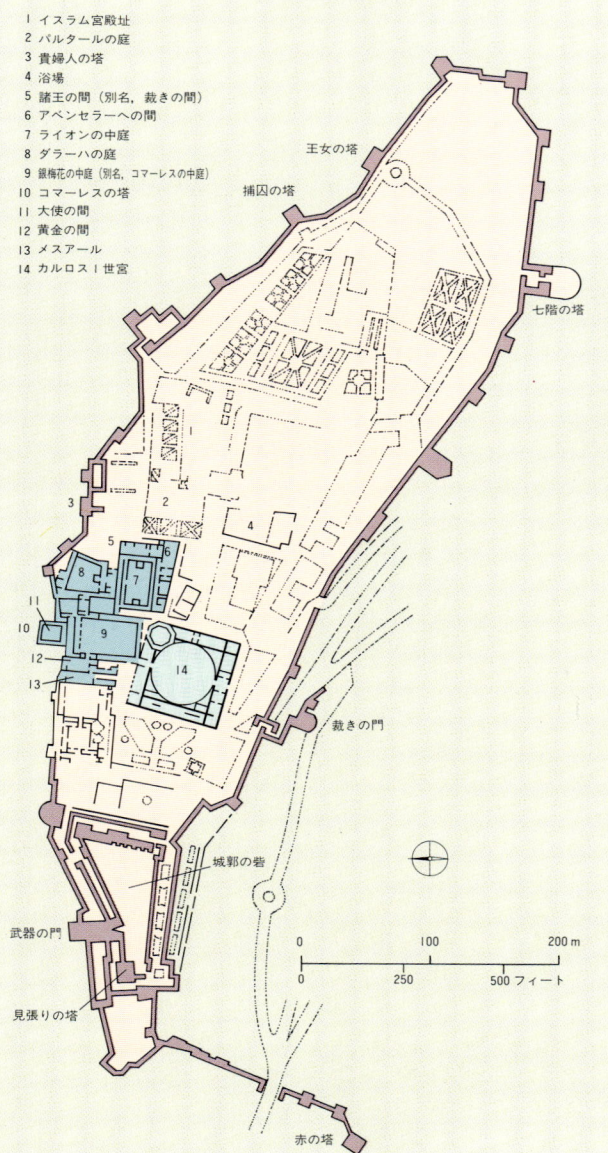

1　イスラム宮殿址
2　パルタールの庭
3　貴婦人の塔
4　浴場
5　諸王の間（別名，裁きの間）
6　アベンセラーへの間
7　ライオンの中庭
8　ダラーハの庭
9　銀梅花の中庭（別名，コマーレスの中庭）
10　コマーレスの塔
11　大使の間
12　黄金の間
13　メスアール
14　カルロス1世宮

上　コバルトブルーに彩色され，艶出しの上薬を塗ったこの陶製の壺は，おそらく15世紀に作られた．中央の文字は所有者の繁栄と幸運を祈る文句．宮廷や貴族の邸宅用に製作されたナスル朝グラナーダ王国の高級陶器の典型例のひとつである．

左　この図を見るとイスラム期のグラナーダが宮廷の建造物を除けば今日ではほとんど残っていないことがわかる．隣接する建物群は目的や季節に応じて使い分けられた．夏の憩いの場所であったヘネラリーフェは町の東の丘の高い所に建てられた．

64

征服と再征服　711-1480

左　「赤い宮殿」を意味するアルハンブラの名は建物の色に由来する。城壁に囲まれたアルハンブラ宮を一望するこの眺めは、町の北部の丘にあるアルバイシンというグラナダでおそらくもっとも古いイスラム地区からのもの。右手の丘の上には堅固な要塞アルカサーバがある。そして左手には、外国からの使節の謁見や会談などの宮廷行事が行なわれた「大使の間」があるコマーレスの塔が見える。その後ろには、ネバーダ連山を背景にしたルネサンス様式のカルロス1世宮の一部が見える。

上　ライオンの中庭。水盤を支えるライオンの像からこの名で呼ばれる。ここはムハンマド5世が公務を離れて家族と共に過ごす場所として造られた。写真の奥の「歴代王の間」は食堂だったと思われる。

左端　「貴婦人の塔」にある狩りの場面を描いた14世紀の壁画の一部。製作者はナスル朝に仕えるキリスト教徒。「諸王の間」の革張りの天井の3枚の絵と同様に、製作者はアヴィニョン教皇庁で働いた職人達との関連が指摘されている。

左　メスアールと呼ばれる会議室はイスマイル1世（在位1314-25）が着工し、その後ユスフ1世が手を加え、さらにムハンマド5世が全面的に改築した。行政と司法の中枢であり、大臣達の会議の場だった。

カトリック帝国　1480-1670

カトリック両王と法の支配

　カスティージャの王女イサベルは即位する5年前の1469年に，従弟に当たるアラゴン連合王国の王位継承者フェルナンドと結婚した．当初，これは単に両国の絆の強化を狙ったいつもながらの外交手段である政略結婚と思われた．だが，2人の結婚はきわめて重要な意味を持った．つまり，これによって他にあまり例のない政治の協力体制が発足し，当時イベリアにあった3つの主要国のうちの2つが連合したのである．後世から見れば，それはカスティージャとアラゴンとの間の古くからの絆がいまや成熟の域に達したことによる「スペイン」の誕生だった．とは言え，これは決して起こるべくして起きたことではなかった．カスティージャ王としてはフェルナンド5世とも呼ばれるアラゴン王フェルナンド2世（在位1479-1516）とカスティージャ女王イサベル（在位1474-1504）は統一国家の建設を目指したわけではない．両王はむしろ両国の資力を併せることによってそれぞれ自国の利益を追求したのである．カスティージャとアラゴンは法も社会の仕組みも，さらには伝統や言語までが19世紀に至るまで異なる別々の国だった．

　1494年，スペイン出身のローマ教皇アレクサンデル6世からカトリック王の称号を与えられたフェルナンドとイサベルの当初の目的のひとつは法と秩序の確立にあった．国内平和の達成は長年にわたる内戦を経た後のごく自然な願望であったが，その背後には政治のみならず強い宗教上の動機が秘められていた．取りわけイサベルは臣民がキリストの教えを誤りなく守って死後の救霊に与かれるようにすることが自らの神聖な使命であると考えた．そしてこれの遂行には非キリスト教徒をはじめとする諸々の敵から臣民の安全を確保しなければならず，そのためには王権を強化して人心をこれに従わしめ，それまでの内紛と混乱に代わる秩序の回復が先決だった．そこで両王は法典を編纂して司法制度を改め，カスティージャの国政決定機関である王国諮問院（Consejo Real）を強化し，バジャドリードとグラナーダに王権直属の最高裁判所（Chancillería）を設けた．この過程で両王は教会・貴族・都市という国内の三大勢力との対立を避けて通ることはできなかった．

　カトリック両王による改革は多岐にわたった．中でも彼らが発足させた異端審問制度は後世のスペイン史，特に国内統一の面でもっとも深遠かつ長期に及ぶ影響を持った．同制度は1478年から80年にかけてまずセビージャに設けられ，やがてカスティージャとアラゴンの全土に拡大された．その当初の目的はユダヤ教やイスラムからキリスト教に改宗してそれぞれコンベルソやモリスコと呼ばれた人々の信仰生活を監視することにあったが，後には古くからのキリスト教徒の犯す宗教上の逸脱がもっぱら監視の対象とされた．異端審問所の権限は強大だった．審問官は全員が王権によって任命され，密告に基づくその活動は秘密のヴェールに覆われていた．細かな条件はあったものの，自白を引き出すために拷問は珍しくなかった．民衆を大いに熱狂させたアウト・デ・フェ（auto de fe　意味は「信仰の行事」）と呼ばれる大掛かりな儀式で有罪の判決を受けた異端者は焚刑に処せられ，その財産は王権と異端審問所と通報者との間で分配された．

　異端審問所のこうした活動は弁護できるものではなく，当時の通念に照らして見ても多分に疑問が残った．だが，スペインがやがて起こる宗教改革の嵐を免れたのは異端審問制度のおかげだった．トレード大司教フランシスコ・ヒメーネス・デ・シスネーロス枢機卿（1436-1517）が異端審問制度を活用して聖職者の綱紀粛正を図ったスペイン教会は当時のヨーロッパでもっとも腐敗の弊が少なく，それだけ16世紀のプロテスタント諸派からの攻勢にもよく持ち堪えた．またフェリーペ2世（在位1556-98）の時代，スペイン教会の首位に立つトレード大司教バルトロメー・カランサ枢機卿（1503-76）までが審問に引き出されたのも，こうした功績があって初めて起こりえることだった．異端審問所の活動はスペイン人に苦痛を強いた．だが，これとても当時のフランス人やドイツ人の多くを巻き込んだ果てしない宗教戦争の惨禍には及ばない．スペインは異端審問制度のおかげで宗教戦争を免れたのである．

　異端に対するごく単純な警戒心から民衆は最下層の者も含め異端審問制度を熱烈かつ息長く支持した．これは国政機関としては珍しいことだった．とは言え，カスティージャで容易に受け入れられた同制度も，アラゴンではその導入は執拗な抵抗に遇った．ひとつにはラ・スプレーマ（La Suprema）と呼ばれた同制度の審査決定機関がカスティージャの統治機関と見做されたためだった．16世紀末になってもアラゴンでは，異端審問所の活動が同国固有の法に抵触するたびに激しい抗議の声が巻き起こった．それでも信仰とそして教会が社会に及ぼす影響力はカスティージャとアラゴンの統合の強化に力があった．内紛が相次いだ15世紀にはしばしば王権に逆らった高位聖職者もいまや王権に臣従した．この変化は教皇ア

下　サラマンカの「貝殻の家」はおそらくカスティージャでルネサンス期のイタリア貴族の館をもっとも忠実に模した建物であろう．とはいえ，その一風変わった装飾はこの建物を他に類のないものにしている．建物の元の持主はカトリック両王によりサンティアゴ騎士修道会の会員に叙されたことを記念して，サンティアゴ・デ・コンポステーラへの巡礼者が身につけていた帆立貝を家の装飾に用いた．外壁はすべてこの貝殻装飾で覆われ，それがこの家をあたかも何かを守っている巨大な楯のように見せている．

カトリック帝国　1480-1670

右　アビラの大聖堂のこの壮麗な祭壇衝立は、初期スペイン・ルネサンスを代表する画家ペドロ・ベルゲーテ(1504没)によって描かれた。バジャドリードに生まれ、おそらくナポリで修行したベルゲーテは、1477年にはイタリア中部のウルビーノのある貴族の邸宅で働いていたことがわかっている。その作風にはフランドルとイタリアの影響が窺われるが決して模倣ではなく、見る者に印象的な空間の広がりと雰囲気を強く感じさせる。アビラでの仕事は晩年で、彼の最高傑作とされているサント・トマース修道院の祭壇衝立(1499～1503)も同市で製作された。息子アロンソ(1488頃~1561)は父親の下で修行してマニエリスモの彫刻家として名を成し、内面の苦悩や宗教的な法悦に浸る人物像を彫った。晩年にはトレード大聖堂の内装の責任者となった。

レクサンデル6世の認可を得た両王が聖職者の人事に介入したことと無縁ではなかった。1520年、まずカスティージャの都市がカルロス1世に対して反乱を起こし、次いでアラゴン連合王国内にも同じ動きがあった時、叛徒側に与した司教はたったの1人だったことは注目に値する。同司教はやがて処刑され、遺体はシマンカスの城壁に吊るされた。

騎士修道会は特に新カスティージャとアンダルシーアに広大な領地を有し、その政治力はそれまでしばしば国内の混乱を助長する要因だった。しかし、カトリック両王はこうした騎士修道会をもまた教皇庁の認可を経て自分の管轄下に組み入れた。これによって王権は騎士修道会の豊富な人材と社会的な威信を手にした。このことは増大の一途をたどる異端審問制度の資産と共に決定的な意味を持った。というのも、こうからやがて王権に忠実な軍人と官吏を輩出する貴族層が台頭してくるからである。

カトリック両王はまた古くからカスティージャにあった治安警備組織エルマンダード (hermandad　意味は「兄弟団」)を再編して農村部の無政府状態と組織犯罪の撲滅に当たらせた。大貴族はしばしば無法者を駆り集めては私兵集団に仕立てていたが、両王はこれをもまた次々と壊滅させて地方政治を左右する貴族の地盤を切り崩した。カスティージャの経済と王権の歳入は法と秩序の回復によって大きく伸びた。道路

学術の保護者イサベル女王

　当時の平均寿命からすると人生の半ばを過ぎた31歳にしてイサベル女王はラテン語を真剣に学び始め，自国の貴族の子弟の教育のために宮中にラテン語を学ぶ施設を設けた．女性の身でありながらあっぱれなこの決断は挫折こそすれ，以後今日に至るまでスペインといえばイサベルの名を人々が想い起こす所以である．妻であり，母であり，女王であり，戦士であり，教養人であり，篤い信仰の人であったイサベルはまさしくルネサンスの理想を一身に体現する人物であったかに見える．一般に知られている女王像は多少誇張されたきらいがあるが，それでも溢れるような活力と好奇心に満ちた指導者であったことは間違いない．人文主義がカスティージャにもたらされたのはほとんどメンドーサ一族の功績と言えるものであるが，イサベルは若年の頃から同家と親交を結んだ．スペイン最初の人文学者を代表する詩人でありラテン語学者であったサンティジャーナ侯イニゴ・ロペス・デ・メンドーサ（1398-1458）は膨大な数の蔵書を有し，彼の下の息子の1人テンディージャ伯ともう1人セビージャ大司教の2人は1470年代にはイサベルとフェルナンド両王の側近として仕えた．両人は共に新しい知識に貪欲だった．テンディージャ伯はイタリアの学者を宮廷に紹介し，セビージャ大司教は当時すべての意味でカスティージャの首都であったバジャドリードに質の高いベラ・クルース学寮を新設した．両王は学問と印刷機という新技術を王家のために逸速く活用することをためらわなかった．イサベルは賢明にもドイツからの印刷工の招聘に意を用いた．その結果，この時代にカスティージャの多くの町に印刷機が導入された．イサベルの存命中にスペインで刊行された本は1000点に上り，都市部の住民の半数は字が読めたと推定される．本の大半は宗教書であったが，ギリシア・ローマの古典の翻訳も世に出た．また1490年代には王権による印刷の認可制度が整えられ，カスティージャ語による文学作品の刊行も始まった．この間，学術保護の先頭に立ったイサベルは学者との出会いを重ね，彼らから学び，自らの知見を広めた．その結果，1492年の時点で女王はコロンの構想を多少なりとも理解できたのである．

左　この木版画の修道士はイサベルよりもフェルナンドに自著を献上しているかに見えるが，学問への関心ではイサベルの方がフェルナンドをはるかに凌いでいたことは確かである．イサベルはメンドーサ家やシスネーロス枢機卿から推薦された若い学徒達の勉学を率先して奨励した．

カトリック帝国 1480-1670

と橋の建設または改修が進められ，拡大する国内の商業活動の利に与かるべく税関が設けられた．ただし，アラゴンとカタルーニャでは王権はさほど強力ではなかった．賢明なフェルナンド王は民衆が強く執着するそれぞれの地域法を廃止するような動きは一切採らず，むしろこれの遵守を誓った．その結果，貴族の権限が大幅に温存されたアラゴンではその専横に民衆は苦しめられ続けた．

治安警備組織エルマンダードの成員はイダルゴ (hidalgo) と呼ばれる下級貴族の中から選出された．他のヨーロッパ諸国では類例を見ない社会階層であるイダルゴは地方都市に多く住み，その系譜をたどればなんらかの特殊技能の持ち主か商人に行き着く．彼らの中にはささやかながら所領を持つ者もいたが，その多くはすでに土地とは無縁だった．イダルゴはまた法に通じた者としてトガード (togado 意味は「法衣をまとった者」) と呼ばれ，商人と共に地方都市の政治を牛耳った．他方，イダルゴは上流貴族との結び付きがさほど強くなく，この意味で王権にとって大いに有用な人材だった．彼らはエルマンダードの成員の他にも異端審問制度の俗人官吏に登用され，その家族は報酬と名誉に浴した．1480年代，王権は多くのイダルゴを在住都市のコレヒドール (corregidor) に任命した．コレヒドールは専従の官吏として市会の議長を務め，王令の遵守に目を光らせた．取りわけ，コルテス (Cortes) と呼ばれたカスティージャ議会に代表を送っていた18の都市における彼らの役割は重要だった．カトリック両王はイダルゴと手を結ぶことによって大貴族を国政の場から徐々に排除すると同時に，王権の意向にきわめて忠実な行政官僚集団を従えることができた．

1492年と最後の十字軍

フェルナンドとイサベルが即位した時，「スペイン」はほとんど地理的な呼称でしかなかった．しかし，1492年という輝かしい年を境にスペインの名は十字軍運動の覇者として，またヨーロッパの列強として当時の地図にしっかりと記されるようになった．1492年，3つの重要な出来事が起きた．すなわち，アル・アンダルス最後の王アブー・アブド・アラー，通称ボアブディール (在位1482-83，1487-92) がグラナーダを明け渡し，ユダヤ教徒が国外に追放され，クリストバル・コロン (1451-1506) がアメリカの地に歴史的な一歩を印した．

1482年，カトリック両王はイスラム王国グラナーダに対して戦端を開いた．その兵力の大部分は国王軍ではなく，主に都市と教会からの上納金で雇われた兵士だった．だが，10年後に戦争が終わった時には両王は国王軍を従え，カスティージャの議会が承認した税による潤沢な歳入を手にしていた．グラナーダ戦争は1248年のセビージャの奪回以来200年ぶりの対アル・アンダルス十字軍だった．グラナーダ王国の存在はキリスト教スペインにとって最大の政治課題であり，下手をすれば新たな内戦の誘因になりかねなかった．それまでもキリスト教スペイン諸国は幾世紀にもわたって共通の敵を相手に戦うことで一致してきた．事実，この時もカスティージャとアラゴンはグラナーダ戦争を一致して戦ったことで一体感を一段と深めた．それに1470年代末の政治改革もまた同じ効果を生んだ．すなわち，中央行政も地方行政も共にしっかりと確立し，国の隅々にまで行きわたった．イベリアでの勝利はキリスト教ヨーロッパ全体に大きな反響を巻き起こした．現在のイスタンブール，当時のコンスタンティノープルがイスラムを信奉するトルコ人の手に落ちてから40年も経っていなかっただけに，グラナーダの征服はヨーロッパ人にとって是が非でも欲しい勝利だった．戦場にはイベリアの外からも何百人という十字軍兵士が馳せ参じ，勝利はヨーロッパ中から祝福された．

敗れたイベリアのイスラム教徒は当初信仰の自由を保障されたが，カトリック両王の臣下となることを潔しとしない者

上　16世紀初頭にシスネーロスによって創設されたアルカラ大学の建物は，建築家ペドロ・デ・グミエルによって設計された．ローマ時代の地名コンプルトゥムに由来してコンプルテンセ大学という名で知られる同大学は19世紀にマドリードに移され，グミエルの建てたプラテレスコ様式の堂々たる建物は現在では図書館兼地域の古文書館として使用されている．

右　シスネーロスがアルカラ大学に招いた学者達の中に当時のスペインを代表する学者アントニオ・デ・ネブリーハがいた．写真は彼の『ラテン語入門』に挿入された細密画で，中央にネブリーハが描かれている．1473年にイタリアからスペインに帰国したネブリーハの学識にイサベル女王は深い関心を寄せた．ネブリーハの娘フランシスカがアルカラ大学の教壇に立ち，サラマンカ大学のルシーア・デ・メドラーナと並んでヨーロッパで最初の女性の大学教授となったことは学問を奨励する女王の姿勢に見合うことだった．

左　すべての女性にとって究極の模範は聖母マリアである．カトリック両王もしばしば聖母マリアとイエスを崇める姿で描かれ，ある作品では王子達や司教達の姿も見られる．この絵ではイサベル女王は1人で熱心に聖母に祈りを捧げ，天使達が音楽を奏でて歌っている．これは女王が持っていた祈祷書の挿絵で，彼女が祈祷台にひざまずいている．

第2部 イベリアの歴史

にはアフリカへの移住を妨げない旨の約束がなされた。だが、間もなくシスネーロス枢機卿はイサベル女王を説得して彼らを一気にキリスト教に改宗させる強硬手段に訴えた。さらに勝利から3カ月も待たずして、異端審問所は国内のもうひとつの異教徒集団に対しても同じ措置を講じた。その結果、キリスト教への改宗を拒んだ10万から15万のユダヤ教徒がスペインを去り、その多くはポルトガルに移った。このユダヤ教徒の追放はイベリアの内外からキリスト教の勝利と見做された。だが、その主たる結果はといえば、カスティージャはこの時、経済上もっとも重要な人材の一部を失ったのである。

新世界アメリカ

歴史上、1492年の最大の出来事はジェノヴァ生まれの船乗りクリストバル・コロンの大西洋横断航海である。国内を平定したカスティージャ王権はようやく海外進出に資力を振り向け、この方面ですでに先行していたポルトガルと覇を競う余裕を得た。実りのない交渉を数年続けた果てにコロンは、西廻りでアジアへ行くという計画への支援をついにカトリック両王から取り付けた。3カ月の航海の後、1492年10月、彼はカリブ海のサン・サルバドール島と思われる小島に上陸した。

以後、幾世代もの征服者達が次々とイベリアからアメリカへ渡りこれを征服、次いで入植して一大帝国を築き上げた。

スペインのカスティージャ化 (1480-1600)

1492年以前にイベリアのユダヤ教徒が話していたヘブライ語とカスティージャ語の混成言語はラディノもしくはセファルディーと呼ばれ、追放された彼らが逃れていったリスボア、アンヴェール、ハンブルク、北アフリカ、地中海東部、バルカン諸国などに広まった。一方、モリスコはイベリア訛りのアラビア語を話し、主にイベリアの南部と東部の農村部に多く住んでいた。しかし、1569-71年の反乱の後、彼らは主に新カスティージャとエストレマドゥーラの各地に強制的に移住させられ、離散した。1609年の時点でモリスコの人口は25万人に留まった。またこ

カトリック帝国 1480-1670

新しい土地の発見は直ちにポルトガルとの関係に緊張をもたらした．カトリック両王は自分達の利益を守るに当たって教皇アレクサンデル6世を頼みにすることができた．1494年，同教皇の仲介でトルデシージャス条約が結ばれた．これによって，大西洋上のカーボ・ヴェルデ諸島の西に南北に走る境界線を想定し，これの西側がスペイン領，東側がポルトガル領と定められた．

征服者の多くは所領を持たない下級貴族で，スペインの中でもっとも貧しい地域の出身だった．新世界は彼らにとって征服すべき野蛮で敵意に満ちた世界であり，金銀を初めその天然資源は略奪するためにあった．初期の征服者達はアメリカの土地と住民からできるだけの富を取り上げ，船でスペインへ送った．イサベル女王はアメリカの富はカスティージャが独占すべきものとし，アメリカとの交易港をセビージャに限った．この結果，同市は16世紀前半に急激な発展を遂げた．

スペイン人は富と権力の追求と同時に自分達にはアメリカの先住民をキリスト教に改宗させる義務があると考えた．金銀に目が眩んだ貪欲な征服者でさえも心のどこかで自分達はキリストのために先住民の霊魂を救う大義に殉じているのであり，それゆえ自分達には神の援けと酬いがあると確信していた．したがって，終始一貫というわけではなかったにせよ，彼らの心には聖職者の影響が及んだ．征服者にはしばしばドミニコ会やフランシスコ会の修道士が同行し，戦いに敗れた先住民を征服者の暴力と搾取から護る最大限の努力をした．修道士が早くから設けた宣教施設は先住民にとって平和と保護の場となった．多くの修道士の中でも特筆されるのはドミニコ会士バルトロメー・デ・ラス・カーサス（1474-1566）である．彼はスペインの支配に伴う道徳および法律上の幾多の問題を誰にも憚ることなく議論の対象に取り上げた．彼の努力はやがて1542年の「新法」となって一部その実を結んだ．少なくともこの法令によって先住民を対象とした法的な保護の枠組みが定められたことは往々にして看過されがちであ

る．このような動きは当時スペインと同じく植民活動を展開していた他のどの国にも見られなかった．しかし，ヨーロッパから持ち込まれた伝染病が先住民の間に蔓延するのを防ぐことだけは誰にもできなかった．征服戦による社会と経済の激変で生命力の萎えていた先住民の間で伝染病は猛威を振るい，その人口は劇的なまでに減少した．発見時の人口は16世紀末にはおそらく10分の1にまで減った．

1492年，ラテン語学者でルネサンス期のスペインを代表する知識人アントニオ・デ・ネブリーハ（1444-1522）はイサベル女王に初めて印刷されたカスティージャ語の文法書を献上した．同書の中でネブリーハは将来を見通すかのように「言葉は政治支配のもっとも重要な道具である」と述べた．それから1世紀後，「スペイン」の名はスペイン王の支配下にあるイベリアのすべての地域の総称として広く一般に通用し，カスティージャ人もアラゴン連合王国の住民も他者に対して自らを「スペイン人」と呼ぶようになった．そして後者の大部分はカスティージャ語を自らの言葉として受け入れた．カスティージャ語は広大なスペイン帝国の共通語となり，ヨーロッパでは「スペイン語」という名で呼ばれた．

同君連合の遺産

1504年にイサベル女王が死ぬ頃には，王権は他のいかなる組織や集団をもはるかに凌ぐ国内における最高権威の地位を占めていた．だが，カスティージャとアラゴンの統一への道はまだまだ遠かった．たとえば，多くの重要な改革が実行されたのはカスティージャに限られ，アラゴン連合王国の諸制度の方はほとんど従来のままだった．カトリック両王による共同統治は個々の責任事項に関する2人の分担を定めた一連の文書に基づいていた．両王の最大の功績はおそらくはこの共同統治が35年という長期に及んだ点であるかもしれない．この間に両国の貴族や教会といった有力な社会勢力は，王権への協力を当然と見做すようになっていった．

第2部 イベリアの歴史

　フェルナンドとイサベルが結婚したのは穀物とブドウの栽培，そして羊毛の生産が盛んな旧カスティージャの主要都市バジャドリードだった．同市は一度も公式には首都にならなかったが，カスティージャ王権の重要な拠点であり，両王が確立した国内の平和がもたらした経済の繁栄の恩恵に浴した数ある都市のひとつだった．この点に関する限り，両王の目標は見事に果たされた．だが，他の面では必ずしもそうではなかった．即位の当初，両王はカスティージャとアラゴンの双方を継承する王子の誕生を神に祈った．そして1478年にフアン王子が生まれた時，この祈りは聞き届けられたかに見えた．だが，同王子は1497年に急逝し，その死後に生まれた女児は死産だった．これによって事態は混沌の様相をきたした．誰が王位を継承するかがはっきりとせず，大貴族はまだ王権に必ずしも完全に臣従してはいなかった．生まれて日の浅いスペインの存続は万全には程遠かった．

ポルトガルの発展

　15世紀から16世紀にかけてのポルトガル史でもまた抗争と成功が錯綜した．ひとつの転換点となったのは，アフォンソ5世がカスティージャとアラゴンの連合を認めた1479年のアルカソヴァス条約だった．平和回復の代償としてカスティージャの王位継承を断念した同王は，敗北による失意のあまり退位を決めて間もなく1481年に急逝した．

　カスティージャへの政治干渉が不可能となった以上，ポルトガルが国土の拡張を目指すならば海外に出ていく以外に道はなかった．だが，これにも制約は付いて廻った．ポルトガルはアルカソヴァス条約でアソーレス，カーボ・ヴェルデ，マデイラの3諸島を領有し，またアフリカ大陸と東廻り航路を独占したが，その引換えにカスティージャにカナリア諸島の領有を認めざるを得なかった．そしてほとんど目につかない形ながら，ポルトガルは国力が上り坂のカスティージャによって次第にその影響圏内に引き込まれていった．両国は初めは対等で自由な協力関係に立ったが，その後ポルトガルはカスティージャへの依存度を高め，ついには従属国に落ちていった．

　決断力に富む有能な人物だったジョアン2世（在位1481-95）が治世の初めに目指したのは，カトリック両王と同じく，増長が著しい貴族を王権に臣従させることだった．同王が逸速く議会を召集して忠誠の宣誓を要求すると，有力貴族はこれに強い不快感を露にした．同王はまた自らの司法権の拡大

16世紀におけるカトリック帝国
カスティージャ王の支援を得てポルトガル人航海者フェルナン・デ・マガリャンエス（マゼラン）は1519年から21年にかけての航海で，南米大陸南端を通って太平洋に出てフィリピン諸島に達した．彼自身はフィリピンで殺されたが，部下達はさらに西に向けて航海を続けてスペインに帰着，ここに初の地球周航を成し遂げた．1494年のトルデシージャス条約で大西洋を二分したのと同様に，スペインとポルトガルは1529年のサラゴーサ条約で今度は太平洋を分割してそれぞれの領有圏を定めた．16世紀，両国は世界に広がる帝国として台頭した．ポルトガルは商業に重点を置いた．少ない人口が植民活動の制約となったポルトガル人の場合，彼らは沿岸部の狭い地域に要塞や交易基地を築くに留まった．それでもその数は1600年には50を算えた．スペイン領アメリカへの渡航の権利を持っていたのはカスティージャ人だけだった．コルテースによるメキシコ征服（1519-21）の次の時代には中米全域が

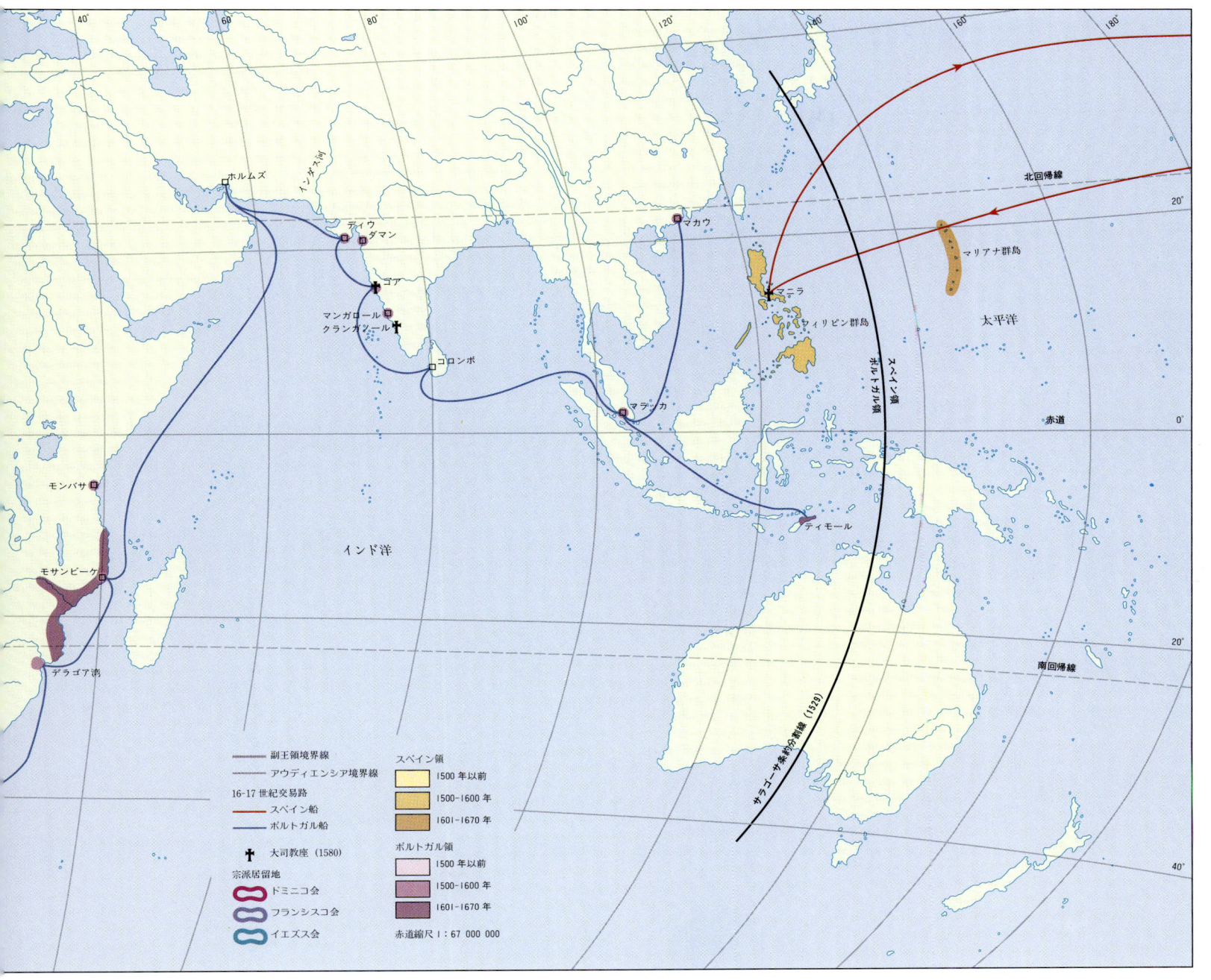

カトリック帝国 1480-1670

マヌエル1世幸運王

ポルトガルの王位継承者アフォンソは1490年に落馬事故で死んだ．それから5年後，「非の打ち所なき君主」ジョアン2世が世を去ると，同王の従弟マヌエル1世（在位1495-1521）が後を継いだ．幸運王と渾名される新王が継いだのは磐石の王権と上り坂にある植民地帝国だった．マヌエル1世は王権の優位の保持には先王に劣らず敏感だったが，その一方では貴族に所領と資産を返還してそれまでのこじれた関係を修復した．しかし，都市には新たなないしは再検討を経た特権状を授与したり，騎士修道会を王権の監督下に組み入れるなど，王権の強化にも抜かりなかった．また法典を編纂して行政を専門家集団の手に委ねた．

マヌエル1世の時代に入ると，それまでの発見の事業は征服に変わった．同王の治世の間にリスボアからインドへ向かった船団だけでも250を超えた．大勢の人間を乗せた船内の衛生状態は劣悪で，航海は往復で最低1年半を要し，難破も珍しくなかった．海外の新しい領土とその物産を運ぶことで巨万の富を生む交易を守るために造船が活況を呈し，城や要塞が築かれた．船の積荷は東洋の香料，アフリカの金と後には奴隷，それからマデイラ諸島，サン・トメー，そして最終

平定されてヌエバ・エスパーニャ副王領となった．1530年代初頭にピサーロによって征服されたペルーでは1540年代にポトシーで大規模な銀山が発見され，ここも新たな副王領となった．両副王領はアウディエンシアと呼ばれる高等行政司法機関の管轄区に分けられた．延べ棒にされた銀はセビージャとリマを結び，さらにフィリピンにまで広がる複雑な仕組みの交易路を介してスペインに輸送された．このインディアス航路はほぼ2世紀間，存続した．1580年，フェリーペ2世によってスペインとポルトガルの両帝国は連合したが，統合には至らなかった．両国は共にチリや日本といった遠隔の地にまでキリスト教を広めるという宗教上の目的を掲げていた．新世界ではドミニコ会とフランシスコ会が5つの大司教区の司牧を担当し，一方イエズス会は辺境での布教活動に従事した．同会の活動は広範囲に及び，17世紀初頭までには高等行政司法院の管轄内で事実上の独立社会を形成するに至った．

と貴族のそれの縮小を求めた．カトリック両王が政治的な支持を得，綿密な法制を整えてその目標を達成したのとは異なり，ジョアン2世はしばしば武力に物を言わせて自分の要求を通した．同王は政敵を容赦なく迫害した．貴族の名門がいくつか完全に抹殺され，支配者層は力を削がれた．だが，こうした政策の最終結果は説得を重んじたカトリック両王の場合と比べてさほど違わなかった．1480年代の末には王権は見事に貴族を抑え込み，遠大な計画に乗り出す態勢を整えた．

海外進出とこれに伴う交易はジョアン2世の下で新たな勢いを得た．莫大な富を生む香料貿易をアラビア人の手から奪い取ることを目的に，インド航路の発見に全力が傾けられた．ポルトガルの探検船は1482年にアフリカの西海岸沿いにコンゴに達し，次いで1487年から翌年にわたってバルトロメウ・ディーアス（1450？-1500）が率いる一隊は喜望峰を廻ってアフリカの東海岸に出た．それから10年後，ヴァスコ・ダ・ガマ（1469？-1524）は同じ航路をたどってさらに東へ航海し，ついにインドに到達した．ヨーロッパからインドへの直接航路の発見はポルトガルに莫大な富をもたらし，東洋におけるその後のポルトガルの支配圏の基礎を築いた．

バターリャの聖堂

ドミニコ会の修道院サンタ・マリーア・ダ・ヴィトーリア（勝利の聖マリア修道院）は単にバターリャ（合戦）の名でも知られる．リスボアの北約160 kmの谷にあるこの聖堂は近くのアルジュバロータでの合戦の記念碑として1388年に建設が始まった．この3年前，ジョアン1世の率いるポルトガル軍ははるかに優勢なカスティージャ軍にこの一戦で圧勝し，その後の2世紀間の自国の独立を確かなものとした．従来もバターリャの聖堂はポルトガルでもっとも壮大な建造物と目されてきたが，確かに一大傑作である．そこにはマヌエル様式，すなわちゴティック様式からルネサンス様式への移行期のポルトガル独特の装飾のもっとも代表的な要素のいくつかを観ることができる．ジョアン1世はイギリスから王妃を迎えていたこともあって，この聖堂はイギリスの聖堂を彷彿とさせる火炎ゴティック様式で着工された．だが，その後150年以上も続いた工事は16世紀半ばに打ち切られた．「未完の礼拝堂」と呼ばれるマヌエル様式の部分はマヌエル1世とその子のジョアン3世の時代に造られた．バターリャの聖堂は1840年に国宝に指定され，1921年以降はポルトガルの無名戦士の墓となっている．

下 おそらくイングランドかアイルランドの出身だった建築家ヒューゲットの設計で1426-34年に建てられた「創立者の礼拝堂」は，8本の柱で支えられた八角形の精巧な造りの円蓋を頂いた四角い室である．星形の丸天井の下には，8頭のライオン像に支えられた形でジョアン1世とその妃ランカスター家のフィリーパの像を刻んだ墓がある．南側の壁に向かってはエンリーケ航海王子を含むジョアン1世の次男以下4人の王子の墓がある．他にも3人の王ドゥアルテ，アフォンソ5世，ジョアン2世がここに埋葬されている．

下 ヒューゲットの協力を得てアフォンソ・ドミンゲスが作成した聖堂の原型平面図は，教会 (3)，創立者の礼拝堂 (1)，王家の回廊 (5)，ロマネスク様式の修道院などから成っていた．未完の礼拝堂 (2) はドゥアルテ王のための霊廟として設計された．もうひとつの回廊 (6) はアフォンソ5世時代に増築された．

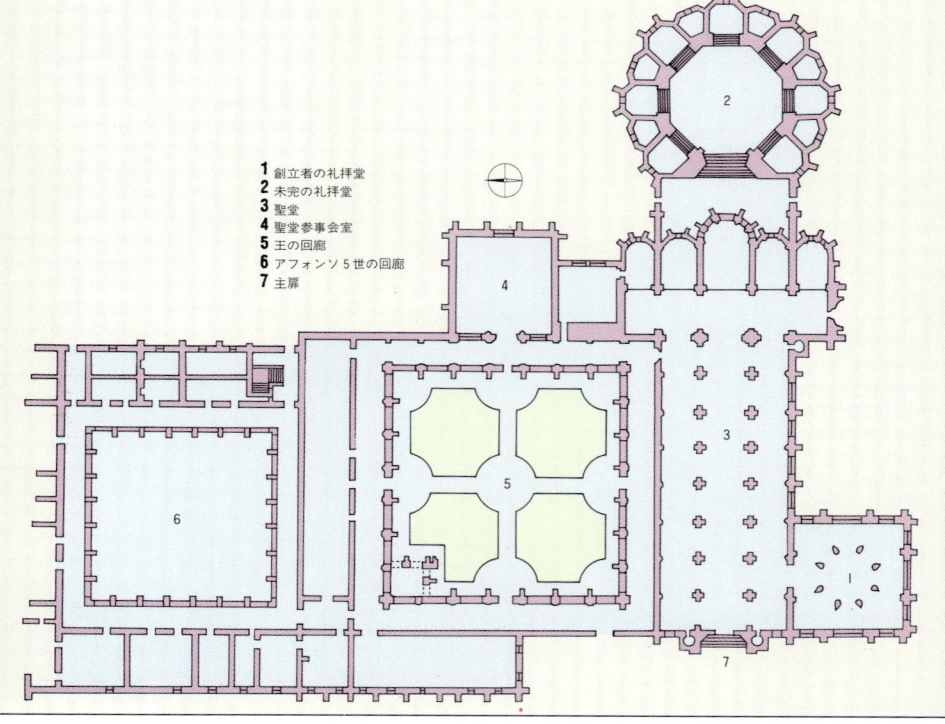

1 創立者の礼拝堂
2 未完の礼拝堂
3 聖堂
4 聖堂参事会室
5 王の回廊
6 アフォンソ5世の回廊
7 主扉

カトリック帝国　1480-1670

的にはブラジル産の砂糖などだった．こうしてポルトガル社会は新たな自信を獲得し，それは建築の分野で装飾性豊かなマヌエル様式という新たな様式となって現れた．バターリャとトマールの修道院やリスボアのテージョ河畔に立つベレンの塔などがこれの代表的な作品である．マヌエル様式は同じ頃のスペインのプラテレスコ様式と同様，イスラム建築とキリスト教建築双方の要素が創意豊かに融合して生まれた力強くも独創的な建築様式である．一部にはその溢れるような装飾にインドの影響を指摘する者もいる．

　アヴィース朝の下にイベリアの全土を統合する夢を捨てなかったマヌエル1世は，3度カスティージャの王女と結婚したが，所期の目的は達成されなかった．最初の王妃イサベルはカトリック両王の長女だった．そしてイサベルが1498年に死ぬと，その妹マリーアと再婚した．カトリック両王はイサベルとの結婚の条件としてマヌエル1世にユダヤ教徒をポルトガルから追放するよう求めた．ポルトガルのユダヤ教徒の多くは1492年にスペインから追放された人達だった．1497年10月，彼らは船に乗せられるべくリスボアに集合させられた．スペインの場合と同様，学問と経済の面でポルトガルにとってかけがえのない人材だった彼らの一部は，強制的に改宗させられて出国を差し止められた．だが，改宗を拒んだ者は出国を許された．コンヴェルソまたは新キリスト教徒と呼ばれた改宗者は王権にとって有用な存在であり，当然に王権の庇護を受けた．だが，周囲からは猜疑と偏見の眼で見られ，1506年にリスボアで起きた反ユダヤ運動の騒乱の際には多くの者が殺された．

迷走する王位継承

　1504年のイサベルの死後もフェルナンドのアラゴン王としての地位に変わりはなかったが，カスティージャの王位は娘のファナが継いだ．ファナは1496年に神聖ローマ帝国皇帝マクシミリアン1世（在位1493-1519）の息子フィリップと結婚した．フィリップは母親のマリーからブルゴーニュを受け継いでフランドルの総督でもあった．ファナの精神状態に不安を抱いたイサベル女王は遺言書の中で，1500年に生まれたファナの長男カルロスが成人に達するまでは夫フェルナンドがカスティージャの摂政を務めると定めた．だが，多くのカスティージャ貴族はアラゴン王の摂政を喜ばず，王位継承を主張するフィリップを強く支持したために，フェルナンドは身を退かざるを得なかった．こうしてカスティージャ王フェリーベ1世（在位1506）となったフィリップだが，カスティージャに着いて間もなく死んでしまった．夫に先立たれたファナは誰の目にも明らかに統治能力を欠いていたが，それでもカスティージャの貴族はフェルナンド王の復帰に反対した．かつてイサベル女王は貴族の資産および彼らが相続する遺産に法の規制を設けて監視したが，ファナは1505年に現在のサモーラ県のトーロで発した王令によってこれを廃止してしまった．貴族は再び私兵を持ち，これに対抗して都市も武装した．

　この間に，アラゴンの王位がハプスブルク家に渡るのを嫌ったフェルナンド王はフランス人のジェルメーヌ・ド・フォワと再婚した．新王妃が1508年に懐妊すると，1人の人間がカスティージャとアラゴンの王位を同時に相続してスペインの統合を維持する可能性はまたもや危うくなった．しかし，生まれた子はすぐに死に，ファナも再婚はしないと心に決めていた．このため，カスティージャを混乱から守るにはフェルナンドの再登場とカルロス王子の即位以外には道がなくなった．1507年，議会の要請を受けて摂政に復帰したフェルナンドは直ちにこの決議に反対した幾人かの貴族に一矢を報いた．1510年，議会は小規模ながら国王軍の創設を承認した．フェルナンドは1512年にこれを使って，広くバスコ語が話されフランスと同盟関係にあったナバーラ王国を占領した．グ

上　教会の正門の彫刻はゴティック彫刻の傑作である．天使達に混じって聖人や預言者が祈り歌い，楽器を奏でている．すべて立像で，下部の像の上にある精巧な造りの天蓋の上に載っている．

上左　王の回廊の装飾は一段と華麗である．写真は聖堂参事会会議室から見た同回廊．拱廊の彫刻はヒースの枝や天球の文様の他にエンリーケ航海王子のクリスト騎士修道会の十字架や水蓮の花など，インドにおけるポルトガル人の布教活動を象徴するものもある．

左　未完の礼拝堂に通じるマヌエル様式の大門はほとんど東洋的である．狭間を飾る複雑に絡み合った植物文様はイスラム建築の影響をはっきりと示している．この様式は万人の好みに合ったわけではないらしく，1794年にこの聖堂を訪れたイギリスの小説家ウィリアム・ベックフォードは「マヌエル王の新しいもの好きとやたらとねじくれた装飾」と酷評した．

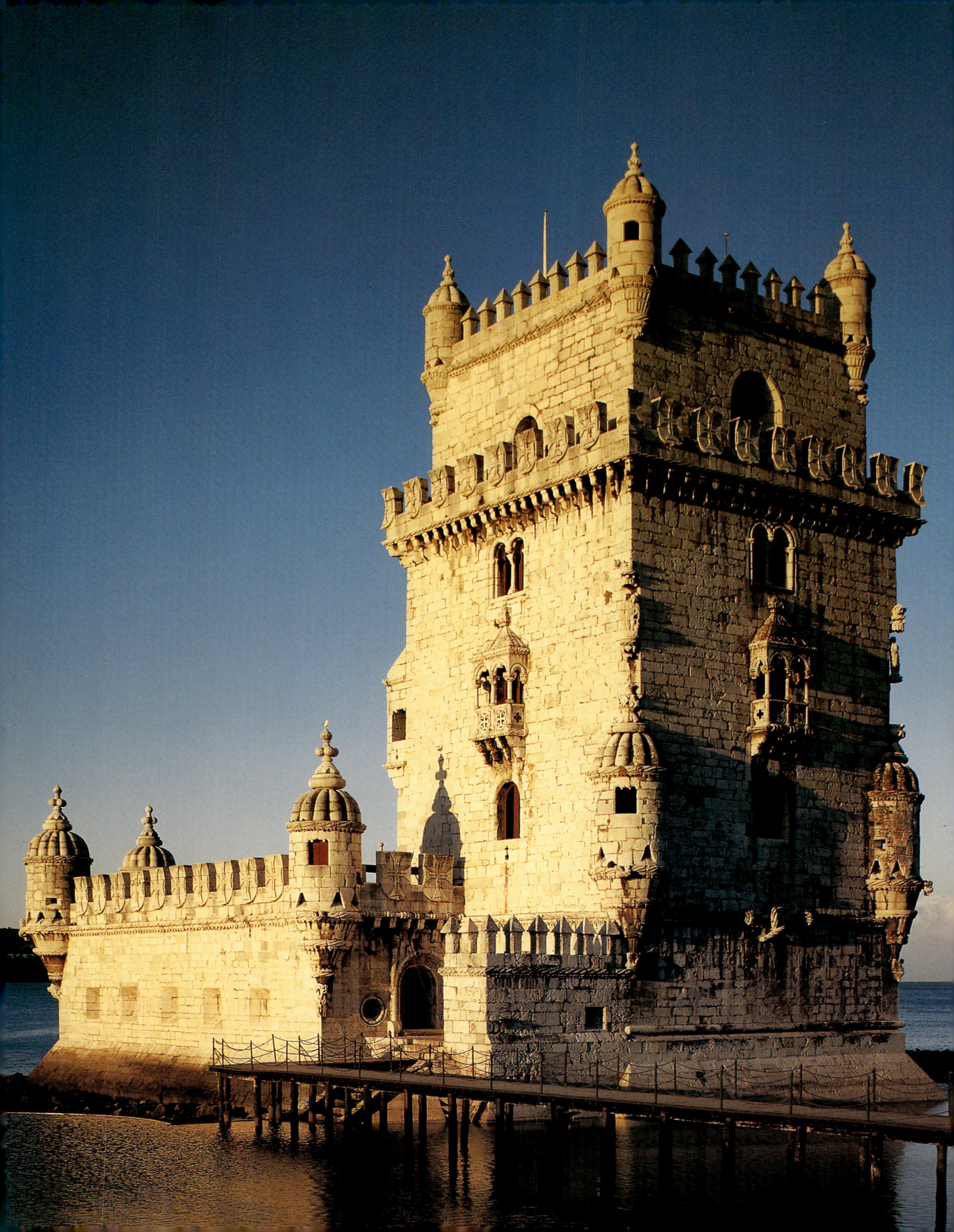

ラナーダの征服以来イベリアでの最初の領土の拡大を意味したナバーラの占領によって，周辺諸国はカスティージャ・アラゴン連合の力を再認識させられた．

宗教・文化・学術

イサベルの死後数年間続いた混乱と抗争も，当時の人々の大方の目にはスペインの統合が危機に瀕したとは映らず，むしろ事態は正常に戻りつつあると受け取られた．それでも統一されたスペイン，つまりひとつの王朝の下に統治された政治体の出現を漠然とした意識のうちに歓迎する向きもあった．彼らは王権を無傷のままに守り抜こうと心を砕いた．このうちでもっとも重要な人物はシスネーロス枢機卿だった．同枢機卿はカスティージャの中で領地の広さも経済力も最大の大司教区トレードの大司教の地位にある老練な聖職者だった．下級貴族の出でフランシスコ会士となった彼は，托鉢修道会の清貧に徹した日常生活，高位聖職者に相応しい政治感覚，ルネサンス期の教会に見られた学問への開かれた姿勢など，その地位と時代に求められるもっとも優れた資質を併せ持っていた．若い頃には北アフリカ問題を担当し，壮年期には自分の所属するフランシスコ会の改革に取り組み，老境を迎えてからはイサベルに呼ばれて政治改革を進める女王にもっとも近い協力者となった．そしてフェルナンドがカスティージャの摂政の地位に就くと，公平かつ断固たる姿勢で改革の推進と王権の優位を守リ抜いた．

シスネーロスは自らが学者であり，また学問の庇護者でもあった．その生涯は中世イベリアの知的伝統と人文主義，すなわちイタリア・ルネサンスから生まれた批判精神とを結ぶ掛け橋だった．彼はマドリードの近郊に自費を投じてアルカラー・デ・エナーレス大学を創設，ここにヘブライ語・ギリシア語・ラテン語の各専門家を集めて多国語聖書を刊行した．この作品は初期スペイン・ルネサンスの学術と印刷機が生み出したもっとも輝かしい成果であり，三宗教共存の最後の偉大な証しだった．こうしたシスネーロスがその一方ではスペインがカトリック信仰から逸脱するのを厳しく監視する異端審問所の大審問官でもあったのは一見辻褄の合わないことだった．大審問官の立場からシスネーロスはカスティージャの教会改革の采配を執り，多くの点を改めた．その内容は，後に北部ヨーロッパを席捲するプロテスタンティズムに対抗してカトリック教会がその教義を明確にし，典礼を改めたトリエント公会議（1545-63）を先取りするものだった．

これら一連の活動が醸し出した気運の中で16世紀初めのスペインは，人文主義ではフアン・デ・バルデース（1490-1541），ロッテルダムのエラスムス（1467-1536）に師事した後に親交を結んだフアン・ルイス・ビーベス（1492-1546），法の正義を追求して社会批判に徹したバルトロメー・デ・ラス・カーサス，兵士から禁欲の神学者に一転して1539年にイエズス会を創立，組織の刷新に力量を発揮したイグナシオ・デ・ロジョーラ（1491-1556）など，ヨーロッパでもっとも学識と政治的活力に溢れた人材を輩出した．イエズス会はいくつかの点でイタリアの影響を受けたものの，ルネサンスからはごくわずかな影響しか受けなかった．ロジョーラは現代でももっとも熱烈なカトリック信仰の地と言われるバスコ地方の出身であり，回心の後はスコラ哲学の伝統が支配するパリのソルボンヌで学んだ．彼の仲間達は教会の内部では禁欲を旨とする改革運動に与し，教会の外では人々をキリストの福音へ立ち返らせる任務に挺身した．献身と規律を活力の源にイエズス会は目覚ましい発展を遂げた．16世紀の半ばを過ぎる頃には，イエズス会士はスペイン的色彩を帯びたカトリック信仰をヨーロッパの隅々にまで広め，また改革を目指すトリエント公会議の第2段階（1560-63）ではカトリック信仰の教義に再検討を加えてその精緻を究める主要な議論ではほとんど主導権を握る勢いだった．

右 コンプルテンセ多国語訳聖書は1514年から1517年にかけてシスネーロス枢機卿の援助を受けてアルカラー・デ・エナーレス大学で印刷された（アルカラー・デ・エナーレスのローマ時代の名はコンプルトゥム）．これは当時の学問の粋を集めた作品であり，当時発明されて間もない印刷技術を駆使して，モーゼ五書（旧約聖書の最初の五書）はヘブライ語，アラム語，ギリシア語，ラテン語，残りはヘブライ語，ギリシア語，ラテン語，そして新約聖書はギリシア語とラテン語で印刷されている．写真はエレミヤ書の1ページで，左がギリシア語，中央がラテン語，右がヘブライ語で印刷されている．

左 リスボア港の入口を見張るベレンの塔は1515-21年に建設された．マヌエル様式の建物でもっとも有名なものひとつであり，リスボアのみならず大航海時代のポルトガルの象徴でもある．設計者のフランシスコ・アルダンテは北アフリカ旅行の経験があり，バルコニーのある建築などイスラム建築の特徴が採り入れられている．王冠を頂いた丸屋根はビザンツ建築からの影響．

スペイン・ルネサンスの中核を担ったのはサラマンカ大学であり，ここは少なくともある程度までフィレンツェの人文主義と芸術趣向の発信地となった．同大学のもっとも著名な教授は人文主義の優れた代表者アントニオ・デ・ネブリーハで，その名に惹かれて幾人かの著名な学者がイタリアからスペインにやってきた．ネブリーハは彼らを教育係として宮廷に紹介し，また大学の主要な講座の担当教授に据えた．サラマンカ大学のカリキュラムは枠に嵌まらず，当時の標準的なカリキュラムのどれよりも進んでいた．この傾向は哲学者ルイス・デ・レオン（1536-91）の時代に特に著しかった．新しく建てられたサラマンカ大学の建物は，バレンシア大学やアルカラー・デ・エナーレス大学など新設の大学の建物と同じく，見事にスペインに同化したトスカーナ様式による傑作である．

イエズス会とドミニコ会はいろいろと対立することが多かったが，人文主義に潜む反教権主義的な側面に猜疑の眼を向けることでは一致していた．取りわけ，ドミニコ会はサラマンカ大学をはじめその他の学問の場では大きな存在であり，異端審問の関係者も多くはドミニコ会士だった．カスティージャとフランドルの絆が強まりつつあったこともあって，スペイン中の大学に与えた影響ではエラスムスはどのイタリア人学者をも凌いだ．だが，彼の遠慮会釈のない批判精神は危険視され，最後には一掃されてしまった．これに他の理由も重なって，スペインの人文主義と芸術は誰の目にもイタリアはもとよりフランスに比べてもカトリック教会の許容する一線を越えることはなかった．こうして16世紀中葉に生まれた黄金の世紀スペインの音楽・文学・絵画は，そのどれをとっても根底に強烈な宗教性を宿し，さまざまな形で教会と密接に結び付いていた．これは多元的な学問の発展を促すものではなかったかもしれないが，反面スペインのカトリック信仰

の計りしれない活力の源となったことは確かである.

16世紀を通じてカスティージャに創られた大学は20を超え, 学者だけでなく官僚の養成機関となった. レトラード (letrado) と呼ばれた大学卒業者は, 当時整いつつあった官僚機構の役職を次第に独占して政治の場から大貴族を排除していった. アンダルシーアの小さな町に生まれたイダルゴで, シスネーロスに目をかけられたフランシスコ・デ・ロス・コーボス (1477?-1547) は1520年代に着実に昇進の道を歩み, 最後にはカスティージャ諮問院の議長の座に就いた. 彼の出世は王権と下級貴族との間に築かれた同盟の証左であり, カスティージャ諮問院はこの同盟関係が政治の面で端的に現れる場であった.

戦争と外交による膨張

幸運の賜物と言わざるを得ない場合が多かったとはいえ, フェルナンド王は対外政策でも内政でも第一級の政治家としての有能ぶりを遺憾なく見せつけた. 彼は自分の息子や娘の結婚を介してブルゴーニュ, ポルトガル, イギリスの各王家と結び付くことによってヨーロッパでの地位を固め, 一目置かれる存在にのし上がった. アラゴン連合王国における同王の支配はカスティージャとの連合によって全般的に強化された. 少なくとも王権は古くからなにかと楯突いてきたアラゴンの封建貴族とカタルーニャの商人階級に対して優位に立った. それでも統治に当たって王権は同連合内の各国の地域法が定める交渉の原則は無視できなかった. フェルナンドもこの一線を越えないように気を遣い, カスティージャの軍事力で反対勢力を恫喝するようなことはしなかった. 同王はグラナーダ戦争の終結によって活動の場を失ったその豊富な軍事力をイベリア以外の戦場に振り向けた.

かつてアラゴンが地中海に築いた広大な版図のうち, サルデーニャとシチリアだけはまだアラゴンの支配下に留まっていた. イタリアへの進出を狙うフランス王シャルル8世 (在位 1483-98) は, かつて1460年代のカタルーニャ内戦の折りにアラゴンがフランスに割譲したピレネーの北側にあるルシヨン地方を1493年にアラゴンに返還した. これによってフランスは南部国境の安全を期した. だが, その翌年, フランス軍がイタリアに侵入し, ローマ教皇が救援を求めるとフェルナンドは直ちに要請に応えた. これに続く戦闘の中でカスティージャ・アラゴンの連合軍は大元帥 (Gran Capitán) の異名を持つゴンサーロ・フェルナンデス・デ・コルドバ (1453-1515) によってヨーロッパ最強の陸軍に鍛え上げられた. この参戦でアラゴンは1503年に広い国土を持ったナポリ王国という見返りを得た. 戦えば勝つテルシオス (tercios) と呼ばれたスペイン軍とスペインの名はイタリア全土に鳴り響き, その勢いは1515年のマリニャーノ (ミラノ近郊のメレニャーノの旧名) の戦いでフランス軍に敗れてようやく止まった.

フェルナンド王は1516年の初めに死ぬまで摂政としてカスティージャを治めた. 彼にはハプスブルク家の血を引くもう1人の孫がいた. カルロスの弟で, 名を同じくフェルナンドといった. アラゴンで育てられたこの孫の権利を守るために同王はあらゆる手立てを講じたが, それはいかにも中世の王がやりそうなことだった. フェルナンド王が遺言書の中でアラゴンの王位継承者に指名したのは年上の孫カルロスではなく, 王位継承の順位に従って娘のフアナだった. そして庶子のアロンソを摂政に置いた. 近代スペインの生みの親の1人とされる同王は, 死の間際になってもなお自分が創り出した国の本質とその未来について, 根本的にははっきりした考えを持つには至らなかったのである.

難産だったカルロス1世の即位

カスティージャの王位継承が確実視されるカルロスは 1514年に法の上では成年に達したが, フェルナンド王の存命中は生地のフランドルに留まった. それから2年後, フェルナンドが死ぬと, 彼はスペイン王カルロス1世 (在位1516-56) として初めてスペインへ向かい, アストゥリアスの港に上陸した. ちょうどこの時, シスネーロスが死に, カルロスは経験豊かな助言者を失った. だが, 一足先に彼の教育係であるユトレヒトのハドリアヌスがフランドルから派遣され, シスネーロスとフランシスコ・デ・ロス・コーボスの2人と接触して政務の引継ぎを図った. カルロスはカスティージャとアラゴン双方の貴族と都市から揃って歓迎され, 両国の議会が忠誠を誓うべく召集された.

だが, 当初のこの明るい見通しはその後の一連の失策によってすぐに閉ざされてしまった. カルロスが国の要職からスペイン人を退け, 代わりに自分に随行してきたワロン人の側近をそれまでの働きに対する恩賞として据えたのである. 加えて1519年に皇帝マクシミリアン1世が死ぬと, カルロスは自らがその後継者に選出されるために必要な工作資金を要求した. これによって, 新王に対するスペイン人の反感は一段と募った. やがて皇帝に選ばれたカルロスは, 今度は速やか

上 1529年完成のサラマンカ大学の正門には, スペインにおける学問刷新の擁護者としてカトリック両王の像が刻まれている. その上にはカルロス1世の紋章と王冠があり, さらにその上にはローマ教皇の座像がある. この一連の装飾は, 重厚で精緻な表面に紋章付きの楯などを配するのを特徴とする16世紀スペインのプラテレスコ様式の初期の傑作である. 銀細工師 (プラテーロ) にその名が由来するプラテレスコ様式は, イタリアのルネサンス様式とポルトガルのマヌエル様式から影響を受けた.

にドイツに赴かなければならなかった．1520年，船出を控えたカルロスはサンティアゴ・デ・コンポステーラに慌ただしく議会を召集した．集まった議員達はカスティージャの納める税の大幅な引上げを呑まされたが，逆に各地で起こりつつあった不穏な動きを抑える対応策はなにひとつ引出せなかった．カルロスがスペインを離れると，多くの者が王の不在に乗じたフランドル人の側近によって自分達は食い物にされるのではないかという不安に捉われた．

人々の不満はついに暴動に発展した．コムネーロの乱と呼ばれるこの事件の先頭を切ったのはトレード市だった．多くの事業の資金源となっていた同市の司教座を占めるのは，カルロスに付いてきたあるワロン人側近の甥だった．これによってスペイン人は自国が外国人に支配されているという印象をさらに強くした．暴動は瞬く間に他の都市に飛び火した．世論は外国人が公職を占めていることに不満を抱き，自分達の税金が他国のために使われることに怒りを覚えていた．都市部の住民はカルロスが常時スペインに留まるものとの期待が裏切られて憤慨していた．だが，コムネーロの乱は単なる熱狂的な愛国心の吐露に留まらず，各地の社会勢力間の根強い抗争が吹き出した事件でもあった．

王権直属のコレヒドールは暴動を前にしてほとんどなす術を知らなかった．これに対してブルゴス，バレンシア，バジャドリードなどではイダルゴが国王側に与して町を叛徒から守った．カルロスにとって幸いしたのは，もっとも有能な家臣であるユトレヒトのハドリアヌスを摂政に残していったことだった．ハドリアヌスは逸速く大貴族達への譲歩に踏み切

下　1520年代に描かれたと思われるハブスブルク家の肖像画．左端の神聖ローマ帝国皇帝マクシミリアン1世（在位1493-1519）とその子供と孫達はトラスタマラ朝最後の王フェルナンドが1516年に死に，カスティージャとアラゴンをハブスブルク家が継承した際の関係者である．マクシミリアンを見つめているのはその息子のフィリップ美公．彼はカトリック両王の次女ファナと結婚して後のカルロス1世（中央下）をもうけた．左下はスペインで養育されたカルロスの弟フェルナンドで，1556年に神聖ローマ帝国皇帝フェルディナント1世となった．2人の父親フィリップにははっきりと「スペイン王フェリーペ1世」の称号が書き記されている．この他の人物にもそれぞれの称号が書き記されているが，これらは絵の完成から何年か経った後に書き加えられたと思われる．

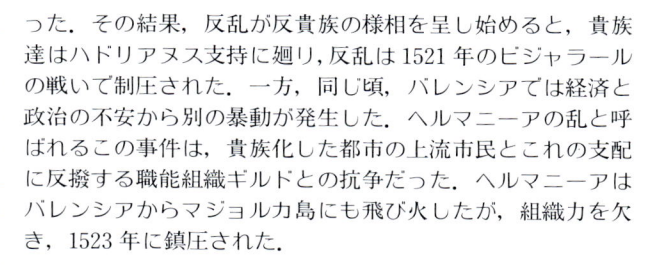

った．その結果，反乱が反貴族の様相を呈し始めると，貴族達はハドリアヌス支持に廻り，反乱は1521年のビジャラールの戦いで制圧された．一方，同じ頃，バレンシアでは経済と政治の不安から別の暴動が発生した．ヘルマニーアの乱と呼ばれるこの事件は，貴族化した都市の上流市民とこれの支配に反撥する職能組織ギルドとの抗争だった．ヘルマニーアはバレンシアからマジョルカ島にも飛び火したが，組織力を欠き，1523年に鎮圧された．

スペインの平和と安定

反乱が勢いを失い始めた頃，カルロスはスペインへ戻ってきた．そして今度は7年以上もスペインに留まり，この間にスペインに馴染み，次第に人心を掌握していった．この頃，ユトレヒトのハドリアヌスはローマ教皇に選出され，ハドリアヌス6世（在位1522-23）となった．代わってカルロスの側近を務めたのは宰相メルクリオ・ガッティナーラ（1465-1530）と秘書官フランシスコ・デ・ロス・コーボスだった．カルロスは一連の諮問院を設置して政治を行なう体制を整えた．まずスペイン王の統治するイベリア各国の行政の総括と調整に当たる国務諮問院が1522年に創られ，翌年には財務諮問院が設けられた．こうした行政機構の拡大によってもっとも大きな恩恵に浴したのはイダルゴ階級出身の大学卒業者だった．

1529年にはスペインにおけるカルロスの地位はすでに安定し，神聖ローマ帝国皇帝として広くヨーロッパで果たすべき任務に取組む余裕が生まれた．彼の不在中，スペインの国政を預かるのはロス・コーボス，ポルトガル王ジョアン3世の妹でカルロスの王妃となったイサベル（1503-39），そして後には1529年に生まれた息子フェリーペだった．カルロスの政策は時と共にカスティージャに重い財政負担を強いた．カスティージャ人が納める税は1530年代だけでも10倍に跳ね上がった．にもかかわらず，これに対する抗議の声はほとんど聞かれなかったようである．在位40年に及ぶカルロスがスペインに留まったのはわずか16年間だった．そして「カルロス治下のスペインにはほとんど特筆すべき事件はなかった」と言われる．確かに1521年のコムネーロの乱以降，スペインの国内は泰平を謳歌した．

この時期，政治の中央集権化が進んだが，それはひとつには経済の成長に呼応していた．いくつかの地域では農業に改良が見られた．南部ではイスラム時代には禁止されていたブドウの栽培が大々的に始まり，オリーヴと並んで高まる一方のアメリカとヨーロッパからの需要に応えた．かつてイスラム教徒によってイベリアにもたらされたコメはバレンシアで主要な作物のひとつとして定着した．また従来のウシに代わってラバが農耕に使われるようになると，いくつか問題点はあったものの，穀物の生産が向上して農民の収入の増加に繋がった．16世紀中頃のスペインでは約500万頭もの羊が飼われていた．スペインのメリーノ種の羊毛はヨーロッパでもっとも需要が高く，その結果スペイン国内の毛織物業者は原料価格の上昇に見舞われた．それでもセゴビアやトレードの近郊では毛織物産業が栄えた．羊毛以外のスペインの主要な輸出品はヨーロッパ随一の埋蔵量を誇る岩塩，皮革，絹，その他の贅沢品だった．

日増しに拡大する大西洋交易によってセビージャが発展する一方，北のサンタンデールとビルバーオの両港もこの時期には交易と造船，それに上り坂の漁業によって繁栄の道を歩んだ．古くから商業とはもっとも縁遠いとされてきたカスティージャの中央部でも，メディーナ・デル・カンポやブルゴスでヨーロッパでも指折りの大規模な商業市が開かれた．16世紀中葉にはカスティージャ経済はフランドルのアンヴェールという商品の集散基地を介してヨーロッパ北部の経済と密接に結び付き，一方のアラゴンはイタリアとの交流の恩恵に浴した．スペインは経済・文化・政治のどの領域においても

エル・エスコリアル修道院

フェリーペ2世の名を聞いて人々が一般に想い浮かべるのは，スペインの中心部にあるエル・エスコリアル修道院の奥に引きこもったまま，外へ出ることもなく世界の統治に想いを巡らす日々を送った国王である．だが，実際の彼は生涯の大半を通してきわめて活動的な人間であった．1557年のサン・カンタンの合戦でフランス軍に圧勝した時には，名目的であれ戦場にあって全軍を指揮した．そしてこの勝利を神に感謝するために比類のない大聖堂を建て，戦いの日が聖ラウレンティウス（スペイン語形はロレンソ）の祝日であったことからこれをこの聖人に捧げようと思い立ったのである．フェリーペ2世はよく狩りに出かけた．当時の狩りは決して楽なものではなく，しばしば戦いと同じく危険を伴った．ある日，狩りの途中で彼は自分の構想に恰好の場所を見つけた．マドリードの北約40 kmにあるグアダラーマ連山の南側斜面にある岩場だった．ここに1563年から84年にかけてサン・ロレンソ・デ・エル・エスコリアル修道院が建設された．年代記筆者ホセ・デ・シグエンサによれば，工事は「設計・施工・現場の指揮・騒音・技術・莫大な経費・衆知を集めた創造性が信じがたいほどに一体となって」進められた．王の原案では聖堂だけであったが，後に王宮と修道院も兼ねることになり，最終的に出来上がったのは世界の王宮でも他に類を見ない多目的機能の建造物だった．すなわち，祈りと観想の場，政務の場，狩りの後の休息の場，王が集めた膨大な数の書籍・手稿本・絵画・聖遺物などを保管する場，そして彼の祖先の遺体を葬る場であった．しかし，何にもましてエル・エスコリアルは当時ヨーロッパにおける覇権国であったスペインの政治と軍事の総司令部に留まらず，スペイン文化の多面的な象徴であった．

右下 サン・ロレンソ聖堂の巨大なイタリア風の円蓋は王宮と修道院を兼ねたいかめしい建物を見下ろすようにそびえる．ここの地盤は鉄鉱石の採掘のために一部掘り返されたことがあり，エル・エスコリアルの名は，建設工事が始まる以前にこの地を覆っていた鉱滓（スペイン語でescoria）に由来する．

右 聖堂の反対側にある目立たない入口から入った所の上に図書館がある．その広い部屋にはヨーロッパ中からさまざまな言語で印刷された書物が集められた．ここの蔵書はその場所と時代にしてはきわめて世俗色が濃かった．自由学芸を象徴する天井画を描いたのは，イタリアの画家で彫刻家だったペレグリーノ・ティバルディ（1527-96）だった．文法・数学・天文学などを擬人化した堂々たる人物群は当時のスペイン宮廷が広い知的好奇心に溢れていたことをよく反映している．ティツィアーノやエル・グレコをはじめとする多くの外国人画家がエル・エスコリアル宮の内装に関わった．

下 聖堂の下に当たる箇所に多くの棺を納めた霊廟がある．フェリーペ2世が死ぬ少し前に建設が始まり，1654年に完成した．カルロス1世以降のスペイン王家の人々はここに埋葬されている．

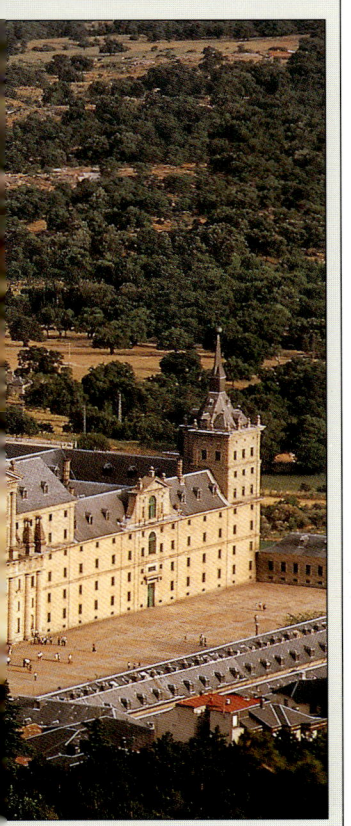

いまや広くヨーロッパの一員だった．加えて大西洋の彼方ではその版図はなおも拡大し続けていた．毎年アメリカから送られてくる莫大な量の金銀，国内を潤す広大な穀物畑，巨額の利益を生む羊毛．それは誰もが黄金時代を肌で実感できる状況だった．スペイン最高の勲位が黄金羊毛騎士団の徽章とされたのは決して不思議ではない．カルロスは同騎士団の成員をスペインとブルゴーニュの臣下の中から等しく選りすぐった．

ヨーロッパでの戦争

カルロスはスペイン以外にも他に類のないほど多くの領土と領有権をその手に集め持っていた．それは主として先見の明を持ったハプスブルク家の外交政策の所産であり，彼はこれを守り抜くために絶え間ない戦争を強いられた．カルロスはまた自分がキリスト教ヨーロッパにおける俗界の指導者として卓越した地位を占め，同時に多くの責任を負う身であることを深く自覚していた．武勲詩に詠われる英雄型の武人皇帝だった彼は身に降りかかる挑戦はいずれも積極的に受けて立ち，特に若い頃はこの傾向が著しかった．ハプスブルク朝の伸張は取りわけフランスにとって脅威となった．ピレネー以南のスペイン，東南部のロンバルディア，そして北と東のブルゴーニュと，いずれもカルロスの所領によってフランスは周囲を取り巻かれていた．スペインとフランスの確執はフェルナンド王の時代にまで遡る．両国はイタリアとナバーラ，そしてピレネーの国境地帯に散在する飛び地の領有をめぐって衝突を繰り返したが，勝運はどうやらスペイン側に大きく傾きつつあった．しかし，いまやカルロスと彼に劣らず好戦的なフランソワ1世（在位1515-47）は共に王家および個人的な対抗意識に駆られ，事態は一段と険悪になった．さらに当時のヨーロッパにはもう一人，第三の王がいた．イングランドのヘンリー8世（在位1509-47）である．イングランドとフランスは宿敵である上に，カトリック両王の末娘でカルロスには叔母に当たるカタリーナ（1485-1536 英名キャサリン）と結婚したヘンリーはカルロスの側に立った．

たまたま時を同じくして2つの事件が進行し，ハプスブルク家の威勢をいかに失墜させるかに腐心するフランソワはこれによって大いに意を強くした．ひとつはそれまで信仰による一枚岩を誇ってきた西ヨーロッパに初めて深刻な亀裂をもたらしたルターの改革運動であり，もうひとつはトルコ帝国の台頭と野心だった．1520年代，カルロスがルターに加担するドイツ諸侯に圧力をかけて翻意を迫った時，自分自身は正真正銘のカトリックでありながらフランソワは政治と経済の両面からドイツ諸侯を支援した．同じ頃，スレイマン1世壮麗王（在位1520-66）の下，トルコの激しい攻勢はその極に達しつつあった．モハチの戦い（1526）でハプスブルク・ハンガリアの連合軍が敗れると，ヨーロッパの東部と南東部の広大な地域がイスラム教徒の手に落ちた．いまやカルロスが軍事的に関与する地域はそれまでになく広がった．彼は陸上でもっとも身近に迫った東部戦線を死守すると同時に，地中海にも出撃してトルコの進出を食い止めなければならなかった．1535年，カルロスはチュニス遠征で大成功を収めた．いくつかの作戦を巧みに組み合わせて勝利に持っていったスペインの底力はヨーロッパの称讃を浴びた．だが，これによってカルロスがその領地と住民，取りわけスペインに強いる負担は一段と重くなった．

カルロスとフランソワとの間の対抗意識の発端となったのは，1519年の神聖ローマ帝国の次期皇帝の座をめぐる両者の争いだった．次いで1525年にはフランソワはイタリアのパヴィーアでの戦いでカルロスの率いるテルシオス，すなわちスペイン軍に敗れて捕虜となり，中央カスティージャの町マドリードに連行された．フランソワはやがて多額の身代金を払い，以後は行動を慎むという約束を取られて自由の身となったものの，これによって両者の反目は決定的となった．フランソワがトゥーロン港に国費を投じて造船所を設けてこれをトルコ艦隊の使用に供すれば，スペインはこのことを後々までも重大な政治的挑発と受け止めた．スペインの沿岸部がスレイマンの主要な同盟相手であるアルジェのイスラム教徒の海賊に頻繁に襲われると，カルロスは1541年にはアルジェ遠征の準備に取りかかった．八方手を尽くして資金が掻き集められ，当時の名将の幾人かが召集された．その中にはアルバ公（1507-82）やジェノヴァの提督アンドレア・ドーリア（1466-1560），それから故郷に錦を飾ったメキシコの征服者エルナン・コルテース（1485-1547）などがいた．だが，遠征は惨憺たる敗北に終わった．カルロスにすれば，多数の犠牲者を生んだこの敗北の元凶はフランソワだった．フランソワは1547年に世を去ったが，その後1552年にカルロスがドイツのルター派諸侯の結成したシュマルカルデン同盟軍との一戦に敗れて結局その政治目標を達成できずに終わった時も，敗因は時のフランス王に帰せられた．フランソワがアンリ2世（在位1547-59）に引き継がせたように，カルロスはこの恨みを自分の主たる後継者であるスペインのフェリーペ2世（在位1556-98）に遺産として残した．

フェリーペ2世：譲位と変容

1556年，カルロスはカスティージャとアラゴンの王位をフェリーペに譲るという重大な決意をした．また神聖ローマ帝国の帝位は弟のフェルナンドに譲った．こうしてカルロスはヨーロッパ帝国という自分の理想が事実上失敗に終わったことを認め，代わりにヨーロッパの覇者であるハプスブルク家を平和裡に二分した．これによって生まれる二極体制は，規模こそはるかに大きいものの，カスティージャ・アラゴン連合に類したものになるはずだった．カルロスがブルゴーニュ公家の所領であるフランドルとミラノ公国を神聖ローマ帝国下のドイツに組み込まずに，フェリーペに継がせたのはこのためだった．フランスに戦略上の睨みを効かせ続けるためにも，フランスの周辺地域は1人の手に統括する必要があった．これと同時にカルロスの構想にはスペインの政治力と海運力，それからスペインとフランドルとの文化的な絆も考慮されていた．しかし，カルロスにはさらにもっと重要なことがひとつあった．彼にとってヨーロッパでプロテスタンティズムの伸張を防げなかったことは最大の負い目だった．またそれまでは終始ハプスブルク家のことだけに心を奪われてきた彼は，死期が近づいた今は神との和解を望んだ．スペインの小さな修道院に引退して残された時間を悔悛の業で過ごしたいと願ったカルロスは，フェリーペに継がせた版図が異端に染まることなく神を喜ばせるものであって欲しいと願った．

カルロスが病苦の身を押して終の住処となるエストレマドゥーラの片田舎にあるジュステの修道院へ向かっている間，フェリーペ2世はフランドルに留まって政務を執った．この間，1557年に新王はサン・カンタンの戦いでフランス軍に大勝し，武人皇帝だったカルロスの後継者としての面目を施した．やがてカルロスが死に，2番目の妻であるイングランド女王メアリ1世（在位1553-58）も世継ぎを生むことなく世を去った翌年1559年にフェリーペはスペインに戻った．

フェリーペ2世ほど自分の治世の色を逸速く打ち出した君主はあまりいない．彼は自分が先祖代々のカトリック教徒であり，またハプスブルク家の後継者であることを片時も忘れなかった．そして何よりもまずスペインの王，取りわけカスティージャの王であった．彼が即位後間もなく行なったもっとも重要なことは，1561年にマドリードを恒久の首都に定めたことである．確かにマドリードは首都たるに相応しかった．新都はまさにイベリア半島のほぼ中央の位置にあった．引き続いてフェリーペはマドリードの北を走るグアダラーマ山脈の麓に自分の居城となるエル・エスコリアル宮の建設に着手

スペイン神秘思想

　16世紀スペインで華開いた神秘思想は本質的にカスティージャのものだった．主な神秘思想家は大体がカスティージャを代表する大学か修道院のいずれかと結び付いていたし，カスティージャ語で書かれた彼らの作品にはカスティージャの平原の風景と気候に関連する記述が頻出する．この神秘思想はカスティージャ以外ではなかなか理解も容易ではないが，かと言ってその起源・内容・目標は決して一部のエリートだけのものではなかった．事実，スペイン神秘思想の最大の特徴はそれが融合の所産であるという点にあった．すなわち，何人かのルネサンス作家の思想と作品およびフィレンツェ学派とエラスムスなど世俗の学者の人文主義に，15世紀フランドルの深遠な神秘思想とシスネーロス枢機卿以来の伝統であるスペインのカトリック改革運動が結び付いた結果であった．際立った影響を与えたのはサラマンカ大学の革新的な教授であり，神学者で詩人でもあったルイス・デ・レオンだった．また神秘思想を代表するのはテレーサ・デ・アビラとフアン・デ・ラ・クルースだった．この2人が神を詠った詩はガルシラーソ・デ・ラ・ベーガのようなルネサンス期の詩人の世俗的な叙情詩をある種の宗教的な法悦へと昇華させたものであった．またより厳格で実践的な神秘思想を通して一度は戦場で戦った謹厳なバスコ人イグナシオ・デ・ロジョーラはイエズス会の創立者となった．彼らに続く世代は自国のこうした精神遺産を忘れなかった．すなわちテレーサ・デ・アビラ，フアン・デ・ラ・クルース，イグナシオ・デ・ロジョーラの3人は1622年に揃ってカトリック教会の聖人の列に加えられた．これを時のフェリーペ4世は1週間に及ぶ祭事で祝った．

イグナシオ・デ・ロジョーラの呼びかけは布教と行動だった．イエズス会の事実上の会則となった彼の『霊操』(1521-48)は，題名が示すように心と共に肉体の鍛錬を目指した．彼の人生の基礎となったのは，マンレーサの洞窟で俗界との交渉を断って過ごした時期だった．この時の様子をドミンゲス・マルティーネス(1688-1749)はバロック期特有の甘美な筆致で描いた(下)．16世紀後半に活躍したテレーサ・デ・アビラとフアン・デ・ラ・クルースはこれより前にロジョーラの活動を促した知的環境の下で育まれたが，両者の著作は形而上学的かつ観想的だった．とはいえ，テレーサもカルメル会を改革し，その生涯は女性もカトリック世界で指導的な役割を果たしえたことを示している．右のテレーサの像は，これまで長い間，女性達にペンを執る勇気を与えてきた．魂と神の観念的な関係を愛や同情といった人間の感情を表す言葉を使って比喩的に述べた彼女の文章は，日常的な表現や冗談と相まってきわめて読みやすい．テレーサの仲間であり親しい友人だったフアン・デ・ラ・クルースの詩は，生前からきわめて難解と見なされていた．下左の写真は1649年に刊行された彼の作品の扉絵．

カトリック帝国 1480-1670

上 かつての西ゴート王国の首都トレードは現在もなおスペインの首座大司教座の地位を占め，スペイン教会の中心である．宮廷画家の地位を手にすることができなかったエル・グレコは，トレードの富裕な聖職者や有力者から広く庇護を受けた．1560年代にトレードに落ち着いたエル・グレコはやがて市民として周囲から尊敬を受けるようになった．タホ川と城壁に囲まれたトレードを描いたこの有名な作品(1608)では，暗く空を覆う雲が醸し出す名状しがたい不安の中で町はおののき，ほとんど周囲の中に溶け込んでしまっている．エル・グレコのこの作品はスペインの没落の予見と言われたこともあった．しかし，実際はキリストの生涯を主題とする連作の一部で，トレードはエルサレムに見立てて描かれたと見なす方が妥当であろう．

した．王宮であると同時に修道院であり，また政庁と要塞をも兼ねるエル・エスコリアル宮は，スペインを大国たらしめた王権と教会と軍隊の三者の結束を象徴していた．こうして宮廷が定住の地を得ると，大方の大貴族は自らの面目を保つためにはマドリードで王に仕えながら栄誉と抜擢を待つ身とならざるを得なかった．

民衆の娯楽と宮廷文化

フェリーペ2世は学者ではなかったが，青年期にイタリアとフランドルを訪れたこともあって生涯を通じて芸術に関心を抱き続けた．当時のヨーロッパではどこでも王権の庇護の下で特に宮廷文化と呼べるものが華開いた．その結果，民衆と貴族とでは娯楽においても大きな違いが生まれた．民衆文化が高度な域にまで発展する過程は，宗教が趨勢をなす中で世俗的な主題が浮上してくるのと時を同じくしたが，双方の歩みはきわめて緩やかだった．おそらくもっとも宮廷的な芸術である絵画をフェリーペ2世は大いに愛好した．カルロスは世俗画では間違いなくルネサンス末期の第一人者であるティツィアーノ(1490-1576)を好んだが，フェリーペもこの好みを受け継いだ．フェリーペはティツィアーノが描く洗練された官能美に魅了され，ティツィアーノの方もまた洗練された官能の持ち主であるフェリーペの見事な肖像画を描いた．他方，ローマで修業を積んだクレタ島出身のエル・グレコ，本名キュリアコス・テオトコポウルス(1548-1625)の禁欲的で目眩くような画風には，フェリーペは逆に拒絶反応を示した．宮廷から受け入れられなかったエル・グレコはトレードに落ちつき，同市の聖職者と貴族の間に多くの愛好者を得た．

フェリーペをめぐるおそらくもっとも興味深い点は，彼がヒエロニムス・ボッシュ(1462?-1516)の寓意的な作品に強く心を惹かれたことであろう．このフランドルの画家の描いた肉欲が引き起こす戦慄的な情景からは，これを見る者にキリスト教の教えの厳しさが伝わってくる．ティツィアーノを初めとするイタリア人画家は初期スペイン絵画のさまざまな画風の形成に決定的な影響を与えたが，この時代のスペインの思想と詩を内容豊かなものにした最大の要素はフランドルの神秘主義だった．これがもっともよく現れているのがカルメル会の修道女テレーサ・デ・アビラ，別名テレーサ・デ・ヘスース(1515-82)と，その友人で時代を同じくするフアン・デ・ラ・クルース(1542-91)の作品である．後に共に聖人の列に加えられた両者の緊張感に満ちた叙情詩には形而下の世界と形而上の世界が底流として並存し，それは信仰の鎧を身にまとった民衆詩，ロマンセである．

これと似た二元性は当時の音楽，特にトマース・ルイス・デ・ビクトリア(1548?-1611)の作品にも見られる．ビクトリアは教会音楽にそれまで課せられてきた規則を緩めることによって，自分の師であるイタリア人パレストリーナ(1525?-94)の作品よりもはるかに耳に聴いて美しい典礼曲を作った．またビクトリアより前に，純粋なスペインの文化土壌からアントニオ・デ・カベソン(1510-66)が生まれた．鍵盤楽器のための彼の作品のうち，ディフェレンシアと呼ばれる変奏曲はヨーロッパで一世を風靡した最初の音楽となった．教会の外ではルイス・ミラン(1500?-61)を初めとする作曲家達が農民の間に伝わるロマンセやカンシオンと呼ばれる民謡を取り上げて編曲し，これに都市に住む詩人達が歌詞を付けた．こうして民衆の音楽は演劇と文学の領域に浸透していった．このために次の世代に世に出る黄金時代の小説の最高傑作『ドン・キホーテ』の中では，誰もが知っている歌が随所で引合いに出てくるのである．

芸術の隆盛は国王の好みや宮廷が1カ所に落ちついたことだけがその要因ではなく，教会もまた次第に芸術家の保護に肩入れをしていった．王権と教会双方の主な財源となったのはアメリカからの銀だった．大規模な宮殿や当時流行の様式で建てられた聖堂の外では，民衆の娯楽もまた健在だった．その多くは大体宗教儀式に起源を発し，中でも演劇が急速な発展を見せた．演劇の先駆者となったのはポルトガルの宮廷詩人ジル・ヴィセンテ(1465?-1536?)だった．今日まで残っている彼の44点の作品中，11点はすべてが，そして17点は一部分がカスティージャ語で書かれており，やがてスペイン演劇の発展に大きな影響を及ぼした．後には宮廷芸術のひとつになったとは言え，フェリーペ2世が即位した頃の演劇はまだ大道芸術に過ぎなかった．居酒屋の中庭や町の広場がコラール(corral)と呼ばれる俄造りの劇場として使われ，民衆の即興的な歌や踊りが披露された．上演は1回だけで，これを1000人あるいはそれ以上の観客が入場料を払って観に集まった．フェリーペ2世の時代になると，宗教的な主題を取り上げる古くからの演劇アウト(auto)に加えて，歴史に題材を求めた世俗演劇コメディア(comedia)が上演されるようになった．

演劇以上に急速な展開を見せたのは，純粋に民衆的な性格を持つ昔からの口承文学だった．滑稽譚や噂話を組み合わせ，これに普通は教訓めいた一言を織り込んだ口承文学はピカレスカ文学へと発展していき，1554年には『ラサリージョ・デ・トルメスの生涯』が世に出た．ピカレスカ文学の処女作品であり，かつまたもっとも有名なこの物語はサラマンカの下町で生まれた少年がやがて町の触れ役になるまでのさまざまな出来事を綴ったものである．そしてこの立身出世物語を嚆矢として，この後の黄金の世紀のスペイン社会と文化の関連を生き生きと映し出す作品が相次いで生まれた．

83

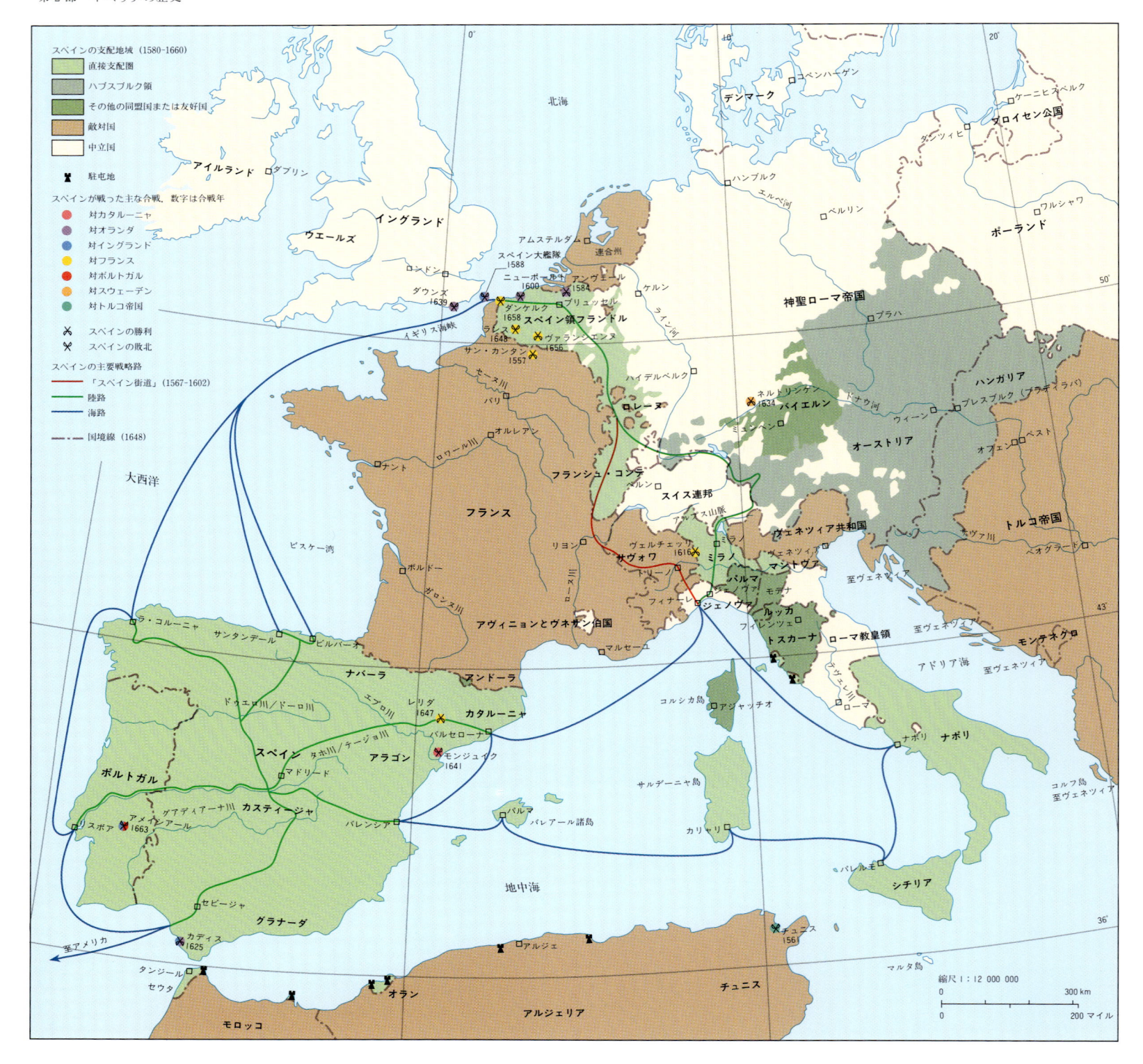

聖戦の再開

フェリーペ2世の治世の最大の課題は国際関係だった．まずスペインは三方から挑戦を受けた．ひとつは依然として続くフランスとの戦争，次はプロテスタンティズムの伸張，そして最後はトルコ帝国の膨張である．このうち，フランスとの戦争は1559年のカトー・カンブレジ条約によって終わった．この条約によってスペインのイタリア支配は確かなものとなり，フランスと接するフランドル国境にはなんらの変更もなかった．この後，フランスは1595年まで続く長い内戦状態に陥って身動きができなくなった．プロテスタンティズムが国内にまで浸透してきた時，スペインの対応は素早かった．熱狂する民衆を背景に異端審問所はいくつかのプロテスタント集団を摘発してその根を絶った．その折りにバジャドリードで催された審判式アウト・デ・フェにはフェリーペ2世が臨席し，国王として初めて公の場に姿を現した．第3番目の挑戦への対応はそれほど容易ではなかった．地中海におけるトルコの勢いは1558年にはスペインにとって一大脅威となって迫ってきた．この年，襲撃というよりは征服を目指すかのような大規模なトルコ艦隊がメノルカ島に上陸，シウダデーラ（要塞）を破壊した後で島中を略奪，数千人に上る島民を連れ去った．こうしてスペインは突如イスラム教徒を相手とする新たな聖戦の最前線に立たされた．

この時のフェリーペの対応は慎重さを欠いた．彼は1541年に父カルロスが試みて大敗を喫したアルジェ遠征の教訓を忘れ，ただちに遠征隊を派遣した．目標はトルコが主要な同盟相手であるチュニジアに設けている基地に近いジェルバ島で，これを占領して要塞化するのが狙いだった．西地中海からトルコ艦隊を排除しようという発想はよかったのだが，結

ヨーロッパの列強スペイン（1560-1660）

近代ヨーロッパ最初の覇権国スペインは地政学の視点から複雑な連絡網を作り上げた．80年間（1567-1648）に及んだフランドル戦争では，フランドル駐留のスペイン軍は常時スペインからの補給を受けなければならなかった．スペイン北部からイギリス海峡を経由する航路は，次第に台頭するイギリスとオランダの海軍の脅威に晒された．スペイン軍道と呼ばれた陸路は時間がかかったが，おおむねもっと安全だった．兵力と補給物資はイタリア北部のスペイン領ロンバルディーアまで船で運ばれ，ここからスペインもしくは信頼に足る友好国の支配下にある地域を通って北を目指した．この道は交通の要衝であるフランスの周辺を廻る形で走っていた．そしてフランスの力が弱い

カトリック帝国 1480-1670

右 1529年にスペインを訪れたドイツ人芸術家クリストフ・ヴェルディッツは、当時グラナーダにまだ多くいたモリスコに強く惹かれた。モリスコは公式上はカトリック教徒だったが、特に遠隔地では監視の眼も充分に行き届かず、多くの者が密かにイスラムを信奉していた。ヴェルディッツはまだ着用を認められていたイスラム風の衣装を身にまとったモリスコを一連のスケッチに描いた。しかし、モリスコとトルコや北アフリカのイスラム教徒との結託への懸念が次第に高まってくると、規制が強化された。そして1568年にイスラム風の衣装の着用が禁じられ、その翌年にはグラナーダのモリスコがカスティージャの支配に対して反乱を起こした。

ちは万事は順調に機能した。だが、フランス国内の宗教戦争が終結し、ブルボン朝が力を伸ばしてくると、その脆さが露呈した。サヴォワはスペインとフランスを対立させることで困難な中立を保とうとした。このために1602年以降スペインは、長く危険も大きいアルプス越えの道を通らなければならなかった。スペイン帝国を支えるのはマドリードとミラノとブリュッセルを結ぶ線であり、この間の要衝には外交・軍事・財政の要員を常駐させておく必要があった。地中海沿岸には要塞が造られたが、北アフリカのベルベル諸国の船は絶えず地中海航路の安全を脅かし続けた。三十年戦争(1618-48)の間はスペイン、シチリア、ナポリの軍隊と装備はミラノに集められ、それからドイツ、フランス、フランドルの戦場へと送られた。この戦争においてスペイン軍が関与した重要な合戦の戦場の位置を見れば、覇権をめぐるスペインの狙いがどこにあったかを地図でたどることができる。

果は屈辱的な敗北だった。ただ、フェリーペはこれを教訓として活かし、これ以後は何事も入念かつ完璧を期して準備するようになった。なんとかトルコの勢いを覆そうという懸命な努力が1560年代を通じて続いた。焦点となったのは、1565年5月にトルコ軍に包囲されたマルタ島だった。同島を救うためにカスティージャの資金と兵力を投じ、カタルーニャとバレンシアの経験豊かな海運力を動員しての大規模な作戦が展開された。この時にもしもマルタ島が落ちれば、トルコの次の目標はアラゴン領のシチリア島とナポリだった。そこでシチリアとナポリはガレー船の大艦隊を編成する資金を提供した。その結果、1570年代に入るとフェリーペのスペイン艦隊だけでもガレー船の数は100隻を超えた。マルタ島はトルコの襲撃を退け、スペインとローマ教皇庁とヴェネツィアは神聖同盟を結成した。この神聖同盟軍がトルコ艦隊に圧勝した1571年のレパントの海戦は、キリスト教ヨーロッパにとって最後の大勝利だった。スペインはこの時の戦費の半分以上を負担し、勝敗を決したのは多分にスペイン兵の活躍だった。

こうした一連の戦いが最終段階に入った時、スペインは予期せぬ事件に側面を突かれた。1569年、グラナーダのモリスコが同市から離れたアルプハーラスの山中に結集して反乱を起こしたのである。狼狽する地元の当局者を尻目にイスラム教徒の援軍がジブラルタル海峡を渡り始め、アンダルシーアは全面的な内戦状態を呈した。作戦の陣頭指揮を取るためにコルドバに赴いたフェリーペ2世は、カルロスの庶子で自分には異母弟に当たるフアン・デ・アウストリア(1547-78)を司令官に任命した。反乱は膨大な戦費と兵力を投じて1571年にようやく鎮圧された。世論の一部はモリスコの国外追放を声高に訴えたが、他方モリスコが集団改宗させられた経緯を批判して彼らをスペイン社会に同化させるような一貫性のある政策を求める声も聞かれた。そこで浮上してきた妥協策によって、モリスコはグラナーダから強制的にカスティージャ各地の都市部に移住させられた。およそ8万のモリスコが新カスティージャ地方の周辺部に住み着いたが、そこはかつて彼らの先祖の多くが国土回復戦争に追われてグラナーダに避難するまで住んでいた所だった。こうしてモリスコはいまやキリスト教徒の監視の眼に取り巻かれ、しばしばキリスト教徒を主人と仰ぐ人間関係に組み込まれた。そして何よりも信仰を同じくする北アフリカのイスラム教徒から遠く切り離されてしまった。イスラム教徒に対するこの新たな勝利があっただけに、レパントの戦勝祝いの行事はカトリック・スペインの深い安堵と感謝という二重の意味を持った。

不透明さを増す後継者問題

シウダデーラとジェルバ島はもとより、父カルロスのアルジェでの敗北も含めて雪辱を果たしたものの、フェリーペ2世は一向に勝利の気分に浸れなかった。イスラム教徒との戦いもレパントの後は勝利が続かず、内政も難問続きだった。フェリーペは父に仕えた側近を誰一人信頼しなかった。彼は父の言葉に従い、いかに功績のある側近であろうと絶対に過度な権限を持たせず、側近が野心を抱けばすかさず適切な処置を講じた。その結果、政務はフェリーペ自らが万事一人で執り仕切り、したがって政策は終始一貫していた。幸いにも彼の性格は世界に広がる版図を統治するのに向いていた。ただ、一片の誤りも見逃すまいとするあまり柔軟さを欠き、些細なことにこだわって時には大事を見誤った。

フェリーペ2世の人間不信は自分の息子の行状によってますます深まった。カルロス皇太子(1545-68)は生来の異常な性格から周囲の心配の種だったが、ある事故で頭部を打ってからはもう誰が見ても正常な人間ではなかった。王子の逸脱した振る舞いは宮廷の空気を乱し、しばしば公務に支障をきたした。そしてついに父親の暗殺を企てるに至って、フェリーペ2世は自らの手で息子を反逆罪の廉で逮捕せざるを得なかった。カルロス王子は宮廷内に軟禁され、間もなく死んだ。

フランドルの危機

3度の結婚にもかかわらず、カルロス王子に死なれたフェリーペ2世には男性の世継ぎはいなかった。後継者問題と緊張が増す一方のイスラム世界への対応に心を奪われた同王は、もうひとつの問題への関心をつい怠った。フランドル問題である。当初は大事には至るまいと思われたこの問題は、後にスペインの命取りとなった。スペインへ帰るに際して、フェリーペは父カルロスの庶子で異母姉に当たるマルガリータ・デ・パルマ(1522-86)を総督に任命してブリュッセルに残した。有能かつ勤勉ではあったが総督としての威厳に欠けたマルガリータは複雑な責務にすっかり翻弄されてしまった。即位の頃、フェリーペがその人柄を大いに買ったオラニエ公ウィレム(1533-84)やエグモント伯(1522-68)といったフランドル貴族との合意は破棄され、彼らはフェリーペに反旗を翻した。多くの人口を抱えた同地の商業都市の住民の間にはカルヴィニズムが広く浸透し、カトリックである統治者は周囲の信頼を失った。高い税金に対する民衆の前々からの不満はスペインへの憎悪に変わった。異端審問所が厳しい一斉取締りに出ると、自尊心を傷付けられた貴族が指揮する抗議行動が巻き起こった。教会が襲われ、聖人像が打ち壊された。支配者と教会に対するこうした過激な行動に対してフェリーペは遅まきながら事態に対処せざるを得なくなり、泣く子も黙るスペインの将軍アルバ公(1507-82)を新たな総督に任命した。厳罰主義をもって鳴る同公は暴動の鎮圧に当たって容赦がなかった。そして1572年には事態は収拾されたかに見えた。だが、この時にフランドル北部でさらに大規模な暴動が発生し、たちまちホラントとゼーラントの漁民の間に広がった。これに対してアルバ公は前にも増して強硬な態度で臨み、1573年のハールレムの大虐殺を画策した。

ポルトガルの航海者達

　アフリカ廻りでインドへ達し極東への航路を切り開いたポルトガルの航海者達を海の冒険へと駆り立てた情熱はエンリーケ王子というたった1人の人物に負うところがきわめて大きい．航海王子の名で知られる彼がクリスト騎士修道会の資金を航海と探検に投じた時の理由は必ずしも一様ではなかった．彼は交易と植民を重視する一方で，自国民による対イスラム十字軍の実現を夢見ていたようであり，また自国の探検家達がナイル河の彼方にあると伝えられるキリスト教国を治める謎に包まれた祭司王ヨハネ(英名プレスター・ジョン)に出会うことを期待していた．ただし，王子自身が足を踏み入れたのはタンジールまでで，彼が死んだ時点でポルトガル船が到達したのはシエラ・レオーネの海岸までだった．しかし，事業はジョアン2世，次いでマヌエル1世によって受け継がれた．両者の支援を受けてバルトロメウ・ディーアスは喜望峰を廻り(1488)，ヴァスコ・ダ・ガマはインドに到達して帰国(1497-99)，ペドロ・アルヴァレス・カブラールは大西洋を横断してブラジルに到達した(1500)．トルデシージャス条約(1494)によって東洋における独占権を得たポルトガルの航海者と商人は香料諸島，シナ，そして日本にまで進出し，そのすぐ後を宣教師が追った．ポルトガル人は1600年までにマカウを通商の拠点とし，日本との独占交易を確実なものとした．

右　ポルトガル人航海者の先頭に立つエンリーケ航海王子．その没後500周年を記念して1960年にリスボアに建てられた発見時代への記念碑．エンリーケ王子は船の模型を手に持っている．そして自分の紋章である天球儀を手にしているのはマヌエル1世．

下　ポルトガルは優れた地図製作者を数多く輩出した．彼らの作った航路誌は長い間高い評価を得た．コロンも1492年の航海ではポルトガルから盗まれた航路誌を使用したと言われている．またポルトガル製のポルトラーノ(海岸線を描いた航海者用の海図帳)も人々は盛んに買い求めた．地球に四方から吹き付ける風を描いたこの見事な世界地図は，ロボ・オーメンの1519年製作の地図帳の一部．

上　探検航海は，見る者の眼を驚かさずにはおかないトマールのクリスト修道院のこの窓に見るように，建築の装飾であるマヌエル様式に大きな影響を及ぼした．綱・海藻・サンゴ・錨の鎖などの海に関係する品々を存分にあしらったデザイン全体を船長の胸像が支え，一番上にはエンリーケ航海王子がその総長の任にあったクリスト騎士修道会の十字架が見える．

上端　16世紀末の日本ではポルトガル船はお馴染みの物になっていた．写真は日本の画家が屏風に描いたポルトガル船．

右　アジアへの航路を初めて拓いたのはヴァスコ・ダ・ガマだった．彼は喜望峰を経てインドに達し，そして帰ってくるまでの航海に2年以上の時間を要した．

カトリック帝国　1480-1670

反乱の現場から遠く離れたスペインにあってフェリーペ2世は妥協と弾圧を交互に繰り返したが，それはフランドル政策を破綻へ導く道に他ならなかった．国際金融業者からの借入金を投じてイタリアからアルプスを越えてフランドルへ通じる「スペイン軍道」と，スペインからイギリス海峡経由の海路を使って速やかに部隊が移動できる態勢が整えられはしたものの，反乱を鎮圧するに足る部隊は結局1度も動員されることはなかった．南フランドルのブリュージュ，ガン，アンヴェールなどの町からは何千人という住民が宗教迫害と重税を逃れて北部のアムステルダムやユトレヒトへ移り住んだ．こうして表面上はスペインの支配に従順な南フランドルは資本家・熟練工・歴代の商人といった人材を失った．戦争によって海から隔てられてしまったアンヴェールは衰退し，スペインとフランドルとの通商も先細りとなった．1575年，フランドルの事態に幅広く深入りしすぎたスペインの王室財政はついに自己破産を宣告せざるを得ない状況に立ち至った．その4年後，反乱側はホラントとゼーラントを先頭にユトレヒト同盟を結成し，オラニェ公ウィレムが名目上の指導者の地位に就いた．この同盟はその後多くの有為転変を生き抜いて独立国オランダの基礎となった．

ポルトガルとの連合

ヨーロッパの北では敗北したフェリーペだが，南では間もなくもっと大きなものを手にしようとしていた．1581年，ポルトガルを版図に加えた彼はここにハプスブルク家年来の夢を果たした．まさにこれに優る機はなかった．ポルトガルの繁栄はマヌエル1世が1521年に死んだ後も続いた．1529年のサラゴーサ条約でスペインとポルトガルはまだ未解決のままになっていた海外領土の権益問題に決着を付けた．翌1530年，ジョアン3世（在位1521-57）はブラジルの領有に踏み切り，広大な沿岸部をいくつかに分けて自国の入植者に授与した．植民地貿易は巨万の富を生み，その大部分は交易を独占する王権の直接収入となった．だが，船の大型化を図ってさらに大規模な船隊を東洋に派遣することを除けば，この富の使途はあまりなかった．その結果，建築と芸術が盛んになり，リスボアはヨーロッパ有数の都市に発展した．

当然のことながら，ポルトガル人は地図や海図の作成をはじめ，航海関連のさまざまな分野の知見で他に抜きん出ていた．地誌と数学で名を馳せたペドロ・ヌーネス（1502?-78）は天体観測儀の改良を重ねてこれを精密機器に変えた．新たな土地の発見は文筆活動を刺激し，インドの植物誌から冒険譚に至る多様な作品が書かれた．こうした冒険譚のひとつ，フェルナン・メンデス・ピント（1510?-83）の『遍歴』は，風刺・社会描写・空想などを織り混ぜながら，商人であり船乗りでもあった著者のシナを初めとする東洋での生活を綴ったものである．だが，もっとも有名なのはルイス・デ・カモンエス（1524-80）である．古い没落貴族の家に生まれ，ギリシア・ローマの古典と哲学に通じたカモンエスは若くして軍隊生活に入り，無軌道ぶりで名を馳せた．1553年には街頭での喧嘩騒ぎに連座したが，国王から赦免を受けると船に乗りインドへ向かった．そして東洋で17年間過ごし，1570年に祖国へ戻り，2年後に叙事詩『ウズ・ルジアダス』を世に出した．この書名はローマ時代のポルトガルの旧名ルシタニアに因む．ヴァスコ・ダ・ガマの航海を詠ったこの作品はポルトガル人の歴史と航海への讃歌であり，そこでは古典と神話が嵐や戦闘や官能的な愛の写実的描写と絶妙な均衡を見せている．カモンエスは他にも戯曲や叙情詩を書いたが，『ウズ・ルジアダス』こそは彼の代表作であり，ポルトガル人の民族意識の永遠の象徴である．

ジョアン3世の時代，ポルトガルは日増しにスペインの影響を強く受けるようになっていった．スペインのカルロス1世の妹カタリーナ（1507-78）を王妃に迎えた同王は信心深

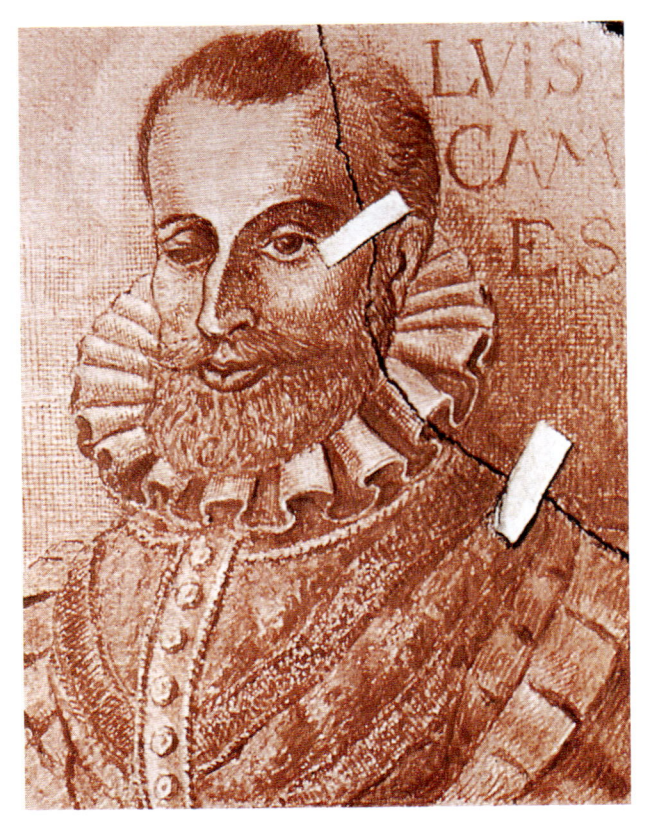

く，気弱で，妻に頭が上がらなかった．彼にはエンリーケという，エヴォラの大司教で枢機卿でもある弟（1512-80）がいた．熱狂的な信仰の持ち主であるこのエンリーケと王妃に説得されたジョアン3世は，教皇庁から許可を得て1536年に異端審問制度を発足させた．最初の審判式アウト・デ・フェは1540年に執り行なわれた．この年はイエズス会士がポルトガルにやってきた年でもあり，間もなく同国の教育界を制した彼らはその海外領土での宣教活動を通してポルトガル社会で大きな信望と影響力を勝ち取った．その礎となったのはイグナシオ・デ・ロジョーラの最初の同志の1人でインド西岸のゴアに赴いたフランシスコ・ハビエル（1506-52 通称ザビエル）の活動だった．

ポルトガル帝国の中枢であり，政治と文化の中心でもある首都リスボアの発展は目覚ましく，1557年には人口はおよそ10万に達した．このうちの約10%は植民地からの奴隷が占め，その他は莫大な富の噂に惹き付けられて農村から出てきた人々だった．人口の流出は農村に深刻な人手不足を引き起こしたが，都市に住む大地主達はその広い農地を荒れるがままに放置した．その結果，ポルトガルは食糧不足に陥り，食肉・穀物・乳製品などを輸入せざるを得なくなった．無限の富が溢れる宮廷と荒廃が進む農村との矛盾によって，同国の経済と政治は以後数世紀にわたって停滞に陥った．

アフリカでの惨事

ジョアン3世には10人の子供が生まれたが，無事に成長したのは父と同名の王子1人だった．この王子はスペインのカルロス1世の娘フアナと結婚したが，1554年に死んだ．フアナは夫が死んで数日後に男子を出産した．生まれた子はセバスティアンと名付けられた．それから3年後にはジョアン3世も世を去り，幼いセバスティアン王子が王位に就いた．待望王と呼ばれたセバスティアン1世は教育係の聖職者に取り巻かれ，もっぱら騎士道小説を愛読しながら成長した結果，すっかり十字軍思想の虜になってしまった．狂信的なまでの信仰に加えて頑迷な性格の同王は，自分はエルサレムの解放のために神に選ばれた人間であると信じ込んだ．1578年6月，24歳のセバスティアンは聖地にまで進撃する決心でモロッコに向けて出航した．事実上ポルトガル貴族の成人男子のほぼ全員を含む総勢1万6千もの兵が気の進まぬままに従った．そして8月4日，戦闘というよりは虐殺に等しいエル・カサル・キビールの戦いで王を含めて兵の半数近くが戦死，数千人が捕虜となった．逃げおおせたのはわずか数百人ほどだった．

この敗北でポルトガルは壊滅状態に陥った．生前，周囲の大勢から自惚れ屋の能無しと見做されていたセバスティアンだったが，死後は国民的英雄に祀り上げられた．国民の多くは敗北の事実を認めようとはせず，逆に王はまだ生きていていつの日かポルトガルを勝利に導いてくれると信じ，数々の神話が生まれた．王位が空位となるや，逸速くスペイン王が継承者の名乗りを挙げ，ポルトガル人が強く執着する国の独立を脅かした．いまや風前の灯火となった独立をなんとか守ろうとの一心からセバスティアンの後を継いだのは，枢機卿で異端審問所大審問官の叔父エンリーケ（在位1578-80）だった．だが，即位に当たりローマ教皇庁から貞潔の誓願を解かれたものの，すでに老齢のエンリーケは後継者を儲けることなく世を去った．唯一残った真面目な王位継承者はスペイン王フェリーペ2世だけだった．ジョアン3世の庶子であるアントニオ（1531-95）を推す声もあったが，フェリーペ2世がモロッコの要求するポルトガル人捕虜の莫大な身代金の支払いを申し出ると，世論は次第にフェリーペ支持へと傾いていった．

イベリアの統合とイングランドとの戦争

フェリーペ2世は直ちにポルトガルの王位継承に向けて動き出した．定石通りにアルバ公がリスボアに陸軍を進め，サンタ・クルース侯（1526-88）指揮下の艦隊がテージョ川の河口を封鎖した．そしてスペイン軍がリスボア市内に侵入するに及ぶと，アントニオは逃げ出すほかなかった．事態が収まるとフェリーペ2世はリスボアに赴き，近郊のトマールにポルトガル議会を召集して新しく臣下となった者の権益と権利を遵守する旨を宣誓した．官吏はそのまま任に残り，空席が生じれば後任にはポルトガル人が任命され，議会も存続することになった．司法制度・通貨・軍隊も従来通りの形で残った．その代わりにフェリーペは断絶したアヴィース朝の莫大な額に上る収入と12隻の戦闘用大型ガレー船を含む海軍を手に入れた．こうして光栄あるポルトガル帝国はスペイン王の支配下に入った．同じ年，スペインは太平洋地域に新たな植民地を設け，これにフィリピン，すなわちフェリーペ諸島というまさにぴったりの名を付けた．スペイン・カトリック王朝の版図はいまや当時知られていた世界の全域に及んだ．

新たな領土を得て立場を強化したフェリーペ2世はフランドル情勢をそれまでよりも広い視野から見られるようになった．王は甥のパルマ公アレサンドロ・ファルネーゼ（1545-92）をフランドルの新総督に任命した．同公は1585年までにフランドルにおけるスペインの支配を再び固め，次いで南部諸州との関係改善を基礎に北部の再征服に乗り出した．その勢いは年に2つか3つの要塞を落とすほどだった．こうした向かうところ敵なしといったスペイン軍の進撃に不安を抱いたイングランド女王エリザベス1世（在位1558-1603）は，1585年に支援部隊をオランダ軍に送った．この年，フランシス・ドレイク（1540?-96）は王室所有の2隻の軍船を含む艦隊と1500人の兵を率いてスペイン北西部のガリシアを急襲，ビーゴ市を略奪した．スペインにとってこの挑戦は黙って見過ごせるものではなく，いまや不可避となったイングランドとの全面戦争はフェリーペ2世が周到な準備を整え終わるのを待つだけだった．

1588年，絶頂期にあるスペインの国威を象徴するかのような大艦隊がイングランド侵攻を目指して出航した．大砲を装備した帆船から成るこれほどの大艦隊が敵の海域で戦うため

左　フェルナン・ゴメス（1548-1612）が描いたポルトガルの詩人ルイス・デ・カモンエスの肖像画の19世紀の複製．1572年に出版されたカモンエスの叙事詩『ウズ・ルジアダス』の初版に挿入された木版画を元にしている．肖像画の日付は，カモンエスがインドからポルトガルに帰国した直後の1570年となっている．エストレマドゥーラ生まれのゴメスはフランドルで絵画を学んだ後にリスボアに住んだが，1594年にフェリーペ2世の宮廷画家となった．特に宗教を主題としたマニエリスモ様式の寓意画で知られる．

右　1565年，不詳の画家が描いた当時11歳のセバスティアン1世の肖像画．モロッコのイスラム教徒に対する彼の遠征はポルトガル王家を危機に陥れた．セバスティアンがエル・カサル・キビールの戦いで生き残ったという伝説から，いつの日にか彼が戻ってきてポルトガルを解放し王位に就くという内容の民衆信仰（セバスティアニスモ）が生まれた．1590年にはセバスティアンの名をかたる者に煽動された反乱が何件か起きた．

カトリック帝国　1480-1670

に派遣されたことはかつてなかった．だが，結果は惨敗だった．フェリーペ2世がこのイングランド遠征に投じた金は歳入の1年分に匹敵した上に，船と兵力は取り返しのつかない損害を蒙った．それでもスペインの海軍力は崩壊するどころか，フェリーペ2世は逆にこの敗北を機に近代的な艦隊を新たに編成した．彼が死んだ1598年，スペインは依然としてイングランドと交戦状態にあった．

危機の中でのスペインの繁栄

　スペインの経済と人口は100年以上にわたって拡大を続け，フェリーペ2世の治世の末期には人口は約800万に達した．この頃，人口1万以上の都市が3つしかなかったイングランドに比べ，カスティージャではおよそ80を数えた．この繁栄の中，サラマンカをはじめとする大学で経済や政治を論ずる最初の学派が生まれた．サラマンカ大学ではポーランド人コペルニクス (1473-1543) やその他，時代の先端を行く学者の理論が講じられた．スペインは多くの学問分野で他の国々の先端を歩んでいた．当然ながら，そうした分野は地誌・航海術・地図制作など，世界に広がるスペインの支配圏の統治に関連する分野だった．カスティージャではまた社会科学の

スペイン大艦隊

　フェリーペ2世が1588年にイングランドへ向けて派遣した大艦隊は，実は同王のもっと大がかりな作戦の一端に過ぎなかった．すなわち，同艦隊の目的はパルマ侯が率いるフランドル駐留の陸軍と合流してこれのイングランド侵攻を支援することにあったのである．7月，メディーナ・シドーニア公（1550-1619）の指揮下にラ・コルーニャを出航した同艦隊は130隻を超える船に約2万の兵士と1万の船員という，北ヨーロッパの洋上ではかつてなかった大艦隊だった．だが，2年以上もの歳月をかけて練られたこの計画には船舶と戦法の面で重大な欠陥があった．船舶の一部は技術面の装備が充分ではなく，乗組員の数も足りなかった．加えてイギリス海峡の両岸の地勢は，陸軍を輸送する小型船をガレオン船がイングランドの軍船から護るには不向きだった．フランドルをよく知っていたフェリーペ2世はこの点をもっと考慮してしかるべきだった．しかし，この遠征は多くの点で未知への賭でもあったと言わなければならない．8月9日，グラヴリーヌ沖での海戦は史上初の洋上での大規模な砲撃戦となった．スペインのある隊長が言ったように，艦隊は「神の奇蹟を信じて出航した」．確かに神はこれより先にコロンを新世界へ導き，コルテースをしてわずかな兵と馬で一大帝国を征服せしめた．フェリーペ2世と彼の臣下はこの大遠征を成功させるべく人間の力の及ぶ限りを尽くしたが，この海戦でスペイン艦隊は敗北を喫した．風向きが変わったおかげで艦隊は北海へ逃れることができたものの，激しい夏の暴風を切り抜けイングランドの島々を一周してスペインに帰り着いた船はわずかに80隻ほどだった．

右　軍服を着て無敵艦隊の総司令官として指揮を執る姿勢のフェリーペ2世．左手を剣の柄にかけ，右手には司令官の杖を握っている．頸には黄金羊毛騎士団の最高徽章を付けている．この肖像画が描かれた時期の同王は，テューダー朝のメアリ1世との婚姻によりスペインだけではなくイングランドの王でもあった．この同盟は失敗に終わったが，興味深いことに無敵艦隊に参加してアイルランドの南端近くで沈没したガレオン船ラ・トリニダード・バレンセーラ号から引き揚げられた攻城砲（右下）のひとつに紋章として刻まれている．この攻城砲は上陸作戦が成功した際の援護射撃用のもので，1556年という製造年およびイングランドとスペインの紋章が刻まれている．

下　グリニッジで壁画の下絵に描かれた無敵艦隊のガレアサ船（戦闘用の大型ガレー船）．最近，オール付きのこの帆船の役割が見直されている．勝ったイングランド側の海軍提督ハワードの命でロバート・アダムスが製作した一連の見事な海図から，これら帆船の機能は半月型の固い船列を組むことによって脱落したり遅れをとった船を船列内に留めおくことにあったことがわかった．ここに描かれているのは，プリマス港を出発したイングランド艦隊が背面攻撃のためにスペイン艦隊の舷側を追い越した場面である．

右　スペイン艦隊の小隊毎の戦力一覧表．船舶数とトン数，戦闘員と乗組員の数，積み込まれた大砲・火薬・弾丸の量などが記されている．表の下には，ガレオン船やガレアサ船に配分された奴隷約2000人が漕ぎ手として記載されている．

カトリック帝国　1480-1670

理論と実践が目覚ましい発展を見た．都市と教会は協力してしばしばモリスコやジプシーなどの少数集団をも含めて貧民や病人を対象に幅広い社会事業を進めた．

　フェリーペ2世は絶対専制君主ではなかった．その統治は国王の専権と同時にまた周囲との合意に基づいていた．エリザベス1世と同じく，彼も課税をめぐって議会と交渉しなければならなかった．そればかりか，数百に上る各地の地域法が定める枠を尊重しなければならなかった．エリザベス女王の前で膝を折るイギリス流の儀礼はスペイン人には嫌悪感を与えたであろうし，王権神授説に至っては立憲政治の厳格な擁護者であったこの時代のスペインの政治思想家から見れば神を冒瀆するものだった．フェリーペ2世の治下，スペインは官僚機構によって運営される史上初の世界国家となった．そこには高度な情報収集機構，かつて前例のない規模と専門性を持った行政，ローマよりこの方最大にして最強の軍隊が揃っていた．

　フェリーペ2世は多くの点で成功を収めた．だが，それでも残された課題は多く，そのために彼の死をもって周知のようにスペインは繁栄の頂点から一気に下り坂を滑り落ちていったと言われる．まだ凋落期に入る前からスペインは確かに経済・行政・財政の各面での問題に解決の糸口を見出せないでいた．こうした状況の責任は取り立ててフェリーペ2世にあるわけではなく，彼の後継者達も事態改善の手立てを持ち合わせなかった．スペインの地勢，取りわけ肥沃な土地は狭く，農業生産には限界があった．そのために16世紀の人口をそのまま維持することはできず，ましてや17世紀での競争に必要な規模にまで人口を拡大することは論外だった．もともと天候に恵まれても不安定なスペインの農業は，16世紀最後の四半世紀の不順な天候によって深刻な打撃を蒙った．人口増加の勢いに歯止めがかかり，国内の広い範囲が凶作に見舞われた1590年代の半ばにはスペインは食糧の輸入国に転じた．1591年から94年にかけての4年間は飢饉が続き，次いで1596年から1600年にかけての5年間は疫病が流行した．こうした災害によって人口は約10％減少し，その後は1680年まで飢饉と疫病の繰り返しが続いた．

　この間，財政が先細りであるにもかかわらず，スペインは政治上の至上命令であるカトリック世界の防衛に資力を注ぎ続けた．特にスペイン艦隊がイングランド侵攻で敗北を喫してからは，ヨーロッパ北部におけるスペインの権益を守り抜くのに要する戦費を調達するために容赦のない増税が続いた．スペインを構成する諸王国はそれぞれに独立した法制度を持っていたために，カスティージャ以外からの歳入の増加は期待できなかった．その結果，戦費の負担は主としてカスティージャにかかったが，当のカスティージャはすでに危機的な状況にあり，こうした負担に耐える力は日増しに衰えつつあった．

　フェリーペ2世も基本的には戦費を軽減する必要を心得ていた．ただ問題はいかにして「良心の呵責を覚えない形での和平」を達成するかであった．すなわち，いかにして宗教問題に関する指導権や領土を失わず，また自らの対外的な評価も損なうことなく外交面で折合いを付けるかだった．これらを失うことはフェリーペには到底受け入れられるものではなかった．1598年，彼はようやくフランスのアンリ4世（在位1589-1610）との和平を受け入れて世を去った．

傀儡王

　フェリーペ3世（在位1598-1621）は父親の精神も才覚もほとんど受け継がなかった．彼は父王の晩年の病いで混乱した政務を整理しようと努め，ある程度は目的を果たした．そして1604年にイングランドと，次いで1609年には反乱を続けるオランダとも条約を結んだ．ただし，オランダとの条約は独立を承認するものではなく，12年間の休戦条約だった．こ

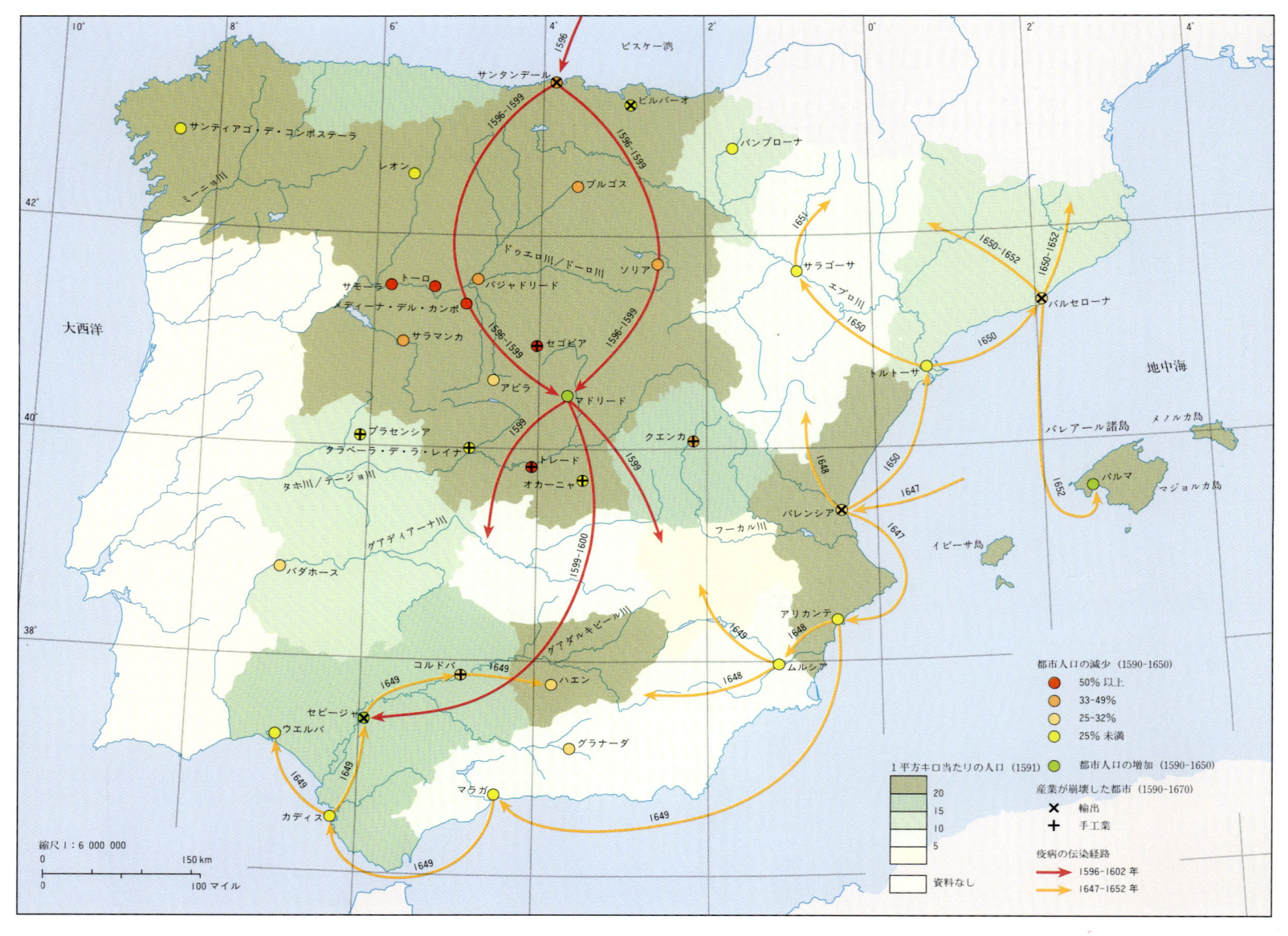

のアンヴェール休戦条約は大方のスペイン人から見れば「良心の呵責を覚えない形での和平」ではなく，フェリーペ3世自身も最後には同じ思いに至った．

即位の当初は政務に熱意を示したフェリーペ3世は間もなく政治に直接関与しなくなってしまった．このようなことが許されたのは，同王が政治の実権を任せた寵臣のレルマ公フランシスコ・デ・サンドバール（1553-1625）がいたおかげだった．国王は1612年頃までは同公に全面的な信頼を寄せた．フェリーペ3世の性格は気難しく，異常なまでに宗教にすがり，マルガリータ王妃（1584-1611）とレルマ公の2人を頼りにした．死・救霊・政務といった問題から逃れるために，王はイベリアの上層階級が好んだ遊びである狩りに熱中した．

フェリーペ3世はマドリードにバロック様式の豪華な宮廷を造り，さらにいろいろと手を加えた．だが，マドリードではさほど長い時間を過ごさず，宮廷を数年間バジャドリードに移した．これは同市の近郊に領地と縁者を持つレルマ公の望みに応えてのことだった．同公は王に劣らず国政には関心がなかった．ただ，王が来世のことに心を奪われていたのに対して，公はもっぱら現世のことに熱心だった．彼がもっとも関心を払ったのは官界を思うがままに操ることだった．王から直々に与えられた領地や称号のおかげで莫大な富を築いたレルマは，さらに自分の息のかかった役人達から存分に利益を吸い上げた．彼の任命で教会や政府の要職に就いた縁者や代理人は門閥を作り，レルマはこれを通して政治を牛耳った．彼はもっとも重要な役職は自分が占め，国王へ接近しようとする人間を監視するためにこれを使った．レルマの追い落としを図る計画は幾度か練られたが，いずれも彼の強大な権力によって封じ込められた．そのうちのひとつ，王妃の支持を得た1608年の計画も例外とはならなかった．だが，これによって側近達の腐敗ぶりが露呈し，フェリーペ3世への信頼が損なわれた．

フェリーペ3世とレルマ公の無関心にも関わらず，あるいはその無関心ゆえに，国政を司る各諮問院はこの時期にはきわめて自立的に機能し，おかげで政務は順調に運んだ．事実，社会と経済は危機に陥り，政治は無能な側近とこれの言うなりになっている国王の手にあったにも関わらず，この時代のスペインはおそらくヨーロッパで最強の国だった．要衝のナポリとミラノは共にフェリーペ2世の治下で育った有能な総督が治め，南部フランドルはフェリーペ2世の娘イサベル（1566-1633）とその従兄で夫のアルベルト公（1559-1621）が共同統治していた．この両人の下で，一旦は失われたハプスブルク家の威信は大いに持ち直した．

フェリーペ3世時代の最初の財政危機を惹き起こす一因となったオランダとの戦争は，1602年から1604年にかけてのオーステンデの包囲戦で最高潮を迎えた．多くの犠牲者を出したこの長期戦は莫大な戦費を要し，スペイン政府は財政の見直しを強いられた．これより少し前，民衆の生活に大きな影響を与えたミジョーネス（millones）という新たな税が導入されたが，期待された金額は集まらなかった．国王は議会の承認を経ずに金を手にする道を必死に探した．もしなんらか

経済の衰退（1590-1650）

17世紀初頭の経済衰退を示す証拠は数多くある．衰退の発端は1590年代初めにカスティージャで相次いだ凶作だった．すでに歯止めがかかりつつあった人口の増加は突然止まってしまった．飢えた農民は続々と都市に押し寄せた．1596年にサンタンデールで発生した疫病は内陸部にまで広がり，1602年までにカスティージャで50万人が死んだ．これは12人に1人の割合だった．また何千人もの人々がアメリカへ移住した．農業は壊滅状態に陥り，すでに長年穀物の輸入に依存してきたカスティージャはますますその度合いを高めた．フランドル戦争ですでに痛手を被っていた漁業・手工業・輸出業は1596年に国庫破綻という追撃を受けた．急速な通貨インフレによって物価は高騰し，特に1620年から40年にかけては重税によって産業は完全に崩壊した．牧羊・造船業などの軍事産業・鉱業・冶金業などは政府の保護のおかげで生き延びた．17世紀半ばには再び疫病が蔓延し，束の間の回復を見せていた人口増加に歯止めをかけた．

カトリック帝国 1480-1670

え，その興奮の前にスペインがこの時に 30 万以上もの人口を失った事実は霞んでしまった．その一方で，オランダとの休戦に対する不満とレルマ公への反感は高まる一方で，フェリーペ 3 世はこれに押されて 1618 年にレルマ公を罷免した．そして政治の実権は改革派の指導者バルタサール・デ・スニガ（1561 ? -1622）とその甥のオリバーレス伯ガスパール・デ・グスマン（1587-1645）の手に移った．両人はそれぞれ皇太子の教育係と侍従長の任にあった．

知力と想像力

国内の惨状と対外政策の失敗にもかかわらず，フェリーペ 3 世の治世はスペイン人の知的活躍が大きな展開を見せた時代だった．宮廷と教会の協調関係はまさに爆発的な文筆活動を生んだ．歴史・哲学・経済・政治・詩・戯曲などの作品が国内のあらゆる都市の印刷所から矢継ぎ早に出版された．この時代，宗教と政治と文筆活動は密接に結び付いていた．文筆家の中には幾人かの大学教授もいたが多くは聖職者で，そのほとんどが公職に就くことを目指していた．ドン・フアン伝説を初めて戯曲に仕立てたティルソ・デ・モリーナは，実はガブリエル・テージェス（1574 ? -1648）という名のメルセス会の修道士だった．『ドン・キホーテ』の著者ミゲール・デ・セルバンテス（1547-1616）はレパントの海戦で左腕に負傷した歴戦の兵士であり，後にはイングランド遠征の大艦隊の準備に携わった．1800 点もの作品を書き，そのうちの 431 点が現存する歴史上もっとも多作な戯曲家ローペ・デ・ベーガ（1562-1635）は実際にこの大艦隊に参加した．もう 1 人の小説家マテオ・アレマン（1547-1610）は，ガレー船の漕ぎ手よりも過酷な条件の下で受刑囚が働いていた王室所有のアルマデンの水銀鉱山でしばらく監督を務めた．戯曲家のフアン・ルイス・デ・アラルコン（1580-1639）や経済を論じたペドロ・デ・ナバレーテ（1574-1633）のように人脈に恵まれた文筆家は宮廷内の気楽な職にありついたが，こうした例は文字通り何百人に一人だった．

大貴族達もまた周囲に優れた文筆家を侍らせることが社会的名声を高め，政治的にも利があると気づき始めた．取るに足らない反目や重要な政治問題も剣でだけでなく，印刷された諷刺文や貼紙によって闘われるようになった．オスーナ公の雇われ文士で秘書でもあったフランシスコ・デ・ケベード（1580-1645）は剣の達人でもあったし，またオスーナ公に敵対したビジャメディアーナ伯は自ら諷刺詩も書けば戯曲も書き，そして決闘でも名を馳せた人物だった．

こうした状況であってみれば，政治や社会に関する評論が文筆活動の基礎となったと言っても驚くには値しない．だが，書籍の多くは依然として宗教書であった．1500 年から 1700 年までの間の名前がわかっている 1000 名近くの文筆家のうち，400 人以上の者がなんらかの宗教問題を論じた．16 世紀の中頃，神の恩寵が救霊に果たす役割をめぐるイエズス会士ルイス・デ・モリーナ（1535-1600）とドミニコ会士達との間の長い論争では，何千人もの熱心な読者がその成り行きを追った．もう 1 人のイエズス会士フアン・デ・マリアーナ（1536-1624）は 1595 年に最初のスペイン通史を完成した．この頃には上流階級の間では読み書きはまずあたりまえのことであり，社会全体では人口のほぼ 3 分の 1 は字が読めた．

これら初期のスペインの文筆家達の一部は国外でもある程度知られはしたが，ヨーロッパ中の評判を勝ち得た作品は第 1 篇が 1605 年に，第 2 篇が 1615 年に刊行されたセルバンテスの小説『ドン・キホーテ』だった．三流の騎士道小説を読みすぎて正気を失い，貧困のどん底にいながらも理想に生きる下級貴族である主人公の冒険譚は，文筆活動と識字率が日増しに重きを成していった社会にあって初めて書かれ得る作品だった．人間心理の洞察と痛烈な社会批判が巧みに調和した『ドン・キホーテ』は近代小説の先駆例であり，同時に永

上　フェリーペ 3 世の時代に入るとレルマ公フランシスコ・デ・サンドバール・イ・ロハスによって寵臣政治が始まった．同公は国王の信頼と今日でいう公金横領によって莫大な財を成した．そして後に政治の舞台で失脚すると早々にローマ教皇から枢機卿の帽子を得て責任の追及を逃れた．1556 年以降マドリードに住んだイタリアの彫像家でメダルの製作者だったポンペオ・レオーニ（1533-1608）が製作したこの彫像は青銅製で金メッキが施されている．エル・エスコリアル宮の礼拝堂のために同じレオーニが製作したハブスブルク王家の彫像にきわめてよく似ている．

の道が見つかれば，いつも課税に反対するか，あるいは課税と引換えに譲歩を迫る議会を出し抜くことができたからである．そこで浮上してきた解決策がベジョン（vellón）という新たな硬貨の発行による通貨の切下げだった．ベジョンの発行は国庫に莫大な利益をもたらした反面，産業と商業を大混乱に陥れた．もしもこの打撃がなければ，スペインの商業と生産業は戦争と相次ぐ国庫の破綻が引き起こした経済の低迷から立ち直れたかもしれない．しかし，事態がここに立ち至ったいまとなっては，給料の高騰と通貨インフレによってスペイン経済は息の根を止められてしまった．1607 年，新世界から送られてくる銀が激減すると，再び国庫の破綻宣言が出された．

とはいえ，フランドル紛争を終わらせる道が模索された主たる理由はこうした財政の破綻ではなかった．それよりも大きな理由は，オランダとトルコを同盟に引き込み，さらに密かにスペイン国内のモリスコとも結託したフランスのアンリ 4 世が宣戦を布告するのではないかという危惧だった．この惧れは同王が 1610 年に暗殺されてようやく消えた．こうした懸念から，スペインはそれまで長い間留保してきたモリスコの国外追放についに踏み切った．モリスコの大量追放は 1609 年から 14 年にかけて行なわれ，彼らの移送にはアンヴェール休戦条約で北部ヨーロッパの戦線を離れることのできた大勢の兵と船が動員された．モリスコの追放という民族浄化策によって，イベリアの宗教問題と民族問題は最終的な解決を見た．世論はこぞって追放をフェリーペ 3 世の最大の功績と称

中央広場の役割

　大体1520年頃から1640年まで続いた長い国内平和の間にカスティージャでは，都市の景観を美しく壮麗なものにすると同時に計画性と機能性を考慮に入れた都市建築が発達した．こうした趨勢の中核を占めたのがプラーサ・マジョール，すなわち中央広場である．中部イタリアの広場と違ってスペインの広場は一般に1人の建築家が担当したために設計は統一がとれていて，ほとんどの場合が直線で構成されている．また広場の周りを囲む建物の張出し部分を柱廊が支えている点もイタリアとは異なる．これによって日光や雨に晒されない空間が生まれ，そこで人々は気楽に売買ができ，また傷みやすい商品も安心して広げることができる．柱廊の上は各階ごとにバルコニーがあり，広場の様子を眺めたり，内密の話をするのに恰好な場となる．劇場の個人席はおそらくこのプライヴァシーを守ると同時に広く辺りを見渡せるという二重の機能を持つバルコニーから生まれたのかもしれない．広場が大聖堂の前面に置かれたり，市庁舎の空間の一部を占めたりする場合は，イタリアの広場に似たものとなる．

　中央広場はその町の誇りであり，賑やかな市民生活の場でもある．祝日ともなれば，石を敷きつめた広場は宗教行列が練り歩き，時にはその土地の異端審問官が判決を言い渡す式場となった．また町の自警団員の初歩的な軍事訓練や馬上訓練が行なわれる場でもあった．もっとも古い中央広場はバジャドリード生まれのフェリーペ2世が同市に造らせた広場である．またサラマンカの中央広場は均整のとれた古典主義とスペイン・ルネサンス様式の粋が融合した見事な傑作であり，マドリードのそれは他を大きく引き離してスペイン最大の規模の広場である．

上　自らの命によって建設されたマドリードの中央広場に入場するフェリーペ3世．同王はマドリードで生まれたが，生涯の大半を他所で過ごし，あまつさえ1601年から1606年まで首都をバジャドリードに移した．宮廷をマドリードに戻すようにと王を説得するには長い時間と多くの金を要した．彼が死ぬ少し前の1620年に公開された中央広場は，マドリードが最終的にスペインの首都として定着した象徴と見なすことができるかも知れない．

下　新しい広場は騎馬試合や模擬合戦，そして何よりも教会の祝日，王室の慶事，戦勝祝いなどのたびに頻繁に催された闘牛の格好の舞台となった．

下　1683年にマドリードの中央広場で催された最後のアウト・デ・フェを描いたフランシスコ・リーシの作品．これには宗教的な強迫観念に取り憑かれていたカルロス2世とその王妃が神聖な義務の一端として出席した．この時は実際に刑に処せられた者はいなかった．現実にアウト・デ・フェがマドリードで行なわれることはきわめて珍しく，行なわれた場合でも中央広場がその舞台となるとは限らなかった．1632年には，密かにユダヤ教に戻ったとされる5人が処刑されたが，歴史に名高いこの刑が行なわれたのは少し離れた場所で，後にカルロス3世が巨大な凱旋門を建てた近くだった．しかし，中央広場は確かに処刑の場でもあり，1621年には汚職で失脚した宰相ロドリーゴ・カルデロンが大勢の群衆の前で処刑された．

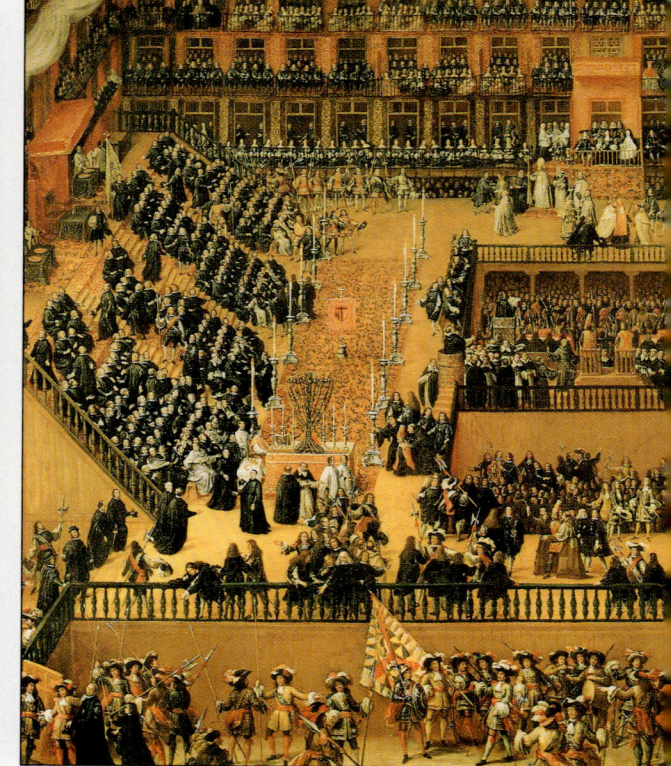

カトリック帝国 1480-1670

上　マドリード中央広場の広い矩形の空間とその周辺をあたかも谷間のように走る街路との対照をはっきりと見せてくれる航空写真．この一角は18世紀末に建物が建て直されて整備され，また同じ頃に広場の中央にフェリーペ3世の騎馬像が置かれた．1931年の共和制の発足に続く不穏な状況の中で，騎馬像は暴徒によって引き倒されて損傷した．しかし，これが再び据えられたことで，もしもこの像がなければだれも想い出すはずもない1人の国王が少なくともスペイン人の記憶に留まることになった．

右　他の都市の場合と同様にマドリードの中央広場は人々の賑やかな交流の場である．人々はここに集まってはバールやカフェで喋り，食い，酒を楽しむ．広場内の店はもっぱら観光客用である．また広場は野外劇場にもなり演劇やコンサートが催されたり，美術展や書籍展の会場にもなる．日曜日の午前中にはアーケードの下で古銭や古切手の露天が開かれ，多くの人が散歩がてら訪れる．そして夜は昔の大学生の伝統を受け継ぐ衣装を身に付けたトゥーナと呼ばれる楽隊がカスティージャの古くからの歌謡やサルスエラの名曲をメドレーにして人々に聴かせる．

95

遠かつ普遍の主題の取り上げ方からして誕生期の小説の最高傑作のひとつである．セルバンテスは，自分を英雄と思い込んだ理想家の騎士と抜け目のない現実主義者の従者サンチョ・パンサという対照的な2人の機知に富んだやりとりを通して，外観と実態の差異を追求した．同じく17世紀のスペイン演劇の舞台では，取り澄ました都会人の思惑を潰してしまう才知に長けた家来や朴訥な田舎者の役割が観衆から盛んな拍手を浴びた．

目の前にあるスペインの脆弱ぶりが見えていたセルバンテスは偉大な過去に強い執着を覚え，それだけに思想的には社会と経済の改革を提唱したアルビトリスタ (arbitrista) と呼ばれる一連の文筆家達に近い立場にあった．『ドン・キホーテ』が世に出る数年前，経済を論じたゴンサーレス・デ・セジョリーゴ (1565?-1615?) は，スペインは「まるで魔法をかけられた人達の国で，物事の常軌を逸脱している」と書いた．これはまさしく『ドン・キホーテ』の精神と故国の状況を深く憂えるセルバンテス自身の心情を的確に捉えた言葉である．とはいえ，1580年以降のスペインをしばしば見舞った幻滅感を過大視してはならない．多くの優れた諷刺家と同じく，セルバンテスは人間のあるべき姿を追求すると同時に愛国者でもあった．彼は偉大なスペインを信じ，自分の信仰の正しさを信じ，スペイン人の歴史的使命を信じていた．そして偉大なスペインの再興に努めたアルビトリスタ達もまた根っからの楽観主義者であり，中にはドン・キホーテなみに現実離れもはなはだしい者もいた．彼らは聖職者と同じく，政治だけでなく道徳も改革すれば万事に神の援けを呼び戻せると信じていた．

オリバーレスと改革

こうした危機に対応すべく新しい時代と新しい政府が用意されつつあった．マルガリータ王妃はわずか12年間の結婚生活で男女併せて8人の健康な子供を生んだことから，フェリーペ3世の後には3人の王子が控えていた．これはハプスブルク家ではまさに記録的な数であり，人口が急速に下降線をたどりつつあったスペインの趨勢の逆をいく感があった．そして政務にまったく不熱心だったフェリーペ3世にしては，辻褄が合わないことでもあった．父親が信仰深かった分だけ10歳代で即位した新王フェリーペ4世(在位1621-65)は現世的な人物であり，頭の良さと帝王学を教えられた点も違っていた．彼にとって政治は必ずしも生来の好みではなかったが，それでも祖父のフェリーペ2世の範を凌ごうと真剣に政務と取り組んだ．もうひとつ父王との違いは側近に恵まれたことだった．14歳から40歳近くまでフェリーペ4世は，世界の覇者であった当時のスペインが生んだもっとも優秀な政治家であるオリバーレス公の指南を受けた．確かに当時のスペインには分別ある頭脳と確固たる腕が必要だった．フェリーペ4世ほどその長い治世を通じて戦争に明け暮れた王はスペインの主な王の中で他にはいない．ドイツのプロテスタントとカトリックとの間の紛争に端を発して次第にヨーロッパ全土を巻き込んでいった三十年戦争(1618-48)は，フェリーペ4世が王位に就いた時にはすでに始まっていた．スペインにとって途切れることのない戦争状態は50年にも及び，終わったのは同王の死後だった．

フェリーペ3世の治世末期，オリバーレスの叔父バルタサール・デ・スニガは大規模な政治改革を断行した．1621年，彼はスペインにとって受け入れ難いアンヴェール条約を従来の内容のままで更新することを拒否し，同時に行政と財務の抜本的な改革に乗り出した．目指す目的は国内では経済の刷新であり，外に対しては威信の回復だった．1622年に叔父の後を継いだオリバーレスがもっとも熱心に実現を図ったのはこの2番目の目的だった．自分では断固否定したが彼もまた寵臣だった．そしてレルマ公と同じく宮廷と政府内に権力を築き上げ，自分の息のかかった大勢の人間を自由に操ると共に自分以外の者が国王に接近することを阻んだ．オリバーレスはフェリーペ4世に国王としての責任を深く自覚させる一方で，自分が政治には不可欠な存在であろうと努めた．ただ，レルマ公と違ってオリバーレスは私利私欲を求めず，ひたすらいかに主君と国家の栄光を高めてその名を国の内外に再び轟かせるかに徹した．フェリーペ4世とオリバーレスの2人はやがて互いに持ちつ持たれつの関係で結ばれた．着想と実行力ではオリバーレスの方が優ったが，フェリーペ4世も国王らしい卓見と固い信念では引けを取らなかった．

オリバーレスは予め用意された改革案を携えて政権の座に就いたヨーロッパで最初の政治家だった．彼は政策自体の生みの親でもなければ，改革の先鞭を切ったわけでもないが，確固たる信念と分析能力と政治的視野では卓越した人物だった．彼は主としてアルビトリスタ達の著作から影響を受け，また改革によって国力を高めつつあったオランダをはじめとするスペインの敵国と改革の成果を競い合った．彼の目標は2つあった．ひとつはフェリーペ4世を十指を超える異なった領地の支配者から真のスペイン王に変え，これによって税の負担を分散してカスティージャを重税から解放することだった．もうひとつはスペイン人を商人に変えることだった．この2番目の目的は，国債を減債基金に変えて国内資金を呼び寄せ，これを使って政府の銀行を設立してジェノヴァ人の金融業者よりも低利で政府への融資を行なわせ，その資金を商工業に投資することによって達成できるはずだった．だがそのためには，何を差しおいてもまず複雑きわまりない税制を廃止して，全国一律の課税制度に変える必要があった．

1620年代の中頃にはすべてがこうした方向に進み，前途の見通しは明るかった．1624年，オリバーレスは国内各地にその経済力に応じた資金を提供させて連合予備軍 (Unión de Armas) を創設する計画を打ち出した．だが，この計画は各地の古くからの法に抵触する上に，その狙いは地方自治の縮小にあるという本音を見抜かれてカスティージャ以外では一様に不評を買った．結局，オリバーレスの改革で完全に達成されたものはごくわずかであり，既得権益側の抵抗の前に彼は再三の妥協を余儀なくされた．

対外政策の成功と国内の危機

フェリーペ4世の治世の初め，スペインは一連の目覚ましい勝利に恵まれた．1625年だけに限ってみても，スペインは北イタリアでフランスを破り，反旗を掲げるオラニェ侯一族の祖地ブレダを落とし，オランダの漁船艦隊を壊滅させた．ポルトガルとカスティージャの連合軍はブラジルに侵攻したオランダ軍を撃退し，アンダルシーアの民兵軍はイングランドとオランダがカディス攻略のために派遣した大規模な連合軍を敗走させた．翌1626年にはフランスはスペインに和議を申し入れ，その4年後にはイングランドのチャールズ1世(在位1625-49)もまた海軍力で負けて引き下がった．そして陸と海の両方から攻め立てられたオランダも和平にこぎつけるための大幅な譲歩を思案中だった．オリバーレスはいまやスペインの勢いはフェリーペ2世時代のそれを凌いだと言って憚らなかった．詩人・劇作家・画家はこぞってスペイン軍の勝利を称えた．

だが，国内の危機が治世初期のこうした勝利に暗い影を投げかけた．17世紀のヨーロッパ諸国は相次ぐ人口の喪失と経済の崩壊に見舞われたが，こうした事態はカスティージャではことのほか頻発し，しかも深刻かつ長期に及んだ．農業は状況の悪化に耐えられるだけの柔軟性と適応力を欠いていた．1620年代の中頃，大飢饉に見舞われてから1世代も経つか経たないスペインの中央部一帯は再度飢饉に襲われた．収穫量の減少をもたらす長い冬が過ぎたかと思うと，今度は肥沃地帯が大洪水に見舞われるという事態が数年間続いた．農

カトリック帝国 1480-1670

し，しかも今度は潰滅的な結果を招いた．この年，オリバーレスがイタリア情勢への介入に踏み切ると，フランスは国益の防衛を口実にロンバルディーアへ軍を進め，続く戦闘でスペイン軍に手痛い損害を与えた．同じ年，毎年，新世界から銀を運んでくる船団がキューバのマタンサス沖でオランダ船に襲われ，初めて敵の手に落ちた．空っぽの国庫，飢えに苦しむ国民，イタリアとフランドルそして大西洋での軍事面での退潮を前にしてフェリーペ4世のオリバーレスに対する信頼が揺らいだ．1629年に入ると国王はほとんどオリバーレスを無視するようになった．だが，その王の目にはオリバーレスのように真剣に政務に取り組んでくれる人材は他に1人も映らなかった．

文化と宣伝

おそらくヨーロッパで最初に芸術を大々的な宣伝の手段として活用した人物はオリバーレスかもしれない．実際のところ，それはマドリードの熱狂的な好戦気運と危機感への対応策であり，1635年にフランスへの宣戦布告を行なった時の「もしもこの戦争で敗れれば，この国も両陛下もそしてその他の者もすべて同じ運命をたどるであろう」というオリバーレスの言葉に如実に表されている．たまたまフェリーペ4世は政治目的に援用が容易な絵画と演劇の愛好者だった．1623年，オリバーレスと同じくセビージャ出身で彼に見出されたディエゴ・デ・ベラスケス (1599-1660) が首席宮廷画家に迎えられた．初期の頃の彼が描いたフェリーペ4世像とオリバーレス像は生真面目で威厳と決断力に満ち，虚飾やきらびやかさとは無縁である．ベラスケスに続いて多くの画家がマドリードに押し寄せ，活気に満ちた絵画市場が生まれた．ベラスケスこそはスペイン絵画の創始者である．同時代のフランシスコ・スルバラン (1598-1662) やバルトロメー・ムリージョ (1618-82) なども特異で優れた才能に恵まれた画家であり国外で高い名声を得たが，繁栄の絶頂にあったスペイン帝国の首都マドリードを世界に印象づけた画家といえばそれはベラスケス以外にはいない．この数十年間はヨーロッパの宮廷バロック文化の全盛時代だった．バロック文化はプロテスタントに断固とした姿勢で対抗するカトリック教会の華麗な自己表現であった．ローマとイエズス会は率先して豪華な装飾様式を建築・彫刻・音楽に用いてカトリックの勝利を謳い上げた．そして絵画でもっとも優れた才能の持ち主はフェリーペ4世に仕え，友人で助言者でもあったアンヴェールのペーター・パウル・ルーベンス (1577-1640) だった．

しばし宮廷の枠内にあった演劇は時と共に筋書き・衣装・舞台装置などに次第に磨きがかかり，華麗なものになっていった．この時代を代表する古参の戯曲家は作品の中にしばしば愛国心の発露が見られるペドロ・カルデロン・デ・ラ・バルカ (1600-81) である．こうした絵画と演劇が一体となったのが1630年代に着工したブエン・レティーロ宮である．この大規模な新宮殿はまさしく政敵，愛国心はあっても意気地のない者，そして外国人客などにスペイン王の威勢を誇示する陳列室として設計された．フェリーペ4世が治める数々の領地の紋章を描いた楯が並ぶ中央広間の様は文字通りスペイン軍が一堂に会した観を呈し，12枚の巨大な絵にはスペイン軍の陸海における最近の勝利が描かれた．『槍』の通称で知られるベラスケスの『ブレダ開城』は一足先にカルデロン・デ・ラ・バルカが舞台で採り上げた主題である．宮殿のもう一方に新たに設けられたスペイン初の常設劇場コリセオでは，偉大な王と思慮に富む寵臣を称える数多くの寓意劇が演じられた．この他にもスペインの栄華を顕示するものとして闘牛・豚レース・馬上槍試合・模擬戦争・行進・宗教行列などの大掛かりな野外行事がしばしば宮殿の周辺を舞台に催され，見物に詰めかけた群衆の眼を眩ました．

バロック様式は絵画・建築・装飾においてそれまでのあら

上　ベラスケスがフェリーペ4世の寵臣オリバーレス伯公ガスパール・デ・グスマンの堂々たるこの騎馬像を描いたのは，1638年のフエンテラビーアの戦いでフランス軍に勝利を収めたことを記念してのことと言われている．しかし実際は，オリバーレスはこの勝利に向けていろいろな手を打った責任者ではあったが，軍人ではなかったために自ら参戦はしなかった．さらに当時の彼は肥満のために馬に跨がることさえ難しかったはずである．後方を見つめ，まるで自分の後ろに間違いなく部隊が付き従っているか否かを確認するかのようなその視線の中に，彼が次第に政治の面で孤立を深め，力を失いつつある兆しをあるいは読みとれないだろうか．これは天才ベラスケスにして完璧に表しえたことである．

村は食糧に窮し，サラマンカやメディーナ・デル・カンポなどの地方都市は飢餓に取りつかれた．これに輪をかけるようにさまざまなウイルス性の病気が人々を襲った．ブレダを包囲する野営地でスペインの歩兵が飢えに耐えていた時，彼らの妻子は故国のあばら家で同じように飢えに苛まれていた．飢えに追われた人々はマドリードに押し寄せ，その人口はハプスブルク朝時代最大の，おそらく30万人に達した．1630年にはマドリードの広範な食糧徴発機構がついに破綻をきたし，住民が飢餓を目前にしたのも驚くべきことではなかった．

スペインはそれまでも充分な食糧の生産に足る肥沃な土地，造船に要する森林，労働と国土防衛のためのしっかりとした人口基盤といった帝国の維持に欠かせない条件に乏しい国だったが，1627年から31年にかけての危機によってこれらの条件は完全に失われてしまった．経済の後退によってカスティージャの地主層は改革に反対する意思を固めた．戦費が止めどもなく膨らみ，1627年に再び国庫が破綻すると，オリバーレスは妥協に追い込まれた．この時，彼はユダヤ教から改宗したポルトガル人からその境遇の改善を餌に金を引き出して戦費の負担に喘ぐ国庫を立て直そうとした．

しかし，こうした場当たり的な対応は1628年に馬脚を露わ

画家ベラスケス

　弱冠24歳で宮廷の筆頭画家に任命され，その後瞬く間に17世紀スペインのもっとも偉大な画家に出世したディエゴ・デ・ベラスケスの生涯は，不変の魅力に満ちている．彼がディエゴ・デ・ベラスケス・イ・シルバという，いかにももったいぶった名前に大いにこだわったのは単なる気取りからではなかった．彼の母はポルトガル貴族の血を引いていたのである．ベラスケスは同時代のルーベンスやヴァン・ダイクと同じく，他人に仕える一介の職人画家から一種の貴族に出世した目覚ましい例である．この点において画家への志を抱いていた時のスペイン王フェリーペ4世との生涯を通じての親交は決定的な意味を持った．そして最後には同王の要求がベラスケスの命を縮める結果となった．1659年，ピレネー条約の締結後，フェリーペ4世とフランス王ルイ14世との会見を準備する大任を負ったベラスケスは，太陽王から引き出せるものはことごとく見事に引き出したが，この時の心労からその1年後に世を去ったのである．

　ベラスケスの作品の様式と主題は驚くほど多様である．同時代のすべての画家と同じく優れた宗教画家であったにもかかわらず，生涯を通じて彼の関心がもっとも低かったのは宗教画だった．代わりに彼は好んでギリシア・ローマの神話に基づく主題を取り上げた．また自分の生まれた社会の底辺部を直視することから生まれたいわゆる「風俗画」への好みは生涯揺るがず，この種の作品は一貫して真摯な態度と人間愛に満ちている．これの対極が肖像画である．ベラスケスはバロック期のもっとも傑出した肖像画家であり，1枚の画面に人間の偉大さと脆さをあますところなく描き出す技量の持ち主だった．

下　現存するベラスケスのもっとも初期の作品(1618)．生まれ故郷で画家として働いたごく短い間に習得した技法を駆使した作品である．セビージャ生まれの小説家マテオ・アレマンのピカレスカ小説『グスマン・デ・アルファラーチェ』の一場面を描いた作品とも言われている．後に静物画を意味するようになるボデゴン(bodegón)という単語は当時はまだこの絵のように被写体が重要な位置を占める絵画の呼称でもあった．ここに描かれた道具類は老女と子供という主題と共にベラスケスの同時期の作品に繰り返し登場する．このことは彼がまだ修業時代の名残りを留めていたことを物語ると同時に，明暗法が大胆に使われている点は，スペイン支配下のナポリを経てセビージャにもやってきたカラヴァッジョの影響を窺わせる．

カトリック帝国　1480-1670

下　1630年代, ハプスブルク朝の王達の狩猟趣味は最高潮に達した. 彼らはマドリード近郊の山中に棲むオオカミやシカ, それに危険なイノシシなどの野生動物を追った. 一度狩りに出かけると何日も帰らぬこともあったため, 狩猟用の大がかりな館が建てられ, その壁には狩りの様子を描いた絵画などが飾られた. ベラスケスが描いたこの狩猟姿のフェリーペ4世像もこの目的に沿ったものであり, 現存する15～20枚のフェリーペ4世像の1枚である. まるでスナップ写真のような気楽な姿勢をとったフェリーペ4世のこのような姿は, 同王を描いた同時代の他の作品や, 王弟フェルナンド親王(1609-41)や長子で王位を継ぐはずであったバルタサール・カルロス王子(1629-46)の肖像画に相通じるものである.

左　フェリーペ4世が1621年に即位する以前のセビージャは聖母マリアの無原罪の御宿リへの信仰の中心だった. キリストの母マリアは原罪を負うことなく生まれたという信仰である. スペインからの強い働きかけを受けた時のローマ教皇は, 1617年にこの信仰はカトリック教会の公式な信仰箇条ではないが, 容認しうるものであるとした. この信仰に対するベラスケス自身の熱意が窺われるこの作品は, おそらく教皇のこの発言を悦ぶ気持から描かれたものであろう. この後, 同じ主題の作品が数多く生まれるが, いずれもベラスケスの宗教画の中でもっとも静謐な雰囲気のこの作品を手本としたことは間違いない. 素朴な田舎娘のモデルはまことに申し分なく, 多分セビージャ時代のベラスケスの庇護者の家の召使いであろうが, 一説にはベラスケスの妻, すなわち彼の師パチェーコの娘とも言われる. 聖母の姿は彫刻のような存在感と同時に空気のような軽やかさを感じさせる一方, どちらかと言えば暗いきちんと整った背景にはこの聖母信仰の象徴が過度なまでに満ちている.

右　1650年代半ばの作品『ラス・メニーナス(女官達)』はベラスケスが描いた宮廷人の肖像画の中でもっとも有名かつ彼の技倆が申し分なく発揮された作品である. 他の多くの作品と同様に, ベラスケスは無視するわけにもいかない複雑なことが起きた一瞬を捉えている. この作品では, 国王とその2番目の妻であるマリアーナ王妃の肖像画をベラスケスが巨大なカンバスに描いている途中で, 国王夫妻の1人娘であるマルガリータ王女が, おそらく誕生祝いに貰った新しい衣装を両親に見せるために現れる. 国王夫妻の姿は彼ら自身とこの絵を見ている者の目からは, ベラスケスの背後に置かれた鏡の中に映っている. 『ラス・メニーナス』を絵画史上の最高傑作だと評価する専門家もおり, パブロ・ピカソが描いたこの作品の模写は少なくとも40点を下らない. さらには有名な詩や小説に幾度となく採り上げられ, ついには映画の主題にまでなったのがこの作品である.

第2部　イベリアの歴史

ゆる様式を凌いだ．1562年，ローマにイエズス会のジェズー教会が建てられると，都市部を中心に何百という教区聖堂や教会関係の建物がこれを範として新築ないしは再建された．これらの建物の多くは，外観こそは質素な中にも毅然としてしばしば厳格な印象を与えるが，その内部は目を剝くような，時には奔放なまでの装飾で覆われた．初めはおおむね明快で解放感に満ちていたバロック様式も，17世紀の末になると伸びやかさを失ってむしろ重苦しいものになっていった．幾多の芸術の中にあって取りわけ演劇は驚くほど多種多様な形を生み出し，音楽と見紛うほど動きというものが強調された．

独裁と戦争と反乱

1630年代に入るとスペインが関与する一連の紛争は激化の一途をたどった．フランスと最終的な決着をつける決心をしたオリバーレスは次々と国王の特権を拡大して社会のあらゆる階層に新たな税を課していった．こうした積極政策の発

上　ベラスケスの『ブレダ開城』．これまでに描かれた戦場画の中の最高傑作のひとつであるこの作品は1625年に，フランドル駐留のスペイン軍司令官アンブリージオ・スピーノラ(1571-1630)が沈黙王ウィレムの子孫であるオランダ軍司令官ユスティン・ファン・ナッサウの手からブレダの城門の鍵を受け取るために馬から降りた場面を描いたものである．

端となったのは一連の華々しい勝利であり，それは1634年にスウェーデン軍を壊滅させたバイエルンのネルトリンゲンの合戦で頂点に達した．フランスとの全面戦争の火蓋が切られた．だが，フランスを三方から同時に攻撃して打破しようとしたオリバーレスの作戦は失敗し，この後すぐに後退を強いられたスペインは1639年から翌年にかけてオランダとの海戦で手痛い敗北を喫した．当時のオリバーレスは改革の意図などはすっかり忘れ，思いつく限りの財源から資金を徴発して戦闘体制の維持に躍起となった．彼は議会を沈黙させ，すべての諸問院を牛耳り，宮廷貴族から富を巻き上げ，多くの有力な大公達を憤激させ，教会の声に耳を貸さなかった．そればかりか，ハプスブルクという王朝の威勢と新世界からカスティージャにもたらされる富によってそれまで保たれてきたスペインの統一までが，いまや戦争という重圧によって再び5カ所でほころび始めた．

そもそもカスティージャとその他の国々との連合は相互の尊重に基づき，中央政府の支配はごく緩く，微妙な力の均衡の上に立っていた．たとえば1631年，バスコ人は塩への課税案に激しく抗議したし，自国の地域法に抵触することを知りつつ連合予備軍の創設計画で譲歩したアラゴンやバレンシアとは違ってカタルーニャは出費を拒否した．オリバーレスにとっては王権の威光とスペイン全体の必要性が最優先事項だった．彼は「地域法などは糞食らえだ」と言って憚らなかった．だが，バルセローナの支配層にとってはスペインは各地の地域法が遵守される限りにおいて存在するものであった．オリバーレスはカタルーニャとの国境に軍を派遣して相手に自分の意を呑ませようとした．バルセローナの支配層の利権の根拠となっているカタルーニャの地域法を保持することはそれまで必ずしも農民の利益には繋がらなかった．にもかかわらず，派遣部隊の略奪に遭った農民はバルセローナの支配層に共鳴した．1640年6月7日，バルセローナで起きた流血騒ぎは瞬く間に全面的な反乱となってカタルーニャ全土に広がった．

ポルトガルの独立

1580年から1640年まで3人のスペイン王がポルトガル王を兼ねた．トマールの議会でなされたポルトガル人の権利と特権を尊重する旨の約束ははじめは守られたが次第に顧みられなくなり，ついには忘れられてしまった．フェリーペ2世は約束を厳密に守った．彼はポルトガルに3年間留まり，自分に対抗して王位継承権を主張したアントニオを支持するアソーレス諸島の反乱を鎮めるなど新たな領国の政務をこなした．そして1583年2月，ようやくポルトガルを離れるに際して自分の甥であるアルベルト・デ・アウストリア(1559-1621)を総督に任命し，3人のポルトガル人を補佐に付けた．確かにフェリーペ2世は制度の面からスペインとポルトガルの接近を図り，中でも異端審問制度とイエズス会の影響力の強化に努めたが，政府の要職にはポルトガル人を任命するという約束は生涯守り通した．

ポルトガルとスペインの連合ははじめのうちは双方にとって好ましく，全般的な利益に繋がった．1630年までは防衛費の負担もポルトガルにとって損はなかったし，スペインから派遣されてくる歴代の副王も優秀かつ有能な人物だった．彼らは宮廷の出費を削減し，リスボアの不要な膨張に歯止めをかけ，その分を地方に振り向けた．荒れ放題の土地は再び耕地に戻り，農民は貴族に対して負う義務の一部から解放された．特にカスティージャをはじめとするイベリアの他の地方とは対照的に，ポルトガルでは人口が1580年から1640年までの間に10％以上も増加した．それでもスペインとの連合に対するポルトガル人の不満は時と共に高まっていった．騒動が定期的に起こっては国内の平和を乱した．騒動はしばしばセバスティアン王の再来を騙る山師の巧みな弁舌に乗せられて発生した．

経済は相変わらず好調が続いた．だが，この時期のスペインを大きく特徴付ける学問と芸術の繁栄にポルトガルは全体として与るところがなかった．その理由のひとつは以前よりも富の配分が均等化する一方で，都市部や農村部の中産階級が芸術の庇護者を買って出る段階には至っていなかったことにある．あのエル・カサル・キビールでの惨劇でポルトガルは大勢の名門貴族を失い，次いでそれまでポルトガル随一の芸術の庇護者であったアヴィース朝が断絶したことは決定的だった．残った貴族はマドリードの宮廷がちらつかせる悦楽と名誉に惹かれてスペイン王の臣下となった．1620年頃にはポルトガル人著述家は母語を捨ててカスティージャ語を用いるようになった．

スペインの対外政策はポルトガルの通商に深刻な影響をもたらした．イングランド侵攻を目指した大艦隊の敗北後，フェリーペ2世はポルトガルの港からすべてのイングランド船を締め出した．これによってポルトガルは重要な交易相手を失った．1594年にはオランダ船に対しても同様な措置が取られた．その結果，オランダ人は自ら東洋貿易に乗り出して1602年にオランダ東インド会社を設立，以後次第にポルトガルに代わって香料貿易を独占していった．この東洋貿易の喪失は16世紀初頭であればポルトガルにとってはるかにもっと深刻な打撃となったかもしれない．だが，1550年代に入るとポルトガル経済を支える中心は次第に別の富の源泉へと移っていった．ブラジルの大規模な砂糖農園である．フェリーペ3世の時代，オランダ人はこの砂糖農園にも目をつけて西インド会社を設立した．そしてスペインとポルトガルの船舶を攻撃し始め，ついにはブラジルの首都バイーアとその周辺の砂糖農園を占拠した．これに対してスペインとポルトガルは1625年に連合艦隊を派遣してオランダ人を追い払った．

フェリーペ3世は1598年の即位に際してポルトガル議会を召集しなかった．さらにポルトガルの要職にスペイン人を

右 フェリーペ4世の時代に目覚ましい活躍をした画家の1人であるフランシスコ・デ・スルバランは，特に聖人画で知られる．聖人や殉教者を普段着姿で描いた彼の作品は深く人の心を捉える．まるで市場に出掛けるような格好のこの聖女マルガリータの肖像画はその代表的な作品である．

任命して，ポルトガル人の感情を逆撫でした．彼がポルトガルを訪れたのは治世の終わり頃になってからのたったの1度だけだった．彼の寵臣レルマ公はポルトガル出身のユダヤ教からの改宗者にいろいろな特権を売却して窮迫する国庫の収入を確保したが，これはポルトガル国内で強い反撥を招いた．結局，彼ら改宗者が手にした特権は最後には取り消されたが，その時はすでに莫大な金額がカスティージャに払われた後だった．

フェリーペ4世の時代に入るとポルトガル人の不満はいまや公然と反乱の形を取り始めた．トマールでの合意内容に真っ向から違反するオリバーレスの改革が引き金となって1634年と37年には小規模な反スペイン暴動が起きた．そして1640年，オリバーレスがカタルーニャの反乱鎮圧のための資金と兵力をポルトガルに要求すると，ついに不満が爆発した．反乱を画策した者達はポルトガル随一の財力と影響力の持ち主であるブラガンサ公にポルトガルの王位を眠りから覚ますようにと説得した．クーデターが起こり，ブラガンサ公は1640年12月1日にリスボアでジョアン4世（在位1640-56）として即位宣言を行なった．ポルトガルはこの日をもって独立を達成したとしたが，事態は決して予断を許さなかった．フェリーペ4世は英雄と仰ぐ祖父フェリーペ2世が獲得した領土を失ったことに屈辱感を覚え，以後ポルトガルの奪回に生涯のすべてを投じた．結果は約30年に及ぶ戦争であり，これによってカスティージャとポルトガルの国境地帯はほとんど無人の地と化した．

ジョアン4世は時にはフランス王からの援助に支えられた．だが，ポルトガルは広大なブラジルをオランダ人の相次ぐ攻撃から守ることに持てる兵力のすべてを投じなければならなかった．そしてカタルーニャの反乱が1650年に鎮圧されると，予想されるスペイン軍の侵入に備えてジョアン4世は国の資産を担保に同盟国を探し求めた．1654年，同王はイングランドの護国卿オリヴァー・クロムウェル（在任1653-58）と決定的な条約を結んだ．以来，イングランドはポルトガルのもっとも確かな同盟国となり，この関係は両国にとって経済と戦略の両面で多くの利益をもたらした．1662年の王政復古によって即位したイングランドのチャールズ2世（在位1660-85）はジョアン4世の王女カタリーナ・デ・ブラガンサ（1638-1705）と結婚して両国を王家の同盟で結んだ．1663年から65年にかけてスペイン軍がポルトガルに侵入すると，ボンベイとタンジールの割譲を含む妻の莫大な持参金の見返りに，チャールズ2世は援軍を送ってスペイン軍を撃退した．

衰退と幻滅

カタルーニャとポルトガルの反乱によってオリバーレスの政治生命は終わった．カスティージャの支配層もおおむね彼への支持を引っ込め，何人かの有能な人物を含む腹心だけがなおも彼を支え続けた．かつて国中から有能な人材を広く登用して政治の基盤を築こうとしたフェリーペ4世は，もたらされた結果がレルマ公の場合よりもさらに小さな派閥でしかないことに愕然とした．カタルーニャが降伏よりもフランス王の支配下に入る道を選び，反乱の鎮圧に向かった部隊を破ると，フェリーペ4世は文字通り自ら馬上の人となってカタルーニャの戦線に向かった．一方，かつては優れた馬の乗り手だったオリバーレスは肥満の上に病気とあって馬には乗れ

下　乗馬を学ぶ幼い王位後継者バルタサール・カルロス王子（1629-46）を描いたベラスケスの『馬術学校』．画面右ではオリバーレスが，おそらく王子に渡してもらうべく教師に槍を手渡し，奥のバルコニーからは国王夫妻が満足げに王子を見つめている．オリバーレスの失脚後にベラスケスのアトリエで描かれた模写（左下）ではオリバーレスの姿は見えないが，おそらく故意に消されたと見て間違いないだろう．スターリンの独裁下で出版されたボルシェビキ革命の写真ではスターリンの隣りにいるはずのレオン・トロツキーの姿が消されていることが思い出される．

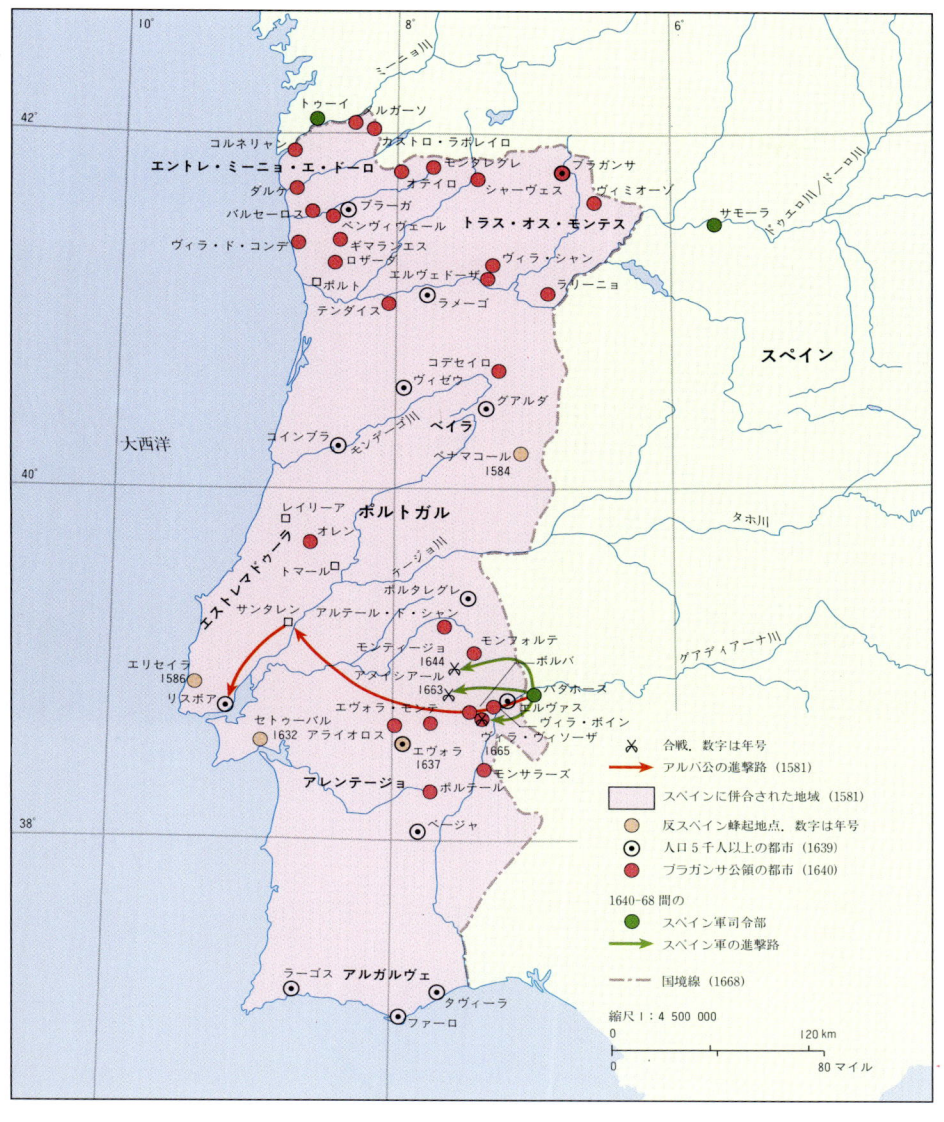

カトリック帝国 1480-1670

るにはイングランドの支援が必要だった．イングランドは支援のもうひとつの見返りとして1655年に占領したジャマイカの領有を1670年にスペインに認めさせた．以後，スペインに敵対する国々はカリブ海域を自由気儘に荒し廻った．1670年，ウェールズ生まれの冒険家ヘンリー・モーガン（1635-88）はスペインの世界支配の要衝であるパナマ市を占拠，略奪した．イングランドのチャールズ2世の大臣達は，フランスが全スペイン領を継承する一方，イングランドは大西洋の全域を手に収めるといった内容の密約をルイ14世との間に交わした．一片の条約で帝国を我がものにしようとしたこの密約は実行に移されなかったが，国際政治の場におけるスペインの威信の失墜のほどを物語っている．フェルナンドとイサベルによってその第一歩を踏み出し，フェリーペ2世によって完成されたカトリック帝国は，フェリーペ4世の死によって事実上崩壊した．

ハブスブルク時代のポルトガル

1580年，フェリーペ2世はポルトガルの王位継承権を主張し，これの実現のために軍を率いてポルトガル入りしたアルバ公はほとんど抵抗に遭わなかった．同王はポルトガルの諸権利を認め，ハブスブルク朝支配下の最初の20年間，ポルトガルは安定とほどほどの繁栄を享受した．しかし，1609年にスペインとオランダとの間に休戦条約が結ばれると，東インド会社を設立して香料諸島とインドにおける商業権益をポルトガルから次第に奪いつつあったオランダとの競争が激化した．さらに1621年からはポルトガルもスペインの他の地域と同様に，再開されたフランドル戦争への負担をそれまで以上に強いられた．カスティージャもブラジル防衛の費用を負担したが，ポルトガル人はこれをスペインの国益を守るためのものと見なした．というのも，アジアにおけるポルトガルの権益喪失に対してはハブスブルク朝は何の手も打たなかったからである．不満は募り，やがて1640年の反乱へと発展した．有力貴族ブラガンサ公が独立戦争を指揮し，一連の勝利を経てポルトガルは独立を確かなものとした．同時にポルトガル人は1630年以来ブラジルの広い地域を軍事占領していたオランダ人を追放した．

ず，護衛兵に運んでもらうありさまだった．オリバーレスがマドリードを離れるや，彼の一派は分裂した．1643年，フェリーペ4世はついにオリバーレスを罷免した．

フランス軍は1659年までカタルーニャに留まった．この年のピレネー条約によって今日のルシヨン地方がフランスに割譲され，カタルーニャの反乱に終止符が打たれた．フランスがカスティージャにも増して好ましくない主人であると悟ったカタルーニャ人の大部分はこの和平を歓迎した．カタルーニャの地域法は元通りの内容で直ちに復活した．ポルトガル戦線では1663年のアメイシアールの戦いにおけるスペイン軍の敗北が転機となった．だが，フェリーペ4世にとってはポルトガルの独立を承認する和平条約は永遠の破滅を意味するもの以外の何物でもなかった．その結果，戦争は長引き，カスティージャはその国力を完全に消耗し，ひいてはスペインはその他の国境を守る力を失ってしまった．ポルトガルとのこの戦争の間にスペインの人口は最低の水準にまで落ち込み，また新世界からもたらされる銀の量も最低を記録した．1665年の9月，ポルトガルへの最後の派兵部隊がヴィラ・ヴィソーザで壊滅した数週間後にフェリーペ4世は世を去った．その失政を恨む国民は彼の死になんの関心も示さなかった．

フェリーペ4世の遺志によりマリアーナ王妃（1634-96）が1661年に生まれたカルロス皇太子の摂政となった．王妃は1668年にポルトガルの独立を承認した．彼女を承認に踏み切らせたのはイングランドの支援だった．フランドルの併合を狙うフランス王ルイ14世（在位1643-1715）の動きを阻止す

王家の野心と現実路線　1670-1812

ハプスブルク朝の断絶

フェリーペ4世の後継者でスペイン・ハプスブルク朝最後の国王カルロス2世（在位1665-1700）は，3代にわたるほとんど近親相姦とも言える結婚から生まれた人物だった．いつも病気がちで，ハプスブルク家特有の顎と舌が異常なまでに伸びて食物をうまく咀嚼できず，したがって消化もうまくいかなかった．思春期に入ると病気に対する抵抗力が弱まり，ちょっとしたウイルスに感染しただけで重態に陥った．そして侍医からベッドを離れる許可が出ると，執務室での仕事よりも祭壇の前に跪いて時を過ごす方を好んだ．このために当然ながら心身の発達が遅れたが，これまで時として言われてきたような痴呆症ではなかった．そしてフェリーペ4世の庶子でカルロス2世の異母兄になるフアン・ホセ（1629-79）が死んだ頃には，カルロス2世には子孫を残す能力がなく，したがって彼がスペイン・ハプスブルク朝最後の王になることが明らかとなった．オーストリアのハプスブルク家はいつでもスペインの王位継承を主張できるよう用意を怠らなかったが，この期待は次々と裏切られた．つまり，大方の予想に反してカルロス2世の治世は当時のヨーロッパの平均を抜いて35年間に及び，この間に同王は最初の王妃マリア・ルイサ・デ・オルレアンス（1662-89）を含め，彼の夭折を予見した人々の多くを逆に見送った．彼は晩年まで五感とも正常で，時には政務をこなしたが，これに長く集中できなかった．わけても日頃身近にいる強い性格の人間の影響に容易に左右された．

生前，フェリーペ4世は王妃マリアーナに政治の実権を与え，さらに特命の人物から成る補弼会議を設けてカルロス2世を補佐させるよう計らった．だが，王妃は有力な大公達が顔を揃える補弼会議の采配を執る自信が持てず，代わりに自分の聴罪司祭であるオーストリア人のイエズス会士エヴェラルト・ニタルト（1607-81）に頼った．外国人がスペイン政治の第一人者となったのは16世紀の初め以来久しぶりのことだった．ところがニタルト神父にはおよそ人々の信望が集まらなかった．フアン・ホセ親王が武力行使も辞さない構えを見せると同神父は罷免され，1669年には国外に退去させられた．しばらく間を置いてその後を継いだのはフェルナンド・デ・バレンスエラ（1630-92）というアンダルシーア出身の向こう見ずな若者だった．ニタルト神父とはまったく違う性格の持主だった彼はマリアーナ王妃にうまく取り入り，時にはカルロス2世からも信頼を得た．

それまでの寵臣と比べるとバレンスエラはおよそ取るに足らない人間だった．だが，カルロス2世が母親の言いなりであったために，バレンスエラが出世して名声，あるいは悪名を轟かせて私腹を肥やすのを誰も阻止できなかった．1677年，ついにバレンスエラの存在を我慢できなくなった宮廷の貴族達は不本意ながらフアン・ホセ親王に訴えた．これより先，1675年11月に14歳の誕生日を迎えたカルロス2世は同親王を宰相に据えようとしたが，母親の反対に遭って果たせなかった．親王は政治への信頼を回復する代償に他ならぬ最高権力を要求した．だが，結局はなにも起こらないうちに，親王はわずかその2年後に不治の病いで世を去った．

次いで国政を掌握したのは旧来からの貴族達だった．短い間とはいえ，これはスペイン史の中ではきわめて異例なことだった．母親とフランス晶屓の妻の二人から言われるままにカルロス2世は1680年から85年まではメディナセーリ侯を，次いで1685年から91年にかけてはオロペーサ伯を宰相に任命した．彼らは共に遺漏なく国政の舵を取った．17世紀末，治世も終わりに近いカルロス2世を意のままに動かしたのは，彼の2番目の王妃マリア・アーナ・デ・ネオブルゴ（1667-1740）だった．彼女はスペインにおけるオーストリア・ハプスブルク家の利益代表だった．この頃，政治の実権は言ってみれば地方に移行した．すなわち，広大な領地を持つ旧カスティージャのベラスコ家やアンダルシーアのエンリーケス家などが国王の代理人然として振る舞った．新カスティージャ総督の異名をとったモンタルト公爵は1691年から96年にかけて国務諮問院を牛耳った．とは言うものの，中央政府は事実上消滅し，その結果マドリードの町と宮廷はしばらくの間ほとんど政治上の重要性を失った．王都の住民としての

上　クラウディオ・コエージョ（1561-1627）はベラスケスに続く世代の首席宮廷画家だった．彼はベラスケスの晩年の作品の影響を強く受けたが，多少陰のある独自の画風を確立した．彼のもっとも有名な作品であるこの『聖体』では，聖別されたホスチアの前に跪くカルロス2世が描かれている．カトリックのミサでもっとも重要な瞬間である．王の背後の貴族達と画面奥に整然と並ぶ蠟燭は明らかにベラスケスの『ブレダ開城』を意識したものであり，戦勝と言えども礼拝には道を譲ることを暗に訴えている作品である．今日，エル・エスコリアル宮の礼拝堂には，原画と並んで正確な遠近法を用いて作られたこの大型の複製が展示されており，この絵に描かれた場面を実感することができる．

地位と生活必需品のための価格補助金を失い，安定した経済生活を脅かされた市民は憤激した．ハプスブルク家に失望した彼らはしばしば騒動を起こした．

政治の実情

出身も嫁ぎ先もハプスブルク家だったマリアーナ王妃は確かにスペイン・ハプスブルク家の正統な権威の代表者だった．だが，カルロス2世時代のスペインの政治は派閥に左右され，しばらくは少なくとも大公達の支持なしでは立ち行かなかった．祖先は遠く中世にまで遡り，貴族の中の貴族である彼らはおよそ40家族で，家系の数は利害関係を絞れば12ほどだった．それぞれの地方における勢力と宮廷での権勢とは裏腹に，その多くは経済的には破産状態にあった．それでも彼らが生き長らえたのは，ひとえに王権の保護と彼らの存続のために定められた法律のおかげだった．

彼らは古くからの根深い反目によって分裂していた．とは言え，1643年にオリバーレスを権力の座から追い落とす際には，ほとんど一丸となって行動を起こした．彼らの目には国王の信頼を受ける者は誰であれ，それだけでうさん臭く映った．それにしてもマリアーナ王妃の人選はせいぜいよく言って的外れであった．つまり，王妃が選んだのはニタルト神父のような高慢な外国人か，バレンスエラのような野心家の成り上がり者だった．こうした人間が要求する見返りは時を追って肥大化し，それによって貴族達は古くから自分達のものと見做してきた実入りのいい要職を失いかねなかった．一同の切羽詰まった心境は，その大半が1677年にフアン・ホセ親王支持に廻ったことによく表れている．だが，彼らは元々同親王が好きでもなければ，信頼もしていなかった．事実，同親王が権力を掌握して1年後には，多くの貴族は自らの行動を後悔して密かにマリアーナ王妃と和解した．

1677年から1691年にかけて，政権を握った貴族達は50年前のオリバーレスの時と似た改革を試みた．1679年，フアン・ホセ親王はまず手始めに特にマドリードの貧困層の税負担を軽減し，またある委員会に商業の実態について報告するよう指示した．彼の後を継いだ者達は通貨の安定というきわめて困難な仕事に取り組む一方，聖職者の数を減らすことを目的に教会についても調査を始めた．1669年，アラゴンの副王となったフアン・ホセ親王は統治に関する自由裁量権を要求したが，これを契機に始まった政治権限の地方委譲の動きはおそらくオリバーレスの好むところではなかった．改革そのものは周辺的な範囲に留まり，変革の明確な手順が示されるまでには行かなかった．それでも軍事以外の国民生活のさまざまな領域にまで関与しようとするこの時の政府の意思は，次の世紀に実行されるもっと入念な改革への決定的な一歩を意味した．それは同時に種々の社会勢力が古くから頑に守ってきた特権への挑戦でもあった．

大公達の間にはまとまった共通の政治理念があったわけではなかったが，大方はスペイン・カトリック帝国を無傷のままに堅持したいという思いでは一致していた．彼らはポルトガルを失うことに反対し，フランドルの領有を狙うフランスや新世界を略奪するイギリスやオランダの野心には断固立ち向かう構えを崩さなかった．こうした思いはカルロス2世とても同じだった．たとえば後継者のいない彼の死を機に武力と政治工作に訴えてスペインの遺産をそっくりそのまま貰い受ける画策をしていたフランスのルイ14世が，時機の到来を待ちきれずに遺産の一部を手にしようとした時などは，カルロス2世は再三の自衛戦をもってこれに対抗した．この頃のフランスはすでにスペインから筆頭国の地位を奪ってカトリック・ヨーロッパの覇者の座に収まっていた．フランス人はこれを栄光と呼んだ．対するカルロス2世は資金不足のために，プロテスタント国のイギリスやオランダやスウェーデンなどから陸海軍を借りてその庇護を仰ぐありさまだった．

経済と社会

17世紀スペインの経済衰退は1650年代に底をついた．これより1世代前に一部の地方は回復への道を歩み始めていた．カタルーニャとポルトガルとの戦争が依然として人材を必要としていたにもかかわらず，たとえば北部の沿岸地方では農業生産と人口が上向きになった．ビルバーオはすでに商業の大発展期に入り，それまで荒廃していたレオンや旧カスティージャの諸都市の中にも1640年代にはわずかながら回復の兆しが見られるようになった．こうした変化は地中海沿岸地帯，特にカタルーニャで顕著だった．フェリーペ4世によって始められ，1650年代にフアン・ホセ親王の手で決着に至ったカタルーニャとカスティージャとの和解後，バルセローナとタラゴーナでは商業と産業が力強い展開を見せ始めた．また中央アメリカのトウモロコシなどの新しい作物や新技術の導入によって活性化された農業も生産性が高まった．1650年に25万足らずだったカタルーニャの人口は飛躍的に伸びて1700年には40万を超えた．そして1690年代にはカタルーニャのある銀行が王室御用達となった．これはそれまで過去1世紀以上にもわたってなかったことだった．

しかし，こうした経済の発展は主にスペインの周辺部に限られていた．農業に依存する中央部は依然として停滞したままだった．かつて栄えたクエンカ，セゴビア，トレードなどの織物業や金属工芸は1670年代にほぼ完全なまでに消滅した．そしてその後の10年間の状況はおおむね潰滅的だった．南西部は凶作と飢饉に見舞われ，広い範囲にわたってインフルエンザとチフスがこれに追い打ちをかけた．1684年，イギリスの日記作家サミュエル・ピープス（1633-1703）は雨が降

下　1682年の地震で死ぬまで，バルトロメー・ムリージョは画家としての生涯の大半をセビージャで過ごした．病人を癒すハンガリアの聖エリザベトを描いたこの絵は1673年の作品で，発注元は同市のカリダード病院だった．現在，この絵は同病院のバロック様式の礼拝堂にあり，ここでは今日でも修道女達が寄る辺のない年老いた病人の看護にあたっている．画面の抑制された感情は，ムリージョの画風を模倣した者の手にかかると，多くの場合安っぽい感傷描写に終わる．

第2部　イベリアの歴史

り続くセビージャに1週間滞在した．その時，彼の目に映ったこのアンダルシーアの首都はキリスト教世界でもっとも貧困に打ちのめされた惨めな町だった．17世紀の終わり頃には大西洋貿易が回復の兆しを見せ始め，銀の輸入量も増加していろいろな港に外国からの企業家達が集まるようになったが，それでも回復の勢いは鈍く範囲も限られていた．カルロス2世が死んだ時のスペインは，かつてハプスブルク朝が王位を継いだ時に比べて豊かでもなければ貧しくもなかった．この状況は18世紀の目まぐるしい変遷に対応するのに適切と言えるものではなかった．

植民地支配の影響

17世紀を通してスペインの版図は北はメキシコを起点にテキサスやカリフォルニアへ，そして南はチリとラプラタ河流域方面へと拡大し続けた．旧世界の病気に対する免疫を持っていなかった先住民の数がしばしば激減したこともあってヨーロッパからの移民は不可欠だった．表向きは年間2000人程度に移住の許可が下りたが，実際にはこれをはるかに上廻る数の人間が法の目をかすめてスペインから出ていった可能性はきわめて高い．特に経済状況が大きく落ち込んだ時期にはその数は多かった．彼らの大半は成人男子だったためにスペインの人口は増加を見なかった．

新世界の発見による影響がスペインの社会と文化に現れるまでにはかなりの時間を要した．実際のところ，彼地からもたらされる富の分け前に与かることもなければ，新たな知見とその意味にも無縁だった人々にとっては，発見の衝撃は取り立ててどうと言うことではなかった．後世にまで続く実質的な影響をもたらしたのはトウモロコシなどごくわずかな新しい産物だけだった．確かにカスティージャ語には今日では滅びてしまった新世界の土着言語から多くの単語が取り入れられた．だが，新世界との出会いの影響は主に航海術・海図作成術・植物学・人類学などの専門領域の中に求める必要がある．本物かどうかは別として，時にはアステーカ帝国最後の皇帝モクテスーマの末裔と名乗る人物が独特の装いで宮廷に現れ，恩賞を願い出ることがあった．その1人でもっとも内容のある人物にインカ・ガルシラーソ・デ・ラ・ベーガ(1540-1616)がいる．ペルーの王族の女性と有名なあるスペイン人征服者との間に生まれた彼は，故国ペルーの文化と歴史をカスティージャ語で著し，年代記作家として名を馳せた．16世紀には先住民の本質をめぐって長い論争が繰り広げられたにもかかわらず，新世界を主題とした最初の文学作品は，バイーア征服を企てるオランダ人を放逐した勝利の記念にローペ・デ・ベーガが1625年に書いた『ブラジルの奪回』である．

新世界の影響をもっとも強く受けたのはアンダルシーアだった．その経済は彼地からの需要によって形態が決定され，同時に維持された．1640年代に新世界貿易が衰退期に入ると，それまでこれを独占してきたセビージャはその地位をカディスに譲ったが，アンダルシーア文化はその後も新世界との長く豊かな結び付きを反映し続けた．今日フラメンコと呼ばれているアンダルシーア起源の音楽はエスパニョーラ島，すなわち今日のサント・ドミンゴ島とキューバ島から伝わった踊りのリズムから強い影響を受けた．この踊りのリズムは民謡と宮廷音楽にも浸透していった．スペインのリュートは発達して17世紀後半にはお馴染みのギターになった．この新しい楽器の最初の優れた演奏家ガスパール・サンス(1640?-90?)は新世界の踊りのリズムを室内音楽に適したものに変えた．彼はまたマドリードでフアン・ホセ親王とイギリス大使サンドウィッチ卿にギターの演奏を教えた．さらにイタリアを訪れたサンスがこの新しいリズムをヨーロッパ音楽の主流に伝えた結果，18世紀啓蒙時代のヨーロッパの宮廷の洗練された音楽のレパートリーにはシャコンヌ，パヴァーヌ，フォリーアなどいずれも発見以前のカリブ海諸島の住民の日常の娯楽に起源を持つ舞踊曲が名を連ねた．

左　メキシコを征服したスペイン人は異国の風物や皇帝モクテスーマの富に驚嘆する一方で，彼地の宗教や習慣には強い恐怖心を抱いた．アステーカ人の宗教儀式を描いたこの写本は征服後のものであるが，これに付けられたスペイン人の解説によれば，上の人物は部族の首長か軍の指揮官で，下に描かれている奴隷から剥ぎ取った皮を被っており，また右の人物はジャガーの皮を身にまとって戦いの踊りを踊っている．

王位継承問題

1668年にスペインがポルトガルの独立を承認し，これによって新しいブラガンサ朝の未来は最終的に確かなものとなった．1654年にジョアン4世が死ぬと，1643年生まれの気弱なアフォンソ6世(在位1656-83)の摂政として先王の王妃が1662年まで政治を動かした．スペインのカルロス2世と同じくアフォンソ6世も体が弱く，宮廷内の陰謀に動じやすく，また子をなさなかった．両国の宮廷ではいずれも王位継承問題をどう乗り切るかをめぐって陰謀が渦巻いた．ポルトガルでは1662年からカステーロ・メリョール伯(1636-1720)がアフォンソ6世を立てて国政を円滑に運営したが，1667年にアフォンソの王妃マリア・フランシスカ・イザベル・デ・サヴォイア(1646-83)と1648年生まれの王弟ペドロが仕組んだ陰謀によって退任に追い込まれた．

カステーロ・メリョール伯を失ったアフォンソ6世はただ周囲に振り廻されるだけだった．王妃マリア・フランシスカはアフォンソとの結婚の無効と莫大な持参金を持ってフランスに帰してくれることを求めて修道院に閉じこもってしまった．危機感を抱いた側近達は王家の断絶を避けるためにアフォンソ6世に弟ペドロへの譲位を迫った．哀れな王は弟を摂政に任命する書類に署名すると間もなく囚人同様の身となった．1668年1月，リスボアに召集されたポルトガル議会はこぞってアフォンソ6世の引退を承認したが，同王妃には「その崇高なる人徳に対して我国民が抱いている深遠なる敬愛の情と王位継承者をもたらす必要から」ポルトガルに留まるよう懇願した．だが，ポルトガルに留まっていただきたいというこの決議には，もし彼女が帰国するならば持参金を返さなければならないという事情の方が大きく働いたと見ることができる．

王家の野心と現実路線 1670-1812

上　17世紀の大部分を通じてスペイン音楽は伝統色の濃い教会音楽が中心だった．カルロス2世の時代になってようやく変革と時には大胆なほどの動きが生まれ，演劇その他世俗の娯楽に民衆の踊りや歌謡が採り入れられるようになった．特にガスパール・サンスは新たに発明されたギターを普及させた．17世紀初頭の宮廷音楽家達が教会の合唱団の伴奏をしているこの絵に描かれているのは，フェリーペ4世の礼拝堂付き音楽士マテオ・ロメーロかあるいはその師であるオルガン奏者マテオ・デ・アビラである．

アフォンソとの結婚が無効とされるや，ペドロはただちにマリア・フランシスカと結婚した．そして翌1669年にはイザベル王女が生まれ，ポルトガルは王位継承問題を無事に乗り切った．同年，それまでリスボアの宮廷内の自室に軟禁されていたアフォンソは船でアソーレス諸島へ移送された．しかし，1674年に彼を復位させようとする陰謀が発覚するとポルトガルに連れ戻され，その後はシントラの宮殿で惨めな幽閉の余生を送った．やがて彼が1683年に世を去ると，王弟はようやくペドロ2世（在位1683-1706）として即位したが，その3カ月後にマリア・フランシスカが死んだ．1687年に再婚した王の2度目の王妃は1689年に後のジョアン5世となる男子を出産，その後も4人の子供を生んで1699年に死んだ．1697年にはジョアンを王位継承者として承認するための議会が召集されたが，議会の召集はこれが最後だった．ポルトガルの絶対主義時代が始まった．

スペインのカルロス2世の末期はもっぱら王位継承をめぐる議論で沸騰した．空位はスペインの内外にとって等しく重大な問題だった．ヨーロッパ諸国はこれを勢力拡大の好機と見做し，あるいは少なくとも予想される広大なスペイン領の分割の分け前にありつこうと待ち構えていた．フランスとオーストリアのどちらにせよいずれかが勢力をさらに拡大することにはイギリスもオランダも共に反対であり，両国はフアン・ホセ親王を支持した．だが，同親王が死んでしまうと残る候補者はフランスのルイ14世の孫でまだ10代の少年であるアンジュー公フィリップと神聖ローマ帝国皇帝レオポルト1世（在位1640-1705）の次男カール大公の2人だけだった．カルロス2世はそれまで一貫してフランス王の政治的野心に抵抗してきたが，最後の時点で譲歩してフィリップにスペイン領のすべてを託した．この決定にはそれなりのきちんとした理由があった．フィリップの立場は法的にはカールのそれに比べて特に遜色はなかった．だが，軍事力とスペインへの距離の近さからして，フランスはヨーロッパにおけるスペイ

107

ン領の分裂を防ぎ，また新世界の領地全体を防衛するという点ではオーストリアを凌いでいた．カルロス2世は決して事態を楽観してはいなかった．どちらを取るにせよ，指名から外された方が激しい攻勢に打って出てくることを王は見通していた．

スペイン王位継承戦争

1700年11月，カルロス2世は世を去った．時を移さずヴェルサイユで即位宣言を行なったフィリップはフェリーペ5世（在位1700-46）として新しい王座に就くべく間もなくピレネー山脈を越えた．スペインの支配者層は宿敵に国を奪われるのではなく対等な2国間の同盟を期待していた．だが，この期待は同王に付き従ってきたフランス人の側近達によってすぐに裏切られた．

ルイ14世にとってブルボン朝スペインはフランスの延長であり，フランスの政治と経済に利するようヴェルサイユから間接的に支配されるべきものだった．その証拠にフェリーペ5世はフランスの王位継承者の名簿から外されなかった．間もなく起こったスペイン王位継承戦争（1701-14）にはルイ14世の野心的な膨張主義を警戒する西ヨーロッパの大半の国が参戦し，ドイツ・オランダ・イタリアが主な戦場となった．ポルトガルは当初は中立を保とうとしたが，イギリス・オーストリア・オランダが大同盟を結んでフランスに宣戦を布告すると，ペドロ2世は中立を考え直さざるを得なくなった．1703年，ポルトガルはイギリスとの間にメシュエン条約を結んだ．これによってイギリスとオランダはポルトガルがフランスに攻撃された場合には防衛を約束し，見返りにポルトガルは前述の同盟に加わった．同時にこのメシュエン条約を契機にポルトガルのポートワインとイギリスの織物による通商関係が生まれ，これはその後の両国間の貿易の基礎となった．

スペインはと言うと，カスティージャはフェリーペ5世を歓迎したが，カタルーニャはブルボン朝の中央集権的な政治姿勢に強い警戒心を抱いた．同盟国軍がポルトガルとカタルーニャに上陸して東西から半島中央部のブルボン陣営を脅かすや，フェリーペ5世はアラゴンに軍を進めてカタルーニャにまで達した．古くからの自国の法を公然と踏みにじられたアラゴンはハプスブルク側に与した．フェリーペ5世はカスティージャ以外の地方からも支持を得たが，カスティージャにはもはや彼を支える軍事力はなく，彼が王位に留まれたのはフランス軍のおかげだった．こうした軍事支援の見返りとしてルイ14世は自らがブルボン・スペインの内政と対外政策の采配を執ることができるものと期待した．

即位当初の数年間，フェリーペ5世の政策に大きな影響を与えたのは王妃マリア・ルイサ・デ・サボージャ（1688-1714）だった．そしてその王妃を操ったのは王妃の信任が厚く油断のならないフランス人ユルサン夫人（1642-1722）であり，さらにその相談役は一介の庶民の出からフランス大使にまでのし上がった遣り手のジャン・ジャック・アムロー（1689-1749）だった．この3人は直接ルイ14世の指示に従って動いた．ルイ14世は自分がフランスの内政でおおむね成功したのは多分に貴族の政治的な役割を単なる飾りものになしえたからであり，ハプスブルク朝の凋落はまさにこの点で失敗したからであると考えていた．したがって，同王の最初の目的はスペインにフランス流の能率的な中央集権体制を築くことだった．これは家柄の古い貴族を国政の場から排除して新しい支配者層を創ることであり，その意味で少なくとも社会と政治の上層部の総入替えにほぼ等しかった．確かにスペインの上流貴族が本当の実力を持つに至ったのはカルロス2世の時代になってからであり，彼らはこれを時期こそ遅れたが本来の秩序の回復と見做した．かつてフェリーペ2世やフェリーペ4世のような行動力のある強い君主の下では，貴族は王の諮問機関の成員としてときおり助言や同意を与えるといったごく限られた役割を果たすだけだった．中世の名残りを留める煩わしい手続きは能率的な政治とは相容れないと考えるルイ14世にとっては，そうした諮問機関は嫌悪すべき存在でしかなかった．

アムローと並ぶ主だった改革の立案者は切れ者の蔵相ジャン・アンリ・ルイ・オリー（1652-1719）とスペイン人法律家メルチョール・デ・マカナース（1670-1760）だった．諮問院を廃止して国王に直接責任を負う秘書官室を設置するというアムローの政治改革によって，大公達は著しく面目を失った．あまつさえオリーの軍事力整備のために多額の税の納入を求められては，彼らの忠誠心が動揺をきたしたとしても不思議ではなかった．1705年，カール大公がバルセローナに上陸すると，カスティージャ提督，エル・インファンタード公，メディナセーリ公，オロペーサ伯以下数十名の大貴族がカール側に寝返った．だが，彼らは名門という名を貸しただけで，実際にはハプスブルク陣営への加担はほとんどしなかった．むしろ彼らの寝返りは図らずしてフェリーペ5世にとって好都合となった．というのも，同王は賢明にも彼らの屋敷や領地をただちに没収するようなことはせず，ただその不在に乗じていくつかの要衝で好きなように部隊を移動させることができたからである．

戦局はしばしば大きく揺れた．同盟国軍は2度マドリードに入城し，ハプスブルク朝の復帰を宣言したが，いずれの場合もその後すぐに撤退を余儀なくされた．しばしば戦局の転換点とされるフェリーペ5世が勝利を収めた1707年のアルマンサの戦いの後も，カタルーニャはフランスとカスティージャの連合軍に執拗な抵抗を続けた．カタルーニャ軍が侵入軍を撃退した1711年9月11日はラ・ディアダ（la Diada）として今日でもカタルーニャの祝日となっている．だが，本当の転換点は軍事上の勝敗ではなく，神聖ローマ帝国皇帝ヨゼフ1世（在位1705-11）の死という政治的な偶発事だった．カール大公はカール6世（在位1711-40）となって兄の後を継いだ．これによって各国間の関係は一変した．イギリスとオランダにとっては，ヨーロッパの覇者としてはフランスの方がオーストリアよりもまだしも与しやすかった．両国がスペインの王位継承権を主張するカール大公への支持を引っ込めた結果，カタルーニャは同盟者を失った．フェリーペ5世軍の一斉攻撃を受けたカタルーニャは激しい抵抗の果てに瓦礫の山と化した．

これ以後スペイン史の中ではマドリードの中央集権政治に対する地方の反撥が幾度となく繰り返される課題となる．確かにカタルーニャはさんざんな形で制圧された．だが，この戦争の本当の原因はスペイン国内の地域差ではなく，むしろ遠く離れたヨーロッパ各国の宮廷での政争がスペインを戦場に変えたのである．かつてスペインは周囲から怖れられた軍勢をヨーロッパ中に送り出したが，いまでは崩れかかったカスティージャの城で露営しているのはヨーロッパ各国の兵士だった．1713年のユトレヒト条約によってフェリーペ5世はスペイン全土の王としての地位を確保したものの，代わりにフランスの王位継承権とヨーロッパ内の領土を放棄しなければならなかった．フランスはすでに占領済のフランシュ・コンテとアルザスの領有を確かなものとし，オーストリアはスペイン領フランドルとルクセンブルク，ミラノ，サルデーニャ，ナポリを取得，イギリスはジブラルタルとメノルカ島という戦略上の拠点を得て地中海に地歩を築いた．ヨーロッパ

王家の野心と現実路線　1670-1812

に敗れたアラゴンその他の市町村に派遣された．軍事と経済に関しての自由裁量権を帯びた彼らの権限は，かつてのカスティージャのコレヒドールのそれよりもはるかに強かった．

　こうしてスペインは少なくとも理論上はマドリードからの命令に服する統一国家となった．新国家基本令はスペインの国力と繁栄を取り戻すために不可欠とされた中央集権化を一気に達成したが，それでもアラゴン以下の国々を廃してカスティージャに併合するにはまだ不充分だった．法律上の厳密な意味でのスペイン王はいまなお存在しなかった．そればかりか経済上の壁を取り払う動きが1720年にバスコ地方とナバーラにまで及ぶと，民衆はこれに激しく反撥し，フェリーペ5世は所期の目的を断念せざるを得なかった．結局，免除県と呼ばれたこの2地方は1870年代まで独自の税関とその他の税制上の特権を保持し，反中央集権感情の牙城となった．カタルーニャ人の間では特権の喪失は忘れることのできない苦い経験として後世にまで長く引き継がれた．しかし，新国家基本令なくしてその後のカタルーニャ経済の成長があり得たかどうかは疑問である．と言うのも，統一によってスペイン国内と新世界に新たに広大な市場が開けたからである．

　1714年，王妃マリア・ルイサに先立たれたフェリーペ5世は気丈なイサベル・ファルネシオ・デ・パルマ（1692-1766）と再婚した．これ以前にマドリードとヴェルサイユの絆は次第に弱まりつつあったが，王の再婚後はスペイン政府へのフランスの影響は日を追って後退し，平行して抜本的な改革への意欲も失われていった．異端審問で有罪判決を受けて投獄されたメルチョール・デ・マカナースはこうした変化が生んだ犠牲者の1人だった．若い頃のフェリーペ5世は覇気と活力に溢れて気魄王の異名を取るほどだった．しかし，年と共に活力は衰え，特に治世の最後の20年間は心気症を病んで万事に気力を失ってひたすら信心業に熱中した．1724年，40歳のフェリーペ5世は王位を長男に譲って引退した．だが，新王ルイス1世は即位してほんの8カ月も経たないうちに天然痘で命を落とし，周囲に説得されたフェリーペ5世がしぶしぶ復位した．

　フェリーペ5世は政務を終始イサベル王妃に任せ放して，大臣の人選にも彼女の影響力がもっとも強く働いた．王妃が誰よりも信頼を寄せたのは自分とフェリーペ5世との結婚を整えるのに一役買ったイタリア人枢機卿ジュリオ・アルベローニ（1664-1752）だった．その彼を援けたのは出身国の異なる一群の意欲的な大臣達で，多くはあの有能なオリーが育てた人材だった．誰の眼にも明らかなハブスブルク時代の硬直状態への反動もあってか，ブルボン朝スペインの初期の大臣達は柔軟性に富み，具体的な成果の有無を重視した．前任者が進めた施政の変革を後任者が退けることは珍しくなかった．官吏の呼称や職能は頻繁に改変され，あたかも政府の方針は一貫した改革路線の遂行よりも，1人の人物が政務を執り仕切る期間の短さを強調する思いに駆られているかと見えるほどだった．1人の人間が長期にわたって絶対的な影響力を振るったかに見えるかも知れないが，18世紀全体を通して宰相と認められた者は誰もない．行政の第一人者だったアルベローニにしてもいかなる公職にも就かなかったし，国王の信頼が厚かった秘書官達は実力もしくは才覚次第で担当領域を飛び越えることが許されていた．共に地方長官の経歴を持つメルチョール・デ・マカナースやホセ・パティーニョ（1667-1736）といった初めの頃の大臣によってスペイン政治は専門化が進み，当事者の負う責任が重くなった．彼らはもはや時代にそぐわなくなった税制をはじめとする積年の課題をすべて解決しえたわけではなかったが，スペインが戦禍から立ち直れるに足る状況を整えた．

上　スペイン・ブルボン朝初代の王フェリーペ5世．この肖像画では，フランスとスペイン両国の王族の肖像画の伝統が巧みに混ざりあっている．描いたのはルイ14世のけばけばしい肖像画を数多く描いたフランスの画家イヤサント・リゴー（1659-1743）だが，そのルイ14世とは対照的に，新しいスペイン王はフランス王とはまったく異なって，それまでのハブスブルク朝の王のように，慎ましい黒衣をまとい，首には聖職者と見間違うカラーを付けている．しかし，その姿は気魄王の綽名に相応しく，毅然として精気に溢れている．

におけるスペインの覇権はいまや完全に過去のものとなった．しかし，フェリーペ5世もその後継者もこの事実を無論認めようとはしなかった．

新国家基本令

　中央政府に対するアラゴンの反抗はフェリーペ5世とその側近達を激怒させた．1707年のアルマンサの戦いで反乱軍を破った王は勝利に乗じてそれまでマドリードの政府を大いに悩ましてきた地域法を撤廃した．アラゴンとバレンシアの議会は廃止され，以後両国はカスティージャと同等に統治される旨の王令が発せられた．そのカスティージャでは議会は1665年以来召集されておらず，事実上消滅したも同然だった．1716年にカタルーニャが降伏すると，これを機にフェリーペ5世は新国家基本令を発布してカスティージャと軍門に降ったアラゴン以下の隣接諸国との間の経済および法律上の差異を撤廃した．全国的な統治の枠組みとして，地方の官吏を監督するフランスの地方長官制がスペイン全土に導入され，国王任命の何百人というカスティージャ人の役人が戦争

ブルボン朝スペインの野心と地中海

ユトレヒト条約の結果，スペインがそれまで国際政治で占めてきた地位は大きく後退した．同条約の内容は力による押しつけであると受け止めるフェリーペ5世は，自分には必要とあらば武力に訴えてでも条約の改正を要求する正当な権利があると確信していた．その結果，彼の治世を通じてスペインは絶えず戦火を交え，次々と同盟相手を変えた．17世紀までスペインの拡大政策の推進力となってきた宗教的使命感は次第に政策の決定要因としての力を失っていった．ブルボン朝スペインにあってはかつての十字軍精神に代わって国家の地位と王家の野心が新しい行動要因となった．しかし，領土の獲得を目的とする限りにおいて，それは以前と変わらなかった．

スペインがイタリアで展開した攻勢の采配を執ったのは主にイサベル王妃だった．スペインの王位継承権はフェリーペ5世の最初の妻の子供達にあったために，彼女は自分の子供達にはイタリア各地の王位や公位を継がせようと躍起になった．長い間アラゴンの支配下にあったイタリアの南部はイタリアでもありまたスペインでもあったが，新たな支配者となったオーストリアとの間には歴史や文化の絆がなかった．いずれにせよ，フェリーペ5世はイタリア政策の第一の推進者ではなかったが，強い関心を寄せた．かつてフェリーペ5世は王位継承戦争の時にイタリアで激しい戦火の中を潜り抜けてきた．だが，いまや中年に達した彼を無気力から奮い立たせるのはまず女，そして次は戦争だけのようだった．

1717年，アルベローニはサルデーニャに遠征部隊を送ってこれを征服し，シチリアにも本格的な上陸作戦を展開して新たな対外政策の口火を切った．だが，ヨーロッパにおけるこうしたスペインの地位回復の行手を阻む最大の障害はすぐにはっきりとした．それはイギリスの同意なくしてはユトレヒト条約の改正は一切あり得ないということだった．イギリスがジブラルタルとメノルカ島を領有して海軍力で優位に立ついま，西地中海はイギリスの湖だった．この状況は1718年にたった1日のパッセロ岬沖の海戦でイギリス海軍がアルベローニの再建したスペイン海軍を撃破したことによって明白となった．その後，スペインは1741年にカルタヘーナを襲ったイギリス海軍を相手に華々しい勝利を収めたが，これは例外だった．

戦争・経済・社会

積極的な対外政策を推進するスペインには2つの選択肢があった．ひとつはフランスの下に付いてこれと協力し，両国の海軍が一体となってイギリス海軍と戦ってこれを撃破もしくは無力化するというものだった．そしてもうひとつは単独でイギリスに挑戦を試みることだった．スペイン政府はこの2つの戦略の間で迷ったが，その間にも一貫して海軍の強化に積極的に取り組んだ．海軍の強化は最重要事項とされ，軍事政策はもとより経済政策も財政政策もすべてがこの一点に集中した．国家の財源の大半は軍事費に当てられた．ハブスブルク時代と同じく，国際関係が内政の歩みを決定し，また社会と経済の変化を促す主たる要因となった．

しかし，ハブスブルク時代とは異なり，ブルボン朝スペインが交えた戦争は長期にわたらなかったし，それほどの激戦でもなければ広い範囲に及ぶものでもなかった．このこともあって，スペイン経済は戦費の負担にもよく耐え得たし，いくぶん回復の兆しさえ見えた．王位継承戦争でハブスブルク

下　18世紀カタルーニャ産の装飾タイル．農村の日常生活と樽造りや籠編みといった毎日の仕事が描かれている．

上 エル・エスコリアル宮を模してジョアン5世が建てたマフラの王宮兼修道院。西側正面の中央にある聖堂の入口は幅が 244 m ある。この巨大な正方形の建物は 18 世紀初頭にブラジルの金鉱からポルトガルにもたらされた富の記念碑であり，その規模は見る者を圧倒する。もっとも壮麗なのは何千冊もの蔵書を擁するロココ様式の図書館である。しかし，フランスの哲学者ヴォルテールは合理主義者の目からこの修道院を痛烈にこき下ろした．

側に加担した大貴族達は 1720 年代の半ばにようやく帰国を許されたが，王権はこれ以前に彼らの数千にのぼる所領を下賜した．その結果，それまで狩猟場だった豊かな土地の相当な部分が農地に変わった．また牧羊業者の団体メスタが中世以来固持してきた多くの特権が段階的に廃止されていったことも耕地面積の増大に繋がった．ちなみにメスタの特権が全廃されたのは 18 世紀も大分後のことだった．半島中央部が穀物生産を主とする一方，周辺部では米・トウモロコシ・柑橘類といったさまざまな作物が栽培され，家畜の飼育も盛んになった．1720 年代にはスペインは食糧の自給国となった．これはそれまで 1 世紀以上も絶えて見られなかったことだった．ただそれでもアンダルシーアをはじめ，農村部の極貧状態はそれまでと変わらなかった．

カスティージャ国内およびカスティージャ，アラゴン，カタルーニャ，バレンシアの各間にあった内陸税関の廃止によって新たな国内市場が開放され，スペイン経済の回復に弾みがついた．これによって中央高原地帯の主要な市場都市は一度は失った繁栄をかなり取り戻した．18 世紀中頃にはっきりと姿を現した中産階級は次第に地域の貴族や教会の影響から自由になっていった．彼らの出自を見ると，商業や専門職，わけても法律に携わる家系だった．ビルバーオやバルセローナといった主要な港町では商人組合が通商の機会を増やしただけでなく，文化と教育にも影響力を及ぼすようになった．こうした団体は往々にして愛国経済同友会という全国規模の組織の地方支部となって多彩な経済活動と教育の発展を援けた．

平和と繁栄

ポルトガル経済はペドロ 2 世（在位 1683-1706）の治下，スペインとの戦争がまだ続く中ですでに回復に向かい始めた．同王の大蔵大臣エリセイラ伯（1632-90）は支出を抑え，ガラス・織物・製塩の国営事業を育成した．だが，彼の死後，この賢明な経済政策はブラジルのミーナス・ジェライスに大規模な金鉱が発見（1693）されたことによって吹き飛んでしまった．ブラジルからの金，続いて 1729 年以降はダイヤモンドによってポルトガルは一大繁栄の時期を迎えた．潤沢な歳入に恵まれたポルトガル王は議会や国内の税金を一切当てにしないで済んだ．貴族は王権の伸長を抑える手をまったく打たず，代わりに意味のない陰謀に明け暮れ，要職に任命されることや華やかな外交任務を命ぜられることに気を奪われた．加えてメシュエン条約によるイギリスとの同盟関係は時を追って強化され，これによる軍事上の保障を与えられたポルトガルはまさに平和と繁栄そのものだった．

スペインとは異なり，ポルトガルでは地方の分離主義は一度も強力な運動になったことはなく，ペドロ 2 世の後継者ジョアン 5 世（在位 1706-50）は豊かな国庫に恵まれ，国内には対抗勢力がいない絶対君主という幸運な王だった．彼は自分の宮廷の範をフランスのルイ 14 世の宮廷に求めたが，フランス王とは違って控え目で柔和な人柄だった．彼は国内を平和裡に治め，そこに自己顕示欲がなかったわけではないが神とブラガンサ家を讃える記念碑を建てるだけで満足だった．それでもローマ教皇庁がこうした教会への貢献をただ黙って見過ごすはずはないという期待は抱いていた．事実，1716 年にリスボア大司教は総主教に挙げられ，次いで枢機卿に任ぜられた．ただこの間にはたいへんな工作がなされ，また短いながらローマとの関係が断絶した時期もあった．そしてジョアン 5 世自身は 1717 年にトルコ海軍を破ったテナロン岬（別名マタパン岬）沖の海戦へのポルトガルの支援を認められて「もっとも忠実なる王」という称号をローマから授かった．

スペイン王位継承戦争でオーストリア側についたことから，ジョアン 5 世は 1708 年にハプスブルク家のマリア・アーナ（1683-1754）と結婚した．そして生まれた王子に 2 歳で死なれた彼は，後継者に恵まれた暁にはスペインのエル・エスコリアル修道院と肩を並べるような大修道院を建てるという誓いを立てた．1712 年，彼はリスボア北西のマフラを建設地に選んだ．その 2 年後，彼は 1 人の王女に恵まれた．エル・エスコリアルと同様に宮殿と修道院と教会をひとつにまとめたこの壮大な建造物は 1717 年に着工し，完成までに 18 年を要した．建設費は膨大な額に上り，そこに働く人々には幾カ月間も賃金が払われないことが珍しくなかった．八百を超える部屋は豪華な家具で飾られ，幾何学式庭園が壮麗なバロック様式の建物を囲んだ．

ジョアン 5 世の気前の良さは宗教的なものに限られなかった．彼はコインブラ大学に華麗な様式の図書館を建て，王立歴史アカデミアを創設した．彼の治世下，ポルトガル語の文法や詩や歴史に関する大部の叢書が世に出る一方で，ポルトガル人は盛んに国外に出て学んだ．またこの時代は数々の病院や工場の新設が相次いだが，もっとも壮大な建造物はアグアス・リヴレスの水道橋である．リスボア郊外の丘から飲料水を引いてくるこの工事は 1732 年から 48 年にかけてリスボア市民の代表の委託事業として進められた．109 のアーチから成る水道橋の全長は 18 キロ半に及ぶ．リスボア市内の街路に設けられた水汲場の多くもまたこの時代に作られた．

カストラート（去勢歌手）とカタストロ（人口調査）

スペインではフェリーベ5世の後継者フェルナンド6世（在位1746-59）の治世もまた安定した時代だった．1748年のアーヘン条約でオーストリア王位継承戦争（1740-48）が終わり，イタリアにおけるスペインの立場はそれまでよりも強化された．いずれにせよ，フェルナンド6世は父王が味わったような戦場での勝利の快感とは縁がなかった．ポルトガルのジョアン5世の王女バルバラ・デ・ブラガンサ（1711-58）と結婚した王は妻ともども芸術を愛し，中でも音楽を好んだ．有名なカストラートのオペラ歌手で，かつてこれほどの美声の持ち主はなかったともっぱらの評判だったカルロ・ファリネッリ（1705-82）はスペイン宮廷には欠かせない存在だった．この時期，スペイン中で音楽が大いにもてはやされたのは国王夫妻が共に庇護の手を惜しまなかったからだった．王妃自身が優れた音楽家であり，ナポリ出身の作曲家ドメニコ・スカルラッティ（1685-1757）と親交があった．王妃に随行してリスボアからマドリードに移ったスカルラッティの鍵盤楽器のためのソナタのほとんどは王妃に捧げられた作品である．民族舞踊のリズムを採り入れ，さらにギターの音をハープシコードに応用した彼の作品は時代の先端に立っていた．スカルラッティの弟子でカタルーニャ出身のアントニオ・ソレール（1729-83）はこうした新しい音楽をさらに発展させ，スペインでのバロック音楽と古典派音楽とを結ぶ役割を演じた．

凡庸で公の場での威厳にも欠けていたフェルナンド6世は政治にはまったく無関心だった．にもかかわらず，その10年余りの治世はスペインにとってはありがたい平和な一時期だった．こうした状況の下で宰相エンセナーダ侯（1702-81）はブルボン朝スペインの組織の改善と全面的な効率化を目指して一連の改革に乗り出した．それは政治の中央集権化と地方行政と軍隊の再建で頭が一杯だった前代の改革とは根本的に異なっていた．フェルナンド6世の1746年の即位後ほどなくエンセナーダ侯が上奏した改革案は，オリバーレスのそれ以来初めて一貫性のある包括的な内容を具えていた．その第一歩はスペイン経済の基盤の把握にあり，このために1749年にカタストロ，つまり課税のための人口調査が発令された．エンセナーダ侯の狙いは住民の数とその資産の分布表を作成し，個人の支出ではなく収入に基づく課税方式の導入にあった．これによって社会の上層部で眠っている資金が流動化すると共に，社会の底辺部では生産に結び付く労働が刺激されるものと期待された．人口調査は滞りなく進んだ．だが，これと平行して実現するはずの全国一律の課税は，貴族と聖職者の既得権と衝突して結局は棚上げとなってしまった．それでも国内経済の発展によって国庫は潤い，武器や軍服の製造・海軍工廠・造船全般といった軍需産業に相当な資金が投じられた．こうした産業は当然ながら沿岸地帯，特にエル・フェロール，カディス，カルタヘーナの三大国営工廠へ集中する傾向が見られた．それでも道路・橋梁・運河などの交通路の整備によって，内陸部もいくぶんかの恩恵に浴した．

ある歴史家はエンセナーダ侯の施策をスペイン初の近代化計画と呼ぶ．確かにスペインの潜在敵国の海軍に技術の面で比肩し，規模においてもさほど遜色のない海軍を造り上げたのはその最大の功績だった．だが，国庫の整備と充実では目覚ましい成果を挙げた同侯も，税制改革ではさほどの業績を挙げることができなかった．そして1754年に彼が失脚した時，実質的な社会改革はほとんど手つかずのままだった．

エンセナーダ侯の人口調査によってスペインの人口がかなり増加傾向にあることが判明した．それは多分に平和の所産であり，特に経済が活況を呈しているカタルーニャとバスコ地方で顕著だった．フェルナンド6世の治世の終わりには，スペインの人口はこれより先16世紀後半に達成した最大値をついに追い抜いた．同時にもうひとつ人口調査が明らかにしたのは，膨大な数の農民が極貧状況にあり，その数は総人口の4分の1を超えるという事実だった．北西部では相続と土地所有に関する法によって農地が極端に細分化し（ミニフンディオ），自分の農地を耕すだけでは生計がほとんど成り立たないありさまだった．これとは逆に南部では大部分の場合，不在地主が占める広大な土地（ラティフンディオ）がなんら利用されずにあった．こうした大土地所有制はごくわずかな人手だけを常雇いとし，あとは農繁期に大勢の土地なし農民を日雇い契約で雇い，農作業が終われば解雇するという形で代々生き長らえてきた．仕事がない間，人々はほとんど飢餓の状態にあった．しかも肥沃な土地は地主の手に握られ，農民は痩せ地に追いやられた上にしばしば凶作に見舞われ，そして高い地代を払わされた．

派閥と権力

ブルボン改革の行手にはきわめて保守的で深く根を張った旧来の貴族の力が立ちはだかった．確かに彼らが父祖伝来の権利として政府の要職を占めるということはすでにまったく見られなくなっていたが，それでも他が持ちえない学識を買われて要職に就くことには依然変わりはなかった．と言っても，貴族が別に知的エリートに変身したわけではなく，ましてや有能であれば誰にでも国政への門戸が開かれていたわけでもない．国政の中間職や時には高位に就く者達の大半はサラマンカとアルカラー・デ・エナーレスの二大学の学寮で学んだ人間だった．この二大学は学問よりも社会的な評価の方で名を轟かせていた．もともと彼らの多くはイダルゴ，すなわち下級貴族の出身だった．しかし，イダルゴの社会的地位が上昇するにつれて，彼らの上に位する大貴族との見分けがつかなくなり，ついには大貴族の方がイダルゴから新たな活力を吹き込まれる結果となった．加えて大貴族の多くはイエズス会士の許で学び，イエズス会士を聴罪司祭としていた．これによって17世紀末以降のスペインでは，大貴族はイエズス会が持つ途方もなく強大な利権と密接に結び付いて強固な社会集団を形成するに至った．

このような彼らと政治の場で敵対したのは新国家基本令の推進者達である．彼らはある意味では新世代のイダルゴともいうべき存在だった．この新世代はそれ以前の世代とは異なってしばしばまったくの庶民の出だった．彼らは社会集団のであれ個人のであれ，特権そのものに本能的に反撥した．彼らは次第に教会，中でもイエズス会を時代遅れの体制の砦と見做すようになっていった．無論，そうした彼らにしても国王から取り立てられることで自らの社会的地位の向上と蓄財への道が開けることを拒む者はいなかった．両派の対立は，フェルナンド6世の時代には庶民から侯爵に出世したエンセナーダと，イギリスのランカスター王家の末裔を確信するカスティージャの大貴族ホセ・デ・カルバハール・イ・ランカステル（1698-1754）との間の権力抗争に集約された．この2人は単に派閥間の利害をめぐる対立のみならず，基本的な政治姿勢と信条をめぐる対立へと徐々に変化していった事態を象徴していた．フェルナンド6世はいずれにも肩入れしようとはしなかった．だが，王の聴罪司祭が名だたる根っからのイエズス会士であった以上，王が保守派に共鳴していることは明らかだった．1754年，カルバハールは死によって，エンセナーダはその反イエズス会的姿勢ゆえにそれぞれ職務を解かれ，問題の解決はカルロス3世（在位1759-88）の時代に持ち越された．

イエズス会弾圧

1734年以来ナポリとシチリアの王位にあったカルロス3世は酒を嗜まず，精力的かつ円熟した人物であり，開明派の支配者としてすでに豊かな経験を持っていた．政治改革はここに至ってようやく権力の中枢からこれを推進する人材を得

王家の野心と現実路線　1670-1812

右　世界の海を制した北ヨーロッパの上流貴族の青年の間で外国旅行が流行した頃，彼らはフランスやイタリアを訪れたものの，イベリアはまったく無視された．理由のひとつは，イベリアの道路事情のひどさだった．時折，改善は試みられたものの，道路はしばしば通行不能であり，幹線道路沿いの宿泊施設でさえお粗末きわまりなかった．さらにバスコ地方など山岳部や農村部では依然として盗賊が横行していた．レオナルド・アレンサのこの絵では，疲れ切った旅人がバスコ地方の典型的な宿屋にたどり着く寸前に野党に襲われている．

た．1760年にマドリードへ向かう途中で彼はかつて中央集権政策の下でカタルーニャとアラゴンに課せられた報復措置のうちのもっとも厳しい条項を緩和した．そしてマドリードに入るや先王のお気に入りだったファリネッリを宮廷から追放し，改革派の重鎮メルチョール・デ・マカナースを牢から出した．改革の焦点は再び内政と法制へと切り換えられ，エンセナーダが目指したもっと広い視野に立った改革路線は後退した．それはかりか，即位直後の一時期，改革の焦点はもっぱらイエズス会に対する激しい攻撃に絞られた．

カルロス3世自身は自由主義者ではなく，その性格は家父長的で強固な意志の持ち主だった．彼は貴族達の道徳が弛緩しているのはイエズス会士がこれを助長しているからであると見做して同会士を憎み，また絶対君主としての国王の権限の基盤を切り崩しているのではないかと疑った．それはさておき，彼は政治手腕ではそれまでの大方のスペイン王よりも優れていた．これの証明はもしかすればグリマルディ侯(1720-86)とフロリダブランカ伯(1728-1808)という，彼が最初に抜擢した2人の有能かつ勤勉な宰相を長期にわたって信任した事実であるかもしれない．グリマルディは1766年から77年まで，フロリダブランカは1777年から92年まで宰相を務めた．

カルロス3世時代の最初の危機は1766年3月に訪れた．マ

第2部　イベリアの歴史

ドリードで一連の騒擾事件が唐突な形で発生したのである．そこには一見するとフランス革命を先取りするような特徴がすべて揃っていた．おそらく直接の引き金となったのは，戦争と税金による物価の高騰に1760年から63年にかけてのあまり例を見ないような凶作が重なり，これが民衆の不満を生んだといったところである．もともと工業化以前のヨーロッパでは春は食料品の価格がもっとも高くなる時期であり，騒ぎがそうした時期に起こった点は忘れてはならない．ところが民衆の恨みをほとんど一身に受ける羽目になったのはエスキラーチェ侯（1714?-85）という1人の外国人だった．市民の怨嗟の的となったこの人物はかつてナポリ時代のカルロスの改革政策の推進に主役を務めた人物であるが，愚かにもマドリード市民の服装をはじめとする生活習慣を改めさせようとした．中でも，この頃のマドリードの男達が強い日差しと風から身を守る手立てとしていた鍔の広い帽子と長い外套をエスキラーチェ侯は犯罪に繋がるとしてこれらの使用を禁止した．

改革に反対の貴族，失脚したエンセナーダ侯の支持者，さらにはたとえ間接的であれイエズス会士など，当時の状況に密かな不満を抱く人間集団はひとつやふたつではなかった．こうした人々がエスキラーチェが発した愚かな禁令を，騒動を引き起こす恰好の火種として利用したことはおそらく間違いないだろう．真相がどうであれ，暴徒がもっぱら目標としたのはエスキラーチェの屋敷と王宮だけだった．暴動が他のいくつかの県都にまで広がった時でさえ，事態が地主層に対する激しい攻撃の様相を呈したのは唯一サラゴーサだけだった．代わりにほとんどどこでも耳に聞こえてきたのは「国王陛下万歳，悪臣共はくたばれ」という昔ながらの叫びだった．食糧不足を解消する措置が速やかに講じられ，マドリードに2万もの軍隊が投入されて暴動の再発を防いだおかげで事態は収拾された．エスキラーチェはナポリへと去っていった．結局，このマドリードの暴動は単発的で奇妙な印象さえ与える事件に終わった．ただ，カルロス3世の新たな宰相となったグリマルディとその腹心を務めるペドロ・ロドリーゲス・デ・カンポマーネス（1723-1802）はこの事件を契機に改革推進の決意を固め，これに反対する者達を懲らしめるための手頃な鞭を手に入れた形となった．世論の前に暴動を煽動したという罪状を着せられたイエズス会士達は1767年，スペインとそのすべての領土から追放された．そして1773年，周囲からの説得に屈したローマ教皇は同会を正式に解散させた．

根っからの啓蒙主義者だったカンポマーネスはイエズス会士の追放後，同会の資産を社会政策や教育事業，そして大学改革に振り向けた．だが，1770年代半ばに有能なフロリダブランカ伯ホセ・モニーノが頭角を現してくると，グリマルディとカンポマーネスは次第に影の薄い存在になっていった．事実，フロリダブランカはこの後カルロス3世の末年まで宰相の地位に留まった．彼の采配の下，改革はスペイン社会の政治状況もしくは経済基盤の変革よりは，むしろ絶対主義の実用主義的な効率をひたすら追求するものに変質していった．

改革派のカルロス3世が絶対に改めようとしなかったひとつの政治伝統があった．武力行使を政策の手段に栄光を追求する姿勢である．即位に続く数年間，彼は七年戦争（1756-63）にスペインを巻き込んだ．この戦争は一方では英仏両国間の植民地争奪戦であり，他方ではドイツの支配をめぐるオーストリアとプロイセンとの戦いだった．戦争はパリ講和条約（1763）で終わったが，その後もカルロスはスペインがイギリスから味わわされた屈辱を晴らす方策をあれこれ思索することに多くの時間を費やした．そしてついに彼とフロリダブランカは1783年にメノルカ島およびパリ条約でイギリスに割譲されたフロリダ半島の奪回という勝利を手にした．だが，このために国庫が強いられた支出は膨大な額に上り，せっかくの経済改革の基盤がそのために大きく損なわれた．

不徹底な啓蒙主義

カルロス3世に仕えた宰相達が推進した改革の大半は18世紀ヨーロッパを制した啓蒙主義という衣をまとっていた．啓蒙主義とは迷信・特権・宗教上の独善に代わって理性・学問・人道的信条などを重視した運動である．カトリックの保守派は改革派を異端や裏切者として糾弾し，啓蒙思想を受け入れたのはスペイン社会全般から見ればごく狭い範囲に限られた．ガリシア出身のベネディクト会士ベニート・フェイホー（1676-1764）が合理主義を説いた大部の著作も，当時は人々にさほどの影響を与えなかった．フェイホーはこの時代の先端を行くフランス思想とは必ずしも歩調がぴったりと合っていたわけではないが，それでもフランスの数学者で哲学者のルネ・デカルト（1596-1650）やイギリスの哲学者ジョン・ロック（1632-1704）の著作を読破しており，客観的な思考の価値を認めた最初のカトリックの思想家の1人だった．1720年に百科事典的な作品を著した彼の意図は，当時のスペインで広く罷り通っていた迷信や偏見の打破にあった．老境に入るまでマドリードから遠く離れたアストゥリアス地方のオビ

下　1762年にカルロス3世からマドリードに招かれた時，ヴェネツィアの偉大な画家ジャン・バッティスタ・ティエポロ（1696-1770）は，すでにヨーロッパで当代随一の想像力豊かな装飾画家としての名声を得ていた．マドリードで彼はさまざまな外国人達と共に王宮の建築に参加した．担当は天井画だった．写真は完成間近の新王宮の3つの天井画のうちのひとつ『スペインの栄光』の一部．ティエポロは息子のドメニコとロレンツォを助手にこれを描き上げた．

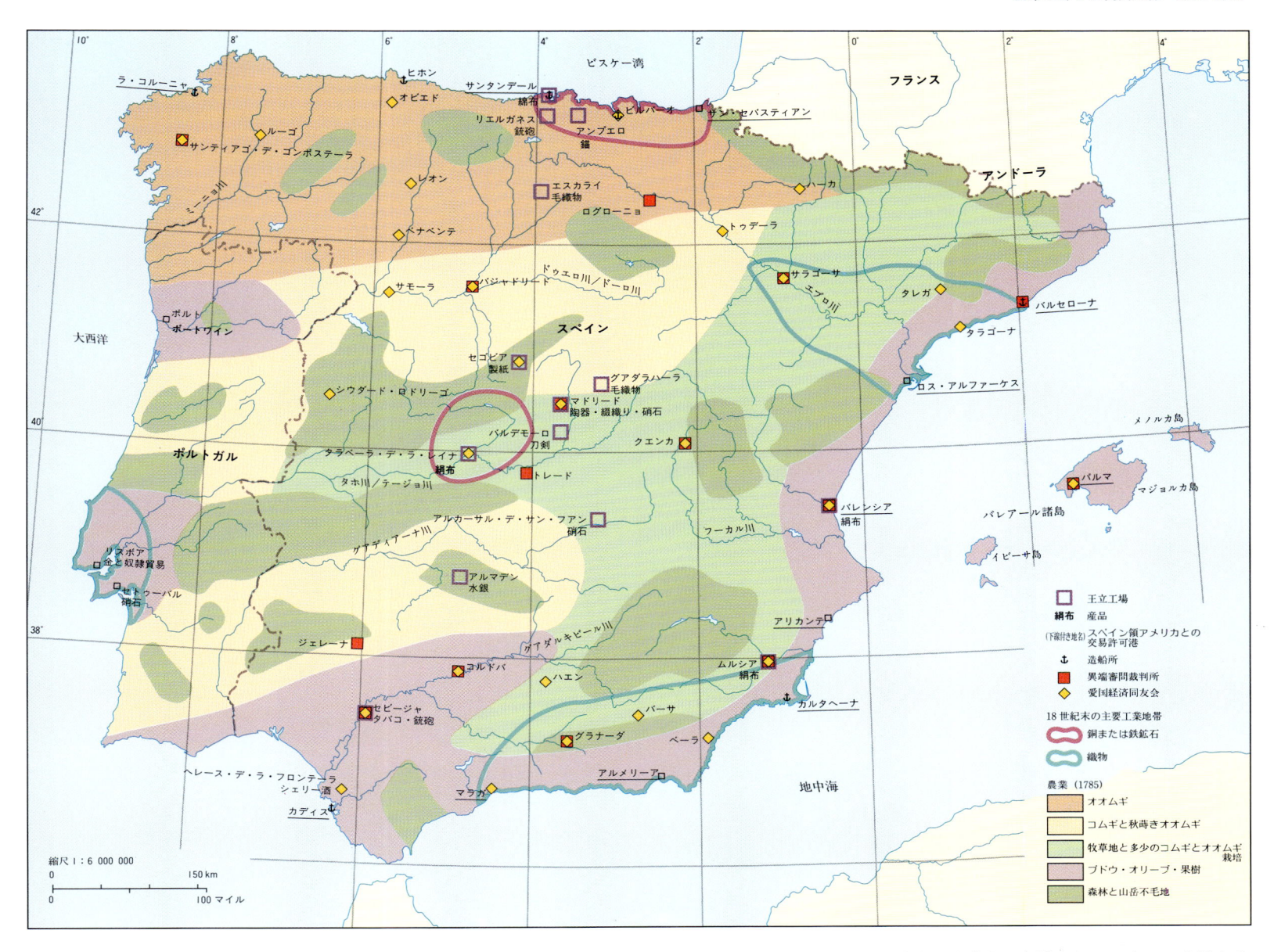

王家の野心と現実路線　1670-1812

18世紀の経済復興

この時代も農業経済の基盤は穀物と原毛だったが，特にアンダルシーアのシェリー酒とポルトガルのポートワインの需要が高まったためにブドウ栽培が拡大した．国内の税関が撤廃されてブドウ，オリーブ油，柑橘類の需要が増大し，沿岸部の農村では農産物の多様化が大幅に進んだ．工業は織物業などが相変わらず小規模で地域の枠を越えなかった．それでも造船および武器や軍服の製造といった軍事産業，セビージャのタバコやグアダラハーラの被服などには王室からの直接投資があった．スペインのいくつかの特定の港に新世界の植民地との直接交易を行なう許可が与えられた結果，当該地域経済は活性化を見る一方で，北ヨーロッパとの貿易も拡大した．各地の港町に生まれた「愛国経済同友会」はすぐに内陸部の都市にも広まり，その数はたちまち異端審問所と同じくらいになった．これは1800年当時のスペインが新旧の狭間にあったことを如実に物語っている．

エドにある修道院の一角で暮らしたこともあって，キリスト教が奇蹟と見做していることでさえ科学による究明の必要があるとした彼の主張は辛うじて異端審問所の眼を免れた．それにしてもこの頃の異端審問所は少なくとも支配者層の間ではかつてほどの強大な影響力をもはや持っていなかった．1701年，慣例に従ってフェリーペ5世の即位を記念するアウト・デ・フェが開催されたが，肝心の王がこれへの出席を拒んだことはスペイン史のひとつの曲がり角であった．しかしその一方で，時代が大きく下がって1776年になってもなお，セビージャの地方長官パブロ・デ・オラビーデ(1725-1802)はその反教権的な姿勢ゆえに異端審問所によって投獄された．

カルロス3世とその宰相達の努力によって，スペインの社会と学問にも進歩の可能性が秘められていることは明らかになった．だが，啓蒙主義に与するスペイン人はごく一握りの官僚達だけであり，彼らは絶えず保守派の攻撃に晒されていた．カルロス3世が死んだ1788年の時点でのスペインは2つの時代に跨る微妙な状況にあった．ひとつは特権と庇護によって成り立つ旧時代，そしてもうひとつはフランス革命(1789)を先頭に押し立てた自由と民主主義の新時代である．カルロス3世の下で達成された幾多の改革は実質を伴っており，後の重要な結果に繋がった．ただそれでもやがて時が経つと，改革はなお不完全であり，スペイン社会への浸透もごく限られていることが明らかになった．多くのスペイン人，取りわけ保守的な気運がきわめて濃いカスティージャ人の眼から見れば，根本的な変革とは危険なもの，人々の恐怖心を煽るもの，そして必ず外国人や異端に結び付くものであった．

偉大なる独裁者ポンバール侯

カルロス3世の改革政策に影響を与えたのは同王のイタリア時代の経験やフランスから伝えられた思想だけではなかった．そこにはもうひとつごく身近な所に驚くような改革の凡例があった．ポルトガルである．晩年のジョアン5世は病身で気力も失し，国政の大部分を無能な聖職者や官僚にまかせっきりだった．そのためか，国全体が覇気を失っていた．多くの農地は荒れるにまかされ，道路は壊れて通行不能，生産活動も貿易も低迷そのものといったありさまで，わずかにブラジルからもたらされる鉱物資源だけが国庫を支えていた．だが，そのブラジルの金鉱も採掘が容易なものはやがて掘り尽くされ，新たな鉱山の開発には莫大な費用がかかるといった状況になると，ポルトガル経済が抱える幾多の問題は一気に深刻化した．新王ジョゼ1世(在位1750-77)は思い切った施策の必要を理解はしていたものの，自らは政治にはおよそ不向きな人物だった．彼は王の責務をまっとうするよりは，狩り・カード遊び・音楽・演劇といった方が好みだった．ただ，同王にとって幸いだったのは，彼の任務をいつでも引き受ける用意ができている人物が1人いたことだった．セバスティアン・デ・カルヴァーリョ，後のポンバール侯(1699-1782)である．ほとんど独力で立身出世を果たしたこの人物

ポンバール侯とリスボアの再建

　1755年11月1日，すなわち諸聖人の祝日，リスボアの数あるゴティック様式の聖堂はどこも信者で一杯だった．町は繁栄する18世紀の頂点にあった．だが，時計が午前9時30分を廻ってほんの少し経った時，それまでにない大地震が発生，町の様相はわずか10分間で一変してしまった．主だった建物の大部分は崩壊し，堤防を突き破って溢れ出たテージョ川の水に洗われた．洪水の後に火災が襲った．わずか1日でリスボアの3分の1が瓦礫の山と化し，5万人の住民が死んだ．近代ヨーロッパはそれまでこのような大災害を経験したことがなく，ヴォルテール，ゲーテ，サミュエル・ジョンソンといった互いに共通するところのない18世紀の思想家までが一様に衝撃を受けたほどだった．

　だが，被災後の対応はジョゼ1世の宰相で後にポンバール侯となったセバスティアン・デ・カルヴァーリョの働きのお蔭で滞りなかった．伝えられるところでは，彼は絶望しきった国王から何をなすべきかと尋ねられた時，「死者を葬り，生存者には食料を与えることであります」と答えたと言う．そして実際，直ちに負傷者の手当て，家を失った人々の収容，食料の配付などに迅速かつ精力的に取り組んだ．のみならず，地震からわずか1カ月後には町の復興の青写真まで用意した．5人の建築家と1人の技師の協力を得てリスボアの中心部の様相は一変した．それは今日なお合理的な都市計画の模範と見做されている．テージョ川に臨む王宮の廃墟は柱廊をめぐらせた広場に生まれ変わり，これを起点に狭い街路が網の目状に引かれた．惨事の記念碑として廃墟のままに残されたカルモ教会を除いて町の聖堂はすべて再建された．

王家の野心と現実路線　1670-1812

は無類の才能に恵まれ，自信に溢れていた．ポルトガル帝国に関する全権をポンバールに与えたジョゼ1世は彼の政策が多分に問題視されるものであっても，また彼がしばしば周囲の不評を買っても，一貫して支持を変えなかった．当然ながら同王の治世を通して為政者としてのポンバールの活躍は華々しかったが，実利の追求に徹したその施策は往々にして手荒だった．

ポンバールにもっとも大きな影響を与えたのは1740年から44年までのロンドンでの外交官生活だった．権力の座にある間，彼はかつてロンドンで見てきた貿易と商業の繁栄の基礎をポルトガルにも築こうと努めた．そこで着任早々にこのための施策のひとつとして商人に帯刀を許し，少なくともこの点では商人を貴族と同等の社会的地位に据えた．彼は貿易と産業の刷新を図り，本国と植民地を問わず国策会社を設立して絹・羊毛・陶器・ガラスなどの生産を育成した．しかし，こうした国策会社はしばしば既存企業の権益と衝突した．他方，ポンバールの実権掌握は少数ながらきわめて排他的で自分達の特権の保持に怠りない貴族の怒りを買わずには済まなかった．彼はまた南米におけるイエズス会士の行動はポルトガル王権の利益に逆行していると見て，あからさまな敵意を示した．イエズス会士の追放と表裏一体を成した彼の経済政策は間もなく激しい抵抗を招いた．

スペインと同じくポルトガルでもイエズス会と貴族は緊密に結び付いていた．ポンバールによってブラジルにおける宣教活動を禁止されたイエズス会は，貴族の一部と結託して陰謀に走った．イエズス会士達は教会の説教壇から信者に向かって，リスボアの震災はポンバールという不信心者が権力の座に居すわることを支持してきた者達に下った神罰であると訴えた．1758年，ポルトガルの名門貴族に算えられる二家の者が数名，国王の命を窺う陰謀に巻き込まれた．陰謀は事前に発覚したが，彼らの関与については状況証拠しかなかった．だが，その後の警察の調査の過程で，アヴェイロ公，タヴォラ侯，アロルナ侯，その他の貴族が拷問にかけられて告白を強いられた後，ベレンの塔内で殺された．これは相手が貴族であるということから社会に与えた反響とその情け容赦のない処置では前例のない事件だった．また著名で老齢のイエズス会士マラグリーダ神父(1689-1761)がローマ教皇に直訴の書簡を送ると，ポンバールはこれを口実にイエズス会を非合法化した．イエズス会士の大半は船でローマに送られたが，マラグリーダ神父はポンバールによって異端審問にかけられた末にアウト・デ・フェで絞首刑となり，遺体を焼かれた．

このように手口こそ荒っぽく専制的だったが，ポンバールは多くの面で開明的な人物でもあった．イエズス会問題に決着をつけると，次は本格的な教育改革に乗り出した．リスボアその他いくつかの県都に中学校を創設し，そこの優秀な卒業生を優先的にコインブラ大学に進学させた．そしてここでは特に自然科学の分野で多くの新しい学問を採り入れて当時のヨーロッパの他の大学にひけをとらない斬新なカリキュラムを作った．その結果，コインブラ大学はやがて多くの自由主義者を輩出した．ポンバール個人は自由主義的な政治思想にはまったく共鳴を覚えなかったが，彼が進めた他のさまざまな改革の多くは自由主義の伝統に沿っていた．彼は異端審問所を政府の単なる部局に格下げし，アウト・デ・フェを停止し，ポルトガルにおける奴隷制を廃止し，キリスト教徒と他宗教からの改宗者との間の法律上の差別を撤廃した．だが，その一方では，マラグリーダ神父の一件に見るように，自分の目的に適うと見れば異端審問所を利用することもためらわなかった．また奴隷制の廃止にしても，人道主義に動かされたというよりは，かつて栄えたアンゴラとブラジルというポルトガルの2つの植民地間の奴隷貿易からの収益をリスボアの中産階層の手から取り上げて，自分が作った新しい企業の

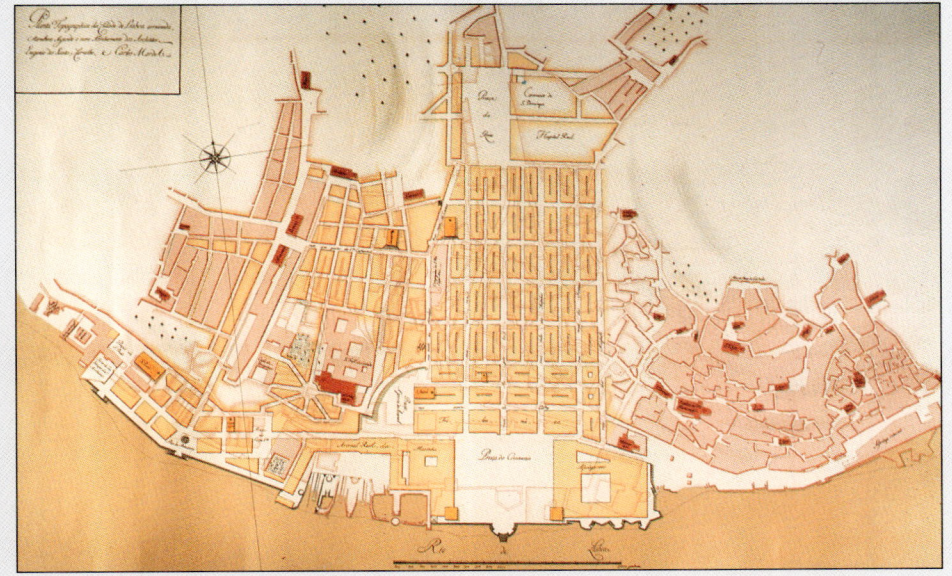

上左　リスボア地震の被害とその余波は計り知れなかった．ある目撃者の記録には次のように書かれている．「リスボア市民の恐怖と悲惨と嘆きは到底言葉では言い尽くせない．人々は互いに抱き合い，泣きながら相手の赦しを求めた．そして"友よ，兄弟よ，姉妹よ，私を赦してくれ．ああ，これからどうなるのだ．海にも陸にも逃げ場はない．おまけに火がすべてを焼きつくすように迫ってくる"と叫んだ．そしてその通りになった」．この版画は逃げまどう人々の上に火に包まれた建物が崩れ落ちてくる地震の恐ろしさを伝えている．

左　今日でもリスボアの中心部の大部分は震災後にポンバールとその指揮下の建築士達が設計した通りの姿を留めている．これは左の航空写真と上のポンバールの計画図とを比べて見ればよくわかる．テージョ川に面して新しく設けられたコメルシオ広場は狭い街路によってロシーオ広場に繋がる．ポンバール一流の判断によってこの狭い街路が走る地区の居住許可を与えられたのは，商人やいくつかの限られた職種に従事する人々だった．現在でもアウレア街（金通り）には金細工師が，そしてプラータ街（銀通り）には銀細工師が店を構えている．

最上位　ポンバール公セバスティアン・ジョゼ・デ・カルヴァーリョ・エ・メロは，ジョゼ1世時代を通じてポルトガルの実質的な独裁者であり，その間ほとんどいつも国中でもっとも憎まれた人物だった．確かに彼は情け容赦のない残酷な政治を行なった．しかし，瓦礫の山と化したリスボアを復興させた類稀な能力は評価に値する．この肖像画は権勢の絶頂にあった頃のポンバールで，ゆったりと坐って地図と自らの最大の功績である復興後のリスボアを指し示している．

第2部　イベリアの歴史

方へ振り向けるためだった.

ジョゼ1世の治世も終わりに近くなった頃, ポンバールは同王に自分の業績をまとめて提出した. 識字率の増加, 産業の発展, 文芸の繁栄, そして中でも大地震後のリスボア市街の復興は誰の目にも明らかだった. それは決して空威張りではなかった. ポンバールは特権を廃し, 国内の諸制度を刷新した. 成果がもっとも上がらなかったのはおそらく経済分野の改革だったかもしれない. かつては大いに頼りになったブラジルの金の採掘量は減少の一途をたどり, 砂糖貿易も急速に後退していったために彼の努力の大方は無駄に終わった. それでも次の治世にポルトガル経済がそこそこの繁栄を見たのはポンバールの改革という基礎があったからだった.

1777年にジョゼ1世が死ぬと, ポンバールは即刻その地位を追われた. 一切口を挟まなかったジョゼ1世の支持を失った彼は無力だった. 新しく王位に就いたのはジョゼの王女マリーア1世(在位1777-1816)で, その夫はジョゼの弟, すなわちマリーアの叔父ペドロだった. 彼はペドロ3世(1777-86)として妻の共同統治者を務めた. マリーア1世が即位するや, 何百人というポンバールの政敵が牢から出されて自由の身となった. 女王自らの強い意向でタヴォラ家の生存者についての再審が行なわれ, その結果1人を除いて全員が無罪となった. そして逆に今度はポンバールが, いくつかの罪状を問われる身となったが, 強硬に無罪を主張した結果, ポンバール村で孤独な晩年を過ごすことを許された. タヴォラ家をめぐる一件で精神的な負担を負ったマリーア1世は1786年に夫に, 次いでその2年後には長男にも先立たれた後は次第に鬱状態が悪化し, 1792年以降は政務を放棄してしまった. そこで次男のジョアンが母親の名の下に政治を行ない, 1799年には摂政となった.

旧体制の終焉

カルロス4世(在位1788-1803)がいかに無能であれ, フランス革命と遭遇するような不運さえなかったならば, スペインのブルボン朝は同王の後も存続したであろうと考えられるだけの理由は充分にある. 1789年のバスティーユの占拠以降のフランス情勢を見つめる全ヨーロッパの目は日を追って恐怖の色を濃くしていった. スペインのブルボン家はフランス王救出のために事態に介入し, 革命の火がイベリア半島に及ぶのを防ごうとした. スペインの旧体制(アンシアン・レジーム)がフランスに比べて少なくとも見た目には安泰だった理由のひとつは, おそらくブルジョワジーに対する政治の門戸開放がフランスよりも数段先を行っていた点かもしれない. この動きは1790年代の初めにマヌエル・ゴドイ(1767-1851)が最高権力の座に就いた時にその極に達した. だが, ゴドイは大公(グランデ)の位にでも取り立てられない限り, 中流階級の代表でさえなかった. 彼は最後の寵臣, すなわち国王のお気に入りだったと見ることができよう. 彼の出身地エストレマドゥーラはかつて16世紀にはアメリカの征服者の大半を生んだ土地であるが, この頃には小さな商業都市が点在するだけの気候の厳しい後進地域だった. 彼の出自の低さも性格の一部に見られる卑しさも, 同じ時代のはるかに有名なもう1人の人物ナポレオン・ボナパルト(1769-1821)のそれと比べられるかもしれない. ゴドイはナポレオンと同じく野心の塊だった. ただ, 彼はナポレオンのような才覚はまったく持ち合わせていなかった. 彼は単にスペイン王妃マリア・ルイサ(1751-1819)の度胸ある愛人に過ぎなかった. この立場を国王から容認されたゴドイはカルロス3世に仕えた大臣達を徐々に排除していき, やがて政治の実権を掌握した.

フランスのルイ16世が1793年に断頭台の露と消えると, スペインはフランスに宣戦を布告した. 翌年, スペインに侵攻したフランス軍はビルバーオ, サン・セバスティアン, フィゲーラスなど国境辺の町を占領した. 当初は抗戦を試みた

ポルトガルの彩色タイル

　最初の装飾用の彩色タイルはイスラム文化の一部としてイベリアにもたらされた. 彩色タイルは発音は違うが, スペイン語でもポルトガル語でもazulejoという. この名はタイルにazul(青)が目立つことから生まれたとあるいは想像されるかもしれないが, 実際には「小石」を意味するアラビア語az-zulayjから来ている. 彩色タイルが建物や装飾にもっとも広く用いられてきたのはポルトガルである. イスラム教徒が国外に追われてからもほぼ1世紀もの間, 彩色タイルの輸入は続いた. だが, 1550年頃にはフランドルから技術者を招いてリスボアに工房が設けられた. 17世紀の中頃には彩色タイル産業は自立し, 続く200年間はその最盛期だった. 昔からの文様の他に複雑な図柄や文字を焼き付けた製品が加わった. 優れた芸術家と職人の手によって彩色タイルはひとつの芸術に脱皮し, 今日なおその伝統は守られている.

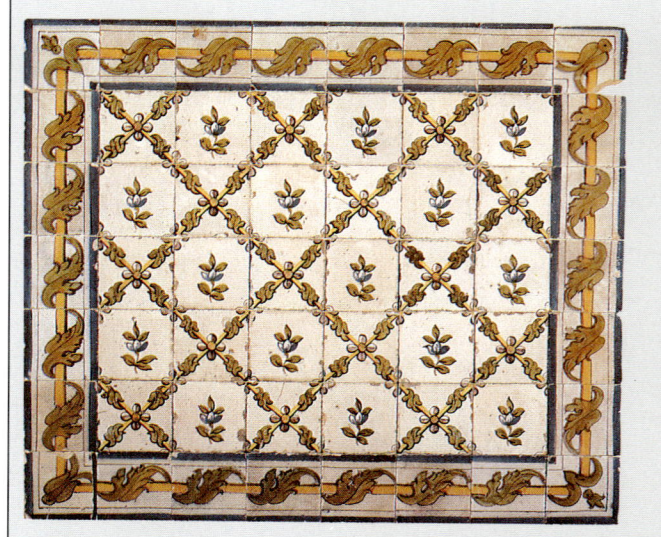

右　18世紀初めから中頃にかけてのバロック期. 彩色タイルは自己顕示の道具として盛んに貴族の邸宅に用いられた. それができたのは, 時と共に量が増していったブラジルからポルトガルに送られてくる金のおかげだった. すばらしいトロンプルイユ技法の効果と豪華な古典古代の情景とが相俟って次第に劇場の舞台を思わせるようなデザインの彩色タイルが作られるようになった. この豪華に着飾った門番像は, ローレスのサント・アンタン・デ・トジャール宮殿の大階段のもの.

左　リスボアが1755年の大震災から復興を遂げつつあったポンバール時代(1760-80)の彩色タイル. 18世紀特有の優美で洗練された作品である. 花模様に力点を置いたデザインは簡素で流動感があり, 左下の写真の17世紀前半のものとはきわめて対照的である. 17世紀のタイルの複雑で濃密な文様はアジアからもたらされた織物を模したものである. 彩色タイルはこのように世俗と教会を問わず建物の広い壁の飾りに用いられた.

王家の野心と現実路線 1670-1812

下 18世紀の彩色タイルの文様は多くの場合、白地に青で描かれた。帆立貝を象ったロココ様式の縁取りの中に十字架上のキリストを描いたこのタイルは1760年代の作品。十字架の下方にいるのは人々を火災から護る聖マルセリーノと、家庭と家族の守護聖人であるリスボアの聖アントニオである。大震災後のリスボアでは人々は当然ながら天災から護ってくれるよう聖人達に祈った。もとはある私宅の正面入口に飾られてあったこのパネルにもそうした願いが込められている。

下端 19世紀末になると再び彩色タイルは公共の建物や個人の住宅の外壁を飾るようになった。ジョゼ・ダ・シルヴァのデザインによるこのタイルは1870年代の作品。もとはある陶器工場の入口を飾っていた。

ゴドイはフランス軍に屈し，スペイン王から平和公という婉曲ながら同時に罰当たりな称号を授けられた．しかし，その後間もなくスペインにとっての真の敵対国はイギリスに他ならないと確信したゴドイはフランスと同盟を結んだ．その結果，かつてのブルボン同盟で結ばれた時代と同じように，スペインとフランス両国の艦隊は一体となってイギリス艦隊と対峙したが，結果はサン・ヴィセンテ岬沖海戦での完敗だった．そればかりか，ナポレオンがフランスの権力の座に就くと，スペインはフランスとの同盟によってそれまでになく多くのものを失うことがすぐに明白となった．1796年から翌年にかけてのイタリア遠征の間にナポレオン軍はスペイン領の一部を占領したが，間もなくスペインの政治そのものがナポレオンの手に握られ，スペインはフランスの属国に等しい状況に陥れられた．なんとか革命派として認めてもらおうと努めたにも関わらず，ゴドイは1798年にナポレオンの一言でごく短期間ながら権力の座を追われた．

スペイン独立戦争

いまや一触即発の事態のカギを握るのはポルトガルだった．同国の命運はリスボアを対フランス作戦のための最大の海軍基地としていたイギリスの出方にかかっていた．ナポレオンは英葡同盟を突き崩してポルトガルを完全に服属させる決意を固めた．1801年，ナポレオンはゴドイを再び政権の座に就けてポルトガル侵攻を命じた．オレンジ戦争と呼ばれるこの遠征はまるで喜劇オペラだった．ポルトガルに入ったゴドイはオレンジを数個もぎ取ると，これに「私にはなにもありません．しかし，なにも持たずに私はリスボアへ赴きます」という一文を添えて愛人であるマリア・ルイサ王妃に送り届けた．戦争はほとんど戦闘らしきものもないままに交渉によって間もなく終わった．ポルトガルはオリベンサの町をスペインへ譲り，賠償金の支払いを課された．だが，これよりも英葡同盟が一時的にせよ破綻したことの方がもっと重要だった．

こうした一方で多くの，そしてもっと凄惨な戦闘が間近に迫りつつあった．ポルトガルに侵攻したスペイン軍を後方から支援するという名目の下に，いまやフランス軍がスペイン北部を占領してナポレオンへの服従を強要し始めた．ゴドイは1804年にフランス皇帝となったナポレオンに上納金を差し出したり，フランス軍の支援のためにドイツ戦線へスペイン軍を派遣するなどして，国王ともども数年間はその地位を守った．ゴドイはもしもフランス軍の手でなければ，イギリス軍の手で間もなく自分がポルトガルの王位に就けるものと期待していた．彼はフランスと同時にイギリスとも通じていたのである．だが，彼が権力の座に留まれたのはナポレオンが他所から手を引けない間だけだった．

1807年，ヨーロッパ大陸の大部分を支配下に置いたナポレオンの前に唯一立ちはだかるのはイギリスだった．これより前の1805年，スペイン南西部のトラファルガール沖での海戦でイギリス海軍に敗れたナポレオンは大陸封鎖に打って出た．すなわち，ヨーロッパの同盟国および中立国のすべての港を封鎖してイギリス船を締め出すことによってイギリス経済に打撃を与えようという作戦である．先のオレンジ戦争以来，ポルトガルは中立を標榜しながらもイギリスと緊密な関係を保ってきた．これに対して今度はナポレオン自らが作戦の陣頭に立った．彼は条約の締結を待たずにスペイン経由でポルトガルに進撃してこれを占領すべく軍隊を派遣した．1807年11月，ポルトガル王の一家はイギリス艦隊に護衛されて船でブラジルへ逃れた．ポルトガルにおけるナポレオン軍司令官アンドーシュ・ジュノー（1771-1813）は王制の廃止を宣言し，ポルトガル王家と国家を象徴するもの一切を撤

左　スペインが独立戦争の混乱に陥る前の1800年のゴヤの作品『カルロス4世の家族』．フランスとの対決が間近に迫りつつある時，この画面からはスペイン・ブルボン王家に対する期待はまったく伝わってこない．この作品におけるゴヤは現実をありのままに描く単なる写実主義をはるかに超え，命運尽きた王家の大人達を嘲う隠微な悦びに浸っている．画面構成が雑然としているのはおそらく意図的なことである．人物群はまるで最後の時を迎えてこの画のために慌しく集まったかのように並んだ位置も順位も整っていない．画面左には，画架の前に立つゴヤ自身が描かれているが，これは明らかにベラスケスの『ラス・メニーナス』を意識してのことである．

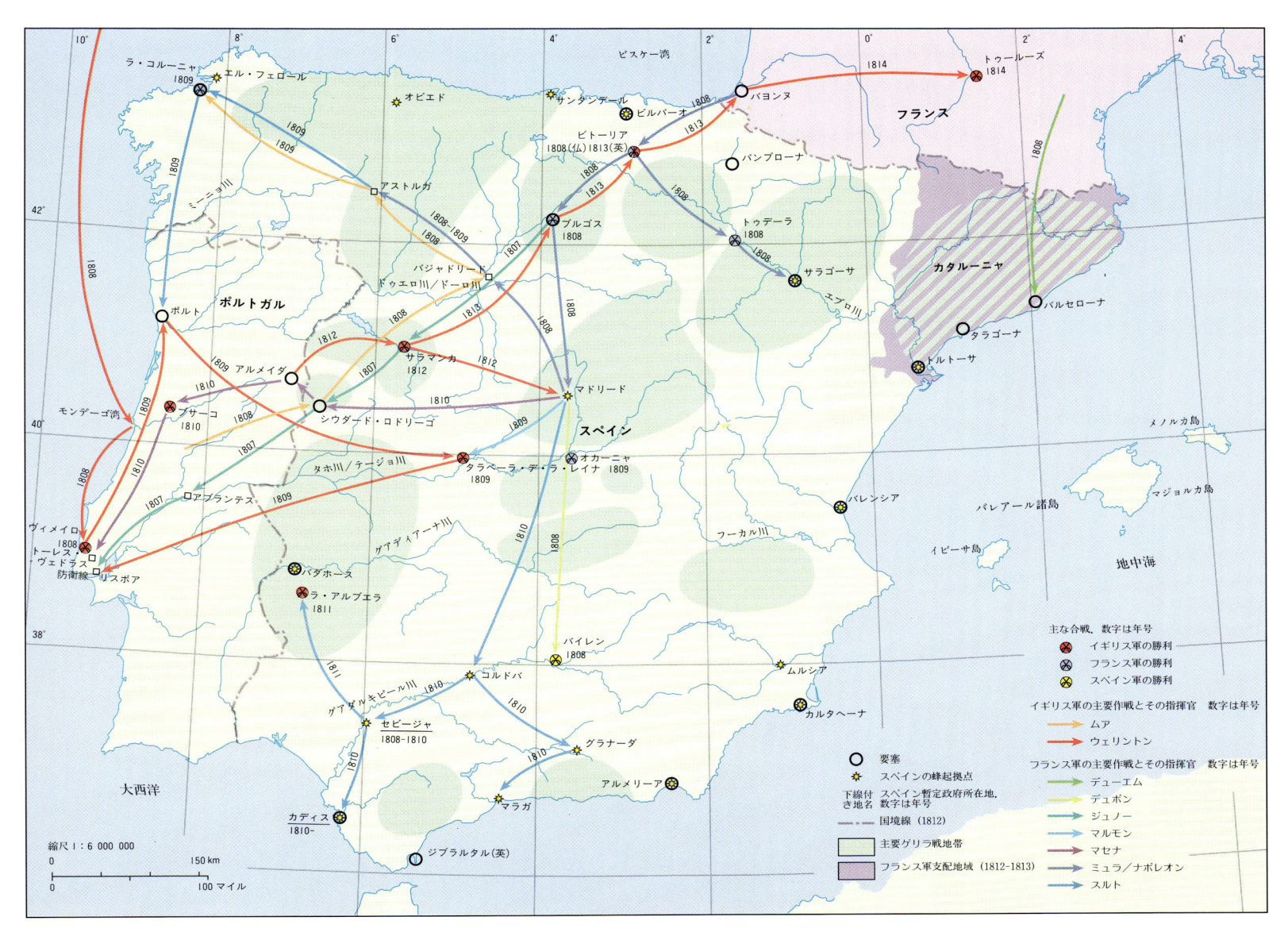

王家の野心と現実路線　1670-1812

スペイン独立戦争 (1808-14)

フランス占領軍に対する1808年5月のマドリードの蜂起が引き金となって、スペイン全土に抵抗の火の手があがった。スペイン側は当初こそバイレンで勝利を収めてマドリードへ進撃したが、訓練不足のために優勢なフランス軍に対抗できず、12月にマドリードは再びフランス軍に占領された。セビージャには中央評議会という名の臨時政府が置かれ、以後スペインの独立戦争は地方毎に組織されたゲリラによるテロの形をとった。1813年には都市部を除く国土の大部分はフランスから奪回された。この間のスペイン人の手にかかったフランス兵の死傷者数は、ウェリントンの率いるイギリス軍との戦闘による死傷者を10倍から20倍も上廻ったと推計されている。ナポレオンが1812年にロシアでの戦闘に兵力を振り向けるためにスペインからの撤退を決めると、イギリス軍はポルトガルからマドリード、さらにはトゥールーズまで一気に勝ち進んだ。

去した。これに対抗してイギリスは後のウェリントン卿アーサー・ウェルズリーの指揮下にポルトガルに出兵した。1808年8月にポルトガルに上陸したイギリス軍は緒戦に勝ち、ジュノーの部隊を後退させた。

暴動と独立

スペインの民衆はナポレオンに屈したカルロス4世を見限っていた。教会に対する革命派の過激な攻撃、特にパリでの聖職者の大量殺戮とフランス西部のヴァンデーでの反革命勢力との交戦などはスペインに侵攻したフランス軍の傲慢で反宗教的な振る舞いと相俟ってスペイン中に恐慌をまき散らした。スペイン人の愛国心が一気に火を吹いた。教区司祭と名門貴族の指揮下に保守派が再び集まり始めた。世論は周囲から孤立した自由主義的なインテリや地方の政治家達に猜疑の目を向け、やがて彼らにフランスかぶれ (afrancesado) という侮辱的なレッテルを貼った。

国土の大半をフランス軍に占領された事態の中で祖国を思うカトリック世論の目は1748年生まれのフェルナンド皇太子に注がれた。彼は人々の想像の中で救国の英雄に祀り上げられて後に待望王と呼ばれたが、その実像はこのような期待に応えられる人物からおよそかけ離れていた。1808年3月、王家は揃ってマドリード南東のアランフエースにある夏の離宮に避難した。ここでカルロス4世は群衆の怒りに屈してゴドイを罷免せざるを得なくなった。民衆の目に映るゴドイは自由主義者でほとんど神を信じず、フランス人の傀儡で、ス

ペインの名誉に泥を塗った張本人だった。権力の座を追われたゴドイはナポレオンと同じく亡命先で死ぬが、ただそれは30年も後のパリでのことだった。

ゴドイが失脚して2日後、今度はカルロス4世がフェルナンドに譲位せざるを得なくなった。即位したフェルナンド7世 (在位1808-33) はスペインに駐留するナポレオン軍の司令官ジョアカン・ミュラのご機嫌を取り結ぶためにマドリードに出向いたが、冷たくあしらわれただけだった。そして4月、国王一家はナポレオンに呼び出されるままにフランス南西部のバヨンヌでの会見に赴いた。そこでナポレオンは一家を口論させ、部下達の余興に供した。かつてスペイン国家の名誉を守る楯であった王家の命運はついに落ちる所まで落ちた感があった。ナポレオンはすかさずこの機会を捉えてフェルナンドに譲位を強要し、父カルロスに王冠を返させた。するとカルロスはそれをナポレオンに差し出し、ナポレオンは兄のジョゼフ・ボナパルト (1768-1844) にこれを被せた。

ついにマドリードの群衆が事態に介入した。1808年5月2日、首都を占拠するフランス軍に対して暴動が発生、市の中心部である繁華街プエルタ・デル・ソルで群衆が部隊を襲った。事件はたちまち連鎖反応を起こした。5月4日にはアストゥリアスが反乱に加わり、1週間後にはスペイン全土に拡大した。フランス革命は確かに触媒の役割を演じた。だが、スペインの未来を決めるのはナポレオン軍ではなく、蜂起したスペインの民衆だった。このスペインの独立戦争 (1808-14) の最初の数カ月間ほどスペイン人が固く結束したことは

スペインの王宮

スペインの王宮のほとんどは16世紀以来の首都であるマドリード市内かあるいはその近郊にある．例外はわずかにグラナーダのカルロス1世宮とサンタンデールのラ・マグダレーナ宮である．前者はルネサンス様式で，今も未完のままである．後者は国王一家が北部の海岸サンタンデールで避暑をするようになったずっと後の時代に建てられた．いろいろな町を移動していたスペインの宮廷はフェリーペ2世の時代になって1カ所に落ち着いた．しかし，その後も継続的ではないにせよ，かなり定期的に移動する習慣が残った．マドリードの周辺に散在する宮殿は同市の耐えがたい夏の暑さや途切れることのない政務から逃れるために使われた．確かにブルボン朝の王達はマドリードの雑踏から逃れると共に，またいざという時に備えた節がある．それは彼らの模範であり一族の頭であるフランスのルイ14世がパリから安全な距離の所にヴェルサイユ宮を建てたのと同じである．しかし，最大の目的は休養であり，そして何よりも存分に狩りを楽しむことにあった．

ブルボン期に入ると，必然的に宮廷の規模が大きくなり，その数が増えた．膨大な額に上る経費はかつての比ではなかった．マドリードとその近郊にあったハプスブルク時代の建物は18世紀のフランス様式に大幅に改装され，わけても庭園は一変した．装飾を排したフェリーペ2世好みのエル・エスコリアル宮にはおよそ魅力を感じなかったブルボン朝の王達はこれの一部にまで修復の手を入れた．フェリーペ5世はラ・グランハにヴェルサイユ宮を真似た離宮を建てた．普段，宮廷は贅を尽くしたこれら一連の宮殿のどれかに滞在し，歴代の王もこの居心地のいい世界を長期間留守にすることはめったになかった．こうして次第に宮廷とカスティージャ，そしてマドリードとが一体化を深めていった．これがやがてスペインの政治風土の根深い特徴である不信に繋がったとしても驚くには及ばない．

下　オリエンテ宮の名で知られるマドリードの王宮の広間は，フアン・カルロス1世によって今日でも公式行事に使用される．ここにはかつてイスラム時代からの城（アルカーサル）があったが，1734年の火災で焼失した．新王宮の建設は1738年にイタリア人建築家ジョヴァンニ・バッティスタ・サケッティ（1690-1764）の采配の下で始まり，30年後のカルロス3世の時代に完成した．整然とした庭園に続く二重のパラッディオ風の屋外階段（下左）はかつてのバロック様式を思わせる．

下右　マドリードのブエン・レティーロ宮は現在では迷路のような細い散歩道が縦横に張りめぐらされ，随所に配された泉水が涼感を呼ぶ公園になっている．1630年代にフェリーペ4世によって建てられた宮殿自体はほとんど残っていない．もともとはこの公園はフィレンツェのボボリ公園を造ったコシモ・ロッティらイタリアの造園家が王家の遊興のために設計したものだった．

上　マドリードからトレード街道を南へ約30km いった所にあるアランフエースに宮殿が建てられたのは，大掛かりな狩りのためだった．前からあった狩猟小屋はフェリーペ4世によって増築され，普通は毎年春に王族が短い間滞在するだけだった．アランフエース宮はブルボン朝がハプスブルク朝から喜んで引き継いだ数少ない宮殿のひとつだが，正面の入口はロココ様式に改築された．

右　セゴビアの南東約11kmにあるラ・グランハは農園を意味するその名から想像されるよりもはるかに豪華な宮殿である．スペイン・ブルボン朝の初代の王フェリーペ5世がスペインに持ち込んだフランス趣味を反映した建物である．

王家の野心と現実路線　1670-1812

1808年以前になく，おそらくそれ以後もない．反乱軍は7月に最大の勝利を手にした．アンダルシーアで展開していた2万3千のフランス軍がバイレンで降伏したのである．勢いに乗ったスペイン軍はマドリードに進撃してフランス軍を同市から撤退させた．

　ナポレオン軍に対する蜂起の激しさではカスティージャ人も，バスコ人も，アラゴン人も，バレンシア人も，カタルーニャ人もほとんど同じだった．スペイン人が一体となって政治的な力を発揮したのはこの時が初めてだった．1808年以前のスペインではどの地方も住民がフランス軍との闘いのために駆り出されることにいつも強い抵抗を示してきた．ところがいまや人々は各地で組織されたゲリラ部隊に馳せ参じて組織力と訓練の行き届いた正規軍を相手に戦った．ちなみに，「小さな戦争」を意味するゲリラ(guerrilla)という新しい軍事用語が生まれたのはこのスペインの独立戦争の時だった．フランス軍を放逐するという目標では全員が一致していたが，抵抗戦を戦う人々の思いと組織は地域ごとにバラバラだった．ある顕著な例を挙げれば，マドリードの南にある寒村モストレスでは村長と村議会が，国民の古来からの権利の名の下に一方的にフランスに宣戦を布告した．スペインの到る所で人々はほとんど忘れかけていた遠い昔の自治の方式を思い出して民兵団を組織し，司法権を行使した．歴史に残る抵抗が各地で展開された．市の守護聖母であるピラールの聖母像をフランス軍から守るために蜂起したサラゴーサでは，フランス軍を退却させた砲撃の指揮を取ったのはアグスティーナという洗濯女だった．この類の逸話は後のスペイン無政府主義運動の伝道者にとって眩しいような先駆例となった．

　自由主義者の大方が民衆の王フェルナンド7世に懐疑の目を向けたのは当然だった．そうした彼らが期待を寄せたのはスペイン国民であり，ナポレオンという帝国主義的な解放者ではなかった．ナポレオンがスペイン王に据えたジョゼフ・ボナパルトに与したのはほんの一握りのフランスかぶれだけだった．フロリダブランカをはじめ古参の自由主義者が再び舞台に上がり，独立戦争下の政策の調整機関として生まれた中央評議会の指揮を取った．無論，混沌とした状況が長引き，その間に激戦も珍しくはなかったことから地域間の協力は絶対不可欠だったが，その一方で憎悪に駆られた復讐も珍しくなかった．自由主義派の市長や村長の中には転向の機会を掴む前に狂信的なカトリックの暴徒によって惨殺された者もいた．

　バイレンでの敗北の後，今度はナポレオン自らが3万の軍勢を率いてスペインに乗り込んできた．目標はマドリードの再占拠だった．1809年1月，ジョン・ムーア指揮下のイギリス軍がラ・コルーニャでの合戦で敗走すると，フランス軍は再びポルトガルに侵攻した．しかし，その後同じ年，ウェリントンはポルトガルに後退する前にスペインのタラベーラ・デ・ラ・レイナでフランス軍に潰滅的な打撃を与えた．そしてリスボアに後退した彼は，同市の北にあるトーレス・ヴェドラスを拠点とした防衛線を築いた．1810年，マセナ元帥が新たに一隊を率いてポルトガルに向かったが，コインブラ近郊のブサーコでウェリントンから手痛い敗北を蒙った．フランス軍はトーレス・ヴェドラスを包囲したものの，4カ月後には飢えのために士気が乱れて後退を余儀なくされ，1811年には最終的にポルトガルから撤退した．その1年後，フランス軍がロシアに転戦するために撤退したのを機にウェリントンは再度スペインに軍を進めた．マドリードが解放され，ビトーリアでの敗北の後の1813年6月，ジョゼフ・ボナパルトはスペインから逃げ出した．ウェリントンが追撃を続けてトゥールーズを占領する一方，フランスのヴァランセに幽閉されていたフェルナンドは自由の身となってスペインへ戻り王位に復帰した．

　戦争の最中，中央評議会は最初はセビージャ，次いでカデ

ゴヤ

　フランシスコ・デ・ゴヤ・イ・ルシエンテスは1746年，アラゴンの寒村フエンデトードスに生まれた．サラゴーサ，マドリード，イタリアで熱心に絵を学んだ彼はマドリードで宗教画家として世に出た．最初の仕事は1785年に廻ってきた．サンタ・バルバラ王立タピスリー工場で製作予定のタピスリー用に，庶民の娯楽や農村の生活を主題にした一連の下絵を描く仕事だった．1786年，宮廷画家に任命されたゴヤはこの後4人の王に仕え，宮廷および上流階級の人々の内面を鋭い筆法で表現した数々の傑作を手がけた．絵画・素描・版画にまたがるその作品は膨大な数に上った．周囲の社会を観るゴヤの批判の目は容赦がなかった．当時の権力者の横暴ぶりを攻撃した一連の風刺版画『気紛れ』(1799)はほんの数日の間店頭に置かれただけで回収されてしまった．ナポレオン軍の侵入の後もジョゼフ・ボナパルトの宮廷画家として留まったゴヤは，見る者を圧倒せずにはおかない戦争の悲劇を描いた作品を残した．フェルナンド7世が1814年にスペインの王位に復した後に描かれた『1808年5月2日』と『1808年5月3日』はマドリードの民衆の蜂起の模様を今に伝える．晩年の作品には次第に世をすね，絶望に打ちひしがれたゴヤの内面が濃くなってくる．マドリードの市外にあった彼の家の壁に描かれた謎めいた『黒い絵』は悪と暴力を冷笑するような作品である．1824年，耳が聞こえなくなり，また自由主義の敗北に落胆したゴヤはスペインを後にしてフランスのボルドーに移住，ここで82歳で世を去るまでの4年間，絵を描き続けた．19世紀末の絵画はゴヤから深い影響を受けた．

右　ゴヤの社会批判は，1799年製作の版画集『ロス・カプリーチョス（気紛れ）』に現れている．このうちのおそらくもっとも有名な版画『理性の眠りは怪物を生む』は，理性と完全さを信頼した啓蒙主義の裏側を見せている．

下　『戦争の惨禍』と題した版画集では，1808年のナポレオンの侵略とこれに続くゲリラ戦によって生じた惨状に震撼とさせられたゴヤの心況が現れている．市民の死体がフランス軍に襲われた家の中で折り重なっているこの作品には『戦争の惨害』という題がついている．

下左　ゴヤは卓越した肖像画家だった．この『アリエタ医師と自画像』(1820)に見るように，現実と人間の苦悩を描き出す技量は驚くべきものだった．レンブラントを思わせるその画面構成の中で，ゴヤは友人である医者のアリエタ博士の介護を受ける自分を描いている．画面の下部には，「73歳で重病に罹った私の命を助けてくれた博士の技量と献身」という謝辞が記されている．

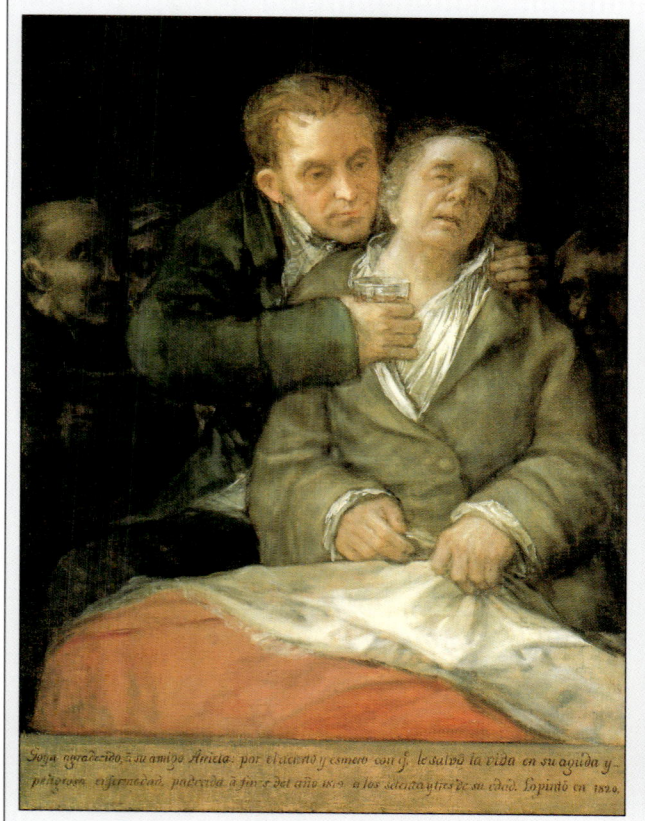

王家の野心と現実路線　1670-1812

右　晩年、幻滅と絶望に捉われたゴヤは暴力の悪夢に満ちた有名なシリーズ『黒い絵』(1820-24)を描いた。この中でおそらくもっとも衝撃的なのは、ギリシア神話から題材を取った『我が子を食らうサトゥルヌス』であろう。ひたすら我が子の肉を食り食うサトゥルヌスはこれまで時間あるいは反動の寓意表現と考えられてきたが、ゴヤの病的とも言える冷笑的なユーモアの一例と見ることもできる。ゴヤはこれを食堂の壁に描いた。

下　ゴヤが王立タピスリー工房に描いた最後の下絵『エル・ペレーレ（わら人形遊び）』。彼がこれを描いたのは、重病に罹ってまったく耳が聴こえなくなる直前の1791-92年だった。タピスリー用の下絵のほとんどは誰にもわかる単純な風俗画だが、この絵で初めてゴヤの内面にはある暗い感情の流れがあったことがわかる。赤味を帯びた空を背景に奇妙な人形が手足をバタつかせ、下では4人の娘が上を見ながら大笑いしている。

ィスに陣取った。スペインが独立を回復する直前の1812年、半ばスペイン議会とも言うべき同評議会は異端審問所の廃止を含むスペイン初の憲法を発布した。しかし、フェルナンド7世も保守派もこの憲法を受け容れなかった。自らも根っからの保守派だったウェリントンも急進的な変革を押し止めた。ゲリラの指導者の大方も外国からの侵略者と同じく自国の自由主義者をスペインから一掃しようとした。中には異端審問所の再興を願い、あるいはカスティージャ国務諮問院の最後の決定事項のひとつとして廃止された領主裁判権の復活を支持する者さえいた。共通の大義を掲げてひとつにまとまったスペインは早くも再び分裂に陥った。

ゴヤと戦争の悲劇
　カルロス4世の即位から一気に遠い祖先の時代に立ち返ったようなゲリラ戦を展開した独立戦争までのスペインでの出来事は、フランシスコ・デ・ゴヤ・イ・ルシエンテス(1746-1828)という啓蒙期のスペインが生んだもっとも偉大な画家によって記録に留められた。1808年5月のマドリードの蜂起とフランス軍の報復戦の模様を描いた彼の作品『戦争の惨禍』はスペイン・ナショナリズムの神話を生む一翼を担った。ただし、ゴヤの社会心情はフランス革命に傾いていた。彼はフランスに加担するようなはっきりとした素振りこそ見せなかったものの、その作品には異端審問所をはじめ教会のあらゆる横暴に対する痛烈な批判が込められている。1813年以降の相手構わぬフェルナンドの反動政策のためにゴヤはまずスペイン国内で一種の亡命状態に追い込まれ、後にボルドーへと逃れた。ここで彼はやがてスペインに降りかかる数々の困難をはっきりと予見しているような一連の作品を描きながら晩年を送った。
　独立戦争最中の政局の混乱とその余震を避けるように2人の優れた音楽家がパリに亡命した。1人は当時の人々からギターのモーツァルトと評されたフェルナンド・ソール(1778-1839)、もう1人はフアン・クリソストモ・デ・アリアーガ(1806-26)で、早くから期待されたその才能を共に開花させることなく終わった。スペイン・ギターを弾いてやがて19世紀唯一の大音楽家となるエクトル・ベルリオーズ(1803-69)の背後にはソールのパリ滞在があった。一方、深い情感と閃きに満ちた器楽曲をいくつか作ったアリアーガは20歳を待たずにパリで非業の死を遂げた。

立憲政治と内戦　1812-1974

復位

ナポレオン戦争が終わり，ヨーロッパ各国では戦争前の王制と階級社会と秩序が復活した．スペインに帰ったフェルナンド7世はある者からは追従を受け，またある者からは侮蔑の眼で迎えられた．旧来の秩序と社会の仕組みに与する者は彼を歓迎したが，自由主義の進展を願う者は同王がカディス議会の精神に則って自らの専制君主的な姿勢と訣別してくれることを願った．だが，この期待はすぐに裏切られた．王位に復帰して2カ月後にカディス憲法を廃して自由主義派を退けたフェルナンドは，以後6年間にわたって王令だけでスペインを支配した．

自由主義派の眼に映るポルトガル情勢もさほど明るくはなかった．1810年，数少ない急進的な知識人はアソーレス諸島かイギリスのいずれかに送られた．彼らはイギリスではスペインの同志と邂逅した．ナポレオン戦争はスペインとポルトガルで自由主義を称える幾多の華やかな神話を生んだ．だが，その一方で両国の財政は長期に及んだ戦争で破綻寸前の状態にあった．かつては共に大帝国を築いたスペインとポルトガルだが，いまでは周囲から見放されるような貧乏国に成り下がっていた．ナポレオン軍による占領の結果，スペインから切り離されてしまった新世界の植民地では1810年以来反乱状態が続いていた．ヨーロッパの将来を決めるべく開かれたウィーン会議（1815）ではスペインもポルトガルも列強としての地位を要求できるような状態にはなかった．

帝国支配の遺産

19世紀が進むにつれてスペインもポルトガルも植民地帝国としての勢いを次第に失っていった．1789年のフランス革命の理想に触発された中米と南米の各地は世紀の初め，ベネズエラからボリビアにかけて独立運動を指揮したシモン・ボリーバル（1783-1830）の働きの結果，その目的を達成した．だが，独立によって言語や文化の絆が絶たれることはなかった．メキシコは独立後，カリフォルニアやテキサスなどを米国に奪われ，そこに住むスペイン語を母語とするカトリック教徒は英語を話すプロテスタントを主流とする米国文化の中に取り込まれた．だが，20世紀に

立憲政治と内戦　1812-1974

対ナポレオン独立戦争によってポルトガルは事実上イギリスの保護国と化し，たとえばウィーン会議でのポルトガル代表は大方無視された．ブラジルに逃れたジョアン6世(1816-26)にはポルトガルへの帰還を急ぐ様子はさらになく，その統治をほとんど名ばかりの摂政とポルトガル軍総司令官のウィリアム・カー・ベレスフォード(1768-1864)にまかせたままだった．戦略家よりも行政官としての手腕で知られるこのアイルランド貴族の庶子は，多くの敵を作りながらも崩壊同然だったポルトガル軍の徹底的な近代化を図り，これを見事に建て直した．彼は徴兵制度を導入し，門閥を無視して将官を罷免し，脱走兵には銃殺刑で臨んで軍規を引き締めた．少年期に銃の事故で視力を失ったその左眼に将兵達は震え上がったらしい．ただせっかく再建されたポルトガル軍もベレスフォードが軍才を欠いていたために正規には一度も出動することはなかった．

ベレスフォードは外国人であるがために周囲の恨みを買ったところがあるが，後世に残した悪評ではフェルナンド7世の方がベレスフォードの上をいった．自由主義派が描く同王はおよそ欠点だらけの暴君であり，スペイン史は残虐きわ

入ると南から北へ向かう移民の増加とともに，米国内の随所にスペイン文化が顔をのぞかせるようになった．21世紀の中頃には米国人の半数がスペイン語を話すであろうと予測されている．スペインは19世紀末に太平洋とカリブ海にわずかに残っていた領土を失う一方で赤道ギネア，モロッコ，西サハラなどを新たに領有した．ポルトガルは最後まで植民地の保持に強く執着したが，その植民地の独立戦争の激化によって軍事予算が増大し，ついにはサラザール政権の崩壊という事態に立ち至った．

りないその治世によって発展を妨げられたとされた．しかし，そんな彼にも支持者はあった．1814年に帰国した同王は少なくとも軍の一部は国王としての自分の権限を全面的に支持してくれるものと確信していた．カディス議会で自由主義派に反対した追従派と呼ばれる保守派は，1812年憲法を廃して伝統的な政治体制への復帰を求めた．これに対してフェルナンドは同憲法の廃止には異論はないものの，彼の頭にあったのは伝統的な政治体制の復活ではなく，自分が覚えている1808年以前の宰相政治だった．だが，同時に彼はゴドイを忘れてはおらず，そこでひたすら自らが政治の中核であろうと努めた．たとえばロシアから新しい艦船を購入する一件は極秘事項とされ，海軍大臣はなにも知らされなかった．フェルナンドは周囲の政治家を一貫して信頼しなかった．1808年にマドリードの群衆から喝采をもって迎えられた経験から，彼は頼りになるのは民衆であると信じて秘密警察を使って巷の声を探らせた．その政策は定見を欠き，新世界の領土がすぐにも回復できるとの確信から昔日のスペイン帝国の再興を心に決めていた．

しかし，軍隊なして新世界の回復は叶うはずもなく，また

第2部　イベリアの歴史

当の軍部の動きがやがてフェルナンドの破滅に繋がっていった．スペインでは国の防衛はナポレオン軍に侵略されるまではおおむね各地の民兵組織に依存していたが，その後は正規軍が国の重要な要素となった．スペインでもポルトガルでも人数の膨れ上がった軍隊が独立戦争の置き土産として残ったが，これに要する資金は乏しかった．おまけに指揮を執る将校達は時と共に自由主義に傾倒していき，それも特にフリーメーソンに繋がる思想に染まる者が相次いだ．

1820年の暴動

1820年1月，陸軍の大部隊の一部が1812年憲法への支持を掲げて蜂起した．叛乱軍は新世界の戦場に向けて出航するためにカディスの郊外に集合していた．新世界への出兵は不評な上に兵士に支払う給料は不足気味であった．おまけに兵士の一部は政府が出航に要する充分な資金を集めるのを1818年からアンダルシーアで待たされてうんざりしていた．昇進から外された自由主義派の将校と，大西洋の彼方への出兵を免れたい兵士とが反政府世論に合流して国王に反旗を翻したこの行動は成功した．フェルナンド7世は1812年憲法の承認を余儀なくされ，彼に反対する自由主義派が亡命先から帰国または牢から解放された．彼らの「受刑者政権」によってスペイン政治は新たな段階を迎えた．

スペインの1820年革命は全ヨーロッパに大きな衝撃を与えた．それはウィーン会議が築き上げた保守主義体制への最初の本格的な挑戦だった．スペイン自由主義派の声はロシアの十二月党員（デカブリスト），ピエモンテ軍の将校団，ナポリの立憲派などの耳にまで届いた．しかし，もっとも大きな反響があったのはポルトガルだった．反乱を企てた数名の自由主義者が1817年に略式裁判にかけられて処刑されて以来，ベレスフォードへの反感は一段と高まっていた．他方，特にイギリスとの通商関係の緊密化によってその恩恵を受けたブラジルは，明らかにポルトガル本国から次第に離脱しつつあった．ベレスフォードのような規律に厳しい人間をもってしてもいまや不満は抑えられなかった．そしてついに1820年8月，ポルト駐屯の部隊がスペインの事態に呼応するかのように自由主義を旗に蜂起した．この事態にジョアン6世は翌年ペドロ王子をブラジル摂政に任命してようやく帰国の途に就いた．1822年，同王はすでに公布済の新しい憲法を承認した．新憲法は1812年のカディス憲法を模して作られ，内容もきわめて似通っていた．

立憲政治の崩壊

ポルトガルの1822年憲法は短命に終わった．翌年，ジョアン6世の次男ミゲール（1802-66）の率いる反動勢力がヴィラフランカーダと呼ばれる反乱を起こすと，同王は憲法を廃して絶対王制を復活，ミゲールを国外に追放した．危機に瀕した王位を守るためこうした強硬措置も辞さなかったジョアン6世だが，その人物は比較的温厚で，彼の専制統治は1823年から33年にかけてスペインが経験した「忌まわしい10年」とは対照的だった．

ヴィラフランカーダの1カ月前の1823年4月，聖王ルイの10万の王子達の名で知られるフランス軍がスペインに侵入してフェルナンド7世の絶対王制を復活させた．事件は当然ミゲール親王を勇気づけたが，イギリスの圧力を受けたフランス軍はポルトガル領内への進撃を思い止まった．ナポレオン軍の侵略の時とは打って変わってピレネーを越える聖王ル

イの10万の王子達に民衆はまったく抵抗しなかった．1820年の革命を遂行したのは軍部だった．だが，いまでは自由主義派は穏健派と急進的な「狂信派」とに分裂し，民衆は3年続きの旱魃と洪水と黄熱病に見舞われていた．こうした状況の下で外国軍隊に国土を占領されては，軍部の指導者達もフェルナンド7世と速やかに和解するしかなかった．こうしてスペインの「3年間の立憲政治」はあっけなく幕を降ろした．

スペインでもポルトガルでも1820年から23年までの議会政治は成功にはほど遠かった．両国の自由主義派は絶対主義政権の圧力によって分裂に追いやられた．キューバとプエルトリコを除く新世界のスペイン領とブラジルは最終的に分離独立してしまった．立憲政治は国王の反動政治によって葬り去られた．スペインではフェルナンド7世の厳しい弾圧を逃れて自由主義者は再び短期間ながら亡命の道をたどった．軍部の将校全員について個人別の調査書類が作られ，国王自らの人選による大臣達は専制的な権限を行使する一方で，あたかも王家に仕える使用人のように同王を「ご主人様」と呼んだ．

そのようなフェルナンド7世の勢いにも財政の逼迫というどうにもならない制約があった．国庫は空だったが，王党派は従来の課税制度の改革に反対し，自由主義を信奉する銀行家達は外国に融資を仰ぐ道を塞いでしまった．1825年，フェ

上　1831年，自由主義者のトリーホス将軍はにわか仕立ての部隊を率いて自分の故郷に侵入した．だが，フェルナンド7世の専制政治に対する民衆の蜂起を狙った彼の試みは惨めな失敗に終わった．侵入者達は逮捕され，マラガで銃殺刑に処せられた．その後，トリーホス将軍は殉教者と見做されるようになり，1865年には19世紀のスペインの画壇を代表する1人で，歴史画を得意とするアントニオ・ヒスベルト（1835-1901）が，同将軍の処刑をテーマにこの作品を描いた．上の写真はその一部．

立憲政治と内戦　1812-1974

19世紀における地方の反乱

19世紀半ばのイベリアは暴動と反乱に揺れ動いた．多くの面でイベリアは2つの文化圏に分かれた．北部は保守的でカトリックに留まり，中央政府の干渉を嫌った．一方，南部は時とともに急進化していき，特にスペインでこの傾向が著しかった．そしてカタルーニャではこの2つが共存した．カタルーニャの内陸部は保守派のカルロス党を支持し，海岸線と並行して走る山脈の海側ではバルセローナを含む繊維業が盛んな都市部は共和派の牙城となった．この分裂はカタルーニャの分離主義を助長した．同じくバスコ地方とナバーラでもカルロス派は地方自治要求の火種となった．カルロス党に相当するポルトガルのミゲール党ははっきりとした地盤は持たなかったが，埋葬に関する新法に反対して1844年に起こったマリーア・ダ・フォンテの反乱は，中央政府が地域の慣習に干渉することに対する農民の激しい反発のほどを見せつけた．ポルトガルの二大政党のうちの急進派である九月党（セテンブリスタ）が1846-47年に政権掌握を目指した際には，同党への支持はポルトガル全土に広まった．

ルナンドはより穏健な大臣を数名任命して和解を試みるかに見えたが，この譲歩は王党派の中の強硬派である「使徒派」の反撥を買った．1827年，カタルーニャの山岳部で被害者の乱と呼ばれる反乱が起こった．首謀者は，かつて王党派として働きながらフェルナンドが再編した軍隊の中に地位を与えられなかった将校や下級聖職者だった．反乱は農村に根ざした地域的な性格がきわめて強く，これに加担した人々は悪しき側近達が国王の意思を歪めていると考えていた．彼らは旧来の政治体制の復活・異端審問所の再興・軍部の浄化などを求めた．これらの要求はやがて1830年代に起こる内戦でカルロス党が掲げる綱領の核となった．王弟カルロス親王（1788-1855）はこの時点ではまだ反乱の先頭に立つことを拒んでいたが，被害者の乱は実質上カルロス党の最初の反乱だった．

ミゲリスタ戦争とカルリスタ戦争

スペインでもポルトガルでも自由主義派と王党派の対立は内戦へと発展していった．両国で王位継承問題が浮上するや，対立する二派は共にそれぞれの王家の旗を掲げた．1833年にフェルナンド7世が死ぬと，まだ幼い王女イサベル2世（在位1833-68）が後を継いだ．ところがイサベルの叔父であるカルロス親王と女性の即位を認めない保守派は共に彼女の王位継承を容認しなかった．これに対して同親王に反対する勢力はイサベルのために自由主義者の支持を取りつけた．摂政のマ

リア・クリスティーナは自由主義にさほど共感を覚えていなかったが，彼らが作成した1834年の王国基本法は国体の穏健な改革への道を開いていた．こうして合意に基づく自由主義王制が，王権は神意に由来するとして王位継承権を主張するカルロス親王の絶対主義に対抗する形で誕生した．フェルナンド7世が息を引き取ると間もなく，6年以上にわたる内戦が勃発した．

ポルトガルでも王位にあったのは幼い女王だった．1826年にジョアン6世が死ぬと，その長子がペドロ4世として即位した．しかし，この頃すでにブラジル皇帝でもあった同王はポルトガルへ帰る気はさらになく，3月から5月まで王位に留まった末に自分の長女マリーアに譲位した．時にマリーア2世（在位1826-53）は7歳だった．そして議会政治の実現を定めた憲章を承認するという条件で，王弟のミゲール親王とマリーア2世との婚約が成立した．ペドロ4世はブラジルから帰らず，あわただしく作成された憲章がイギリスの使節からリスボア側に手渡された．同憲章はどちらかと言えば保守色の濃い内容だったが，それでも立憲王制の誕生は自由主義者を改めて勇気づけずにはおかなかった．そしてリスボアとポルトの街頭に繰り出して新体制の発足を祝った人々も新体制の弱点に気づかなかった．事実，ミゲール親王の帰国を待たずして彼を支持する勢力が農村部で行動を起こした．スペイン出身の彼の母カルロータ・ジョアキーナ（1775-1830）は弟

第2部　イベリアの歴史

フェルナンド7世の支援を取りつけ、1826年にはスペイン軍がポルトガル領内に侵入した．1828年，一旦は誓った憲章を否認したミゲール親王は王位を簒奪した．こうしてペドロ4世とミゲール親王の「二兄弟の戦争」(1828–34) が始まった．

ポルトガルのミゲール親王もスペインのカルロス親王も農村部で民衆の支持を得た．支持者は特に北部で多かった．ミゲールとカルロスの2人に与する運動は典型的な対抗革命であり，彼らにとっての真の王と真の信仰のための戦いだった．正統な王位継承権の主張とカトリック信仰は，都市部の繁栄を快く思っていなかった北部の信仰心の篤い多くの農民の心を捉えるのに大きな力を発揮した．運動は両方ともそれまでの生活様式が危機に晒されていると感じた人々を惹きつけた．たとえば市場経済がもっとも進んでいたカタルーニャではカルロスの支持者達は工場を破壊し，市場作物を栽培する農地を荒し廻った．カルロス党の運動は先行のミゲール党のそれと同じく，その本質は初期段階の抗議運動だった．それはまた遠い昔から政府の介入に反撥してきた農民運動の伝統を直接引き継ぐものであり，特にスペインのバスコ人は政府の介入に不満を抱いていた．カルロス党の掲げる「神と古の法」という標語の中には，同地方の半ば伝説的な古くからの法の遵守を求める気持が込められていた．戦争に敗れた後もナバーラの山岳部ではカルロス親王を支持する声は消えなかった．またカルロス党は19世紀前半の政府側の勝利の後も地方分離主義の原点として生き続けた．これに対してミゲール党はカルロス党が持ったような拠点を欠いていたために，敗北後間もなく消滅した．

自由主義への反撥が農民運動の形を取ったのとは対照的に，当の自由主義は都市部を基盤とし，その支持者の大方は教育を受けた人々だった．もともとスペインでは地方に急進派が生まれる伝統があり，その中心はアンダルシーアの都市と地中海沿岸地帯の都市，特にバルセローナだった．これに対してポルトガルの自由主義は主にリスボアとポルトに限られた．同国にはこの二都以外には一応の規模を持ち，また工業都市と言えるものはなかった．ポルトの軍事蜂起を制圧したミゲール親王は1828年にはポルトガル全土を掌握した．幼いマリーア2世側に留まったのは自由主義者が亡命先として好んだ遠く離れたアソーレス諸島だけだった．

ミゲール親王を王位から追い落とすにはペドロ4世自らポルトガルに侵攻する以外に道はなかった．ブラジルで起こった1831年の革命で息子に譲位せざるを得なくなった同王は帰国に踏み切った．ブラジルを発ち，1832年3月にはアソーレス諸島の中のテルセイラ島に到着した．ここでさまざまな船を掻き集めた彼はこれの指揮をあるイギリス人に託した．ペドロ4世の7500名ほどの部隊にはポルトガル人自由主義者と傭兵のほかにイギリスとフランスからの義勇兵が数百名含まれていた．当時，イギリスとフランスは中立を守っていたために，義勇兵は入隊に際してなんらかの口実が必要だった．噂では，両国の中立はミゲール親王に好意的なベレスフォードの働きかけによるということだった．ペドロ4世と彼の率いる「ブラジル入植者達」はポルトに上陸したものの，たちまち敵軍に包囲されてしまった．だが，1年後，チャールズ・ネイピア (1782–1853) という一風変わったイギリス人提督の示唆を受けたペドロ側の艦隊がアルガルヴェに向かうと，同地は即座にペドロ支持を表明した．ネイピアの艦隊はサン・ヴィセンテ岬沖でミゲール側の艦隊を破った．同提督の後日談によれば，「敵の砲門は372，我が方の砲門は176だった．それでも我が方は圧勝した」．リスボアが陥落し，イギリスとフランスはペドロ4世をポルトガル王として承認した．ミゲール派はその後も農村部で支援部隊の指揮を続けたが，勝敗の行方はいまや明らかだった．1834年5月26日，エヴォラ・モンテでミゲール親王は降伏した．

ミゲール親王の敗北で王位継承を巡る対立の舞台は自らの正統な王位継承権を主張するスペインのカルロス親王に移った．軍の高官と官僚と政府がイサベル2世支持に廻ったために，これに対抗するカルロス親王は軍隊だけでなく，行政組織も創り上げなければならなかった．この点が国家組織の全体を一時期掌握したミゲール親王との違いだった．こうした状況の中でもカルロス親王は目覚ましい成果を挙げた．それはトマース・デ・スマラカレギ (1788–1835) というバスコ人司令官の存在に負うところが大きかった．人心を捉えて止まない魅力を具えたスマラカレギは，それまで局地的な反乱だった戦況をスペイン北部の全域を巻き込んだ全面戦争に一変させた．彼の強味はゲリラ戦で，カルロス派がもっとも大きな戦果を挙げたのも北部の山岳地帯だった．そこでは彼らに共鳴する住民の支援があった．農村部でのゲリラ戦法を採るカルロス派を破るのは難しく，ましてや根絶は不可能だった．だが，まさにこの理由から彼らの運動は容易に人が近づけない山岳部に限定された．山岳部の人心は平野部には降りて来ず，いわんや自由主義派の牙城である都市部に伝わるはずもなかった．たとえば1835年の夏にカルロス派の軍勢はビルバーオ市を包囲したものの，いたずらに戦力を消耗したあげくに最後はスマラカレギが戦死するという結果に終わった．

和平と議会政治

1837年9月，カルロス派はマドリードの郊外に迫ったが，政府を倒すことはできなかった．自由主義派は正規軍と行政機構，そして1834年に4カ国同盟条約が成立するとポルトガル，イギリス，フランスの支持を得た．カルロス派はこのような優位に立った相手に対して長期の抵抗こそできなかったが，その余波はいつまでも残った．戦火に晒された都市部は

上　1833年にスペインの王位はまだ幼いイサベル2世に渡った．父親のフェルナンド7世は自分が死ぬと「ビールの栓が抜かれるだろう」と言い残したが，実際その通りになった．この時，フランスで描かれたこの風刺画では，正装した幼い女王が巨大で重い笏を懸命に支えながら母親である摂政マリア・クリスティーナの指示を受けている．女王の前には叔父のカルロスを支持する保守派が集っている．カルロスは女性の王位継承権を認めないサリー法を楯にその支持者ともどもイサベルの即位を認めなかった．この風刺画ではイギリスとフランスを象徴する人物がカルロス派に対抗して綱を引き，その傍らでは内戦に乗じて大儲けをもくろむフランスの武器商人が事態を眺めている．内戦はフェルナンド7世の死んだ1833年から自由主義派が勝った1840年まで続いた．

立憲政治と内戦　1812-1974

度公布して一時これに基づく専制政治を行なった．戦争による国内の荒廃から立ち直るためにも，特に資本家階層の間には強い政府と秩序と安定を求める声が高かった．

　スペインでも似たような解決が図られた．1841年，マリア・クリスティーナに代わってバルドメーロ・エスパルテーロ（1793-1879）将軍が摂政の地位に就いた．その2年後，軍部の反乱で同将軍が失脚すると，穏健派が政権を握った．穏健派政府は40年代を通して続いたが，これはスペインの復興にとってもっとも求められていたことだった．新しい議会政治の時代が幕を開けようとしていたが，最後のカギを握るのが軍部であることは誰の眼にも明らかだった．

ロマン主義時代

　1832年に解放王ペドロ4世と共にポルトに入城した兵士の中に詩人のジョアン・バプティスタ・アルメイダ・ガレート（1799-1854）がいた．ミゲール親王の王位簒奪の結果イギリスに亡命せざるを得なかった彼は，そこでウォルター・スコット（1771-1832）の作品を通して英語と英文学への造詣を深めると共に，当時盛んだった中世への熱狂の虜となった．ガレートの刷新的なロマン主義は「民衆のものにあらずば国民のものになりえず」という信念に基づいて喧伝された．自由主義の復活後に一躍名を上げた彼は議員と文部大臣（1852）を経て，ついには貴族に取り立てられた．

　自国の文化と国民精神の速やかな復興を訴えたガレートはポルトガル文学に大いに新風を吹き込んだ．彼の運動には歴史家のアレシャンドレ・エルクラーノ（1810-77）も賛同した．エルクラーノもペドロ4世の部隊に参加した兵士で，ポルトガル中世に関するその大作は教会関係者の怒りを買った．当時の大勢とは違って，エルクラーノが追究したのは神話で飾られた栄光の歴史ではなかった．彼はポルトガルの建国は神の摂理によるといったような伝説を退け，祖国の後進性の要

上　ポルトガルの「二兄弟の戦争」は明らかに反動主義と自由主義との争いだった．王位簒奪者のミゲール親王を支持する者達は幼いマリーア2世の即位を認めなかった．最後にはマリーアの父親ペドロ4世が自由主義派の軍と外国人志願兵，それからイギリス人提督チャールズ・ネイピアらの支援を受けてミゲール派を討って即位を宣言した．上の風刺画に描かれたように，当時のポルトガルは自らの手で将来を決められる国ではなかった．争う2人の兄弟は操り人形の小人として描かれ，2人の動きを操るのは外国勢力である．ペドロ4世は典型的なイギリス人ジョン・ブルに，そしてミゲール親王は絶対主義スペインに操られている．

きわめて不穏な空気に包まれ，自由主義は日を追って急進化していった．騒乱はしばしば暑い夏に起きた．1834年7月，マドリードでコレラが発生すると，イエズス会士が井戸に毒を投げ入れたという噂が流れ，激昂した群衆が修道院に焼き討ちをかけた．こうした事件は敬虔なカルロス派との違いを浮き彫りにした．事実，教会をめぐって相対立する2つの姿勢がいまやイベリアの政治の争点となった．そしてこれが1世紀後に行き着いたのがあの壊滅的なスペイン内戦（1936-39）にほかならない．

　1835年の夏もまた各地で騒乱が発生した．その一部はバルセローナが舞台だったが，南部の諸都市でも過激派による小規模な騒動が相次いだ．そして翌年にはスペインの状況は全面的な革命の様相を帯びた．この年の7月にマラガで反乱が起きると，他の地方都市がこれに呼応し，8月13日には軍曹達が1812年憲法の復活を求めて反乱を起こした．摂政マリア・クリスティーナは彼らの要求を呑まざるを得なかった．狂信派と呼ばれたかつての急進派の流れを汲む進歩派が今度は優位に立った．

　同じ年，ポルトガルでは九月革命によって内戦以後政権の座にあった保守の立憲派がその地位を追われ，1822年憲法が再び公布された．しかし，スペインの場合と同様に，これもすぐに別の新しい憲法によって取って代わられた．勝利者は自分達の急進的な理想を政治の場で実現しようと図ったが，スペインの1837年憲法もポルトガルの1838年憲法も短命に終わった．この時点で両国の支配者層はいずれも自由主義勢力のかつての分裂から生まれた急進派と穏健派に二分していた．すなわち，ポルトガルでは九月革命派と26年憲章派が，スペインでは穏健派と進歩派が対立していた．

右　1833年から40年にかけての内戦でカルロス派が手にした勝利の大部分は彼らの司令官トマース・スマラカレギの働きに帰せられる．彼は訓練らしい訓練も受けていないわずかな戦闘員を優秀なゲリラ兵に変え，バスコ地方の山岳部一帯に広く展開して多くの勝利を挙げた．しかし，やがてカルロス派がゲリラ戦法を捨てて通常の戦法に切り換えると，戦力の限界が露呈した．防備をめぐらせたビルバーオの包囲戦でスマラカレギが戦死すると，カルロス派の戦闘能力は著しく低下した．

　スペインでもポルトガルでも，時と共に優位に立ったのはより穏健な勢力だった．ポルトガルではこの状況の推移は緩やかだった．九月革命派の政権は幾度か26年憲章派の挑戦を退けるうちに次第に自らが強権的になっていった．1839年以降は法務長官のアントニオ・ベルナルド・ダ・コスタ・カブラール（1803-89）が実権を握り，1842年には26年憲章を再

スペインを旅する人々

　18世紀の末までイベリア半島はピレネー以北では未知の国同然だった．だが，2つのことがこの状況を変えた．ひとつには，新聞でナポレオン戦争の状況を日々追う形でヨーロッパ人は次第にイベリアの地名に親しんでいった．次いで，折から興りつつあったロマン主義運動が絵に見るような遠い異国としてのイベリアの魅力を煽り立てた．この時期の初めにスペインとポルトガルを訪れた人物の1人にバイロン（1788-1824）がいる．彼は1809年にイベリアの随所を巡り歩いた．その長編詩『ドン・フアン』（1819-21）は，かつてスペインの戯曲家ティルソ・デ・モリーナ（1571-1641）が描いたこの天をも畏れぬ女たらしの人物像の歴史に新たな展開をもたらし，やがてモーツァルトのオペラ『ドン・ジョヴァンニ』を生んだ．

　もう1人の訪問者は米国の作家ワシントン・アーヴィング（1783-1849）である．1822年からセビージャの米国領事館勤務となった彼は次第にイスラム時代のアンダルシーアに傾倒していき，伝説と物語を集めた『アルハンブラ物語』（1832）を著した．さらにプロスペル・メリメもスペインのロマン主義小説に着想を得て『カルメン』（1845）を発表した．しかし，イベリアの魅力をごく身近な形で一般の旅行者に紹介したのはイギリスの作家リチャード・フォード（1796-1858）だった．彼は1830年代に妻を伴ってセビージャとグラナーダに住み，この間に馬に乗ってスペイン各地を訪れた．膨大なメモに基づいて書かれ，少なからぬスケッチまで添えられた彼の『スペイン旅行案内』（1845）はその詳細で役に立つ内容と読んで楽しい文章のおかげでたちまちベストセラーになった．今日でも同書をこれまでに書かれた最良のスペイン案内書と見る人は多い．

左　アンダルシーア風の服装をしたイギリス人フォードの肖像画．彼が1832年に馬でアンダルシーアを巡り歩いた際の姿である．これを描いたセビージャの画家ホアキン・ベッケルはフォードが同市に滞在中に親しくなった．生き生きとした文体を特徴とするフォードの最大の才能はその好奇心であった．彼は好奇心の赴くままにスペインのあらゆる社会階層の人々を知ろうと努めた．

下左　グラナーダ滞在中のフォード一家にアルハンブラ宮殿に泊まるように勧めたのはワシントン・アーヴィングだった．1831年夏にハリエット・フォードがメスアールを描いた絵には，彼女の化粧室の向かい側の窓が描かれている．当時のアルハンブラ宮殿は手入れもなされず，荒れ放題の状態にあった．フォードはその著書『案内書』の中でメスアールについてまるで「一幅の絵のようである．だが，それも羊の囲い場に変えられ，……さらには鶏の群れる中庭に変えられた．ファサードのひとつにはかつてのイスラム風の透かし文様が名残を留め，天井の梁はアルハンブラでも最高の逸品である」と述べている．

下 フォード一家のスペイン旅行はハリエットの健康回復が目的だった．彼女は美貌で名高かった．J.F.ルイスが描いたこの肖像画には，彼女は「マハ風の素晴らしい黒の乗馬服を身に付けている．それには算え切れないほどの抜きかがり刺繡と房飾り，それに透かし模様を彫った無数の銀のボタンが付いている」という，リチャード・フォードが1833年に書いた文句がついている．

下 フォードはなかなかの水彩画家で，旅行中に多くのスケッチを描いた．このグワッシュ画『ラ・カルトゥーハから見たセビージャ』にはグアダルキビール川，ヒラルダの塔，大聖堂，そして黄金塔が描かれている．

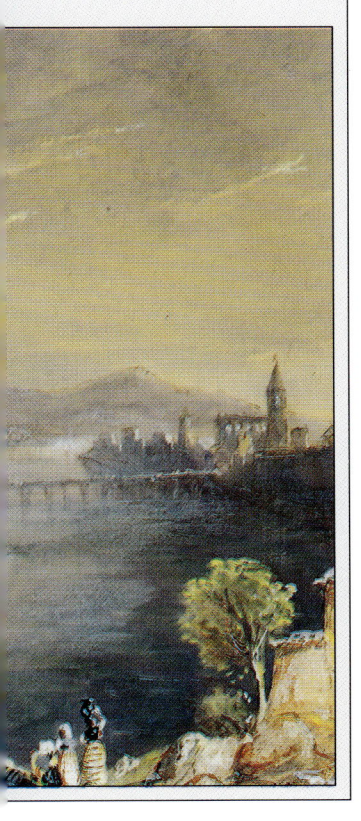

因を究明する過程で異端審問所を学術研究の立場から取り上げることも辞さなかった．だが，自分の研究成果を頑として主張して譲らなかった彼も最後は創作の世界に逃避した．若い頃は詩も書き，晩年はイベリアを代表する歴史小説家として名を馳せた．歴史小説は，ウォルター・スコットが名声を得たこともあって，当時は大いに流行したジャンルだった．

ロマン主義はイベリア全域を風靡したが，スペインにはガレートやエルクラーノに匹敵する人物は出なかった．2人にもっとも近い存在はあるいはホセ・デ・エスプロンセーダ（1808-42）かもしれない．彼はバイロン風の優れた数編の叙情詩を書き，ドン・フアン伝説を見事な韻文に移し替えた．ロマン主義と自由主義の双子を歓迎したのは学者ばかりでなく，繁栄する商都ポルトやバルセロナなどの市民や実業家なども同じだった．そこでは織物産業の発展によって最初の産業ブルジョアジーが生まれていた．ちなみに，カタルーニャの綿織物の生産高は1830年から40年までの間にほぼ3倍に増えた．イベリアの都市では当時流行のロマン主義を演劇や小説を通して貪欲に味わう世代が生まれつつあった．

彼らの欲求を劇作家は存分に満たしてくれた．カディス議会で活躍し，1833年に亡命先から帰国して首相を務めたフランシスコ・マルティーネス・デ・ラ・ローサ（1787-1862），リーバス公（1791-1865），ホセ・ソリージャ（1817-93）などの作品が新築の劇場で上演された．ただアルメイダ・ガレートの代表作とは違って，これらスペイン・ロマン主義の作品は今日では当時の雰囲気を味あわせてくれるだけでしかない．ポルトガル演劇の再興に大きな役割を演じたガレートは，1842年に竣工した国立劇場の建設にも中心となって尽力した．小説家のカミーロ・カステーロ・ブランコ（1825-90）はその作品の中でポルトガル，わけてもミーニョ地方と自分の故郷トラス・オス・モンテスに主題と舞台を求め，農民の日々の暮らしを描いた．ポルトガルにおけるロマン主義の流行は，やがて不毛な形式主義に陥ってもなお1870年代まで続くほど圧倒的だった．

一方，19世紀初頭のヨーロッパの劇場ではスペインに題材を求めたロマン派の戯曲が盛んに上演された．スペインは未開と画趣を求めるピレネー以北の人々がもっとも好んだ国のひとつだった．彼らロマン派の巡礼達は旅の見聞を記録に留め，あるいは小説にまとめた．フランスの作家プロスペル・メリメ（1803-70）は1830年のスペイン旅行に触発されて小説『カルメン』（1845）を書いた．それから30年後，ジョルジュ・ビゼー（1838-75）はこの小説を基に，いまなおアンダルシーアの人々の暮らしぶりと言えば決まって思い起こされるあの有名なオペラを作曲した．

だが，外国人だけが「民衆」を発見したわけではなかった．アルメイダ・ガレートは1840年代にポルトガル民謡を初めて体系的に収集し，時を同じくしてスペインでは民俗学研究所が設立された．カディス駐在のプロイセン領事の娘はアンダルシーアの民謡を収集すると共に，フェルナン・カバジェーロの筆名で南スペインの庶民の生活を丹念に小説の中に織り込んだ．この手法は後に風俗主義と呼ばれた．絵画ではゴヤが強い影響を及ぼしたが，一部の画家は風景に新たな題材を見出し，セビージャのホアキン・ベッケル（1805-41）とその弟のホセと1870年に死んだ息子バレリアーノのようにアンダルシーアの風俗と庶民の暮らしぶりを描いた画家もいた．

ほどなく強烈な民族色によって押し潰されはしたものの，スペイン・ロマン主義の影響は長く尾を引いた．作家達はロマン主義者が文学作品に採り入れた方言やその語彙を引き継いだ．そうした作家の1人が叙情詩人グスターボ・アドルフォ・ベッケル（1836-70）で，一族の他の者と同じように生まれ故郷のセビージャから強い影響を受けた．ベッケルと同時代の詩人ロサリーア・デ・カストロ（1837-85）は初めの頃は生まれ故郷ガリシアの言葉であるガリシア語で作品を書き，そのいくつかは20年も経たないうちに昔からのガリシア民謡と見做された．要するに，19世紀スペインを代表するこの2人の詩人はロマン主義の直系の申し子だった．カストロがガリシア語で書いた叙情詩はガリシア文学の再生に一役買ったが，同じく1833年にバルセロナのある新聞に掲載されたカタルーニャ語で書かれた頌歌『ラ・パトリア』はカタルーニャ語とカタルーニャ文学の本格的な復活の発端を開いた．

自由主義の確立

1830年代に入ってスペインとポルトガルで自由主義が勝利を収めると，自由主義社会の進展が見られた．勝ち誇った自由主義政府は一連の徹底した改革を推進して法律の上でまだ残っていた旧体制の残滓を一掃した．国内税関の撤廃・十進法の採用・郵便制度の改善・法典の編纂・課税の標準化などが次々と法によって定められた．これらに関連する法律の相当部分は革命後のフランスの法律を範とし，特に地方行政の再編ではフランスの中央集権制度の影響が顕著だった．1833年，スペインはそれまでの地方単位に代わって同じような広さの50の県に分けられたが，これもフランスの県制に倣ったものだった．ポルトガルもこれより10年前に17の県に分けられたが，後に18県になった．ポルトガルでは県知事の任命権は国王にあったが，それでも中央集権化は19世紀を通じてポルトガル政治の争点であり続けた．1835年と78年には地方自治の拡大が試みられたが，成果はなにもなかった．

行政面にせよ他の面にせよ，改革の代価は決して安くなかった．スペインもポルトガルも内戦によって国庫は底をついていた．生まれたばかりの近代国家の体制が順調に発展するには，資金の調達と経済の振興が必要だった．農業が主幹産業であり，土地が最大の資産であったこの時代，歳入の確保に努める両国政府の目は農業部門に向けられた．自由主義経済のどの法則に照らして見ても，土地の所有が十分の一税や長子限嗣相続制のような旧来の法に縛られている限り，農業の活性化はあり得なかった．そこで立憲体制を担う政府は土地の自由市場化に踏み切った．1834年，ポルトガル政府はすべての修道院を閉鎖してその土地を売却し，それ以外の教会所有地を課税の対象とした．その2年後，スペインのファン・アルバレス・メンディサーバル（1790-1853）政府も類似の政策を打ち出してすべての教会領を国有化した．続く数十年間に両国政府は教会領と王室領を自由市場で売りに出した．スペインではこの他に自治体の共有地についても同じ措置が採られた．これによって国庫は相当潤ったが，売却を急ぐあまり多くの土地が市場価格を下廻る値段で売却された．

教会領などの土地の売却は法律と政治の視点から見れば革命的な施策だったが，それがスペインとポルトガルの社会構造に与えた影響はさほどではなかった．土地の購入者はそれだけの資産の持ち主に限られた．土地が主たる富の源泉であったこの時代，売却された土地の多くは所有者が教会と王室から既存の地主に変わっただけだった．事実，従来すでに南部で広大な土地を持っていた貴族の所領は，19世紀の中頃にさらに拡大された．それでもこの時の土地の解放と売却によ

って地主層の数は増加した．もっとも面積の広い教会領を手に入れたのはマドリードの財界人や政治家だった．カタルーニャの産業ブルジョアジーやヘレースのブドウ酒生産業者といった地方都市の有産階層もこの機会にそれぞれの居住地域で土地を手に入れた．さらに規模が小さな買い手は富有農民だった．彼らは自分達の住んでいる村でささやかな土地を買い求めた．このような例は特にスペイン北部で目立った．カスティージャのバジャドリード県の場合，この種の買い手は全体の半数に上った．だが，彼らが買ったのは売りに出された土地のわずか14％に過ぎなかった．

土地所有権のこうした大々的な移動は二重の結果を生んだ．ひとつには，これによって法律面での革命が完成を見た．つまり，個人の土地所有権を認めることによって法の前における国民の平等が達成されて近代自由主義国家の条件が整った．しかしながら，その一方では，これによって当時生まれつつあった都市部の産業有産階層が地主層に変身した．それまでは活力に溢れていた彼らはこれ以後は古くからの地主層と同じく関心を土地に向けるようになり，貴族勢力に挑戦するどころか，かえってこれの擁護に腐心した．土地の解放は既存の社会と経済の仕組みを変革せず，逆にこれらを強化し，一段と際立たせた．

教会と国家

教会領の没収は当初は教会に打撃を与えることよりも財政上の必要から講じられた措置だった．とは言え，以前からスペインとポルトガル双方において緊張が増していた教会と国家の関係がこれによって大きく損なわれたことは驚くに値しない．教会領の売却は前例のないことではなかった．教会領が初めて没収されたのは1798年，カルロス4世の時代だった．ただ，いまや自由主義とカトリック教会はほとんど真っ向から対立するかに見えた．しかし，この印象は当たっていない．確かに当時の自由主義派はしばしば教会を反動の砦と見做したが，立憲派の大方はカトリック教会を敵視していなかった．後に立憲派から生まれる共和派と違って，立憲派の大方は聖職者と同じ信仰と教義を共有する人達だった．だが，修道院の豪勢な建物を迷信と特権の縮図と見る自由主義派は教会に強い敵意を抱いていた．

自由主義派が教会への不信を募らせたもうひとつの原因は教会と絶対主義とのあまりにも緊密な関係だった．ローマまでがミゲール親王の政権を承認したポルトガルの場合は特にそうだった．内戦最中のスペインでは教会の上層部はもっと慎重だった．それでも日頃から民衆と接する教区司祭の相当部分はカルロス派に与し，分けても北部ではこの傾向が強かった．両者を結ぶ古くからの絆はそう容易に断ち切れるものではなかった．1846年に入るとカタルーニャにおけるカルロス派の動きは地域全体を巻き込んだゲリラ戦に発展して1848年まで続いた．この時の戦争は戦いの参加者が朝一番のミサに与かる敬虔な信者であったために「早起き者の戦争」と呼ばれたが，これを見ても農民の関心が必ずしも政府のそれと同じではなかったことがわかる．同様なことが1846年にポルトガル北部一帯で起こったマリーア・ダ・フォンテの乱についても言えた．事件の発端は，死者を教会内に埋葬するという昔からの慣習を政府が禁止したことにおそらく当のマリーア・ダ・フォンテを含むミーニョ地方の男女が起こした抗議運動だった．政府の禁止令に教会を攻撃する意思はなく，ただ保健衛生上の理由があっただけだった．しかし，政府はこの禁止令が民衆の信仰儀礼に与える影響を充分に斟酌しなかった．土地の神父や貴族の中には依然としてミゲール親王派が多く，彼らに煽動された農民が大挙してミーニョ地方の町々を襲い，公文書を初め，中央権力の地方介入を裏づけるような書類を焼き払った．騒動は人々の怒りを買った件の禁止令の撤回によって収まった．だが，マリーア・ダ・フォンテの乱は自由主義の都市部とカトリックの農村部という国内の分裂を示す最初の証しとなった．そしてこのテーマはその後のイベリア近代史の中で幾度となく繰り返された．

もし自由主義との共存を望むのであれば，教会には改革が必要だった．だが，19世紀の時点では政教分離の議論は存在しなかった．スペインでもポルトガルでもカトリックは国教であり，教会の代表は上院の議席を占め，ブルボンとブラガンサの両王家は国内の司教人事に関しては候補者を推薦する

左　19世紀スペインでは政府と教会が議会の場で激しい応酬を繰り返したが，宗教は市民の生活において重要な役割を占めていた．1862年にマヌエル・カブラールが描いたこの絵には，セビージャの聖金曜日の聖体行列が描かれている．行列では，細かい細工が施された重いキリストの磔刑像を乗せた台車が，頭巾を被った悔悟者にかつがれて街路を練り歩いた．頭巾と衣装によって正体を隠した信心会の会員を先頭にした行列が進む様子を観衆が歩道やバルコニーから眺めている．しかし，こうした信仰心の表れは多分に当てにならなかった．セビージャの聖週間の行列は有名だったが，同市はミサへの出席率がスペインでもっとも低い町のひとつだった．

右　19世紀スペインの社会福祉は充実には程遠い段階にあったが，医学の水準はヨーロッパと歩をそろえて発達した．ルイス・ヒメーネス・アランダのこの写実的な作品には，病室を回診する医師が結核患者の胸の音を聴いている姿が描かれている．結核は20世紀に入って大分たってからも高い死亡原因のひとつであり，医学研究の主要な対象だった．医師を観察している医学生の中に女性が1人いる．スペインで女性が初めて学位を取得したのは1865年だった．

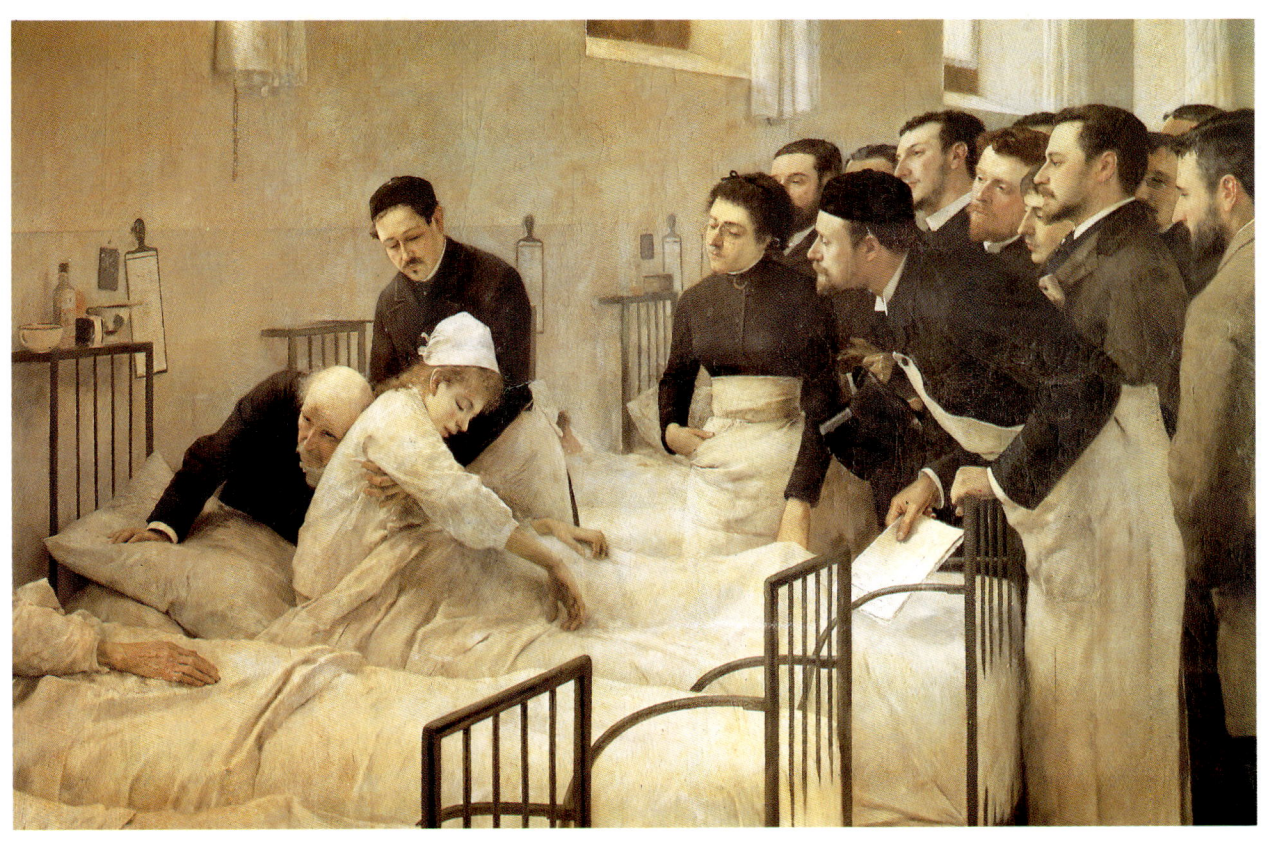

権利を有していた．ただ，教会領の売却問題でローマとの関係が断絶していたために，王権による司教人事はローマの承認を得られずにいた．それでも教会領の売却が既成事実として受け入れられるや，ヴァティカンとの関係は速やかに修復された．すなわち，ポルトガルは1848年と57年に，そしてスペインは51年にそれぞれローマ教皇庁との間に政教条約を締結した．

支配者層

スペインでもポルトガルでも旧来の社会構造と近代国家の諸制度が共存状態にあった．富の大部分は依然として土地と結び付き，地主層がそのまま支配者層を成していた．スペインの地中海沿岸の果実や野菜の栽培農家やポルト，ヘレース，マデイラなどの強化ブドウ酒の生産者をはじめ，農業の一部には資本主義的な経営が導入されたものの，全体としては遅れていた．スペインの農業生産が需要を満たし切れない原因のひとつは地味の痩せた農地と厳しい気候条件にあった．それでもスペインとポルトガルの両政府は高い関税障壁を設けて競争力のない農作物，中でも小麦を保護した．

散発的な例外はあったが，スペインとポルトガルは農業の近代化に失敗し，このために工業の発展が遅れをとった．両国とも19世紀を通して小麦の輸入国であり，こうした食糧不足は都市の発展を阻害した．たとえば1850年のスペインの都市人口は1750年の時と比べて増加したとは言えなかった．農業の停滞は国内市場の規模の縮小にも繋がり，工業製品の需要を著しく制約した．そしてイベリア内部の困難な輸送が問題をさらに複雑にした．農村市場に活況が見られたのはわずかにカタルーニャだけだった．しかし，ここでさえ需要は一般にごく基本的な製品に限られていた．

こうした状況の中で工業の発展が見られたのは，イベリアの沿岸部一部と織物産業をはじめとするいくつかの分野に限られていた．19世紀半ばのポルトやバレンシアは確かに商業都市として栄えたが，工業都市と言えるのはイベリアでは唯一バルセローナであり，本格的な産業地域はカタルーニャだけだった．工業ブルジョアジーを形成するのはここの工場主達だった．彼ら有力者達は市政を掌握し，政策を決定した．だが，スペイン全体ではまだ特に名もないさまざまな商人層は結束を欠き，その数も少なかった．

西ヨーロッパではどこでもブルジョアジーの勃興に伴って議会政治が誕生した．スペインとポルトガルでは商業と工業に携わる階層は，自由主義に則した政治制度を担って発展させていくほどにはまだ充分に成長していないというか，それだけの力を欠いていた．制限選挙制度が導入されて選挙は実施されたものの，政治制度の方はイギリスやフランスや米国と同じようには発展しなかった．政治の舞台で対立するスペインの進歩派と穏健派，そしてポルトガルの刷新派と歴史派はいずれも地主層内部の派閥に過ぎず，掘り下げていけば彼らは分裂するよりもむしろ結束して当然だった．たとえば参政権は高額の土地収入のある者に限られていたし，読み書きのできるすべての男性に参政権を認めたスペインの12年憲法とポルトガルの22年憲法は共に長続きしなかった．

自由主義国家の限界

教育は近代化を進めるスペインとポルトガルが達成を目指しながらものの見事に失敗した分野のひとつである．両国の自由主義政権は教育を国家の責務と受け止めたものの，財源不足からその教育予算はお粗末なものだった．スペインでは無料の初等教育は1857年に義務化されたが，関連予算はきわめて乏しく，1850年から75年までは国家予算の1％強に過ぎなかった．ポルトガルでも1890年の時点で7歳以上の国民の76％は読み書きができなかった．こうした惨めな状況は教区経営の学校や許可が降りた場合は修道会が経営する学校によって多少補われはしたが，両国の教育環境はその後も貧弱だった．

クーデター時代の軍隊

19世紀を通じてスペインでは軍部の反乱が頻発した．国王を取り巻く質の悪い側近が妙な政策を打ち出すかと思えば，時代が下って議会の席に座った政治家は国益に反するような行動に出たりした．軍部はこうしたことが起こるたびに民意の名の下に蜂起を繰り返した．フェルナンド7世の治世になると，軍部の蜂起は一定の決まった形を採った．すなわち，まず世論の動向を探り，次いで将校や下士官級の支持を取りつける．それから計画に加担する全員が行動に備え，最後に首謀者が結集した部隊に武装蜂起を呼びかけて反乱が始まるという手順である．将校達の反乱は成功すれば政変に繋がり，勝利者側の軍人は昇進に与かった．

第1次カルリスタ戦争(1833-40)を経て，軍部の力は一段と強化された．必要とあれば政治の実権を握ることも辞さない軍人政治家という新しい型の人間が生まれた．やがてブロヌンシアミエント(武装蜂起)によって一時的に政治を左右するだけでは満足しなくなった彼らは政治への野望から軍部の蜂起を利用し，自らが長期にわたり政党の領袖の地位におさまるようになった．その執拗な政治介入は王制を弱体化させ，議会民主主義の健全な機能の可能性を奪ってしまった．

下　観閲式でのイサベル2世．彼女は優柔不断で民衆の不評を買い，その宮廷は醜聞が絶えなかった．彼女はこの絵ではその隣にある馬上姿の夫フランシスコ・デ・アシースとほとんど一緒に暮らさなかった．画面の背後にまとまって描かれているオドンネル，エスパルテーロ，ナルバーエスなどの将軍達が，女王の背後で政治の実権を握っていた．1843年にエスパルテーロを権力の座から追いやったのは，穏健派の指導者ナルバーエスだった．そしてオドンネルは1854年にエスパルテーロを再び政権の座に就けた反乱の指揮者であり，そして彼自身も1856年には政権を掌握した．オドンネルはイサベルにとってもっとも頼りがいのある存在だった．そのオドンネルが1867年に死んでわずか数カ月後，軍部の後盾を失ったイサベル2世は延命の術もなく退位した．

上　バルドメーロ・エスパルテーロ将軍はスペインで最初の軍人政治家だった．カルロス派の反乱を鎮圧した彼は1841年にイサベル2世の単独摂政となった．そして1843年にはこの地位を追われたものの，1854年から56年までは進歩派を率いて政権の座に返り咲いた．カサード・デ・アリサールが描いたこの堂々とした肖像画は，エスパルテーロが高い評価を得ていたことを示している．1868年にイサベルが退位すると，彼は王位継承の声をかけられたが，断った．

右　上級士官の関与しない蜂起は瞬時に鎮圧された．1866年6月22日にマドリードのサン・ヒル駐屯地の砲兵部隊の下士官達は，自分らの昇進を認めない上級士官達に対して反乱を起こした．軍人の反乱はほとんどすべての場合その原因は軍内部の不満にあったが，上官達が統率力を失うことはめったになかった．サン・ヒルの反乱の後，66名の下士官が銃殺刑に処せられた．

孤児院・養老院・救貧院・救護施設などへの予算も似たようなものだった．この種の施設の運営は成り行き任せで，篤志家が頼りだった．1868年にスペインで最初の女子刑務所の女性査察官となり，その後はスペイン赤十字の総裁を務めたコンセプシオン・アレナール (1820-93) のような人々による改善に向けての熱心な努力にもかかわらず，スペインとポルトガルの福祉施設の大半は個人の善意に依存せざるを得なかった．政府が多少なりとも施策を講じたのは福祉よりも医療の方だった．各大学に医学部が創設され，次いで主要都市には医学教育の場を兼ねた国立病院が建てられた．医師の技量も次第に向上していったが，看護婦の養成など関連領域にはこれに伴う進展は見られなかった．スペインの場合，この欠陥を補ったのは多くの女子修道会で，中でもヴィンセンチオ会の存在が際立った．同会の活動は広い範囲に及び，そのために同会は1835年から翌年にかけてのメンディサーバルの修道会解散令の対象から除外されるほどだった．しかし，ポルトガルでは同会の長年にわたる献身的な活動実績も意味を持たなかった．同会はまずパリの本部との絆を絶つよう命じられ，次いで1861年にはポルトガル支部も解散に追い込まれた．修道女の協力を失った結果，ポルトガルの福祉状況はその後もスペインのそれに比べてはるかに遅れた状態が続いた．

社会政策に関して見ると，自由主義の主張と政府の実際の施策との間には大きな開きがあった．そして政治面でも社会政策ほどではないにせよ，やはり同じような開きが見られた．政治はもはや国王や寵臣といった個人が動かすものでもなければ，貴族がどうこうするものでもなかったが，少数エリートの独占であることに変わりはなかった．選挙の行方を左右するのは少数の有権者であり，一般の国民による自由な投票の結果ではなかった．政治家の層が薄い上に国の財源が乏しいこともあって，最後に行き着くところは派閥政治，わけても個人の利権が優先する人脈政治だった．この傾向はスペインよりもポルトガルの方で顕著だった．政党は事実上，利権集団とほとんど変わらず，個人の要求に応えるためだけに存在するようなものだった．職にありつけるか，口を利いてもらえるか，昇進が期待できるかといった要因で政党間の協力関係は簡単かつ定期的に変化した．

こうした状況下での議会民主主義の未来は先細りでしかなかった．その最大の原因は政党間の不安定な協力関係にあった．それにスペイン憲法もポルトガル憲法もその内容が議会政治の発展を促すようにできていなかった．特に緩衝力としての王権に相当な権限を与えている点が障害となった．本格的な二大政党が存在しない以上，組閣の任は事実上，国王に帰せられ，国王は議会の多数派の中から首相を指名した．スペインのイサベル2世（親政1843-68）は摂政だった母親マリア・クリスティーナと同じく議会での反対派を差しおいて常に穏健派を贔屓し，進歩派は再三組閣の機会から外された．一方，ポルトガルの温厚なペドロ5世（在位1853-61）とその弟ルイス1世（在位1861-89）は，なにかと政治に口出しした母親マリーア2世への反動からか，イベリアの基準からすれば模範的な立憲君主だった．これは一部には2人の父親であるザクセン・コーブルク・ゴータ公フェルナンド (1816-85) の影響に負うところがあったのかもしれない．同公は1837年に配偶者王フェルナンド2世となり，1853年から55年までペドロ5世の摂政を務めた．

政治家が分裂し，王権の姿勢が公平を欠くスペインとポルトガルの自由主義体制では，他を差しおく強力な社会勢力は軍部だった．政治家が軍部の後楯を必要としたこともあって，軍部の政治介入は両国の議会政治に付き物となった．兵士，もっと正確に言えば将軍達は介入によって政府を替え，さらに時代が下ると自ら政権を握った．プロヌンシアミエントまたはプロヌンシアメントというお定まりの軍事クーデターが，国王の大権を差しおいて政権の交代を宣言した．ポルトガル語ではやがて revolução（革命）と言えば文民指導者の交代をもたらす軍事クーデターを指すようになり，もっと過激な暴動は reviralho（転覆）と呼ばれた．

スペインとポルトガルの軍部が初めて決定的な政治介入を行なったのは1820年だった．その後，ポルトガルでは軍事蜂起は1836年9月の革命を成功させ，次いで1846年から翌年にかけては別の軍事蜂起が九月革命派を政権に据えるはずだった．だが，これはマリーア2世の要請を受けたイギリスとスペイン両国海軍の介入によって果たされなかった．これと同じくスペインでも1840年代の穏健派政府の誕生を宣言したのは軍事蜂起であり，1854年の革命を指揮しながら最後にはこれを潰したのも軍部だった．

こうした似而非議会政治はいつまでも続くものではなかった．軍部が主役を演じる以上，その上層部が政党の党首に収まるのは時間の問題だった．たとえばラモン・マリーア・ナルバーエス将軍 (1800-68) は1840年代のスペイン穏健派の指導者となり，44年5月には首相の座に就いた．ポルトガルではペドロ4世に仕えた最年長の将軍ジョアン・カルロス・サルダーニャ (1790-1876) がマリーア2世の治世の最後の数年間，軍人政治家となった．同将軍は幾度か短期の政治介入を繰り返した末に1851年に政権を握った．サルダーニャ将軍はイベリアの政治に刷新という概念を持ち込んだ．善良で威厳に満ちた人物だった彼は新時代の幕開けを期して連立政権を組み，1856年まで政治を担った．

スペイン第1次共和制

スペインの1868年の革命はイベリアの政治に新たな前例を生んだ．事件の発端となったのは海軍だったが，この時の事態を決したのは将校団だけではなかった．軍事行動に先立って文民政治家との交渉が行なわれ，主要都市にはすでに革命評議会が結成されていた．アンダルシーアの都市部はいつでも反乱に立ち上がれる態勢にあり，バルセローナでは共和派が断然優勢だった．軍部蜂起と民衆の暴動が結束しては，これに対抗できる者はいなかった．常軌を逸した行為，乱脈な男関係，依怙贔屓などでどうしようもない女と評されたイサベル2世はフランスに亡命せざるを得なかった．

女王の亡命を嘆く者はほとんどいなかったが，1868年の革命を起こした者の中で共和制を考えていた者もこれまたごく少数だった．イサベルが去った後の暫定政府の首班となったフアン・プリム将軍 (1814-70) は過激な民主派の暴走だけは絶対に許すまいと意を固めていた．とは言え，地方情勢の大方は依然として革命評議会の手に握られていたために，民主派の要求にある程度は譲歩する必要があった．広く受け入れられるような革命的合意を創り出す狙いから，暫定政府は26歳以上のすべての男子を対象に普通選挙制度・陪審員制度・信教と出版と結社の自由を導入した．しかし，共和派の要求は完全に封じられ，代わってプリムは法の支配の下で旧来の秩序と階層の存続を可能とするような立憲王制の樹立を目指した．

このための適格な人材をプリムはポルトガルのブラガンサ

王家を含むヨーロッパ中の王家の間に探し求めた．政治よりも文学を好み，シェイクスピアをポルトガル語に訳したルイス1世は「ポルトガル人として生まれた余は，ポルトガル人として死にたい」と言ってスペインの王位を断った．この発言から同王には国民王の渾名が付けられた．同王の父親フェルナンド2世はイベリア全土統合の夢を抱いていて，サルダーニャ老将軍も同じ思いだった．だが，プリムがポルトガル人を王に迎えることへの関心を失い，イギリスがスペインとポルトガルの合併に反対したこともあって，フェルナンドの線は消えた．またドイツのホーエンツォレルン家の誰かを王位に据える案は普仏戦争（1870-71）の引き金となったために失敗に終わった．ヨーロッパの平和が危うくなったこの状況の下で1871年，サヴォイア家の26歳のアマデオがスペイン王となった．だが，海路スペインへ向かった彼の到着を待たずして，後見役のプリム将軍がマドリードで暗殺された．プリムの暗殺を皮切りに，この後スペインでは暗殺に斃れる指導者が相次いだ．

アマデオ1世（在位1871-73）は聡明さには多少欠けるものの人当たりのよい人物であり，自ら模範的な立憲君主たらんとする意欲に満ちていた．だが，彼にはもはやプリムという最大の支えがいなかった．革命勢力は分裂状態に陥り，混迷する事態の中で誰も新しい国王の指南役を買って出ようとはしなかった．もし当時の憲法がもっと強力なものであったならば，アマデオは自分が模範的な君主であることを立証し得たであろう．しかし，こうした条件を欠いたいま，大臣達は彼を髭の生えた坊やとか，さらにはもっとあからさまに間抜けと呼んで軽んじた．新聞は新聞でアマデオがおそらくイタリア語とスペイン語を混ぜこぜにして話したことから彼をマカロニーニと呼んで嘲り，オペラ劇場では貴賓席に向かう彼に観衆は野次を浴びせた．そして1872年の議会選挙で共和派が勝つと，アマデオの忍耐はついに限界に達した．たまたま起こった軍部の醜聞を機に，アマデオは自分が狂人の館と名づけたスペイン政治から身を引いた．彼が退位すると，その日のうちに第1次共和制（1873-74）の誕生が宣言された．

スペインの1868年9月の革命はキューバ革命を誘発した．これはその後10年間にわたる独立戦争へと発展していった．そしてこのキューバでの戦闘だけでもすでに手一杯のマドリード政府に追い打ちをかける形で，1872年にカルロス派が共和制の成立に反撥して再び蜂起した．当時カルロス派が擁立するのは第3代目の人物で，彼らの反乱は1876年まで続いた．ただ第1次カルリスタ戦争の時とは違って，この第3次カルリスタ戦争の戦場は王位継承権を主張するその指導者が生まれたピレネー地方のナバーラに限られた．人々はカルロス派の部隊が毎日夕方になるとロザリオの祈りを唱えるのを眼にした．彼らのこの篤い信仰心は，南部での急進派による修道院の焼き討ちに恐怖を覚えていたカトリック教徒を惹きつけはした．だが，それでもカルロス派は農村部の蒙昧という烙印を最後まで振り払うことができなかった．

スペイン共和国はキューバ戦争と第3次カルリスタ戦争に挟撃されて窮地に陥った．軍部内の緊張は限界を超え，政府の連立は四散，革命勢力は先鋭化し，連邦制による統一国家の理念は吹き飛んでしまった．短命な第1次共和制に4人もの大統領が相次いだ．そのうちでもっとも大きな影響力を行使したのはカタルーニャ出身の連邦主義者フランシスコ・ピ・イ・マルガール（1824-1901）で，1873年4月から7月までのわずか3ヵ月間，大統領の任に当たった．1854年の革命以来の古参の彼は自由思想家であり，徹底した民主主義者だった．彼の目には教会も王制も進歩の妨げとしてしか映らなかった．スペイン最初の地方主義論者として彼は国家の強制力によるよりも相互の結び付きを根底とした，合意による連邦国家を提唱した．

ピ・イ・マルガールは中央集権政府は言うに及ばず，いかなる形であれ押しつけの連邦主義を拒否した．彼は国家体制をめぐるさまざまな問題は法に則って解決されなければならないと主張しつつも，自らがなんらの解決策も見出せないままに辞任した．彼の思想は後にカタルーニャ地方主義の原動力となったが，共和国大統領としてのその施政は成功に程遠かった．世論の大勢は連邦共和制を支持するだろうとの期待は，中央集権国家を志向する勢力と速やかな権限の委譲を要求する各地の革命勢力との双方からの圧力によって押し潰されてしまった．スペイン第1次共和制は，軍部が統帥を失い，南部の各地が先を争って俄造りの独立州を宣言するという事態を招来して崩壊した．権力は再び将軍達の手に戻った．部隊の規律を回復し，独立州を葬り去った最後の軍事蜂起はスペイン中の保守派から歓迎された．そして1874年にはイサベル2世の遺児で最年長のアルフォンソ12世（在位1874-85）によるブルボン王制の再興がなされた．

王政復古と二大政党による政権交代

スペインの王政復古の立役者はアントニオ・カノバス・デル・カスティージョ（1828-97）という並はずれた政治家だった．弁舌に秀でたカノバスの目標はスペインに安定した議会政治を樹立し，経済の振興を図り，不毛な内戦を終わらせることだった．彼が理想としたのはイギリスの二大政党制だった．自らイギリスの政党政治の指導者グラッドストンとディズレーリの演説を暗記し，アルフォンソ12世にはイギリスの憲法学者ウォルター・バジョットの著述を読むよう強く勧めた．カノバスの最初の目標は議会への介入を自制できるような王政を創り上げることだった．当時アルフォンソ12世はイギリスのサンドハースト陸軍士官学校を出たばかりの16歳の士官候補生だったため，王権を政治から引き離しておくのは比較的容易だった．10年後，同王が結核で死ぬと，まだ生まれてもいないアルフォンソ13世（親政1902-31）が王位を継いだ．そこで母親のマリア・クリスティーナ（1858-1929）が摂政となったが，彼女はごく扱いやすい人間だった．

軍部の介入の惧れが常にある限り，安定した議会政治の発展は望めなかった．カノバスは早急に軍隊を兵舎の中に閉じ込める必要があった．彼は今日でもまだその名残りが見られる軍人国王への忠誠心を大いに煽ると共に，1895年に再燃したキューバの大規模な反乱の鎮圧に軍隊を投じた．第1次共和制の経験から軍部の関心は次第に治安の維持に傾きつつあったが，文民政治家が治安維持能力を見せる限りはあえて表面に出てこようとはしなかった．

カノバスが感嘆して止まなかったイギリスの政治制度とは，次第に数が増えつつあった選挙民の意思によって構成される下院が民意を代表する制度だった．だが，その一方でカノバスは普通選挙を社会の崩壊と呼んで，まったく信頼しなかった．1890年までスペインの有権者は地主と納税者に限られていたが，それであっても有権者の気まぐれに対するカノバスの警戒心は変わらなかった．選挙民を疎外してなお議会政治を目指すというカノバスの姿勢は逆説的に見えるかもしれない．だが，実はポルトガルではそうした体制がすでに機

交通網の整備

イベリアは交通路に恵まれず，このためいつの時代でも産業と都市の発展が妨げられてきた．主要な河川も完全に航行ができるものはなく，いずれも時には洪水を起こすかと思えば，また時には水が枯れてしまう．18世紀になると運河の建設がようやく真剣に検討されたが，山の多い土地を貫く長い運河の建設は難工事が予想され，多額の建設費を要するために着工には至らなかった．陸上輸送は時間がかかり，危険で高くついた．19世紀末まで悪路を荷馬車やラバで運ばれる人や物資は追剥や盗賊の難を逃れるために相当な金を払わなければならなかった．したがって，鉄道の到来までは主な輸送手段は船だった．スペイン政府は鉄道建設費の30％近くを負担したが，鉄道会社の所有権は外国の資本家に握られた．鉄道は首都マドリードを起点としたが，同市は経済の中心地ではなかった．その結果，スペインの鉄道は一部の地域産業の需要に応えることはできたが，スペイン経済全体を結び付けるには至らなかった．それでも19世紀以降，交通網の改善が進むにつれて主要な都市は急速な成長を遂げた．

能し，大分前からイギリスと政治の安定度を競いつつあった．

ポルトガルでも軍部の政治介入はすでに長い伝統となっていたが，1840年代になると大規模な国内紛争は姿を消していた．そして50年代からは刷新派と歴史派の二大政党による政権交代がまずまず順調に推移し，1871年にはこれがアントニオ・マリーア・フォンテス・デ・ペレイラ・デ・メーロ(1819-87)の下ではっきりと形を整えた．1860年代には改革派という第三の政党が生まれたが，1876年に歴史派と合体して進歩党を結成した．以来，進歩党とフォンテスの率いる刷新派とは円満な形で政権交代を繰り返した．ロタティヴィスモと呼ばれたこのポルトガル方式は，後に単に保守党と改名したカノバスの自由保守党とプラクセデス・サガスタ(1825-1903)の自由党の二党によってスペインに移植された．カノバスもサガスタも実績を重んじる男だった．どちらかが多数派を率いる間は政権を担当し，多数派を失えばもう一方に政権を引き渡した．第三の政党が出てくる道は塞がれていた．

このようなスペインの政治運営は1876年以降平和的交代と呼ばれ，政権交代を支える柱となった．選挙の目的はただひとつ多数派を獲得することだったが，同時に野党にも適切な議席数が保証された．選挙結果は事前に，それも政府部内で決められた．この制度を支えたのは，イベリア社会に昔からある利権によって結ばれた人間関係だった．議席についた議員達の仕事はそれぞれの票田の利益を図ることだった．有

権者はもしも約束された見返りがなければ，これをもっと期待できそうな別の人間に乗り換えた．その結果，政治を左右するのは議員と有権者との直接的なしがらみだった．とは言え，個人優先のこの人間関係は見事なまでに近代的な議会政治を装った．

選挙が公示されると，各地の有力者がそのつど望ましいとされる結果を定めた．スペインでカシーケと呼ばれた彼らは，下級貴族か新たに土地を手に入れたブルジョアジーだった．地主である彼らは各自の地域社会との絆を持ち，また政党の政治組織とも繋がっていた．投票が近づくと，特定の候補者のための票集めや当選に向けての支援に対する見返りと一緒に国中の利権が取引された．政府の要職はいまやまったく利権の巣に等しかった．予算を審議する議会がこうした利権のために行使する裁量範囲はきわめて広く，たとえば政府が交代する度に役人の人事が入れ替わった．公務員は中産階級にとって魅力のある就職先となり，役人の数は軒並み増加した．そして役人は政治家と足並みを揃えて交代した．職場をしばらく離れた待機組はリスボアやマドリードのカフェで時間をつぶしながら，新たな人脈を開拓したり，引き立ての約束を取り付けたりして次の復職の機会に備えた．

二大政党による政権交代は王権の気紛れと軍部の介入から解放されたスペインとポルトガルで安定した立憲政治が可能となった時期の現象だった．だが，その実態は旧来の地主層

を政権の座に据えおくための便法だった．たとえばスペインの保守党と自由党は北部の小麦生産者と南部のオリーヴとブドウの生産者を広く代表したが，カタルーニャの産業界と日増しに重要性を増しつつあったバスコ地方の製鉄業界を代表する者はいなかった．

二大政党下の政権交代による政治の安定が経済の発展をもたらす一方で，輸送手段の整備と工業の進展に伴ってこの平和的交代の枠組みの中に収まりきれない新たな政治勢力が台頭してきた．平和的交代が機能している間でさえ，大衆が政治勢力として動き始めた大都市では，票のまとめ人や仲介役はすでに思うように選挙を演出することができなかった．都市部では利権に根ざす人間関係に代わって投票の強制や票の偽造が行なわれた．殺傷事件が頻発し，票の偽造を防ぐ透明ガラス製の投票箱はまだ知られず，墓場に眠る者の票までが計算に織り込まれた．有権者の利益よりも政局が波瀾もなく円滑に推移することが優先された結果，政治は次第に汚職に蝕まれて信頼を失い，民衆の間には無力感と疎外感が生まれた．代わりに人々は分離主義・社会主義・無政府主義といった議会政治の枠からはみ出した政治運動に傾いていった．こうした運動を介して労働者階級の不満と地方主義への願望が結び付いた時，二大政党による政権交代はついに破局を迎えた．

写実主義と都市計画

「革命の6年」(1868-74)間，変革への熱い思いは政治の次元だけのものではなかったが，この時期のスペインとポルトガルの芸術の動向を支えたのは平和とまずまずの繁栄だった．19世紀末は創作・論争・評論のいずれの分野でも散文が主流であり，詩はおおむね低調だった．演劇は相変わらず人気があったが，上演されるのはもっぱらサルスエラだった．トマース・ブレトン(1850-1923)やフランシスコ・アセンホ・バルビエリ(1823-94)といった作曲家は，このスペイン特有のオペレッタに各地の民謡と舞踊を大々的に採り入れた．

1850年代に入るとポルトガルのファドやスペインのフラメンコといった古くからの民謡を歌う本格的な歌手がリスボアやセビージャのカフェに登場した．だが，ロマン主義の遺産は音楽に限られなかった．風俗主義，すなわち各地の暮らしを綿密に観察する姿勢はスペインでは地方小説を生んだ．たとえばホセ・マリーア・デ・ペレーダ(1833-1906)の作品の舞台は多くの場合が彼の生まれ故郷サンタンデールの山岳部であり，その中で新しい時代の思考がそれまでの慣習に及ぼす影響がしばしば話題とされた．またビセンテ・ブラスコ・イバーニェス(1867-1928)の代表作の舞台はバレンシアであり，彼は後に同地で連邦主義に与する政治家として活躍した．筆名クラリンことレオポルド・アラス(1852-1901)は『ラ・レヘンタ』(1884-85)の中で，フランスの小説家ギュスターヴ・フロベール(1821-80)の代表作『ボヴァリー夫人』(1857)以来，写実主義文学の古典的主題となった姦通を息苦しい田舎町を舞台に描いた．

下　台詞を交えたスペイン独特のオペレッタであるサルスエラは19世紀末から20世紀初めにかけて盛んになった娯楽音楽劇で，マドリードのサルスエラ劇場がもっぱらこれの上演の場となるほどの人気を誇った．当時のスペインの古典音楽の伝統と同じく，サルスエラには各地の民謡や舞踊が大幅に採り入れられた．そして多くの作品の舞台は地方だった．下の写真は，パブロ・ルーナが1912年に創ったサルスエラ『風車』の舞台装置．

上　19世紀末のスペインでは、地方の人々の生活が多くの絵画や小説の主題となった。風俗画が画家にも買手にも好まれた。ホアキン・ソロージャ・イ・バスティーダの作品の大部分は、生地バレンシアの漁民の生活を描いたものである。この『バレンシアの漁夫の妻たち』は彼の典型的な作品である。地中海岸の自然の観察を通してソロージャはルミニスモと呼ばれる独特の光の表現に到達し、スペイン印象派の先駆けとなった。

地方に題材を求めたスペインの小説家の中でもっとも異色な存在はガリシア地方の女伯爵エミリア・パルド・バサン(1851-1921)だった。彼女はガリシア語ではなくスペイン語で作品を書いたことから単なる地方作家の域をはるかに超えた。敬虔なカトリックだったが、小説の技法ではフランスのカトリック界でおよそ評判の悪かった自然主義作家エミール・ゾラ(1840-1902)の影響を受けた。そのゾラの作品は1877年に最初のスペイン語訳が出た。女権論者としても知られるパルド・バサンは小説のほかに評論も書き、1916年にはマドリード大学の最初の女性教授に任命された。

農村の生活を主題とした小説は、スペインの読者の多くが作品に描かれた世界をはっきりと理解できたために大いに読まれた。主な読者層は中産階級だった。マドリード、バルセローナ、リスボア、ポルトなどでは19世紀後半の安定した政治情勢の中でブルジョアジーがいまや目立つまでに成長を遂げた。だが、これら大都市の人口の大半を占めるのは農村から出てきた人々だった。19世紀のマドリードをもっともよく描いたベニート・ペレス・ガルドース(1843-1920)はカナリア諸島の生まれだった。外交官としてリスボアからキューバ、イギリス、フランスなどで勤務したジョゼ・マリーア・デ・エサ・デ・ケイロース(1845-1900)も同じようにポルトガル北部のボヴォア・デ・ヴァルジンという村の出身だった。

ガルドースとエサ・デ・ケイロースはイベリアが生んだヨーロッパでもっとも優れた写実主義作家だった。両者の作品には啓蒙的な意図が込められていた。ガルドースはいくつかの作品で進歩と蒙昧との葛藤を描き、エサ・デ・ケイロースは同胞の眼を自分達の置かれている惨めな状況に向けさせようと努めた。それぞれの同胞が陥っている自己欺瞞に潜む危険が見えていた2人は、急速な変化の渦中にある社会の実像を描いた。彼らの作品の中には地方が主題となっているものもあるが、代表作に描かれているのは大都市のブルジョアジーである。特にガルドースにとっては都市は単なる舞台以上の意味を持っていた。ディケンズのロンドンやバルザックのパリと同様に、ガルドースのマドリードは人間が生み出したものであり、歴史と社会の重要な変化が相次ぐ舞台だった。彼の作品の中で飛び交うのは、各地の方言や日常の言葉遣いが入り交じったマドリード市民の会話である。

スペインとポルトガルでは19世紀も最後の数十年間になってようやく近代都市が姿を現した。農村からあらゆる階層の人々が都市に流れ込んだ結果、都市を囲む中世以来の城壁が取り壊され、中産階級のための洒落た市街地が造られ、同時にまた労働者が肩を触れ合うようにして暮らす貧民街も生まれた。1855年、65年、85年とコレラが発生すると、当時進行中だった都市計画の研究が加速化された。1860年にはマドリードとバルセローナの、そして76年にはビルバーオの総合都市開発の青写真が承認された。その内容には機能性への配慮と並んで自由な想像の世界が見られた。たとえば1920年に死んだマドリード出身の建築家アルトゥーロ・ソリアが

バルセローナの近代主義建築

　1857年から1930年までの間にバルセローナの人口は17万8625人から100万人を超える勢いで伸びた．繁栄する産業は国内各地から毎年何千人という移住者を惹きつけ，中世以来の城壁が1854年に取り壊された後の市街地の再建と拡張に必要な資金を提供した．新生バルセローナはカタルーニャに相応しい中核都市となり，ヨーロッパの本格的な大都会へと変貌しつつあった．土木技師イルデフォンス・セルダー (1815-76) は歴史のしがらみに縛られることなく，市民の誰もが日照と空間と外気に触れられるような都市造りの青写真を作った．だが，彼の草案が唯一そのまま具体化したエシャンプレ（新市街地）に立ち並んだのは，新興産業ブルジョワジーの贅を凝らした邸宅だった．寒村だったグラシアは19世紀末に，今日バルセローナを代表する目抜き通りにその名を残して膨張を続ける市街地に呑み込まれた．そしてここにリュイス・ドメネク・イ・モンタネー (1850-1923)，アントーニ・ガウディー (1852-1926)，ジョゼプ・プチ・イ・カダファルク (1867-1956) など，カタルーニャの錚々たる建築家達の作品が次々と建てられた．

　カタルーニャの建築と装飾における彼らの活躍は「近代主義」(1880-1910) の名に集約され知られる．ヨーロッパのアール・ヌーヴォーと多くの共通点を持つ近代主義は非対称・曲線・躍動感に溢れた形をふんだんに用いた．陶器・モザイク・金属工芸・ステンドグラスが個人の邸宅や公共の建物を飾った．その正面入口の豪華な装飾は高度な工芸技術の水準を物語る．これら一群の建物のモティーフとデザインはその建築資金を生み出した産業活動とは逆に自然を重視した．ただそこに用いられた資材のおかげで，近代主義様式は19世紀末まではしっかりと根づいた．市民のための空間を創出する才覚にかけてはバルセローナはパリやウィーンに比肩した．

上　ガウディーが設計し，1905年から11年にかけて建てられた集合住宅ミラー邸は正面に使われた切り石から「ラ・ペドレーラ」の名で知られ，バルセローナでもっとも有名な建物のひとつである．人目を惹くその波打つ正面は，鋼鉄製の枠組みを用いて建物を支える各階の重い壁を取り払うことで生まれた．対称を欠く外観は凍てついた波による海を表し，錬鉄製のバルコニーは海藻と珊瑚の模倣である．そしてかつてはグラシア通りに面する外壁はヒトデやタコを描いた青緑色のタイルで飾られていた．

左　グラシア通りの反対側にはプチ・イ・カダファルク設計のアマッリェー邸がある．ゴティック様式のこの建物は，中世バルセローナの商人の館を入念に模したものである．

上端　装飾はカタルーニャ近代主義建築のカギだった．その工芸技術と建築とのもっとも見事な融合を実現した建物はドメネク・イ・モンタネーが設計したリェオー・モレーラ邸 (1905) である．建物自体は1943年に下手な改修がなされて外観装飾の大部分が失われてしまった．しかし，内部の装飾の大部分は手つかずのまま今日まで残り，石の彫刻・陶器・モザイク・ステンドグラスなどを見ることができる．上の写真は9枚のガラスから成る湾曲した窓．自然を主題としたその豊かな色彩とデザインは，ドメネクをはじめとする近代主義の建築家が盛んに用いた．特にドメネクは花模様を多用したが，これは建物の合理性とは逆の要素を加えることによって全体の均衡を保つための工夫だった．

立憲政治と内戦　1812-1974

右　1905年から7年にかけて建てられたガウディー設計のバッリョー邸はグラシア通りのアマッリェー邸の隣にある。左手の最上階の部屋はこの2つの建物を繋ぐために取り壊された。ガウディー特有の見事な流線型の屋根とカダファルクのゴティック様式の胸壁の凹凸とは実に対照的である。建物の完成後に正面はタイルや皿の小片を使った複雑なモザイクで飾られた。モザイクの色は1階は白、次は青、そして緑、黄土色といった具合に各階ごとに異なる。ガウディーがこのように色を使い分けたのはここ以外にはない。バッリョー邸は信仰と愛国心の象徴を目指した。ラクダの瘤を思わせる迫り上がった屋根の線と鱗のように光る瓦はカタルーニャの守護聖人である聖ジョルディ（ゲオルギウス）が討ちとった龍を、そして建物の正面にはめ込まれた半円形の塔は聖人の槍を表している。

カフェ「4匹の猫」

 1897年から1907年という世紀の変わり目のバルセローナで，カフェ「4匹の猫」は伝統に縛られない人達の生活の様子を知る恰好の場となった．近代主義運動の先頭に立つサンティアゴ・ルシニョールとラモン・カーサスという2人の画家によって，ジョゼブ・ブチ・イ・カダファルク所有のマルティー邸に設けられた「4匹の猫」は芸術家や学者が集まったり，飲んだりする場でもあった．「4匹の猫」という名は「ごくわずかな人達」という意味のカタルーニャ語の日常表現から採られた．だが，「4匹の猫」とは普通は前述のルシニョールとカーサス，それに民俗学者で人形劇作家のミケール・ウトリーリョと一風変わり者だった経営担当のペーレ・ロメウの4人を指すとされた．

 スペインの大きな町ではこれより大分前から人々が仲間内で集まっては賑やかに過ごす場としてのカフェが随所に見られた．マドリードにも文学者が集まるカフェがいくつかあり，そのひとつカフェ「ヒホン」では作家・政治家・学者達がお定まりのグループを作っては遠慮のない議論を交わした．こうした集まりは「テルトゥリア」と呼ばれた．だが，国境を越えてその名が知られるようになるのは「4匹の猫」だけだった．「4匹の猫」はイベリアを代表してパリのリヴ・ゴーシュのカフェ群に肩を並べた．それは少なくともスペインでもっとも活気に溢れる町バルセローナの反映でもあった．

 「4匹の猫」の中はいつ果てるとも知れないテルトゥリアの連続だった．常連の中には前述の4人の他にパブロ・ピカソとイシドレ・ノネールがいた．展覧会や講演会も開かれ，エンリーケ・グラナードスやイサアク・アルベニスは演奏会を催した．他方，芸術家や作家は『毛と羽』と題する絵雑誌を発行した．これは画家の絵筆も作家の鷲ペンも共に参加できるということを詠うためだった．彼らにとって芸術とは近代産業都市バルセローナの物質主義を克服する手段を人々に提示する義務を負うものであった．ルシニョールが「4匹の猫」を開いたのも「芸術と真理を宗教とすることによって低劣で俗化した世界を屈伏させることができる」との考えからだった．「4匹の猫」は芸術の世界では伝説的な存在になったが，経営が行き詰まりわずか6年で閉店した．

左 織物工場主の息子だったサンティアゴ・ルシニョールは芸術活動の場を造ろうと努め，かなりの私財を投じた．そのひとつがカフェ「4匹の猫」だった．これのために購入した大きなシャンデリアのひとつに座ったルシニョールを描いた友人のラモン・カーサスと同じく，彼はパリに滞在してカーサスやウトリーリョと共にカタルーニャ人芸術家のサークルを作った．

上 パブロ・ピカソは1900年に初の個展を「4匹の猫」で開いた．また彼は17歳の時にここのメニューをデザインした．ピカソは，スペインの既存のアカデミズムの息苦しさから逃れる場所だった「4匹の猫」に集う知識人との交流から多くを得た若い芸術家の1人だった．

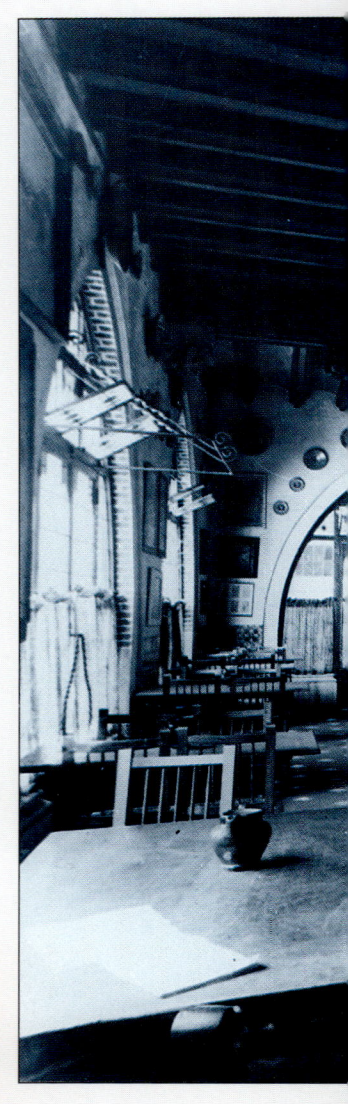

立憲政治と内戦　1812-1974

構想した田園都市は，1本の広い街路がまっすぐに延び，路面電車が低層住宅地区を結ぶというものだった．イベリアでもっとも成功した都市開発計画はなんといってもバルセローナのそれである．19世紀から20世紀への移行期に建てられた建物の中には，ドメネク・イ・モンタネーやアントーニ・ガウディーのような近代主義の建築家の代表作も含まれている．

これら新開地の広場やカフェや商店街は小説の恰好な題材になったが，そこに住む人々もまた画家達の関心を惹いた．そこにはある意味で需要と供給の関係が働いていた．すなわち，ブルジョアジーは小説を買うのと同じように絵画，印刷による複写絵，あるいはもっと安い複製品を買い求めた．当時の主題を扱った作品を求める人々は日を追って増えていった．そしてこれに応える形で，特に傑作とは言えないまでも，それなりに人を惹きつける魅力を持った多くの風俗画が描かれた．マヌエル・マリーア(1815-80)とその娘マリーア・アウグスタ(1841-1915)，そして彼女の息子コルンバーノ(1857-1929)らボルダーロ・ピニェイロ一家がリスボアに開いたアトリエやその他が増え続ける需要に応えた．

当然ながらフランスの印象派はイベリアの絵画に強い影響を与えた．風景や農村の生活を描く画家達は自分達の主題を新しい技法で表現した．光の効果について語ったスペインのホアキン・ソローシャ(1863-1923)はしばしば故郷バレンシアの海辺を描いたが，実際そこでの彼の目はもっぱら光に注がれていた．他の画家達は，特にカタルーニャにおいて新しい技法で都市の情景を描いた．サンティアゴ・ルシニョール(1861-1931)，そして取りわけラモン・カーサス(1866-1932)はバルセローナでボヘミアンやブルジョアを描いて一時期を画した．当時，バルセローナは芸術の都の名をパリと張り合った．カーサスとルシニョールは互いの肖像画・友人・自らが通いつめたカフェの他に，娼婦やモルヒネ中毒患者といった裏の世界の住民を含むバルセローナの路上風景を描いた．カーサスは生活のためにカタルーニャ語の宣伝ポスターや広告絵なども描き，1890年代には痛烈な政治批判を込めた一連の作品で名を馳せた．国際都市バルセローナでは画家は題材に決して不自由しなかった．

二大政党政治の危機

エサ・デ・ケイロースは名作『マイア家の人々』(1888)の登場人物の1人に，1826年にジョアン6世が世を去って以来この方リスボアからはなんのニュースもないと言わせた．実際には彼が言わんとした以上に19世紀のポルトガルでは多くの事件があった．だが，世紀の中頃は確かにその数は少なかった．寡頭政治は少なくとも憲法の下に国内に平和をもたらし，また大方の予想に反してポルトガルは植民地帝国であり続けた．昔から国内政治が行き詰まるとその代償を海外進出に求めてきたポルトガルだが，1870年代に1871-77年と1878-79年の2回にわたって外務大臣を務めたジョアン・アンドラーデ・コルヴォ(1824-90)の下でまたもや海外進出を夢みた．折からヨーロッパ列強はアフリカ分割をめぐって争っており，これを見たポルトガルは植民地拡大の要求を出した．1886年，植民地拡大論者が作り上げた「バラ色に塗った地図」にはアンゴラとモサンビーケを結ぶ形でアフリカ南部の広大な地域が描かれていた．計画は無謀ではなかったが，ローデシアをめぐるイギリスの計画と衝突した．1890年1月，イギリス首相ソールズベリー(1830-1903)は問題の地域からポルトガル人全員の撤退を要求した．

上　建築家プチ・イ・カダファルクは『4匹の猫』のゴティック風の内装を手がけ，家具の大部分は中世風のものをしつらえた．上の写真は1899年に撮られたもの．ルシニョールはカタルーニャの伝統工芸に用いられる錬鉄に興味を寄せた．壁を覆っている巨大な絵はカーサスの作品で，2人乗り自転車に乗っているのは自分とペーレ・ロメウ．自転車はロメウの趣味のひとつだった．後ろのサドルからカフェ全体をぎこちない格好で見渡している人物がロメウで，カーサスはその前で2人分のペダルをこいでいる．

左端　『4匹の猫』が残したもっとも貴重な遺産の中に，カーサスとピカソが残したカフェの常連たちのスケッチがある．ピカソを描いたこの木炭画は，1890年代にカーサスが描いた何百ものスケッチのひとつである．

左　このプチネル（パンチとジュディー）人形劇のポスターもカーサスの作品である．ここに描かれているロメウも，ウトリーリョと共にパリのル・シャ・ノワールで人形劇の経験があり，2人はこれを基に前衛的な操り人形劇と影絵劇を催した．しかし，以前からバルセローナでは糸を使わずに手で操る人形劇の方が人気があった．カタルーニャ語で行なわれたこのような活動によって，それまで忘れられていた大衆芸能がバルセローナの都市文化の中で息を吹き返した．

ポルトガル政府はイギリスの要求に屈するほかはなく，その対外政策がまったくの茶番劇であることが露顕した．植民地拡張策には実力という後楯が不可欠であり，これが欠落している現実を伏せての植民地拡張はあり得ないことがはっきりした．折から国庫は破産寸前の状態にあり，そのために二大政党による政権交代体制が崩壊の危機に瀕していることも明らかになった．エサ・デ・ケイロースや後に共和国大統領となるテオフィロ・ブラーガ(1843-1924)を含む知識人はこぞって「我国は自らのありのままの姿に目を向け」，近代化の必要を認めるべきであるという宣言文を発表した．中にはもっと積極的な施策を提唱する者もいた．1878年に結成されて勢力を伸ばしつつあった共和党は，ソールズベリーの最後通牒による危機の後，国政の転換を迫った．こうした圧力と長年にわたる国庫の窮状を前に政府与党の自壊が始まった．1894年の選挙が延期されてしばらくは政令による政治が行なわれたが，これをもってしても刷新党は分裂を回避できなかった．1901年に同党が分裂した後もなんとか二大政党制の名残が1910年まで機能し得たのは，世論が次第に強権的な政治運営に信頼を寄せるようになっていたからだった．

1890年にポルトガル人が味わったのと同じような屈辱感を，スペイン人は1898年の米西戦争での敗北で味わった．この年，カリブ地域での覇権を目指す米国がスペインに宣戦を布告すると，前々からのキューバ紛争は一気に激しさの極に達した．その後の戦闘でスペイン海軍は壊滅し，戦争はわずか数週間で決着を見た．かつての植民地帝国スペインはまだ持っていたわずかな植民地を米国に割譲し，後に残ったのはアフリカのそれだけだった．米西戦争で敗北したスペインは列強に伍する最後の望みを完全に断たれた．それまでの帝国としてのイメージを諸国の面前で打ち砕かれ，国中が絶望的なまでの屈辱感を味わった．これより先，ポルトガルと同じくスペインでも国民の自尊心は財政危機と汚職によって傷つけられていた．戦争に敗れた政治体制はその責めを負わなければならなかった．格別にどうと言うほどでもないあるカスティージャの論客は，この時のスペインの状況を次のように的確に描いた．「この惨めな我国ではいまや万事が微塵に砕け散ってしまった．政府も，選挙民も，政党も，海軍も，陸軍も失われた．いまやあるのは荒廃と没落だけである」．

祖国の刷新を求める声が知識人の間から起こった．法律家で論客のホアキン・コスタ(1846-1911)は汚職の根を断ち切るために「鉄の外科医」を要求した．近代ヨーロッパへの門戸開放を訴える声に，1901年にノーベル医学賞を受けたサンティアゴ・ラモン・イ・カハール(1852-1934)というスペイン随一の科学者をはじめ，後に「98年の世代」の名で知られるさまざまな分野の若手文筆家達が応えた．「98年の世代」は決してまとまってもいなければ組織化されたグループでもなかったが，自分達の時代の病弊を緻密に調べた．「98年の世代」の名を広めたのは作家のアソリンこと本名ホセ・マルティーネス・ルイス(1873-1967)だった．彼は詩人のアントニオ・マチャード(1875-1939)や小説家のピオ・バローハ(1872-1956)などと同じく，スペインが抱えている問題とスペインの魂の双方の根源にいかに迫るかという，彼らにとって最大の関心事に取り組んだ．1898年のスペイン人が一様に目指したのは祖国の再生だった．哲学者のミゲール・デ・ウナムーノ(1864-1936)は再生への道は新時代の思想とスペイン古来の伝統とを結ぶことにあるとした．サラマンカ大学の学長を務めた彼は「98年の世代」とこれに続く知識人との掛け橋となった．後者の1人ホセ・オルテーガ・イ・ガセート(1883-1955)はその『無脊椎スペイン』(1922)の中で西ヨーロッパ史とスペイン史との隔たりについて思索を巡らせた．

労働者階級の誕生

19世紀まではイベリアの貧しい労働者といえばその大半はアンダルシーアとポルトガル南部の農業労働者だった．工業は所々に見られるだけで，その発展は遅々としていた．そのために工場労働者の数はごく少なかった．たとえば1917年のポルトガルでは工場労働者はわずかに13万人で，その35%は女性，15%は未成年者だった．そして従業員が500人を超える工場はたったの25しかなかった．スペインの工場生産はこれよりは進んでいたが，それでも20世紀にさしかかった時点でなおアンダルシーアの農業労働者の数はスペイン中の工場労働者の数に等しかった．

こうした状況の下にあっては，いかなる形の政府をも無用とし，個々人の自発的な協力と自由な結び付きに基づく社会の建設を唱えた無政府主義がイベリアで多く支持者を得たとしても特に驚くには値しない．スペインで1869年に設立された最初の無政府主義連盟は労働者の暴動による国家の破壊を目指した．同連盟はただちに非合法化されて地下に潜ったが，間もなく名前を変えて表に出てきた．以後，これが20世紀もかなり後まで続く弾圧と忍耐の繰り返しの始まりだった．

スペインの無政府主義者は行動による宣伝の熱狂的な支持者となった．彼らの直接行動は騒乱・建物の破壊・家畜の殺戮といった，昔ながらの農民暴動の形を引き継いだ．こうした行為はそれまで長い間，今日は仕事にありつけるか，明日はどうかということだけに眼を奪われてきた南部の空腹を抱えた土地なし農民にできる唯一の抗議手段だった．無政府主義はまず南部に支持者を見出した．それは無政府主義が説くユートピアの到来が，文盲で迷信深く長年虐げられてきた農村労働者の心を強く捉えたからであると言われる．

無政府主義の説く千年至福思想が広まったのは大土地所有制が支配する南部だけではなかった．自分達こそが革命の先兵になるとの信念から無政府主義者達は人目を惹ききわめて象徴的な形で国家権力にたびたび挑戦した．1897年にカノバス・デル・カスティージョが彼らに暗殺され，ホセ・カナレーハス(1854-1912)とエドゥアルド・ダート(1856-1921)の2人の首相も同じ不運に見舞われた．バルセローナでは1896年の聖体の祝日の行列に爆弾が投げ込まれ，1906年には成婚パレード中のアルフォンソ13世をめがけて同じく爆弾が投げられた．いまや国家の祝賀行事だけではなく，カトリック教会の説く秘蹟の神までが無政府主義者の攻撃目標とされた．

もっとも不穏な空気に包まれた都市となったバルセローナは，一見無政府主義の牙城となるようには見えなかった．にもかかわらず，スペインでもっとも繁栄するこの近代工業都市は1910年創立のアナルコサンディカリストの全国労働連合(略称CNT)の本拠地となった．彼らにとって労働時間の短縮はいずれかの時点で革命の勃発と国家の崩壊，そして新しい社会の誕生に繋がるものだった．強力な組織力に支えられた無政府主義はバルセローナとバレンシアとサラゴーサを結ぶ革命の三角地帯で一大勢力に発展した．夜間学校やさまざまな私塾から一風変わった菜食主義者・絶対禁酒主義者・裸体主義者など，独自の習慣と風俗を伴った無政府主義者の少数集団が生まれた．だが，もっと重要なのは1930年代に実を結ぶ女権拡大を掲げる無政府主義者の集団だった．

工業化と都市化

スペインでもポルトガルでも工業の発達は一様ではなかった．なかでも鉱業は重要で，特にポルトガルではタングステン，スペインでは銅をはじめとするさまざまな金属が産出した．スペイン北部では石炭が採れた．しかし，工業が発展したのはスペインの北部と織物産業が盛んな北東部の沿岸部，そしてポルトガルではリスボアとポルトの周辺だけだった．スペインでは1960年代，ポルトガルでは1980年代になっても，労働人口の大部分は農業に従事していた．

CNTは包容力の豊かな教会のような存在だった．それにしても工場労働者があれほど強く惹きつけられた理由は，社会主義がスペインでは相対的に失敗した点にあると言わざるを得ない．社会党はすでに1879年に結成され，これに対応する労働組織として1888年には労働者総同盟（略称 UGT）も設立された．しかし，その後の勢力の拡大は芳しくなく，1914年になってようやくバスコ地方の鉄鋼労働者とアストゥリアスの炭鉱労働者の間に支持者を得た．社会党は中道派で官僚的であり，マドリードに拠点を構えて動こうとしなかった．党員は工業化の遅れた地域の工場労働者が主で，労働者の大部分を占める農村労働者は埒外にあった．農村労働者の社会党組織が作られたのはようやく1931年になってからだった．こうした組織拡大の足枷となったのは工場労働者の数の少なさだった．UGTとCNTは加盟者を奪い合った．そして労働者階級が拡大し始めた後も，社会党は一貫して無政府主義者との結束を拒み続けた．

第1次世界大戦中の中立政策はスペイン経済に恩恵をもたらした．石炭・鉄・鉄鋼・織物は言うに及ばず，高値のカスティージャ産の小麦までが売手市場に沸いた．実質上カタルーニャに集中していた織物労働者の数はほぼ倍加した．とは言え，この好景気は激しいインフレを引き起こして労働者のさらなる要求を誘発した．カタルーニャの分離主義運動はい

まや沸騰点に達する勢いを見せた．ブルジョア層は自治を求め，中には共和制を叫ぶ声も珍しくなかった．そして労働界はアナルコサンディカリズムの革命を目指した．ただどちらにもマドリードからの支配を望む者はいなかった．

1917年以降，スペイン情勢はストライキ・騒乱・反乱の一色となった．深まる一方の危機に直面した政府に残された唯一の打開策は武力行使だった．この時の主要な警察力となったのは1844年に創設されて78年には軍部の一部に編入された治安警備隊だった．これの隊員は人家から離れた建物で寝起きし，各自の出身地で勤務に就くことは決してなかった．1854年にはスペイン全土が完全に軍事占領されたと言われるほどその規模は拡大され，1917年から24年にかけて復古王政が危機に晒された際には大衆の敵と見做された．政府は騒乱の鎮圧に力を発揮する治安警備隊を次第に頼りにするようになった．1917年，バルセローナの街頭で軍隊がストライキの参加者に機関銃を浴びせた時，いまやスペインでは軍部の実力行使だけが革命を阻止できることが明白となった．

ポルトガル共和国

ポルトガルで共和制を叫んで最初に暴動を起こした1人は裁判の場で，共和制のなんたるかは知らなかったが，なにか神聖なものに違いないと思ったと判事に答えた．1910年の革命がポルトガル共和国を宣言した当初，これを支持する世論を煽ったのは多分にこうした信念だった．王制の下でなんらの恩恵を受けなかった人々の前にユートピアと言ってもいいほどの明るい未来像が開け，人々はすべての問題を解決する万能薬と信じて共和国を歓迎した．

ポルトガル共和国誕生の原因の一端はブラガンサ朝を立て続けに見舞った不幸にあった．1908年2月1日，リスボアの路上でカルロス1世（在位1889-1908）とルイス・フィリーペ皇太子が暗殺されるや，国内は内戦状態に陥った．だが，ポルトガル史上初めての国王暗殺事件にもかかわらず民衆の間に王制擁護の気運は生まれず，それどころか暗殺者の家族のための署名運動が始まるありさまだった．後を継いだマヌエル2世（在位1908-10）の治世はわずか2年足らずで終わり，同王は歴史の中で不運王の渾名で知られる．

マヌエル2世は王制が事実上まったく見放されたことが明らかになると退位した．1910年10月に起きた海軍の反乱は瞬く間に全国に広がった．ポルトガルでは北部の農民が参加するか否かが革命の成功の分かれ目となるが，その農民達が地方都市に向けて行進した．ただ，彼らは自分達が目指している共和制についてなんら明確な考えを持っていなかった．都市部では共和制支持の声に最初に加わったのは労働者だった．ポルトガル社会党はすでに1871年に結成され，20世紀に入ると無政府主義に刺激された労働者の動きが社会不安を高めつつあった．とは言え，この頃の工場労働者階級は貧弱といってもよいほどまだ小数だった．こうした状況の下で共和主義は万人を惹きつける声となり，地方都市や大都市の小ブルジョア層のみならず，現状に不満な労働者・貧困農民・変革を求める軍部などの心を捉えた．共和主義運動の後楯となり，新しい政治家階級となったのは寡頭政治によってそれまで権力の味を知る機会から外されてきた小売商人や医師や弁護士といった人々だった．

ポルトガル共和国は過去との訣別を志向した．新しい国旗が制定され，1826年憲章を讃える国歌に代わって「お ゝ，海の勇者よ，気高き者よ，光輝あるポルトガルを再び立てよ

左　バルセローナで工業労働者が増加し，無政府主義運動が力を増すに従って，労働界は次第に不安定になっていった．ストや抗議行動は決まってカずくで抑えこまれた．ラモン・カーサスの描いたこの『突撃』では，民衆の憎悪の的だった治安警察官の1人が馬に乗って地面に倒れた無防備な労働者を足蹴にし，他の警察官はサーベルを抜いて丸腰の労働者の群に突入している．カーサスがこの絵を描いたのは1899年だが，後に製作年を1903年に修正し，題名も『バルセローナ1902年』に変えた．これはこの年に起きたゼネスト支持の政治的な意思表明だった．

…ヨーロッパは世界に告げよ，ポルトガルがいまだ死せざるを」と往時の栄光を偲ぶ歌が歌われた．

この再興への夢と平行して新体制はまず国の近代化と国力の増強の基礎造りを目指した．旧体制は一掃され，議会制民主主義が確立されなければならなかった．この目標の達成に向けて共和国政府は政教分離を断行し，信教の自由を制定した．司教の一部は罷免され，あるいは国外に追放された．学校教育から宗教科目が外され，修道服の着用を含めて信仰を公共の場で表明することが禁止され，修道会はすべて解散させられた．カトリック教会の祝日に代わって国家の祝日が定められ，結婚は民法行為とされ，離婚が認められ，葬儀までが教会の手から奪われた．新体制が法制化され，政府の主導で科学万能主義が唱えられ，国民に迷信の危険を警告した．世俗主義，不可知論，果ては無神論までが大いに喧伝された．

こうした政府の政策に対して厳しい抗議の声が起こった．新憲法に基づく措置はポルトガル人の大部分を占めるカトリック教徒に実質的な影響を与えるようなものではなかったが，信仰心の篤い北部の農民は昔からの信仰に対する国家の介入に激昂した．新しい法律の下では教会の鐘は鳴らせず，宗教行列は違法であり，葬式は新しい形で執り行なわなければならなかった．だが，共和国政府は教会関係者に代わって教育と福祉事業に携わる人材を見つけられず，それまで教会による教育と福祉事業に全面的に頼ってきた人々の多くもこれに代わるものを見出せなかった．

当初の興奮が冷めると，共和制もかつての王制と同じく不和と紛争の場と化した．すべての国内問題を解決する万能薬として歓迎された共和制だけに，人々の失望は深かった．共和国政府の革命綱領の大部分は王制の廃止とカトリック信仰の根絶に終始し，このうちの第2の目標は達成されたと見るには程遠かった．社会政策の不在は相も変わらぬ財政の逼迫と相俟って社会不安を高める一因となった．労働者運動と組合運動が力を増してくると共に，政府は南部北部を問わず都市労働者と農村労働者の双方から挑戦を受ける羽目に陥った．

だが，共和国政府の最大の失点はポルトガルに民主主義を

立憲政治と内戦　1812-1974

右　1910年にポルトガルで共和制が宣言される前に、すでにブラガンサ王家は国民の支持を事実上失っていた。共和派が播いたこの風刺ビラに描かれているように、王族は少なくとも世論の一部からは、妻を寝取られた夫・大喰らい・俗物・能無しの寄せ集めだと見做されていた。ポルトガル最後の王マヌエル2世は、もう誰も自分を擁護しないことが明らかになると退位した。そして1932年、亡命先のロンドンのトウィッケナムで後継者を残すことなく死んだ。

派閥間の抗争のひどさはかつてないほどだった。ポルトガル共和国は16年足らずの間に45回も政府が交代した。首相の交代を決めるのは選挙結果ではなく軍部だった。そして軍部の武装蜂起は1910年以降のポルトガル政治の中で一貫して変わらない数少ない現象のひとつだった。

1916年、国際政治の舞台でいま一度脚光を浴びたいという願望とイギリスとの伝統的な同盟関係への配慮からポルトガル政府は連合国側に付いて第1次世界大戦に参戦した。この頃には共和国政府の態度はそれまでよりも穏健化し、特に教会との関係にはいくばくかの修復が見られた。ところが参戦は財政を圧迫し、フランスの戦場へ派遣するための徴兵はさんざんな不評を買った。新たな社会不安が広がった。1917年には大規模なストライキの波が国中を襲い、リスボアの街頭は戦場と化した。

軍部蜂起と慢性化した政治危機の下で社会不安が高まると、国民の一部は救世主到来の夢に逃避した。彼らの眼にはシドニオ・パイス (1872-1918) はあの国民伝説の英雄セバスティアンの再来と映った。1917年12月に起きたパイスのクーデターは近代ヨーロッパ最初の独裁共和国を生んだ。強烈なカリスマ性を具えたパイスの政治は一見大統領制を装ったが、官僚達はほとんどこれを支持しなかった。そして1918年12月の彼の暗殺死を待たずして、この新共和国は危機に陥った。それでもパイスは保守勢力が王制と訣別するという重要な遺産をひとつ残していった。1917年から翌年にかけて再結集したカトリック政党はブラガンサ朝を見限り、自分達の手に政権を握ることに専念した。

定着させることができなかったことにあった。おそらく男性よりも信仰心が篤いという理由からであろうが、女性の参政権は認められず、男性にしても依然として制限選挙のままだった。政府の中央集権化と官僚化が進み、行政権の地方移管の約束は反故とされた。新聞の検閲はごくあたりまえとなり、体制の変革に付きものの流動的な政治に乗じた個人の専横と

右　民主主義を掲げるポルトガル共和国は過去の腐敗した君主制との完全な訣別でなければならなかった。新体制は早速自分の神話と象徴造りに取りかかった。この記念ポスターでは共和制の象徴である女性が、新政府を構成する政治家の上に君臨している。女性像の周囲に描かれた情景は新体制が国民の間から誕生したことを強調し、全国的なクーデターの発端となった海軍の蜂起を記念している。そして反動勢力を代表する聖職者は武装した共和派の市民によって追放されようとしている。

フェデリーコ・ガルシーア・ロルカ

　20世紀スペイン文学史上もっとも有名な人物フェデリーコ・ガルシーア・ロルカはグラナーダの南にあるフエンテバケーロスの裕福な家庭に生まれた．父は教養のある実業家で，母はやさしい人柄だった．だが，才気に溢れ，同性愛者であった彼はありきたりの上流社会には収まり切れなかった．マドリードで大学を終えた若いロルカは1923年に超写実主義の画家サルバドール・ダリーと出会い，2人の間には熱烈な友情が芽生えた．ダリーとの出会いはロルカの人間形成に影響を及ぼしたが，超写実主義とは束の間の戯れでしかなかった．
　ロルカの出世作となったのはマドリードで書いた戯曲『マリアーナ・ピネーダ』(1927)と詩集『ジプシー歌集』(1928)で，これによってロルカの名は一躍知れわたった．この2つの作品の根底にあるのは故郷アンダルシーアの伝承と言葉遣いと表象であって，人の不興を買うような超写実主義の姿勢ではない．次の作品は戯曲『ドン・ペルリンピン』で，これが時のプリーモ・デ・リベーラ将軍の独裁政権によって上演禁止処分となると，たまたまダリーがパリに去ったこともあってロルカは深く落ち込んだ．
　1929年，彼はスペインを発ってニューヨークに向かった．米国滞在が直接の動機となって生まれた『ニューヨークの詩人』は彼の詩が新たに大きな転換を見せた作品だった．しかし，ある批評家によれば，この時のロルカはそれまでになくスペイン人であり，アンダルシーア人であった．1930年，キューバ経由でスペインに帰った彼はもっぱら演劇作品の執筆に専念した．第2次スペイン共和制の自由な空気の中でロルカは大いに活躍した．共和制の熱烈な支持者だった彼の最優秀作品はこの時期に生まれた．だが，この共和制支持が直接彼の死に繋がった．1936年7月，内戦が勃発するとグラナーダは反乱軍の手に落ちた．同年8月18日，ロルカはグラナーダ郊外の村ビスナルで銃殺された．遺体は行方不明，作品はフランコ政権の最初の頃は発禁処分になった．

左　黒髪に褐色の肌というガルシーア・ロルカの外貌は典型的なアンダルシーア人のものだった．フェデリーコ・トレードが描いたこの肖像画に見られるように，ロルカは時として別の姿を人に見せた．しかし，サルバドール・ダリーとは違っていつもきちんと衣服身に付け，決して奇矯な振る舞いに及ぶことはなかった．ロルカが自分が同性愛者であることを頑なに隠し通そうとしたのはおそらく世間の目を憚ってのことだった．このことは愛する家族にも秘密だった．彼の家族は熱心なカトリック信者であっただけに，彼の苦しみは深かったと思われる．取りわけ当時のスペイン社会は極端に非寛容だった．彼が同性愛者だったことは，自由主義派の知識人達の間でさえ遂に知られなかった．

立憲政治と内戦 1812-1974

混沌と前衛芸術

　混乱に陥ったのはスペインの復古王制もポルトガルの共和制も同じだった．いずれの場合も不毛な立憲政治の結末は強権の介入だった．スペインでは1923年にミゲール・プリモ・デ・リベーラ将軍（1870-1930）がクーデターを主導し，アルフォンソ13世はこれを黙認した．独裁権を握った同将軍はカタルーニャ民族主義を筆頭とする6年間にわたる国内の混乱状態に終止符を打った．その3年後，ポルトガルでは陸軍が民主政権を倒してオスカル・カルモーナ将軍（1869-1951）を首班とする暫定政府を発足させ，1928年には同将軍は大統領に選出された．こうしてスペインとポルトガル両国では極度の政情不安から民主主義が一掃されて，軍人支配が始まった．このように政治の見通しは暗かったが，この20世紀の最初の数十年間には芸術の分野で注目すべき動きがいくつか特にスペインで見られた．写真を初めとする技術の進歩のお蔭で，造型美術に携わる芸術家達はそれまで形象表現に課されてきた拘束から解放されて，近代世界を描写する新たな道を探りつつあった．国際市場を背後に控えて芸術が改めて少数エリートの知的活動となった．この分野に君臨するのはパリで，スペインの巨匠達も揃って少なくとも一時期はパリに居を構えて創作活動を行なった．

　パリに永住を決めた者の中にパブロ・ピカソ（1881-1973）がいた．マラガに生まれ，バルセロナで学んだ彼はここでラモン・カーサスと年若い画家イシドレ・ノネール（1873-1911）などと交わった．ジプシーや物乞いを描いたノネールの衝撃的な作品は後に青の時代（1901-04）とバラ色の時代（1904-06）のピカソに影響を与えた．1900年にパリに移ったピカソは新しい立体主義（キュービズム）運動の主動力となった．この運動を支えたのはピカソと同じくスペイン人のフアン・グリス（1887-1927）やフランス人のジョルジュ・ブラック（1882-1963），それから技量が一段下がるポルトガル人のアマデウ・デ・ソウザ・カルドーゾ（1887-1918）ほか幾人かの画家達だった．彼らはさまざまな形と遠近法を試み，中でも1個の対象物をいくつかの面から同時に表現しようとした．スペインの彫刻家パブロ・ガルガージョ（1881-1934）とフリオ・ゴンサーレス（1876-1942）もまたパリの立体主義運動の一端を担った．2人はゴンサーレスが自分の父親の工房で覚えた金属工芸の技術を用いてスペインの金銀細工と錬鉄細工の伝統を代表した．彼ら立体派の作品はパリの芸術とイベリアの工芸との融合を示すだけでなく，スペイン彫刻に新しい方向づけを与えた．

　立体主義運動は必然的にこれへの反撥を生んだ．カタルーニャ生まれの画家ジョアン・ミロー（1893-1983）は自分は常に「立体主義のギターをぶち壊したい」と思っていたと言った．だが，その彼にしてもピカソの立体主義の作品からの影響を免れなかった．1924年にミローは近代を自認する超写実主義（シュールレアリズム）を掲げるもうひとつの芸術家集団が公にした宣言文に署名した．心理分析から強い影響を受けた彼ら超写実主義者は意識下の世界を描く試みとしてとりとめのない表象を用いた．同じくカタルーニャ生まれで自己宣伝に長けた才気溢れるサルバドール・ダリー（1904-89）やもう1人のスペイン人オスカル・ドミンゲス（1906-58）とは違って，ミローは最後まで自分の道を進んだ．彼の作品には多様な様式と影響が錯綜している．絵画以外では映画が超写実主義から大きな影響を受けた．ダリーはスペインの映画監督ルイス・ブニュエル（1900-83）と協力して超写実主義の作

上　戯曲家としてのガルシーア・ロルカのもっとも有名な作品はすべて1930年にスペインへ帰ってから1936年に死ぬまでの，短いながら刺激に満ちた時期に書かれた．スペイン演劇の舞台装置の変革に力を貸したドイツ人ジークフリート・ビュルマンはロルカと並んで1930年に上演された彼の『素晴らしい靴屋の女房』の舞台装置を手がけた．

右　『ジェルマ』初演の時のポスター（1934）．この作品は『血の婚礼』（1933）と『ベルナルダ・アルバの家』（1936）と並んでアンダルシーアを舞台にした哀しくも強烈な印象を与えずにはおかない彼の三大悲劇のひとつである．この三部作の見所はその詩情もさることながら，登場する女性達の強烈な魅力にある．

左　1932年にロルカは民衆に文化と民主主義を伝える手段として移動劇団「ラ・バラーカ」を創設した．俳優はすべてマドリード大学の演劇愛好家の学生だった．当時，ロルカの作品の評判は高まりつつあったが，劇団が上演する作品はスペインの古典演劇が中心だった．車輪の上に仮面を描いた「ラ・バラーカ」の標章は，ロルカの友人であるベンハミン・バレンシアのデザインだった．

品『アンダルシアの犬』(1929)と『黄金時代』(1931)を製作し，その後もイギリスの映画監督アルフレッド・ヒッチコック(1899-1980)の作品『白い恐怖』(1945)の中の夢のシーンで協力したりした．

ダリーとブニュエルは詩人のフェデリーコ・ガルシーア・ロルカ(1898-1936)とも交流があった．3人は1920年代の初めの学生時代にマドリードで出会った．ガルシーア・ロルカは1902年生まれのラファエル・アルベルティやビセンテ・アレイクサンドレ(1898-1984)らとともに「27年の世代」と呼ばれる優れた詩人の1人である．そして1930年代には，プリモ・デ・リベーラ将軍の独裁下に最初の作品が認められたミゲール・エルナンデス(1910-42)が続いた．文学の他の分野ではこの時のスペイン詩の隆盛に匹敵するものは見られなかった．「27年の世代」の多くはアンダルシーアの出身で，彼らはかつての黄金の世紀の詩人ルイス・デ・ゴンゴラ(1561-1627)の再生を自らの中に見るという共通の歴史感覚を持っていた．20世紀のイベリアが生んだもっとも優れた作曲家マヌエル・デ・ファリャ(1876-1946)もまた彼らと同じくアンダルシーアの出身で，同じ歴史感覚の持ち主だった．

ガルシーア・ロルカの親友だったファリャはカタルーニャの音楽理論家フェリーペ・ペドレール(1841-1922)に師事した．スペインの近代派音楽の生みの親であるペドレールは，いかなる音楽と言えども真に国民的と言えるにはその土地に根ざしていなければならないという信念から，伝統音楽に関する知識と理解を人々に訴えた．これに応えた最初の作曲家がイサアク・アルベニス(1860-1909)とエンリーケ・グラナードス(1867-1916)で，皮肉と言うべきかともにカタルーニャの出身だった．このうち，アルベニスはペドレールの弟子だった．2人は19世紀末から20世紀初めにかけてのイベリアの音楽界を代表した．そしてともに作品の中にスペイン各地の民謡と舞踊を様式化して取り入れた．今日，彼らの名を聞いてまず想い出されるのは地方色を巧みに活かしたピアノ曲である．

その後もいろいろな作曲家が自分の作品に伝統音楽を取り入れた．そのうちの1人がホアキン・トゥリーナ(1882-1949)，次いで1世代下ってロドルフォ・アルフテル(1900-87)とエルネスト・アルフテル(1905-89)の兄弟だった．アルフテル兄弟はファリャの弟子だったが，どちらも師を超えなかった．ファリャは近代イベリアの作曲家の中でもっとも国際的に名が知られた作曲家で，そのもっとも有名な作品はアンダルシーアの踊りを取り入れた『三角帽子』と『恋は魔術師』である．中でも『恋は魔術師』はファリャが復活を目指した民俗音楽フラメンコが見事なまでに活かされた作品である．カディスに生まれたファリャは深い郷土愛と禁欲的で篤いカトリック信仰とを巧みに融合させた．晩年はオペラ『アトランティダ』の作曲に取り組んだが，完成に至ることなく亡命先のアルゼンチンで死んだ．

20世紀初頭のイベリアの芸術が生み出した作品の多くは明らかにスペイン人によるものだった．しかし，この時期のもっとも優れた文学者はあるいはポルトガルの詩人フェルナンド・ペソーア(1888-1935)かもしれない．彼は生まれはリスボアだが，教育を受けたのは南アフリカのダーバンであり，初期の頃の詩は英語で書いた．ポルトガル文学へのペソーアの貢献は測り知れないものがある．それも1人ではなく4人の働きだった．と言うのは，ペソーアは形而上学的な詩は本名で書いたが，他にアルベルト・カエイロ，アルヴァロ・デ・カンポス，リカルド・レイスという3つの異名を使って，それぞれに異なった文体の作品を書いたからである．カエイロは可視の世界だけを唯一の現実とする論理的な実証主義者であり，カンポスは熱狂的な韻文を書く未来主義作家であり，レイスは古典的な人文主義者だった．

ペソーアが強く主張したところによれば，これら3つの異名は決して単なる筆名ではなく，人間が誰しも持っている人格の多様性を表していた．彼にとってはどの異名も実在の人間で，独自の出自と容姿と知性の持ち主だった．たとえばリカルド・レイスは1887年にポルトで生まれ，イエズス会士の許で教育を受け，医師の資格を取得してごく普通の開業医となった人物である．自由思想家で運命論者だったペソーアは余暇には詩を書いた．また王党派だったことから共和制を潔しとせず亡命の道を選んだ．生前は認められなかったペソーアだが，死後は16世紀のカモンエス以来のポルトガルのもっとも優れた詩人と見做され，後に続く世代に深い影響を与えた．彼が生み出した複数の傑出した文学上の人物は，たとえばジョゼ・サラマーゴの『リカルド・レイスの没年』(1984)に見るように，ポルトガルの現代小説の作中人物になっている．

スペイン第2次共和制

1929年になると，当初プリモ・デ・リベーラ将軍の独裁を歓迎した熱気は跡形もなく消えてしまった．もとより同将軍はクーデター時に自分を支持してくれたいろいろな勢力のすべての意に応えることはできなかったかもしれない．だが，それにしても最後まで彼の近くに留まった者は誰一人いなかった．彼は軍部に改革の必要ありと見てこれを実行しようとしたが，方法を誤った．そして憤激した軍部は彼への支持を引っ込めた．

1920年代末，アルフォンソ13世の不人気ぶりはプリモ・

上　マヌエル・デ・ファリャは20世紀スペインの作曲家の中でもっとも有名な存在である．上は若き日のピカソが描いたファリャのデッサン．アンダルシーアを彷彿とさせる主題のファリャの音楽はスペイン音楽のイメージを決めた．

左　チェロ奏者パウ・カザルス(1876-1973)は20世紀におけるもっとも偉大な演奏家の1人である．内戦がフランコの勝利に終わるとカザルスは亡命の道を選び，第2次世界大戦後の1945年から50年までは，連合国側のスペイン干渉政策の失敗に抗議して公演活動を拒否した．この像はジョゼプ・ビラドマート・イ・マサーナス(1899-1989)の作品．

デ・リベーラ将軍のそれを上廻った．そもそも彼が同将軍を政府の首班に指名したことが違法だった．そのために世論はこれから生じた結果の責任はおおむね同王にあるとした．折から1930年代の世界不況の影響がスペインにも及び始めると，かつての経緯からそれまで分裂していた共和主義勢力が力を盛り返して統合に向かい，最後には共和制の実現を目指して社会党と手を組んだ．1931年4月，立憲政治への復帰の前段階として地方選挙が行なわれた．結果は共和派が52の県都のうちの45を制して圧勝した．王党派はたちまち崩壊し，アルフォンソ13世自ら敗北を認めた．彼は正式に退位することなく1931年4月13日にスペインを離れた．スペイン第2次共和制は1発の銃声もなしに誕生した．

ポルトガル共和国と同様，スペインの新体制も楽観的な気運に乗って政権の座に就いた．それは選挙を通して誕生したイベリア初の共和制だった．そしてこれまたポルトガルの場合と同じく，共和制は過去との訣別の意思の表明でもあった．人目につく所にあった旧体制の象徴は新体制によって取り外され，群衆の手で破壊された．赤と黄色の旧来の国旗は赤と黄色と藤色の三色旗に取って代わられた．共和国の成立後1カ月も経たないうちに国内の方々の都市で教会の焼き討ち事件が起きた．

暫定政府には共和制の勝利を象徴するこうした行為を強調するだけの充分な理由があった．共和制の支持者には唯一民主主義への期待だけが共通の政治目標だったからである．7月に行なわれた総選挙は共和党と社会党との連立勢力の圧勝だった．しかし，この連立勢力が一旦政権に就くや，新しい共和国の将来像に関して双方の間にはほとんど一致点がないことが明らかになった．

結局，1931年憲法は新体制を「あらゆる種類の労働者の共和国」と定めた．この文言は私有財産を認める西ヨーロッパ流の議会制民主主義を目指す共和党自由派の主張と，集産主義の実現を視野に入れたもっと急進的な体制を目指す社会党の姿勢との妥協の反映だった．この緊張は同憲法のどの条項にも見て取れた．実際，宗教色を一掃した共和制をこぞって志向する左派に対し，右派は断固これを拒否した．多くの者が反教権的な体制を望む一方で，単に教会と国家の分離でよしとする者がいた．最終的に行き着いたところはポルトガル共和国の場合に似ていた．すなわち，教会と国家の分離・民事結婚と離婚の合法化・教育の場からの聖職者の排除・公共の場における宗教行事の禁止などである．そしてこれに対する反応もまたポルトガルと同じだった．すなわち，カトリック信者は共和国への支持を引っ込め，右派は勢力の結集に有利な大義名分を手に入れた．以来，少なくとも選挙で右派の勝利を狙うカトリックの政治家は，共和国への抵抗はキリストのための戦いに他ならないとした．

カトリック教会への攻撃はポルトガルでも見られたが，他の面では両共和国は別々の道を歩んだ．たとえばスペインには根強い地方分離主義の伝統があり，共和国政府はこれに対処しなければならなかった．この点でも成立した妥協に完全に満足したのはごく少数だった．1931年憲法は共和制を権限委譲体制と定義したが，地方の分離は容認しなかった．1932年の自治憲章によってカタルーニャは独自の議会を含む自治を認められたが，国家主権に属する権限は与えられなかった．制約つきの自治にカタルーニャ民族主義者は次第に不満を募らせた．一方，軍部はスペイン国家の領土の保全が危うくされる事態に危機感を深めていった．

農地問題

もっとも激しい対立は農地問題をめぐる対立だった．政府内で社会党が力を持ち，議会の外では無政府主義者が自他共に認める力を誇る以上，所有権の根源が不明瞭な私有地の場合，共和国政府が単にその所有権を追認するだけで事が済むはずはなかった．農地問題は確かに緊急の課題であり，不公平な土地所有の実態は目に余った．したがって，政府部内はもとより，ブルジョア自由派政党の中にでさえ，この問題をこのまま放置しておこうという声はごく少数だった．

農地問題は，内戦の勃発に至った政治の極端な分極化を招いた最大の原因として，歴史家がもっとも頻繁に指摘してきた争点である．特に右派の大方が土地関連の法律の見直しを議題に載せることに断固反対の態度を崩さなかったことから，議会はこの問題をめぐって紛糾した．1934年から翌年にかけて右派所属の大臣の1人が農地改革案を提出した時などは，これに反対票を投じて葬り去ったのは当の提案者の同志だった．したがって，共和派にとってはこの問題は一層難しい課題だった．1932年9月の農地改革法によって大規模農地の無償没収が認められた．にもかかわらず，農村部ではかえって不穏な空気が高まり，騒乱事件が増えた．この改革法はその草案作成段階で委員会の委員数人が辞任し，共和党自由派の大方はこれに反対だった．

農村部の不穏な空気の一因は経済情勢の悪化にあった．特に世界不況に対して政府はほとんど打つ手を知らなかった．加えて，地主の中には新しい農地改革法に抗議して農地を閉鎖したり，あるいは故意に耕作せずに放置する者がいた．そ

下　生前は認められなかったが，ポルトガルの詩人フェルナンド・ペソーアは今日では20世紀におけるもっとも優れた文学者の1人と見做されている．彼の作品の大部分は死後に刊行され，その謎めいた人柄は多くの人の興味を惹いている．1913年から15年にかけてペソーアは3つの異名ないしは分身を作り上げ，それぞれの名前で詩を書いた．この1978年のコスタ・ピニェイロの絵では，3つの分身がペソーアの影として描かれている．実際，それぞれの異名は単に名前に留まらず容姿も生涯も文体も異なっていた．たとえば，最初に作り出された分身のアルベルト・カエイロは金髪でいつも髭をきちんと剃り，青い目をしていた．そして教育はほとんど受けておらず，ひどいポルトガル語を書いた．

第2部 イベリアの歴史

れに共和国政府によるこの時の農地改革は農業労働者全体の要求と期待に応えていなかった．改革の狙いが南部の大土地所有地帯に住む土地なし農民に絞られるあまり，カスティージャの小規模農民にはなんの問題解決にもならなかった．さらに肝心の南部においてさえ，これによって農民層の不穏な空気が収まる様子はなく，ましてや改革に反対する地主層の反撥は鎮まるどころではなかった．UGTの指導者フランシスコ・ラルゴ・カバジェーロ(1869-1946)の言葉を借りれば，政府の施策は「アスピリンで盲腸炎を治そうとするようなもの」だった．

内戦への道

共和国に国民が託した大きな期待に共和党と社会党の連立政権が応えられずに終わったことは反動を生まずに済まなかった．1933年11月に行なわれた2度目の総選挙で社会党の議席は半減し，共和党は全滅に等しかった．政権を握った中道右派の連立内閣は1931年憲法に対する違反行為と見做すものをまず是正しようと意を固めていた．宗教関連法案は阻止，地方自治に向けた措置は否決，労働関連法案は無視された．事業主と地主層は選挙での勝利を絶好の機会とばかりに賃金を引き下げ，小作農を追い出し，地代を引き上げた．

こうして衝突はもはや避けられなくなった．労働者と農民は共和党政府の明らかに不手際な施策の結果，いまや暴動を起こす寸前の状態にあった．中でも議会での発言の場を失った左派勢力は実力行使に訴え始めた．社会党の指導部は特に若手の党員に対する統制力を次第に失っていった．他方，それまでの革命陣営の弱点を衝いたラルゴ・カバジェーロは「大衆の一斉蜂起」を叫んだ．

1934年に入ると，暴力は明らかにもはや自由を叫ぶ強硬派だけのものではなくなった．これの前年，かつての独裁将軍の息子ホセ・アントニオ・プリモ・デ・リベーラ(1903-36)は古代ギリシアの重装歩兵部隊からその名を採ったファランヘで知られるファシズム政党の小さなスペイン版を結成し，その党員は左翼の若者としばしば衝突を繰り広げた．宗教色を排した共和国の誕生を機にかつてのカルロス党が息を吹き返し，将来実力で共和国を打倒する日に備えてナバーラの山岳部で党員の訓練を始めた．議会の多数派を占める右翼政党であるスペイン右翼自治連合(略称CEDA)までもがファシズム流の青年運動を組織し，その成員が左翼の支持者を相手に演じる市街戦は日増しに多くなっていった．

1934年秋，事態はついにその極に達した．UGTがゼネストを呼びかけると，失敗に終わったもののカタルーニャが分離を掲げて反乱を起こし，北部のアストゥリアスでは炭鉱労働者が武器を手に決起した．彼らは最後には敗れたものの，炭鉱用のダイナマイトを主な武器として数日間にわたって軍隊に抵抗した．これに続く弾圧では多くの血が流れ，アストゥ

土地の所有形態と農業

スペインとポルトガルは不公平な土地所有が改革されないままに20世紀を迎えた．1区画が最低でも250haという大土地所有制に支配されたイベリアの南部では地主は一般に不在で，土地の管理は雇人に任されていた．農繁期の作業は食うのもやっとという低賃金で臨時に雇われる労働者によって行なわれたが，1年のうちの数カ月は事実上仕事はなかった．逆に北部では零細な自作農がわずかな土地を耕して糊口をしのいでいた．1930年代に生まれたスペインの第2次共和国政府は農地問題に取り組み，大地主の土地を収用してこれを再分配した．だが，この時は北部の零細農民の困窮はほとんど顧みられなかった．1974年のポルトガル革命でも同じく南部の土地の再分配は政策目標となったが，北部の問題は未解決のままに残された．これに対して1975年に民主主義に復帰したスペインではかつてのような農地をめぐる厳しい対立は表面化しなかった．なによりもまずスペイン経済はすでに農業依存の状態から脱却していた．そして農地地帯の多くは以前のようなただ生き延びるためだけの農業に代わる産業化された農業に変容し，商業の中心地として繁栄の道を歩んでいる．

リアスは軍隊によってあたかも敵地同然に占領された．その後の報復措置として社会党の指導部はアストゥリアス出身者か否かを問わず一斉に検挙投獄され，政治犯は裁判もなく拘束，社会党の地方支部はすべて閉鎖，カタルーニャ自治憲章は停止された．

このような政府の対応は逆にスペインのあらゆる左翼勢力の間に1931年以来なかった強い結束を生み出した．後に共和国大統領となるマヌエル・アサーニャ (1880-1940) は，共和党と社会党の新たな提携を求めて社会党党首のインダレシオ・ブリエト (1883-1962) と協力して選挙運動を展開した．新たな提携は1935年から翌年にかけて人民戦線の形で実現した．他のヨーロッパ諸国では人民戦線は共産党の息がかかった主導の下で結成されたが，当時のスペイン共産党はごく小さな存在で連立勢力の末端を占めるに過ぎなかった．

1936年2月の総選挙が告示されると，人民戦線は共和国憲法の再確認を骨子とする，ごく控えめな綱領を掲げた．ところが右派勢力はこの選挙をキリスト教と共産主義との戦いと捉え，「スペイン」と「反スペイン」の雌雄を決するのは自分達であると公言した．きたる投票に祖国の存亡がかかっているといった口調で訴えることで，右派は選挙での勝利を確信した．だが，僅差とは言え勝ったのは人民戦線だった．右派にとってこの結果は壊滅を意味した．彼らはいまや合法的に共和国を統治する手立てを失った．人民戦線の勝利の後間もなくCEDAは崩壊，その資金は軍部の陰謀組の手に渡リ，若い党員は大挙してファランヘに加入した．人民戦線の勝利によって共和国打倒を目指す反乱は必至となった．

スペインの分裂

1936年7月18日，将軍の一団が共和国政府に反旗を翻した．事実上，全陸軍と治安警備隊の圧倒的多数が蜂起への呼びかけに応えた．ナバーラや旧カスティージャなどの地方も蜂起したが，反乱はマドリードとカタルーニャとバスコ地方では失敗に終わった．反乱軍は国土の3分の1を支配下に置いたが，当初予想していた圧倒的な勝利は収められなかった．一瞬のクーデターどころか，反乱軍は征服戦争を強いられることになった．

海軍と空軍は共和国側に留まった．このためにフランシスコ・フランコ将軍 (1892-1975) 指揮下のアフリカ駐屯部隊をはじめとする反乱側の主力部隊の一部はスペイン領モロッコで足止め状態に陥った．だが，外国の支援がこの問題を解決した．ヨーロッパの独裁者アドルフ・ヒットラーとベニート・ムッソリーニの2人と直ちに連絡が取られ，アフリカ駐屯部隊はドイツとイタリア両国の空軍機に乗ってジブラルタル海峡を越えた．こうして半ば失敗に終わったクーデターは長期にわたる凄惨な内戦へと変身した．

スペイン本土に上陸したフランコ軍は，蜂起後数時間でセ

下　内戦が勃発すると，外国の新聞記者や報道写真家達がスペインに押し寄せて取材を行ない，世界最初のメディア戦争を繰り広げた．しかし，共和国側にとってもっとも重要な外国人は戦いに馳せ参じた義勇兵だった．国際旅団は1936年10月にマドリードに到着し，士気を高め戦力を強化した．ハンガリア生まれの写真家ロバート・キャパ (1913-54) と同行のドイツ人女性ゲルダ・タロ (1911-37) が撮ったこの写真には，にわか造りのバリケードの陰で防戦する国際旅団の兵士達が写っている．キャパは戦争写真家の異名をとった．共和国側に共鳴した彼は戦場の勇敢な場面を撮ると同時に戦争には死がつきものだということを隠さなかった．キャパの作品のこうした陰は，ゲルダ・タロが1937年7月にブルネーテの戦線で死んでから一段と濃くなった．タロは戦闘中に死んだ最初の女性戦争写真家だった．

第2部　イベリアの歴史

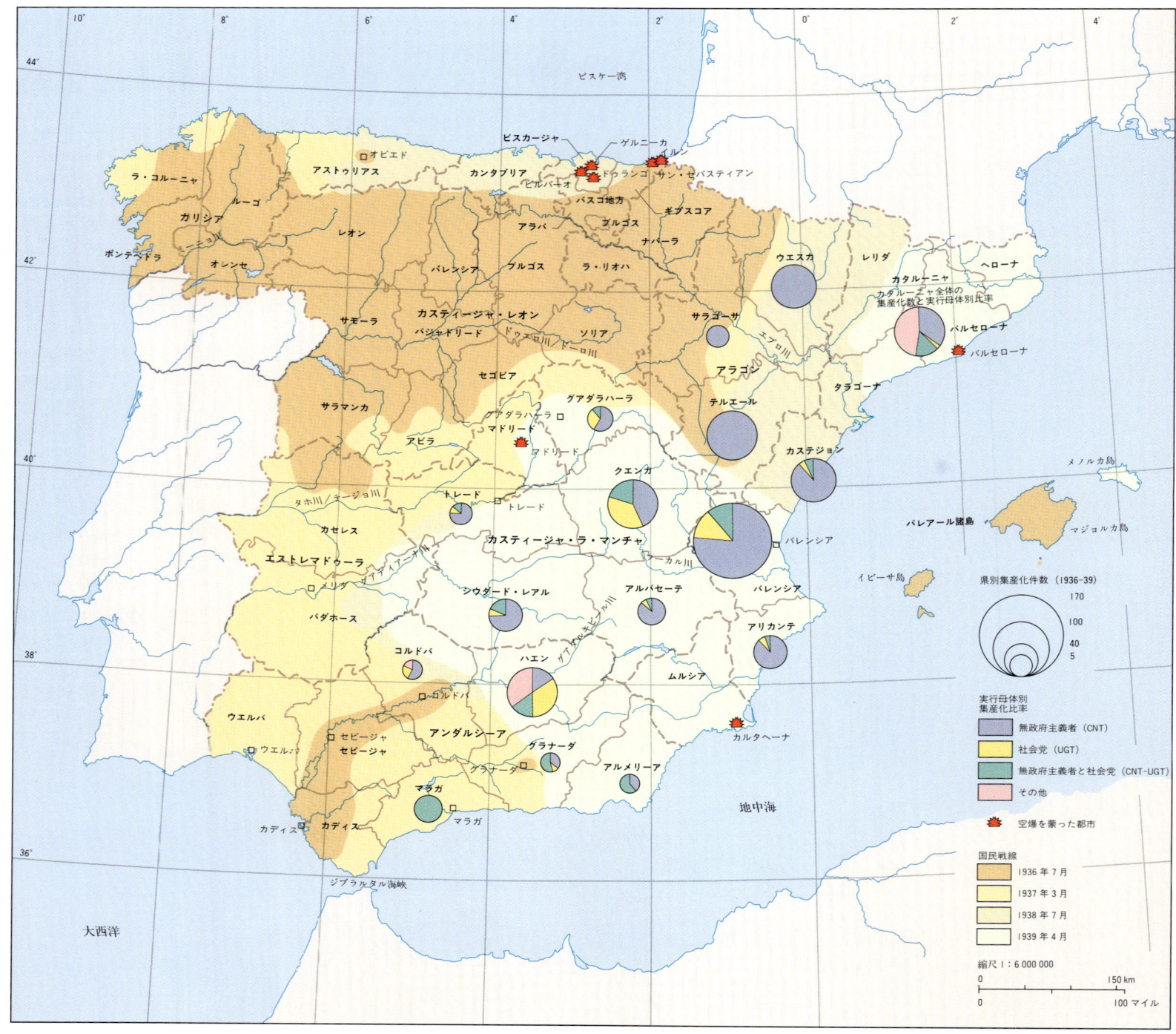

ビージャ市を抑えたケイポ・デ・ジャーノ将軍（1875-1951）にアンダルシーアの制圧を任せて北へ進軍した．同じ頃，モーラ将軍（1887-1937）の部隊はナバーラから南下中だった．双方の部隊は1936年8月10日にエストレマドゥーラのメリダで合流した後，バダホースを占領した．戦闘後，ここで繰り広げられた容赦のない弾圧を目撃した米国の新聞記者ジェイ・アレンはその凄惨な模様を記事にして『シカゴ・トリビューン』に送った．だが，反乱軍に不利なこの報道も首都を目指す彼らの進撃を止められなかった．マドリードは10月には反乱軍に包囲された．

訓練の行き届いた正規軍を相手に首都の防衛に当たる共和国側の民兵にはあまり勝算はなかった．イタリアは反乱軍に武器を供給し，ドイツは特に空軍の軍事顧問を派遣して支援した．一方，国際社会に救援を求める共和国側の呼びかけには一向に反応がなかった．取りわけ，イギリス政府はスペインの内戦がヨーロッパ全土に拡大することをなんとしても阻止しようとした．イギリス政府のこうした意向を受けてフランスの人民戦線政府が不干渉政策を提唱すると，27カ国が正式にこれに賛同した．この不干渉政策とは交戦中の双方に同じ姿勢で臨むというものだった．だが，一方は合法的に成立した政府であり，もう一方はこれに反旗を翻した非合法の反乱軍だった．ドイツとイタリアも不干渉政策協定に署名して中立を装いながら，他方では公然とフランコ軍への支援を続けた．国際法上，合法的な共和国政府は外国から武器を購入することができた．だが，共和国政府に返ってくる答えはいずれも否で，これは反乱側に新たな支援を与えるのと事実上同じだった．

マドリードの陥落を目前にして国外の左派陣営はスペイン支援のために結集した．各国からピレネーを越えて義勇兵が苦境に陥った共和国の防衛に馳せ参じた．国際旅団の第1陣は1936年11月8日にマドリードに入った．そのわずか3週間前にはソ連からの最初の武器が到着した．反乱当初におけ

スペイン内戦

1936年7月18日の将軍達の反乱は軍部の大部分とナバーラおよび旧カスティージャの住民の支持を得た．反乱軍はドイツとイタリアの空軍機でジブラルタル海峡を越え，南部の制圧に乗り出した．続く3年間に彼らは徐々に共和国側を圧倒して支配地域を拡大していった．この戦争で初めて非戦闘員に対する空爆が行なわれた．共和国側の支配地域では内戦に触発されて革命気運が高まり，農地が集産化された．カタルーニャでは工業やサービス業も集産化された．1936年11月以降，共和国政府は次第にソ連からの支援に依存するようになっていった．無政府主義者は共産主義者との闘いに敗れ，革命当初のユートピア的な目標もあえなく潰えた．

上　スペインから避難する女性．キャパが1936年に撮ったこの写真は戦争の惨禍が個々の民衆にまで及んだことを余すところなく捉えている．女性の馬は力つきて道に倒れたまま死んでしまい，彼女はできるだけの物を馬車から取り出し，それを背負ってこれから先を歩いて行かなければならない．

るヒットラーの支援と同じく，ソ連からの支援はその後の戦局と内戦の性格を変えた．ソ連からの支援のお蔭でマドリードは陥落を免れた．だが，ソ連はその見返りにスペインの内政に干渉する権利を要求してきた．ソ連の援助を後楯にスペイン共産党は着実に発言力を伸ばしていき，次第にマドリード防衛戦の指導権を握っていった．

スペイン革命

内戦の勃発はカタルーニャを筆頭に共和国政府の支配地域の随所で社会革命を引き起こした．バルセローナでは自治政府の議会場がアナルコサンディカリストの組織CNTによって占拠された．あらゆる分野で集産化が実行され，靴磨きといえども例外となりえず，彼らが持っている箱は無政府主義を表す赤と黒の2色で塗られた．チップは違法とされ，女性は帽子を被るのを止め，人々は互いに同志 (camarada) と呼び合った．イギリスの作家ジョージ・オーウェル (1903-50) の言葉を借りれば，バルセローナは「労働者が馬の鞍に跨がった町」と化した．だが，他の支配地域ではこれほどの革命色は見られなかった．マドリードは戦時下の重苦しい空気に包まれ，バレンシアの社会変革はさほど過激な様相を見せず，ビルバーオでは人々の生活はいつもの通りだった．人々の信仰心が篤いバスコ地方では教会は従来通り開かれていて，教会や修道院が徹底的な焼き討ちによって破壊されたカタルーニャとは対照的な違いを見せた．

スペイン革命は一旦それが起こった所では激烈だった．騒乱の後には法と秩序はほとんど完全に消え，革命裁判が司法裁判に取って代わった．政府は不法な処刑の防止策を講じたが，内戦勃発直後の数週間はあまり効果がなかった．ファシズムのシンパの嫌疑をかけられた者は即座に銃殺刑に処せられた．教会の焼き討ちは数百件に上り，それも動じた様子もなく平然と行なわれた．バルセローナでは修道女の死体が掘り起こされて公衆の好奇の眼に晒された．教会への敵愾心は殺すだけでは止まらなかった．内戦勃発直後の数ヶ月間に共和国の支配地域では司教12名，司祭4184名，修道士2365名，修道女283名が命を落とした．

虐殺は共和国側でも反乱軍側でも起きた．双方の間に違いがあるとすれば，共和国側の場合は全部とは言わないまでもその大半が混乱した状況の中での暴徒の手によるものであり，反乱軍側の場合は上官の命令によるものだった．ただし，地方の段階では，革命の相当な部分は暴力的になされた．たとえばアラゴンでの農地の集産化は農村労働者の自発的な行為どころか，無政府主義者による強制だった．集約化が一段落した後も，革命側は戦時下という特殊な状況に対応しなければならなかった．1936年11月に3人の無政府主義者が共和国政府に参加したのは，なにを差しおいても結束が必要だったからに他ならない．

無政府主義者の入閣は当の無政府主義陣営を分裂に陥れると共に，共産党との主導権争いを激化させた．対立の根本原因は戦争に勝つことが革命の成就よりも重要か，それとも新たな社会の建設こそがそのまま戦争の勝利に繋がる唯一の道であるのかという点だった．無政府主義者と一部の社会党員と共産党の分派である統一マルクス主義労働者党（略称POUM）は，反乱勃発当初の共和国側の抵抗を強化した国民の自発的な支持に注目して革命の続行を主張した．これに対して共産党は規律・指揮系統・組織を強調し，社会党の穏健派と共和党がこれを支持した．民兵を正規軍に代えるべきであるという共産党の要求がようやく通ったのは，1937年2月3日に南部のマラガ市が数時間の戦闘で反乱軍の手に落ちた後だった．その頃にはフランコ将軍は国民戦線軍の押しも押されぬ指導者としての地位を固めていた．これを相手に共和国側が革命への熱意だけではたして勝利を収めることができたかどうかは疑わしい．共和国は内戦の最初の10ヵ月間でその後の33ヵ月間よりも多くの領土を失った．

共産党が自らの目標達成のために使った手段をめぐっては今日なお論争と意見の対立が続いている．ソ連の独裁者ヨーシフ・スターリン（1879-1953）の指令に従って共産党は無政府主義者が行なった集産化によって土地を奪われた小地主層の支持を取りつけた．本質的にブルジョアである彼らの入党の結果，共産党は史上初めて大衆政党になった．この意味で，無政府主義に対する共産党のこの勝利は，内戦に勝つことが最優先事項であるとする世論の反映だった．だが，権力を掌握した共産党は今度は一切の反対勢力の排除に取りかかった．1937年5月の数日間，バルセローナの路上でPOUMと無政府主義者と共産党員が互いに銃を撃ち合うという，内戦の中の内戦が演じられた．対立は表面上は収まったが，共産党は革命勢力とPOUMへの弾圧に乗り出した．弾圧はしばしば残酷で，POUMの成員はトロツキストの烙印を押されて追放され，その指導者はソ連の秘密警察の手で拷問の果てに処刑された．新たに共和国大統領となったフアン・ネグリン（1892-1936）は内戦に勝つ唯一の道は正規軍とソ連の武器にあると確信していた．1937年5月以降，作戦は共産党の考えに沿って決められた．

この後の内戦は双方互いに凄惨な血の流し合いになった．共和国軍の必死の抗戦にもかかわらず，潤沢な武器と圧倒的な空軍力を具えた国民戦線軍はゆっくりと，しかし着実に前進を続けた．1938年4月，彼らはスペインの東部海岸に達してカタルーニャをその他の共和国側地域から孤立させた．翌年1月にバルセローナを降したフランコ軍は4月にはマドリードに入城した．

フランコとサラザール

スペイン内戦中，フランコのもっとも首尾一貫した支持者の1人はポルトガルの首相アントニオ・デ・オリヴェイラ・サラザール（1889-1970）だった．かつて神学校で学んだ経歴を持つこの経済学の教授は1928年にオスカル・カルモナ将軍下の新共和国の蔵相となり，その最初の年にそれまで誰の眼にも不可能と見えた財政の赤字を消して見せた．長年の赤字財政は国の懸案であっただけに，これを見事解消したことでサラザールは絶大な威信を勝ち取った．1929年以降はカルモナ将軍は名目だけの大統領となり，政治の実権はサラザールの手に握られた．1932年7月5日，首相に就任した彼は法律の見直しを行ない，翌年にはポルトガルの「新国家」体制を樹立した．サラザールの「新国家」はいくつかの点で明らかにフランコ体制の先駆例となった．協調組合主義的統一共和国と定義された新体制はナショナリズムを強調し，それまでの混迷を排して秩序を確立する手段として強力な政府の必要を訴えた．そこでは階級闘争や社会の分裂に繋がるその他の要素は存在を許されなかった．雇う者と雇われる者は新しい協調組合主義の仕組みの中で国の利益のために協力すべきであるとされた．

これらの特色をすべて具えるに至った1937年以後の国民戦線側のスペインと同じく，強力な政府とは抑圧的な政府に他ならなかった．協調組合主義は政府の単なる表看板に過ぎず，両国の体制を支えたのは厳しい検閲だった．秘密警察を筆頭とする警察制度は国家の重要な一端を占め，無許可の政治活動は禁止された．フランコのスペインで唯一許された政治組織は政府のお声がかりで大衆を動員して創られ，モビミエント（運動）の名で知られるものだけだった．1937年4月にはファシスト団体ファランヘも前々からのカルロス党もフランコの命令で強制的にモビミエントに合流させられた．これより先に共和国側の牢獄で処刑されたファランヘの創立者ホセ・アントニオ・プリモ・デ・リベーラは新体制のために殉じた英雄とされたが，彼の組織もカルロス党と同じく骨抜きにされた．これといった明確なイデオロギーを持たないモビミエントには，フランコの首位を脅かすことのないよう，独自の役割を演じることは許されなかった．フランコ政権はサラザール政権と同じく事実上フランコ個人の政権だった．

スペイン内戦と第2次世界大戦の影響を受けてポルトガルの新国家でもファシズム的な要素が顔を覗かせたが，サラザール政権はフランコ政権ほど手荒ではなかった．後者の基盤は50万を超える死者と50万の国外亡命者を生んだ激しい内戦にあった．1940年代には飢えと勝利者側による共和派への弾圧でこの他に数千人の死者が出た．だが，フランコは特定

上左　部隊を率いてマドリード入りしたフランコ将軍は勝利を記念する凱旋門の建設を命じた．写真は，この門に立って1939年5月19日に行なわれた盛大な戦勝パレードで敬礼に応えるフランコ総統．

上　ドイツのコンドル部隊による空爆はスペイン各地に甚大な被害をもたらした．ポーランド人写真家デヴィッド・チム・シーモア（1911-66）が撮った，空爆によって破壊されたバルセローナの街頭の水飲み場で水を汲む男性．内戦が終結に近づいた1938年の写真である．

右　戦後のスペインは飢餓と窮乏に見舞われた．アンダルシーアの山岳部アルプハーラスでの収穫の模様を撮ったこの写真に見るように，農作業は旧態依然としていた．1941年の警察の記録には，コルドバの市場で357人の農民が草を売っていたとあり，食糧も農作物も欠乏していたことを窺わせる．配給制度は国民1人当たりの実質所得が初めて戦前の水準を回復した1952年まで続いた．

立憲政治と内戦　1812-1974

のイデオロギーの持ち主ではなく，あくまでスペイン軍の一将校だった．その眼には政治上の異議を唱えることは市民が起こす反乱と同じと映った．スペイン軍の中でもっとも若い将軍だった彼にとっては，命令とは黙って従うべきものだった．祖国の保全は万事に優先し，内戦は「反スペイン」から「真のスペイン」を救ったのであり，国外からの悪しき影響は押しなべて共産主義・フリーメーソン・ユダヤ人などの陰謀に他ならず，これらは阻止されなければならなかった．

スペイン内戦はカトリック教会を共産主義から救った．あるいはそう言われた．反共の一語はスペインとポルトガルの両政権の合言葉となった．どちらにおいてもカトリック教会の定める規範の厳守が国民に要求され，特に映画や女性の服装など公衆の眼に触れるものに検閲の眼が光り，学校の教科に宗教が復活した．ただし，ポルトガルでは政教一致への復帰はなく，民事結婚も離婚も合法のままだった．これに対してスペインではカトリック信仰と国家が一体化し，スペインは勝利するカトリック教会の西ヨーロッパにおける砦とされた．内戦はまさしく現代の十字軍に他ならなかった．

スペインとポルトガルの両独裁政権の思想的な拠り所は過去への強烈な郷愁だった．近代を頑に拒んだフランコとサラザールにとって自分達が政権を握る直前の状況は無秩序そのものであり，2人はこれに対抗して極度に保守的な体制を造り上げた．双方ともその真の国の姿は神話に彩られた過去の再生でなければならなかった．無論，だからといって両国の体制が不変であるという意味ではなかった．たとえば，1943年にナチス・ドイツの敗北が決定的となると，フランコもサラザールも枢軸国（ドイツ・イタリア・日本）とは距離を置き始め，1939年以来目立つようになったファシズム流の装いや言辞を次第に捨てていった．大戦末期にはポルトガルは連合国側を支援した．だが，枢軸国側に与したスペインは大戦後の一時期，国際社会からの締め出しに遭った．

東ヨーロッパがソ連の支配下に入って冷戦が始まると，スペインとポルトガルの断固たる反共姿勢はほどなく西側から好意的な目で見られ始めた．1950年代初頭，カトリック色を一段と強めていたフランコ政権は米国の仲介で国際舞台への復帰を叶えられた．ヴァティカンとの政教条約が調印された1953年，スペインに米国の空軍基地が設けられた．そして1955年にはスペインはついに国連加盟を認められた．フランコはいまや周囲から見捨てられた哀れな人間どころか，国際社会のれっきとした一員だった．

イベリアの独裁政権が長期にわたったのは間違いなくこうして巧みに時流と共に変化していったからである．サラザールもフランコも長寿を全うしてベッドの上で死んだ．彼らの体制にもいくぶんの変化が見られた．突き詰めて見れば自由の抑圧は変わらなかったものの，飢えの1940年代にあったような荒っぽいスペインは50年代には消え，制限つきながら表現の自由も少しは試みられたし，ポルトガルでは監視の眼はあったものの野党の存在が認められた．1960年代に入って観光客がどっと押し寄せたスペインは経済の自由化に踏み切り，在俗カトリック信者の団体オプス・デイの主導と監視の下で経済の近代化を達成した．ほどなくこの経済繁栄から政治に無関心な幅広い社会層が生まれた．彼らは政治的な自由よりも生活の向上を歓迎した．しかし，反動的な政府とその下で急速に発展する社会との間に離齬が生まれるのは時間の問題だった．フランコの晩年の数年間，スペインでは国中に不満がたぎっていた．

スペイン内戦下のポスター

スペイン内戦は宣伝に徹底した戦争だった．ラジオが初めて武器として使われ，新聞もスペインの内外を問わず情報と逆情報で紙面を埋めた．留まるところを知らない非難と反論の応酬の激しさは，ドイツのコンドル部隊によるゲルニカ爆撃（1937）後にその頂点に達した．反乱軍によれば，爆撃の標的は撤退中の共和国軍だった．グラフィック・デザイナー達は手当たり次第戦闘を題材に強烈な衝撃を与えずにおかない図柄を描いてこの宣伝戦に力を貸した．

共和国側のデザイナーの大半はマドリードとバルセローナで活躍した．取りわけ，バルセローナでは内戦に先立つ工業の発達で宣伝の需要が高まっていたことからグラフィック・デザインがすでに定着していた．共和国政府の下，ポスターは政治色を帯びた．すなわち，選挙活動に際しては政党間の対立が図柄で表されるようになり，わけても左派政党の作るポスターは階級闘争を色濃くにじませていた．ロシア革命に関わった芸術家達の影響は誰の目にも明らかだった．

戦時下のポスターを見ると，バルセローナで起こった革命が自然発生的であったこと，そしてマドリードやビルバーオその他の町で共和国側が物資の欠乏にもめげず長期にわたって勇敢に抗戦した様子がはっきりとわかる．共和国側は知識人の価値を理解し，文化が戦意を鼓舞することを知っていた．教育が奨励され，背徳は断罪された．内戦下のポスターは単にその芸術的な価値が驚くほど高いだけでなく，命の通った意思伝達の手段であったことを証明している．

左 「ひとつにして偉大かつ自由なスペイン」．ファランヘ党のポスターにはフランコ時代にもっとも有名になったスローガンが書かれている．共和国側のと比べると，国民戦線側のポスターはごくありきたりだった．このポスターでは勝った兵士が反スペインを象徴する傷ついた怪物を組み敷いている．さらにこの絵には現代の十字軍が共産党という悪魔の脅威を打ち倒したという宗教的な意味も込められている．人物像は平凡だが，大胆な線と色の組み合わせは人目を惹く．ここには細かい配慮の入る余地はない．善と悪の違いは明白であり，勝ち誇る兵士の半ば抽象化された姿と，彼が倒した醜い赤い怪物の具体的な描写とがきわめて対照的である．

右 「労働者よ！農民よ！勝利のために団結せよ！」．内戦下のバルセローナで作られたポスターは，大胆で創意に溢れていた．ジャシン・ホファルールのこのカタルーニャ語の簡素なデザインのポスターは，団結を人々に呼びかけている．作業着を着た労働者とシャツ姿の農民が１人の人物として描かれている．男らしい筋肉質の身体が団結は力であることを表している．左半身の農民が手にしている鎌は農業と共産主義を象徴し，もう一方の拳を突き上げた労働者はマルクス主義者の挨拶を思い起こさせる．ここに表現された共産主義は幅広い意味の共産主義だった．このポスターは無政府主義に立つ全国労働連合（CNT）とイベリア無政府主義連盟（FAI）用に作られた．

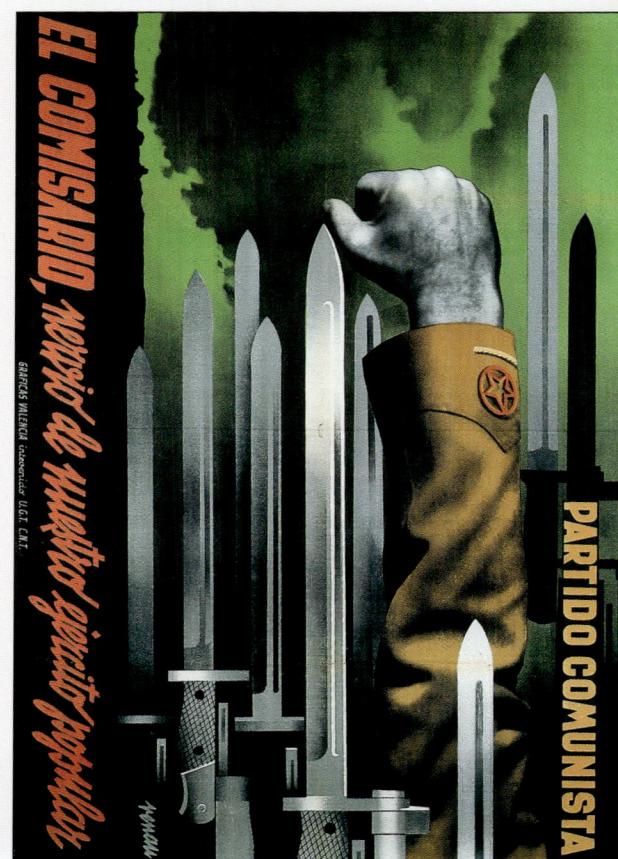

右端 「人民委員こそ我ら人民軍の要である」．バレンシアで共産党用に作られたジョゼブ・レナウのこのポスターにも握り拳が登場する．銃剣の間に混ざって突き上げられた拳は兵士の中にいた政治局員を表す．共産党員の部隊に必ずいた政治局員はよく知られた存在だった．

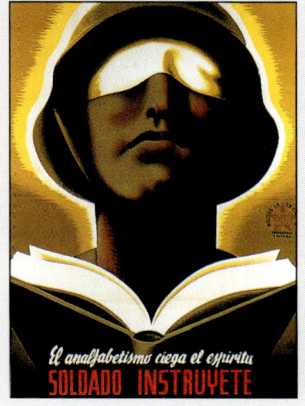

立憲政治と内戦 1812-1974

上 「文盲は精神の目をふさぐ。兵士よ、学べ」。兵士の教育は、共和国政府の最優先事項と見做された。文盲一掃運動は共和国の支配地域の全土で展開され、その対象は時には兵士であり、また時には一般大衆であった。このポスターは教育省が「文化部隊」という名で発行した。視覚に訴える鮮烈なデザインを用いて1930年に全人口の30%を超える文盲層にメッセージを伝えている。

左 戦場での勝利は産業が稼働し続けるかどうかにかかっていた。特に鉄と鋼鉄の生産は銃砲類の補給に重要だった。このポスターは労働者総同盟（UGT）が「強力な軍事産業」を呼びかけるために開催した第1回鉄鋼労働者集会の時のもの。バルセローナの労働者を対象にカタルーニャ語で書かれたこのポスターは、同市でこれ以前に作られたものほど独創的ではない。画面はごく具体的な事物が描かれているだけで、社会の現実の描写は独創性に乏しい。1938年末にこのポスターが張り出された時には、すでに無政府主義革命は消え去って久しく、共和国軍はすべての戦線で後退を重ねていた。敗北が急速に現実味を帯び、全面的な敗北の予感が日増しに募っていた。

161

民主主義の新生

ポルトガル革命

1974年4月25日,ポルトガルの軍部は再び政治に介入した.午前零時25分,カトリック系のラジオ局レナセンサがこの時のために予め示し合わせてあった反体制歌グランドラ・ヴィラ・モレーナを流した.この歌は後に革命歌になった.これを合図に国内の全陸軍部隊が拠点となる建物に向かうと共に諸官庁舎・兵舎・大統領府などを占拠した.サラザールの新国家体制は一発の銃声もなく倒れた.

軍部の離反はしばらく前から噂に上っていた.36年間首相を務めたサラザールは1968年9月6日に脳卒中で倒れて職務を解かれ,2年後の1970年7月27日に死んだ.彼は最後まで自分が首相であると信じていたが,首相の実権はすでにマルセーロ・カエターノ(1906-74)に渡っていた.彼は1974年4月の革命で失脚するまで首相を務めた.当初,彼の首相就任はサラザール体制に見切りをつけていた人々から歓迎された.陰気で禁欲的なサラザールとは正反対にカエターノは人当たりがよく親しみやすい人柄で,形式に捉われない気楽な雰囲気を政治に持ち込んだ.テレビで放映される「炉端のお喋り」に応じるだけでなく,検閲関連の法律を緩和するなどして体制の支持基盤の拡大に努めた.だが,こうしたサラザール体制を引き継いだ上での発展というカエターノ路線も1971年には限界に達した.改革の手も体制の反民主主義的な諸制度には及ばず,従来のままだった.理由は多分政府部内に頑迷なサラザール主義者が依然として力を持っていたからか,あるいはもっと考えられるのはカエターノ自身が芯からの民主主義者ではなかったからなのかもしれない.彼の政策は一貫性を欠き,既存の体制派と次第に高まる反対派のいずれをも満足させなかった.

しかし,カエターノ政権が直面した最大の課題は,1960年以来アフリカ全土で進行しつつあった植民地解放の趨勢に逆行して自国の海外植民地を維持しようとしたことだった.その結果,ヨーロッパで最小かつ最貧国のひとつであるポルトガルは第2次世界大戦後の西ヨーロッパの国が関わったもっとも長い植民地戦争に巻き込まれた.第1次世界大戦以来実戦の経験を持たないポルトガル軍は1961年以後アンゴラ,モサンビーケ,ギネアでほとんどいつも戦闘中という状態に突入した.1949年創設以来,北大西洋条約機構(NATO)の加盟国であるポルトガルは近代兵器の調達には支障がなかったが,軍部内の指揮系統はまったく近代以前の状態だった.1960年代のポルトガル軍の参謀本部は,一度も実戦を目にすることなく単に執務室での仕事だけで高給を取り,短期間で昇級した将校を抱えていた.このような国はヨーロッパには他になかった.リスボアで立案された作戦計画はアフリカの戦場ではしばしば的外れであり,しかも大体後手に廻った.1973年,時の国防相はようやく参謀本部所属の将校達の出勤時間を従来の午後2時から午前9時に変更するという勇断を下した.

参謀本部の将校にせよ戦場の兵士にせよ,昇級は任務の遂行能力ではなく兵役期間の長短で決められた.リスボア在住の高級将校の中には,軍務の他に私企業の上級管理職や通商関係の仕事を兼ねている者が珍しくなかった.これとは逆に下級軍人の俸給はヨーロッパで最低だった.戦死者の数が増えてきても彼らの間には一向に緊張が高まる気配が感じられなかった.兵力不足を解消するために1973年7月13日付けで出された緊急政令は激しい反撥を招いた.予備役の将校と戦場を踏んできた将校とを同列におくというその内容は,大尉に昇級するのでさえその前に長年の訓練と実戦を経てきた者達の間にたちまち不満を引き起こした.

1973年9月,軍部の不満はついに表面化し,140名ほどの若手将校が「国軍運動」(略称MFA)を結成した.政府打倒・平和裡の植民地解放の開始・軍部の威信回復などを掲げる運動が一気に動き出した.そして1974年4月25日のクーデターが成功し,アントニオ・リベイロ・スピノラ将軍(1910-)が暫定政府の首相に就任した.彼は事前にクーデターに原則として賛同していたがクーデターそのものには加わらず,これを計画実行したのは大佐以下の者達だった.国軍運動が政権を握ると,年配の准将と将軍の90名前後が即刻解任された.

スピノラ将軍は救国評議会(略称JSN)を通して政局に当たった.だが,民主的選挙・政治犯の大赦・結社の自由・旧体制派の主要人物の国軍運動からの追放などを唱った新政府の綱領は,クーデターまで起こしたにしては思想的な内容がお粗末だった.救国評議会の高級軍人が慎重な姿勢に傾けば,国軍運動の下級将校は自らの利益を確保するために急速に左傾化していき,間もなく両派の関係は緊張の度を増していった.

後に多くの批評家が見るところによれば,国軍運動はマルクス主義を引き継いでおり,これに基づく政治綱領を用意していた.その狙いはポルトガル革命を推し進め,自らの行動をその後に発足した革命会議の行動に引き継がせることにあったと言う.確かに将校達の中にはチェ・ゲバーラ(1928-67)のような革命家の著書に影響された者もいたかもしれない.だが,国軍運動の実態は軍人の組合のようなものであり,最大の関心事は自分達の身分に関わる事柄だった.1974年4月25日の彼らの行動は政局を極度の混乱に陥れたことでいわば革命の触媒役を果たした.こうした状況の下,国内で唯一組織化された政党であり,独自の綱領と立場をはっきりと自覚していたポルトガル共産党はたちまち脚光を浴びる存在となった.1946年以来党を率いるアルヴァロ・クニャール(1913-)の経歴は民主主義者のものではなかったが,野党側の人物としては非の打ちどころがなかった.1992年に引退した時,彼は西ヨーロッパでもっとも党首歴の長い人物だった.共産党は注意深く国軍運動との対立を避けつつも,同時に優れた組織力を活かして巧みに地方政治のかなりの部分とマスコミを味方につけ,かつてのサラザール体制の支持者を排除していった.

急進勢力の突き上げは下の方からもあった.1974年の夏,共産党の反対にもかかわらずポルトガルは全国的なストに見舞われた.法と秩序の全面的な崩壊にまでは至らなかったも

上 1975年11月23日, フランシスコ・フランコ将軍の遺体はマドリード郊外の山中に造られた巨大な霊廟「戦没者の谷」に葬られた. これはフランコが共和国側の捕虜を動員して造った国民戦線の勝利の記念碑である. 荘厳に執り行なわれた埋葬式に参列した外国の国家元首はチリのピノチェト大統領だけだった. 対照的に, 続いて同じ月に行なわれたフアン・カルロス国王の即位式には世界中から大統領や王族が列席した.

のの, 警官は事実上街頭から姿を消し, 政局の迷走は日を追ってひどくなっていった. スピノラ将軍は同年9月30日に辞任したが, 翌1975年3月11日に再度政権掌握を試みた. だが, クーデターは準備不足で失敗に終わり, 彼は国外に逃れた. クーデター計画にはスパイが関与していたらしく, 事件の一部始終が共産党の撮影部隊によってテレビで報道された.

これによって革命はもっとも過激な段階を迎えた. 銀行と保険会社を含む基幹産業が国有化され, 小作農は自分達が耕している農地を占拠してこれを広い集団農場に変えた. 共産党の関与が拡大していくことを裏づけるこうした明白な証拠事実が増えてくると, これに応えるように同じ1975年の「暑い7月」に北部の随所で暴動が発生した. 小地主と自作農が共産党員の住居を襲撃し, ブラーガでは共産党本部が焼き討ちに遭った. 暴動はアソーレスとマデイラの両諸島にも波及し, ポルトガル本土が共産党の支配下に置かれたと見た住民が分離運動を始めた.

この時ほどの規模の農民暴動はポルトガルでは前例がなく, 比較的平穏が保たれたのは最南端部のほんの一角だけだった. 反革命勢力は4月25日の選挙で極左勢力が惨敗したことで一段と勢いづいた. 中でも社会党 (略称 PS) と人民民主党 (略称 PPD) は投票率90%の3分の2以上の支持票を獲得した. 夏の間を通じて無政府状態が続いたために共産党は支持を失い, 多数派連立陣営の指導者としてマリオ・ロペス・ソアレス (1924-) が頭角を現してきた. それでも社会が平静さを取り戻し政情が安定したのは, 国軍運動が非常事態宣言を発して軍部の反乱集団を解散させた1975年11月に入ってからだった. 以後, 革命はそれまでよりも冷静な段階に入った.

フランコ体制の終焉

1975年の秋, スペイン国民の関心は死期の迫ったフランコ将軍の容体に集中した. 彼はすでに長い間病床にあり, その命がなんとか持ちこたえているのは現代医学のお蔭だった. 身体は最新の医療器具に繋がれ, 手には彼が篤く信仰する聖テレーサ・デ・アビラの生前のままの腕が握られていた. フランコ将軍の末期はその体制の末期でもあった. 1960年代, 独裁政権の枠内でそれまでなかったようなスペイン経済の近代化が動き出した時の予想は, 豊かな物質生活で満足させれば政治の自由化を求める世論を逸らすことができるだろうというものだった. フランコが死んだ時, 彼が築いたスペインは見た目にはおよそ世俗化とも政治の自由化とも無縁な国だった.

1960年から74年までスペイン経済は年平均6.6%の成長率で伸びていった. これに肩を並べるのは日本の成長率だけだった. 外国人対象の観光産業によって支えられた経済繁栄という新たな発見は, 短期的にはフランコ体制に対する満足度を高めたが, 長期的には抑圧・反動の体制とこれの支配下にある社会との間の溝を次第に深めていった. フランコ体制を支える思想は平穏な農村の暮らし・素朴な農民・篤い信仰心などを称揚する農本主義だった. だが, 1960年代の急速な経済成長によってそれまでスペイン経済を支えてきた農業はその基盤を破壊され, サービス産業に取って代わられた. 農業人口の減少に反比例して都市が成長し, これに伴って労働者の数と力が伸びていった. 1964年から74年にかけてスペインでは約5000件ものストが起きた. さらにフランコ時代最後の1975年のストは3156件を算えた. しかも1967年以降はわかっているストの45%は政治絡みで起きており, これは1963年から67年までのストのうちで政治が関与したのがた

カーネーション革命

　1974年4月25日の陸軍の反乱を発端とするポルトガルの本格的な革命は翌年の11月まで続いた．革命の当初，特にリスボアの空気は明るさに満ちていた．独裁体制を守ろうとする銃声が一発も聞こえないままに兵士達は街路を占拠し，歓喜する群衆は彼らを英雄として迎えた．この時の光景の目撃者は通りが人々の歓びの顔で埋まったと言う．そのうちの1人は群衆が微笑むのを見て，ポルトガル人に歯が生えていることを発見したとまで言った．政治犯が釈放されると，人々の歓びはさらに高まった．国中で大方の人が民主主義の到来と不評だった植民地での戦争の終結を歓迎した．

　それからわずか2カ月後，ポルトガルには50を下らない政党が誕生していた．政治の実権は依然軍部の手に握られたままであり，革命の行手はおよそ不透明だった．1974年夏に大規模なストが起こり，共産党が支持を伸ばすと世論の目は不安の色を募らせた．共産党，社会党，中道国民民主党といった主要政党は1974年から翌年にかけて大いに支持層を広げた．だが，1975年の夏には革命の左傾化への警戒心から農村部で騒乱が発生，事態は富裕農民が地域経済を牛耳っている所では長期化の様相を呈した．騒乱の大部分はリスボアの北120km以内の農村部で起こった．この農村部の反乱によって革命は方向を修正し，1975年11月には穏健派が軍部から実権を取り戻した．こうして革命は事実上終わった．

上　1974年，再びポルトガルで起こった軍事クーデターはリスボア市民から熱狂的な歓迎を受けた．その後，数日間続いた市民の興奮は，秘密警察本部の陰から1人の警備兵が群衆に向けて発砲し，4人の死者が出たことでようやく収まったほどであった．変革に歓喜した人々は市内の随所で食べ物や飲み物，それに摘みたての花を手にクーデターに参加した兵士を歓迎した．

下　1975年の選挙運動最中のポルトガル社会党指導者マリオ・ソアレス．1969年から亡命していたソアレスは帰国後，党を率いて革命臨時政府の6つの行政部門のうち5つに参加した．1975年4月25日に行なわれた最初の民主主義的総選挙では社会党が圧倒的な勝利を収めたが，これはソアレス個人の勝利と言ってよかった．1976-78年と1983-85年に首相の座に就いた彼は60歳になった1986年にはポルトガル初の文民大統領に選ばれた．

民主主義の新生

左　「大土地所有制を打倒せよ！」。ポルトガル南部の大土地所有制の改革を要求するベージャ地方の農民。1975年3月には土地なし農民が大農場を不法占拠して土地の再分配を始めた。臨時政府はその後かつての不在地主から新しく誕生した集団農場に所有権を移譲したが、その多くにはソ連風の「赤い星」といった類の名前が付けられた。この変革はある場合には問題を起こしたが、また別の場合には成功した。その結果、南部だけは1975年の「暑い7月」の暴動を免れた。

上　1974年、それまで長い間、労働者の祭典として世界各国で祝われてきた5月1日のメーデーの行事は、抗議運動というよりはむしろ大勢の人が参加して楽しむお祭りに様変わりした。革命が約束した解放が現実に実感されると、人々はリスボアの街頭で手にしたばかりの自由を祝った。車も人も建物も赤いカーネーションで飾られた。5月が咲き頃のカーネーションは初めはクーデターに参加した兵士に感謝の印として贈られたが、誰でも簡単に手にすることができるところからたちまちのうちに四月革命の象徴となった。

上端　1946年以来ポルトガル共産党(PCP)の書記長を務めたアルヴァロ・クニャールが率いたデモ。同党は1927年から74年まで非合法化されていたが、革命当初の数ヵ月間は事実上組織化された唯一の政治勢力であることを見せつけた。野党勢力としては申し分なく信頼に足りうる政党だった。1975年の総選挙に立候補した247名の服役年数を合計すると440年になると言われる。しかし、マルクスとレーニンの党もそして握り拳を高く上げるその挨拶も、近代化に向かう民主主義への移行の過程ではすでに時代遅れのものと見做されるようになった。

165

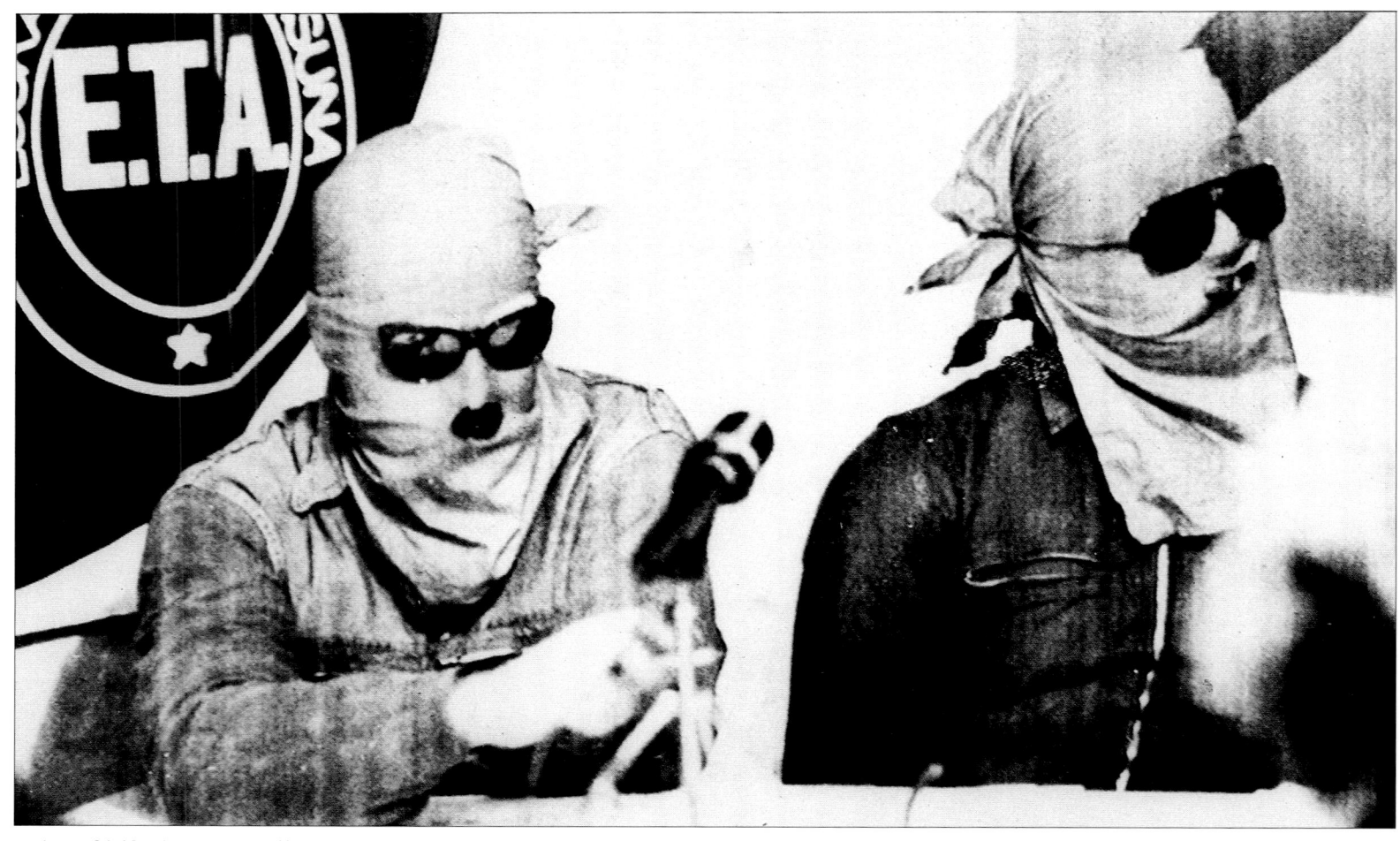

ったの4%だったのとは対照的だった.

1960年代末期,共産党系の労働委員会(略称CCOO)を筆頭とする地下の労働組合は新興労働者達の間で相当数の支持者を獲得した.だが,政治の自由化を求めたのはこうした集団ばかりではなかった.大学生はたびたび労働者と手を結んで反体制運動で重要な役割を演じた.1968年のスペインの大学紛争は政治に直結していた.60年代の末には大学はほとんどいつも警察によって封鎖されていた.大学生と労働者はカトリック青年の組織を造って結束した.こうすることで1953年締結のヴァティカンとの政教条約の定める特別な地位を確保できたからである.そして1970年代に入ると,これらの組織は反体制色を鮮明に打ち出した.

1940年代から50年代にかけてのスペインの特色は教会と国家がほとんど一心同体の関係にあることだった.それだけに1960年代から70年代にかけて,多くのカトリックが体制離れを起こしたのは驚きだった.それはある程度までは世代的な変化だった.第2ヴァティカン公会議(1960-65)の直前,スペインの司教の大部分は75歳を超える高齢者だった.だが,全体としてはスペインの聖職者は世界中でもっとも若い部類に入った.内戦で戦った経験こそなかったが内戦の影を引きずっていた彼ら若い司祭達は,人権や民主主義や教会一致運動について発言するローマ教皇ヨハネ23世(在位1958-63)とパウロ6世(在位1963-78)が目指す世界に開かれた教会に強い共感を覚えた.第2ヴァティカン公会議はスペイン教会に驚くべき開放の時代をもたらし,その反響は政府の検閲をもってしても到底抑え込むことはできなかった.たとえばそれまでにもさまざまな社会問題に関心を向けてきたカトリック青年の活動家達はいまや人権侵害批判の声を次第に高めていった.そしてその関与が賃金闘争やストライキの支援にまで及んだ時,彼らは真っ向から政府と対決するに至った.

人権をめぐる声はバスコ地方の青年の間からも聞こえた.バスコ民族党(略称PNV)と袂を分かって1959年に祖国バスコと自由(略称ETA)という革命組織を結成した彼らの多くはカトリックだった.バスコ地方の分離独立を叫ぶこのテロ組織は数ある反体制組織の中でもっとも人目を惹く存在に発展し,その活動も際立った.逮捕者に拷問を加えたある警官を1968年8月に暗殺したのを皮切りにETAはフランコ体制の不死身神話を次第に切り崩していった.ETAはバスコ地方で幅広い支持者を持ち,そのメンバーの多くが近づくのも難しい山岳部の出身であることから根絶は不可能だった.フランコがついに非常事態宣言に踏み切ると,弾圧を蒙るETAにかなりの世論が同情を寄せた.これを示す明らかな証拠はカスティージャの町ブルゴスで1970年にETAのメンバー16名が軍事法廷で裁かれた時に見られた.平均年齢21歳の被告達が警察で受けた拷問について生々しい証言を行ない,そのうちの6名が死刑の判決を受けると,スペインの内外で激しい抗議の声が起こり,フランコも最後には刑を終身刑に変えざるを得なかった.

ETAが手にした最大の「成果」は1973年12月,ミサに行く途中のルイス・カレーロ・ブランコ提督(1903-73)の車の爆破だった.同提督は事件の少し前に首相に任命され,フランコの後継者とも目されていた人物だった.彼の暗殺死はただちに権力の空白に繋がるだけにスペインの歴史に大きな波紋を投げかけた.政府部内は,自由化を一層推進することによって革命が大きなうねりとなるのを阻止すべきであるとする意見と,近代化路線が望ましくないほどの自由をもたらしいまは警備体制の強化こそが必要であるとする意見とに大きく分かれた.カレーロ・ブランコはこの後者の意見に与す

上 ETAによって6人の市民が死亡した事件が広く社会の批判を招くと,覆面姿のメンバー2人が1979年3月に記者会見を開いて,スペインへやってくる観光客を対象にした爆弾戦術の中止を発表した.バスコ地方の独立達成を目指すテロ集団ETAは,フランコ体制の抑圧下ではバスコ地方で圧倒的な支持を得た.フランコの死後,民主主義への移行期にもテロ活動は続いたが,バスコ地方の住民の大部分はバスコ地方の自治が認められたことで満足し,ETAの分離主義に共鳴する人は次第に減っていった.近年,彼らのテロの対象は主に警察や軍の関係者に絞られている.

上　フランコの死から数カ月間，スペインには平和も民主主義もなかった．政界はただちに立憲体制に向けての微妙な準備に取り組んだが，街頭での取り締まりは従来通り厳しかった．デモは頻発し，大学は不満に沸き返り，そして警察は弾圧を繰り返した．写真では，マドリード大学のある助教授による抗議デモの最中に，1人の特別警察官がデモ隊の1人を強制連行しようとしている．連行は尋問のためということであるが，尋問とはしばしば拷問の言い換えにほかならなかった．

る人物だった．

　不満が渦巻く国にあっては考えられる政治的な解決策はそう多くはなかった．1973年の石油ショックはスペインを痛撃し，カレーロ・ブランコの後を継いだカルロス・アリアス・ナバーロ (1908-89) はエネルギー危機と景気の後退を前にして1974年2月12日に民主主義に向けた体制の「開放」を宣言した．だが，経済の悪化は止まらず，社会不安は高まる一方だった．スペイン社会に生じたさまざまな亀裂はいまや大きく広がったかに見えた．1975年11月20日の夕方，アリアス・ナバーロが涙を流しながらテレビを通じてフランコの死去を報じた時，おそらくバルセローナでは人々は1本残らず開けたシャンパンに酔いしれたことであろう．

民主主義への移行

　1975年の秋はスペインもポルトガルも混迷の瀬戸際に立っているかに見えた．だが，それからちょうど10年後の1986年1月，両国は安定した議会政治の下で自由と民主主義が機能する国家としてヨーロッパ共同体 (EC．現ヨーロッパ連合EU) への正式加盟を果たした．特に迅速かつ順調に運んだスペインの民主化は多くの人を驚かせ，誰をも安堵させた．スペインもポルトガルも1970年代末には似たような道を歩んだ．ただ両国の民主主義への移行の過程にはかなりの違いが見られた．

　ポルトガルの場合，移行はあるいは社会革命に繋がったかもしれない軍部の蜂起で始まった．これに対してスペインの軍部の大勢は民主化に否定的だった．政界の多くの実力者とは違って，軍部はフランコの死後も残された体制に忠実だった．それまでのフランコ派が内側から体制を崩し始めた時，当初は表面にこそ出てこなかったものの軍部はこれを苦々しく思っていた．したがって，クーデターの可能性は消えず，この点が政治を進めるにあたってもっとも警戒を要した．新たな国家元首となった国王フアン・カルロス1世 (1938-) はアルフォンソ13世の孫で，1969年にフランコ将軍から後継者に指名された．同王はこの時，軍部の統制にきわめて微妙な役割を果たした．文民政府はもとより国王自ら国体の堅持・軍規の遵守・国王への忠誠を強く訴えた．1981年2月23日月曜，民主化に反対する治安警備隊のアントニオ・テヘーロ中佐が部下の一隊を率いてマドリードの議事堂に乱入し，議員を人質にするという大事件が発生した．同じ頃，バレンシアでは戦車が轟音を立てて市内に繰り出した．国王はただちにテレビを通じて反乱の参加者達に彼らが立てた忠誠の誓いを想起させると共に，王権は民主化が武力によって中断されるような事態を容認しないことを断言した．政治家のほとんど全員が事実上議事堂の中に閉じ込められていただけに，国王のこの行動は決定的な意味を持った．自分を黙らせるのは武力以外にはないという国王の言葉を聞いた老将ハイメ・ミランス・デル・ボスク将軍 (1915-) は部隊をバレンシア市内から引き揚げた．議員達は翌24日の正午に議事堂から解放され，週末には市民300万が民主化支持のデモに参加した．

　フアン・カルロス国王の行動は2・23事件の名で今日知られるテヘーロのクーデターを失敗に終わらせるのに決定的な意味を持ったが，民主主義の確立は国王独りだけの仕事ではなかった．スペインの議会制民主主義への移行は一連の交渉と協定の所産であり，国王はこれに関わった主要な人物の中の1人だった．フランコ時代の議員から成る議会が解散した後，かつてフランコ体制下の組織に所属していた経歴を持つアドルフォ・スアレス (1932-) が移行に向けた最初の一歩を踏み出した．フランコが死ぬ頃には，体制の屋台骨はすでに

左　1981年2月23日、治安警察隊のアントニオ・テヘーロ中佐が発砲しながら議事堂に乱入し、議会に出席中の議員全員を人質にとった。この写真にはテヘーロが国会議長および数名の閣僚と一緒に写っている。最後にはテヘーロは少々馬鹿げた人物だと評されたが、この乱入事件はスペインの民主主義が最大の危機に晒された瞬間だった。このクーデターを失敗に終わらせたのは国王の毅然とした態度だった。

揺らいでいた。実業界や財界の上層部は柔軟性を欠いた体制に次第に不満を募らせていた。騒然としてきたスペインの政治にとっても経済活動にとっても、将来の成功に繋がる道は自由な民主主義であると多くの人が考え始めていた。1976年、国内の数ある指導的なグループの支持を取りつけたスアレスはフランコ体制の一掃を内容とする法律を制定し、翌年6月15日の選挙に向けた準備措置として政党の結成を合法化した。

民主主義への移行の枠組みを定めてこれを推進した人達が特に注意を払ったのは、フランコ体制の下で恩恵を受け、いまは弱者の立場にある者達をいかに軟着陸させるかという点だった。軍部に対してもまたこれを怒らせないように格別な配慮がなされた。たとえば、きわめて微妙な問題である共産党の合法化は1977年の選挙のわずか数週間前に決められた。

急進的な社会革命が起こったポルトガルの場合も民主主義への移行を実現したのはかつての体制派だった。ただ、ここでは地主・財界人・実業家の一部は相当な損失を蒙った。スペインでは国王が掌握し、ポルトガルでは大統領が掌握する行政権は範囲が広く、これがある程度1975年以降の両国の政情の安全弁となって行き過ぎを抑えるのに力があった。スペインでは体制移行政権が中道右派であったことも事態を荒立てずに済んだ要因だったが、ポルトガルでは依然として軍部が治安の維持に当たった。

ポルトガルと違ってスペインでは旧体制と結び付いた人々は追放されず、この点は政治の継続という意味で確かにひとつの強味となった。だが、反面、新体制に加わった者の一部についてははたして信頼できるのか否かという疑問が残り、これがまた別の問題に繋がった。1981年から翌年までの間に解散してしまうアドルフォ・スアレスの民主中道連合（略称UCD）は多種多様な思惑を持った集団が体制移行のために急遽結成した同盟だったが、移行の実現に向けた交渉の場では地方自治問題を巧みに回避し、互いの和を図るという戦術がかなりの功を奏した。しかし、軍部との和解ないしはこれを統制下に置くことやETAに活動を止めさせることはできなかった。フランコが死に、1978年に民主憲法が国民投票で承認され、1980年にはカタルーニャとバスコ地方の自治が実現した。にもかかわらず、バスコ地方の事態はその後も鎮静化しなかった。ETAと軍部との対立は体制移行期の主要な課題のひとつだった。互いに不倶戴天の敵である両者はスペインの民主主義の安全にとって性格の違いこそあれ深刻な脅威だった。実際、軍部がクーデターを起こせばそれは革命の起爆剤になると考えるETAは、なんとかして軍部の介入を引き出そうと策を凝らした。しかし、バスコ地方の人々が地方自治の成果を実感するようになると、ETAへの支持は後退し始めた。それでもスペインからの分離独立を叫び続けるごく少数の者はETAを支持し続けた。

ポルトガルでは軍部の監視もあって1975年のような混乱は二度と起こらなかった。それでも生まれて日が浅い民主体制は何度かその極端な脆さを露呈した。1976年の憲法はたったひとつの政党が反対しただけで制憲議会を通過したが、国民投票にはかけられなかった。新憲法は行政府の権限を強化し、社会主義への移行を唱い、1975年に行なわれた集産化は撤回不可と宣言した。スペインと同じく、政権を安定化させる策として42％以上の票を獲得した党が絶対多数を握るように工夫された比例代表制が採用された。それでも1976年7月から87年7月までの間に政府は8回も交代した。また1978年から翌年にかけてはいずれの政党も組閣に足る数を確保できず、大統領のアントニオ・ラマーリョ・エアネス将軍（1935-）は3回続けて政党人以外の人間に組閣を要請せざるを得なかった。同将軍は1976年から86年まで大統領の任

右　1980年に議会で演説するアドルフォ・スアレス(1932-). 彼はファン・カルロス国王からスペインの民主化を推進する大任を命じられた. 国王とスアレスの間の話合いはフランコの生前からすでに始まっていたが, スアレスが指名されたことに驚いた者は多かった. 若くてテレビ映りもよく相当な行政経験を持つスアレスは政治家としても手腕を発揮し, フランコ派の議員を説得してフランコ時代からの議会を解散に持ち込んだ. しかし, 総選挙では大きな勝利を得ることはできず, 彼の率いる民主中道連合 (UCD) はスアレスが新党結成のために離党した後1982年に消滅した.

にあった. スペインの2・23事件と同じく, このポルトガルの政治危機も交渉によって無事に打開された. そして1979年12月の選挙の結果, ポルトガルで初めての野党政権が平和裡に誕生した. スペインでは再度クーデターが企てられたものの, 同じく1982年10月の選挙で社会党が投票数の48%を獲得し, 以後約10年間に及ぶ多数派政権を発足させた.

民主主義の確立

1980年代の終わりにはスペインとポルトガルの民主体制はしっかりと根を降ろした感があった. ポルトガルで最初に絶対多数を手にしたのはかつての人民民主党だった. 社会民主党 (略称PSD) と改称した同党は, アニバル・カヴァーコ・シルヴァ (1939-) を党首に1987年7月の選挙で50%を超える票を獲得した. だが, 議会政治はこれ以前すでに定着していた. 1976年から85年にかけては社会党・社会民主党・共産党・中道民主社会党 (略称CDS) という4つの主要政党間の連立内閣が続いた. 各党の獲得票数はほぼ一定していたが, 連立の組合せは組閣ごとにかなり異なった.

1986年2月の大統領選挙を機にポルトガルの民主体制は新段階に入った. 1980年代のスペインとポルトガルにおけるもっとも注目すべき出来事のひとつは軍部が兵舎に引き揚げたことだった. ポルトガルの革命的な内容の1976年憲法は1982年に改正されて議会の権限が強化された. 76年憲法の規定に沿って設置されて以来, 軍部を革命の後見人に仕立ててきた革命評議会は廃止され, 軍部はそれまで体制の中で占めてきた地位をおとなしく明け渡した. そしてその4年後には, 1976年に最初の社会党内閣の首相を務め, カリスマ性と経験を具えたマリオ・ソアレスが圧倒的な支持を得て1926年以来初の文民大統領に選出された.

スペインの情勢はもっと微妙に見えた. 1981年2月のテヘーロのクーデターの後, 民主中道連合政府はNATOに加盟することによって, 軍部の職業化と民主化が図れるとの考えから急遽そのための交渉を開始した. NATOへの加盟には社会党が強硬に反対し, 否定的な世論もかなり強かったが, これを押し切って1982年5月30日に加盟は実現した. 同年10月, その長い歴史を通じて初めて社会党が政権に就いた. 軍部の蜂起とETAのテロ活動という, どう見ても難しい問題に直面した新首相フェリーペ・ゴンサーレス (1942-) は, NATOに関するそれまでの方針の転換を発表した. この問題は遅ればせながら1986年3月に国民投票にかけられることになった. するとそれ以前に米国とヨーロッパ共同体の双方から強い圧力をかけられた社会党政権は, NATO残留の強力なキャンペーンを張って勝利を得た. 政府の姿勢の百八十度転換は多くの社会党支持者を失望させた反面, 軍部と政府との関係改善に大きく寄与した. 国防予算は増加した. 社会党政権の対NATO政策の転換の理由のひとつは, 高度な軍事防衛技術による国内産業の立直しにあった. あまつさえ, NATOに次いで1986年に実現したヨーロッパ共同体への加盟によって国際社会におけるそれまでの孤立状態に終止符を打つことは, 軍部の態度にも大きな影響を与えた. 民主中道連合政権とは逆に, 社会党政権は軍部の不満分子に対して素早く対処し, また相当な内容の軍部改革を実施した.

軍部がフランコ体制から引き継いだ遺産の重要な部分のひとつは, 是が非でも国土の保全を守り抜くことにあった. 地方自治問題は軍部問題と不可分に結び付いており, したがって政治的な解決を見出す必要があった. 確かにバスコ地方の問題は決して全面的な解決には至らなかった. だが, フランコ体制末期の弾圧が引き起こした地方自治要求の大合唱は1980年代には社会党とバスコ地方およびカタルーニャの穏健派政党との話し合いによって大方鎮静化した. 特に改めて

ETAの撲滅を目標にフランスとの間に犯罪人引渡し協定が結ばれると、緊張は緩和された。だが、これで地方自治問題が完全に片づいたわけではなかった。

1978年憲法はスペイン国家の領土が不可分であることを宣言している。だが、その一方で今日のスペインは憲法の枠内でほとんど連邦制に近い体制を採用している。全国は17の自治州に分割され、それぞれに相応の権限が委譲されている。中でも歴史と言語の面で明らかな独自性を具えているカタルーニャとガリシアとバスコ地方は他に先駆けて自治州に移行し、次いで1983年には他のすべての地域が自治州となった。自治の付与は確かに各地でナショナリズム的な気運を盛り上げた。いずれの地方も現在では独自の州旗と州歌と制度を具えるに至った。過去にナショナリズムの伝統がなかったアンダルシーアにおいてさえ、1990年6月の州議会選挙では勢いに乗った地方政党が10議席を占めた。分離主義の声がもっと強いカタルーニャでは、ソ連の崩壊（1989-92）と特にバルト海諸国の独立（1991）が独立を要求する世論を煽った。だが、こうした要求は政治の中枢にいる者達を巻き込むまでには至らなかった。そして1990年に崩壊した後のユーゴスラヴィアが流血の惨状に陥ると、独立志向のナショナリズムの熱気は大方消えてしまった。ETAの政治部門であるエリ・バタスーナ（略称HB）がかなりの住民の支持を得ているバスコ地方でも、1987年に同党が掲げる独立を支持したのはわずかに17％に過ぎなかった。それより8年前には、独立支持派は32％だった。

ポルトガルでは地方自治はまだ政治課題に挙げられてはいるが、さして重大な問題ではない。1976年憲法はポルトガルを統一国家と規定し、地方政党は総選挙への参加を禁制された。それでも同憲法は1990年代初頭に履行されるべき事項として新しい行政府の発足への道を開いていた。一方、マデイラとアソーレスの両諸島には課税権を含むかなりの自治が与えられ、行政官は中央政府の任命によるものの、それぞれに選挙による議会が認められた。歴史的にも両諸島は自治を志向し、1970年代末には特にアソーレスで分離運動が大いに盛り上がりを見せた。1974年革命の直後にはアソーレス解放戦線が結成され、これには米国から相当な資金援助があった。同諸島が米国の51番目の州になるかもしれないとさえ囁かれた。だが、この米国からの資金の多くが大西洋の真っ只中に一大賭博場を建設しようと目論む犯罪組織から出ていることが露顕するや、支持は瞬く間に消えてしまった。

民主化のツケ

スペインのバスコ地方で一応の支持層を持つエリ・バタスーナを除けば、イベリアの2国で新体制に異議を唱える者はいなかった。だが、1980年代の終わりになるとスペインの有権者は自国の政治の在り方に一抹の失望を感じ始めた。地方自治の導入によって次々と生まれた地方政党が国政選挙で善戦したが、これは社会党政権への不満の表明にほかならなかった。しかし、同党は1989年の総選挙で獲得票を大きく減らしながらも、1982年から93年までほぼ問題のない勢力を保持した。

スペインとポルトガル両国の現行の選挙制度は多数の候補者が立候補する大選挙区制で、候補者の選定は名簿制によって行なわれる。ポルトガルの場合、議員と有権者との間には事実上なんの繋がりもなく、候補者は往々にして選挙区ではなじみもなければ、大方は当選後に選挙区を訪れようともしない。こうした名簿制は、候補者を決めるのは有権者ではなく、党の役員ということでもある。実際、議員の政治生命は有権者の意向よりも、どの候補者を立てるかを決定する党の役員にかかっており、彼らの顔色次第で議員が変節するのは珍しいことではない。無所属の候補者はなく、個人候補はごく少ない。

政党の実力者は行政府の力に支えられて強い影響力を発揮する。体制がまったく民主化された今日なお、彼らは立法府の権限をかなり凌ぐ力を持ち続けている。長期にわたった独裁政治の名残として政府の干渉がまだ残っており、与党は世論の動きにかなり介入することができる。NATOに留まるか脱退するかが問われた1986年3月の国民投票で与党社会党が勝ったのは、当時政府がテレビ放送を独占的に管轄しており、これを憚ることなく利用したことと無縁ではないと指摘する関係者は多かった。それから3年後の1989年1月、国営ラジオ・テレビ放送（略称RTVE）の政府任命の会長が、番組編成に政治的な干渉を行なった廉で辞任に追い込まれた。その後間もなく1990年に民間のテレビ放送がようやく放映を始めたために事態はいくぶん鎮まったものの、1980年代におけるラジオとテレビへの政府干渉は社会党に対する出版界の激しい反撥を招き、一部の新聞はフェリーペ・ゴンサーレス首相をセーサル（皇帝）と呼び慣らした。

スペインでもポルトガルでも親分子分の人間関係は政治の世界で重要な働きをしている。与党は国家機関だけでなく、官庁・報道機関・大学といったその他の公的分野をも支配下に収めようとする。連立政権が続いた少なくとも1987年までのポルトガルでは連立の相手の要求がこうした動きに歯止めをかけたが、社会党の天下が続いた1980年代のスペインでは同党は事実上あらゆる公的分野の部署に自分達の支持者を任命することができた。これによって実際の党員数は少ないにもかかわらず、社会党は党勢を伸ばした。だが、これは同時にフランコ時代からの人事や日和見主義者がそれまで排除されることなく職場に留まっていたということでもある。1982年、政権を握った社会党は政策の実行を確かなものとするために、市民生活に関わる部門を筆頭に政治的な視野に立った大幅な省庁人事の刷新を行なわなければならなかった。同じく1970年代後半のポルトガルでは、1975年に始まった多岐にわたる国有化と長年の党の支持者に報いる意味から、公共

上 1982年10月、スペイン社会党は史上初めて総選挙で圧倒的多数を勝ち取った。フェリーペ・ゴンサーレスは42歳にして新しい首相となり、閣僚の平均年齢はわずか40歳だった。多くのスペイン人にとって、新政権の誕生は過去との完全な訣別がようやく実現したことを意味した。社会党政権下でスペインは正式にヨーロッパ連合への加盟を果たし、将来が期待できる新勢力としての地位を占めた。社会党に対抗しうる野党がなかったことから、ゴンサーレスは10年以上も首相の座にあった。しかし、1990年代になると1982年当時のような満足感は消えた。

右上　地方自治
1978年のスペイン憲法は地方自治を認め、選挙による独自の議会を持つ道が開けた。独自の文化を自覚し、地方主義運動の長い歴史を持つバスコ地方とカタルーニャにはただちに自治が認められた。そして1983年までにスペインはカナリア諸島も含めて17の自治州に再編成された。自治州の権限と中央政府に対する責任にはさまざまな程度の差があり、たとえばバスコ地方とナバーラには独自の課税権が認められている。自治州の意気軒昂の程を知る指標のひとつは、1982年以降の10年間に各自治州議会が制定した条例の数である。そこにはたとえばカタルーニャの232に対してエストレマドゥーラの43という違いがある。一方、ポルトガルの体制は中央集権であるが、それでもいずれはなんらかの形の地方自治の導入が検討されている。事実、アソーレスとマデイラの両諸島にはすでにある程度の自治が与えられている。ポルトガル本土の方は18の行政区に分けられ、地方政党は総選挙へは参加できない。

右 フランコ政権下のカタルーニャでは、舞踊も含めカタルーニャ民族主義を公の場で表明することは一切禁止されていた。しかし、現在はカタルーニャ人は自らの文化伝統を取り戻した。写真は、大聖堂前の広場で伝統舞踊サルダーナを踊るバルセロナ市民。

民主主義の新生

部門が大幅に拡大された．

政党の実力者が幅を利かせれば，それが随所で汚職事件の発生に繋がるのは必至だった．1987年，スペインの社会党政権はついに批判に屈して省庁のどの部署が政治的な配慮によるものであり，どの部署が通常の行政のためのものであるかについて詳しく陳述する羽目に立たされた．同じ年，ポルトガルのカヴァーコ・シルヴァはコネ人事の横行に歯止めをかけ，公共部門の縮小を公約に掲げて総選挙で圧勝した．

しかし，社会党政権が10年間にもわたったスペインでは旧来の悪しき省庁人事の問題に新たな面が加わった．1991年，ゴンサーレス首相の右腕で，国会議員であり副首相の地位にあったアルフォンソ・ゲーラ(1940-)が汚職に端を発した長期のスキャンダルの果てに辞任した．その後も不明瞭な党内経理・脱税・収賄などが傍目にも際限なく発覚して社会党を揺さぶった．1993年7月，右寄りの国民党(略称PP)が初めて25%を超える票を獲得して社会党の絶対多数を切り崩した．フランコ時代に大臣を務めたマヌエル・フラーガ・イリバルネ(1922-)が1976年9月に国民同盟(略称AP)の名で創設した国民党は，その強権主義的イメージを払拭して広い社会基盤に立った中道右派政党として受け入れられるまでに数年を要した．スペインでもポルトガルでも急進派は右も左

第2部　イベリアの歴史

も1980年代の選挙では得票が伸びず，独自性を売物にした中道政党も取るに足らない存在となった．ポルトガルの中道社会民主党は1979年にもっと広い支持層を持つ民主同盟（略称AD）に吸収され，1987年にはカヴァーコ・シルヴァの社会民主党の前にその存在感を失った．逆に中道世論の確保に努めた政党は，政党名がどのようなイデオロギーのものであれ，選挙ではそれなりの票の見返りを得た．

経済成長

数々のスキャンダルにもかかわらず，1980年代には政治・社会・経済の各分野とも目覚ましい進展を遂げた．1970年代半ばの劇的な政治変動に加えて，経済の面では1973年から翌年にかけての500％近い石油価格の値上がりによるエネルギー危機と，観光産業に支えられたイベリア経済の急速な落ち込みという事態が起こった．これによって1960年代の経済発展の基盤が実は決して強固なものではないことが露顕した．スペインもポルトガルも共に輸入エネルギーに大きく依存し，財政部門はいまだ効率が悪く，公共部門における税制は時代遅れで，いくつかの制度上の規制は自立した市場の発展を妨げていた．にもかかわらず，政治情勢が緊急を要した1970年代ではこうした経済上の課題は一貫して伏せ置かれた．政府の政策日程で最優先課題とされたのは経済の再建ではなく，民主化だった．こうして捨て置かれたスペインとポルトガル両国経済の脆弱な構造は，1980年代に入ると速やかな再建と回復の必要に迫られた．

ポルトガルでは革命当初，計画経済の可能性が出てきたために状況が複雑になった．だが，社会主義国の経済に似た計画経済の道は1975年が過ぎると破棄され，ポルトガルは深刻な経済問題を別な形で解決しなければならなかった．1960年代の観光ブームはある程度の発展をもたらしたが，外国からの投資額は植民地への依存度を軽減するには焼け石に水程度に留まり，旧態依然とした農業の再生にはなんら寄与しなかった．1974年の革命の後，労働者は逸早く有利な富の分配に与かった．すなわち，彼らはこの時初めて団体交渉権やスト権を手にした．他方，植民地の市場は急速に縮小し，それまで有利な価格で植民地から輸入されていた原材料や農産物も調達できなくなった．植民地の独立（1975）は人間そのものにも影響を及ぼした．旧植民地からレトルナード（帰還者）と呼ばれる約80万人がポルトガルに引き揚げてきた．彼らの多くは貧しかった．海外領土を失ったポルトガルの頼みの綱はいまやヨーロッパ経済への統合しかなかった．

1977年3月28日，スペインとポルトガル両国はヨーロッパ共同体への加盟を正式に申請した．長く，時には困難な交渉の末に，1985年6月12日に加盟協定が調印され，6カ月後の1986年1月1日をもっての加盟が決まった．加盟の申請が1970年代末になされたのはとりわけ政治的な理由によったが，加盟によってやがて効果が生じたのは主として経済面だった．ヨーロッパ共同体への加盟の見通しがスペインとポルトガルの民主化の追い風となったのは確かだが，加盟が実現した時点の両国ではすでに議会制民主主義は完全に機能していた．

1980年代初頭，スペインの社会党政権はいかに自国をヨーロッパ史の主流に組み入れていくかという課題と取り組んでいた．近代化の達成には，インフレの抑制・外国資本の誘致・バスコ地方の鉄鋼業をはじめとする斜陽重工業の再建などに狙いを定めた一連の緊縮政策の遂行が不可避だった．こうした広汎な経済政策は大幅な労働市場の縮小や行政サービスの削減を避けては通れなかった．経済は1985年頃には回復に転じた．反面，政府と労働界の関係は，特に1984年に労働市場に一層の弾力性を持たせることを目指した法律が成立すると目に見えて悪化した．事実，1991年6月の時点で，固定労働契約を結んでいるのは労働人口のわずか32％強に過ぎなかった．

ヨーロッパ共同体への加盟によってスペインは世界経済に開かれた国に脱皮した．外国資本が流入し，経済成長に弾みがついた．1986年以降の「第2次スペイン経済の奇蹟」が国内資本よりも外国資本に依存することから一部にはこれの進出を懸念する声もあったが，そのような懸念をよそにスペインはヨーロッパ共同体の中で重きをなす存在となり，1992年にはバルセローナ・オリンピックとセビージャ万国博覧会の開催国となった．この二大行事関連の公共事業に要した巨額の投資は，国内の基幹施設の近代化に取り組む政府の意気込みを窺わせた．ヨーロッパ共同体からの補助金により輸送と通信部門の改善が図られた．しかし，スペイン経済は1990年代初めには後退期に入り，完全にヨーロッパの水準に達するにはまだまだ資金を要することが明らかになった．ポルトガルも同じように1986年にヨーロッパ共同体への加盟により

上　スペインのジプシーにとって農村での季節労働はいまでも重要な稼ぎ時である．社会の大部分から外れた存在である彼らは仕事があればどこででも働く．女子供の多くは花売り・物乞い・占いで金を稼ぐ．スペインのジプシーは放浪生活を送ってはいないが，都市の郊外にテントや掘立小屋を建てて住んでいる者が多い．骨と皮だけに瘦せ細った犬を連れたマジョルカ島のこのジプシー達は，摘み取りの仕事を終えてテントに帰るところである．

成長の条件は整ったものの，1989年の段階では依然として共同体の中での最貧国であり，共同体からの農業補助金に大きく依存していた．通信や交通機関の整備は不充分で，完全に近代化が達成された経済部門は算えるほどしかなかった．

教育と社会の変容

　教育はスペインとポルトガルの民主主義政権の近代化政策の中心課題だった．フランコとサラザールの両政権下の教育環境は不充分で，教育内容は教育本来の目的に逆行するものだった．愛国心を昂揚し宗教心を養うための科目がカリキュラムの中でしばしば息苦しいほど大きな比重を占めた．フランコもサラザールも教育の場が不道徳や頽廃の影響に染まらぬよう躍起となった．1950年代の末，頽廃的なものを国内に入れさせまいとの一念からサラザールは道徳と美学上の理由を挙げてコカコーラを禁止した．こうした状況の下では人々は万事慣例に従って行動した．大学生は比較的平穏な法曹界がすでに人員過剰気味であるにもかかわらず，昔から官界への登竜門である法学部に殺到した．フランコ時代，宗教は全大学生にとって必須科目だったが，その一方で哲学や聖書批判学の進歩から切り離された神学部には人影がなかった．歴史家は安全な中世やスペイン帝国時代に逃れ，近代史には事実上誰も手を染めなかった．そして自然科学に至っては蒙った影響はさらに甚だしかった．1960年代の経済の繁栄期にはこうした欠陥の是正に向けた試みが多少なされた．1962年から76年までの間に教育予算は倍増し，1970年には普通教育法によって6歳から14歳までの全児童を対象に無料の義務教育が発足した．こうした変化はひとつには1957年に初めてフランコ政権に閣僚を送った在俗カトリック組織オプス・デイの遺産でもあった．オプス・デイは神学と政治の面では保守の立場に立つ一方で，専門家の育成・教育・技術開発をきわめて重視した．この点でポルトガルの指導者達は対照的な違いを見せた．彼らは押しなべて国民の知的向上に無関心だった．

　1980年代の末，それまでの20年間の発展にもかかわらず，14歳を過ぎたスペイン人の11％は文盲だったとされる．1978年憲法によって道が開かれた少数派言語による教育はカタルーニャとバスコ地方では大々的に実施に移されたが，ガリシアではさほどではなかった．いずれにせよ，スペインの教育は体制が改まってもなお上流階級に偏重していた．1984年，公平かつ教会の手を離れた教育の最終的な実現を目指す社会党政府は，入学の合否判定を共通の判断基準に従って行なうことを私立学校への補助金の給付条件とした．この新しい法律に対して教会関係者と中産階級の多くの父兄から猛烈な反対の声が上がり，同法が施行にこぎつけるには憲法裁判所が反対者の訴えを退けるのを待たなければならなかった．1990年に政府はもうひとつ教育関連の新しい法律を定めた．それによれば，宗教が選択科目となる一方で，特に男女間の一層の平等を図る手段として性教育が導入された．

　ポルトガルが直面した教育問題はスペインよりもはるかにもっと深刻だった．1989年の調査では15歳を超えた国民の文盲率は21％に達したが，これはヨーロッパ共同体の中でもっとも高い数値だった．中途退学などで卒業に至らない生徒は，ヨーロッパ共同体の平均10％に対して33％にのぼった．全員就学の道が開かれ，義務教育期間が4年から6年に延長されたのはようやく1974年の後のことだった．革命後は革命委員会が校長に取って代わったのをはじめ，教員の相当な移動があった．だが，資金不足と劣悪な施設のために教員の士気は低かった．若者達の識字率は急速に高まったものの，特にブラーガ，ポルト，アヴェイロなどの工業都市の貧しい郊外地区などでは学齢期の児童の労働が家計に大きな比重を占めており，就学を強制するのは難しかった．

　民主主義の到来とともに高等教育には特別の関心が払われた．学生数の増加を追うように大学の新設が相次いだ．1970年のポルトガルの大学は公立4校と私立1校，合わせて5校だった．それが1990年には公立の自治大学と単科大学を合わせて14校，私立が5校，他に国立の市民大学1校を算えた．スペインとポルトガルでの大学の急増はそのまま社会の本質が急激な変化を遂げたことの反映だった．1960年代のそれまでになかった大きな繁栄は，出生率が低かった1940年代と50年代に比較してちょっとしたベビーブームを呼んだ．そしてこの時に生まれた世代が高等教育を受ける年齢に達した1980年代にはそのための教育施設はかつてなかったほど豊かになっており，政府も若者達に対して特に自然科学と技術分野での資格取得を積極的に呼びかけた．女性の就業率の上昇に伴って，女子の大学進学率もそれまでになく高まった．1940年では大学生のわずか13％が女子だった．それがフランコの死から4年後には37％に上昇し，1984年には大学卒業の資格を目指して学ぶ者の半数は女子が占めた．

　こうした目覚ましい高等教育の進展の陰でなかなか解決が見出せない課題がいくつかあった．スペインでもポルトガルでも大学への進学には中等教育での優秀な成績が前提条件だった．ところが一部の評価に疑念が生じたために選抜試験の導入が図られたところ，激しい反対運動が巻き起こった．スペインでは1987年に中等学校と大学の学生が繰り広げたデモの結果，時の文部大臣が選抜試験導入の責任を取って辞任に追い込まれた．自然科学の教育環境が改善されたにもかかわらず，法学部と医学部への学生の集中は相変わらずだった．スペインでもポルトガルでも資格を持った弁護士は昔から余り気味であり，医師に至ってはスペインは人口に比例して医師の数がヨーロッパ共同体加盟国の中でもっとも多い．こうした医師過剰の一方で医療面の立ち遅れが指摘される．1980年代のスペインの教育改革は医学教育の改善を促したが，他方で理学療法のような医学に準ずる関連部門の専門家の育成はようやく途についたばかりである．看護婦の専門教育でさえまだその歴史はごく浅く，病院は一般にこれまで患者の家族に必要な看護を任せてきた．

宗教と文化の変容

　フランコとサラザールの体制下では宗教が国民の帰属意識を決めていた．カトリックの道徳と慣習は法律によって至上の地位に祀り上げられ，この傾向は特にフランコが西ヨーロッパ精神の砦と呼んだスペインで著しかった．だが，この宗教への思い入れがイベリアでもっとも人目を惹く形で展開したのはポルトガルの方だった．同国が教会に敵対的な態度で臨む共和制下にあった1917年，エストレマドゥーラ地方のファティマの村はずれで従兄妹同士3人の子供が羊の番をしているところへ聖母マリアが出現したのである．村長は子供達を2日間牢に入れたが，彼らは同じ内容の話を繰り返すだけだった．そして数週間もするうちに，聖母が現れた場所には何千人もの巡礼が集まり始めた．

　サラザールとフランコの両カトリック政権はこのファティマの出来事とそこに建てられた聖堂を大々的な宣伝に使っ

92年セビージャ万博

スペイン社会労働党が政権担当10周年を祝った1992年，バルセローナはオリンピックの開催地となり，マドリードはヨーロッパ連合の文化首都を務め，アンダルシーアの首都セビージャは万国博覧会の会場となった．1851年にロンドンで第1回大博覧会が開かれて以来，世界万国博覧会は17カ国で26回開催されてきた．しかし，1967年のカナダのモントリオール万博と1970年の大阪万博以降は，この大規模な行事の人気は多少低下気味だった．当初，1992年の万博はセビージャとシカゴの共催になる予定であったが，経費の点で躊躇を覚えたシカゴは1987年に辞退してしまった．

結局は「92年万博」という名で知られることになったこの行事は，当初の懸念を吹き飛ばしてスペインの「奇蹟の年」に相応しい盛り上がりを見せた．コロンの最初の大西洋横断航海の500周年記念とも一重なって，セビージャ万博は新生スペインを世界にアッピールする絶好の機会となった．215ヘクタールの会場はグアダルキビール川に浮かぶラ・カルトゥーハ島の大部分を占めた．それまで何もない空地だった会場とセビージャ市を結ぶ橋が新しく架けられ，そのうちの何本かのデザインは斬新この上なかった．放置されたままになっていた農地にはパビリオンが立ち，これまた無人だった15世紀建立の修道院は絵画の展示館に変身した．

92年万博の標語は「近代性」と「国際性」だった．110カ国が参加し，60以上の国別パビリオンが建てられた．木造の聖堂をモデルにしたハンガリア館のように，いくつかの国は自国の伝統的な建物を再現した．だが，大半の国は未来志向型のパビリオンを建てた．たとえばイギリス館は鋼鉄とガラスで造られ，その正面入口には太陽光線を熱源に稼働するポンプを使った水の壁が張られた．こうした革新的なパビリオンの多くは会期が終わると取り壊されたが，大航海時代記念館は海洋博物館として残された．92年万博は4月から9月までの6カ月間，毎日明け方の4時まで開いていて，訪れた人は1800万人を超えた．会場が今後どのように活用されるかは未定だが，セビージャが受けた恩恵は相当なものだった．スペイン第三の都会とはいえ，同市の交通手段は多分に遅れていた．それが万博を機に完全に近代化された．たとえば，フランスの高速鉄道TGVの技術を導入したスペイン初の高速鉄道AVEがセビージャ・マドリード間に開通し，空港は拡張され，75kmに及ぶ高速道路が建設された．

下　92年セビージャ万博の観客を輸送するケーブルカーとモノレールの壮大な背景を成しているのは，ローマ教皇庁館の黒い窓とインド館の華やかなクジャクの尾羽．蔓草の生い茂る棚は歩行者をアンダルシーアの灼熱の太陽から守ってくれる．写真の奥には丸い巨大な冷房装置が見える．この球体の表面はマイクロコンピューター制禦のイオン化装置で覆われ，周期的に湿った雲を発散しては会場の気温を下げた．この装置は大いに効果を発揮したが，大量の水を消費するために周辺の農民は給水を受ける騒ぎになった．

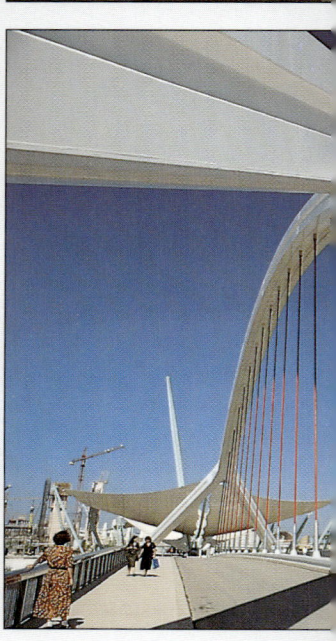

民主主義の新生

上　スペイン人建築家サンティアゴ・カラトラーバが設計した壮麗なクウェート館は，92年万博の建築物の中で呼び物のひとつだった．広大なホールの上部には19本の可動式の羽根がそびえ立ち，これらが閉じると真珠貝の貝殻を表し，半分開けばベドウィン人のテントを思わせ，全開では船の帆となった．

左　グアダルキビール川に新しく架けられた橋のうちでもっとも素晴らしい橋のひとつは，波状の線が上下する様が船の軸先の動きを思わせるところからラ・バルケータ（小舟）と名付けられた．

右　万博会場の相当な部分にはカンバス地の天蓋が掛けられた．カンバス地は水蒸気を発して乾燥した空気に少しでも湿り気を持たせるために設置された冷却塔の間に張られた．水・木陰・樹木・風に基づく伝統的なイスラム風のデザインと現代の技術とを結び付けて観客を暑さから護ろうという試みであった．

た．だが，ファティマの名が一躍世界に知れたのは3人の子供達が目にした最初の奇蹟によるだけではなかった．どうやら聖母は反キリストについて語ったらしいが，反キリストとはロシア革命以後一般に共産主義であるとされていた．そしてその後の聖母の出現と聖母が託したメッセージの意味を語る3人のうちの最年長のルーシアの話から，人々は反キリストとは確かに共産主義に間違いないとの確信を持った．そして1927年に彼女は，もし人々がロシアを聖母の御心に捧げなければ，「ロシアはその誤ちを全世界に広げるでしょう」と言い切った．スペイン内戦中，聖母は共産主義の脅威を排除するために戦うフランコ軍の行手を導く総司令官とされた．そしてフランコが内戦で勝つと，すでにサラザールの新国家体制のかけがえのない宣伝手段となっていたファティマの聖母像はスペイン各地を廻った．聖母をめぐって幾多の奇蹟と取次ぎの話が語られ，世界がカトリック教会に帰依しなければ厳しい罰が降るであろうといった彩で聖母のメッセージが大勢の人に伝えられた．

内戦後の困難な時期，スペイン人全員に期待されたのはまさにこの教会への回帰だった．共和国側から奪回された都市では決まって大がかりなミサが公共の場で執り行なわれ，市内の通りや広場は聖人像と宗教関連の名で溢れ，冒瀆的な言辞や不謹慎な服装は法律により禁止された．ミサへの出席は法による強制こそなかったが，公共部門の場合も含めて多くの雇用者はミサへの参加を事実上雇用契約の際の条件に加えた．日常生活できちんと教会の掟を守る人の率は高かったが，決して万人という風にはならなかった．有産階級にとってカトリック的な生活は心地よかったが，貧しい者にとってはさほどではなかった．ヨーロッパの他の国々と同じく，工場労働者は毎日曜にきちんと教会に行くようなことはなかった．

1980年代ではポルトガル北部の成人の40％以上がミサに参加したが，南部ではほぼ10％と低かった．それでも国民の90％以上は洗礼を受けており，大部分の人間が初聖体・結婚・葬式・死者の追悼記念といったカトリック教会の儀礼を守っていた．同じくスペインでも1984年の調査によれば，日曜のミサに参加するのは成人人口のわずか30％だったが，47％の人は自分を実践的なカトリック教徒であると答えた．決まり通りに教会に出向く人の割合を地図の上で見ると，ポルトガルの場合と同じでミサへの参加は北部ではいつものことであり，南部では時々といった具合だった．そして少なくとも北部では農村部の住民の方が都市部の住民よりも信仰深かった．逆に，スペインのアンダルシーアやポルトガルのアレンテージョとアルガルヴェでは都市部の方が信仰心が篤く，都市はあたかも信仰心の薄い農村部という大海に浮かぶ孤島の感があった．この図式はこれまでになされたすべての研究結果が一致するところであり，イタリアにも妥当する．もしかすると，かつてイスラム圏に属した南部はキリスト教によっていまだ完全には再征服されていないのかもしれない．しかし，1980年代に教会から離れた人の数はガリシア，アストゥリアス，バスコ地方，ナバーラなど伝統的にもっともカトリック信仰が篤いとされてきた地域でもっとも多かった．

フランコおよびサラザール時代から実践的なカトリック信者は一貫して減り続けてきたことは疑問の余地がない．その数はフランコが死んだ1975年の64.5％から86年には40.9％に落ちた．それでも神を信じない者は1981年の9％に対して90年では13％と，依然少数派であった．だが，たとえスペイン人の86％が自分はカトリック教徒であると明言

しても，既成宗教の後退は明らかに続いていた．神を信じる人は81％と圧倒的な割合を占めたとはいえ，若者達では68％と低かった．家庭や社会における重要な祝い事のお陰でカトリック教会の行事はその役割を保持してきたし，教会は世俗化の進んだ社会の中にあってなお他に類を見ない公の存在であることに変わりはない．それでも教会へ足を向ける人の減少は間違いなく人々の生活が広い範囲にわたって世俗文化の価値を受け入れていることを表している．聖週間や聖体の祝日には念の入った行列が繰り出すが，今日では信仰は基本的に個々人の問題である．神との絆を持つか持たないかは各人の良心に任されている．

検閲の緩和

政府が国民にカトリック道徳を厳しく守らせようとした点はスペインとポルトガルの両独裁政権の特徴だった．長いサラザール時代の末期には新聞はカトリック教会が迷信と見做す星占いの掲載を禁じられ，スペインでは内戦最中の1938年に設けられた検閲局がその後30年間機能し続けた．少しでもエロティックな匂いを漂わせるものは聖職者の検閲官によって青鉛筆で抹消された．マッチ箱の写真の裸体は色物の衣服を適度に着せられ，ハリウッド映画の中の道徳上問題があり

上　3人の子供に聖母マリアが出現したファティマの地は，1917年以来，世界でもっとも重要な巡礼地のひとつになった．罪を贖い，あるいは感謝を捧げるために聖堂までの長い道を膝をついて歩いていく信徒は珍しくない．ここに詣でるもっとも熱心な信者はローマ教皇ヨハネ・パウロ2世であり，暗殺者の銃弾による死を免れたのはファティマの聖母のおかげだったと信じている．教皇は感謝を捧げるためにファティマを訪れ，聖母像の冠に件の銃弾を置いていった．

民主主義の新生

そうな会話の部分はサウンドトラックの音楽で消された．姦通を率直に扱った1953年の『モカンボ』やこれに類した映画では愛人が姉や妹に変えられたために近親相姦を匂わせるというかえって具合の悪いことも見られた．1972年にスティーヴ・マックイーンの『ゲッタウェイ』を観たスペイン人は，いまスクリーン上で見たばかりの脱走犯はその後に逮捕されましたという，なんとも教訓染みた終演の文句を読まされた．

1960年代に入るとそれまでの固い姿勢にも軟化が見え始めた．その主な理由は突然押し寄せてきた軽装の北欧女性の観光客だった．彼女達は経済再建に欠かせないお客だった．1964年には検閲官はビキニ姿の女性がスクリーンに登場するのを許したが，そのわずか5年前まではビキニ姿でスペインの浜辺に出ようものなら，警察に逮捕される危険があった．フランコが死んで数カ月もすると，きわもの的な内容を売物にする一部の新聞雑誌は許容範囲の線を後退させ始めた．新聞に乳房が出現し，次いで裸体が登場した．1978年には最初のセックス・ショップがマドリードで開店し，ポルノ映画が初めて公に上映された．

こうして突然訪れた自由化にはそれなりの行き過ぎも見られた．しかし，裸体の新鮮味もいまや公認となった性の自由もやがては飽きられ，ポルノも西ヨーロッパの他の国々におけるとまったく同じ場所に落ちついた．公序良俗のお目付役としての教会の役割は完全に終わった．今日のスペインでもポルトガルでも宗教は一切政治的な役割を演じないというのが大方の見方である．国民の大多数はこれを好ましいものと見做しており，実践的なカトリック教徒とてその例外ではない．カトリック教徒にとって社会党員になるなど考えも及ばなかった，かつての信仰を基準とした厳格な別け隔てはどうやら永久に消えたように見受けられる．

女性と家庭生活

もっとも激しい世俗化の衝撃を受けたのはおそらく性の世界である．スペインでもポルトガルでも聖職者を排除した民主体制の出現によって，姦通のような背徳行為はもはや刑法

上　大ヤコブ（サンティアゴ）の遺体が眠るという伝説の土地サンティアゴ・デ・コンポステーラは中世以来，多くの巡礼者を集めてきた．大聖堂は大ヤコブの祝日に行なわれる祭儀の中心舞台であり，スペインのこの守護聖人を記念する花火を見るために集まってくる人々で広場は埋め尽くされる．大ヤコブの祝日が日曜にあたる年は聖年とされ，この時にここを訪れる者には特別の全免償と1年間の罪の赦しが与えられる．近年，大ヤコブの祝日はますます盛んに祝われる．

右　スペインのもっとも有名な映画監督ルイス・ブニュエルはフランコ体制の政治と芸術政策に反対して生涯の大半をスペイン国外で過ごした．『ビリディアーナ』(1961) は，スペインで撮影されたわずか3本の作品のうちの1本である．『ビリディアーナ』は世界中の批評家から絶賛され，映画界の最高名誉のひとつであるカンヌ映画祭のパルム・ドール賞を獲得した最初のスペイン映画となったが，ヴァチカンからは冒瀆的な作品と非難された．その反カトリック的態度は直ちにフランコ体制の検閲官の目にとまり，1983年までこの作品はスペイン映画として認められなかった．

で問われる罪ではなくなった．特にフランコが促進した政府肝入りの多産計画は破棄され，避妊用品は今日では誰の手にも入る．家族計画は合法化され，カトリック信者もそうでない者もこれを受け入れたために出生率は大幅に下がった．1980年のポルトガルの出生指数は1000人につき16.2人だったが，89年には11.5人に減った．一方，スペインでは1960年から90年までの間に1000人につき21.6人が10.2人へと半減した．女性の出産率の低下はもっと大きかった．1960年ではスペインの女性は平均2.86人の子供を生んだが，90年にはこの数字は1.36に下がった．これはヨーロッパ共同体加盟国の中でイタリアに次ぐ低い水準である．ただし，スペインにはヨーロッパの他の国々よりも出産年齢の女性の数が多く，またポルトガルと違って幼時死亡が多くなかったために，生まれてくる子供の数はまだかなり多かった．1990年，スペインとポルトガルの人口はアイルランドと並んでヨーロッパの中でもっとも若かった．ただ，出産指数はアイルランドとは違って世代交代の水準を下廻るほど落ち込んだ．

暴行・近親相姦・母体への生命の危険・胎児の奇形の場合に限られるものの，ポルトガルでは1984年から，そしてスペインでは1985年から妊娠中絶が合法化された．1990年代の初めでは両国民の大多数は無制限な中絶の合法化に反対した．だが，その一方で特に問題となったのは国外で手術を受けられるだけの経済力のない貧しい女性の違法な中絶だった．これは長年の課題だった．スペインの公式推定によれば，フランコが死ぬ前年の1974年の1年間に違法な中絶は30万件に上った．そして1980年代の初めにはイングランドとウェールズで中絶手術を受けた女性のほぼ10%はスペイン人だった．

離婚はスペインでは1981年に合法化された．ポルトガルでは教会によらない民事結婚の夫婦に限ってすでにサラザール時代に離婚が認められていたが，革命後はすべての夫婦に拡大された．離婚をめぐる教会の反対はポルトガルよりもスペインで激しく，教会は無制限な離婚法は望ましくないと世論に訴えたが，その努力は無駄だった．スペインでは2年間の別居後，夫婦のいずれかの申請があれば離婚が可能である．大部分のスペイン人は制限つきの妊娠中絶と同様にこの離婚法を支持しているが，支持率は明らかに年配層よりも若年層の方が高い．1981年から89年までの間にスペインの離婚件数は140%も増えたが，それでもこれはヨーロッパではもっとも低い数字である．宗教の持つ意味が次第に下がっていることとは関係なく，ギリシアやイタリアと同様にイベリアでも家族は常に社会を支える基礎であり，若者も一般に結婚するまでは両親の許で暮らす．確かにこれは個人の選択というよりはしばしばもっと現実的な必要に迫られての選択ではあるが，1990年に行なわれたいくつかの調査によれば，18歳から24歳までの若者の80%以上が両親との同居に満足していた．

今世紀最後の数十年間で家族がイベリア社会において持つ役割に格別驚くほどの変化は見られなかったが，女性の役割は確かに一変した．全盛期の頃のサラザールは「家庭のことが気にかかる女性には家庭の外での仕事が満足にできるはずはない」というのが持論で，「私は既婚女性の自立には断固反対である」と公言したが，これはフランコ将軍にも共通した考えだった．1933年のポルトガル憲法はすべての人間は法の前に平等であるとしつつも，「その本質に由来する相違と家庭を守る意味から女性は除かれる」と定めていた．とはいえ，両国の独裁政権下でさえ，多くの女性は家計のために家の外へ働きに出なければならなかった．経済的な理由でもない限り，中流階級の女性が外で働くことは稀だったが，労働者階級では多くの女性と時には未成年者までもが家計の相当な部分を担った．こうした状況は特にガリシアやポルトガルの北部で顕著だった．そこでは男性はピレネーの北側へ季節労働や単純労働の仕事を求めて出稼ぎに行き，その間女性は畑を耕し，家畜の世話をし，しばしば子供や老人の面倒を引き受けた．結婚すると妻は夫の両親と一緒に住むのが普通だった．同じように，大西洋沿岸の漁師の場合も男は海に出て漁をし，女は家畜の世話をした．

女性が家庭と同一視されたのは，歴史的に見れば土地を持たない女性の結婚がきわめて困難だったからである．20世紀の前半，ポルトガルでは50歳を超えた女性の32%が未婚のまま死んだ．ポルトガル北部は敬虔なカトリック信者がこと

上　内戦後の数十年間，経済的な理由から多くの男が家を離れ，しばしば外国にまで出稼ぎに行った．村では残った妻が畑を耕し，子供の世話は祖父母が引き受けた．こうした状況はポルトガルの一部ではいまも続いているが，現在のスペインは出稼ぎ労働者を送り出すよりは逆に受け入れる国になった．働く母親の多くは子供の世話を身内に任せているが，保育所を利用する母親もいる．

のほか多い一方で，私生児は珍しくなく，未婚女性の妊娠となるとははるかにもっと多かった．結婚前に妊娠しても持参金となる土地を持っている女性は相手の男との結婚を期待できたが，そうした土地がなければ子供の父親との関係が続くか続かないかは別として，女手ひとつで子供を育てるほかなかった．1950年代に入るとこうした私生児の出生指数は下がり始め，1970年代には激減した．逆にフランスやドイツへ出稼ぎにいく男の数は大幅に増えた．国外に季節労働を期待できる男達とその家族はそれまでのように土地に頼らずに済むようになり，男達は自分や未来の妻の土地の寡多に関係なく結婚できるようになった．こうして未婚の母親が戸籍の筆頭者である家庭の数は確かに減少した．だが，それでも少なくとも夫が国外にいる間は妻が家計を維持する家庭の割合は依然として高かった．

イベリア経済の繁栄とともに国外への出稼ぎ者は減少していった．1970年代の半ばを過ぎると女性の就労は次第にあたりまえになり，留守家族は出稼ぎ先からの送金をあてにするどころか，次第に夫婦共々収入を得るようになった．1990年代には職場は完全に女性に開放された．だが，それでも家事は相変わらず女性の労働の相当部分を占めた．

民主化への移行期，女性は国民一般よりも政治と社会に強い期待を寄せた．女性の進出を促す最初の出来事のひとつは1972年に刊行された詩人マリーア・テレーザ・オルタ，小説家マリーア・ヴェーリョ・ダ・コスタとマリーア・イザベル・バレーノの3人のマリーアの『新生ポルトガル紀行』だった．ポルトガルにおいて女性の権利がいかに蹂躙されてきたか，その実態を攻撃した同書はポルトガルはもとより国外でも大きな反響を呼んだが，ポルトガルでは公序良俗を乱すとして発禁処分となった．1973年に逮捕された著者の3人は公判もないままに拘置され，1974年の革命後ようやく釈放された．

この事件を境にポルトガルでの女性の法的な地位は一変した．1974年以後，完全な市民権と選挙権が男性と同じく女性にも認められ，77年には女性の権利を守るために「女性の地位に関する委員会」が発足した．専門職・官界・裁判所が万人に開放され，数名の女性が政府の要職に就いた．1979年には化学者マリーア・デ・ルルデス・ピンタシルゴ(1929-)が，わずか6カ月間の暫定内閣ながらイベリア初の女性首相となった．スペインでも女性の地位はポルトガルと同様に急速かつ似たような形で変化した．女性の職場進出は1980年の27%から1990年には33.3%へと飛躍した．この数字はヨーロッパの平均値よりは低いものの，40歳以下の女性の50%以上が家の外で仕事を持った．民主化と共に公的分野でも女性が果たす役割は時とともに広がっていった．警察・治安警備隊・軍隊への参加が認められ，代表的なサッカー・クラブの女性会長も誕生した．

1983年，スペインの社会党政権は女性の地位向上の促進と保護を目的とする女性研究所を設立し，以来これまでに何回か機会均等に関する法令を出している．女性は従来も常に文学と芸術で重要な働きをしてきたが，いまや政治でも第一線で活躍する時代となった．1992年の社会党内閣では2名の女性大臣が誕生した．87年には多くの都市で女性の市議会議員が当選してその数は3652名に上り，89年には下院議員の13.4%と地方議会議員の6%とが女性で占められた．それでもこれらの数字は他の民主主義国家の数字と比較した場合決して高くはなく，特に地方議会議員の数字はまだまだである．ともかく公の場での女性の地位は明らかに向上した．だが，家庭内での女性の地位となると，事情は必ずしも同じではなかった．1990年のある調査によれば，もっとも進んだ夫婦の間にあっても77%の女性が家事の全責任を負い，普段から皿洗いをする夫はわずか2%に過ぎなかった．

芸術と余暇

サラザール時代ではポルトガル人の文化的な関心事と言えば3つのF，すなわちフットボールとファドとファティマに絞られていた．これは彼らの芸術的才能というよりは体制の保守性を端的に表していた．フランコが推奨したのもまた政治色のない娯楽だった．地域の多様性は民族舞踊に，そして民族主義は政治よりもサッカー場に発揚の場を見出した．テレビのサッカー試合を決して見落とさなかったフランコはサッカーに入れ込むことで心ならずもカタルーニャの民族主義に新しい捌け口を与えた．スペインのサッカー・リーグの花形は，一般にバルサの名で知られるバルセローナF.C.とレアル・マドリードとの熱の入った対抗戦だった．

たとえ本当に応援するのはまったく別のチームであっても，スペイン人ならば必ずバルサかレアル・マドリードのいずれかのファンに分かれる．それと同じく，ポルトガル人もまたF.C.ポルトとリスボアのベンフィーカとスポルティングの3チームのいずれかのファンである．国外にいる者は大体自国チームの活躍を見守る．ベンフィーカやスポルティングがヨーロッパで試合をする時，選手達は何百というポルトガル国旗に迎えられる．そして国内にいる者は自国チームが勝てば国を挙げて熱狂する．1950年代，レアル・マドリード

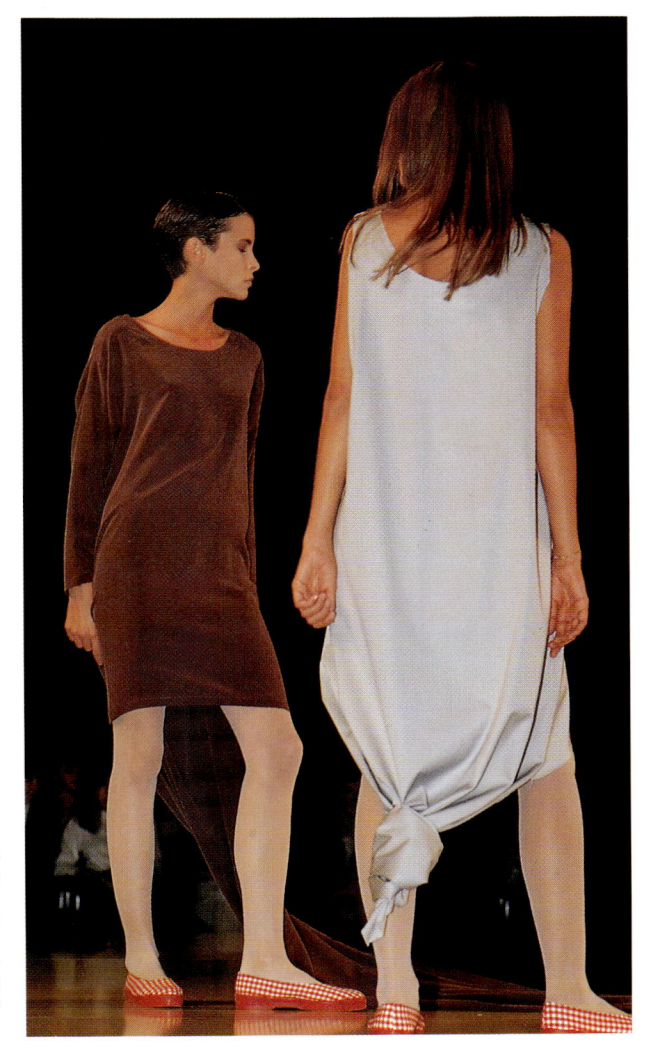

右　ファッションとデザインは民主主義スペインの重要産業である．むき出しの腕・ミニスカート・軽薄な服装を禁じたフランコ体制の厳しい統制から自由になった今日，女性の服装はまったく自由になり，アガタ・ルイス・デ・ラ・プラーダなどのデザイナーは国際的な評価を得ている．写真は彼女の作品．

第 2 部　イベリアの歴史

左　イベリアの人々は国をあげてサッカーに熱狂する．観るスポーツとしてのサッカーはかなり前に闘牛に取って代わった．フランコ体制下ではバルセローナのバルサとレアル・マドリードが激しく競り合った．サッカーにおけるこの対抗意識の陰には多分にカタルーニャとカスティージャの間にある民族感情の対立がある．フランコ体制下では，サッカー試合だけが民族感情の捌け口だった．今日でもこの 2 チームはそれぞれに熱烈なファンを持っており，両チームの試合には熱狂的なファンが大勢詰めかける．

が 5 年連続でヨーロッパ杯を獲得して全欧サッカー界の王座に立った時，フランコ政府はこれを国家的な偉業と称えた．ただ，この時の優勝の立役者はハンガリア出身のフェレンス・ブスカス選手だった．その後 1982 年のワールド・カップのスペイン開催は，スペインが予選の第 2 ラウンドで北アイルランドに敗れたにもかかわらず，国を挙げてのお祭りだった．

サッカー熱は単にフランコとサラザールの遺産ではなく，イベリアの昔からの貧しさの現れでもある．道具やクラブの加入に高い金がかかるテニスやゴルフができるのはほんの一握りの人達であるのに対して，サッカーはどんな少年でも路上でできる．テニスとゴルフがスペインで一般化したのは 1980 年代に入ってからで，特にゴルフのセベリアーノ・バジェステーロ（1957-）やホセ・マリーア・オラサーバルとか，テニスのアランチャ・サンチェス・ビカリオ（1971-）などが国際試合で優勝して以来のことである．ポルトガルでは 1970 年代から 80 年代にゴルフ場やテニスコートが造られたが，そのお目当ては主に外国人観光客だった．

サッカーは 1960 年代にイベリアを代表する観るスポーツとして闘牛に取って代わった．とはいっても，昔ながらの闘牛は人気を失ったわけでもなければ，単に観光客用の華麗な見せ物として生き続けているわけではない．闘牛士はポルトガルでは馬に跨がり，スペインでは地上に立つ．フランコもサラザールも闘牛を奨励した．だが，スペインでは観客は 1940 年代から減り始めた．内戦によって闘牛用の牛が大幅に減ったことと，1950 年代から 60 年代にかけて闘牛用の牛の市場が事実上一握りの業者の手に握られ，彼らが見かけだけは立派でも闘志に欠ける牛をこれまたしばしば二流の闘牛士のために用意したことで本来の toro bravo（猛牛）のイメージを損なったことが原因だった．1970 年代には途中で体力が尽きてしまう牛がときおり出てくる始末だった．そこで牛の改良手段が講じられる一方，闘牛士の養成学校が新設されて闘牛士の技量も蘇った．他方，スペインの世論の中で少数ながら闘牛はスポーツでも芸術でもなく，儀式化された残酷劇であると声高に主張する人が増えている．牛を闘牛場で殺さないポルトガルの闘牛はスペインの闘牛ほどではないが，これにもまた反対の声がある．スペインでもポルトガルでも一部のレストランや肉屋は闘牛場で殺された牛の内臓を競って仕入れ，その肉は一般に売られる．ひょっとするとヨーロッパ・マチスモの本場に似つかわしく，牛の睾丸にはいい値で売れるという期待がかけられているのかもしれない．

生粋の自国文化を追求する独裁政権は闘牛熱を煽っただけでなく，これを商業化しそのあげくの果てに堕落させた．同じことはそれぞれポルトガルとスペインの典型的な音楽として大いに奨励されたファドとフラメンコについても言える．ファドとは運命の意味だが，その起源は明らかでない．おそらくは農民の間に生まれたと思われるこのポルトガルの歌謡は，都会のカフェやキャバレーやナイトクラブでもっぱら歌われる音楽に変身した．船乗りの暮らしと密接に結び付いたこの慕情の歌は，アマリア・ロドリーゲス（1920-）のような専門の歌手によって磨きがかけられた．リスボアやコインブラなどにあるファドを聴かせる店は多くの観光客を惹きつけたが，それによってファド独特の味わいが失われることはなかった．確かに商業化したファドには伸びやかさが多分に欠けるかもしれないが，フラメンコとは違って観光客相手の安っぽいイメージの源にはならなかった．

1950 年代に入ると，フラメンコを踊るアンダルシーアのジプシーはスペイン全体の代表としてもてはやされた．彼らと彼女らの踊りは 19 世紀の末にアンダルシーアの方々の町にカフェ・カンタンテが生まれ，そこにプロの踊り手が出現したことで大いに人気を博した．その後一時下火になったが，1956 年にコルドバでコンクールが始まって再び人気を盛り返した．フラメンコは政府の肩入れのお陰でそれまでの日陰の存在から脱出できたものの，やがてまた同じ理由から本来の姿を歪められた形でまずスペイン国民に，次いで観光客

に披露された結果，前と同じような衰退の道をたどった．一時期のフラメンコは法外な値段を取るバーなどで生気のない踊りの見せ物だった．ところがやがてアントニオ・マイレーナ (1909-83) のような優れたカンタオール (男性フラメンコ歌手) が装飾を排して手抜きのないフラメンコを熱心に追求した結果，より純粋な形が息を吹き返した．1977年，舞踊と振付けの二役を担うアントニオ・ガーデス (1936-) は，フラメンコとクラシック・バレーの融合から生まれたスペイン・バレーを専門とするスペインで初めての常設舞踊団の団長に任命された．同舞踊団は1980年代の公演と，特にガーデスと映画監督カルロス・サウラ (1932-) が協力したフラメンコ映画『血の婚礼』(1981)・『カルメン』(1983)・『恋は魔術師』(1985) の三部作によって，スペイン内外で圧倒的な評判と人気を博した．

フランコが死ぬと，芸術家と知識人は伝統を自分の都合に合わせて整形したようなものとようやく手を切り，スペイン文化のかなりの部分の本来の姿を再発見することができた．ルイス・ガルシーア・ベルランガ (1921-) の映画『ようこそミスター・マーシャル』(1952) は米国軍人の訪問を控えたカスティージャのある小さな村の住民が，遠来の客を失望させまいと村をアンダルシーア風に飾り立てるという内容で，安物のフラメンコ衣装をまとったスペイン文化の偽りの姿に容赦のない批判を加えた．

同じ頃，いずれも1930年前後に生まれた若い世代のスペインの作曲家は自国の古典音楽の伝統と訣別し，民俗音楽も捨て去った．スイス人の親を持つロベルト・ヘラルト (1896-1970) はアルノルト・シェーンベルク (1874-1951) が打ち出した無調という新しい技法に共鳴した最初のスペインの作曲家で，彼に師事したホアキン・オムス (1906-) はさらに世界各国の影響をスペインにもたらした．ただ，彼自身の作品はスペインの伝統に則っていた．1950年代，ルイス・デ・パブロ (1930-) とクリストバル・アルフテル (1930-) は，マヌエル・デ・ファリャの音楽よりもドイツのカールハインツ・シュトックハウゼン (1928-) の音楽に作曲の着想を仰いでいたスペインの十二音技法作曲家達の先頭に立った．こうした作曲家達は確かに新風をもたらしはした．だが，内戦後の作曲家の中でもっとも名を馳せたのはホアキン・ロドリーゴ (1902-) で，そのいかにもスペイン古典派音楽の名に相応しい叙情豊かな『アランフエース協奏曲』(1939) は全ヨーロッパで人気を博した．

ロドリーゴはフランコのスペインに留まることをよしとしたが，他の者はそうしなかった．作家・音楽家・芸術家の1世代が1939年に亡命の道を選んだ．その中にはロベルト・ヘラルトや世界的に有名なチェロ奏者で再び故郷に帰ることなくフランコより先に死んだパウ・カザルス (1876-1973) などがいた．カザルスと同じカタルーニャ出身のジョアン・ミローは逆にスペインに戻りましたがフランコとは和解しなかった．ミローにとってのフランコ体制は，地中深く根を張りいつも緑の葉を繁らせるアルガローバ (地中海地方の常緑樹) のようなスペイン文化，取りわけカタルーニャ文化の表面をちょっと引っ掻いたようなものだった．フランコ政権は近代主義に眉をひそめはしたが，画家や彫刻家は小説家や詩人や

下 ヨーロッパ連合は闘牛非難の法律を定め，スペインでもまだ少数派ながら動物愛護団体が次第に闘牛反対の声を強めつつある．それでも闘牛は相変わらず多くの観客を集めている．写真はマルベージャでの闘牛を予告するポスター．闘牛は祭りにおける最大の呼び物である．そしてもっとも重要な闘牛はマドリードの聖イシードロの祭りで行なわれる闘牛である．今日，マドリードにはスペインを代表する闘牛士養成学校がある．

新聞記者ほどには検閲の束縛を感じなかった。実際、失われた1930年代の知的世界と最初の接触を持ったのは画家と彫刻家だった。彫刻家エドゥアルド・チジーダ (1924-) の初期の作品はパブロ・ガルガージョとフリオ・ゴンサーレスの錬鉄工芸の伝統を継承していた。ただ、後に彼の技術に関する解釈が次第に形而上的になっていくにつれて、その作品は抽象度を高めていった。近代主義は1948年にその実質上の第一歩を踏み出した。この年、バルセローナ在住の数名の芸術家達が当時台頭しつつあった前衛芸術に焦点を当てるべく雑誌『ダウ・アル・セート』(7つ目の骰子) を創刊した。同誌に名を連ねた芸術家の大半はもともとは超写実主義に属し、後に表現力に満ちた抽象の世界へ移っていった。そうしたうちの1人が内戦後のスペインの画家の中でおそらくもっとも大きな影響力を持つアントーニ・タピエス (1923-) で、彼はやが

上 今日ではファドはポルトガルのバールやレストランで歌われる夜の音楽である。ファドとはもともとは「運命」を意味し、海で生活する人々のサウダーデ、すなわち思慕の情を哀愁を込めて歌う音楽だった。伴奏は12弦のポルトガル・ギターである。ファドのもっとも有名な歌い手には女性もいて、彼女たちはリスボア風に歌う。これに対して大学都市コインブラでは歌い手はもっぱら男性である。

左 古典バレエと同じくフラメンコの踊り手はもっぱら専門家であるが、セビジャーナスのようなフラメンコ風の地方舞踊は誰もが楽しむ。写真は、セビージャの祭りで昔ながらのセビジャーナスを踊る少女たち。セビジャーナスはディスコでも毎夜最後の締めに踊られることが多い。

て寄せ集め（モンタージュ）と貼り合わせ（コラージュ）の技術を活かして社会を批判するアルテ・ポヴェラ（貧しい芸術）運動の先頭に立った．タピエスの評価は，フランコ政権下においてすら国立の美術館がその作品をなにはともあれ少なくとも購入価値ありと認めて買い求めたほどだった．

1960年代以降盛り上がりを見せてきたスペインの視覚芸術は，経済成長と世論の動向に感化されやすい民主政権のお蔭で政府からかつてないほど潤沢な資金提供を受けた．1990年代にマドリードに開設された美術館の中でもっとも代表的なソフィーア王妃芸術センターが現代絵画と彫刻を収蔵する一方，バルセローナではピカソとミローの作品が特別の場を与えられた．スペイン内戦に対する激しい抗議の意味を込めてピカソが描いた『ゲルニーカ』（1937）はフランコの死後ようやくスペインに返還されて1993年までプラド美術館で展示された．そしてその後，展示場をめぐる激論の中，ソフィーア王妃芸術センターに移管された．

国家財政にゆとりがないポルトガルの芸術振興策は慎ましやかな規模に留まった．ただここには第2次世界大戦後，石油王で博愛精神に富んだアルメニア人の大富豪カロステ・グルベンキアン（1869-1955）が移り住み，この第2の祖国に博物館・美術館・管弦楽団・舞踊団・合唱団などを寄贈し，これの運営資金を保証する財団を設立した．今日，活躍しているポルトガルの芸術家の多くはグルベンキアン財団の奨学金で学んだ人達である．現在のポルトガルでもっとも影響力の強い芸術家は抽象画を描くマリア・エレーナ・ヴィエイラ・ダ・シルヴァ（1908-）で，生涯のほとんどをフランスで送っている．昔とは大きく違い，現在のポルトガルでは女性の芸術家はもはや珍しくはない．ポルトガル絵画の第一線にはヴィエイラの大きな存在と並んでパウラ・レーゴ（1935-）がいる．

新しい民主主義政権による検閲の廃止がイベリアの視覚芸術にちょっとした衝撃を与えたのと同じく，文学もまた様変わりを見せた．フランコが死んで2年後の1977年，ガルシーア・ロルカと同年代で「27年の世代」の1人である叙情詩人ビセンテ・アレイクサンドレがノーベル文学賞を受賞した．

右端　バルセローナで研鑽を積んだカタルーニャ人ジョアン・ミローはなによりも画家として知られているが，彫刻や陶器や版画も制作した．円熟期の絵画は平面的で，図式化された形が使われている．ミローがもっとも表現しようとしたのは人間の情感だった．彼は「目に見えない物」を表現しようと努め，晩年の作品では「人間の感情の根源」を探求した．この『逃げる少女』は1968年の作品．

右　マドリードの自宅でのホアキン・ロドリーゴ（1902-）とその妻．スペインの古典音楽の伝統を作品に活かすこの盲目の作曲家はもっぱら『アランフエース協奏曲』でその名を知られる．オーケストラとギターのためのこの三楽章から成る協奏曲は技術の面では特に新味はないが，一度聴くと忘れられない作品である．ロドリーゴは著名なギター奏者アンドレース・セゴビア（1893-1987）のために書いた『ある貴人のための幻想曲』（1954）を含めて数多くのギター曲を作った．

長年フランコ体制の闇に覆われていたスペイン文化が再び国際社会によって認知されたのである．独裁政権に反対して亡命した芸術家や知識人が次々と祖国へ戻ってきた．その大半はすでに高齢で，幾人かは帰国後間もなく世を去った．だが，ホルヘ・センプルン（1923-）やポルトガルの小説家ジョゼ・サラマーゴ（1922-）のようなもう少し年が若い共産党員などはもはや地下に潜った活動家ではなく，天下晴れて人々の前に姿を現した．

独裁政治の下で創作活動を続けていた作家達もようやく思いきり自由にその才能を発揮した．カスティージャ出身の小説家ミゲール・デリーベス（1920-）は自分はいつも「遠回しな言い方で」言いたいことは言ってきたと断言するが，それでも見捨てられ，時代から取り残された貧しいカスティージャの農村のありのままの姿を描いたその作品はしばしば検閲官の注意を惹かずにはおかなかった．デリーベスを始めとする小説家達が社会の実像を描いた作品は内戦後のスペインには驚きだった．その中でもっとも強烈な衝撃を与えたのは，同胞同士が殺し合う残酷な内戦下の貧しいスペインの現実の中で殺人を犯したエストレマドゥーラのある農民の凄まじいばかりの生涯を描いたカミーロ・ホセ・セーラ（1916-）の『パスクアル・ドゥアルテの家族』（1942）である．著者セー

ラはアレイクサンドレと同じく若い頃に書いたこの作品の価値が認められて1989年にノーベル文学賞を受賞した．

現実の社会を描く小説家は既存の伝統の枠内で書くことによって検閲を免れることもできたが，既成の形式を超えた新分野の開拓や赤裸々な性描写を志す作家がうまく検閲官の目を逃れる可能性はあまりなかった．1950年代に現実を描く社会派として作家活動に入ったフアン・ゴイティソーロ（1931-）はやがて人間関係の崩壊を主題とする小説のための用語と記述の模索へと移行し，1966年から75年にかけて3つの作品を発表した．内容の上では格別密接な結び付きはないこれらの作品の中で，彼はスペイン文化の過去を破壊するものとしてのスペイン語の語法に批判を加えた．そして作品の結論部分はアラビア語で書いた．同性愛を初めて公然と取り上げた作家の1人であるゴイティソーロはスペインからパリに移り，その後モロッコに永住した．

20世紀も終わりに近づいた西ヨーロッパで人々が文学に惹き寄せられた理由のひとつに性描写があるが，民主主義への移行によってスペインの作家達もようやくこの主題を取り上げることができるようになった．カタルーニャの女流作家エステル・トゥスケーツ（1936-）は1978年から80年にかけて女の性を肯定的に取り上げた．そしてこの種のテーマを匂わすだけでも問題となりかねなかった1960年代から70年代にかけての裕福なカタルーニャ社会での異性愛・両性愛・レスビアンを叙情的に叙述した三部作を発表した．

どこでも同じだがスペインでも純文学の読者はごく限られており，詩に至ってはさらに読者は少ない．それでもフランコの死後は多くの作品が刊行された．1976年のスペインは西ヨーロッパの中でもっとも読書人口が少ない国だったが，識字率の向上・学校教育の普及・1970年代末からのペーパーバックの流行などによって小説の読者層が確実に広がった．一部の作家は文学と大衆文化との間の溝を埋める努力をした．小説家で詩人のマヌエル・バスケス・モンタルバン（1939-）は探偵小説を手がけ，洞察力の長けた食通の主人公ペペ・カルヴァーリョの手柄話は数百万人の読者を捉えた．スペインでもポルトガルでも文学は高級から低級まであらゆる種類の作品がまさに百花繚乱の様を呈している．検閲と弾圧の長い時期もいまとなってはイベリア文化史の中のほんの合間に過ぎなかった観がある．

上　彫刻家エドゥアルド・チジーダの初期の作品はガルガージョとゴンサーレスの錬鉄工芸の伝統を継承していた．しかし，対象の捉え方が形而上的になっていくにつれて環境を利用した作品が多くなり，中でも『風の櫛』（1975-77）はもっとも大掛かりな作品である．波打ち際に置かれたこの金属製の彫刻は，バスコ地方の海岸のもっとも荒々しい風景と相俟ってサン・セバスティアンのドノスティア湾を吹く風を文字通り櫛削っている．

第3部　イベリアの地域

THE GEOGRAPHICAL REGIONS

大西洋沿岸部
pp 212-219

エブロ川流域
pp 206-211

中央部
pp 202-205

地中海沿岸部
pp 194-201

南部
pp 186-193

凡例
- 首都
- 自治州都
- 県都または地域の主要都市
- 国際空港
- フェリー発着港
- 国境
- 自治州境
- 県境または地域境界線
- 高速道路または主要幹線道路
- その他の主要道路
- 鉄道
- 運河
- ▲ 山頂（メートル）

大西洋上の島々
pp 220-224

縮尺 1:2 500 000

…との関連場所
- 籠細工
- 陶磁器
- チーズ
- 刺繍・縞布
- ギター
- 宝飾
- レース編み
- 皮革
- リキュール
- 金細工
- 毛布・カーペット
- ブドウ酒

左　北部のスペイン人は，明日 (mañana) に延ばせることは決して今日片づけないと言ってしばしばアンダルシーア人を非難するが，外国人が見ればこの mañana はスペイン人全体の病いである．南部の昼寝の習慣は，怠け癖からではなく夏の暑さのせいである．8月のセビージャでは気温は連日40度以上になる．写真は，セビージャのスペイン広場を飾る彩色タイルの歴史画の下で午睡を楽しむ男性．

右　馬術の伝統で名高いアンダルシーア各地の祭りでは馬のパレードや各種の行事が行なわれる．ヘレース・デ・ラ・フロンテーラの祭りはもっとも有名なひとつで，騎手たちは競馬・馬術・馬車競争などで腕前を競い合う．近年になってこれまでの慣行にちょっとした変化が見られる．写真の若い女性達は耳にはイヤリング，髪にはリボンを付けているが，かつては男性用だった乗馬服を着ている．祭りの催物に登場する純血のアンダルシーア馬は，祭り以外の時期には同市の馬術学校で見ることができる．

南部

アンダルシーア，ポルトガル南部，エストレマドゥーラ

白壁の家並み．太陽がさんさんと降り注ぐ海辺．フラメンコ．華麗で厳粛な聖週間の行列．モスクと城郭．こうしたイベリア南部のイメージはスペインとポルトガルを必ずしも代表するものではないが，もっとも典型的なものとしてほとんど決まったように人々の脳裏に浮かぶ．そしてもしもイベリア南部がスペインであるならば，南部とはアンダルシーアであると言える．ポルトガルの面積にほぼ匹敵する 8 万 7620 km² のアンダルシーアは 8 つの県からなるスペインでもっとも広い自治州であり，人口も 650 万とスペイン最大である．州都セビージャは活気溢れる近代都市であり，先端技術産業の中心地でもある．同市は 1992 年の万国博覧会の開催地となり，これを機にそれまでの景観を一新するようなビルが数多く建てられた．

アンダルシーアの地理はきわめて変化に富んでいる．地中海と大西洋に面し，東から西に流れるグアダルキビール川によって南北に 2 分される．北にはモレーナ連山が，そして南にはネバーダ連山がそびえる．乾燥した東部のアルメリーアには半砂漠地帯の植物が生え，そのうちの何種類かは北アフリカにも見られる．そして西部ではグアダルキビール川が野生動物の棲息地である湿地帯や沼沢地を貫流してカディス湾に注ぐ．

銀・鉛・錫などの鉱物資源が豊富なアンダルシーアでは人間は古くから盛んに金属を使用してきた．紀元前 1000 年紀，イベリアの先住民が築いたタルテソス文化はグアダルキビール川とグアディアーナ川の流域にその中心があった．その後この地にはフェニキア人・カルタゴ人・ローマ人が相次いで渡来，定住した．711 年にイベリアに侵入したイスラム教徒はコルドバを政治と学問の中心とした．次いで 1235 年から 1492 年にかけては，ネバーダ連山の麓にあるグラナーダがイベリアに唯一残るイスラム王国の都となった．イスラム文明は都市を基盤とする文明だった．そのため，イベリア北部の小さな村落や孤立した農園とは逆に今日アンダルシーアをはじめ南部の集落は比較的大きく，小さなものでも都市と見做され，町長がいる．

かつてのイスラム支配の遺産はコルドバ，グラナーダ，セビージャなどの豪華な宮殿やモスクだけではない．ロンダやシェリー酒の生産地ヘレース・デ・ラ・フロンテーラその他の多くのもっと小さな町にある白壁の家々もまたイスラム教徒の足跡であることに変わりはない．彼らが水の利用に長けていたことはグラナーダのアルハンブラ宮殿に隣接した夏の離宮ヘネラリーフェのような色彩に溢れた庭園を見ればわかる．ヘネラリーフェは伝統的なイスラム庭園の常としてコーランに描かれた楽園をそのままに流水と日陰の小径を配して設計されている．個人の住居にしばしば見られる彩色タイルで飾られた中庭と泉水，装飾を施した鉄製の窓格子もまたイスラム教徒の遺産である．古老達はかつてこうした窓格子を隔てて恋人達が言葉を交わした習慣をいまでも覚えている．卵とアーモンドで作られるイスラム風の甘い菓子もまだ南部の随所に残っている．ジプシーの文化もスペイン南部に深い影響を与えた．アンダルシーアの典型とされるフラメンコの踊りと歌にはカリブ海域やアフリカからの影響もあるが，その主要な部分はジプシーを起源とする．また今でも毎年続い

上　シェリー酒の主な産地はヘレース・デ・ラ・フロンテーラであり，シェリーの名はこの地名に由来する．しかし，しばしばシェリーの大聖堂とも呼ばれるその醸造所はサンルーカル・デ・バラメーダとプエルト・デ・サンタ・マリーアにもある．ここではシェリー酒は外気に触れるようになっている樽で醸造される．シェリー酒の表面はフロール（花）と呼ばれる白カビの薄膜で保護される．熟成の進行に合わせて新酒を加えて活性化を図る．利き酒はこの過程できわめて重要である．これに使われるグラスはコピータと呼ばれる古くからのもので，鑑定人はこれを使ってシェリー酒が舌に触れる前に香りの具合を見ることができる．

第3部　イベリアの地域

ているウエルバ市近郊のエル・ロシーオの聖母教会への巡礼もジプシー達の祭りである．

　かつてアンダルシーアは貧乏人が住む豊かな土地と言われた．本来肥沃なこの土地は乾燥した気候と大土地所有に支配されてきた．しかし，灌漑などの農業技術の進歩とシリコンチップ産業の発達によって，今日のアンダルシーアはスペインのカリフォルニアと呼ばれている．アルメリーアではキウィやバナナといったエキゾチックな果物が広く栽培されている．ただこの乾いた土壌は風蝕によって一歩間違えれば砂漠と化してしまう．灌漑の普及・急速な都市化・観光産業の発達はもともと乏しい水資源を圧迫し，野生動物の棲息地を脅かしている．法律によって保護されているドニャーナ保護区はグアダルキビール川の三角州に広がるヨーロッパ有数の湿地帯で，ヨーロッパとアフリカの間を往来する鳥類の休憩地である．毎年8万羽のハイイロガンがここに飛来し，他にもカタジロワシやマダラコガモといった絶滅の危機に瀕した種類もやってくる．またオオヤマネコ，シカ，マングース科の珍種でヨーロッパに棲むエジプトマングースの住処でもある．それにもかかわらず，1990年初頭には観光事業の一環としてここの地下水を汲み上げる計画が作られ，ドニャーナ保護区の存続を危うくした．

　グアディアーナ川の対岸のポルトガル側はかつてのアルガルヴェ県である．ここのファーロ地区もまた1970年代から80年代にかけての観光ブームで海岸一帯が乱開発された結果，同じような問題に直面している．さまざまな鳥類が棲息するリア・フォルモーザ自然公園を含む塩原や沼地と干潟が特に危ぶまれている．干潟は二枚貝とカキの養殖地で，その生産高はポルトガルの年間収量の90％を占める．アンダルシーアと同じくここポルトガルの南部もまたローマとイスラムの支配の影響を色濃く残している．まずローマ人がここに灌漑をもたらし，続いてイスラム教徒が灌漑用水網を拡大した結果，緩やかに起伏するこの丘陵地帯はポルトガルの庭園とまで呼ばれた．シルヴェスに残るイスラム期の大きな溜め池は13世紀に中東で造られたものと同じ設計である．アーモンド，イチジク，イナゴマメ，メロン，ザクロ，オリーヴ，トマトなどさまざまな果物や野菜が栽培されているが，これらの多くはイスラム教徒によってもたらされた．こうした農作物の大部分は国内市場向けだが，近年は柑橘類は輸出に向けられる方が多くなった．白壁に平らな屋根，そしてチュニジアン・ブルーの縁取りがついた町や村の民家は北アフリカの民家にそっくりである．

　北にはアレンテージョの平原が広がり，ベージャ，エヴォラ，ポルタレグレ，そして西の方にはセトゥーバルなどの町がある．アレンテージョの風景について詩人のフェルナンド・ペソーアは「辺りにまったく何もなく，ただわずかな木々がまばらにあるだけ」と言った．少々厳しすぎる観察だが，確かにここはトキワガシとコルクガシが生えているだけの放牧地である．アレンテージョの風景はスペイン側のエストレマドゥーラも同じで，双方の間には特にこれといった違いは見出せない．年間の生産量が約13万トンに上るアレンテージョのコルク生産は世界一で，これにエストレマドゥーラが続く．コルクを樹幹から手で剥ぎとる作業は何百年来今日まで変わらない．コルクガシの寿命は500年を超え，1本から約9年ごとにコルクが採れる．ところでポルトガル古来のこの林業は現在危機に直面している．成長が早く採算が合うところから近年急激に栽培が伸びているユーカリがおびただしい水分とともに土壌の栄養分を吸収し尽くしてしまうのである．これは野生動物の生存をも危うくするため，ユーカリは環境保護の関係者から嫌われている．

上端　グラナーダの東にあるグアディースの町は洞窟住居で有名である．柔らかい岩を掘って正面を白く塗り，煙突を付け，床にタイルを張ったこの洞窟住居は夏は涼しく，冬は暖い．1950年頃には町の住民の3分の1が洞窟住居に住んでいた．今日でもその多くに人が住んでいる．普通考えられているのとは反対に，その住民の中にはジプシーはわずかしかいない．

上　グラナーダでは盲目に優る不幸はないと言われる．14世紀に造られたヘネラリーフェ（建築家の庭）はグラナーダの比ようもなく美しいイスラム時代の宮殿や庭園の精華とも言うべき庭園で，周囲を山に護られたナスル朝グラナーダ王国の支配者達の夏の宮殿に彩りを添えていた．

南部

上 平らな屋根と白壁が目に眩しいアンダルシーアの丘の上によくある白い村は北アフリカを思わせ、ロンダに近いオルベーラはその典型的な例である。この村の狭い通りを登っていくと頂上にあるかつてはモスクがあった所に立つ教会と美しいイスラム時代の城に出る。こうした白い村のほとんどはかつては要塞であり、周囲の平野を眼下に見渡す位置にある。ここではイベリア南部の台地の主要産物であるコムギとオリーヴが栽培されている。

左 20世紀のスペイン建築の多くは過去を取り戻そうとした。1929年のイスパノアメリカ博覧会のために建てられたセビージャの半円形を描くスペイン広場にある会場の建物や橋や堀などは、18世紀のブルボン朝スペインの建築を回顧したものであるが、同時にイスラム風の彩色タイルで飾られており、芸術の伝統が見事に融合している。

下 過去の建築様式を反映させる他の試みはそれほど成功しなかった。たとえばコスタ・デル・ソルの海岸に作られたこの豪華な波止場の施設はイスラム建築の要素を採り入れたものの完全な失敗であり、小塔の流れるような線はバルセローナにあるガウディーの作品の模倣である。

189

第3部　イベリアの地域

　ローマ時代の属州ルシタニアの州都はスペインのエストレマドゥーラのメリダ，古名エメリタ・アウグスタだった．エストレマドゥーラは昔も今もスペインでもっとも貧しい地方である．新世界の征服者達の約3分の1はここの出身だった．その多くは貴族の次男や三男，あるいは庶子だった．彼らの夢は新世界の地で武運にかけて一旗挙げることだった．そして故郷に戻ると手にしたばかりの富を周囲に誇示するかのように修道院や屋敷の建設に投じた．だが，エストレマドゥーラの栄光は長続きせず，再びもとの貧しさに戻っていった．アレンテージョと同じく，ここでも人々の主な収入源は林業である．また放し飼いにされて木の実を餌にしているブタからは良質のハムやソーセージが作られる．

　エストレマドゥーラとは「ドゥエロ川の向こう」という意味である．ポルトガルにもかつて同名の県があったが，こちらも意味は変わらない．リスボアの北，リスボアとレイリーアの両県にまたがるこの海岸地帯は肥沃な農耕地帯で，昔から首都リスボアへ食糧を供給してきた．1986年のヨーロッパ連合への加盟によってポルトガルへの農業補助金は700%も増額されたが，その大部分にこの一帯および隣接するリバテージョ県のサンタレン地区に投入された．この辺りには往時のポルトガルを彷彿とさせる遺跡が数多く残っている．リスボアの北西24kmのシントラには王族がお気に入りだった離宮がある．シントラにはこの他にイスラム時代の城址やいくつかの宮殿と修道院があり，ポルトガルでもっとも多くの観光客が訪れる場所のひとつである．サンタレンの北東にあるトマールはオリーヴ，ブドウ酒，果物の産地の中心であり，16世紀にマヌエル様式で再建されたエンリーケ航海王子の宮殿がある．

　7つの丘の上に立つ首都リスボアは天然の良港であるテージョ川の河口を取り巻くようにして発展してきた．リスボアがヨーロッパの他の代表的なルネサンス都市と肩を並べるまでに発展したのは16-17世紀にアジアと新世界からもたらされた富のおかげであり，当時の教会や邸宅のいくつかは今日まで残っている．川岸沿いのバイシャ地区には碁盤の目状に走る街路と王宮がある．これは1755年の大地震で市の大部分が破壊された後にポンバール侯の指揮の下に計画，建設されたものである．今日，リスボアの豊かな文化遺産は法律によって保護されており，建物の洗浄や修復が進められている．古い歴史と独特の風情があったシアード地区が1988年に火災で焼失したのを教訓に，新しい防火規制が設けられた．

上　コウノトリは夏のイベリアでもっとも馴染みのある鳥のひとつである．スペインではこの鳥は毎年2月3日の聖ブラスの日に渡ってくると言われている．アフリカで冬を過ごした後イベリアに戻り，塒は決まって高くて人目につく場所を選んで巣を作る．コウノトリは普通人家の近くに棲む．近年は，近代農法によってこれまでの餌場が破壊されるにつれて，町中のゴミ捨て場をあさるようになった．

右　ポルトガルの多くの漁村では古くからの習慣がいまでも残っている．リスボアの北にあるナザレーでは昔からの方法で，海岸に置いた金属製の網の上でイワシを干す．伝統的な服は次第に見られなくなってきたが，それでも大きな黒いスカートの下に7枚の色とりどりのペチコートを付け，頭には写真のような黒いショールを被った女性の姿が時折目につく．男性の多くはいまでも格子縞のシャツを着ているが，伝統的な房飾りのついた縁なし帽を被る人はわずかである．

南部

上と右　スペインのエストレマドゥーラとポルトガルのアレンテージョの平原にはトキワガシとコルクガシが多い．エストレマドゥーラではその木陰で闘牛用の牛が草をはみ，アレンテージョではコルクを幹から剥ぎ取る作業が何世紀も前から受け継がれた方法で行なわれる．この作業は全部手で行なわれ，機械は木を傷付けるので使えない．

左　ゴルフ場は多くの観光施設の主要な娯楽施設である．しかし，環境保護のための経費も莫大な額に上る．アルガルヴェのヴァレ・ド・ロボにあるこのコースでは，芝生の緑を保つために1日に800万リットルの水を使う．

次頁　モゲールの聖堂への巡礼にはアンダルシーアの大勢のジプシーが集まる．彼らはこの機に信仰と自分達の絆を確かめ，また巧みな馬術を披露する．ひだ飾りの付いた女性の衣装はフラメンコの起源がジプシー文化と深い関係があることを思い起こさせる．

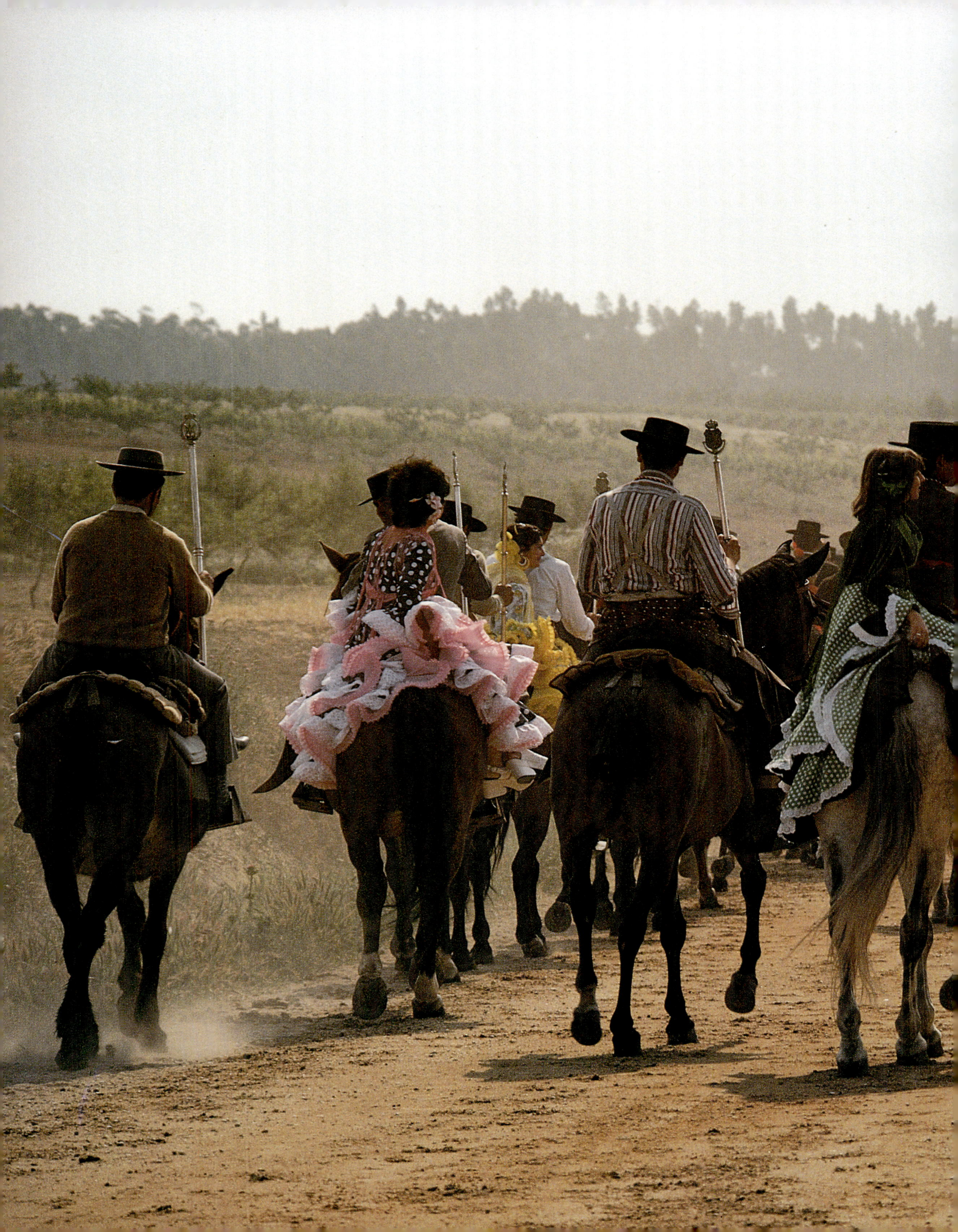

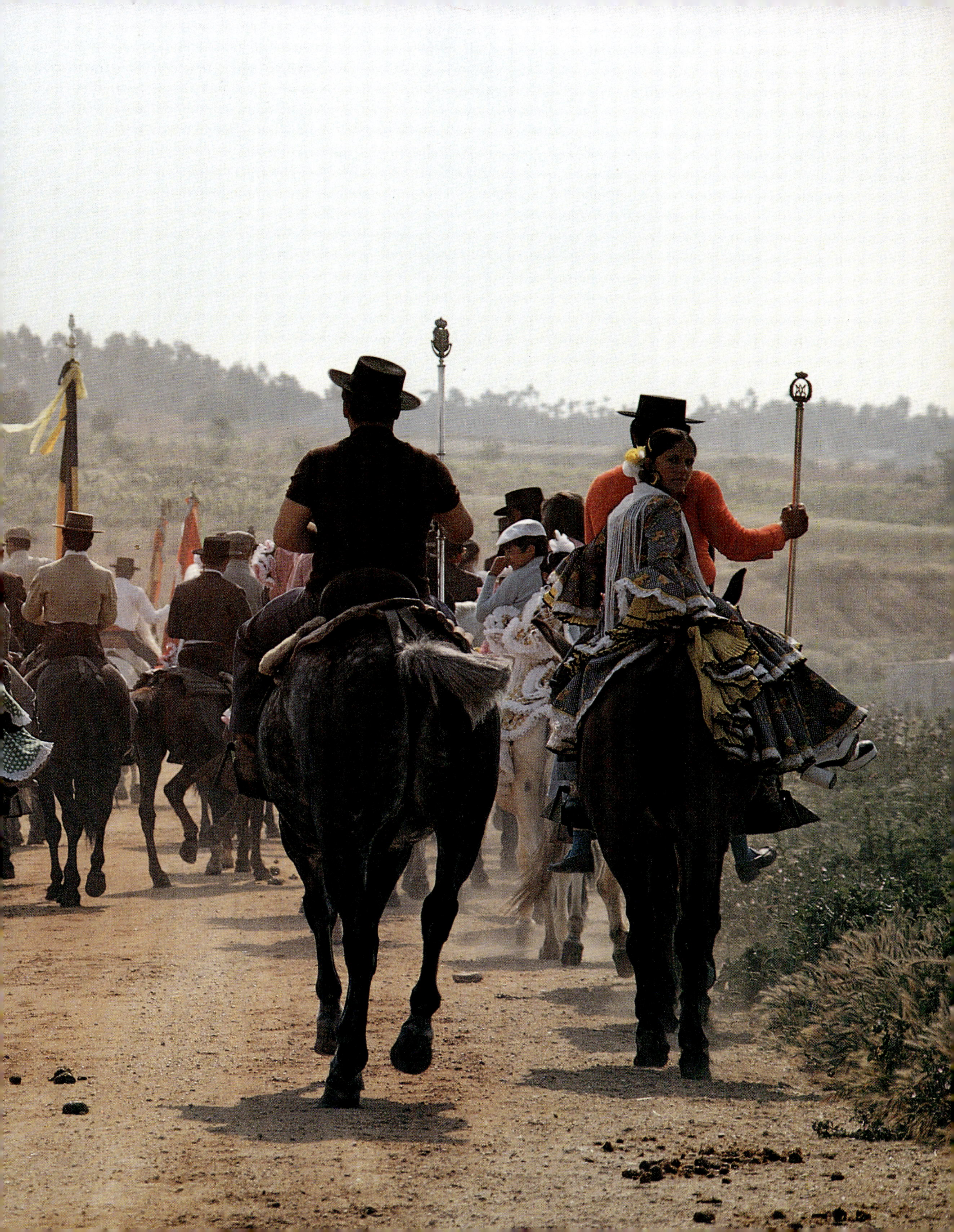

地中海沿岸部

カタルーニャ，バレンシア，ムルシア，バレアール諸島

　イベリア北東部のカタルーニャはピレネー山脈から地中海に面した東部沿岸地方のほぼ半分を占める．カタルーニャはかつて12世紀にバルセロナ伯とアラゴン王家との間に結ばれた血縁を背景に発展した有力な海上貿易国の中心だった．その眼はイベリアの内陸部よりもむしろ外界，イタリアに向いていた．バレンシアとバレアール諸島もカタルーニャの勢力下に入った結果，現在もこれらの地域ではカタルーニャ語の方言が話されている．カタルーニャ人は自分達は商才に長け，進取の気性に富み，スペイン的というよりはヨーロッパ的な人間であると自認している．だが，他のスペイン人に言わせれば，カタルーニャ人は勤勉だが利にさといと言う．

　カタルーニャでは19世紀に地方自治の世論が高まり，1932年には第2次共和制の下で自治州となった．だが，フランコ将軍はこれを撤回すると同時に，公の場でのカタルーニャ語の使用はもとよりカタルーニャ州旗と伝統的な民族舞踊サルダーナまでも禁止した．1980年，カタルーニャはバスコ地方とガリシアとともにフランコ体制後もっとも早く自治を回復した．現在，カタルーニャ語はカタルーニャにあってはカスティージャ語と並んで公用語であり，カタルーニャ生まれの97%はカタルーニャ語を理解する．

　カタルーニャはイベリアでもっとも富裕な地方である．バルセロナの港は古くから商業と産業の中心だった．中世に繁栄した同市は16世紀に大西洋貿易が始まると衰退に向かい，19世紀に入って綿産業の発達によって再び勢いを取り戻した．職を求めてスペイン全土から人々が移住し，産業は急速に発展，バルセロナは芸術の一大中心地となった．現在，バルセロナ港は地中海でもっとも大きな港のひとつであり，その広い後背地は化学工業と肥料生産の中心地である．

　バルセロナの近郊を過ぎると灌漑農業が観光に次ぐ産業である．地中海沿いに広がる平野はイベリアでもっとも肥沃な土地のひとつである．ローマ人が初めて灌漑をもたらしたバレンシアのウエルタ (huerta) と呼ばれる農地は今日ヨーロッパ有数の農耕地帯で，年4回の収穫が可能である．集約的に栽培される果実と野菜は重要な輸出品である．1960年代の観光ブーム以前はイスラム時代から栽培されてきたオレンジがスペインで最大の外貨の稼ぎ手だった．治安が万全でなかった頃には武装した警備人がバレンシアの果樹畑にいつも配置されて高価な作物の盗難を防いだ．

　バレンシアは18世紀のヨーロッパ中にその名を知られた絹の生産で栄えたが，今はクワの木が往時を偲ばせるだけで

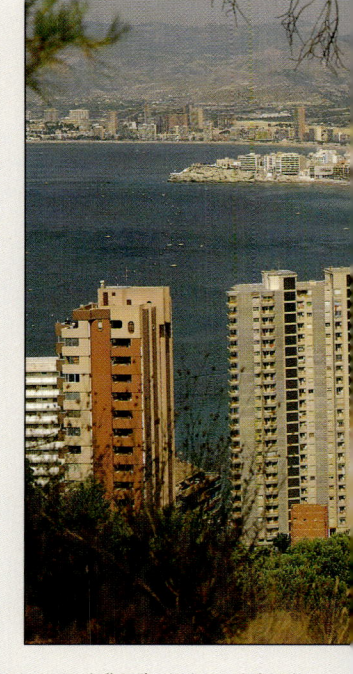

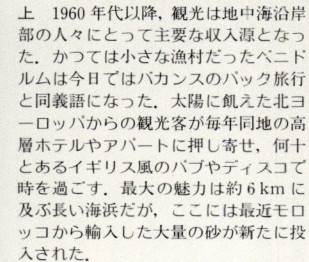

上　1960年代以降，観光は地中海沿岸部の人々にとって主要な収入源となった．かつては小さな漁村だったベニドルムは今日ではバカンスのパック旅行と同義語になった．太陽に飢えた北ヨーロッパからの観光客が毎年同地の高層ホテルやアパートに押し寄せ，何十とあるイギリス風のパブやディスコで時を過ごす．最大の魅力は約6kmに及ぶ長い海浜だが，ここには最近モロッコから輸入した大量の砂が新たに投入された．

右端　海と砂浜を楽しむのは観光客ばかりではない．バルセロネータの市営海水浴場は，バルセロナ市民にとって自分達の公園か庭のようなものである．ここでは景観を損なうが地元に繁栄をもたらした工場群のすぐ側で，地元の人々が泳いだり日光浴をする．汚染の懸念は絶えず付きまとうが，だからと言って海岸での1日をためらう市民は少ない．

左　カタルーニャ北部のピレネーの村々では固有の文化と言語が守られている．スペインとフランスにまたがるこの地域ではカタルーニャ語が話される．人々は昔から牧畜で生きてきたが，今日では特にスキーの季節には観光も重要な産業になりつつある．他にこの辺り一帯の小さな村々にあるロマネスク様式の聖堂を見に訪れる観光客がいる．

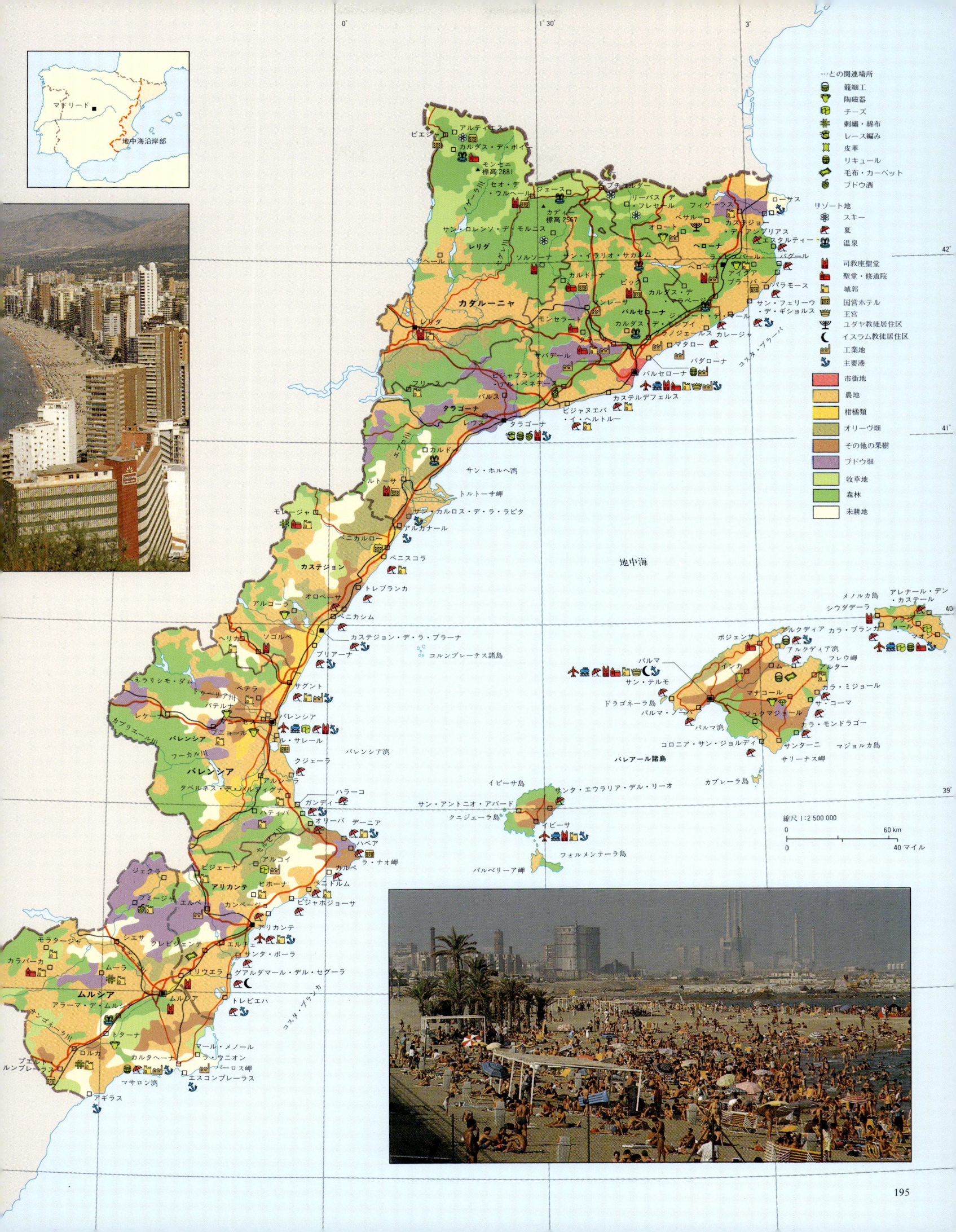

地中海沿岸部

…との関連場所
- 籠細工
- 陶磁器
- チーズ
- 刺繍・綿布
- レース編み
- 皮革
- リキュール
- 毛布・カーペット
- ブドウ酒

リゾート地
- スキー
- 夏
- 温泉

- 司教座聖堂
- 聖堂・修道院
- 城郭
- 国営ホテル
- 王宮
- ユダヤ教徒居住区
- イスラム教徒居住区
- 工業地
- 主要港

- 市街地
- 農地
- 柑橘類
- オリーヴ畑
- その他の果樹
- ブドウ畑
- 牧草地
- 森林
- 未耕地

縮尺 1:2 500 000

地中海

バレアール諸島

マドリード

主な地名

- ピエラス
- アルティエス
- カルダス・デ・ボイー
- モンセニ 標高2881
- セオ・デ・ウルヘール
- リーバス・デ・フレセール
- カディー 標高2567
- フィゲラス
- サン・ロレンソ・デ・モルニス
- オロート
- サス
- レリダ
- アヘール
- ソルソナ
- サン・ラリオ・サカルム
- カルドナ
- ビック
- バヌリス
- バグール
- カタルーニャ
- モンセラート
- サバデル
- カルダス・デ・モンブイ
- サン・セリーウ・デ・ギショルス
- フリッス
- ビジャフランカ・デル・ベネデス
- バルス
- バルセロナ
- コスタ・ブラバ
- タラゴナ
- バダロナ
- カステルデフェルス
- ビジャヌエバ・イ・ヘルトルー
- レウス
- サン・ホルヘ湾
- トルトーサ岬
- サン・カルロス・デ・ラ・ラピタ
- モレジャ
- ベニカルロー
- アルカナール
- カステジョン
- ペニスコラ
- アルコラ
- オロペサ
- トレブランカ
- ヘリカ
- ソゴルベ
- カステジョン・デ・ラ・プラナ
- ブリアーナ
- コルンブレーテス諸島
- モラリシモ岬
- ドゥーラ川
- ベテラ
- サグント
- カブリエール川
- バテルナ
- バレンシア
- エル・サレール
- フーカル川
- クジェーラ
- バレンシア湾
- タベルノス・デ・バルディグナ
- ガンディア
- ハラーコ
- オリーバ
- デニア
- イビーサ島
- サンタ・エウラリア・デル・リオ
- カブレーラ島
- サン・アントニオ・アバード
- クニジェーラ島
- イビーサ
- フォルメンテーラ島
- バルベリーア岬
- ヘベア
- ビジェナ
- アルコイ
- カルペ・ラ・ナオ岬
- アリカンテ
- ヒホナ
- ベニドルム
- カンページョ
- ビシャホジョーサ
- アリカンテ
- エルチェ
- サンタ・ポーラ
- クレビジェンテ
- シエサ
- リウエラ
- グアルダマール・デル・セグーラ
- ジェスラ
- アミージ
- エルベ
- モラターシャ
- カラバーカ
- ムーラ
- アラーマ・デ・ムルシア
- ムルシア
- トレビエハ
- コスタ・ブランカ
- プエル・ルンブレーラス
- ロルカ
- ターナ
- カルタヘナ
- マール・メノール
- ラ・ウニオン
- パロス岬
- エスコンブレーラス
- マサロン湾
- アギラス

バレアール諸島
- メノルカ島
- アレナール・デン・カステール
- シウダデーラ
- マオン
- ポジェンサ
- アルクディア
- カラ・ブランカ
- アルクディア湾
- フレウ岬
- アルテー
- パルマ
- インカ
- ムーロ
- カラ・ミジョール
- サン・テルモ
- マナコール
- サ・コーマ
- ドラゴネーラ島
- パルマ
- ジュクマジョール
- ラ・モンドラゴー
- パルマ・ノーバ
- パルマ湾
- コロニア・サン・ジョルディ
- サンターニ
- サリーナス岬
- マジョルカ島

第3部　イベリアの地域

ある．綿花は今でも栽培されているが，カタルーニャで綿産業の原料となったのは新世界からの輸入綿だった．イスラム教徒はここにコメをもたらし，ローマ人の灌漑設備を改良して複雑な用水網を広く張りめぐらせた．こうした用水路を使ってなされる水の配分は，バレンシア市の司教座聖堂の外で毎週木曜に開かれる8人のメンバーからなる用水裁判所 (Tribunal de las Aguas) によって決められる．この制度は1000年の歴史を持ち，審議はカタルーニャ語で行なわれる．

バレンシアの南にあるムルシアは気温が高く乾燥しているが，ここでも灌漑農業によって主に輸出向けにメロン，トマト，コショウ，レモン，ライムなどが作られ，その他にもアロエやホホバといったエキゾティックな植物が栽培されている．海軍基地のあるカルタヘーナと周辺は鉱山地帯で，土地の住民に職を提供している．カスティージャ語が話されるムルシアは文化的には地中海沿岸部とアンダルシーアを結ぶ掛け橋である．

総合スポーツ施設がマール・メノール一帯に設けられて沿岸部が開発されると，多くの観光客がムルシアを訪れるようになった．だが，それでもここの観光は北のカタルーニャ語圏，特にカタルーニャのコスタ・ブラーバやバレンシアのコスタ・ブランカのような都市化が進んだ地域には及ばない．1993年のホテルのベッド数はバレンシアが7万8415，カタルーニャが19万8264だった．だが，この数字もスペインの全自治州の中で最大のバレアール諸島の26万119には遠く及ばない．同諸島のうちでもっとも大きいマジョルカ島は海浜と景観に富む山岳に恵まれ，ヨーロッパでもっとも人気が高い観光地のひとつである．島の南にあるマガジュフの海浜

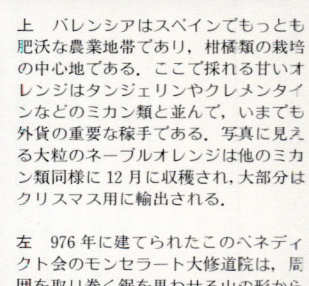

上　バレンシアはスペインでもっとも肥沃な農業地帯であり，柑橘類の栽培の中心地である．ここで採れる甘いオレンジはタンジェリンやクレメンタインなどのミカン類と並んで，いまでも外貨の重要な稼手である．写真に見える大粒のネーブルオレンジは他のミカン類同様に12月に収穫され，大部分はクリスマス用に輸出される．

左　976年に建てられたこのベネディクト会のモンセラート大修道院は，周囲を取り巻く鋸を思わせる山の形からその名前が付けられた．伝説によると，ここに祀られている黒い聖母像を彫ったのは聖ルカで，それを聖ペトロが洞窟に隠したという．聖堂が評判を呼んでモンセラートはサンティアゴ・デ・コンポステーラに次ぐスペインの重要な巡礼地となり，修道院は巨大な富を蓄積して大幅な自治を手にした．しかし，1811年にはナポレオン軍の略奪を被った．フランコ時代，モンセラートはカタルーニャの民族主義の拠点となった．

右　ムルシアのムエラ連山の低木の大部分を見れば，いかにこの土地が痩せて気候が厳しいかがわかる．低地に並ぶオリーヴの木は豊かな農業資源である．オリーヴの木は粘土質の痩せた土地でよく育つ．ただ霜には耐えられないため，栽培はイベリア南部に限られる．スペインのオリーヴ栽培面積は100万haを超え，収穫した実の92%は製油に廻される．アンダルシーアは世界のオリーヴ油生産の20%を占める．

地中海沿岸部

パエージャ

　パエージャはスペイン料理の中で群を抜いて有名だが，国を代表するというよりは地方を代表する料理である．発祥地はバレンシア市の郊外にある淡水湖アルブフェーラで，もともとはウナギやさまざまな貝類，それにまだ青い鞘つきのインゲンマメなどが用いられたらしい．今日の本格的なバレンシア風パエージャには貝やエビよりもニワトリかウサギの肉が使われるが，それでも青いインゲンマメと乾燥したインゲンマメは欠かせない．そしてこれといえども，今日観光客にしばしば出される鳥肉・貝・エビ・ソーセージ・真黄色に着色されたコメを混ぜ合わせた奇妙な代物とはおよそ掛け離れている点では昔のパエージャと同じである．

　料理の専門家によれば，本格的といえる唯一のパエージャはバレンシア風パエージャである．もうひとつよく知られている漁師風パエージャ（paella marinera）は文字通りコメと貝類だけで作られ，その原型は地中海沿岸の漁師達の料理である．これに対してバレンシア風パエージャはもともと内陸部の農民達の料理だった．この２つはどちらも汁けはなく，手が２個ついた平底の大きな鍋で蓋を使わずに作られる．この鍋は一般にパエジェーラと言うが，東部ではパエージャと呼ばれ，これがそのまま料理の名前になった．パエージャに欠かせない粒の短いコメは８世紀にイスラム教徒によってもたらされ，今日バレンシアで栽培されている．古くから伝わるこのバレンシア料理に香りと色を添えるのはラ・マンチャ地方で採れるサフランである．その他の材料は一様ではないが，一般にムルシア産の新鮮な辛くないピーマン，アンダルシーアのオリーヴ油，それから採れたての野菜類である．そして昔からの調味料はバレンシアのオレンジ畑に実るレモンの汁である．

　パエージャに似た地方料理は他にも沢山ある．アリカンテで別盛りご飯（arroz a banda）と呼ばれる料理では１枚の皿にコメと貝類が別々に盛られて出てくる．また黒飯（arroz negro）にはその名の通りイカの墨袋が欠かせない．さらに南のムルシア県では野菜類を使ったパエージャが名物である．だが，いろいろあるパエージャの中でもっとも奇抜なのは多分，麺（fideo）をパエージャとまったく同じ方法で料理したフィデウアー（fideuá）かもしれない．

地中海沿岸部

などは大勢の観光客で賑わい，高層のホテルや長期滞在者用の貸別荘，ディスコ，レストランなどが延々と立ち並ぶ．

大規模な開発によって海岸線が埋め尽くされてしまうという危機感から，現在スペインでは歴史や文化を訪ね歩くことを目的とした観光振興策が図られている．マジョルカ島を訪れる人の多くは作曲家フレデリック・ショパンをはじめ芸術家や作家の足跡を求めて建物や文化遺産を見て廻る．ショパンは1838年に愛人のフランス人小説家ジョルジュ・サンドと一緒にこの島を訪れた．ショパンはここでの生活が「甘美」だったと書き記したが，サンドには全然気に入らなかった．今世紀にはイギリスの詩人ロバート・グレイヴズ (1895-1985) がマジョルカ島に居を定め，デイアーに小さな芸術家村を造った．今日ではポジェンサにも同じような芸術家村があり，創作活動が行なわれている．

メノルカ島はバレアール諸島でもっとも静かな島である．島最大の港町マオンに見られるジョージ1世からジョージ4世までの時代 (1714-1830) の建物は，18世紀のイギリス占領期の遺産である．同島には珍しい先史時代の遺跡があり，専門家とアマチュアを問わず多くの考古学の愛好者を惹きつけている．バレアール諸島は野鳥の観察でもよく知られる．逆にイビーサ島はヨーロッパでも指折りの若者向きの賑やかな観光地である．

観光のための乱開発によって地中海沿岸の随所で野生動物の棲息地や自然の景観が破壊された．だが，その一方で観光が地域の伝統文化の保存に一役買っているのも確かである．暑い地方でタピスリーに代わって壁を飾る彩色タイルなどの陶器の生産はバレンシアで13世紀に始まり，今に続いている．近年安い輸入品に押されて一時は潰滅的な打撃を蒙ったバレンシアの陶器産業も今日では観光客のおかげで息を吹き返し，スペイン最古の工房のいくつかが発見されたマニーセスの町で再び盛んになっている．

地中海沿岸部で催される工夫を凝らした数々の祭りも観光客のお目当てである．アンダルシーアのものほどではないが，カルタヘーナとムルシアの聖週間の行列もなかなか見応えがあるし，3月19日の聖ヨセフの祝日にバレンシアで行なわれる盛大な火と花火の祭典ファージャにはスペイン全土から見物客が訪れる．この祭りのために住民は地域ごとに集まって互いに負けじと1年がかりで，国政や地方行政に関わる政治家や有名人を風刺した巨大な張り子の人形を造り上げる．まる1週間，バレンシアの町は祭りに沸き，数々の催し物が繰り広げられる間，ずうっと人形は街頭に並べられる．そして最後の夜，しきたりによって人形に火がつけられるとその炎はバレンシアの町自体が炎上しているかのように町を赤々と照らし出す．

民間に伝わる民話や歌や踊りに中世の国土回復戦争のエピソードを主題にしたものが数多くある．中でもイスラム教徒とキリスト教徒の合戦を再現したものは珍しくない．キリスト教徒に見立てた白米で輪を作り，その中にイスラム教徒を表す黒い豆を入れた郷土料理さえある．バレンシアとアリカンテ周辺の町や村では住民がイスラム教徒とキリスト教徒に扮しての模擬合戦を演じる．アルコイではこれが4月23日に行なわれる．戦士達が町を練り歩いてから城の争奪戦を繰り広げ，やがて伝承通りに聖ジョルディ (ゲオルギウス) 自らが戦闘に加わってキリスト教徒を勝利に導く．

上　本格的なパエージャの黄色を出すにはサフランの花の乾燥した雌しべを使う．ところがサフランが世界中でもっとも高価な香辛料であるために，残念ながらしばしば人工の着色料が代用される．多くの香辛料と違ってサフランの生産は熱帯に限られない．ここニューマンチャ地方でも盛んに栽培されて，秋には紫色の花が畑を覆う．サフランが高価なのは，花の摘み採りに手間がかかるからである．もろいサフランの花は手で摘まなければならず，しかも花の丈が短いために摘み採りは地面にかがみこんでの骨の折れる仕事である．

左中　摘み採った花から今度は雌しべだけを取り出し，これを篩に入れて炭火の上にかざすという昔ながらの方法で乾燥させる．花がもろいためにこの作業は機械化が不可能で，作業の大部分は19世紀以来いまも変わらない．ジョゼフ・ブルーのこの絵にも見るように，サフランの摘み採りは多くの場合，手先の器用な子供の仕事である．

左端　パエージャに詳しい人によれば，もともとパエージャは干した塩タラとコメを使った四旬節の料理だったと言う．しかし，今日では大勢で調理して野外で食べることの多い祝いの料理である．誕生日，初聖体拝領，果ては宝クジの当選者が家族や友人同士でパエージャを囲む絶好の機会となる．鍋を火にかけている間は，コメは掻き混ぜずにまんべんなく火が通るようにしなければならない．現在では，昔ながらに薪で炊く代わりにバーベキューコンロが使われることが多い．

下左　このバレンシアの彩色タイルに見られるように，パエージャは昔風に鍋から直接食べることがある．20世紀初めまでスペインの農村では銘々の食器を使う習慣はほとんどなかった．大抵の料理は食卓の中央に置かれた大皿からスプーンで取って食べた．今日ではこのような食べ方ができるのはパエージャのみだが，それも多分にパエージャが祝いの料理であるからである．

第3部　イベリアの地域

上　マジョルカ島はヨットの愛好家に人気のある土地のひとつである。写真は、小さな観光町ポール・ダンドラーチのヨット・ハーバー。ここの波静かな入江の周辺にはホテルが立ち並ぶ。マジョルカ島の人気は、毎年夏に国王一家が訪れることによって一段と高まった。フアン・カルロス1世、ソフィア王妃、フェリーペ皇太子は揃ってバルセローナ・オリンピックのヨット競技に参加した。

右　ムルシアの小さな町トタナは、土地の伝統工芸が守られているスペインの多くの町のひとつである。トタナの焼物は独特の淡い褐色をしている。写真は、並べられて買い手を待つ鉢。縁にギザギザの入った蓋が付いた小さな壺がある。蓋と壺はこのギザギザでしっかりと閉まる。

前頁　バレンシア地方カステジョンの海岸にあるペニスコラの城。もともとは聖堂騎士修道会によって建てられたが、岬を要塞化したのはアラゴン貴族で1394年にローマ教皇に対立するアヴィニョン教皇に選出されたペドロ・デ・ルーナ（1328頃-1423）だった。ベネディクトゥス13世を称したルーナは、キリスト教会を二分していた教会大分裂を終結させようとする試みをことごとく退け、最後には1417年のコンスタンツ公会議で廃位となった。その2年前にルーナはこの美しい要塞に避難し、ここが正統の教会であり、ノアの箱船であると宣言した。ローマへの対抗姿勢を崩さぬままルーナはここで95歳で死んだ。カステジョンではルーナ教皇の名で人々の記憶に残っている。

地中海沿岸部

左　スペインとポルトガルの農地のかなりの部分は勾配の急な傾斜地や山の斜面に作られていて、畑の前にまず段丘を造らなければならない。写真は、マジョルカ島のバニャルブファール周辺の段々畑。狭い帯状に耕される畑の下の部分には低い石の壁を築いて雨による土砂の流出を防いでいる。以前はここで有名な甘口のマルヴォジーワインの原料となるブドウが栽培されていたが、1907年にブドウネアブラムシによって全滅してしまった。

上端　段々畑は伝統農法のひとつである。マジョルカ島の農民はできるだけ現代農法のトラクターや化学肥料を使う。しかし、多くの農地は小規模なのがここの特徴である。

上　イビーサ島は一般に観光のメッカのように考えられているが、今日でも昔からの民家が残っている。この写真の通りに沿って立つ平屋根・白壁・錬鉄製のバルコニーの家は、バレアール諸島のどの村にも見られる。夫が死ぬと10年間もの喪に服する習慣のある農村では、年配の女性はしばしば全身黒ずくめの服装をする。しかし、このような厳しい喪に服する習慣は徐々に失われつつある。

中央部

カスティージャ・レオン，カスティージャ・ラ・マンチャ，マドリード

　スペインの中央部を占める高原台地メセータには風車と半ば崩れかかった大きな城が点々と目に入る．ここはスペイン王国の心臓部であり，土地の諺では「広大なるかなカスティージャは」と言われてきた．平均海抜 600 m を超えるメセータは現在の北のカスティージャ・レオン，南のカスティージャ・ラ・マンチャの 2 つの自治州にまたがり，一連の山脈がこの間の境界をなす．荒涼としたメセータではかつてカスティージャの繁栄を支えた羊の飼育が今日でも続いている．それでもカスティージャは全域にわたって農村から都市への人口流出によって過疎化の中にある．夏草を求めて移動していく移牧は岩山の多いメセータでの羊の飼育に欠かせなかったが，今日では遠い昔の暮らしを偲ばせるものとしてごく辺鄙な所に見られるに過ぎない．

　カスティージャ（Castilla）という地名はスペイン語の castillo（城）に由来する．スペインに現在も残る約 1 万の城砦のほとんどはこのカスティージャにある．それはカスティージャがイスラムの支配圏を徐々に南へ押し戻していったキリスト教諸国の国土回復戦争（レコンキスタ）の過程で，双方の間の激しい攻防戦の舞台だったからである．平坦なメセータの随所に立つ城砦のあるものは修復され，あるものは崩れるがままに放置されている．アビラに残る中世の城壁はかつて幾世紀にもわたる戦いに晒されて地域全体が城砦と化したカスティージャの歴史をおそらくもっとも雄弁に物語っている．

　国土回復戦争の初期にキリスト教徒の手に取り戻されたカスティージャの北部とレオンには今日小さな村と小規模な司教座都市が散在する．ブルゴスには 2 基の素晴らしい塔を持つゴシックの司教座聖堂があり，ここに国土回復戦争期の伝説的な英雄エル・シードの墓がある．要塞都市セゴビアには今に残る世界でもっとも美しい水道橋のひとつを見ることができる．そして西のサラマンカはこれまた美しいルネサンス様式の大学と司教座聖堂で知られ，同市はこれによって国の史跡に指定された．

　こうした美しい都市の周辺はどこまでも続くカスティージャ・レオンの平原で，ここでは化学肥料と近代的な刈入機を使ってコムギが栽培されている．広い空の下に波打つトウモロコシ畑はいかにもイベリア的な風景のひとつだが，かつては野生種のタイムやトキワガシなど芳香を放つ低木が自生していた．この植生の変化の被害者となったのは牧草地や草原に棲む鳥類や哺乳動物で，中でもヨーロッパではほとんどここにしかいないナベコウとノガンは住処を失って絶滅の危機に晒されている．

　セルバンテスの大作『ドン・キホーテ』の舞台として永く人々の記憶に生き続けることになった南部のラ・マンチャの平原では北部よりも町や村の人口は多いものの，土地は痩せている．この地方のもっとも有名な作物といえばサフランである．イスラム教徒がイベリアにもたらしたサフランとは花の雄しべで，今日スペイン料理はサフランを使うことで知られる．カスティージャ・ラ・マンチャではこの他にも幾世紀にもわたったイスラム支配の足跡を見ることができる．大司教座都市トレードではダマスキナードの名で知られる黒と金の象嵌細工が今でも作られ続けている．シリアのダマスコに

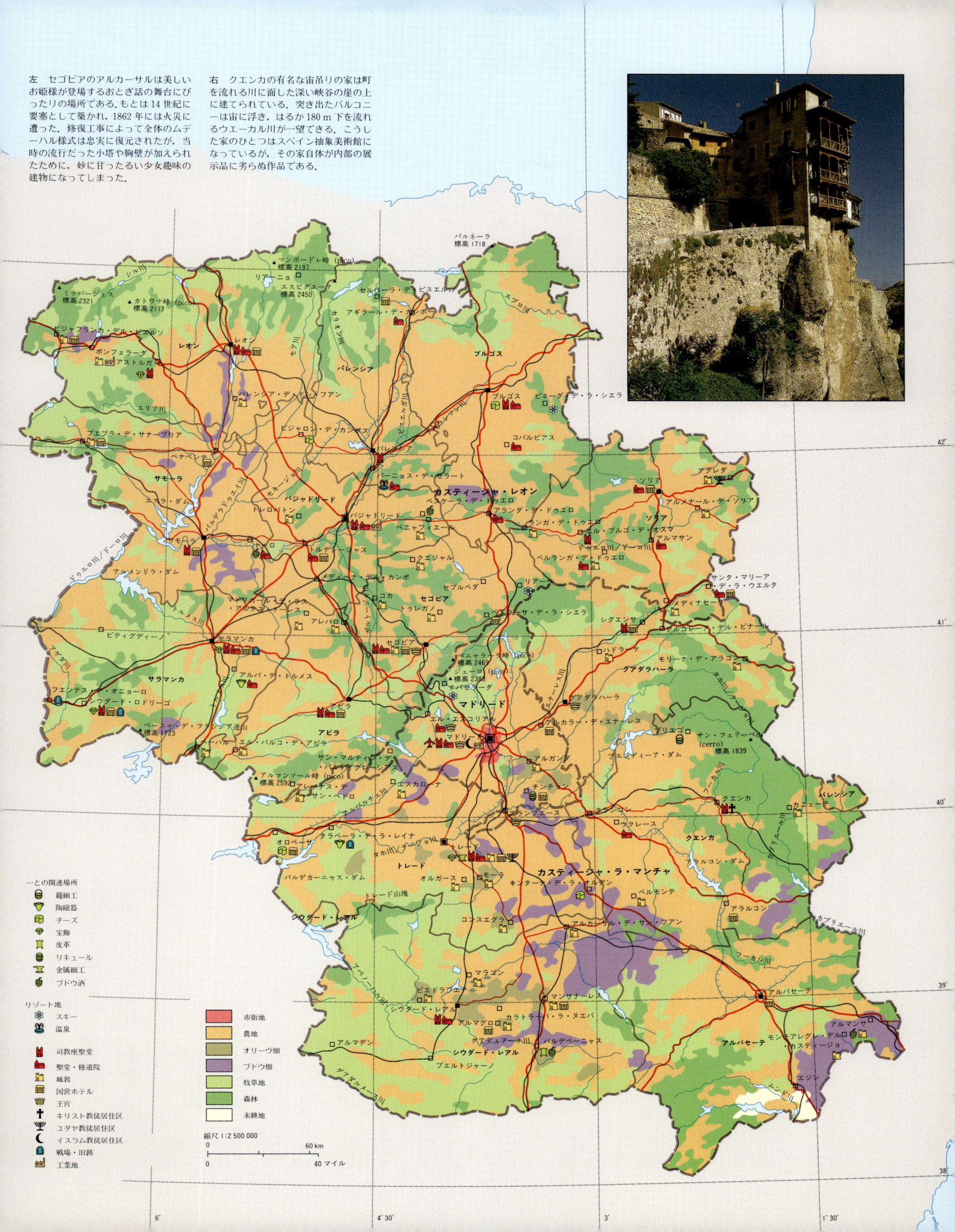

左 セゴビアのアルカーサルは美しいお姫様が登場するおとぎ話の舞台にぴったりの場所である。もとは14世紀に要塞として築かれ、1862年には火災に遭った。修復工事によって全体のムデーハル様式は忠実に復元されたが、当時の流行だった小塔や胸壁が加えられたために、妙に甘ったるい少女趣味の建物になってしまった。

右 クエンカの有名な宙吊りの家は町を流れる川に面した深い峡谷の崖の上に建てられている。突き出たバルコニーは宙に浮き、はるか180m下を流れるウエーカル川が一望できる。こうした家のひとつはスペイン抽象美術館になっているが、その家自体が内部の展示品に劣らぬ作品である。

第3部 イベリアの地域

由来するこの呼名もまたイスラム文化を彷彿とさせる．
　カスティージャの中心はスペインの中心ということになるが，そこに位置するのがマドリードである．マドリードはフェリーペ2世が1561年に首都と定めて以来，行政の中心地である．その2年後，近郊の山麓に王宮と修道院を兼ねたいかめしいエル・エスコリアル宮の建設工事が始まった．マドリードに王立植物園やいくつかの王立アカデミアを創立し，ここを学問と芸術の中心としたのは18世紀のブルボン朝の王達だった．1764年に完成したイタリア風の王宮は王家の常住の場となり，1931年にはアルフォンソ13世はここから国外に亡命した．
　こうした建物の造営にブルボン朝の王達が金に糸目をつけなかったために，スペインの国庫は破産の瀬戸際に追い込まれた．やがて起きたナポレオン軍の侵入で荒廃したカスティージャは，当時工業と商業の発展によって繁栄の道にあったカタルーニャとバスコ地方に大きく遅れをとった．首都としての地位は揺るがなかったものの，マドリードはヨーロッパの首都としては唯一大きな河川に恵まれていないこともあって，国内の他の地域との交通が円滑に運ばなかった．このために経済的に成長し始めたのはようやく今世紀の半ばになってからのことだった．

　マドリードの人口は1991年には310万人に上り，スペイン随一の大都会である．1960年代には高い経済成長率と外国資本に有利な条件に惹かれて多くの多国籍企業が一気にマドリードに進出し，商業・小売業・金融業が飛躍的な発展を見た．この経済の活況はマドリードの急速な拡大を呼び，それまでは市中になかった工場が初めて生まれた．マドリードの発展は目覚ましかった．内戦によるさまざまな被害も修復された．ただ都市計画のための規制が事実上なかったために特に旧市街では少なからぬものが失われた．
　1980年代はスペイン経済がヨーロッパの成功物語と呼ばれるほど実りのある時期だった．マドリードでは不動産が途方もなく値上がりし，土地の値段では東京とマンハッタンに次ぐ第三の地位を占めたほどだった．人口が集中した結果，経済的な余裕のある人達はそれまでの長い伝統を捨てて市外へ移り住んだ．こうしてスペインで最初のベッドタウンが誕生した．他方，マドリードの都市部は地方からの流入人口で溢れた．今日，マドリードの住民の大方の祖父母が地方に住んでいるのはこうした理由による．またマドリードの人口が膨れ上がる一方で，カスティージャ全体の人口は依然として減少傾向にある．繁栄の道をひた走る首都マドリードは，これを取り巻く過疎の平原と鮮やかな対照をなしている．

中央部

左 限りなく続くかに見えるカスティージャのラ・マンチャ地方の平原には、セルバンテスの『ドン・キホーテ』で有名になった白い風車が点在する。スペイン文学中もっとも有名な人物であるドン・キホーテが闘いを挑んだ風車は伝説にもなったが、今日この殺風景な平原を訪れる観光客はそう多くはない。この一帯は主に農業地帯で、大きな町はわずかしかない。

右上 毎年6月の聖体の祝日には盛大な行列が繰り出す。中でもトレードの行列はカトリック国スペインならではの見応えのあるものである。この日、初めて聖体拝領をする子供達が行列の先頭に立って狭い通りを練り歩く。そして行列の進む通りには、カスティージャで聖体の祝日の花と呼ばれるタイムの花が振り撒かれる。

右下 サラマンカとカセレスの間にある山村ミランダ・デル・カスタニャールのある家の戸口でレースを編む女性。家の外で縫物や刺繍をしたりあるいはレースを編む女性の姿は今日でも農村では珍しくない。しかし、住民が都会へ出ていき、村に残る女性も次第に少なくなっていく今日、こうした仕事の風景はいずれ見られなくなるであろう。

下 マドリードは国際的な文化都市である。カルロス3世が建てた新古典主義様式のプラド美術館が所蔵する絵画コレクションは世界屈指のものである。イタリア、フランドル、そしてなによりもスペインの画家の秀作が数多く含まれている。そして研究室や工房では作品の保存に要する各種の重要な作業が行われている。写真左の女性は中世の見事な祭壇衝立を、そして右の女性はイタリアでロ・スパニョレット（小さなスペイン人）の渾名で呼ばれたホセ・デ・リベーラ（1588-1652）の作品『ヤコブの夢』の修復に当たっている。

凡例

- ブドウ酒
- リゾート地
- スキー
- 温泉
- 司教座聖堂
- 聖堂・修道院
- 城郭
- 国営ホテル
- 王宮
- ユダヤ教徒居住区
- イスラム教徒居住区
- 戦場・旧跡
- 工業地

- 農地
- オリーヴ畑
- ブドウ畑
- 牧草地
- 森林
- 未耕地

縮尺 1:2 500 000
0　　60 km
0　　40 マイル

主な地名

ロンセスバーリェス、アルサス、パンプローナ、カンフランク、バーニョス・デ・パンティコーサ、エステージャ、ナバーラ、ハビエル、ベルディード山 標高3353、ピエルサ、ベネート岳 標高3404、サント・ドミンゴ・デ・ラ・カルサダ、セニセロ、フエンマジョール、ナヘラ、タファージャ、サングエサ、オリテ、ハーカ、アインサ、ビニャニゴ、エル・トゥルボン岳 標高2492、ラ・リオハ、アルネディージョ、エブロ川、カルカスティージョ、ソス・デル・レイ・カトリコ、ガジェゴ、ウエスカ、グラバロス、カパロソ、アーレン、モーズン、バルバストロ、クラソーナ、サダバ、エブロ・デ・ロス・カバジェーロス、ウエスカ、モンソン、サリニェーナ、アラゴン、ヒラーサ、サラゴサ、ガラタジュード、サンタ・マリーア・デ・ラ・ウエルタ、エア・アルムニア・デ・ドニャ・ゴディーナ、カリニェーナ、ベルチーテ、フラーガ、キネンサ、ヌエバロス、カスペ、アルカニース、アルバランテ川、アルコリーサ、モンタルバン、モンレアル・デル・カンポ、アリアーガ、ブロンチャーレス、テルエール、ベニャゴーサ、バルデリナーレス、アルバラシン、テルエール 標高2019、モーラ・デ・ルビエロス

エブロ川流域
マドリード

エブロ川流域

ナバーラ，ラ・リオハ，アラゴン

タホ川に次ぐイベリア第二のエブロ川はカンタブリア山脈に源を発し，南東に向かって910 km流れて地中海沿岸の三角州にあるカタルーニャのトルトーサで海に注ぐ．エブロ川はナバーラとラ・リオハの2つの自治州の境界線をなし，かつてはカタルーニャとともに有力な独立国だったが今日のスペインではもっとも人口稀薄なアラゴンを貫流する．

ナバーラには特有の文化と政治の伝統があるが，これはその地勢に負うところが大きい．北部はピレネーの山と谷で，ここに住む羊飼い達は20世紀も大分後までバスコ語を話しており，今日でも文化的にはバスコ語圏に入る．南部と東部では，エブロ川とその支流沿いに広がる肥沃な土地に住み，小規模な畑を耕す農民達はカスティージャ語圏であるアラゴンおよびラ・リオハと活発に交流していた．

ナバーラ人は隣接するバスコ地方と密接なつながりを持っていたが，バスコ人のように分離独立を志向することはなく，スペインの中で自分達なりの地方自治を守る道を選んだ．アラゴン王フェルナンド2世によって征服された1512年から県に格下げされる1841年までの間，ナバーラの都市や町は王権からある程度の自治を保障されていた．だが，19世紀には時の中央集権化政策に対抗するナバーラはイサベル2世の即位に反対して王位継承権を主張するカルロス親王を支持して1830年に結成されたカルロス党運動の中核地域となった．支持者が「伝統」と呼んだこの運動は，熱烈なカトリック信仰と激烈で時代錯誤的な王制支持とが一体となってナバーラ人の自治要求へと発展していった．ナバーラの農民が被る赤いベレー帽と帯を身につけ，胸にはキリストの聖なる心臓の紋章を縫いつけたカルロス党の兵士はレケテー (requeté) と呼ばれ，政治の世俗化を目指す自由主義者と繰り返し戦火を交えた．1936-39年のスペイン内戦では彼らはフランコ陣営のもっとも勇猛果敢な兵士として戦った．その見返りとしてフランコはナバーラがかつて持っていた特権の数々を復活させたが，逆に共和国政府を支持したバスコ地方には一切の特権を認めず，そればかりかバスコ語とその文化は徹底的に弾圧された．

19世紀から20世紀にかけての国体の在り方をめぐる闘争を通してナバーラは独自の地方主義を生み出し，その中で慣習や祭りにナバーラ色を強く打ち出していった．たとえばイベリアの北西部ではどこにも見られる牛の前を走る祭りは今ではナバーラの州都パンプローナの守護聖人である聖フェルミンの祭りの同義語となった．7月6日から14までの1週間，毎朝，古都パンプローナの中世以来の街路に闘牛用の牛が放たれる．そしてその前をカルロス党員の象徴である赤いベレーを被った若者達が軽い身のこなしで目的地の闘牛場まで疾走する．俊足と勇気と体力を試す昔からの行事である．米国の小説家アーネスト・ヘミングウェイが『陽はまた昇る』(1926) で紹介して以来，人々の記憶に深く刻まれたこの祭りはほとんど毎年少数ながら牛の角に突き刺される者が出るにもかかわらず，何千人もの冒険好きの旅行者を惹きつけて止まない．

今日のパンプローナは繁栄する工業都市であるが，その制度の多くには保守色が濃い．たとえばナバーラ大学の経営母体であるオプス・デイは1928年に創設されたカトリック組織

左　アラゴンの山岳部でもっとも勇壮な光景のひとつは滝である．特にカブリチョーサ（気紛れ者）という名で知られるこの滝はサラゴーサの南にあるモナステリオ・デ・ピエドラ国立公園にある．

左下　ナバーラとバスコ地方は政治の面では別々の道を歩んできたが，その起源が同じであることは言語と文化と習俗に明らかである．特にナバーラの山岳部の村々にはバスコ人の風習が数多く残っている．そしてもっとも有名な祭りのひとつはサンバンツァールである．隣接するスピエタとイトゥーレンという2つの村の住民の間で行なわれるこの競技はバスコ流のカーニバルである．

下　ソス・デル・レイ・カトリコはアラゴンとナバーラとの境に沿って並ぶ「5つの町」の中でもっとも景観に富む．5つの町とも揃って王位継承戦争 (1701-13) に際してフェリーペ5世を支持したことから同王によって自治市の資格を与えられた．ただ，今日ではいずれも人口は2000人を超えない．ソス・デル・レイ・カトリコという名前は，ここで1452年にカトリック王フェルナンドが誕生したことに由来する．威圧するような岩壁を背景に石畳の通りに沿って並ぶ立派な構えの建物にこの町の過去が偲ばれる．

次頁　パンプローナの祭りはエンシエロで最高潮を迎える．闘牛場に通じる街路に放たれた牛と追いつ追われつしながら走ってきた若者達が牛と一緒に闘牛場になだれ込んでくる．今日，この祭りはスペイン観光の目玉である．祭りの間は地元の人間であろうとなかろうとほとんど誰もが赤いベレー帽を被る．これはかつてカルロス党に与したナバーラ人の象徴だった．

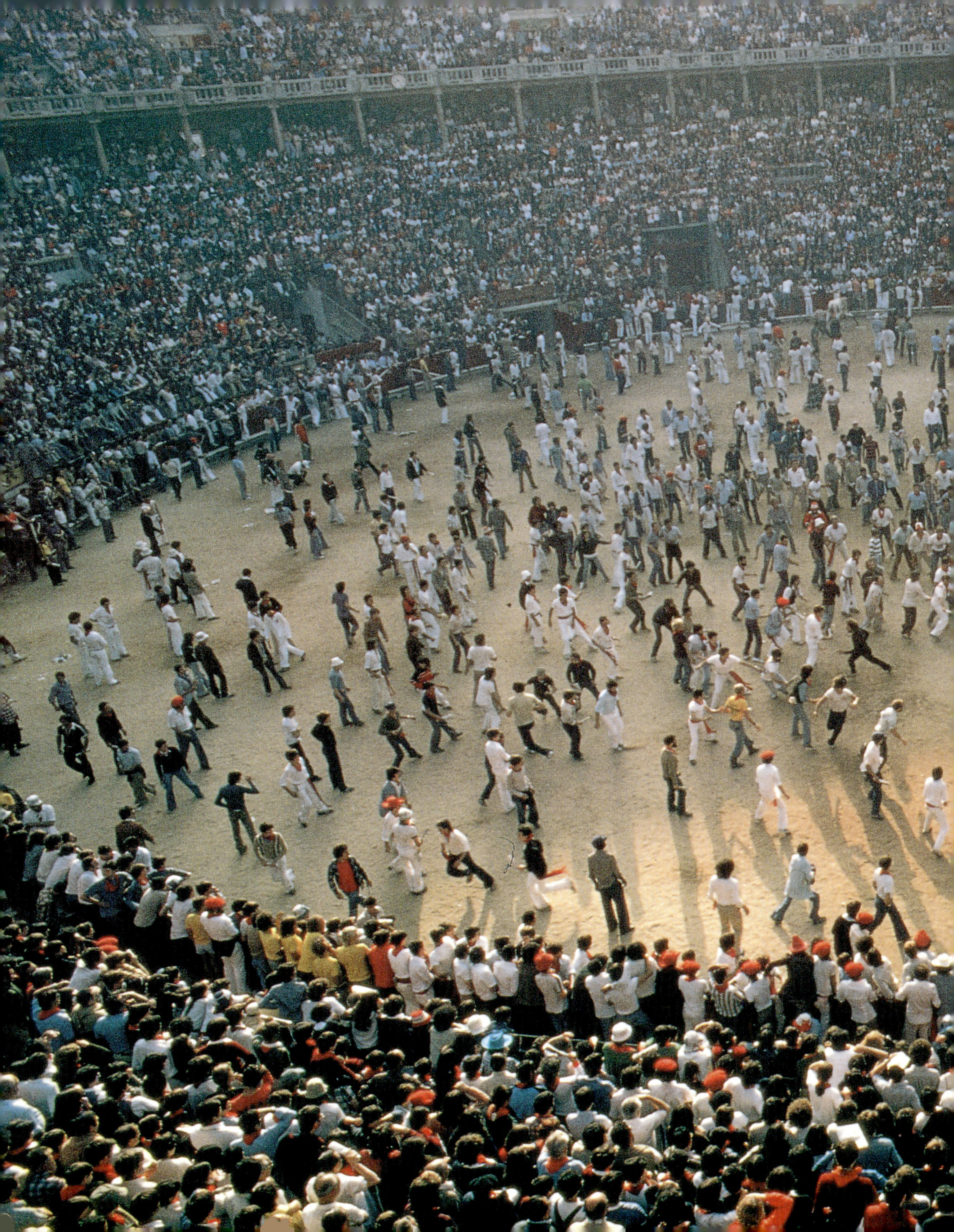

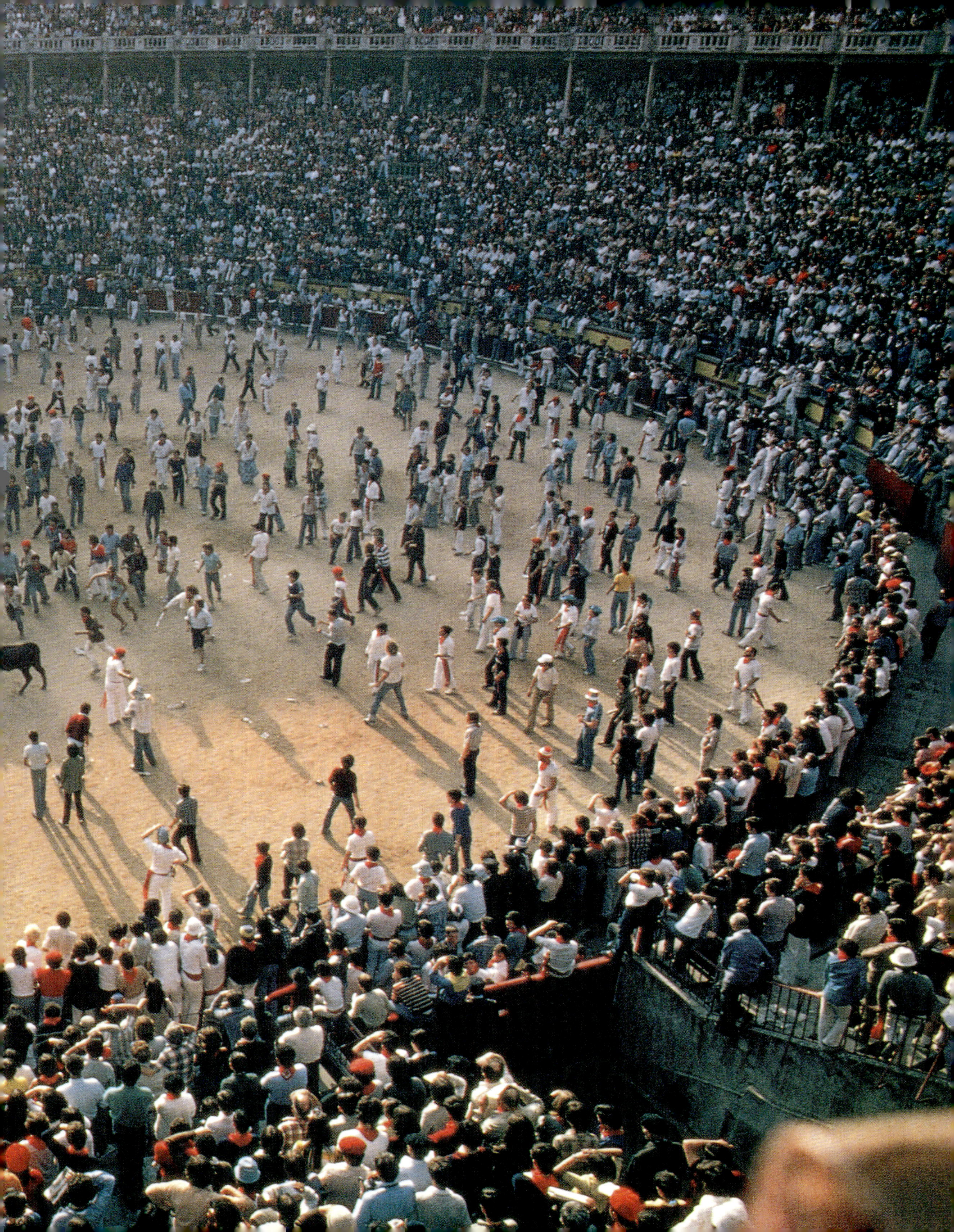

第3部 イベリアの地域

であるが, 内戦後のスペインで一大政治勢力として台頭し, 社会全般で指導力を発揮してきた. ナバーラの経済は近代化され, 繁栄している. 農業は機械化が進み, 小規模な農業経営よりも農業関連産業が今日では主流を占めている. エブロ川流域では野菜・コムギ・トウモロコシ・ブドウの栽培が広く行なわれている.

エブロ川の南側のラ・リオハはかつては旧カスティージャに属していたが, 現在はスペイン最小の自治州である. 州都ログローニョの西の上リオハは比較的温暖で雨も降るが, 東の下リオハの大部分はアラゴンと同じような不毛の平原である. この地方の主な産業は長い間ブドウ栽培だった. カラオーラの近郊にはローマ時代の大規模なブドウ酒取引所の遺跡がある. おそらく9世紀にアビリオという司教によってブドウ酒に関するこの地方で最初の法令集が編まれた. そしてサンティアゴ・デ・コンポステーラへの巡礼道に沿って建てられた数々の修道院でもブドウ酒造りの伝統が続いた. 1520年には最初のブドウ酒業者の組合が誕生したが, ここのブドウ酒にラ・リオハならではの風味を付ける木製の樽で何年も寝かせて熟成を図る製法が普及したのは1850年以降のことである.

19世紀末にフランスのブドウがネアブラムシによる大きな被害を蒙った時, ラ・リオハのブドウ酒業者に輸出開拓の好機が訪れた. ブドウの栽培面積はかつてなかったほど拡大し, 約5万1800ヘクタールにも上った. だが, 20世紀に入ってフランスのブドウ生産が被害から立ち直ると, ラ・リオハのブドウ酒は国外の市場を失って衰退した. それが再び持ち直したのは北ヨーロッパに新たな市場が開拓された1960年代だった. この機に新たに醸造所が造られ, 古い醸造所は最新技術を導入して近代化を図った. このブームもやがて過ぎ去りはしたが, その後には健全で近代的なブドウ酒生産が好調な輸出に支えられて定着した. その他の農業関連産業では特に野菜の缶詰が成功して発展した. 多くの土地が野菜畑となり, 中でもアスパラガスの栽培面積は1960年代からしばしばブドウ畑を侵食する形で倍増した.

ラ・リオハとは対照的に, アラゴンの土地ははるかに貧しい. その厳しい自然環境が手伝ってアラゴン人は頑固だという定評がある. アラゴン人は壁に釘を打つのに自分の頭を使うという冗談があるほどである. アラゴンの北の境界を成すピレネー山脈はエブロ川流域の平地に向かって徐々に高度を下げていく. 川の南側は風の侵食を受けて地肌が剥き出しになったテルエールの台地である. 先の内戦中, この一帯は激戦地となった. 戦火で破壊されたベルチーテの町に残る廃墟は戦死者追悼の記念碑として今もそのままになっている. 州都サラゴーサの周辺に広がる肥沃な灌漑農地の他は土地は痩せて人口も少ない. ピレネー貫通高速道路を中心に新たな交通網の建設計画が進んでおり, 観光客にはほとんど無視されてしまうこの地域に新しい活力をもたらすものと期待されている.

アラゴンはスペインでもっとも広まっているいくつかの民謡の発祥地である. 中でもホタ (jota) は有名である. 力強い歌と踊りを持つホタはナバーラ, カスティージャ, バレンシアにもあるが, もともとの起源はアラゴンにあるとされる. 一般には舞踊音楽として知られるアラゴンのホタだが, 農民やお針子達の歌としても古くから歌われてきた. しかし, 歌詞は大体が恋に関するもので, 仕事を歌ったものはほとんどない. 民衆起源のホタではあるが, サルスエラと呼ばれるスペイン独特のオペレッタには必ず採り入れられており, エンリーケ・グラナドスをはじめとする19世紀末から20世紀初めにかけて活躍した作曲家達に盛んに用いられた.

サラゴーサの名はローマ時代のカエサル・アウグスタに由来する. 今日のサラゴーサはかつての大学と域内消費の町から工業と商業の一大中心地へと発展した. 工業が発展し始めたのは19世紀末から20世紀初頭にかけてだったが, これを可能にしたのはマドリードとバルセロナを結ぶ道路のほぼ中間地点に位置する地の利と, 比較的容易なエブロ川沿いの交通である. ピレネー山中のダムを利用した水力発電のおかげで1960年代に始まった経済開発が急速な展開を見せた一方で, 周辺地域の人口はかつてなかった勢いで減少した. その結果, 1970年にはアラゴンの人口は42%がサラゴーサ市に集中した. そして現在, 同市はスペインで5番目の大都市である.

右 エブロ川に架かるこの橋は上リオハのサン・ビセンテ・デ・ラ・ソンシエラにある. この一帯はブドウの栽培に適しているが, 川の両岸の沖積層の平野では市場向けの農作物が作られている. そしてエブロ川に架かる数少ない橋のひとつであるこの橋は, ラ・リオハの缶詰工場に果物と野菜を迅速に運ぶという新たな役割を担うことになった.

左 ラ・リオハでは昔ながらの方法でブドウの収穫が行なわれる. 人手の多くはこの時季の仕事を求めてやってくるジプシーで, 作業は習慣に則って10月10日に始まる. コルケータスと呼ばれる小型の鎌で切り採られたブドウの房はヤナギの枝で作られた大きな籠に集められる. 黒ブドウが全体の76%を占める. ラ・リオハのブドウ酒で特に有名なのは, カシの木で出来た樽の中で最低1年間は熟成させた赤ブドウ酒だが, 白ブドウ酒も生産されている. 現在では軽い味わいの食卓用白ブドウ酒はステンレス製の容器を使って低温醸造されるが, 昔ながらのカシの樽で熟成させた白ブドウ酒を造っている所もある.

エブロ川流域

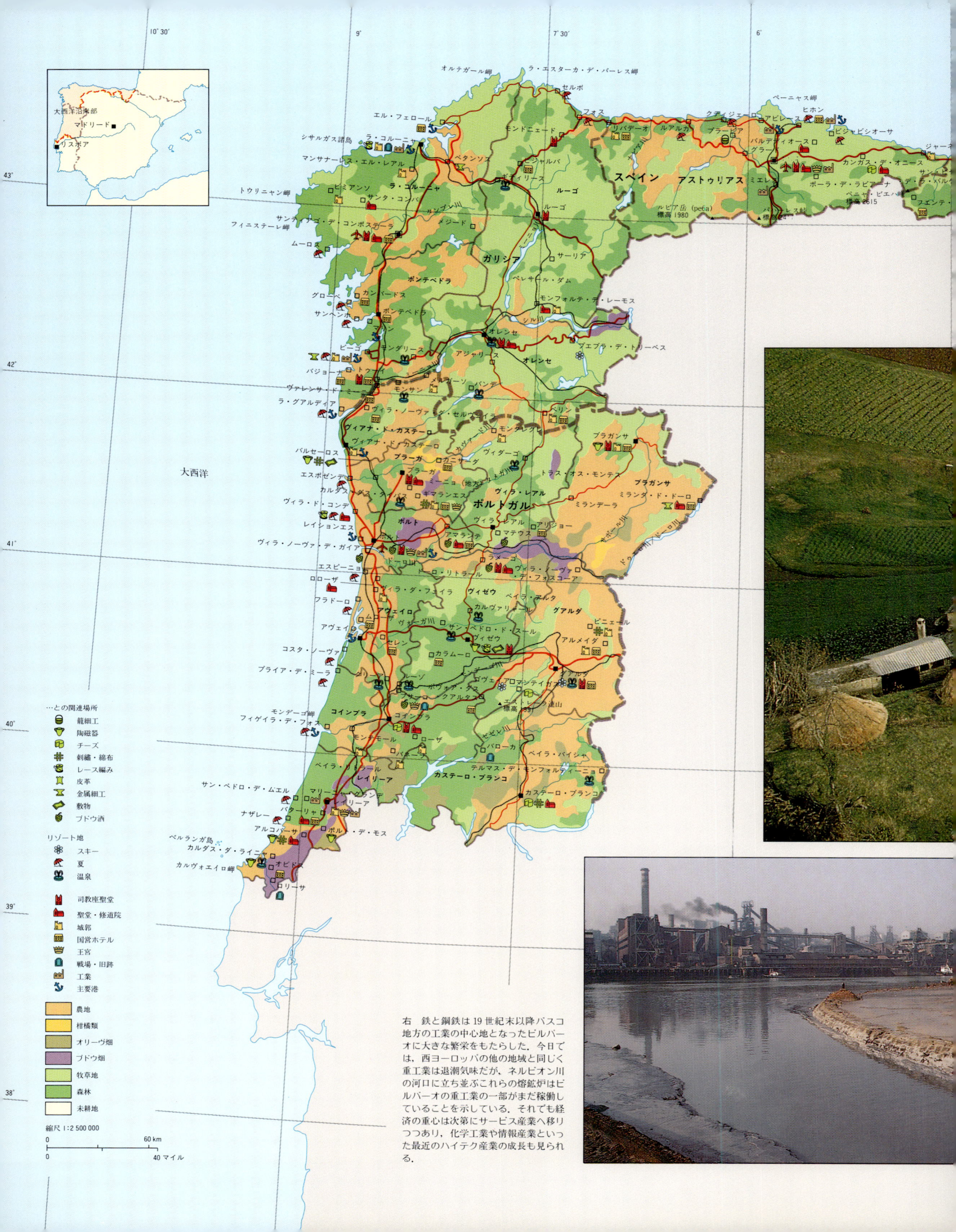

右 鉄と鋼鉄は19世紀末以降バスコ地方の工業の中心地となったビルバーオに大きな繁栄をもたらした。今日では，西ヨーロッパの他の地域と同じく重工業は退潮気味だが，ネルビオン川の河口に立ち並ぶこれらの熔鉱炉はビルバーオの重工業の一部がまだ稼働していることを示している。それでも経済の重心は次第にサービス産業へ移りつつあり，化学工業や情報産業といった最近のハイテク産業の成長も見られる。

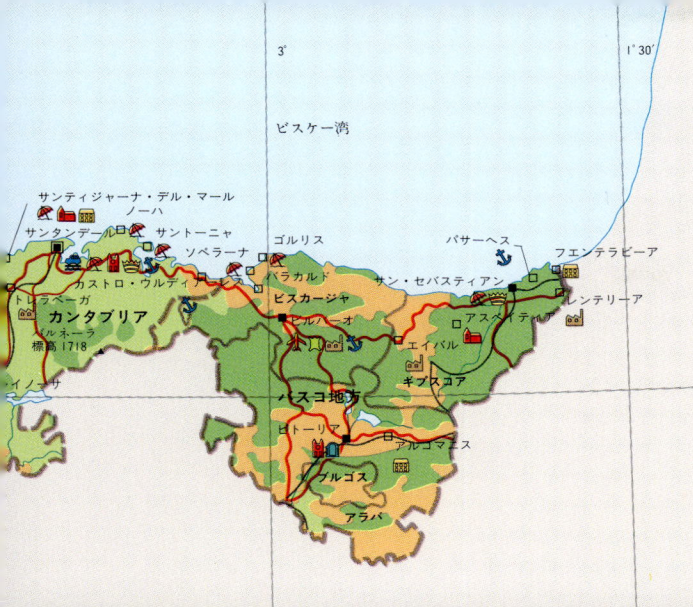

大西洋沿岸部

バスコ地方，カンタブリア，アストゥリアス，ガリシア，ポルトガル北部

　雨の多い大西洋沿岸部はスペインの他の地域とはかなり異なる．ここにそびえるカンタブリア山脈の巨大な山並みは北部の海岸線と平行してバスコ地方からガリシアまで延々と続き，次いで南に折れてポルトガルとの国境近くにまで迫る．深い峡谷には渓流の音がこだまし，カシとクルミの木が生い茂る森にはヒグマやオオカミといったヨーロッパではもうめったに見られない動物が棲息する．人間の侵入を容易に許さない険しい山並みは長い間，国内の他の地域との交通を妨げてきたが，同時に独特の伝統・価値観・社会習慣といった地域色豊かな文化を育んだ．

　イベリアの他の地域の住民とは人種が異なるバスコ人は独立心がきわめて強い．フランコ政権下では政治と文化の面で彼らの自由は著しく制限され，これが分離独立の動きを刺激した．ロマンス語に属さない上に難解なバスコ語（バスコ語名はエウスケーラ）の使用は工業化が始まるとともに衰退していたが，バスコ文化が政治色を帯びるとともに再び勢いを盛り返してきた．現在，バスコ語はバスコ地方の公用語であり，義務教育にも採り入れられている．

　バスコ文化の起源は古い農村文化に深く根ざしている．バスコ人はもともと牧畜農民で，ピレネー山中の草地で牛を飼って暮らしていた．彼らの古くからの生活様式はカセリーオと呼ばれる広い石造りの家が中心である．イベリア北部の他の地域とは異なるバスコ人の相続習慣によって農地は分割されずに今日に至った．親が死ぬと農地はただ1人の相続人が引き継ぐ．相続人は長子とは限らず，男女も問われない．ただ実際に相続人になるのはまず男子である．地元の豊かな農作物を使ったバスコ料理はスペインで最高の料理という定評がある．バスコ地方の町には必ず男だけの料理クラブがあり，会員は定期的に集まっては料理を作って食べ，歌う．

　ごく最近まで北部の海岸部はスペインでもっとも進んだ重工業地帯だったが，今日ではスペインの他の地方と同じく生産高は減少気味である．バスコ地方とカンタブリアでは鉄鉱

上　スペイン語でカセリーオ，バスコ語でバセーリと呼ばれる石と木で出来た農家は，入念に耕された農地の真ん中に建てられている．家の前には決まったようにワラが円形に積み上げられている．カセリーオの中央には台所があり，その隣には家畜小屋がある．普通3，4軒のカセリーオが隣合わせに建てられ，これによっていくつかの仕事を共同で行なう一種の共同体を形成している．

右　カンタブリア山系のピコス・デ・エウローパの変化に富む景観の中にヌエストラ・セニョーラ・デ・ラ・バタージャ・デ・コバドンガ（コバドンガの戦いの聖母）聖堂がある．キリスト教徒の伝説によると，アストゥリアス王国のペラージョがたった30人の部下を率いて40万のイスラム教徒の軍勢を敗走させたのがこの場所だった．今日ではコバドンガ国立公園となり，周辺の貴重な山岳部の動植物の保護区となっている．

ポートワイン

17世紀,フランスとの戦争のためにボルドー産のブドウ酒がイギリス人の食卓から消え,ポルトガル産のブドウ酒がこれに取って代わった.ポートワインはこの時以来の両国間の貿易の申し子である.1703年に結ばれたメシュエン条約でポルトガル産ブドウ酒はイギリス市場での優先権を与えられた.1720年代に入ると,イギリスの輸入業者がポルトガル北部の港町ポルトで船積みする食卓用のブドウ酒の量は年間大樽2万5000個に上った.

一方,生産者の方は18世紀に「アルコール添加」といって,ブドウ酒に少量のブランディを加えると,ブドウ酒の醱酵が抑えられて甘みと香りが保たれることを発見した.この方法は今日も守られており,ブドウの糖分が少なくとも半分残っている醱酵段階でブドウ酒は容量の4分の1ほどブランディを入れた樽に移しかえられる.この後,ポートワインはポルト市の郊外,ドーロ川南岸のブドウ生産地ヴィラ・ノーヴァ・デ・ガイアの酒蔵に貯蔵されて熟成を待ち,やがてイギリスに向けて積み出される.

1756年,ポンバール侯は産地名を商品名にする,いわゆる「登録銘柄地帯」を初めて設けてポートワイン貿易をきちんと管理しようとした.だが,ポルトガル側の商人がこれの参入に必要な資金が調達できず,そのためにポートワイン貿易は大部分がコックバーン,グレアム,クロフト,ウオー,サンデマンといったポルト在住のイギリス人の手に握られたままだった.こうしたイギリス人達はしばしばポルト周辺の広い土地の所有者だった.彼らは地域住民と交流はせず,周囲から完全に孤立した社会を作っていた.

今日ではポートワインの大部分はフランスに輸出されている.大体10年のうち3年はポートワインは理想的な生産条件に恵まれる.そうした年に造られた大量のポートワインは2年後に瓶に詰め替えられ,さらに20年間寝かされる.それ以外の年のものは他のものと混ぜ合わされ,樽詰めで醸成される.この方法からは「褐色ポートワイン」として知られる高級品と,通常5年目に飲まれる「赤ポートワイン」という普通品が生まれる.白いブドウから造られる白のポートワインは食前酒として飲まれる.

左 急な斜面に作られたポルトのブドウ畑では急勾配の粘板岩の坂道を登ったり降りたりしなければならない.機械化はまず不可能で,ブドウの摘み採りはいまでも手作業である.人々はブドウを入れた重さ50kgにもなる籠を肩に担いで運ぶ.かつては12人の男性が12時間にわたってブドウを踏み,その傍らで女性が踊った.

上 ポルトの埠頭で船に積み込まれるブドウ酒の樽.ポートワインはすべて木製の樽で熟成を待つが,当たり年のものは瓶詰めにされて樽のものよりもずっと長い間寝かされる.最高級品は瓶に詰められて輸出されるが,黄褐色のものなど他の品はポルトガル産のカシカクリ,あるいはブラジル産のマホガニーで作られた昔ながらの大樽で輸出される.

大西洋沿岸部

左　17世紀にワインの輸出が広まると，ドーロ（ドゥエロ）川上流の粘板岩や花崗岩の急斜面は丹念に整備されて段々畑となり，ブドウが植えられた．ブドウ畑の土地を堰止めるために手作業で造られた粘板岩の壁は時には4，5mもの高さに及ぶ．ブドウ畑の中にキンタスと呼ばれる白壁の農家が点在する．ここではブドウは足で踏みつぶされ，ブドウ酒同士あるいはブランディと混ぜ合わされる．

下　ドーロ川の上流で寝かされたブドウ酒はドーロの日焼けと呼ばれる独特の火で焙ったような風味を帯びる．これはかつてはラベーロ船と呼ばれる平底の船で岩場の多いドーロ川の急流を下ってポルトの貯蔵庫まで運ばれた．今日ではラベーロ船は宣伝用で，ブドウ酒は鉄道で運ばれる．

下端　ヴィラ・ノーヴァ・デ・ガイアの醸造所では，当たり年のポートワインが普通何十年にもわたって瓶詰め状態で保存され，コストラと呼ばれる沈澱物が生じる．この沈澱物は瓶を不用意に動かすとこわれて溶けてしまう．

石が，そしてアストゥリアスでは石炭が採れるところから19世紀にはバスコ地方のビルバーオ，カンタブリアのサンタンデール，アストゥリアスのオビエドのそれぞれの近郊一帯は製鉄業・造船業・製造業が勃興した．ビルバーオはバスコ地方最大の港町である．ピレネーで採れるパルプを原料に製紙業と印刷業もまた重要な地場産業である．前述の3つの町は1970年代の石油危機によって深刻な打撃を蒙って大量の失業者を生んだ．

沿岸部を中心に都市化と工業化が進み，観光業の振興が図られてきたにもかかわらず，イベリアの北西部では人口の大部分はいまなお農村部に住んでいる．彼らは集まっては政治談議に熱中し，なにか問題が持ち上がれば政治関係であれなんであれ，当事者の間で決着を付ける．僻地に行けば人々はバブレと呼ばれるアストゥリアス方言をいまでも話す．アストゥリアスはイスラム教徒の支配を受けなかったイベリア唯一の地域であり，ここの王ペラージョがコバドンガでイスラム教徒の軍勢を破った718年もしくは719年が国土回復戦争の始まりとされる．アストゥリアスの深い山奥にあるかつての勝利の地には国の手で建てられた聖堂があり，そこにはキリスト教スペインの守護者であり，アストゥリアスの保護者でもあるコバドンガの聖母が祀られている．

アストゥリアスからさらに西のガリシアはかつては独立国だったが，現在はスペインでもっとも貧しく同時にもっとも美しい自治州のひとつである．文化と言語の面から見ればガリシアはスペインよりもポルトガルに近い．ガリシア生まれの86%が話しまたは理解するガリシア語は現在のポルトガル語の祖語であるが，現在では独立した言語と見做されている．

ガリシア人はポルトガル人と同じくしばしば感傷的な人々だと言われる．昔から海に出ていくことが多かったために，郷愁と憂いがこの地の人々の特徴的な気質となったが，この心情を1語で集約するのがポルトガル語とガリシア語に共通するサウダーデ（saudade）という単語である．とは言ってもガリシアとポルトガルがひとつになることは一度もなかった．サンティアゴ・デ・コンポステーラにはキリストの十二弟子の1人である大ヤコブ（スペイン語名サンティアゴ）の遺骸が眠るとされる壮大な聖堂があり，これによって中世のガリシアはスペイン北部のキリスト教諸国を連帯させる核となった．伝承によれば，騎士姿の大ヤコブがイスラム教徒との合戦の場に馬に跨って現れては恐ろしい剣を振りかざしてイスラム勢をなぎ倒し，キリスト教徒を勝利に導いたという．

ガリシアとポルトガルの北部ではミニフンディオと呼ばれる小規模農地所有制が基盤となっており，農民はわずかな農地を耕して糊口をしのぐ．これはすべての子供に財産を等分する相続習慣の結果であり，長年の課題である．1907年に政府が行なった調査によると，ガリシアではわずか1ヘクタールの土地でさえ大きな財産と見做されることがわかった．ラ・コルーニャ近郊のある土地はわずか32 m²でしかないにもかかわらず，3名もの所有者がいた．1人は土地自体の所有者，もう1人はその土地に生えているクリの木の持ち主，そして最後の1人はそこで飼育されるニワトリの生む卵を年に6個受け取る権利を持っていた．

何世紀もの間，この深刻な土地問題の最大の解決策は男達が特定の季節に，ないしは1年を通して出稼ぎに出ることだった．20世紀の初頭までガリシアの農民は毎年夏には歩いて山を越えカスティージャまで収穫物を運んで行かなければならなかった．19世紀中頃からは多くの家族が新しい生活を求めてアルゼンチンやブラジルへ渡った．過去500年間にガリシア人の男の3人に1人が故郷を捨てたと推定される．こう

第3部　イベリアの地域

した男の出稼ぎはポルトガルの北部でも同じように多く見られ，一部の村では成人人口の3分の1が1年のうちのしばらくの間ポルトやビルバーオなどの工業都市で働くことは珍しくはないし，もっと頻繁に見られるのはピレネー以北の先進国への出稼ぎである．

　残された女達は家を守り，畑を耕し，家畜の世話をする．そして老人は子供の面倒を見る．当然，地域社会で女性が果たす役割は大きく，この地の保守性と熱心なカトリック信仰はこれに負うところが大きいとする指摘もある．とはいえ，出稼ぎから帰ってくる男達は金を持ってくる以上，その家長としての重みは増しこそすれ揺らぐことはない．畑で作られるのはクリ，トウモロコシ，ジャガイモなど家で消費されるものが主で，これらが人々の日常の主な食糧となる．ポルトガル北部でよく食卓に上る料理に緑のスープ（caldo verde）というのがある．これは微塵切りにしたケール菜のスープで，昔ここを訪れた旅行者は土地の人々が草を常食にしていると思ったという．

下　カンタブリアの海岸に近いサンティジャーナ・デル・マール郊外のある農家で，少年が熊手で荷馬車に草を積んでいる．この馬車の車輪にはタイヤがついているが，特にポルトガル北部をはじめ，農村の一部では牛に牽かせる荷車には木の車輪がいまでも使われている．農家の1階は家畜小屋になっている．2階の窓に置かれたジェラニウムの鉢植えは雨の多いこの地方でよく見られる．この地方は乳牛を飼うのに充分な雨が降るイベリアで唯一の地域である．

左　イベリアはまさに民謡と踊りの宝庫である．どこにも街をいく音楽士の姿が見られ，地方毎に衣装・楽器・演奏方法が異なる．写真は，バスコ地方特有の笛（チストゥ）と太鼓を持ってビルバーオの街を行く音楽士．かつてはすべての男性が黒いベレー帽を被っていたが，今日でも特に年配者の間で普段よく見かける習慣である．

右　スペイン人は魚介類が大好物である．ガリシアの大西洋岸はヨーロッパで最高の味と評される魚介類で名高い．土地の人々はここの魚介類の味に匹敵するのはニューファンドランドのものだけだと言い切る．酒のつまみやガリシア名物の魚介類の盛合わせ料理に欠かせないマテガイは干潮時に獲る．ガリシアの魚介類を鮮度と味が落ちないうちに内陸のマドリードに輸送するトラックは夜を徹して走る．

大西洋沿岸部

上　かつてブラガンサはポルトガル最後の王家となったブラガンサ公家の領地であり、今はしばしば忘れられがちなトラス・オス・モンテス地方の首都だった。18の見張り塔がある市の城壁はその大部分が今日でも残っている。旧市内の建物を見下ろすように立つのは、サンショ1世（在位 1185-1211）によって12世紀に建てられた見事な城と、1770年に司教座聖堂となったルネサンス時代の聖堂である。今日、人口約3万人のブラガンサは周辺一帯の行政の中心地であり、大学もある。農業が中心産業だが、陶器やちょっとした織物の工場もある。

第3部　イベリアの地域

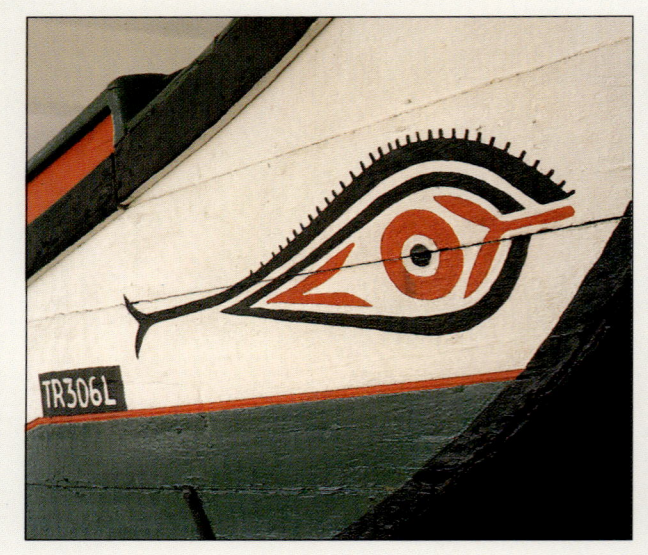

　この山岳地帯の古くからの生活も近代化と経済の発展によって当然ながら次第に姿を消しつつある．ブラガンサ県のミランダ・ド・ドーロというスペインとの国境に近い町で話される方言（mirandês）を話す人はもうごくわずかになってしまった．しかし，スカートとペチコートをはいたパウリテイロと呼ばれる男達が長い棒を振りまわしながら踊る一風変わった土地の舞踊などの伝統はまだ健在である．一説によれば，ミランダ方言の起源は15世紀にユダヤ教徒追放令が出された時，山岳部に逃れた多くのユダヤ教徒の言葉であるという．カステーロ・ブランコ県の町ベルモンテでは幾世紀もの間，ユダヤ教徒であることを隠して生きてきた少数の人々がいた．彼らは表向きはカトリック教徒を装いながらも密かにユダヤ教の重要な祭儀を祝うなどしてその信仰を守り通してきた．そして今日，ポルトガルの民主化に伴って彼らは誰の目も気にすることなくユダヤ教徒であることを明らかにし，シナゴーグの建設も計画した．
　ポルトガル王国の発祥の地はさらに北の山岳地帯であるかつてのミーニョ，トラス・オス・モンテス，ドーロの3県である．ポルトガル初代の王アフォンソ・エンリーケスはギマランエスで生まれ，彼が建てた初期のポルトガルはブラーガ司教区を中心に発展した．そして同王がピレネーの北の国々から馳せ参じてきた十字軍兵士に向かってリスボアをイスラム教徒の手から解放するための包囲戦に参加するよう呼びかけたのは，今日ではポルトガル最大の工業地帯であるポルトでのことだった．ポルトはドーロ川の河口に立ち，その勾配のきつい段々畑ではポートワイン用のブドウが栽培されている．
　ドーロ川以南の海岸一帯は潟が続く．運河と橋の町アヴェイロの沿岸部の水田では稲作が大きな比重を占める．山が終わり南部の平原が始まる地点にコインブラの町がある．ここは12-13世紀にはポルトガルの首都であり，南部をイスラム教徒の支配から奪回する戦いの基地となった．2つの司教座聖堂と多くの教会が立ち並ぶこの町に1537年以来ポルトガル唯一の由緒ある大学が置かれた．東部のエストレーラ山脈を挟んで北のグアルダと南のカステーロ・ブランコは以前はベイラ・アルタとベイラ・バイシャと呼ばれ，貧しいポルトガルの中でもっとも貧しい地方と言われる．主幹産業は農業だが，カステーロ・ブランコはポルトガルで唯一の重要な鉱山地帯でもある．ここの錫の鉱脈はタングステンが採れる鉄マンガン重石の埋蔵量ではヨーロッパ随一で，地域経済の柱である．

大西洋沿岸部

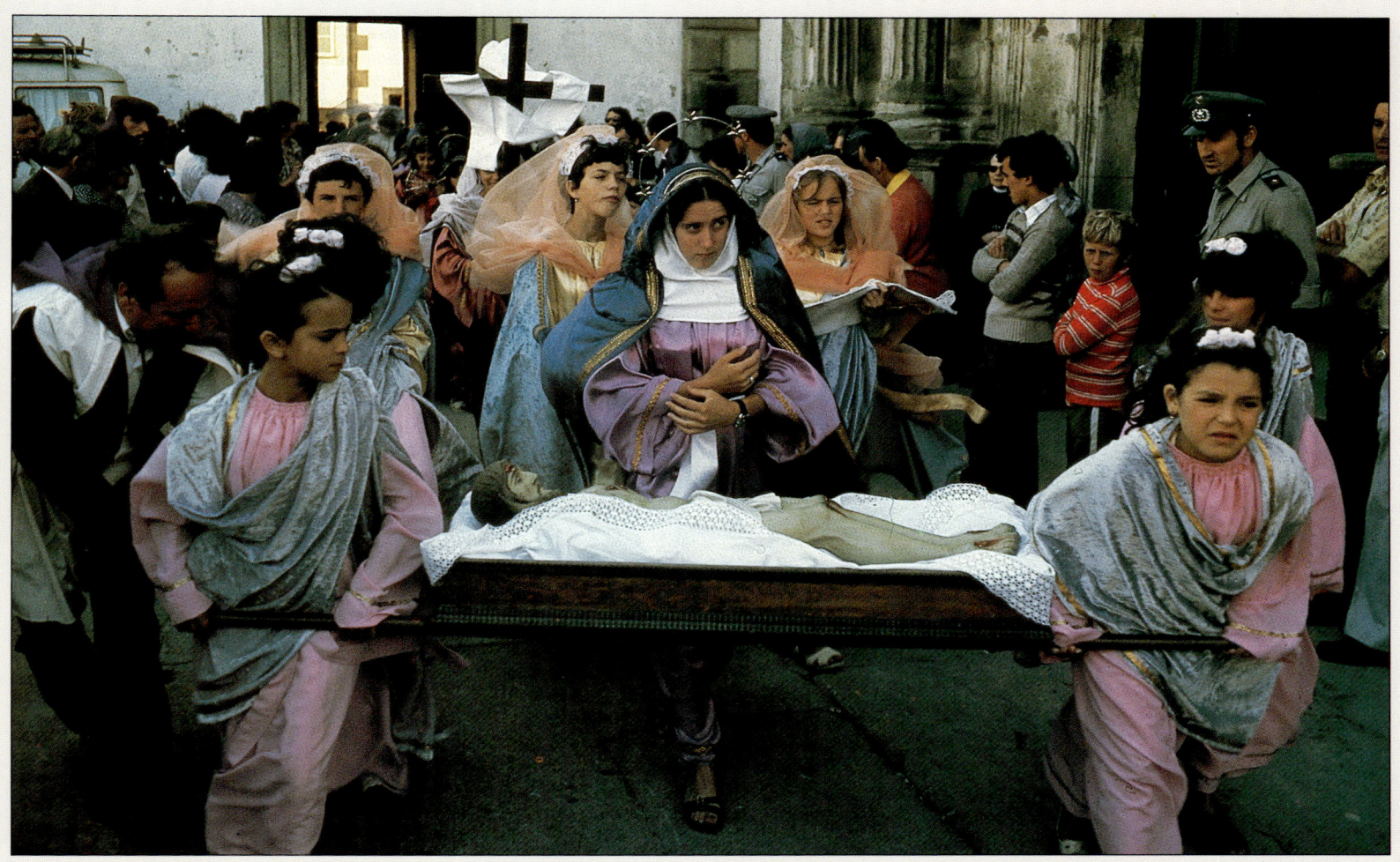

上左端　ポルトガルで漁船の舳先によく描かれている様式化された巨大な目は、フェニキア起源と言われている。エジプトの女神イシスの目を表すと言われる地中海東部で見られるものに確かに似ている。ポルトガルでは神の目と呼ばれ、東の方のと同じく災難を防ぐと考えられている。

上右　トラス・オス・モンテスはポルトガルでもっとも信仰が篤い地方である。聖週間にはキリストの受難が子供達によって再現される。聖母マリアには地元の女の子が扮するが、キリストは木像で登場する。

上左　ポルトガルでは到る所で青と白の彩色タイルが建物を飾り、都市部の街路に独特の景観をかもし出している。人目を惹くこの壁はポルトのサン・イルデフォンソ聖堂のものである。

右　塩漬けの干鱈は16世紀以来ポルトガル人にとって欠かせない食品となった。ポルトガル人は年間毎日違った干鱈料理を作ることができると自慢する。スーパーマーケットに押されつつも、干鱈はポルトガルのどの通りにもあるこうした小さな食料品店で売られている。

左　コインブラ大学はポルトガルで中世にまで遡る唯一の大学である。1290年に創立され、1537年にジョアン3世によって現在の場所に移された。写真は、その中庭に立つ同王の像。両側にそれぞれ2本の柱を配した古典風の門は図書館の入口である。

219

大西洋上の島々

アソーレス諸島，マデイラ諸島，カナリア諸島

　スペインとポルトガルがともに大西洋上に領有するいくつかの島は，15世紀のイベリアの航海者達が行なった探検活動の遺産である．リスボアから真西に1200 kmのアソーレス諸島とイベリア半島から南西に1000 kmのマデイラ諸島はポルトガル領で，アフリカの北西岸からわずか95 kmに位置するカナリア諸島はスペインの17の自治州のうちのひとつである．

　火山帯にあって随所に目を見張らせる景観が展開するアソーレス諸島の主な島は9個で，3グループに大別される．中央の島群のひとつで山がちなピーコ島の最高峰は2351 mあり，ポルトガル本土のどの山よりも高い．1427年に発見されたアソーレス諸島には，それ以前ここに人間が住んだ痕跡はまったくなかった．それから数年後に最初の入植者が移り住み，1431年頃にはサンタ・マリーア島まで植民が進んだ．もっとも大きくポルトガルにもっとも近いサン・ミゲール島の植民は1444年に始まり，15世紀末頃までには全諸島の植民が完了した．16世紀に入ると新世界からの富を積んでカリブ海域からポルトガルに戻る船団はアソーレス諸島で一旦錨を降ろして食糧と水の補給を受け，次いで本土への商品を積み込むのが常だった．

　アソーレス諸島は大西洋の主要な航路上に位置し，海軍基地としても重要である．だが，いかに海運と観光が重要であるとはいってもその経済活動の中心は農業である．住民の多くは畑を耕して茶やタバコその他さまざまな熱帯の果物を栽培している．大西洋上の島はどれも火山性で，畑は急勾配の段丘にあって機械は使えない．幾世紀も前から住民は島を出てもっと金になる仕事を求めて新世界へ渡った．カナダと米国に数多くあるポルトガル人社会は大体アソーレス諸島出身者の子孫で占められている．この繋がりは1974年のポルトガル革命勃発の折りに，アソーレス諸島の分離主義運動を煽る一因となった．

　マデイラ諸島の主要な島であるマデイラとポルト・サントの2島には14世紀初頭にジェノヴァ人がすでに足を踏み入れていた形跡がある．だが，本格的な植民は1420年の発見後にジョアン・ゴンサルヴェス・ザルコによって始められた．島は鬱蒼と繁る森に覆われていたところから，木材を意味するマデイラの名が付けられた．ゴンサルヴェス・ザルコが農地を開くために森に火を放つと，これが手の施しようもないほどに燃え広がり，当時の記録によれば聖書によく出てくる7年という歳月もの間燃え続けたという．エンリーケ航海王子はマデイラ諸島の植民に積極的な関心を示し，シチリア島のサトウキビ，クレタ島とキプロス島のマルヴォアジーブドウ，それからコムギ，オオムギ，ウシなどを持ち込んだ．山火事の灰が肥料となって土壌は肥沃だったが，急勾配の畑仕事は重労働だった．サトウキビ畑の働き手は奴隷だったが，ポルトガルから送られてきた囚人も投入された．マデイラ諸島とアソーレス諸島の伝統歌謡シャランバはイスラム教徒の嘆きの歌であり，サトウキビの収穫時に行なわれる輪舞カナヴェルデはアフリカ起源と見る研究者がいる．

　農業が始まって数世紀経った今日，マデイラ諸島の傾斜地は段々畑に変えられ，灌漑用水の問題もレヴァーダと呼ばれる用水設備で解決された．北部の丘陵地帯と高山地帯に降る豪雨は天然の地下水脈に流れ込み，これによって年間2億m³もの地下水が蓄えられると推定される．海抜約500 mの地点から湧き出す地下水は運河と用水路を通して低地部の農地へ運ばれる．ここではサツマイモ，アボガド，チリモーヤその他エキゾティックな果物や野菜が地元の市場用に栽培されている．マデイラ諸島の有名なブドウ酒はサトウキビのアルコ

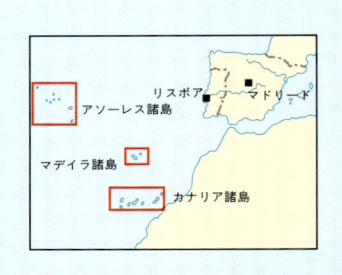

下　「海は広いが，魚はわずか」という古くからの決まり文句がある．アソーレス諸島周辺で採れるマグロはポルトガル本土で珍重される．アソーレスとマデイラの両諸島の周辺海域を含むポルトガルの経済水域は，その国土の20倍ほどもある．漁業の近代化が進む中で，多くの漁師はいまでも昔ながらの小さな漁船で操業している．

下右　マデイラ諸島の最高峰ルイヴォ岳は標高1862 mである．斜面が険しいため，段々畑が作られる．島の南部ではどんな狭い農地でも周囲にきちんと壁をめぐらせている．牧草地がほとんどないため，家畜は1年中小屋の中で飼育される．

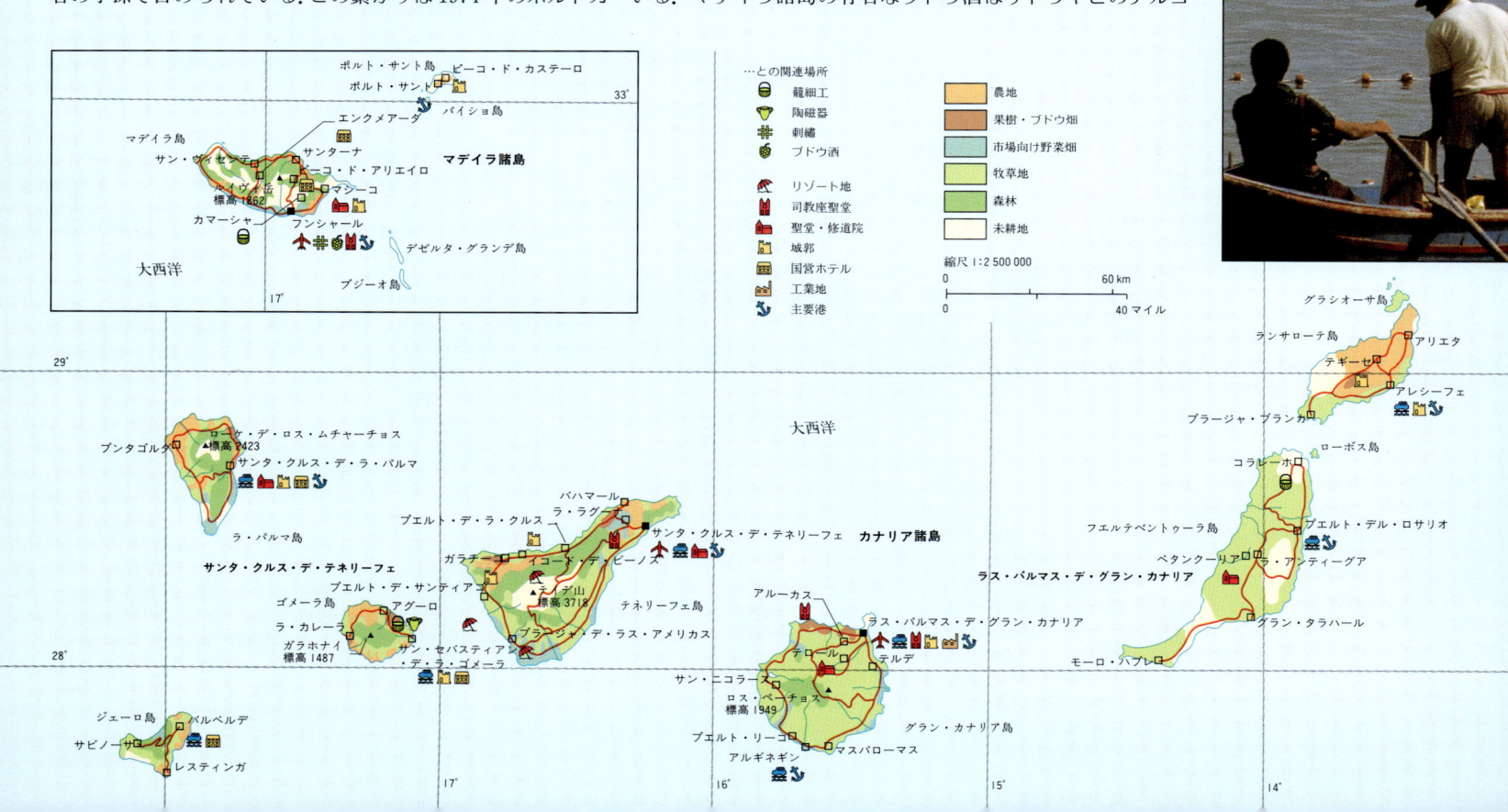

コルヴォ島	コルヴォ
フローレス島	サンタ・クルス・ダス・フローレス
	ジャン・グランデ

グラシオーザ島 サンタ・クルス・ダ・グラシオーザ

テルセイラ島 ラージェス
プライア・ダ・ヴィトーリア

ファイアル島 セドロス ヴェーラス サン・ジョルジェ島
オルタ サント・アントニオ アングラ・ド・エロイスモ
ピコ岳 標高2351 トーポ
ラージェス・ド・ピーコ ピーコ島

アソーレス諸島

凡例
- チーズ
- 司教座聖堂
- 主要港
- 農地
- 果樹・ブドウ畑
- 牧草地
- 森林

縮尺 1:2 500 000
0　　　　60 km
0　　40 マイル

大西洋

サン・ミゲール島
バイア・グランデ
ヴォアサン
ポンタ・デルガータ
ヴィラ・フランカ・ド・カンポ

サンタ・マリーア島
サント・エスピリト
ヴィラ・ド・ポルト

ールを添加することによって煙で燻したような独特の風味を帯びる．このブドウ酒はサトウキビ栽培が落ち込んでいる現在でも島の重要な物産品である．観光は年々盛んになっており，観光客のお目当ては温暖な気候と雄大な景観である．

7個の大きな島と数多くの小島からなるカナリア諸島の地形はアソーレス諸島とマデイラ諸島のそれに似ている．険しい火山の麓は肥沃な谷や海岸である．ただカナリア諸島が他の2つと違うのは先史時代に遡る非常に古い植民の歴史がある点である．カナリア諸島の先住民は一般にグアンチェと呼ばれるが，この名は厳密にはグラン・カナリア島の先住民だけを指す．洞窟壁画やミイラなどの考古学上の遺物の調査結果から，グアンチェはフランス南西部のクロマニヨン文化と繋がりがあると考えられている．彼らは紀元前2000年頃にアフリカ北岸からカナリア諸島へ渡ったらしいが，その後彼ら

第3部　イベリアの地域

はその航海技術を忘れてカナリア諸島の間でさえ往き来することがなかった.

　カナリア諸島の存在はローマ人にも知られていたが，ポルトガル人によって1341年に改めて発見された．その後，スペインの支配下に入り，ポルトガルは1479年のアルカソヴァス条約でスペインにこれの領有を認めた．同諸島の主となったスペインの征服者達は抵抗する者を殺し，その他は捕らえて奴隷として売った．こうして先住民は姿を消した．グラン・カナリア島の征服には5年の歳月を要した．現在のカナリア諸島の住民は先住民の女性とスペイン人との混血の末裔である．戦争と奴隷狩りによる破壊が他所よりも少なかったゴメーラ島の住民にはグアンチェの血がより濃く残っていると考えられる．これとは対照的にフェルテベントゥーラ島の住民は農場での労働力として16世紀に連れてこられたイスラム教徒やアフリカ人の奴隷の子孫である．

　テネリーフェ島，グラン・カナリア島，ランサローテ島などでは整備された保養地や海岸を売り物とする観光が主要な収入源となっているが，農業も盛んである．ブドウ酒とサトウに代わって今日ではバナナ，タバコ，ジャガイモ，トマトなどが主な輸出向けの農作物である．マデイラ諸島と同じく，灌漑用水は貯水槽に蓄えられ，用水路によって畑へ導かれる．湿度の高いランサローテ島では火山灰の表層に溜まる大気中の水分を利用する珍しい灌漑方法が採り入れられている．アソーレス諸島と同様に大西洋の主要な航路上に位置するカナリア諸島の港では関税が免除されている．ラス・パルマス・デ・グラン・カナリアは西半球最大の港のひとつである．

　大西洋上の島々に棲息する野生動物の中では特に鳥類の数が多い．棲息地の名をそのままいただいた黄色いフィンチの1種 *Serinus canarius* はカナリア諸島原産の鳥であり，アソーレス諸島の名はオオタカを意味するポルトガル語 açor に由来する．天敵のいないこれらの孤立した島々では，いずれにおいても鳥類だけでなく爬虫類や昆虫類も独自の進化を遂げた．しかし，ネズミやネコなどの哺乳類が持ち込まれたり，農業や観光が発展することによって従来の棲息環境が失われ，ここ特有の生物は大きな被害を蒙った．

　動物にもまして多様で見事な光景を見せてくれるのは植物である．マデイラ諸島だけでも約700種の花木と50種のシダをはじめ，その他多くの植物が生育している．カナリア諸島の植生はさらに豊かである．カナリアマツ，カナリアヤシなどカナリア原産の樹木の他にも，マデイラ島にも見られるビャクシンとゲッケイジュの仲間の中にもカナリア原産のものがある．しかし，カナリア原産の植物の代表はマデイラ島にもあるリュウケツジュで，中には樹齢が2000年を超えると思われるものがある．他に類のない植物・肥沃な土壌・高山性から亜熱帯性までの変化に富む気候，これらすべてが揃った大西洋上の島々はまさしく菜園農業の楽園である．

右　1492年の航海の途上，コロンはパルマス・デ・グラン・カナリアに寄港した．大部分が17世紀に再建されたこの立派な建物は，1492年とその後の航海の際にコロンが泊まり，その後は軍事総督の公邸となった．今日ではコロンが航海で使用した船の模型・旗・火器，またコロンが大西洋航海に乗り出す前に祈りを捧げた聖アンナの像などを所蔵する博物館になっている．

大西洋上の島々

上左　現在では次第に少なくなっているマデイラの伝統的な三角屋根の家。よく手入れされたこの家はサンターナ村にある。ここでは小さな家屋が点在する道の脇に聖堂があるという昔ながらの光景が見られる。

上右　かつてはカナリア諸島へは客船がごく限られたヨーロッパの富裕な観光客を運んでいたが、現在では格安の航空券と1年中輝く太陽に惹かれて、特に島の平均気温が17度から20度という冬の間、あらゆる層の観光客が大挙して島に押し寄せる。プエルト・デル・カルメンのこの浜辺は長さが6kmにも及ぶランサローテ屈指の観光地の一部である。

左端　現在のランサローテの特異な景観のほとんどは大災害をもたらした1730年の大噴火によって生まれた。島の南側の海岸エル・ゴルフォは死火山の火口で、その周囲の一部は海中に没してしまった。そして残った火口の一部には水が溜まって水面が緑色に輝く潟になっている。そして崩れた溶岩で出来た黒い浜辺がこの潟と海を隔てている。

左　マデイラの住民の半数以上は美しい首都フンシャールに住んでいる。火山性の斜面に守られた街の海側は、旧市街でも新市街でも大きな建物はない。狭い石畳の通りに面して立つ家屋には大抵バルコニーがあり、白壁と橙色の屋根の家が町を見下ろす勾配の急な丘の上に点々と立っている。フンシャールは特に発展が目覚ましいわけではないが、それでも島の観光の中心であり、マデイラのブドウ酒とヤナギ組工と刺繡を中心とする手工芸はいまでも島の経済にとって重要な意味を持っている。

スペインとポルトガルの歴代支配者

[下記の中世の年代はおおよそのものである．(原注)]

1．西ゴート王国[1]

410-415	アタウルフォ
415	シヘリーコ
415-419	バーリア
419-451	テオドレード
451-453	トゥリスムンド
453-466	テオドリーコ
466-484	エウリーコ
484-507	アラリーコ2世
507-511	ヘサレイコ
511-526	テオドリーコ[2]
526-531	アマラリーコ
531-548	テウディス（暗殺死）
548-549	テウディセーロ（暗殺死）
549-554	アヒラ1世（暗殺死）
554-568	アタナヒルド
568-573	リウバ1世
573-586	レオビヒルド
586-601	レカレード1世
601-603	リウバ2世（暗殺死）
603-610	ビテリーコ
610-612	グンデマーロ
612-621	シセブート
621	レカレード2世
621-631	スインティーラ（廃位）
631-636	シセナンド
636-639	チンティーラ
639-642	トゥルガ（廃位）
642-653	チンダスビント
653-672	レセスビント
672-680	バンバ（廃位）
680-687	エルビヒオ
687-702	エヒカ
702-710	ビティーサ
710-711	ロドリーゴ

[1] 上記のカナ表記はスペイン語読みによる．
[2] テオドリーコは東ゴート王．この間，西ゴート王国は東ゴート王の保護下にあった．

2．コルドバ・ウマイヤ朝

756-788	アブド・アッラフマーン1世
788-796	ヒシャーム1世
796-822	アル・ハカム1世
822-852	アブド・アッラフマーン2世
852-886	ムハンマド1世
886-888	ムンディル
888-912	アブド・アッラーフ
912-961	アブド・アッラフマーン3世[1]
961-976	アル・ハカム2世
976-1009	ヒシャーム2世（廃位）
1009	ムハンマド2世
1009	スレイマン（廃位）
1009-1010	ムハンマド2世（復位）
1010-1013	ヒシャーム2世（復位）
1013-1016	スレイマン（復位）
1016-1018	アリー（ハンムード家）
1018	アブド・アッラフマーン4世
1018-1021	カーシム（ハンムード家）（廃位）
1021-1022	ヤフヤー（ハンムード家）（廃位）
1022-1023	カーシム（復位後に廃位）
1023-1024	アブド・アッラフマーン5世
1024-1025	ムハンマド3世
1025-1027	ヤフヤー（復位後に廃位）
1027-1031	ヒシャーム3世（廃位）

[1] コルドバ・ウマイヤ朝の歴代支配者は756年から929年までは名目上アッバース朝カリフの権威に服し，自らはカリフを名乗らなかった．

3．アストゥリアス王国

718-737	ペラージョ
737-739	ファフィラ
739-757	アルフォンソ1世
757-768	フルエラ1世（暗殺死）
768-774	アウレリオ
774-783	シーロ
783-789	マウレガート
789-792	ベルムード1世（退位）
792-842	アルフォンソ2世
842-850	ラミーロ1世
850-866	オルドーニョ1世
866-910	アルフォンソ3世（廃位）

4．レオン王国[1]

910-914	ガルシーア1世
914-924	オルドーニョ2世
924-925	フルエラ2世
925-931	アルフォンソ4世（退位）
931-950	ラミーロ2世（退位）
950-956	オルドーニョ3世
956-958	サンチョ1世（廃位）
958-960	オルドーニョ4世（廃位）
960-965	サンチョ1世（復位後に暗殺死）
965-984	ラミーロ3世
984-999	ベルムード2世
999-1028	アルフォンソ5世
1028-1037	ベルムード3世
1037-1065	フェルナンド1世（カスティージャ王）[2]
1065-1072	サンチョ2世[2]
1072-1109	アルフォンソ6世[2]
1109-1126	ウラーカ[2]
1126-1157	アルフォンソ7世[2]
1157-1188	フェルナンド2世
1188-1230	アルフォンソ9世

[1] オビエドからレオンへの遷都（910）によってアストゥリアス王国はレオン王国となった．
[2] この間，レオンとカスティージャは連合王国を形成した．

5．カスティージャ（伯）王国[1]

931-970	フェルナン・ゴンサーレス
970-995	ガルシ・フェルナンデス
995-1017	サンチョ・ガルシーア
1017-1029	ガルシーア・サンチェス
1029-1065	フェルナンド1世
1065-1072	サンチョ2世
1072-1109	アルフォンソ6世
1109-1126	ウラーカ
1126-1157	アルフォンソ7世
1157-1158	サンチョ3世
1158-1214	アルフォンソ8世
1214-1217	エンリーケ1世
1217	ベレンゲーラ

[1] レオン王国の辺境として発展したカスティージャはフェルナン・ゴンサーレスの下で独立色を強め，フェルナンド1世によって独立王国となった．

6．レオン・カスティージャ王国[1]

1217-1252	フェルナンド3世
1252-1284	アルフォンソ10世
1284-1295	サンチョ4世
1295-1312	フェルナンド4世
1312-1350	アルフォンソ11世
1350-1369	ペドロ1世（暗殺死）
1369-1379	エンリーケ2世
1379-1390	フアン1世
1390-1406	エンリーケ3世
1406-1454	フアン2世
1454-1474	エンリーケ4世
1474-1504	イサベル1世
1504-1506	フェリーペ1世[2]
1504-1506	フアナ（廃位）[2]
1506-1516	フェルナンド5世（アラゴン王フェルナンド2世）[3]

[1] レオン王アルフォンソ9世の後を継いだカスティージャ王フェルナンド3世によってレオンとカスティージャは最終的に統合された．
[2] 夫婦．
[3] 厳密に言えばフェルナンド5世は国王でなく摂政だった．

7．アラゴン王国

1035-1063	ラミーロ1世
1063-1094	サンチョ1世（ナバーラ王サンチョ5世）
1094-1104	ペドロ1世（ナバーラ王）
1104-1134	アルフォンソ1世（ナバーラ王）
1134-1137	ラミーロ2世（退位）
1137-1164	ペトロニーラ（退位）
1164-1196	アルフォンソ2世
1196-1213	ペドロ2世
1213-1276	ハイメ1世
1276-1285	ペドロ3世
1285-1291	アルフォンソ3世
1291-1327	ハイメ2世
1327-1336	アルフォンソ4世
1336-1387	ペドロ4世
1387-1396	フアン1世
1396-1410	マルティン
1410-1412	空位
1412-1416	フェルナンド1世
1416-1458	アルフォンソ5世
1458-1479	フアン2世
1479-1516	フェルナンド2世

8．ナバーラ王国（別称パンプローナ王国）

820-851	イニゴ・アリスタ
851-870	ガルシーア・イニゲス
870-905	フォルトゥン・ガルセース
905-926	サンチョ・ガルセース1世
926-931	ヒメーノ・ガルセース（摂政）
931-970	ガルシーア・サンチェス1世
970-994	サンチョ・ガルセース2世
994-1000	ガルシーア・サンチェス2世
1000-1035	サンチョ3世
1035-1054	ガルシーア・サンチェス4世
1054-1076	サンチョ・ガルセース4世（暗殺死）
1076-1094	サンチョ5世（アラゴン王サンチョ1世）[1]
1094-1104	ペドロ1世[1]
1104-1134	アルフォンソ1世[1]
1134-1150	ガルシーア5世
1150-1194	サンチョ6世
1194-1234	サンチョ7世
1234-1253	テオバルド1世
1253-1270	テオバルド2世
1270-1274	エンリーケ1世
1274-1304	フアナ1世[2]
1304-1305	フェリーペ1世（フランス王フィリップ4世）[2]
1305-1316	ルイス1世（フランス王ルイ10世）
1316-1322	フェリーペ2世（フランス王フィリップ5世）
1322-1328	カルロス1世（フランス王シャルル4世）
1328-1343	フェリーペ3世（フィリップ・デヴリュー）[3]
1328-1349	フアナ2世[3]
1349-1387	カルロス2世
1387-1425	カルロス3世
1425-1441	ブランカ[4]
1425-1479	フアン1世（アラゴン王フアン2世）[4]
1479	レオノール
1479-1483	フランシスコ・フェーボ（フワ伯）
1483-1517	カタリーナ[5]
1484-1516	フアン3世（ジャン・ダルブレ）[5][6]

[1] この間，アラゴン王がナバーラ王を兼ねた．
[2][3][4][5] 夫婦．
[6] ナバーラ王国は1512年にカスティージャ軍によって占領され，次いで1515年に同国に編入された．

9．バルセローナ伯国[1]

801-820	ベーラ
820-826	ランポン
826-832	ベルナルド
832-835	ベレンゲール
835-844	ベルナルド（復位）
844-848	スニフレード
848-850	ギジェルモ
850-852	アレラン
852-858	ウダルリーコ
858-865	ウンフリード
865-878	ベルナルド
878-897	ビフレード1世
897-911	ビフレード2世（ボレール1世）
911-947	スニェール（退位）
947-992	ボレール2世
992-1018	ラモン・ボレール
1018-1035	ベレンゲール・ラモン1世
1035-1076	ラモン・ベレンゲール1世
1076-1082	ラモン・ベレンゲール2世
1082-1096	ベレンゲール・ラモン2世
1096-1131	ラモン・ベレンゲール3世
1131-1162	ラモン・ベレンゲール4世

[1] バルセローナ伯国はラモン・ベレンゲール4世とアラゴン王女ペトロニーラとの結婚（1137）でアラゴン王国と連合，「アラゴン連合王国」を形成した．

10．スペイン王国

1516-1556	カルロス1世（神聖ローマ帝国皇帝カール5世）（退位）
1556-1598	フェリーペ2世
1598-1621	フェリーペ3世
1621-1665	フェリーペ4世
1665-1700	カルロス2世
1700-1724	フェリーペ5世（退位）
1724	ルイス1世
1724-1746	フェリーペ5世（復位）
1746-1756	フェルナンド6世
1756-1788	カルロス3世
1788-1808	カルロス4世（退位）
1808	フェルナンド7世（廃位）
1808-1814	ホセ・ボナパルテ1世（廃位）[1]
1814-1833	フェルナンド7世（復位）
1833-1868	イサベル2世（廃位）
1868-1870	臨時政府
1870-1873	アマデオ1世（退位）
1873-1874	第1次共和国
1874-1885	アルフォンソ12世
1886-1931	アルフォンソ13世（退位）
1931-1939	第2次共和国
1939-1975	フランシスコ・フランコ総統
1975-	フアン・カルロス1世

[1] スペインでは通常算入されない．

11．ポルトガル王国

1139-1185	アフォンソ1世
1185-1211	サンショ1世
1211-1223	アフォンソ2世
1223-1248	サンショ2世（廃位）
1248-1279	アフォンソ3世
1279-1325	ディオニジオ1世
1325-1357	アフォンソ4世
1357-1367	ペドロ1世
1367-1383	フェルナンド1世
1383-1385	空位
1385-1433	ジョアン1世
1433-1438	ドゥアルテ1世
1438-1481	アフォンソ5世
1481-1495	ジョアン2世
1495-1521	マヌエル1世
1521-1557	ジョアン3世
1557-1578	セバスティアン1世
1578-1580	エンリーケ1世
1580-1598	フィリーペ1世（スペイン王フェリーペ2世）
1598-1621	フィリーペ2世（スペイン王フェリーペ3世）
1621-1640	フィリーペ3世（スペイン王フェリーペ4世）
1640-1656	ジョアン4世
1656-1667	アフォンソ6世（廃位）
1667-1706	ペドロ2世
1706-1750	ジョアン5世
1750-1777	ジョゼ1世
1777-1786	ペドロ3世[1]
1777-1816	マリーア1世[1]
1816-1826	ジョアン6世
1826	ペドロ4世（ブラジル皇帝ペドロ1世，廃位）
1826-1828	マリーア2世（廃位）
1828-1834	ミゲール1世（廃位）
1834-1853	マリーア2世（復位）
1853-1861	ペドロ5世
1861-1889	ルイス1世
1889-1908	カルロス1世（暗殺死）
1908-1910	マヌエル2世（廃位）

[1] 夫婦．

用語解説

あ行

アウト・デ・フェ　Auto de fe
異端審問所が有罪とされた者に判決を言い渡すために執り行なった儀式．カトリック教会と和解した異端者は公衆の前で償いを果たし，次いで判決を受けた．一方，和解を拒否した者は処刑のために世俗権力に引き渡された．刑は焚刑が普通だった．

アナルコサンディカリズム　Anarcosindicalismo
中央集権国家に代わる自給自足社会を目指す無政府主義と，生産手段と製品の配分を労働者の管理下に置こうとする社会主義の融合から生まれた．スペイン第2次共和国および内戦下の共和国側で大きな影響力を持った．

アリウス派の異端者　Arriano
アリウス派はキリスト教の異端のひとつ．正統派の三位一体説に対して，神の子キリストと父なる神との違いを強調，初期キリスト教会の正統派から邪説として排斥された．

アル・アンダルス　Al-Andalus
イベリアの中でイスラム教徒の支配下に置かれた地域の呼称．イベリアからアフリカに渡ったヴァンダル族に起因する Vandalicia から派生したと考えられる．

アルカーサル　Alcázar
「城」を意味するアラビア語に由来するスペイン語．アル・アンダルスの多くの都市に築かれた要塞を指す．

アルビトリスタ　Arbitrista
17世紀初頭，財政危機が深刻化するスペインでさまざまな改革案を提唱した人々．

イエスス会士　Jesuita
聖イグナシオ・デ・ロジョーラが創立したカトリック修道会イエズス会の成員．伝統的な清貧・貞潔・従順の三誓願の他にローマ教皇への特別な忠誠を加えたイエスス会士は対抗宗教改革の先兵と見做された．

イスパノロマーノ　Hispanorromano
ローマ支配下のイベリアでラテン語を話し，ローマ化された住民の呼称．

イダルゴ　Hidalgo
スペイン貴族の総称だが，一般には下級貴族を指す．イダルゴの多くは家督を継がない次男以下の者で，新世界の植民に大きな役割を演じた．

異端審問制度　Inquisición
「異端審問所」とも訳される．異端の摘発と根絶を任務とするカトリック教会の裁判制度．1233年にアルビ派の異端に対処するために教皇グレゴリウス9世によって組織化された．その後，教皇庁の許可を得た王権の管轄下に1481年にスペインで，次いで1536年にはポルトガルでそれぞれ創設された．

イルストラシオン　Ilustración
「啓蒙思想」を意味するスペイン語．

インファンテ　Infante
「王子」を意味するスペイン語．「王女」は infanta．

ウエルタ　Huerta
「灌漑設備を備えた耕地」を意味するスペイン語．特にイベリア東部のバレンシアとムルシアに多く見られる．

ウマイヤ朝　Omeya
661年から750年までダマスコを首都としたイスラム王朝．750年にアッバース朝にその地位を追われ，一族のほとんどが殺されたが一人殺戮を免れたアブド・アッラフマーンがアル・アンダルス（イベリア）に逃れて独立王朝を建てた．後に彼の子孫はカリフを号してアッバース朝に対抗した．

エウスケーラ　Euskera
「バスコ語」を意味するバスコ語．

エルマンダード　Hermandad
12世紀に生まれた都市の自警組織．カトリック両王はこれを復活して農村部の騒乱を鎮圧し，また国内秩序の維持に用いた．

オストロゴート族　Ostrogodo
4世紀末，ゴート族は西のヴィシゴートと東のオストロゴートに分かれ，後者はバルカン半島に定着した．テオドリーコ王（在位488-526）の下でイタリアに侵入してこれを征服した．

オプス・デイ　Opus Dei
「神の業」を意味するラテン語で，カトリック教会の一般信者から成る団体の名称．フランコ体制下のスペインで技術と市場経済の発展に指導的な役割を演じた．

か行

カウディージョ　Caudillo
「首領」を意味するスペイン語．36年間スペインの国家元首の地位にあったフランコ将軍が自らに用いた呼称．

カストルム　Castrum
ラテン語．スペイン語形は castro．ケルト人が岡の上に築いた円形の砦で，特にイベリア北西部に多い．

カトリック両王　Reyes Católicos
ローマ教皇アレクサンデル6世（在位1492-1503）が，国土回復戦争を終わらせ，ユダヤ教徒をスペインから追放したアラゴン王フェルナンドとカスティージャ女王イサベルの2人にその功績を称えて贈った称号．

カバジェーロ　Caballero
スペイン語．元来は「騎兵」または「騎士団の成員」を指したが，時代が下ると生活態度の立派な人物や社会の名士を意味するようになった．

カリフ国　Califato
「カリフが治める国」を意味するスペイン語．イスラムの初期，ダマスコのカリフはイスラム世界の最高支配者だった．コルドバ・ウマイヤ朝がカリフを号することは，かつてダマスコから自分達を放逐したアッバース朝への優位を表明するためだった．

カルタゴ人　Cartaginés
カルタゴはフェニキア人が北アフリカ沿岸の現在テュニスのある所に前814年に建てたと伝えられる町．前3世紀には地中海世界でローマに次ぐ都市に発展する一方，イベリアの中央部にまでその勢力を伸ばした．しかし，第2次ポエニ戦争でローマに敗れてイベリアから撤退し，紀元前146年にはローマによって完璧なまでに破壊された．

カルロス党　Carlismo
スペイン法の伝統に立ち，自由派の擁立するイサベル2世の即位を容認せず，代わりに王位継承権を主張する王弟カルロスを支持した勢力で，前後3回の内戦（1833-40，1846-48，1872-76）を引き起こした．20世紀に入るとカルロス党はフランコ将軍の国民運動に吸収された．

カロリング朝　Carolingio
751年，メロヴィング朝を倒してフランク王国の王位に就き，987年までその地位にあった王家．その1人シャルル・マルテル（カール・マルテル）はイスラム軍の進撃をトゥール・ポワティエの戦いで阻止し，その孫シャルルマーニュ（カール大帝）は神聖ローマ帝国の創設者となった．

旧石器時代　Paleolítico
人類文化の発展の最初の段階で，紀元前40万年から1万年までの長期にわたった．

ケルトイベロ人　Celtíbero
紀元前のイベリアで先住のイベロ人と後から侵入してきたケルト人との混淆から生まれ，独自の社会を形成した．紀元前3世紀，イベリアの北東部と中央部で有力な勢力だった．

国債　Juro
カルロス1世とフェリーペ2世が戦費調達のために固定利率を約束して発行した国債．17世紀スペインの国家財政が破綻する一因となった．

コムネーロ　Comunero
1520-21年，若年のカルロス1世が即位直後にスペインを留守にして国政を外国人の手に委ねたことに対してカスティージャの主要都市の住民と下級貴族が起こした反乱の参加者．

コルディジェーラ　Cordillera
「山脈」を意味するスペイン語．

コルテス　Cortes
中世イベリアのキリスト教諸国に生まれた「身分制議会」．

コレヒドール　Corregidor
スペイン王権が都市行政を掌握する意図から諸都市に派遣した官吏．

コンキスタドール　Conquistador
「征服者」を意味するスペイン語．特に16世紀に南北アメリカの広大な地域を探検征服したスペイン人の呼称．

コンビベンシア　Convivencia
イベリアにおけるイスラム教徒・キリスト教徒・ユダヤ教徒の三者間のおおむね平穏だった「共存」を指すスペイン語．

コンベルソ　Converso
原意は「改宗者」だが，イベリア史の用語としては特にユダヤ教からキリスト教への改宗者を指す．

さ行

サルスエラ　Zarzuela
19世紀の中頃からマドリードを中心に盛んとなったスペイン独特のオペレッタ．

サルダーナ　Sardana
カタルーニャの民族舞踊とその音楽．管楽器を主体とした音楽に合わせて輪を作り，手を繋いで踊る．

自治州　Autonomía
1978年制定の現行スペイン憲法に基づいて自治を認められた地方の呼称．

宗教改革　Reforma
一枚岩のカトリック教会の改革をめぐるさまざまな運動が16世紀にその頂点に達した時，ルターとカルヴァンの教説が全ヨーロ

用語解説

ッパに広まることによって西欧キリスト教世界はカトリックとプロテスタントに分裂，最終的には三十年戦争（1618-48）による神聖ローマ帝国の実質上の崩壊を招いた．

上告裁判所　Audiencia
スペイン統治下のアメリカでは最高裁判所であり，征服者や征服以前からの土着権力に対するスペイン王権の優位を確認する機能を持った．

植民都市　Colonia
ローマ人がイタリア以外の地で獲得した属州に退役兵士や土地を持たない自由人のために建設した都市で，ローマ文化の伝播と浸透の根拠地となった．

新国家　Novo Estado
1933年のポルトガル憲法によって生まれた体制の呼称で，強権に基づく近代化を目指した．これの成立に中心的役割を演じたアントニオ・デ・サラザールは1928年から1940年までは蔵相を，1940年から1968年の引退までは首相を務めた．

神聖ローマ帝国　Sacro Imperio Romano
800年，ローマ帝国の再興を目指してシャルルマーニュによって建国され，最盛期には西ヨーロッパと中部ヨーロッパの大部分を版図に収めたが，13世紀には皇帝権の下に現在のドイツ諸邦からなる緩い連合体となった．皇帝は選挙によって決められたが，15世紀以降はもっぱらハプスブルク家の出身者が帝位を占めた．皇帝をキリスト教世界の統治者とするその理念は国民国家への趨勢と宗教改革の前に屈した．

新石器時代　Neolítico
石器時代の最終段階である新石器時代は，ヨーロッパの場合は大体紀元前3000年から1800年頃まで続いた．

人文主義　Humanismo
ルネサンス期に古典古代の人間観から派生した概念で，神に代わって人間を宇宙の中心に据えた．実践面はともかく，理論的にはこの概念によって教育・寛容・平和などそれまでよりも人間本位の社会倫理が育まれていった．

人民戦線　Frente Popular
第2次世界大戦前のヨーロッパにおいて，当時台頭しつつあったファシズムに共同戦線を張るべく結成された左翼政党の連合体．スペイン人民戦線には社会党，共産党，無政府主義者，サンディカリストが参画した．

スエヴ族　Suevo
ドイツ北部に住んでいたいくつかのゲルマン部族の総称．彼らの一部はヴァンダル族と共にガリアに侵入し，次いで409年にはイベリアの北西部に定住した．

セファルディー　Sefardí
セファルディータ（sefardita）とも言う．ユダヤ教徒がイベリアをセファラード（Sefarad）と呼ぶところから，スペインとポルトガル出身のユダヤ教徒を指す．15世紀末にイベリアを追われた彼らの子孫はバルカン半島の一部や北アフリカで今も祖先の言葉と習慣を守っている．

た 行

対抗宗教改革　Contrarreforma
16-17世紀，ヨーロッパのプロテスタント地域をカトリック教会に復帰させることを目指した運動．ヨーロッパの大半では政治的な理由から失敗に終わったが，アジアと南北アメリカでは大規模な宣教活動に発展した．スペインの場合はマニエリスモとバロックという芸術様式と結び付いた．

タイファ諸国　Taifa
「集団，派閥」を意味するアラビア語起源のスペイン語．コルドバ・ウマイヤ朝カリフ国の崩壊後，アル・アンダルスは複数の「タイファ諸国」に分裂した．

タルテソス　Tartessos
イベリア南西部にあったと推測される先史時代の町．鉱物資源の開発に支えられた強力な王権の支配下に豊かな文化を築いたとさ

れる以外はほとんどなにもわかっていない．一部にはタルテソスが旧約聖書に出てくるタルシスであったと見る説がある．

治安警備隊　Guardia Civil
国内の治安回復を目的に中央政府によって1844年に創設された軍隊色の濃いスペインの警察組織．独特の形をした帽子で知られる．

地域法　Fuero
中世イベリアの国土回復戦争（レコンキスタ）期に王権が特定の地域の住民に授与した免税その他の特典を内容とする法．時の経過と共に対象地域住民の自尊心の根源となり，また中央政府への抵抗の核となった．17世紀から18世紀にかけて徐々に廃止されていった．

中央広場　Plaza Mayor
スペインの都市に見られるその町で一番大きな広場の呼称．マドリードやサラマンカの中央広場のようにしばしば周囲に回廊をめぐらして閉鎖空間を作る．

超写実主義（シュールレアリスム）　Surrealismo
1920年代にフランスで生まれた文芸運動．非合理の芸術である超写実主義は現実と相矛盾するが，現実にはそういないさまざまなイメージと，またしばしばフロイト的な調和と並置する．ダリーはおそらくもっとも強い影響力を持った超写実主義の画家である．またブニュエルは超写実主義を映画に試みた．

寵臣　Valido
国王の信頼を得て，国王に進言する側近．17世紀スペインでは国政の第一人者として権力を振った．

テルシオス　Tercios
槍・剣・火縄銃のいずれかで武装した軍団からなるスペイン歩兵部隊の呼称．これによってスペイン陸軍はカルロス1世とフェリーペ2世の時代を通してヨーロッパ最強を誇った．

トガード　Togado
「トーガを着た者」を意味するスペイン語で，法学に精通した人物を指した．

トラモンターナ　Tramontana
イベリア北部に吹く北風の呼称．

な 行

西ゴート（ヴィシゴート）族　Visigodo
4世紀末，ゴート族は東のオストロゴートと西のヴィシゴートに分かれた．イタリアに侵入してローマを略奪した後，西ゴート族はさらに西進してロワール川以南のガリアからジブラルタルにまで広がる王国を建てた．しかし，507年にはフランク族に敗れてガリアを追われ，イベリアに後退して711年のイスラムの侵入までこれを治めた．

は 行

ハプスブルク朝　Habsburgo
13世紀に南ドイツからオーストリアにかけての一帯を自領としてヨーロッパでの覇権を獲得したハプスブルク家は，その後も結婚と外交を通じて領地を拡張，ブルゴーニュとフランドルを支配下に収めて15世紀には神聖ローマ帝国の帝位をも手に入れた．1516年にスペイン王となったカルロス1世は1519年に帝位に就いてカール5世となった．1556年，カルロスの退位によってハプスブルク朝はスペインとオーストリアに分かれ，前者は1700年，後者は1918年まで続いた．

バブレ　Bable
スペイン北西部のアストゥリアス地方で話される方言．

パリアス　Parias
11世紀以降，アル・アンダルスのタイファ諸国の王がキリスト教スペイン諸国の王に納めた一種の安全保障税．

バロック様式　Barroco
17-18世紀の芸術様式．特にスペインの宗教建築とその装飾技術に顕著に見られる．当時の反古典主義の傾向の流れの中で，人間の感性に訴える壮麗豪華な装飾を特徴とする．

反教権主義　Anticlericalismo
組織化された教会の在り方への反撥で，20世紀スペインで大きな力を発揮した．

ピカレスカ文学　Picaresca
スペイン文学のジャンルの1つで，中心人物の浮沈に満ちた遍歴の生涯を描く．代表的な作品はセルバンテスの「ドン・キホーテ」と著者不詳の「ラサリージョ・デ・トルメス」．picarescoの語源は「悪党・不良者」を意味するスペイン語pícaro．

ファド　Fado
ポルトガルの哀愁を帯びた歌謡とその踊り．

ファランヘ　Falange
20世紀初頭のスペインの独裁者プリーモ・デ・リベーラ将軍の息子ホセ・アントニオ・プリーモ・デ・リベーラによって創設された政治団体．強権主義と中央集権を標榜し，一部からはファシズムのスペイン版と見做された．ファランヘへの思想の多くの部分はフランコ将軍によって引き継がれ，ファランヘ自体も最終的には同将軍の指揮する国民運動に統合された．

風俗主義　Costumbrismo
19世紀スペイン文学の思潮．好んで地方や地域の生活や習慣を作品に反映させた．

フェニキア人　Fenicio
現在のレバノンの沿岸部にあった港町ティルスとシドンを根拠地とした人々で，特に優れた航海術と活発な商業活動で知られる．紀元前1千年紀，その活動範囲は地中海全域に広がり，イベリア南部にカディスをはじめとする一連の居留地を築いた．カルタゴ人はフェニキア人の後継者である．

プラテレスコ様式　Plateresco
16世紀スペインの建築様式で，複雑な表面装飾を特徴とする．語源は金銀を使って繊細な工芸品を作る「銀紐工師」を意味するplatero．

フラメンコ　Flamenco
アンダルシーア地方のリズム感に溢れた激しい踊りで，ギターの伴奏と特徴ある歌謡を伴う．

フランク族　Franco
ゲルマン人の一部族．3世紀にライン河の西岸，現在のベルギー，オランダ，フランスにかけての地域に定住した．西ローマ帝国の滅亡後は北西ヨーロッパの覇者となり，その版図はシャルルマーニュの下で最大となった．

ブルボン朝　Borbón
1589年にフランスの王位に就いたフランスの一家系．1700年，フェリーペ5世以降スペインの王位を継ぎ，以後一時期中断はあったものの1931年のアルフォンソ13世の退位まで続いた．1975年のフアン・カルロス1世の即位でスペイン王位に復活した．また一時期，ナポリその他いくつかのイタリアの領国も支配した．

フンタ　Junta
「評議会」を意味するスペイン語．ポルトガル語での発音は「ジュンタ」．

ベルベル族　Bereber
ベルベリスコとも呼ばれ，北アフリカに住む種族．熱狂的なイスラム教徒となり，イベリア半島の征服に主要な役割を演じた．ムラービト朝とムワッヒド朝は共に彼らの間に生まれた戦闘的な厳格主義がその起源となった．

ヘルマニーアの乱　Germanía
カルロス1世がスペインを留守にした1519年に社会的緊張に人種感情が絡んでバレンシアとマジョルカで起こった反乱．多くの犠牲者を出した末に1523年には鎮圧された．

ポエニ　Púnico
「フェニキア人」を意味するラテン語からの派生語で，一般には紀

用 語 解 説

元前3世紀から2世紀にかけてのローマとカルタゴとの戦争を指す時に用いられる．

ホタ　Jota
スペインのアラゴン，バレンシア，ナバーラの3地方に共通する民謡とその踊り．

ボデーガ　Bodega
「ブドウ酒を売る店」または「貯蔵庫」を意味するスペイン語．

ま 行

マウラ　Maula
古代ローマにおけるクリエンス（庇護民）に相当するアラビア語．750年頃前までは，イスラムに改宗しようとする非アラビア人はいずれかのアラビア人部族のクリエンス，すなわち下部成員にならなければならなかった．

マグレブ　Magreb
現在のモロッコ，アルジェリア，チュニジアを含むアフリカ北部の呼称．

マドレーヌ期　Magdaleniense
フランスのペリゴール県のラ・マドレーヌでの出土品に代表される紀元前約1万5000年頃の旧石器後期の名称．

マニエリスモ　Manierismo
対抗宗教改革と結び付いた芸術様式で，ラファエッロとその一派が代表するルネサンス期の穏やかな画風に対する反撥を意味した．エル・グレコの作品に見られるねじれと長く伸びた人物像にマニエリスモの特徴が窺われる．

マヌエル様式　Manuelino
ポルトガル王マヌエル1世の治世下の「発見」に由来する主題と題材を用いたポルトガル独特の建築装飾様式．

ミゲール党　Miguelismo
自由主義に反対するポルトガルの保守派．ブラジル皇帝ペドロ1世の王女マリーア2世に代わってその叔父ミゲール1世の即位を支持した．1828年から1834年にかけてのミゲール1世とペドロ1世との争いは「二人の兄弟の戦争」と呼ばれる．

ミニフンディオ　Minifundio
ラティフンディオの逆で，土地の小規模所有形態．特にスペインとポルトガル両国の北部で見られる．

ムデーハル　Mudéjar
「モサラベ」に対応する呼称で，イベリアのキリスト教徒支配地域に住むイスラム教徒を指す．国土回復戦争終結後の1526年，すべてのムデーハルは国外退去かキリスト教への改宗かの選択を迫られ，改宗した者は「モリスコ」と呼ばれた．「ムデーハル様式」と言えば，国土回復戦争期およびその後のイスラム趣向の様式を指す．

ムラービト朝　Almorávide
スペイン語名はアルモラビデ朝．北アフリカのベルベル族の間に生まれたイスラム神秘主義運動に端を発し，11世紀には今日のモロッコからアルジェリアにまたがる帝国を築いた．1085年，アル・アンダルスからの支援の要請を受けて事態に介入し，20年足らずでアル・アンダルス全土をその支配下に収めた．

ムワッヒド朝　Almohade
スペイン語名はアルモアーデ朝．アフリカ北西部に起こったイスラム改革運動から生まれ，1147年にマラケシュのムラービト朝を倒した後，50年間にわたってアル・アンダルスを実質的に支配したが，1212年のラス・ナーバス・デ・トローサの戦いでキリスト教徒軍に敗退した．

メスタ　Mesta
中世イベリアの牧羊業者組合．広大な土地を放牧地として利用する権利を有し，農業の発展を阻害する主要な原因のひとつとなった．18世紀末まで栄えたが，1836年にようやく廃止された．

メセータ　Meseta
イベリア半島の中央部を占める高原台地．

メロウィング朝　Merovingio
初期フランク族の王朝．5世紀から6世紀までに今日のフランスとドイツの大部分を支配下に置いたが，751年にカロリング朝によって取って代わられた．

モーロ　Moro
この呼称の原義はイベリアの対岸「マウリタニアの住民」であるが，キリスト教スペインやヨーロッパでは出身地を問わずすべてのイスラム教徒を「モーロ」と総称した．

モサラベ　Mozárabe
イスラム統治下のイベリアに住むキリスト教徒の呼称．語源は「アラビア語化された者」を意味するアラビア語 mustaribun．

モデルニスモ　Modernismo
1888年から1914年にかけてのスペイン詩の動向．ニカラグアのルベン・ダリーオによってスペインに紹介されたモデルニスモは19世紀文学の物質主義と自然主義に強く反撥し，フランス詩から発した耽美主義と象徴主義を取り込みながら時間を超越した価値を持つ詩の創造を目指した．美術では1890年頃に生まれ，1900年頃に広範囲の隆盛を経て20世紀最初の10年間に衰微した．建築とあらゆる装飾工芸に及んだモデルニスモはさまざまな名称で全ヨーロッパはもとよりアメリカにまで波及した．スペインではバルセローナがその主たる中心地となった．

モリスコ　Morisco
1492年のグラナダ征服に続く20年間，スペイン在住のイスラム教徒には国外退去かキリスト教への改宗のいずれかを選ぶ道が示された．改宗を選んで名目上はキリスト教徒となった者は「モリスコ」の名で知られ，周囲から異邦人と見做された．また国土回復戦争期の芸術作品およびその後のイスラム趣味の所産は一様に「モリスコ」または「ムデーハル」の名で呼ばれる．

ら 行

ラティフンディオ　Latifundio
特にアンダルシーアとポルトガル南部に見られる大土地所有制．

リーア　Ría
「入江」を意味するスペイン語．

立体主義（キュービスム）　Cubismo
印象派絵画への反動から生まれた様式で，ピカソ，ブラック，フアン・グリスなどが代表となって20世紀絵画に大きな影響力を与えた．自然の形を幾何学的に分析し，その結果を重層面に半ば抽象的に配置する．

ルネサンス，文芸復興　Renacimiento
西ヨーロッパ中世末期におけるギリシア・ローマの古典文化の再生を指す．芸術の分野ではギリシア・ローマの様式や概念が新たな展開を見せる一方，人文主義の理想によって社会における中世以来の人間観が大きく転換し始めた．

レトラード　Letrado
「教育を受けた者」を意味するが，一般には大学の法科出身者を指した．

レパルティミエント　Repartimiento
「分配」を意味するスペイン語．イベリアの国土回復戦争の過程で新たな征服地とこれを耕す農民とを征服者の間に分配する考えはバレンシアの征服時に生まれたと思われるが，やがて同戦争の末期には随所で実行に移された．次いで新世界の征服時にも一部形を変えて適用された．

ロココ様式　Rococó
18世紀初頭にバロック様式から発展した装飾過剰気味の芸術様式．語源はフランス語の rocaille（貝細工）．

ロマネスク様式　Románico
10世紀にフランスで生まれた建築様式．装飾を排した堅固な構造と半円アーチを特徴とする．イギリスではノルマン様式と呼ばれる．

わ 行

ワロン人　Valón
現在のベルギー南部に住むフランス語を母語とする住民の呼称．

図版リスト

Abbreviations: t = top, tl = top left, tr = top right, c = center, b = bottom, etc.

AGE = AGE Fotostock, Barcelona; AIC = Arquivo Internacional de Cor, Portugal; AISA = Archivo Iconográfico S.A., Spain; ALFA = Publicações ALFA s.a., Lisbon; AOL = Andromeda Oxford Limited, Abingdon; BAL = Bridgeman Library, London; CP = Camera Press Limited, London; M = Magnum Photos Limited, London; MAS = Arxiu MAS, Spain; MH = Michael Holford, Essex; RHPL = Robert Harding Picture Library, London; WFA = Werner Forman Archive, London; Z = Zefa Picture Library, London

Endpapers: Map of Spain: Bodleian Library, Oxford

2–6 Figures from "Children's alphabet primer of street-sellers, Madrid": Pablo Lines/Museo Municipal de Madrid
8 Artwork: John Fuller
11 Frías, Burgos Province: RHPL
12–13 Beach at Cartagena, Costa Blanca: AGE
13t Village of Benasque, Huesca Province: AGE
13b Mountainous terrain of Sierra del Molino: AISA
16–17t Women picking tomatoes at Ejido: M/Thomas Hoepker
16–17b Mollusk fishing platforms in Ría de Arosa: RHPL/Chicago/Odyssey/Robert Frerck
18–19 Agriculture, Andalusia: RHPL/Explorer/Patrick Le Floc
20 Shepherd near Segovia: RHPL/Robert Frerck
22 Plaza Mayor, Madrid: Oronoz
23 Painting of Santander harbor by George Braum: Oronoz
24–5 Cave painting of bison: RHPL/Chicago/Odyssey/Robert Frerck
25 Minorcan naveta: AISA/Y Alvares
26t Bull-man from Balazote: AISA/National Archaeological Museum, Madrid
26bl Bust of the Dama de Elche: AISA/Prado Museum, Madrid
26br Reconstruction of the tomb of the Dama de Baza: AISA
27l Warrior from the sanctuary of Santa Elena: AISA/National Archaeological Museum, Madrid
27tr Ceramic vase painting of warriors: AISA/Archaeological Museum, Barcelona
27br Iberian jewelry: AISA/National Archaeological Museum, Madrid
28b Funerary stele: artwork John Fuller
29 Gold vessels: Deutsches Archaeologisches Institüt
30–31 Forum at Ampurias: RHPL/Sheila Terry
32–33 Amphitheater at Italica, Seville province: AGE
35 Celtic hut circles, Asturias: AGE
36t Roman villa floor with grape harvest mosaic: RHPL/Robert Frerck
36l Plan of Emerita Augusta: John Brennan
37b Roman theater, Mérida: RHPL/Robert Frerck
38 Mosaics, Conimbriga: RHPL
40t Exterior of San Miguel de Lillo: RHPL/Nedra Westwater
40bl Capital from San Pedro de la Nave: AISA
40bc Santa Cristina de Lena, interior: AISA
40br Window from church of San Juan de Baños: AISA
41 Visigothic crown: AISA/Algar/National Archaeological Museum
43 Detail from 13th-century banner of Baeza: AISA
44tl Tile detail, Great Mosque, Córdoba: RHPL/Adam Woolfitt
44tr Plan of Great Mosque, Córdoba: John Brennan
44bl View of Great Mosque, Córdoba: RHPL
44–45 Horseshoe arches inside Great Mosque, Córdoba: RHPL/Nigel Blythe Photography
45t Detail of the dome in Great Mosque, Córdoba: RHPL/Adam Woolfitt
45b Detail of doorway, Great Mosque, Córdoba: Images Colour Library
46 Cylindrical Moorish perfume jar: AISA/Algar/National Archaeological Museum, Madrid
47 Depiction of harvest scene: Oronoz
48–49 Castle of Montemor-o-Velho: RHPL/Nedra Westwater
50t Ceiling of Pantheon of the Kings, León: AISA
50b Fresco from church of Sant Pau: AISA
50–51 Detail of Shepherds' Ceiling in the Pantheon of the Kings: RHPL/ Chicago/Odyssey/Robert Frerck
51l Detail from apse fresco from Santa María de Esterri de Aneu: AISA
51r Fresco of St Stephen: AISA
52 Illustration from the Crónica del Cid 1498: AOL
53 Burgos Cathedral: AGE
54t Bridge of San Martín, Toledo: RHPL/Adam Woolfitt
54b Mudéjar church of Santiago de Arrabal: AGE
54–55t View of Toledo: RHPL/Adam Woolfitt
54–55b Santa María la Blanca synagogue: AISA
55br Mosque of Cristo de la Luz, Toledo: AISA
56t Fortified medieval bridge, Besalú: RHPL/Chicago/Odyssey/Robert Frerck
56b Moors playing chess, from Alfonso X's Book of Chess: MH
57 Church of San Martín, Cuéllar: AISA/Navia
59 Fresco of the conquest of Majorca: WFA/Museum of Catalan Art, Barcelona
60bl The Alba Bible: MAS
60br Villahermosa del Río Ermita de San Bartolomé: MAS
60tr Synagogue of the Tránsito: MAS
61 15th-century bowl: artwork John Fuller
62–63 St Vincent Polyptych: AOL/Instituto Português de Museus
64c 15th-century "Alhambra Vase": WFA/Museo de Arte Hispanomusulmán
64bl Plan of Alhambra: John Brennan
64br Wall painting from the Tower of las Damas, Alhambra: RHPL/ Adam Woolfitt
64–65 View of Alhambra: AISA
65t The Court of Lions, Alhambra: AISA
65b The Mexuar, Alhambra: RHPL
66–67 Salamanca – Casa de las Conchas: AISA
67 Altarpiece of Saint Thomas, Avila Cathedral: Oronoz
68bl Woodcut of Ferdinand and Isabella: AOL
68r Isabella in devotion before the Virgin and the Child: AISA/Biblioteca de Palacio Real, Madrid
69t University of Alcalá de Henares: AISA
69b Miniature showing Antonio de Nebrija: AISA/Biblioteca Nacional, Madrid
71 Monogram from the Devocionario de la-reina Juana la Loca by Marcuello: Giraudon
74bl The Founder's Chapel, Batalha: RHPL/Adam Woolfitt
74br Plan of Batalha: John Brennan
74–75 Chapter House, Batalha: RHPL/Adam Woolfitt
75t Detail of the Great Doorway, Batalha: RHPL/Adam Woolfitt
75b Detail of arch into the Unfinished Chapels, Batalha: RHPL/ Adam Woolfitt
76 Belém Tower, Lisbon: Images Colour Library
77 Page from the Polyglot Bible: Bodleian Library, Oxford
78 University of Salamanca: AISA
79 Family of Emperor Maximilian I, 1512 by B. Strigel: Oronoz/Academia de San Fernando
80b Detail of the Pantheon of Kings, Escorial: AISA
80–81t Ceiling of the library, the Escorial: AISA
80–81b Panoramic view of the Escorial: AGE
82t Santa Teresa de Ávila by Gregorio Fernández: AISA/Museo Nacional Escultura, Valladolid
82bl Frontispiece to Obras Místicas y espirituales by St John of the Cross, 1649: AISA/Biblioteca de Cataluña, Barcelona
82br Ignatius Loyola by Domínguez Martínez: AISA/Convento de Santa Isabel, Seville
83 View of Toledo by El Greco: The Metropolitan Museum of Art, H.O. Havemeyer Collection, bequest of Mrs H.O. Havermeyer 1929 (29.100.6)
85 Drawing of Moriscos by Christof Weldiz: AOL
86cl Monument to the Discoverers, Lisbon: Horizon/C. Nickey
86b Map of the World, 1519, by Lopo Homem: Museu de Marinha, Portugal
86cr Manueline-style window, Tomar: AGE
86–7 Japanese screen showing Portuguese ship: Insituto Português de Museus
87 Vasco da Gama: RHPL/Museu de Marinha, Lisbon
88 Luis de Camões by Fernão Gomes: ALFA/Arquivo Nacional da Torre de Tombe
89 Portrait of King Sebastião, 1565: ALFA
90t Philip II by Sánchez Coello: Staatliche Museen du Berlin – Preussischer Kulturbesitz Gemaldegalerie/Jorg P Anders
90bl Painting of English ships and the Spanish Armada: National Maritime Museum/English School 16th Century
90br Escutcheon on bronze cannon: Colin Martin
91t Armada Chart II: National Maritime Museum/Adams
91b Ship list: British Library
93 Bronze statue of Duke of Lerma by Pompeo Leoni 1603: Oronoz/Museo Municipal, Madrid
94t Philip III enters Madrid by anonymous artist: Oronoz/Museo Municipal, Madrid
94b Carlos II and Mariana of Austria presiding over bullfight by anonymous artist: Oronoz/Museo Municipal, Madrid
94–95t Aerial of Plaza Mayor: AGE
94–95b Auto de fe in the Plaza Mayor by Francisco Rizi: Oronoz/Museo del Prado, Madrid
95b Café chairs and tables, Plaza Mayor: Images Colour Library
97 Portrait of Olivares by Velázquez: Oronoz/Museo del Prado, Madrid
98 Woman cooking eggs by Velázquez: BAL/National Gallery of Scotland
99tl Philip IV by Velázquez: Oronoz/Museo del Prado Madrid
99tr The Immaculate Conception by Velázquez: Reproduced by courtesy of the Trustees, The National Gallery, London
99b Las Meninas by Velázquez: BAL/Index
100–101 Surrender of the Breda by Velázquez: Oronoz/Museo del Prado, Madrid
101 Santa Margarita by Zurburán, 1930: Reproduced by courtesy of the Trustees, The National Gallery, London
102r Prince Balthasar Carlos in the Riding School by Velázquez: by kind permission of His Grace the Duke of Westminster
102l Prince Balthasar Carlos in the Riding School by Velázquez: reproduced by permission of the Trustees of The Wallace Collection
104 The Sacred Image by Claudio Coello: Oronoz
105 Santa Isabel de Hungría by Bartolomé Murillo: Oronoz
106 Post-Columbian codex: Oronoz
107 Un Concierto by Falcone: Oronoz
109 Philip V by H Rigaud: Giraudon/Louvre, Paris
110 Tiles showing agriculture: AISA
112 Mafra: RHPL/Nedra Westwater
113 España de Bandidos by Alenza: Oronoz
114 The Glory of Spain by Tiepolo: Scala, Italy
116t Painting of Lisbon earthquake: ALFA

229

116b Aerial of Lisbon: AIC
117t Portrait of Marquis of Pombal: ALFA
117b Map of Lisbon: ALFA
118–119 Portuguese tiles: José Meco, Portugal
120 *The Family of Carlos IV* by Goya: Oronoz
122bl Exterior staircase, Palacio Real, Madrid: RHPL/James Strachan
122bc Salón, Palacio Real, Madrid: AISA
122br Honduras fountain, Retiro: RHPL/James Strachan
122–123 Aranjuez: Landscape Only
123 La Granja: AGE
124t "The Sleep of Reason Engenders Monsters" from *Los Caprichos* by Goya: Oronoz
124bl *Self-portrait with Dr Arrieta*, 1820: The Ethel Morrison Van Darlip Fund/Minneapolis Institute of Arts
124br *The Disasters of War* by Goya: Oronoz
125t *Saturn devouring his son*: BAL/Museo del Prado, Madrid
125b *El Pelele* (*The Straw Mannequin*) by Goya: BAL/Museo del Prado, Madrid
128 *Execution of General Torrijos and his companions* by Antonio Gisbert, 1865: Oronoz/Museo Nacional de Arte Moderno, Madrid
130 Caricature of Isabel II: AISA/Museo Municipal, Madrid
131t Cartoon of "The War of the Two Brothers": ALFA
131b General Tomás Zumalacárregui: Oronoz/Museo Municipal, Madrid
132bl *The Patio de Mexuar* by Harriet Ford: The Walpole Society/Sir Brinsley Ford
132t *Richard Ford in Spanish dress* by Joaquín Bécquer: The Walpole Society/Sir Brinsley Ford
132br *Seville from the Cartuja* by Richard Ford: The Walpole Society/Sir Brinsley Ford
133t Portrait of Harriet Ford: The Walpole Society/Sir Brinsley Ford
134 *Good Friday procession in Seville* l862 by Manuel Cabral: AISA/Palacio Real de Madrid
135 *Hospital ward during visit by doctor* by L J Aranda: Oronoz/Museo de Bellas Artes, Seville
136l Portrait of General Baldomero Espartero: Oronoz
136tr Isabel II reviewing the army: Oronoz
136br Military execution, 1866: MAS
140 Backdrop from "Molinos de Viento" by Pablo Luna: AISA/Algar/Museo del Teatro
141 *Valencian Fishwives*, l903 by Joaquín Sorolla: Fine Art Photographic Library Limited
142 Casa Amatller, designed by Puig i Cadafalch: AGE
142–143t Stained glass window of Casa Lleó Morera designed by Domènech i Montaner: AGE
142–143c Exterior of the Casa Milá, Barcelona, designed by Gaudí: AISA
143 Roof detail of Casa Battló, designed by Gaudí: RHPL/Robert Frerck
144l Portrait of Rusinyol by Casas: Museu Cau Ferrat
144c Menu card by Pablo Picasso: Picasso Museum, Barcelona
144r Portrait of Picasso by Casas: Museu Nacional d'Art de Catalunya, Barcelona
144–145 Interior of "Four Cats": MAS/Instituto Amatller de Arte Hispánico
145 Poster of "Puchinellis 4 Gats" by Casas: Josep Parer/Institut de Teatre de Barcelona
148 Detail from *La Carga* by Ramón Casas: Oronoz/Museo Municipal de Olot
149t Cartoon of the House of Bragança: ALFA
149b Proclamation of the Portuguese Republic: ALFA
150bl Portrait of Federico García Lorca: AISA/Foundation García
150br Poster for La Barraca, 1932: AISA

150–151 Poster for *The Shoemaker's Prodigious Wife*, l930: AISA
151b Poster for *Yerma*: AISA
152 Statue of Pau Casals by Josep Viladomat i Massanas: AISA
152–153t Line drawing of Manuel de Falla by Picasso: MAS/Museo de Teatro, Barcelona
152–153b *Heteronyms of Pessoa* by Costa Pinheiro, l978: ALFA/Centro de Arte Moderna da Fundação
155 Soldiers of the International Brigade defending position during Spanish Civil War: M/Robert Capa/Gerda Taro
157 Refugee of Spanish Civil War: M/Robert Capa
158 Franco's victory parade in Madrid, 19 May l939: Topham Picture Source
158–159 Water-gathering from street pump: M/David Seymour
159 Harvesting, Andalusia: M/VIVA/Guy Le Querrec
160–161 Posters of the Spanish Civil War: Anabel Merollo
163 Franco's funeral: AISA/Algar
164t Soldiers in Lisbon, April 1974: M/Gilles Peres
164b Mário Soares during campaign tour, 1975: M/Jean Gaumy
164–165 Peasants at rally, 25 April l975: M/Jean-Paul Paireault
165t May Day 1974, Lisbon: M/Gilles Peres
165b Álvaro Cunhal at communist rally 12 April 1975: M/Jean-Paul Paireault
166 Navarre province – two masked ETA members: Popperfoto
167 Demonstrator, Madrid l976: CP/Nicole Herzog-Verrey
168 Tejero's attempted coup: CP
169 President Adolfo Suárez at 1980 elections: AISA
170 Victory for González, l982: M/Jean Gaumy
171 Dancing in front of Barcelona cathedral: RHPL/Robert Frerck
172 Gypsies, Majorca: AISA/Y Álvares
174 Pavilions, Expo'92: M/Bruno Barbey
174–175t Kuwaiti pavilion, Expo'92: M/Bruno Barbey
174–175b Bridge, Expo'92: RHPL/T D Winter
175b Cooling towers, Expo'92: M/Bruno Barbey
176 Pilgrims at Fátima: M/Bruno Barbey
177t Fiesta of St James, Compostela: M/Bruno Barbey
177b Scene from *Viridiana*, l96l by Luis Buñuel: AISA
178 Andalusian woman and grandchild: CP/Observer/John Reader
179 Models, fashion parade, Madrid: AISA
180t World Cup l990, Real Madrid and Barcelona: Allsport/Shaun Botterill
180b Poster advertizing bullfights: RHPL/Trevor Wood
182 Flamenco dancing, Seville: RHPL
182–183 *Fado* singing at Machado, Lisbon: RHPL
183t *Girl escaping,* 1968, by Joan Miró, Museu de Catalunya: RHPL/Robert Frerck
183b Joaquín Rodrigo: AISA
184 *Wind combs* by Eduardo Chillida: AISA
186 Man taking *siesta*: RHPL/Chicago/Odyssey/Robert Frerck
187t Sherry tasting: Images Colour Library
187b Spring Fair and horse market in Jerez de la Frontera: RHPL/Chicago/ Odyssey/Robert Frerck
188t Cave dwellings of Guadix: RHPL/Chicago/Odyssey/Robert Frerck
188b El Generalife, Granada: AGE
188–189 Plaza de España, Seville: Images Colour Library
189t *Pueblo blanco* near Ronda: RHPL/Chicago/Odyssey/Robert Frerck
189b Marina, Benalmádena: Images Colour Library
190t Stork nest: AGE
190b Women selling fish, Nazaré: AISA/J M Navia

190–191t Extremadura: M/Harry Gruyaert
190–191b Golf course, Algarve: AGE
191br Cork workers, Alentejo: Z/V Wentzel
192–193 Festival of Romeria: RHPL/Adam Woolfitt
194 Arres Dejus, Pyrenees: RHPL/Chicago/Odyssey/Robert Frerck
194–195 Bay of Playa de Levante, Benidorm: AGE
195 Beach at Playa de la Barceloneta: AISA/Campillo
196t Orange harvest: AGE
196b Montserrat: AGE
196–197 Sierra de la Muela: AGE
198c *Picking out the Saffron* by Josep Bru: AISA/Museo de Bellas Artes, Valencia
198bl Cooking *paella*, Málaga: RHPL/Fin Costello
198br Tile showing peasants eating *paella*: La Casa de Valencia, Madrid
198–199 Crocus harvest, Toledo: AISA
199 Peniscola: AGE
200t Port of Andraitx, Majorca: RHPL/F Jack Jackson
200b Pottery, Murcia: AISA
200–201 Terraces at Banyalbufar, Majorca: AGE
201b Old town street, Ibiza: AISA
201t Farmer at work on tractor, Majorca: RHPL/F Dubes
202 Alcázar, Segovia: AGE
203 Hanging houses, Cuenca: AISA/Raga
204–205t Windmills and sheep of La Mancha: RHPL/Chicago/Odyssey/Robert Frerck
204–205b Restoration laboratory at Prado Museum: RHPL/Chicago/Odyssey/Robert Frerck
205t Children in Corpus Christi procession: RHPL/Chicago/Odyssey/Robert Frerck
205b Street portrait, Miranda del Castañar: RHPL/Chicago/Odyssey/Robert Frerck
206 Carnival procession, Navarre: AISA
206–207 *Caprichosa* waterfall, Zaragoza: AGE
207 View of Sos del Rey Católico in Zaragoza: AISA/Raga
208–209 Bull run, Pamplona: M/Harry Gruyaert
210 Grape harvest, Rioja: AGE
210–211 Bridge over Ebro river: AGE
212–213t Basque farmstead: AISA/Zamarripa
212–213b Industry, Bilbao: RHPL
213 Covadonga: RHPL/Chicago/ Odyssey/Robert Frerck
214bl Port vineyards, harvesting grapes: AISA
214br Loading barrels: AISA
214–215 Terraces of Upper Douro: John Heseltine
215c Wine boat, River Douro: AGE
215b Bottles of vintage port: M/Bruno Barbey
216t Dairy farm near Santillana: RHPL
216b Street musicians, Bilbao: AISA
216–217 Bragança: AGE
217 Harvesting shellfish, Galicia: RHPL
218tl Decoration on fishing boat, Portugal: RHPL/Michael Short
218tr Tiled mural, Porto: M/Bruno Barbey
218br University, Coimbra: AGE
219t Holy Week procession, Trás-os-Montes: M/Bruno Barbey
219b Shop selling dried fish, Portugal: AGE
220–221 Fishermen, Azores: AISA/Herman Schleich
221 Terraces, Madeira: AGE
222t House of Christopher Columbus, Gran Canaria: AGE
222–223 The Green Lagoon, Lanzarote: AGE
223tl Painted thatched house, Santana: AGE
223tr Beach at Puerto del Carmen, Lanzarote: AGE
223b View of Funchal, Madeira: AGE

監修者のことば

　スペインとポルトガル．それは16世紀の中頃に日本が知った最初のヨーロッパだった．南からやってきた「蛮人」は信長に地球儀を贈って日本列島と唐天竺から成っていたそれまでの日本人の世界観を一変させた．キリスト教が伝えられ，信徒となった少年達がイベリア経由でローマを訪れた．太平洋の彼方にスペイン領ノビスパン（ヌエバ・エスパーニャ）なる国の存在を知った家康は，そこの鉱山技術の導入に強い関心を寄せた．こうして極東と極西の初めての出会いによる東西交流は順調に進むかに見えた．だが，それは80年後に突然絶たれ，日本とイベリアの再会にはその後200余年の歳月の流れを要した．

　19世紀後半，開国後の日本が直面した最大の課題は西欧列強の帝国主義からいかに独立を守り抜くかだった．日本人の眼は米国・英国・フランス・ロシア・ドイツに集中し，近代ヨーロッパにあっては衰退した後進国に堕したスペインとポルトガルはほとんど視野に入らなかった．日本人が再びイベリアに眼を向けるようになったのは第2次大戦後もしばらく経ってからだった．契機となったのはイデオロギーの世紀と言われる20世紀の大きな話題となったスペイン内戦（1936-39）をめぐる論争，そし戦後日本の経済発展にとって，メキシコ以南のラテンアメリカ世界が魅力的な市場として注目されたことだった．輸出型経済の邁進に応えるように大学に外国語学部が誕生し，その一端をスペイン（イスパニア）語学科が占めた．これに間もなく最初の本格的な西和辞典の刊行が続いた．

　以来，日本とイベリアとの距離は着実に狭まりつつある．今日，日本の多くの大学でフランス語やドイツ語と大差のない数の学生が英語に次ぐ外国語としてスペイン語を学び，最近はポルトガル語の入門書も書店に並び始めた．かつてはほとんどセルバンテスに終始したスペイン語文学は，ボルヘス，ネルーダ，ガルシア・マルケスなど現代世界文学をリードするラテンアメリカの作家の作品の邦訳を通してその存在感を広げ高めた．最近も1997年にスペイン語が，そして翌98年にはポルトガル語がノーベル文学賞作家を生んだ．また美術に眼を転じればピカソ，ミロー，ダリーの現代三大巨匠からゴヤ，ベラスケス，エル・グレコへと遡るスペイン絵画の伝統はいまや広く日本人に知られ，バルセロナの聖家族教会に代表されるガウディーの美学は多くの日本人を魅了する．

　この一方でイベリア二国の実像を知る良書は残念ながらまだそう多くはない．1992年のバルセロナ・オリンピックとセビージャ万博の同時開催は日本でも出版界に一寸したスペイン・ブームを生んだ．だが，店頭に並んだのは観光案内の類書がほとんどで，イベリア史3000年への知的好奇心を満たしてくれる本は見当たらなかった．

　本書はこの空白をさまざまな面で埋める良書である．まず叙述は平易，そして内容は随所に最近の研究結果が織り込まれている．次に簡潔的確な解説付きの多くの歴史地図・絵画作品・関連写真が本文の理解と記憶を援けてくれる．また年表・歴代支配者表・特殊用語の解説・文献案内なども便利かつ有益である．そしてなによりもスペインとポルトガルを併せてイベリア史となっている点が新鮮で好感が持てる．

　近代の国民国家形成の動力源となったナショナリズムはまた偏狭な自国史をも生んだ．イベリアの場合，今日の二国体制が500年以上に遡らないことにどれほどの人が気づくであろうか．ポルトガルを無視したスペイン史も，スペインから眼を逸らしたポルトガル史も等しく不完全であるにもかかわらず，これを正す努力はスペイン人からもポルトガル人からもごく稀にしかなされてこなかった．ナショナリズムに眼を塞がれた彼らは互いに背を向け合って自国史のみを語ってきた．

　このように見ると，両国の歴史を併せ語る本書の著者が外国人であることは当然と言えるのかも知れない．また我々も彼らの自国史観に迎合したり，引きずられるようなことはそろそろ止めにしたい．ついに通貨統合にまで漕ぎ着けたヨーロッパ連合は，偏狭な自国史の克服と市民の新たなアイデンティティの育成を目指して『ヨーロッパの歴史』（日本語版は東京書籍，1994）を編纂，刊行した．本書は新時代へ向けてのこうした新たな歴史書の在リ方を示す良き先駆例でもある．

　地名・人名のカナ転写はおおむね以下の要領に従った．
(1) 次の枠内で原音主義を原則とした：
　(a) ラテン語読みはローマ期まで，西ゴート期以後はスペイン語またはポルトガル語読みとした：Hispalis＞ヒスパリス（ただし，Hydatius＞イダシオ）．Ebora＞エボラ（ただし，Evora＞エヴォラ）．
　(b) スペイン語のlla行とya行は共にジャ行で転写した：Sevilla＞セビージャ．Yuste＞ジュステ．
　(c) ただし，定着した慣用表記に従った場合もある：Falla＞ファリャ．Goya＞ゴヤ．
(2) カタルーニャ語の地名・人名は原則としてスペイン語（カスティージャ語）形を採用した：Girona (Gerona)＞ヘローナ．Lleida (Lérida)＞レリダ．ただし，Pau Casals＞パウ・カザルス．
(3) アラビア語の例については，おおむね『イスラム事典』（平凡社）に従った：マホメット＞ムハンマド．

　訳出は英語版を原本とし，スペイン語版を常時参照した．本文とキャプションは瀧本が，トピックスその他は小林が担当した．ただし，全体の調整は小林が行なった．したがって，正すべき点の責任は小林にある．

　外箱の表の写真は，フロミスタにあるロマネスク様式の聖堂．ブルゴスから西へ向かうサンティアゴ・デ・コンポステーラ巡礼路の途中にある．この写真は，東北芸術工科大学助教授 安發和彰氏 のご厚意によりご提供いただいた．外箱の裏の写真については，本書143ページを参照．

1999年5月　小林一宏

訳者のことば

　本書は，メアリ・ヴィンセントおよびロバート・A.ストラドリングの共著 Cultural Atlas of Spain and Portugal (Oxford, 1994) の全訳である．両者とも英国人で，ヴィンセントはイングランドのシェフィールド大学史学科で教鞭をとる近代史の専門家であり，『スペイン第二共和制におけるカトリシズム (Catholicism in the Second Spanish Republic)』(Oxford) などの著書がある．もう一方のストラドリングは，カーディフのウェールズ大学でスペイン史，特に文化史を講じ，本書の参考文献表にもある『スペインの没落とヨーロッパ (Europe and the Decline of Spain, 1580-1720)』(London, 1981)，『フェリーペ4世 (Philip IV)』(Cambridge, 1988) をはじめとするスペイン近代史に関する著作を発表している．そして 1990 年代に入ってからはスペイン内戦を主題に選び，英語圏から参加した義勇兵問題，スペイン内戦と 20 世紀後半の知識人たちなどについて精力的な執筆活動を行っている．

　本書の特徴をひとことで言えば，さまざまな意味で非常によくバランスのとれたイベリア通史ということであろう．第一部でイベリア全体の地理・風土・住民を概説し，第二部においては通史を語り，第三部ではバエージャから地方主義に至るまで，イベリア各地に関する硬軟とりまぜた記事を提供するという本書の構成が読者にとってはまず，イベリアとはどのような場所なのかを思い描く上で大きな助けとなる．叙述は平明簡潔で読みやすい．内容は政治・外交・軍事上の大事件を時代区分の目安としながらも，各時代の社会の様子や人々の生活などに関する具体的なデータやエピソードが随所に挿入され，過去から現在に至るさまざまな時代のイベリアの生き生きとしたイメージを読者に喚起させる語り口となっている．こうした構成および叙述面での工夫と，収集に費やされた苦労がしのばれる豊富な写真や図版とが相まって，本書は一般向けとはいえ，研究者にも利用価値のある，きわめて質の高い入門書となっている．

　ぜひ指摘すべき本書のもうひとつの特色は，「監修者のことば」にもあるように，イベリアを一体として捉えている点である．これは第三部において顕著で，地勢・気候・風土による地域分けを行うにあたり，スペインとポルトガルの国境はまったく無視されている．実際にイベリアを旅行すると実感されることだが，気候と風景に関してはイベリア両国の間には国境線による差は存在しない．また歴史的に見ても，後のスペインを構成する諸王国とポルトガルの間には，統合を志向する理念と，これを否定する動きが同時に存在した．そしてこの 2 つのベクトルの間に生じるエネルギーは，両国の歴史を動かすひとつの大きな力であった．特にスペインは近代に入っても 18 世紀まで，複数の王国の連合体という，古い伝統に根ざした政治・社会上の存在形態を保った．フランコ将軍没後，1978 年に現行憲法が国民投票によって承認されてから今日まで，地方自治が定着し，イベリア両国も加盟するヨーロッパ連合がその歩みを着実に進めつつある状況の下で，本書が提供する視点はまことに意義深いと言える．

　またこのような視点に貫かれた本書が英国人によって執筆されたことも指摘しておくべきだろう．大航海時代にスペイン・ポルトガルが築いた海外植民・交易の寡占体制を切り崩すことによって世界の覇権国家となった大英帝国もまた，その内部に地方主義と中央集権制の葛藤を抱え，地理的にはヨーロッパの辺境に位置する島国である以上，著者たちはイベリアを客観視しつつも，自国とも共通する問題を発見したのではないか．

　さらに，本書の質の高さは，英国におけるスペイン史研究の伝統を反映していると言ってよい．"Spain is different." はスペイン政府観光局がかつて外国人向けに用いた宣伝文句だが，同様の文句がスペイン史学においても繰り返された時代があった．イベリア史上もっとも波乱に富む近世にもっぱら注目し，両国の衰退の原因をイベリアは他のヨーロッパ諸国とは元来「違う」という単純な次元に求めるこの態度は，他国から隔絶した孤高の位置にあろうとするフランコやサラザールには歓迎された．この停滞に変化がもたらされたのは，まず，1950 年代に J.ビセンス・ビーベスが登場してからだったが，変化が一般的な潮流となるには，60 年代に始まる英国，米国，フランスなどの研究者の活躍を待たなければならなかった．フランコの死を経て今日もなお継続中のスペイン史研究刷新の基礎を築いたのは彼らだった．中でも，J.H.エリオット Imperial Spain 1469-1716 (London, 1963：邦訳は藤田一成訳，『スペイン帝国の興亡 1469-1716』岩波書店，1982 年) と R.カー Spain, 1808-1975 (Oxford, 1966) という 2 人の英国人スペイン史家による，近代の前半と後半をそれぞれ扱った著作は，スペイン史研究に一時代を画した．英国からは他にも文学や美術の分野で傑出したスペイン研究者が出ているが，本書はこうした英国におけるスペイン研究の伝統の深みと裾野の広さの上に立っている．

　最後に，本書を翻訳する機会を与えてくださった監修者の小林一宏先生にお礼を申し上げたい．スペイン史の手ほどきをしてくださった先生は，今回の訳業でも遅筆の訳者を叱咤激励しつつ訳文のすみずみにまで目を通して朱筆を入れられ，監修者としての役割を文字通り全うされた．また朝倉書店編集部の方々には，原稿の遅れによってたいへんな寛容と忍耐を強いてしまった．おかげで，訳者にとっては最初の訳業をどうにか終えることができた．深く感謝申し上げる．

1999 年 5 月　瀧本佳容子

地名索引

見出し語の後の( )の中は現代の国名を示す．
＊の付いた見出し語は，県・王国・地方などを示す．

ア 行

アイグアブラーバ(スペイン) 41°55′N 3°14′E 195
アウァリクム→ブジュ
アヴィニョン(アウェニオ)(フランス) 43°56′N 4°48′E 39, 58
アヴィニョンとヴネサン伯領＊ 84
アヴェイロ＊ 146, 154, 171, 212
アヴェイロ(ポルトガル) 40°38′N 8°40′W 129, 139, 171, 212
アウェニオ→アヴィニョン
アウグストメネトゥム→クレルモン・フェラン
アウグストリトゥム→リモージュ
アウソナ→ビック
アウリウム→オレンセ
アエミニウム→コインブラ
アガテ→アグド
アカプルコ(メキシコ) 16°51′N 99°56′W 72
アギラス(スペイン) 37°24′N 1°35′W 195
アギラール・デ・カンボー(スペイン) 42°47′N 4°15′W 203
アギンヌム→アジャン
アクアエ・コンウェナルム→バニェール・ド・ビゴール
アクアエ→ダックス
アグド(アガテ)(フランス) 43°19′N 3°28′E 39
アクラ・レウケ(スペイン) 38°25′N 0°27′W 30
アグリジェント(イタリア) 37°18′N 13°35′E 58
アグレダ(スペイン) 41°51′N 1°56′W 203
アグーロ(スペイン) 28°12′N 17°12′W 220
アグダ川 203
アサイラ(スペイン) 41°21′N 0°07′W 30
アシドナ→メディーナ・シドーニア
アジャモンテ(スペイン) 37°13′N 7°24′W 186
アジャン(アギンヌム)(フランス) 44°12′N 0°37′E 39
アスティギ→エシハ
アストゥリアス＊ 47, 70, 147, 154, 156, 171, 212
アストゥリカ・アウグスタ→アストルガ
アストルガ(アストゥリカ・アウグスタ)(スペイン) 42°27′N 6°04′W 34, 39, 42, 70, 121, 203
アスペイティア(スペイン) 43°11′N 2°15′W 213
アセイセイラ(ポルトガル) 39°27′N 8°39′W 129
アソーレス＊ 221
アソーレス諸島(ポルトガル) 38°30′N 28°00′W 72, 126
アタプエルカ(スペイン) 41°58′N 3°29′W 28
アッキ→グアディーセ
アティエンサ(スペイン) 41°13′N 2°49′W 70
アテナイ(ギリシア) 38°00′N 23°44′E 58
アド・アラス(スペイン) 38°47′N 0°58′W 34
アドゥール川 14, 28
アトゥルム→エール
アドラ(アブデラ)(スペイン) 36°44′N 3°01′W 30, 39
アネート岳(スペイン) 42°38′N 0°40′E 15, 206
アビラ＊ 147, 154, 156, 171, 203
アビラ(スペイン) 40°39′N 4°42′W 70, 92, 139, 171, 203
アビレス(スペイン) 43°33′N 5°55′W 212
アブデラ→アドラ
アブランテス(ポルトガル) 39°28′N 8°12′W 121
アベノーハル川 203
アベーラ(スペイン) 40°39′N 4°42′W 39
アヘール(スペイン) 42°03′N 1°00′E 195
アマージャ(スペイン) 43°04′N 2°58′W 39

アマゾン河 72, 126
アマランテ(ポルトガル) 41°17′N 8°06′W 212
アムステルダム(オランダ) 52°22′N 4°54′E 84
アメイシアール(ポルトガル) 38°56′N 7°52′W 84, 103
アライオロス(ポルトガル) 38°44′N 7°59′W 103, 186
アラーゴ(スペイン) 42°53′N 2°28′E 28
アラゴア(ポルトガル) 37°10′N 7°35′W 129
アラゴン＊ 47, 58, 70, 84, 156, 171, 206
アラゴン川 186, 206
アラジョール(スペイン) 39°56′N 4°08′E 195
アラセーナ(スペイン) 37°53′N 6°33′W 186
アラバ 47, 147, 154, 156, 171, 213
アラーマ・デ・アルメリーア(スペイン) 36°58′N 2°36′W 187
アラーマ・デ・グラナダ(スペイン) 37°00′N 3°59′W 186
アラーマ・デ・ムルシア(スペイン) 37°51′N 1°25′W 195
アラマン王国＊ 39
アラルコス(スペイン) 38°32′N 3°49′W 47
アラルコン(スペイン) 39°30′N 2°04′W 203
アラルコン・ダム 39°36′N 2°10′W 203
アランダ・デ・ドゥエロ(スペイン) 41°41′N 3°43′W 203
アランフエース(スペイン) 40°02′N 3°36′W 203
アリアーガ(スペイン) 40°40′N 0°42′W 206
アリエラ(スペイン) 29°08′N 13°27′W 220
アリカンテ＊ 147, 154, 156, 171, 195
アリカンテ(ルケントゥム)(スペイン) 38°23′N 0°29′W 14, 30, 34, 58, 70, 92, 115, 129, 139, 171, 195
アリジャース(スペイン) 42°11′N 7°48′W 212
アリジョー(ポルトガル) 41°18′N 7°28′W 212
アルガ川 206
アルカーサル・デ・サン・フアン(スペイン) 39°24′N 3°12′W 115, 203
アルーカス(スペイン) 28°08′N 15°32′W 220
アルカーセル・ド・サル(ポルトガル) 38°22′N 8°30′W 47, 129
アルカナール(スペイン) 40°33′N 0°29′E 195
アルカニース(スペイン) 41°03′N 0°08′W 70, 206
アルカラー(ポルトガル) 37°07′N 8°29′W 28
アルカラー・デ・エナーレス(コンプルトゥム)(スペイン) 40°29′N 3°22′W 34, 39, 203
アルカラー・デ・グアダイラ(スペイン) 37°20′N 5°50′W 186
アルカラー・ラ・レアル(スペイン) 37°28′N 3°56′W 186
アルガルヴェ＊ 103, 186
アルガンソン(スペイン) 42°52′N 3°06′W 42
アルガンダ(スペイン) 40°18′N 3°26′W 203
アルカンタラ(スペイン) 39°43′N 6°53′W 47, 186
アルギネギン(スペイン) 27°44′N 15°39′W 220
アルクディア(スペイン) 39°52′N 3°07′E 195
アルゲーロ(イタリア) 40°34′N 8°19′E 58
アルコイ(スペイン) 38°42′N 0°28′W 129, 195
アルコス・デ・ラ・フロンテーラ(スペイン) 36°45′N 5°46′W 186
アルコバーサ(ポルトガル) 39°33′N 8°58′W 212
アルコマニス(スペイン) 42°53′N 2°30′W 213
アルコーラ(スペイン) 40°03′N 0°19′W

195
アルコリーサ(スペイン) 40°53′N 0°22′W 206
アルコレーア・デル・ピナール(スペイン) 41°02′N 2°28′W 203
アルサスア(スペイン) 42°54′N 2°10′W 206
アルジェ(アルジェリア) 36°50′N 3°00′E 15, 84
アルシーラ(スペイン) 39°09′N 0°26′W 195
アルター(スペイン) 39°42′N 3°20′E 195
アルタホーナ(スペイン) 42°35′N 1°46′W 28
アルタミーラ(スペイン) 43°24′N 3°49′W 28
アルティエス(スペイン) 42°41′N 0°52′E 195
アルディーラ川 14, 186
アルテール・ド・シャン(ポルトガル) 39°12′N 9°40′W 103, 186
アルト・アレンテージョ＊ 186
アルネディージョ(スペイン) 42°13′N 2°09′W 206
アルバ・デ・トルメス(スペイン) 40°49′N 5°31′W 203
アルバセーテ＊ 147, 154, 156, 171, 203
アルバセーテ(スペイン) 38°59′N 1°51′W 42, 139, 171, 203
アルバラシン(スペイン) 40°25′N 1°26′W 70, 206
アルビ(アルビガ)(フランス) 43°56′N 2°08′E 39
アルビガ→アルビ
アルファンブラ川 206
アリーガ(スペイン) 40°40′N 0°42′W 206
アリエラ(スペイン) 29°08′N 13°27′W 220
アルプス山脈(フランス，スイス) 46°15′N 8°20′E 84
アルブフェイラ(ポルトガル) 37°05′N 8°15′W 186
アルヘシーラス(スペイン) 36°08′N 5°30′W 129, 186
アルベルチェ川 14, 203
アルボース(スペイン) 37°20′N 2°07′W 187
アルマグロ(スペイン) 38°53′N 3°43′W 203
アルマサン(スペイン) 41°29′N 2°32′W 203
アルマーダ(ポルトガル) 38°41′N 9°09′W 129, 186
アルマデン(スペイン) 38°46′N 4°50′W 115, 203
アルマンサ(スペイン) 38°52′N 1°05′W 129, 203
アルマンソール岳(スペイン) 40°15′N 5°18′W 14, 203
アルメアール・デ・ソリア(スペイン) 41°41′N 2°12′W 203
アルメイダ(ポルトガル) 40°43′N 6°54′W 121, 186
アルメリーア＊ 147, 154, 156, 171, 187
アルメリーア(スペイン) 36°50′N 2°27′W 14, 115, 121, 139, 171, 187
アルメリマール(スペイン) 36°44′N 2°39′W 187
アルモステール(ポルトガル) 39°15′N 8°47′W 129
アルモロール(ポルトガル) 39°29′N 8°18′W 186
アルランソン川 14, 203
アルル(フランス) 43°40′N 4°38′E 58
アルンダ→ロンダ
アレシーフェ(スペイン) 28°57′N 13°33′W 220
アレナース・デ・サン・ペドロ(スペイン) 40°11′N 5°04′W 203
アレナール・デン・カステール(スペイン) 40°00′N 4°10′E 195
アレニス・デ・マール(スペイン) 41°35′N 2°33′E 147
アレバロ(スペイン) 41°04′N 4°43′W 203
アレンテージョ＊ 103
アーロ(スペイン) 42°34′N 2°52′W 70, 206
アロスノ(スペイン) 37°33′N 7°07′W 186
アロナエ(スペイン) 38°30′N 0°05′W 30
アンヴェール(ベルギー) 51°13′N 4°25′E

84
アングラ・ド・エロイスモ(ポルトガル) 38°40′N 27°12′W 221
アングレーム(イクリスマ)(フランス) 45°39′N 0°09′E 39
アンコーナ(イタリア) 43°38′N 13°30′E 58
アンジェー(ユリオマグス)(フランス) 47°28′N 0°33′W 39
アンタ・ダ・マルケーザ(ポルトガル) 38°53′N 7°04′W 28
アンタ・ドス・ジョルジョンス(ポルトガル) 38°08′N 7°20′W 28
アンダルシーア＊ 47, 58, 70, 129, 156, 171, 186
アンテケーラ(スペイン) 37°01′N 4°33′W 186
アンドゥーハル(スペイン) 38°03′N 4°04′W 129, 186
アンドーラ・ラ・ベーリャ(アンドーラ) 42°30′N 1°31′E 15
アンノボン島(赤道ギニア) 1°25′S 5°36′E 126, 127
アンブエロ(スペイン) 42°17′N 3°28′W 115
アンプリアス(エンボリアエ)(スペイン) 42°17′N 3°17′E 30, 34, 39
イガエディタニ→イダーニャ・ア・ヴェーリャ
イクリスマ→アングレーム
イコード・デ・ロス・ビーノス(スペイン) 28°22′N 16°43′W 220
イジェスカス(スペイン) 40°08′N 3°51′W 70
イスキア(イタリア) 40°44′N 13°57′E 58
イスパニア辺境領＊ 42
イダーニャ・ア・ヴェーリャ(エギタニア／イガエディタニ)(ポルトガル) 39°55′N 7°15′W 34, 39
イタリカ(スペイン) 37°27′N 6°04′W 34, 39
イッリブラ(スペイン) 37°21′N 6°39′W 39
イトゥッキ(スペイン) 37°35′N 4°08′W 34
イビーサ島(スペイン) 38°54′N 1°26′E 15, 28, 34, 47, 70, 115, 121, 129, 139, 147, 154, 156, 171, 195
イフニ＊ 126
イベリア山脈(スペイン) 41°00′N 2°00′W 14
イベリア半島(スペイン／ポルトガル) 40°30′N 4°52′W 28, 30
イリア・フラウィア→パドロン
イリキ→エルチェ
イリベリス(スペイン) 37°18′N 3°52′W 34, 39
イルン(スペイン) 43°20′N 1°48′W 156
イレルダ→レリダ
インカ(スペイン) 39°43′N 2°54′E 195
インダス河 73, 127
ヴァランシエンヌ(フランス) 50°22′N 3°32′E 84
ウァレリア→バレーラ・ビエハ
ウァレンティア→バレンシア
ヴィアナ・ド・アレンテージョ(ポルトガル) 38°20′N 8°00′W 186
ヴィアナ・ド・カステーロ＊ 146, 154, 171, 212
ヴィアナ・ド・カステーロ(ポルトガル) 41°41′N 8°50′W 139, 171, 121
ヴィゼウ＊ 154, 171, 212
ヴィゼウ(ウィセウム)(ポルトガル) 40°40′N 7°55′W 39, 42, 47, 103, 139, 146, 171, 212
ウィセウム→ヴィゼウ
ヴィダーゴ(ポルトガル) 42°38′N 7°33′W 212
ヴィミオーゾ(ポルトガル) 41°35′N 6°31′W 103
ヴィメイロ(ポルトガル) 39°11′N 9°19′W 121
ヴィラ・ヴィソーザ(ポルトガル) 38°46′N 7°25′W 103, 186
ヴィラ・シャン(ポルトガル) 41°15′N 7°17′W 103
ヴィラ・デ・フェイラ(ポルトガル) 40°55′N 8°32′W 212
ヴィラ・ド・コンデ(ポルトガル) 41°21′N 8°45′W 103, 212

233

地名索引

ヴィラ・ド・ポルト(ポルトガル) 36°57′N 25°10′W 221
ヴィラ・ノーヴァ・ダ・セルヴェイラ(ポルトガル) 41°57′N 8°44′W 212
ヴィラ・ノーヴァ・デ・ガイア(ポルトガル) 41°09′N 8°40′W 212
ヴィラ・ノーヴァ・デ・サン・ペドロ(ポルトガル) 39°23′N 8°39′W 28
ヴィラ・ノーヴァ・デ・フォスコーア(ポルトガル) 41°05′N 7°09′W 212
ヴィラ・ノーヴァ・デ・ミルフォンテス(ポルトガル) 37°43′N 8°47′W 186
ヴィラ・フランカ・デ・シーラ(ポルトガル) 38°42′N 9°00′W 129
ヴィラ・フランカ・ド・カンポ(ポルトガル) 37°28′N 25°27′W 221
ヴィラ・ポイン(ポルトガル) 38°52′N 7°17′W 103
ヴィラ・レアル* 146, 154, 171, 212
ヴィラ・レアル(ポルトガル) 41°17′N 7°45′W 129, 139, 171, 212
ヴィラ・レアル・デ・サント・アントニオ(ポルトガル) 37°12′N 7°25′W 186
ウィーン(オーストリア) 48°13′N 16°22′E 84
ウエスカ* 147, 154, 156, 171, 206
ウエスカ(オスカ)(スペイン) 42°08′N 0°25′W 34, 39, 42, 47, 70, 139, 171, 206
ウエスナ川 186
ウェスナ→ベリグー
ヴェネツィア(イタリア) 45°26′N 12°20′E 58, 84
ヴェネツィア共和国* 58, 84
ヴェーラス(ポルトガル) 38°42′N 28°13′W 221
ウエルカル(ウルキ)(スペイン) 36°53′N 2°26′W 34, 39
ヴェルチェッリ(イタリア) 45°19′N 8°26′E 84
ウエルバ* 147, 154, 156, 171, 186
ウエルバ(スペイン) 37°15′N 6°56′W 28, 30, 92, 115, 156, 171, 186
ウエルバ川 14, 186
ヴェンダス・ノーヴァス(ポルトガル) 38°41′N 8°27′W 186
ヴォーガ川 212
ウクサマ・アルガエラ→オスマ
ウクビ→エスペーホ
ウクレース(スペイン) 39°58′N 2°52′W 47, 203
ウケティア→ユゼス
ウジャストレート(スペイン) 42°06′N 3°02′E 39
ウトレーラ(スペイン) 37°10′N 5°47′W 129
ウブリーケ(スペイン) 36°41′N 5°27′W 186
ウベダ(サラリア)(スペイン) 38°01′N 3°22′W 34, 187
ウルキ→ウエルカル
ウルッゲルム(スペイン) 42°03′N 0°53′E 39
ウルヘール(スペイン) 42°40′N 3°16′E 58
エイバル(スペイン) 43°11′N 2°28′W 213
エヴォラ* 146, 154, 171, 186
エヴォラ(エボラ)(ポルトガル) 38°34′N 7°54′W 14, 34, 39, 42, 47, 70, 103, 129, 139, 171, 186
エヴォラ・モンテ(ポルトガル) 38°46′N 7°41′W 103, 129
エガラ(スペイン) 41°15′N 2°11′E 39
エギタニア→イダーニャ・ア・ヴェーリャ
エグ・モルト(フランス) 43°34′N 4°11′E 58
エシハ(アスティギ)(スペイン) 37°33′N 5°04′W 34, 70, 129, 186
エジン(スペイン) 38°31′N 1°43′W 203
エスカライ(スペイン) 42°19′N 3°00′W 115
エスカローナ(スペイン) 40°10′N 4°24′W 70, 203
エスコンブレーラス(スペイン) 37°34′N 0°56′W 129
エスタルティエト(スペイン) 42°03′N 3°12′E 195

エステージャ(スペイン) 42°41′N 2°02′W 206
エステーパ(スペイン) 37°17′N 4°52′W 186
エストレマドゥーラ* 47, 70, 103, 156, 171, 186
エストレモース(ポルトガル) 38°50′N 7°35′W 14, 212
エストレーラ連山(ポルトガル) 40°20′N 7°40′W 14, 212
エスパニョーラ島(ドミニカ共和国/ハイチ) 19°00′N 71°00′W 72
エスピゲーテ山(スペイン) 42°56′N 4°48′W 203
エスピシェール岬(ポルトガル) 38°24′N 9°13′W 186
エスピーニョ(ポルトガル) 41°01′N 8°38′W 212
エスペーホ(ウクビ)(スペイン) 37°40′N 4°34′W 34, 186
エスポゼンデ(ポルトガル) 41°32′N 8°47′W 212
エスラ川 14
エブスス(スペイン) 39°01′N 1°32′E 30
エブロ川 14, 28, 30, 34, 39, 42, 47, 58, 70, 84, 92, 115, 121, 129, 139, 147, 154, 156, 195, 203, 206
エヘーア・デ・ロス・カバジェーロス(スペイン) 42°07′N 1°09′W 206
エボラ→エヴォラ
エメリタ・アウグスタ→メリダ
エリア川 203
エリセイラ(ポルトガル) 38°58′N 9°25′W 103, 186
エリンベリス→オーシェ
エール(アトゥルム)(フランス) 43°42′N 0°15′W 39
エル・エスコリアル(スペイン) 40°35′N 4°09′W 203
エル・カランボーロ(スペイン) 37°23′N 5°59′W 28
エル・サレール(スペイン) 39°24′N 0°24′W 195
エル・バランケーテ(スペイン) 37°36′N 0°59′W 28
エル・バルコ・デ・アビラ(スペイン) 40°21′N 5°31′W 203
エル・フェロール(スペイン) 43°29′N 8°14′W 121, 129, 146, 212
エル・ブルゴ・デ・オスマ(スペイン) 41°34′N 3°04′W 203
エルヴェドーザ(ポルトガル) 41°18′N 7°22′W 103
エルサ→オーズ
エルチェ(イリキ)(スペイン) 36°16′N 0°41′W 30, 34, 39, 195
エルヌ(エレナ)(フランス) 42°36′N 2°58′E 39
エルバース(スペイン) 40°16′N 5°52′W 186
エルビーニャ(スペイン) 43°21′N 8°22′W 30
エルベ(スペイン) 38°27′N 0°48′W 195
エルベ河 84
エレナ→エルヌ
エレーラ・デ・ピスエルガ(スペイン) 42°35′N 4°20′W 70
エレーラ・デル・ドゥーケ(スペイン) 39°10′N 5°03′W 186
エロ(スペイン) 38°25′N 1°04′W 39
エンクメアーダ(ポルトガル) 32°46′N 17°01′W 220
エントレ・ミーニョ・エ・ドーロ* 103
エンポリアエ→アンブリアス
オカーニャ(スペイン) 39°57′N 3°30′W 70, 92, 121
オケルム・ドゥリ→サモーラ
オーシュ(エリンベルム)(フランス) 43°42′N 0°16′E 39
オーズ(エルサ)(フランス) 43°51′N 0°06′E 39
オスカ→ウエスカ
オスーナ(スペイン) 37°14′N 5°06′W 28, 30, 186

オスマ(ウクサマ・アルガエラ)(スペイン) 42°52′N 3°03′W 34, 39, 42
オスマン(トルコ帝国)* 84
オッソノバ→ファーロ
オテイロ(ポルトガル) 41°47′N 7°58′W 103
オトラント(イタリア) 40°08′N 18°30′E 58
オビエド(スペイン) 43°21′N 5°50′W 14, 42, 115, 121, 139, 156, 171, 212
オビドス(ポルトガル) 39°21′N 9°09′W 212
オラン* 84
オリウエラ(スペイン) 38°05′N 0°56′W 195
オリシポ→リスボア
オリスターノ(イタリア) 39°54′N 8°36′E 58
オリーテ(スペイン) 42°29′N 1°40′W 206
オリーバ(スペイン) 38°55′N 0°09′W 195
オリベンサ(スペイン) 38°41′N 7°06′W 186
オリャン(ポルトガル) 37°01′N 7°50′W 186
オルガース(スペイン) 39°39′N 3°52′W 203
オルタ(ポルトガル) 38°32′N 28°38′W 221
オルテガール岬(スペイン) 43°46′N 7°54′W 212
オルベーラ(スペイン) 36°56′N 5°15′W 186
オルレアン(フランス) 47°54′N 1°54′E 84
オレトゥム(スペイン) 38°50′N 3°21′W 34, 39
オレロ→オロロン・サント・マリー
オレン(ポルトガル) 39°42′N 8°36′W 103
オレンセ* 146, 154, 156, 171, 212
オレンセ(アウリウム)(スペイン) 42°20′N 7°52′W 34, 39, 139, 171, 212
オロート(スペイン) 42°11′N 2°30′E 147, 156
オロペーサ(スペイン) 39°55′N 5°10′W 203
オロペーサ(スペイン) 40°06′N 0°07′E 195
オロロン・サント・マリー(オレロ)(フランス) 43°12′N 0°35′W 39

カ 行

ガヴァード川 212
ガウシン(スペイン) 36°31′N 5°19′W 186
カウリウム→コリア
カエサル・アウグスタ→サラゴーサ
カエサロドゥヌム→トゥール
ガエータ(イタリア) 41°13′N 13°36′E 58
カオール(ディヴォナ)(フランス) 44°28′N 0°26′E 39
ガジェゴ川 14, 206
カシオーナ(カストゥロ)(スペイン) 38°12′N 3°16′W 39
カスカイス(ポルトガル) 38°41′N 9°25′W 186
カスティージャ* 47, 58, 70, 84
カスティージャ・ラ・マンチャ* 156, 171, 203
カスティージャ・レオン* 156, 171, 203
カステジョ・デ・アンプリアス(スペイン) 42°15′N 2°54′E 195
カステジョン* 147, 154, 156, 171, 195
カステジョン・デ・ラ・プラーナ(スペイン) 39°59′N 0°03′W 129, 139, 171, 195
カステッランマーレ(イタリア) 40°47′N 14°29′E 58
カステルデフェルス(スペイン) 41°17′N 1°57′E 195
カステーロ・デ・ヴィーデ(ポルトガル) 39°25′N 7°27′W 186
カステーロ・ブランコ* 146, 154, 171, 212
カステーロ・ブランコ(ポルトガル) 39°50′N 7°30′W 129, 171, 212
カストゥロ→カシオーナ
カストロ・ウルディアーレス(スペイン) 43°23′N 3°11′W 213
カストロ・デル・リーオ(スペイン) 37°41′N 4°29′W 186

カストロ・マリン(ポルトガル) 37°13′N 7°26′W 186
カストロ・ラボレイロ(ポルトガル) 42°02′N 8°10′W 103
カスペ(スペイン) 41°14′N 0°03′W 206
カセレス* 147, 154, 156, 171, 186
カセレス(ノルバ・カエサリナ)(スペイン) 39°29′N 6°22′W 34, 47, 139, 171, 186
カソルラ(スペイン) 37°55′N 3°00′W 187
カターニア(イタリア) 37°31′N 15°06′E 58
ガータ岬(スペイン) 36°44′N 2°10′W 187
カタルーニャ* 47, 58, 70, 84, 121, 129, 156, 171, 195
ガータ連山(スペイン) 40°20′N 6°35′W 14
ガッラエキア* 34, 39
カディ山(スペイン) 42°18′N 1°35′E 195
カディス* 147, 154, 156, 171, 186
カディス(ガデス)(スペイン) 36°32′N 6°18′W 14, 28, 30, 34, 47, 71, 84, 92, 115, 121, 129, 139, 147, 156, 171, 186
ガデス→カディス
カトウテ山(スペイン) 42°48′N 6°20′W 203
カナリア 220
カナリア諸島(スペイン) 28°30′N 14°19′W 72, 126
カニェーテ(スペイン) 40°03′N 1°39′W 203
カニサーダ(ポルトガル) 41°38′N 8°10′W 212
カバローソ(スペイン) 42°21′N 1°40′W 206
カビンダ* 126
カブリエール川 195, 203
カブレラ島(スペイン) 39°08′N 2°56′E 195
カブレラ連山(スペイン) 42°11′N 6°52′W 14
カベーサ・デ・グリエゴ(セゴブリガ)(スペイン) 39°50′N 2°51′W 34, 39
カベーソ・デ・アルーダ(ポルトガル) 39°00′N 9°04′W 28
カーボ・ヴェルデ諸島(カーボ・ヴェルデ) 16°00′N 24°00′W 72
カボ・フービ* 126
カメイシャ(ポルトガル) 42°09′N 8°11′W 30
カラ・ブランカ(スペイン) 39°57′N 3°51′E 195
カラ・ミジョール(スペイン) 39°35′N 3°22′E 195
カラ・モンドラゴー(スペイン) 39°22′N 3°14′E 195
カラオーラ(カラグリス)(スペイン) 42°19′N 1°58′W 34, 39, 42, 47, 206
カラオンダ(スペイン) 36°30′N 4°43′W 186
カラグリス→カラオーラ
カラタジュード(ビルビリス)(スペイン) 41°21′N 1°39′W 30, 34, 70, 206
ガラチーコ(スペイン) 28°22′N 16°46′W 220
カラトラーカ(スペイン) 36°51′N 4°49′W 186
カラトラーバ(スペイン) 39°00′N 3°52′W 47
カラトラーバ・ラ・ヌエバ(スペイン) 38°59′N 3°40′W 203
カラバーカ(スペイン) 38°06′N 1°51′W 195
カラビート(ポルトガル) 40°45′N 7°28′W 28
カラブリア(スペイン) 40°48′N 5°54′W 203
ガラホナイ山(スペイン) 28°07′N 17°14′W 220
カラムーロ(ポルトガル) 40°33′N 8°13′W 212
カリオン川 14, 203
ガリシア* 47, 70, 156, 171, 212
カリニェーナ(スペイン) 41°20′N 1°13′W 206
カリフォルニア 72
カリャリ(イタリア) 39°13′N 9°08′E 58, 84
カルヴァリャール(ポルトガル) 40°50′N 7°

地名索引

54′W　212
ガルヴァン(ポルトガル)　37°42′N　8°21′W　129
カルヴォエイロ岬(ポルトガル)　39°21′N　9°24′W　212
カルカスティージョ(スペイン)　42°23′N　1°27′W　206
カルカソ→カルカソンヌ
カルカソンヌ(カルカソ)(フランス)　43°13′N　2°21′E　39
カルタギネンシス*　34, 39
カルタゴ・スパルタリア→カルタヘーナ
カルタゴ・ノヴァ→カルタヘーナ
カルタヘーナ*　147
カルタヘーナ(カルタゴ・ノヴァ, カルタゴ・スパルタリア)(スペイン)　37°36′N　0°59′W, 15, 30, 34, 39, 58, 70, 72, 115, 121, 129, 156, 195
ガルーチャ(スペイン)　37°11′N　1°49′W　187
カルテイア(スペイン)　36°12′N　5°27′W　30, 34
カルド(スペイン)　40°59′N　0°40′E　195
カルドナ(スペイン)　41°55′N　1°41′E　42, 195
カルナーシャ(ポルトガル)　32°40′N　16°52′W　220
カルベ(スペイン)　38°39′N　0°03′E　195
カルボネーラス(スペイン)　37°00′N　1°53′W　187
カルモ→カルモーナ
カルモーナ(カルモ)(スペイン)　37°28′N　5°38′W　30, 70, 129, 186
カレージャ(スペイン)　41°37′N　2°40′E　195
カロリン群島(Federated States of Micronesia)　7°50′N　145°00′E　127
ガロンヌ川　15, 39, 58, 84
ガンガス・デ・オニース(スペイン)　43°21′N　5°08′W　42, 212
カンタブリア　147, 154, 156, 171, 212
カンタブリア山脈(スペイン)　42°35′N　5°00′W　14, 47
ガンディーア(スペイン)　38°59′N　0°11′W　195
カンバードス(スペイン)　42°31′N　8°49′W　212
カンフランク(スペイン)　42°42′N　0°31′W　206
カンページョ(スペイン)　38°26′N　0°24′W　195
ギティリース(スペイン)　43°10′N　7°52′W　212
キート*　72
キート(エクアドル)　0°14′S　78°30′W　72
ギブス*　147, 154, 156, 171, 213
ギマランエス(ポルトガル)　41°26′N　8°19′W　103, 146, 212
キンタナール・デ・ラ・オルデン(スペイン)　39°36′N　3°03′W　203
グアダラハラ*　72, 147, 154, 156, 171, 203
グアダラハラ(スペイン)　40°37′N　3°10′W　70, 72, 115, 139, 156, 171, 203
グアダラマ連山(スペイン)　41°00′N　3°50′W　14, 47
グアダリマール川　14, 187
グアダルカナル(スペイン)　38°06′N　5°49′W　186
グアダルキビール川　14, 28, 30, 34, 42, 47, 70, 92, 115, 121, 129, 139, 147, 154, 156, 186
グアダルーペ川(スペイン)　39°27′N　5°19′W　70, 186
グアダレテ川　14, 186

グアダレンティン川　14
グアダローペ川　206
グアディアーナ・メノール川　187
グアディアーナ川　14, 28, 30, 34, 39, 42, 47, 58, 70, 84, 92, 103, 115, 121, 129, 139, 147, 154, 156, 186, 203
グアディース(アッキ)(スペイン)　37°19′N　3°08′W　34, 39, 187
グアテマラ(グアテマラ)　14°38′N　90°22′W　72
グアム島(アメリカ)　13°30′N　144°40′E　127
グアルダ*　146, 154, 171, 212
グアルダ(ポルトガル)　40°32′N　7°17′W　103, 139, 171, 212
グアルダマール・デル・セグーラ(スペイン)　38°05′N　0°39′W　195
クエジャル(スペイン)　41°24′N　4°19′W　203
クエバ・デ・ラ・メンガ(スペイン)　36°43′N　4°46′W　28
クエバ・モンセラート(スペイン)　41°37′N　1°51′E　28
クエバス・デル・アルマンソーラ　37°19′N　1°52′W　187
クエンカ*　147, 156, 171, 203
クエンカ(スペイン)　40°04′N　2°07′W　42, 47, 70, 115, 129, 139, 171, 203
クエンカ山地(スペイン)　40°30′N　1°45′W　14
クジェーラ(スペイン)　39°10′N　0°15′W　195
クディジェーロ(スペイン)　43°33′N　6°09′W　212
クニジェーラ島(スペイン)　38°59′N　1°12′E　195
グラサレーマ(スペイン)　36°46′N　5°23′W　186
グラシオーサ島(スペイン領)　29°15′N　13°31′W　220
グラシオーザ島(ポルトガル領)　39°03′N　28°03′W　221
グラード(スペイン)　43°23′N　6°04′W　212
グラナダ*　58, 70, 84, 147, 154, 156, 171, 186
グラナダ(スペイン)　37°10′N　3°35′W　14, 42, 47, 70, 115, 129, 139, 147, 156, 171, 186
グラナダ王国*　47
グラノジェールス(スペイン)　40°16′N　6°06′W　186
グラノジェールス(スペイン)　41°37′N　2°18′E　195
グラバロス(スペイン)　42°06′N　2°01′W　206
グラン・カナリア島(スペイン)　28°00′N　15°35′W　220
グラン・タラハール(スペイン)　28°12′N　14°02′W　220
クランガノール(インド)　10°12′N　76°11′E　73
クリーア(ポルトガル)　40°25′N　8°29′W　212
クルニア→コルーニャ・デル・コンデ
グレードス連山(スペイン)　40°15′N　5°20′W　14
クレビジェンテ(スペイン)　38°15′N　0°48′E　195
クレルモン・フェラン(アウグストメヌトゥム)(フランス)　45°47′N　3°05′E　39
グローベ(スペイン)　42°30′N　8°52′W　212
ケセ(スペイン)　42°02′N　1°11′E　30
ケープタウン(南アフリカ)　33°56′S　18°28′E　72
ケルサ→ヘルサ
ケルース(ポルトガル)　38°45′N　9°15′W　186
ゲルニーカ(スペイン)　43°19′N　2°40′E　156
ケルン(ドイツ)　50°56′N　6°59′E　84
ゲルンダ→ヘローナ
ゴア(インド)　15°31′N　73°56′E　73, 127
コイン(スペイン)　36°40′N　4°45′W　186
コインブラ*　146, 154, 171, 212
コインブラ(アエミニウム)(ポルトガル)　40°12′N　8°25′W　14, 34, 39, 42, 47, 70, 103, 129, 139, 171, 212

コヴィリャン(スペイン)　40°17′N　7°30′W　146
ゴヴェイア(ポルトガル)　40°29′N　7°35′W　212
コカ(スペイン)　41°13′N　4°32′W　203
コスタ・デル・ソル*　14, 186
コスタ・ノーヴァ(ポルトガル)　40°36′N　8°45′W　212
コスタ・ブラーバ*　15, 195
コスタ・ブランカ*　14, 195
コデセイロ(ポルトガル)　42°37′N　8°25′W　212
コニンブリガ→コンデイシャ・ア・ヴェーリャ
コーバ・ネグラ(スペイン)　39°07′N　0°06′W　28
コバドンガ(スペイン)　43°18′N　5°02′W　42
コバルビアス(スペイン)　42°02′N　3°31′W　203
ゴメーラ島(スペイン)　28°08′N　17°14′W　220
コラレーホ(スペイン)　28°43′N　13°53′W　220
コリア(カウリウム)(スペイン)　39°59′N　6°32′W　34, 39, 42, 186
コリアッルム→シェルブール
コリント(ギリシア)　37°56′N　22°56′E　58
コルシカ島(フランス)　42°00′N　9°10′E　58, 84
コルテガーナ(スペイン)　37°55′N　6°49′W　186
コルドゥバ→コルドバ
コルドバ・エミール国*　42
コルドバ(コルドゥバ)*　147, 154, 156, 171, 186
コルドバ(コルドゥバ)(スペイン)　37°53′N　4°46′W　14, 34, 39, 42, 47, 70, 92, 115, 121, 139, 156, 171, 186
コルーニャ・デル・コンデ(クルニア)　41°45′N　3°24′W　30, 34
コルネリャン(ポルトガル)　41°55′N　8°47′W　103
コルボネース川　186
ゴルリス(スペイン)　43°26′N　3°01′W　213
コルンブレーテス諸島(スペイン)　39°53′N　0°41′E　195
コルンベイラ(ポルトガル)　39°20′N　9°17′W　28
コロニア・サン・ジョルディ(スペイン)　39°20′W　
コロンビア共和国*　126
コロンボ(スリランカ)　6°55′N　79°52′E　73
コンゴ川　72
コンサブラ→コンスエグラ
コンスエグラ(コンサブラ)(スペイン)　39°28′N　3°36′W　34, 203
コンスタンティーナ(スペイン)　37°54′N　5°36′W　186
コンデイシャ・ア・ヴェーリャ(コニンブリガ)(ポルトガル)　40°06′N　8°30′W　30, 34, 39
コンブルトゥム→アルカラー・デ・エナーレス

サ 行

サ・コーマ(スペイン)　39°33′N　3°20′E　195
ザイール川　126
サヴァ川　58, 84
サヴォーナ(イタリア)　44°18′N　8°28′E　58
サヴォワ*　84
サエタビス→ハティバ
サクラメント(ウルグアイ)　32°56′S　57°02′W　72
サグレス(ポルトガル)　37°01′N　8°56′W　186
サグンティア(スペイン)　36°45′N　5°54′W　39
サグント(サグントゥム)(スペイン)　39°40′N　0°17′W　30, 34, 129, 147, 195
サグントゥム→サグント
サジェン(スペイン)　42°46′N　0°20′W　206
サダバ(スペイン)　42°17′N　1°16′W　206
サッサリ(イタリア)　40°43′N　8°34′E　58
サード川　14, 186
サバデール(スペイン)　41°33′N　2°07′E　147, 156, 171, 203
サビニャニゴ(スペイン)　42°31′N　0°22′W　206

サビノーサ(スペイン)　27°45′N　18°06′W　220
サフラ(スペイン)　38°25′N　6°25′W　186
サボール川　212
サモーラ*　147, 154, 156, 171, 203
サモーラ(オケルム・ドゥリ)(スペイン)　41°30′N　5°45′W　34, 42, 70, 92, 103, 115, 139, 171, 203
サラゴーザ*　147, 154, 156, 206
サラゴーザ(カエサル・アウグスタ)(スペイン)　41°39′N　0°54′W　14, 34, 39, 42, 47, 70, 92, 115, 121, 129, 139, 147, 171, 206
サラマンカ*　147, 154, 156, 171, 203
サラマンカ(サラマンティカ)(スペイン)　40°58′N　5°40′W　14, 34, 39, 42, 70, 92, 121, 129, 139, 171, 203
サラマンティカ→サラマンカ
サラリア→ウベダ
サーリア(スペイン)　42°47′N　7°25′W　212
サリーナス岬(スペイン)　39°16′N　3°04′E　195
サリニェーナ(スペイン)　41°47′N　0°10′W　206
サルダーニャ(スペイン)　42°31′N　4°44′W　42
サルデーニャ(イタリア)　40°00′N　9°00′E　58, 84
サレーマス(ポルトガル)　38°53′N　9°31′W　28
サロブレーニャ(スペイン)　36°45′N　3°35′W　186
サン・アントニオ・アバード(スペイン)　38°59′N　1°19′E　195
サン・イラリオ・サカルム(スペイン)　41°53′N　2°30′E　195
サン・ヴィセンテ(スペイン)　32°48′N　17°03′W　220
サン・ヴィセンテ岬(ポルトガル)　37°01′N　8°59′W　129, 186
サン・カルロス・デ・ラ・ラピタ(スペイン)　40°37′N　0°37′E　129, 195
サン・カンタン(フランス)　49°51′N　3°17′E　84
サン・サルヴァドール(アンゴラ)　6°30′S　14°00′E　72
サン・ジョルジェ島(ポルトガル)　38°40′N　28°03′W　221
サン・セバスティアン(スペイン)　43°19′N　1°59′W　14, 70, 115, 139, 147, 156, 171, 213
サン・セバスティアン・デ・ラ・ゴメーラ(スペイン)　28°06′N　17°06′W　220
サン・テルモ(スペイン)　39°35′N　2°21′E　195
サン・ニコラース(スペイン)　27°58′N　15°48′W　220
サン・バルトロメウ・デ・メシーネス(ポルトガル)　37°15′N　8°17′W　129
サン・ビセンテ・デ・ラ・バルケーラ(スペイン)　43°23′N　4°24′W　213
サン・フェリーウ・デ・ギショルス(スペイン)　41°47′N　3°02′E　195
サン・フェリーベ山(スペイン)　40°24′N　1°52′W　203
サン・フェルナンド(スペイン)　36°28′N　6°12′W　129, 186
サン・ブラス・デ・アルポテール(ポルトガル)　37°08′N　7°54′W　186
サン・ペドロ・デ・ムエル(ポルトガル)　39°45′N　9°02′W　212
サン・ペドロ・ド・スール(ポルトガル)　40°46′N　8°04′W　212
サン・ベルトラン・ド・コマンジュ(ルグドゥヌム・コンウェナルム)(フランス)　43°06′N　0°42′E　39
サン・マルティン・デ・バルデイグレシアス(スペイン)　40°21′N　4°24′W　203
サン・ミゲール島(ポルトガル)　37°33′N　25°27′W　221
サン・ロレンソ・デ・モルニス(スペイン)　42°08′N　1°35′E　195
サンカラ川　14
サングエサ(スペイン)　42°34′N　1°17′W　206
サンゴネーラ*　195
サンタ・エウラリア・デル・リーオ(スペイン)　38°59′N　1°33′E　195

地名索引

サンタ・クラーラ・ア・ヴェーリャ（ポルトガル） 37°31′N 8°28′W 186
サンタ・クルス（ポルトガル） 39°07′N 9°23′W 186
サンタ・クルス・ダ・グラシオーザ（ポルトガル） 39°06′N 28°01′W 221
サンタ・クルス・デ・テネリーフェ* 220
サンタ・クルス・デ・テネリーフェ（スペイン） 28°28′N 16°15′W 220
サンタ・クルス・デ・ラ・パルマ（スペイン） 28°41′N 17°46′W 220
サンタ・コローマ・デ・ケラール（スペイン） 41°32′N 1°23′E 70
サンタ・コンバ（スペイン） 43°02′N 8°49′W 212
サンタ・ポーラ（スペイン） 38°12′N 0°32′W 195
サンタ・マリーア・デ・ラ・ウエルタ（スペイン） 41°15′N 2°10′W 203, 206
サンタ・マリーア島（ポルトガル） 36°58′N 25°07′W 221
サンターナ（ポルトガル） 32°48′N 16°54′W 220
サンタニ（スペイン） 39°22′N 3°07′E 195
サンタフェ・デ・ボゴター* 72
サンタフェ・デ・ボゴター（コロンビア） 4°07′N 14°42′W 72
サンタレン* 146, 154, 171, 186
サンタレン（スカッラビス）（スペイン） 39°14′N 8°40′W 34, 39, 47, 103, 139, 171, 186
サンタンデール（スペイン） 43°28′N 3°48′W 14, 70, 84, 92, 115, 121, 129, 147, 213
サンティアゴ（チリ） 33°30′S 70°40′W 72
サンティアゴ・デ・コンポステーラ（スペイン） 42°52′N 8°33′W 14, 42, 70, 92, 115, 171, 212
サンティアゴ・ド・カセン（ポルトガル） 38°02′N 8°42′W 186
サンティジャーナ・デル・マール（スペイン） 43°24′N 4°06′W 213
サント（メディオラヌム）（フランス） 45°44′N 0°38′W 39
サント・アントニオ（アソーレス諸島）（ポルトガル） 38°31′N 28°24′W 221
サント・エスピリト（ポルトガル） 37°58′N 25°05′W 221
サント・ドミンゴ* 72
サント・ドミンゴ・デ・ラ・カルサーダ（スペイン） 42°26′N 2°57′W 206
サントーニャ（スペイン） 43°27′N 2°26′W 213
ザンブジャール（ポルトガル） 32°22′N 7°40′W 28
ナンヘンホ（スペイン） 42°24′N 8°50′W 212
サンルーカル・デ・バラメーダ（スペイン） 36°46′N 6°21′W 129, 186

シアグリウス王国* 39
シウダデーラ（スペイン） 40°00′N 3°50′E 195
シウダード・レアル* 147, 154, 156, 171, 203
シウダード・レアル（スペイン） 38°59′N 3°55′W 70, 139, 171, 203
シウダード・ロドリーゴ（スペイン） 40°36′N 6°33′W 70, 115, 121, 203
ジェクラ（スペイン） 38°36′N 1°07′W 195
ジェス（スペイン） 42°23′N 1°41′E 195
シエナ（イタリア） 43°19′N 11°19′E 58
ジェノヴァ* 84
ジェノヴァ（イタリア） 44°24′N 8°56′E 58, 84
シェルブール（コリアッルム）（フランス） 49°38′N 1°37′W 39
ジェレーナ（スペイン） 38°14′N 6°00′W 70, 115
ジェーロ山（スペイン） 40°48′N 3°55′W 203
ジェーロ島（スペイン） 27°45′N 18°00′W 220
シグエンサ（セゴンティア）（スペイン） 41°04′N 2°38′W 34, 39, 203
シサルガス諸島（スペイン） 43°22′N 8°50′W 212

シタニア・デ・ブリテイロス（ポルトガル） 41°20′N 8°19′W 30
シチリア（イタリア） 37°30′N 14°00′E 58, 84
シーネス（ポルトガル） 37°58′N 8°52′W 186
シーネス岬（ポルトガル） 37°58′N 8°53′W 186
ジブラルタル（イギリス） 36°09′N 5°21′W 14, 28, 70, 121, 186
ジブラルタル海峡（スペイン／アフリカ） 36°00′N 5°20′W 14
シマンカス（スペイン） 41°35′N 4°50′W 42
シャーヴェス（ポルトガル） 41°44′N 7°28′W 103
ジャーネス（スペイン） 43°25′N 4°45′W 212
シャンサ川 186
ジュクマジョール（スペイン） 39°29′N 2°53′E 195
ジュステ（スペイン） 40°37′N 5°44′W 186
ジョレート・デ・マール（スペイン） 41°42′N 2°51′E 147, 195
シラクーザ（イタリア） 37°04′N 15°17′E 58
シルヴェス（ポルトガル） 37°11′N 8°26′W 186
シル川 212
シンカ川 15, 206
新カスティージャ* 70
神聖ローマ帝国* 58, 84
シントラ（ポルトガル） 38°48′N 9°22′W 129, 136, 186

スカッラビス→サンタレン
スーハル川 186
スペイン領フランドル* 84
スペイン領モロッコ* 126

セア川 203
聖マルティニ修道院（スペイン） 38°43′N 0°01′E 39
セウタ（スペイン） 35°53′N 5°19′W 14, 70, 84, 126
セエヒン（ベルガストルム）（スペイン） 38°06′N 1°48′W 34, 39
セオ・デ・ウルヘール（スペイン） 42°22′N 1°27′E 129, 195
セキージョ川 203
セクシ（スペイン） 36°44′N 3°41′W 30
セグーラ・デ・ラ・シエラ（スペイン） 38°18′N 2°39′W 187
セグーラ川 14, 195
セグーラ連山（スペイン） 38°15′N 2°30′W 14
セグレ川 195
セゴドゥヌム→ロデズ
セゴビア* 147, 154, 156, 171, 203
セゴビア（スペイン） 40°57′N 4°07′W 34, 39, 70, 92, 115, 139, 171, 203
セゴブリガ→カベーサ・デ・グリエゴ
セゴルベ（スペイン） 39°51′N 0°30′W 195
セゴンティア→シグエンサ
セジンブラ（ポルトガル） 38°27′N 9°08′W 186
ゼゼレ川 212
セーダ川 186
セトゥーバル* 146, 154, 171, 186
セトゥーバル（ポルトガル） 38°31′N 8°54′W 14, 103, 115, 129, 139, 171, 186
セドロス（ポルトガル） 38°38′N 28°42′W 221
セニ（クロアチア） 44°59′N 14°54′E 58
セニセーロ（スペイン） 42°29′N 2°38′W 206
セーヌ川 39, 84
セビージャ* 147, 154, 156, 171, 186
セビージャ（ヒスパリス）（スペイン） 37°24′N 5°59′W 14, 34, 39, 42, 47, 58, 70, 84, 92, 115, 121, 129, 139, 156, 171, 186
セプルベダ（スペイン） 41°18′N 3°45′W 42, 203
セルダーニュ* 70
セルパ（ポルトガル） 37°56′N 7°30′W 186
セルビア* 58
セルビス川 195
セルベーラ（スペイン） 41°40′N 1°16′E 70

セルベーラ・デ・ピスエルガ（スペイン） 42°51′N 4°30′W 203
セルボ（スペイン） 43°40′N 7°24′W 212
セレード岳（スペイン） 43°13′N 4°48′W 14
セレン（ポルトガル） 40°40′N 8°31′W 212
ソウラベー・ラス・マレータス（スペイン） 43°07′N 1°15′E 28
ソス・デル・レイ・カトリコ（スペイン） 42°30′N 1°13′W 206
ソベラーナ（スペイン） 43°17′N 3°04′W 213
ソライア川 14, 186
ソリア* 147, 154, 156, 171, 203
ソリア（ヌマンティア）（スペイン） 41°46′N 2°28′W 30, 34, 139, 171, 203
ソリニエベ（スペイン） 37°06′N 3°22′W 187
ソルソーナ（スペイン） 41°59′N 1°31′E 195
ソルバス（スペイン） 37°06′N 2°07′W 187
ソル川 186

タ 行

タヴィーラ（ポルトガル） 37°07′N 7°39′W 103, 186
ダウンズ（イギリス） 50°46′N 0°22′E 84
ダックス（アクアエ）（フランス） 43°43′N 1°03′W 39
ダニューブ河 84
タファージャ（スペイン） 52°53′N 1°41′W 206
ダブリン（アイルランド） 53°20′N 6°15′W 84
タベルナス（スペイン） 37°03′N 2°22′W 187
タベルネス・デ・バルディグナ（スペイン） 39°05′N 0°15′W 195
タホ川 14, 38, 30, 34, 42, 47, 58, 70, 84, 92, 103, 115, 121, 129, 139, 147, 154, 156, 186, 203
ダマン（インド） 20°25′N 72°58′E 73, 127
タメガ川 14, 212
タラ→タラゴーナ
タラゴーナ* 147, 154, 156, 171, 195
タラゴーナ（タラコ）（スペイン） 41°07′N 1°15′E 34, 39, 42, 47, 70, 115, 121, 139, 171, 195
タラコネンシス* 34, 39
タラーサ（スペイン） 41°34′N 2°00′E 147, 195
タラソーナ（ティラソナ）（スペイン） 41°54′N 1°44′W 39, 70, 206
タラベーラ・デ・ラ・レイナ（スペイン） 39°57′N 4°50′W 70, 92, 115, 121, 203
タランコン（スペイン） 40°01′N 3°01′W 203
タリーファ（スペイン） 36°01′N 5°36′W 129, 186
ダルケ（ポルトガル） 41°40′N 8°47′W 103
タルン川（フランス） 15
タレガ（スペイン） 41°39′N 1°09′E 70, 115
ダローカ（スペイン） 41°07′N 1°25′W 70
ダンケルク（フランス） 51°02′N 2°23′E 84
タンジール（モロッコ） 35°48′N 5°45′W 70, 84
タンブレ川 212

チビオーナ（スペイン） 36°44′N 6°26′W 186
チャルカス* 72
中米連合州* 126
チュニス* 84
チュニス（チュニジア） 36°50′N 10°13′E 58, 84
チンチョン（スペイン） 40°08′N 3°26′W 203

ディアニウム→デーニア
ディウ（インド） 20°41′N 71°03′E 73, 127
ディヴォナ→カオール
テイデ山（スペイン） 28°17′N 16°39′W 220
ティモール島（インドネシア） 9°30′S 125°00′E 73
ティラソナ→タラソーナ
テヴェレ川 58, 84

テギーセ（スペイン） 29°04′N 13°38′W 220
テージョ川→タホ川
デゼルタ・グランデ島（ポルトガル） 32°32′N 16°30′W 220
デーニア（ディアニウム）（スペイン） 38°51′N 0°07′E 34, 39, 47, 195
テネリーフェ島（スペイン） 28°15′N 16°35′W 220
デラゴア湾（モサンビーケ） 25°58′S 32°35′E 73
テルエール* 147, 154, 156, 171, 206
テルエール（スペイン） 40°21′N 1°06′W 42, 47, 70, 139, 171, 206
テール川 15
テルセイラ島（ポルトガル） 38°43′N 27°13′W 221
テルデ（スペイン） 28°01′N 15°25′W 220
デルトサ→トルトーサ
テルマス・デ・モンフォルティーニョ（ポルトガル） 39°56′N 6°55′W 212
テルマンティア（スペイン） 41°27′N 1°15′W 34
テルメス（スペイン） 40°10′N 4°02′W 30
テローゾ（ポルトガル） 40°49′N 8°41′W 30
テロール（スペイン） 27°03′N 15°32′W 220
テンダイス（ポルトガル） 41°03′N 8°03′W 103
テンブレーケ（スペイン） 39°41′N 3°30′W 70

トゥーイ（トゥデエ）（スペイン） 42°03′N 8°39′W 34, 39, 42, 103, 212
ドゥエロ川 14, 28, 30, 34, 39, 42, 47, 58, 70, 84, 92, 103, 115, 121, 129, 139, 147, 154, 156, 203, 212
トゥダエ→トゥーイ
トゥッキ→マルトス
トゥデーラ（スペイン） 42°04′N 1°37′W 42, 70, 115, 121, 139, 206
ドゥランゴ（スペイン） 43°10′N 2°38′W 156
トゥーリア川 195
トゥール（カエサロドゥヌム）（フランス） 47°23′N 0°42′E 39
トゥールーズ（トロサ）（フランス） 43°37′N 1°27′E 39, 58, 121
トゥルボン山（スペイン） 42°25′N 0°30′E 206
トゥレガノ（スペイン） 41°09′N 4°01′W 203
トスカーナ* 84
トターナ（スペイン） 37°46′N 1°30′W 195
トーボ（ポルトガル） 38°33′N 27°46′W 221
トマール（ポルトガル） 39°36′N 8°25′W 47, 103, 186
ドラゴネーラ島（スペイン） 39°35′N 2°19′W 195
トラス・オス・モンテス* 103, 212
トラーパニ（イタリア） 38°02′N 12°32′E 58
トラファルガール岬（スペイン） 36°11′N 6°02′W 186
トラン（ポルトガル） 38°18′N 8°13′W 186
トリニダード島（トリニダート・トバーゴ） 10°30′N 61°20′W 72
トリニヤン岬（スペイン） 43°04′N 9°19′W 212
トリノ（イタリア） 45°04′N 7°40′E 58, 84
トリーホス（スペイン） 39°59′N 4°18′W 70
トルデシージャス（スペイン） 41°30′N 5°00′W 203
トルトーサ（デルトサ）（スペイン） 40°49′N 0°31′E 15, 34, 39, 42, 47, 58, 70, 92, 121, 195
トルトーサ岬（スペイン） 40°44′N 0°54′E 195
トルヒージョ（スペイン） 39°28′N 5°53′W 70, 186
トルメス川 14, 203
ドルメン・デ・ソート（スペイン） 37°16′N 6°57′W 28
トレード* 147, 154, 156, 171, 203
トレード（トレトゥム）（スペイン） 39°52′N 4°02′W 34, 39, 42, 47, 58, 70, 92, 115, 139, 156, 171, 203
トレトゥム→トレード

トレード山塊(スペイン) 39°33′N 4°20′W 203
トレビエハ(スペイン) 37°59′N 0°40′W 129, 195
トレブランカ(スペイン) 40°14′N 0°12′E 195
トレホンシージョ(スペイン) 39°54′N 6°28′W 186
トレモリーノス(スペイン) 36°38′N 4°30′W 186
トレラベーガ(スペイン) 43°21′N 4°03′W 213
トレロバトン(スペイン) 41°39′N 5°02′W 203
トーロ(スペイン) 41°31′N 5°24′W 42, 47, 92, 203
ドーロ川→ドゥエロ川
ドーロ・リトラール* 212
トロサ→トゥールーズ
トロース(スペイン) 36°41′N 4°54′W 186
トロペーア(イタリア) 38°40′N 15°54′E 58

ナ 行

ナオ岬(スペイン) 38°44′N 0°14′E 195
ナザレー(ポルトガル) 39°36′N 9°04′W 212
ナバセラーダ(スペイン) 40°43′N 4°01′W 203
ナバーラ* 47, 58, 70, 84, 129, 147, 154, 156, 171, 206
ナビア川 212
ナヘラ(スペイン) 42°25′N 2°45′W 206
ナヘリージャ川 206
ナポリ* 84
ナポリ(イタリア) 40°50′N 14°15′E 58, 84
ナポリ王国* 58
ナルボ→ナルボンヌ
ナルボンヌ(ナルボ)(フランス) 43°11′N 3°00′E 39, 42, 58
ナント(ポルトゥス・ナムネトゥム)(フランス) 47°14′N 1°35′W 39, 84

ニエブラ(スペイン) 37°22′N 6°40′W 28, 186
ニーザ(ポルトガル) 39°31′N 7°39′W 186
ニジェール河 72
西ゴート王国* 39
西サハラ* 126
ニース(フランス) 43°42′N 7°16′E 58
ニーハル(スペイン) 36°58′N 2°11′W 187
ニーム(ネマウスス)(フランス) 43°50′N 4°21′E 39
ニューポール(ベルギー) 51°08′N 2°45′E 84

ヌエバ・エスパーニャ副王領* 72
ヌエバロス(スペイン) 41°12′N 1°47′W 206
ヌマンティア→ソリア

ネバダ連山(スペイン) 37°03′N 3°10′W 14, 187
ネマウスス→ニーム
ネルトリンゲン(ドイツ) 48°51′N 10°31′E 84
ネルハ(スペイン) 36°45′N 3°53′W 28, 186
ネルバ(スペイン) 37°41′N 6°33′W 186

ノゲーラ川 195
ノーハ(スペイン) 43°31′N 8°35′W 213
ノルバ・カエサリナ→カセレス

ハ 行

バイーア(ブラジル) 12°58′S 38°29′W 72
バイエルン 84
バイショ・アレンテージョ* 186
バイショ島(ポルトガル) 33°00′N 16°24′W 220
ハイデルベルク(ドイツ) 49°25′N 8°42′E 84
バイレン(スペイン) 38°06′N 3°46′W 121,

バエーサ(スペイン) 38°00′N 3°28′W 187
バエティカ* 34, 39
バエテラエ→ベジエー
バエーナ(スペイン) 36°37′N 4°20′W 186
ハエン* 147, 154, 156, 171, 187
ハエン(スペイン) 37°46′N 3°48′W 42, 47, 70, 92, 115, 139, 171, 186
ハーカ(スペイン) 42°34′N 0°33′W 42, 115, 203
バグール(スペイン) 41°57′N 3°12′E 195
バーサ(バスティ)(スペイン) 37°30′N 2°45′W 34, 39, 115
バザス(ヴァサテス)(フランス) 44°26′N 0°12′W 39
バサーヘス(スペイン) 43°20′N 1°55′W 213
バサルテス→バザス
バジャドリード* 147, 154, 156, 171, 203
バジャドリード(スペイン) 41°39′N 4°45′W 14, 42, 58, 70, 92, 115, 121, 139, 171, 203
バジョーナ(スペイン) 42°07′N 8°51′W 212
バスコ地方* 156, 171, 213
ハスタ・レギア→メーサ・デ・アスタ
バスティ→バーサ
バダホース* 147, 154, 156, 171, 186
バダホース(スペイン) 38°53′N 6°58′W 14, 42, 47, 70, 92, 103, 121, 139, 171, 186
バターリャ(ポルトガル) 39°40′N 8°50′W 212
バダローナ(スペイン) 41°27′N 2°15′E 195
パックス・ユリア→ベージャ
バッランティア→バレンシア
ハティバ(サエタビス)(スペイン) 39°00′N 0°32′W 34, 39, 70, 195
バテルナ(スペイン) 39°30′N 0°27′W 195
ハドラーケ(スペイン) 40°55′N 2°55′W 203
パドロン(イリア・フラヴィア)(スペイン) 42°44′N 8°40′W 34, 39
パナマ(パナマ) 8°57′N 79°30′W 72
バニェール・ド・ビゴール(アクアエ・コンウェナルム)(フランス) 43°04′N 0°09′E 39
バーニョス・デ・セラート(スペイン) 41°55′N 4°29′W 203
バーニョス・デ・パンティコーサ(スペイン) 42°45′N 0°14′W 206
バーニョス・デ・ラ・エンシーナ(スペイン) 38°10′N 3°46′W 186
バーニョス・デ・ラ・モンテマジョール(スペイン) 40°19′N 5°51′W 186
バニョーラス(スペイン) 42°06′N 2°46′E 28
バハマール(スペイン) 28°33′N 16°20′W 220
バハーレス峠(スペイン) 43°00′N 5°46′W 212
ハビエル(スペイン) 42°35′N 1°13′W 206
ハベア(スペイン) 38°48′N 0°10′E 195
バヨンヌ(ラブルドゥム)(フランス) 43°30′N 1°28′W 39, 121
バラオ諸島(アメリカ) 7°00′N 134°25′E 127
バラカルド(スペイン) 43°18′N 2°59′W 213
バラゲール(スペイン) 41°48′N 0°48′E 70
ハラーコ(スペイン) 39°02′N 0°12′W 195
パラナー河 72, 126
ハラーマ川 14
バラモース(スペイン) 41°51′N 3°07′E 195
ハランディージャ(スペイン) 40°08′N 5°39′W 186
パリ(ルテティア)(フランス) 48°52′N 2°20′E 39, 84
バルカロータ(スペイン) 38°31′N 6°51′W 186
バルキノ→バルセロナ
バルセーロス(ポルトガル) 41°32′N 8°37′W 103, 212
バルセローナ* 147, 154, 156, 171, 195
バルセローナ(バルキノ)(スペイン) 41°25′N 2°10′E 15, 34, 39, 42, 47, 58, 71, 84, 92, 115, 121, 129, 139, 147, 156, 171, 195
バルデカーニャス(スペイン) 39°45′N 5°30′W 203
バルデディオース(スペイン) 43°26′N 5°32′W 203
バルデベーニャス(スペイン) 38°46′N 3°24′W 203
バルデモーロ(スペイン) 40°12′N 3°40′W 115
バルデラドゥエイ川 203
バルデリナーレス(スペイン) 40°24′N 0°37′W 206
バルネーラ山(スペイン) 43°09′N 3°40′W 203, 213
バルバストロ(スペイン) 42°02′N 0°07′E 47, 70, 206
バルベーテ・デ・フランコ(スペイン) 36°12′N 5°55′W 186
バルベーリア岬(スペイン) 38°38′N 1°25′E 195
バルベルデ(スペイン) 27°48′N 17°55′W 220
パルマ* 84
パルマ(スペイン) 39°35′N 2°39′E 15, 30, 34, 42, 47, 58, 71, 84, 92, 115, 139, 171, 195
パルマ・ノーバ(スペイン) 39°31′N 2°32′E 195
パルメーラ(ポルトガル) 38°34′N 8°54′W 186
バレアール諸島* 147, 156, 171
バレアール諸島(スペイン) 39°20′N 2°00′E 15, 28, 30, 34, 42, 47, 58, 71, 84, 92, 115, 121, 126, 129, 139, 147, 156, 171, 195
バレイロ(ポルトガル) 38°40′N 9°05′W 146, 186
バレーラ・ビエハ(ウァレリア)(スペイン) 39°49′N 2°15′W 34
パレルモ(イタリア) 38°08′N 13°23′E 58, 84
バレンサ・ド・ミーニョ(ポルトガル) 42°02′N 8°38′W 212
バレンシア 147, 154, 156, 171, 203
バレンシア* 47, 58, 70, 147, 154, 156, 171, 195, 203
バレンシア(バッランティア)(スペイン) 42°01′N 4°32′W 34, 39, 70, 139, 171, 203
バレンシア(ウァレンティア)(スペイン) 39°29′N 0°24′W 14, 34, 39, 42, 47, 58, 70, 84, 92, 115, 121, 129, 139, 147, 156, 171
バレンシア・デ・ドン・フアン(スペイン) 42°17′N 5°46′W 186
バレンシア湾(スペイン) 39°30′N 0°20′W 195
バローカ(ポルトガル) 40°06′N 7°43′W 212
バーロス岬(スペイン) 37°38′N 0°40′W 195
ハロン川 206
ハンガリア* 58, 84
バンデ(スペイン) 42°01′N 7°59′W 212
ハンブルク(ドイツ) 53°33′N 10°00′E 84
パンプローナ(ポンパエロ)(スペイン) 42°49′N 1°39′W 14, 34, 39, 42, 58, 70, 92, 121, 129, 139, 171, 206
バンベリード(ポルトガル) 41°21′N 8°45′W 129

ビエジャ(スペイン) 42°41′N 0°47′E 195
ピエドラブエナ(スペイン) 39°02′N 4°10′W 203
ビエハ岳(スペイン) 43°10′N 4°50′W 212
ビエルサ(スペイン) 42°38′N 0°13′E 206
東ティモール* 127
ビーゴ(スペイン) 42°15′N 8°44′W 146, 212
ピーコ・ド・アリエイロ(ポルトガル) 32°44′N 16°54′W 220
ピーコ・ド・カステーロ(ポルトガル) 33°04′N 16°21′W 220
ピーコ山(ポルトガル) 38°28′N 28°25′W 221
ピーコ島(ポルトガル) 38°28′N 28°18′W 221
ピサ(イタリア) 43°43′N 10°24′E 58
ビジェーナ(スペイン) 38°39′N 0°52′W 28, 195
ビジャヌエバ・イ・ヘルトルー(スペイン) 41°13′N 1°43′E 195
ビジャビシオーサ(スペイン) 43°29′N 5°26′W 212
ビジャフランカ・デル・ビエルソ(スペイン) 42°36′N 6°50′W 203
ビジャフランカ・デル・ペネデース(スペイン) 41°12′N 1°41′E 195
ビジャホジョーサ(スペイン) 38°31′N 0°14′W 195
ビジャルバ(スペイン) 43°17′N 7°41′W 212
ビジャロン・デ・カンポス(スペイン) 42°05′N 5°03′W 203
ビスエルガ川 14, 203
ビスカージャ* 147, 154, 156, 171, 212
ヒスパリス→セビージャ
ビック(アウソナ)(スペイン) 41°56′N 2°16′E 34, 39, 42, 71, 195
ビティグディーノ(スペイン) 41°00′N 6°26′W 203
ビトーリア(スペイン) 42°51′N 2°40′W 121, 139, 171, 213
ビニェール(ポルトガル) 40°47′N 7°03′W 212
ビニャール(スペイン) 37°26′N 3°26′W 28
ピネーダ・デ・ラ・シエラ(スペイン) 42°13′N 3°17′W 203
ヒホーナ(スペイン) 38°33′N 0°30′W 195
ヒホン(スペイン) 43°32′N 5°40′W 115, 147, 212
ビミアンソ(スペイン) 43°06′N 9°03′W 212
ヒメーナ・デ・ラ・フロンテーラ(スペイン) 36°27′N 5°28′W 186
ヒラーカ川 206
ビルバーオ(スペイン) 43°15′N 2°56′W 14, 42, 84, 92, 115, 121, 129, 139, 147, 156, 171, 213
ビルビリス→カラタジュード
ピレネー山脈(フランス/スペイン) 42°40′N 1°00′E 15, 47
ビロウェスカ(スペイン) 42°49′N 2°58′W 30

ファイアル島(ポルトガル) 38°35′N 28°42′W 221
ファティマ(ポルトガル) 30°37′N 8°39′W 186
ファーロ* 146, 154, 171, 186
ファーロ(オッソノバ)(ポルトガル) 37°01′N 7°56′W 14, 34, 39, 103, 129, 139, 171, 186
フィゲイラ・デ・フォス(ポルトガル) 40°09′N 8°51′W 212
フィゲーラス(スペイン) 42°16′N 2°57′E 129, 195
フィテーロ(スペイン) 42°04′N 1°52′W
ブイトラーゴ・デル・ロソージャ(スペイン) 41°00′N 3°38′W 70
フィナーレ(イタリア) 44°10′N 8°20′E 84
フィニステーレ岬(スペイン) 42°53′N 9°16′W 212
フィリピン群島(フィリピン) 13°00′N 123°00′E 73, 127
フィレンツェ(イタリア) 43°47′N 11°15′E 84
ブエ・マヨン(フランス) 42°57′N 0°18′E
ブエノスアイレス(アルゼンチン) 34°40′S 58°30′W 72
プエブラ・デ・サナーブリア(スペイン) 42°04′N 6°38′W 212
プエブラ・デ・トリーベス(スペイン) 42°20′N 7°15′W 212
フェルテベントゥーラ島(スペイン) 28°25′N 14°00′W 220
プエルト・デ・サンタ・マリーア(スペイン) 36°36′N 6°13′W 186
プエルト・デ・サンティアゴ(スペイン) 28°14′N 16°50′W 220
プエルト・デ・ラ・クルース(スペイン) 28°25′N 16°32′W 220
プエルト・デル・ロサリオ(スペイン) 28°29′N 13°52′W 220

地名索引

プエルト・リーコ(スペイン) 27°47′N 15°42′W 220
プエルト・リコ島(アメリカ) 18°20′N 66°30′W 126
プエルト・ルンブレーラス(スペイン) 37°35′N 1°49′W 195
プエルトジャーノ(スペイン) 38°41′N 4°07′W 203
フェルナンド・ポー島(赤道ギアナ) 3°25′N 8°45′E 72, 126, 127
フェンテ・デ(スペイン) 43°09′N 4°47′W 212
ブエンディーア貯水湖(スペイン) 40°25′N 2°43′W 203
フェンテオベフーナ(メッラリア)(スペイン) 38°15′N 5°25′W 34, 129
フェンテ・デ・オニョーロ(スペイン) 40°35′N 6°49′W 203
フェンテラビーア(スペイン) 43°22′N 1°48′W 213
フェンヒローラ(スペイン) 36°32′N 4°38′W 186
フェンマジョール(スペイン) 42°29′N 2°34′W 206
フォス(スペイン) 43°34′N 7°15′W 212
フォルメンテーラ島(スペイン) 38°42′N 1°28′E 15, 195
フーカル川 14, 28, 30, 34, 42, 70, 92, 115, 121, 129, 139, 154, 156, 195, 203
ブサーコ(ポルトガル) 40°22′N 8°21′W 212
ブージー(アルジェリア) 36°45′N 5°05′E 58
ブジーオ島(ポルトガル) 32°25′N 16°29′W 220
プチ・ロチ(スペイン) 42°02′N 3°08′E 28
プチセルダー(スペイン) 42°26′N 1°55′E 195
ブニョール(スペイン) 39°25′N 0°47′W 195
ブハランセ(スペイン) 37°54′N 4°23′W 186
フミージャ(スペイン) 38°28′N 1°19′W 195
ブライア・ダ・ヴィトーリア(ポルトガル) 38°44′N 27°04′W 221
ブライア・デ・ミーラ(ポルトガル) 40°27′N 8°49′W 212
フラヴィブリガ(スペイン) 43°17′N 3°12′W 34
ブラーガ 146, 147, 154, 171
フラーガ(スペイン) 41°32′N 0°21′E 70, 206
ブラーガ(ブラカラ・アウグスタ)(ポルトガル) 41°32′N 8°26′W 34, 39, 42, 103, 139, 171, 212
ブラカラ・アウグスタ→ブラーガ
ブラガンサ* 154, 171, 212
ブラガンサ(ポルトガル) 41°47′N 6°46′W 103, 139, 171, 212
プラージャ・デ・ラス・アメリカス(スペイン) 28°05′N 16°42′W 220
プラージャ・ブランカ(スペイン) 28°55′N 13°37′W 220
フラドロ(ポルトガル) 40°52′N 8°41′W 212
ブラーネス(スペイン) 41°41′N 2°48′E 147
プラハ(チェコ) 50°06′N 14°26′E 84
ブラービア(スペイン) 43°29′N 6°07′W 42, 212
フランク帝国* 42
フランシア岳(スペイン) 40°31′N 6°10′W 203
フランシュ・コンテ* 84
ブランセンシア(スペイン) 40°02′N 6°05′W 70, 92, 186
フランドル連合州* 84
ブリアーナ(スペイン) 39°54′N 0°05′W 195
ブリエゴ(スペイン) 40°26′N 2°19′W 203
ブリエゴ・デ・コルドバ(スペイン) 37°27′N 4°47′W 186
ブリガンティウム→ラ・コルーニャ
ブリーエス(スペイン) 41°14′N 0°22′W 195
ブリトニア(スペイン) 43°24′N 7°12′W 39

ブリュッセル(ベルギー) 50°50′N 4°21′E 84
ブルグンド王国* 39
ブルゴス* 147, 154, 156, 171, 203, 213
ブルゴス(スペイン) 42°21′N 3°41′W 14, 42, 70, 92, 121, 139, 171, 203
ブルジェ(アウァリクム)(フランス) 47°05′N 2°23′E 39
ブルジェーナ(スペイン) 37°20′N 3°11′W 187
ブルディガラ→ボルドー
フルーメン川 206
フレウ岬(スペイン) 39°45′N 3°27′E 195
フレヘナール・デ・ラ・シェラ(スペイン) 38°10′N 6°39′W 186
プロイセン公国* 84
フロリダ* 126
フローレス島(ポルトガル) 39°30′N 31°13′W 221
ブロンチャーレス(スペイン) 40°30′N 1°35′W 206
フンシャール(ポルトガル) 32°40′N 16°55′W 220
プンタ・ウンブーリア(スペイン) 37°10′N 6°57′W 186
プンタゴルダ(スペイン) 28°47′N 17°59′W 220

ベイラ 103
ベイラ・アルタ* 212
ベイラ・バイシャ* 212
ベイラ・リトラール* 212
ベサルー(スペイン) 42°12′N 2°42′E 195
ベジェー(バエテラエ)(フランス) 43°21′N 3°13′E 39
ベージャ* 146, 154, 171, 186
ベージャ(パックス・ユリア)(ポルトガル) 38°01′N 7°52′W 34, 39, 103, 139, 171, 186
ベスケーラ・デ・ドゥエロ(スペイン) 41°38′N 4°09′W 203
ベタンクリア(スペイン) 28°24′N 14°05′W 220
ベタンソス(スペイン) 43°17′N 8°13′W 212
ベティカ山脈(スペイン) 37°24′N 3°00′W 14, 47
ベテラ(スペイン) 39°35′N 0°28′W 195
ベドラ・コベルタ(スペイン) 43°17′N 8°28′W 28
ベドラ・ブランカ(ポルトガル) 37°57′N 8°52′W 28
ベドラーサ・デ・ラ・シエラ(スペイン) 41°07′N 3°44′W 203
ベナスケ(スペイン) 42°36′N 0°31′E 206
ベナベンテ(スペイン) 42°00′N 5°40′W 115, 203
ベナマコール(ポルトガル) 40°10′N 7°10′W 103
ベナルマデナ(スペイン) 36°35′N 4°33′W 186
ベニアレース(スペイン) 38°50′N 0°22′W 28
ベニカシム(スペイン) 40°03′N 0°03′E 195
ベニカルロー(スペイン) 40°25′N 0°25′E 195
ベニスコラ(スペイン) 42°22′N 0°24′E 195
ベニドルム(スペイン) 38°33′N 0°09′W 195
ベーニャ・デ・フランシア岳(スペイン) 40°23′N 6°00′W 14
ベーニャス岬(スペイン) 43°39′N 5°50′W 212
ベニャフィエール(スペイン) 41°36′N 4°07′W 203
ベニャラーラ岳(スペイン) 40°51′N 3°58′W 203
ベニャローシャ山(スペイン) 40°24′N 0°40′W 206
ヘニール川 14, 186
ベネーラ(ポルトガル) 40°02′N 8°23′W 212
ヘネラリシモ貯水湖(スペイン) 39°45′N 1°09′W 195
ベーハル(スペイン) 40°24′N 5°45′W 147, 203

ベヘール・デ・ラ・フロンテーラ(スペイン) 36°15′N 5°58′W 186
ベーラ(スペイン) 37°15′N 1°51′W 115, 187
ベラクルース(メキシコ) 19°11′N 96°10′W 72
ベラルカーサル(スペイン) 38°35′N 5°10′W 186
ヘリカ(スペイン) 39°55′N 0°35′W 195
ベリグー(ウェスンナ)(フランス) 45°12′N 0°44′E 39
ベリン(スペイン) 41°55′N 7°26′W 212
ベルヴェール(ポルトガル) 39°30′N 7°58′W 186
ベルガストルム→セエヒン
ベルガーラ(スペイン) 43°07′N 2°25′W 129
ヘルサ(ケルサ)(スペイン) 41°24′N 0°28′W 34
ベルチーテ(スペイン) 41°18′N 0°45′W 206
ベルディード山(スペイン) 42°40′N 0°02′E 14, 206
ベルハ(スペイン) 36°51′N 2°56′W 187
ベルピニャン(フランス) 42°42′N 2°54′E 42, 71
ペルー副王領* 72
ベルメス(スペイン) 38°16′N 5°12′W 186
ベルモンテ(スペイン) 39°34′N 2°43′W 203
ベルランガ・デ・ドゥエロ(スペイン) 41°28′N 2°51′W 203
ベルリン(ドイツ) 52°32′N 13°25′E 84
ベルレンガ島(ポルトガル) 39°25′N 9°30′W 212
ベルン(スイス) 46°57′N 7°26′E 84
ヘレス・デ・ラ・フロンテーラ(スペイン) 36°41′N 6°08′W 70, 115, 129, 186
ヘレス・デ・ロス・カバジェーロス(スペイン) 38°20′N 6°45′W 186
ベレス・ブランコ(スペイン) 37°41′N 2°05′W 187
ベレス・マラガ(マイナケ)(スペイン) 36°47′N 4°06′W 30, 186
ベレン(ブラジル) 1°27′S 48°29′W 72
ヘローナ* 147, 154, 156, 171, 195
ヘローナ(ゲルンダ)(スペイン) 41°59′N 2°49′E 28, 42, 71, 139, 147, 156, 171, 195
ベンヴィヴェール(ポルトガル) 41°32′N 8°30′W 103

ボヴォア・ダス・クアルタス(ポルトガル) 40°22′N 7°47′W 212
ボヴォアサン(ポルトガル) 37°30′N 25°15′W 221
ボカイレンテ(スペイン) 38°46′N 0°36′W 195
ボジェンサ(ポッレンティア)(スペイン) 39°53′N 3°00′E 34, 195
ボーソ・デ・ガテイラ(ポルトガル) 38°20′N 7°30′W 28
ポッレンティア→ボジェンサ(スペイン)
ポディウム→ル・ピュイ
ポトシー(ボリビア) 19°34′S 65°45′W 72
ボナンサ(スペイン) 36°49′N 6°20′W 186
ボマラン(ポルトガル) 37°33′N 7°32′W 186
ポーラ・デ・ラビアーナ(スペイン) 43°15′N 5°34′W 212
ボルクーナ 37°52′N 4°11′W 186
ポルタレグレ* 146, 154, 171, 186
ポルタレグレ(ポルトガル) 39°17′N 7°25′W 103, 139, 171, 186
ポルティマン(ポルトガル) 37°08′N 8°32′W 186
ポルテール(ポルトガル) 38°18′N 7°44′W 103, 186
ポルト* 146, 154, 171, 212
ポルト(ポルトガル) 41°09′N 8°37′W 14, 34, 39, 42, 70, 103, 115, 121, 129, 139, 146, 171, 212
ボルドー(ブルディガラ)(フランス) 44°50′N 0°34′W 39, 58, 84
ポルト・サント島 33°04′N 16°20′W 220

ポルト・デ・モス(ポルトガル) 39°36′N 8°49′W 212
ポルトゥス・ヴィクトリアエ(スペイン) 43°27′N 3°55′W 34
ポルトゥス・カレ→ポルト
ポルトゥス・ナムネトゥム→ナント
ポルトゥス・ブリガンティウム→ラ・コルーニャ
ポルトージャ川 203
ポルバ(ポルトガル) 38°48′N 7°27′W 103
ポルボラリア(スペイン) 41°57′N 5°48′W 42
ホルムズ(イラン) 27°31′N 54°56′E 73
ポワティエ(リモヌム)(フランス) 46°35′N 0°20′E 39
ポンタデルガータ(ポルトガル) 37°29′N 25°34′W 221
ポンテベドラ* 146, 154, 156, 171, 212
ポンテベドラ(スペイン) 42°25′N 8°39′W 139, 171, 212
ポンパエロ→パンプローナ
ポンフェラーダ(スペイン) 42°33′N 6°35′W 203
ポー川 58, 84

マ 行

マイナケ→ベレス・マラガ
マイナス* 72
マオン(マゴ)(スペイン) 39°54′N 4°15′E 30, 34, 195
マカウ(ポルトガル) 22°13′N 113°36′E 73, 127
マガロナ→マグロンヌ
マグロンヌ(マガロナ)(フランス) 43°30′N 3°54′E 39
マゴ→マオン
マサゴン(スペイン) 37°05′N 6°45′W 186
マシーコ(ポルトガル) 32°43′N 16°47′W 220
マジョルカ島(スペイン) 39°30′N 3°00′E 15, 28, 34, 47, 71, 92, 115, 121, 129, 139, 147, 154, 171, 195
マスパローマス(スペイン) 27°42′N 15°34′W 220
マタラスカーニャス(スペイン) 36°58′N 6°32′W 186
マタロー(スペイン) 41°32′N 2°27′E 147, 195
マッシリア→マルセーユ
マデイラ 220
マデイラ諸島(ポルトガル) 32°45′N 17°00′W 72, 126, 220
マテウス(ポルトガル) 41°17′N 7°43′W 212
マドリガール・デ・ラス・アルタス・トーレス(スペイン) 41°05′N 5°00′W 203
マドリード* 147, 154, 156, 171, 203
マドリード(スペイン) 40°25′N 3°43′W 14, 47, 70, 84, 92, 115, 121, 129, 139, 156, 171, 203
マナコール(スペイン) 39°35′N 3°12′W 195
マニエール(スペイン) 42°40′N 1°52′W 129
マニーセス(スペイン) 39°30′N 0°28′W 195
マニラ(フィリピン) 14°37′N 120°58′E 73
マフラ(ポルトガル) 38°57′N 9°19′W 186
マラカ→マラガ
マラガ* 147, 154, 156, 171, 186
マラガ(マラカ)(スペイン) 36°43′N 4°25′W 14, 30, 34, 39, 70, 92, 115, 129, 139, 147, 156, 171, 186
マラゴン(スペイン) 39°10′N 3°50′W 203
マラッカ(マレーシア) 2°14′N 102°14′E 73
マリアナ諸島(アメリカ) 17°00′N 146°00′E 73, 127
マリーニャ・グランデ(ポルトガル) 39°45′N 8°55′W 212
マリン(スペイン) 42°23′N 8°42′W 212
マール・メノール(スペイン) 37°42′N 0°45′W 195
マルヴァン(ポルトガル) 39°23′N 7°23′W 186

238

地名索引

マルセーユ(マッシリア)(フランス) 43°18′N 5°22′E 39, 58, 84
マルタ島(マルタ) 35°55′N 14°25′E 84
マルティーグ(フランス) 43°24′N 5°03′E 58
マルティン川 206
マルトス(トゥッキ)(スペイン) 37°44′N 3°58′W 34, 39
マルベージャ(スペイン) 36°31′N 4°53′W 186
マルモレーホ(スペイン) 38°03′N 4°10′W 186
マロキー岬(スペイン) 36°00′N 5°36′W 186
マンガロール(インド) 12°54′N 74°51′E 73
マンサナーレス(スペイン) 39°00′N 3°23′W 203
マンサナーレス・エル・レアル(スペイン) 40°43′N 3°52′W 212
マンテイガス(ポルトガル) 40°24′N 7°32′W 212
マントヴァ* 84
マンフレドニア(イタリア) 41°37′N 15°55′E 58
マンポドレ峰(スペイン) 43°02′N 5°11′W 203
マンレーサ(スペイン) 41°43′N 1°50′E 42, 147, 195

ミエレス(スペイン) 43°15′N 5°46′W 147, 212
ミシシッピ河 72, 126
ミーナス・デ・リオティント(スペイン) 37°42′N 6°35′W 186
ミーニョ* 129, 212
ミーニョ川 14, 28, 30, 34, 42, 47, 70, 92, 103, 115, 121, 129, 139, 154, 156, 212
ミハーレス川 206
ミュルティリス→メルトラ
ミュンヘン(ドイツ) 48°08′N 11°35′E 84
ミラノ* 84
ミラノ(イタリア) 45°28′N 9°12′E 58, 84
ミラバージェス山(スペイン) 42°53′N 6°46′W 203
ミランダ・ド・ドーロ(ポルトガル) 41°30′N 6°16′W 212
ミランデーラ(ポルトガル) 41°28′N 7°10′W 212
ミーラ川 186

ムーラ(スペイン) 38°02′N 1°29′W 195
ムラセン山(スペイン) 37°04′N 3°19′W 14, 187
ムルシア(スペイン) 47, 70, 147, 154, 156, 171, 195
ムルシア(スペイン) 37°59′N 1°08′W 14, 42, 47, 58, 92, 115, 121, 129, 139, 171, 195
ムルトーサ(ポルトガル) 40°45′N 8°39′W 212
ムーロ(スペイン) 39°45′N 3°03′E 195
ムーロス(スペイン) 42°47′N 9°04′W 212
ムンド川 203

メキネンサ(スペイン) 41°22′N 0°17′E 206
メーサ・デ・アスタ(ハスタ・レギア)(スペイン) 36°47′N 6°04′W 34
メジード(スペイン) 42°55′N 8°01′W 212
メッシーナ(イタリア) 38°13′N 15°33′E 58
メッラリア→フエンテオベフーナ
メディオラヌム→サント
メディーナ・シドーニア(アシドナ)(スペイン) 36°28′N 5°55′W 186
メディーナ・デル・カンポ(スペイン) 41°18′N 4°55′W 70, 92, 203
メディナセーリ(スペイン) 41°10′N 2°26′W 203
メデジン(メテッリヌム)(スペイン) 38°58′N 5°58′W 34, 186
メテッリヌム→メデジン
メノルカ島→スペイン) 40°00′N 4°00′E 15, 28, 34, 47, 71, 92, 115, 121, 129, 139, 147, 171, 195
メリージャ(スペイン) 35°20′N 3°00′W 14, 126

メリダ(エメリタ・アウグスタ)(スペイン) 38°55′N 6°20′W 34, 39, 42, 47, 156, 171, 186
メルガーソ(ポルトガル) 42°07′N 8°15′W 103, 212
メルトラ(ミュリティリス)(ポルトガル) 37°38′N 7°40′W 39, 47, 186
メンディゴリア(スペイン) 42°37′N 1°50′E 129

モサンビーケ(モザンビーク) 17°30′S 35°45′E 73
モデナ* 84
モトリール(スペイン) 36°45′N 3°31′W 187
モドン(ギリシア) 37°01′N 40°50′E 58
モハーカル(スペイン) 37°09′N 1°50′W 187
モーラ(スペイン) 39°40′N 3°46′W 203
モーラ・デ・ルビエロス(スペイン) 40°15′N 0°45′W 206
モラターシャ(スペイン) 38°11′N 1°53′W 195
モラン(ポルトガル) 38°22′N 7°20′W 186
モリーナ・デ・アラゴン(スペイン) 40°50′N 1°54′W 203
モレージャ(スペイン) 40°37′N 0°06′W 195
モレーナ連山(スペイン) 38°20′N 4°25′W 14, 186
モーロ・ハブレ(スペイン) 28°02′N 14°19′W 220
モロン・デ・ラ・フロンテーラ(スペイン) 37°07′N 5°27′W 186
モンサラース(ポルトガル) 38°26′N 7°22′W 103
モンサン(ポルトガル) 42°04′N 8°29′W 212
モンジュイク(スペイン) 41°03′N 0°42′E 84
モンセニ山(スペイン) 42°30′N 1°01′E 195
モンセラート(スペイン) 41°36′N 1°48′E 195
モンソン(スペイン) 41°54′N 0°12′W 70, 206
モンダリース(スペイン) 42°14′N 8°27′W 212
モンタルバン(スペイン) 40°50′N 0°48′W 206
モンタレグレ(ポルトガル) 41°49′N 7°48′W 103, 212
モンタンチェス(スペイン) 39°14′N 6°09′W 186
モンテ・ベルノリオ(スペイン) 43°21′N 5°09′W 30
モンテアレグレ・デル・カスティージョ(スペイン) 38°47′N 1°20′W 203
モンティージャ(スペイン) 37°36′N 4°39′W 129, 186
モンティージョ(ポルトガル) 38°42′N 8°59′W 103
モンデーゴ河 14, 103, 212
モンデーゴ岬(ポルトガル) 40°11′N 8°54′W 212
モンデーゴ湾(ポルトガル) 40°09′N 8°55′W 121
モンテネグロ* 84
モンテモール・オ・ヴェーリョ(ポルトガル) 40°11′N 8°41′W 212
モンドニェード(スペイン) 43°26′N 7°22′W 212
モンバサ(ケニア) 4°04′S 39°40′E 73
モンフォルテ(ポルトガル) 39°03′N 7°26′W 103
モンフォルテ・デ・レーモス(スペイン) 42°32′N 7°30′W 212
モンペリエ(フランス) 43°36′N 3°53′E 58
モンモラン(フランス) 43°07′N 0°23′E 28
モンレアル・デル・カンポ(スペイン) 40°47′N 1°20′W 206

ヤ 行

ユゼズ(ウケティア)(フランス) 44°01′N 4°25′E 39
ユリオマグス→アンジェー

ラ 行

ラ・アバーナ(キューバ) 23°07′N 82°25′W 72
ラ・アリアド(フランス) 43°10′N 0°00′ 28
ラ・アルブエラ(スペイン) 38°43′N 6°49′W 121, 186
ラ・アルムニア・デ・ドニャ・ゴディーナ(スペイン) 41°29′N 1°22′W 206
ラ・アンティージャ(スペイン) 37°12′N 7°13′W 186
ラ・ウニオン(スペイン) 37°37′N 0°52′W 195
ラ・エスターカ・デ・バーレス岬(スペイン) 43°47′N 7°41′W 212
ラ・カレーラ(スペイン) 28°06′N 17°07′W 220
ラ・グアルディア(スペイン) 41°54′N 8°51′W 70, 212
ラ・クラーベ(スペイン) 42°47′N 2°29′E 28
ラ・グランハ(スペイン) 40°52′N 4°02′W 129
ラ・コルーニャ* 146, 154, 156, 171, 212
ラ・コルーニャ(ブリガンティウム／ポルトゥス・ブリガンティウム)(スペイン) 43°22′N 8°23′W 14, 34, 39, 70, 84, 115, 121, 129, 139, 151, 212
ラ・デマンダ連山(スペイン) 42°10′N 3°00′W 14
ラ・パス(ボリビア) 16°30′S 68°10′W 72
ラ・パルマ島(スペイン) 28°50′N 17°50′W 220
ラ・バローサ(スペイン) 36°16′N 6°11′W 186
ラ・ビスバール(スペイン) 41°57′N 3°03′E 195
ラ・フェルゲラ(スペイン) 43°23′N 5°47′W 147
ラ・フンケーラ(スペイン) 42°20′N 2°49′E 129
ラ・ラグーナ(スペイン) 28°30′N 16°20′W 220
ラ・ランブラ(スペイン) 37°36′N 4°44′W 186
ラ・リオハ* 147, 154, 156, 171, 206
ライン河 84
ラカラオーラ(スペイン) 37°11′N 3°03′W 187
ラグーザ(クロアチア) 36°56′N 14°44′E 58
ラクトラ→レクトゥール
ラーゴス(ポルトガル) 37°05′N 8°40′W 103, 186
ラージェス(ポルトガル) 38°45′N 27°07′W 221
ラージェス・ド・ピーコ(ポルトガル) 38°25′N 28°15′W 221
ラス・ナーバス・デ・トローサ(スペイン) 38°17′N 3°46′W 47
ラス・パルマス・デ・グラン・カナリア(スペイン)* 220
ラス・パルマス・デ・グラン・カナリア(スペイン) 28°08′N 15°27′W 220
ラス・バローマス(スペイン) 36°07′N 3°48′W 28
ラスカラ→レスカール
ラテン帝国* 58
ラブルドゥム→バヨンヌ
ラミニウム(スペイン) 39°00′N 2°47′W 34
ラメコ→ラメーゴ
ラメーゴ(ラメコ)(ポルトガル) 41°05′N 7°49′W 39, 103, 212
ラリーニョ(ポルトガル) 41°06′N 6°53′W 103
ラレード(スペイン) 43°24′N 3°24′W 70
ランガ・デ・ドゥエロ(スペイン) 41°36′N 3°24′W 203
ランサローテ島(スペイン) 29°00′N 13°38′W 220
ランス(フランス) 50°26′N 2°50′E 84
ランハロン(スペイン) 36°55′N 3°29′W 187

25′E 39
ユリオマグス→アンジェー

リアーサ(スペイン) 41°16′N 3°29′W 203
リアーニョ(スペイン) 42°59′N 5°00′W 203
リヴォルノ(イタリア) 43°33′N 10°18′E 58
リエルガネス(スペイン) 43°20′N 3°44′W 115
リオ・グランデ川 72, 126
リオ・デ・ジャネイロ(ブラジル) 22°53′S 43°17′W 72
リカータ(イタリア) 37°07′N 13°57′E 58
リスボア 146, 154, 171, 186
リスボア(オリシボ)(ポルトガル) 38°44′N 9°08′W 14, 34, 39, 42, 47, 70, 84, 103, 115, 121, 129, 139, 146, 171, 186
リナーレス(スペイン) 38°05′N 3°38′W 186
リーバス・デ・フレセール(スペイン) 42°18′N 2°10′E 195
リバデーオ(スペイン) 43°32′N 7°04′W 212
リバテージョ* 186
リビア→レイバ
リビソサ→レスーサ
リベイラ・グランデ(ポルトガル) 37°34′N 25°32′W 221
リマ(ペルー) 12°06′S 77°03′W 72
リマ* 72
リーマ川 14
リモージュ(アウグストリトゥム)(フランス) 45°50′N 1°15′E 39
リモヌム→ポワティエ
リヨン(ルグドゥヌム)(フランス) 45°46′N 4°50′E 39, 84

ル・ピュイ(ポディウム)(フランス) 45°02′N 3°53′E 39
ルアンカ(スペイン) 43°33′N 6°31′W 212
ルアンダ(アンゴラ) 8°50′S 13°15′E 72
ルイヴォ岳(ポルトガル) 32°46′N 16°57′W 220
ルクス・アウグスティ→ルーゴ
ルグドゥヌム→リヨン
ルグドゥヌム・コンウェナルム→サン・ベルトラン・ド・コマンジュ
ルケントゥム→アリカンテ
ルーゴ* 147, 154, 156, 171, 212
ルーゴ(ルクス・アウグスティ)(スペイン) 43°00′N 7°33′W 34, 39, 42, 115, 129, 139, 171, 212
ルシタニア* 34, 39
ルシヨン* 71
ルセーナ(スペイン) 37°25′N 4°30′W 186
ルーゾ(ポルトガル) 40°23′N 8°22′W 212
ルッカ* 84
ルーテ(スペイン) 37°20′N 4°23′W 186
ルテヴァ→ロデーヴ
ルテティア→パリ
ルビア岳(スペイン) 42°45′N 6°54′W 212

レイションエス(ポルトガル) 41°11′N 8°44′W 212
レイノーサ(スペイン) 43°01′N 4°09′W 213
レイバ(リビア)(スペイン) 42°28′N 3°10′W 34
レイリア* 146, 154, 171, 212
レイリア(スペイン) 39°38′N 0°37′W 30
レイリア(ポルトガル) 39°45′N 8°49′W 103, 139, 171, 212
レウス(スペイン) 41°10′N 1°06′E 129, 147, 195
レオン* 47, 58, 70, 147, 154, 156, 171, 203
レオン(レギオ)(スペイン) 42°35′N 5°34′W 14, 34, 42, 70, 92, 115, 139, 171, 203
レギオ→レオン
レクトゥール(ラクトラ)(フランス) 43°56′N 0°38′E 39
レケーナ(スペイン) 39°29′N 1°80′W 195
レゲンゴス・デ・モンサラース(ポルトガル) 38°25′N 7°32′W 186
レシーフェ(ブラジル) 8°06′S 34°53′W 72
レスカール(ラスカラ)(フランス) 43°20′N 0°25′E 39
レスーサ(リビソサ)(スペイン) 39°00′N 2°

239

17′W 34
レスティンガ(スペイン) 27°39′N 17°58′W 220
レセチキ(スペイン) 43°05′N 2°05′W 28
レブリーハ(スペイン) 36°55′N 6°10′W 186
レリダ* 147, 154, 156, 171, 195
レリダ(イレルダ)(スペイン) 41°37′N 0°38′E 30, 34, 39, 42, 47, 70, 84, 139, 171
レンテリーア(スペイン) 43°19′N 1°54′W 213

ローア(スペイン) 41°42′N 3°55′W 42
ロアーレ(スペイン) 42°19′N 0°36′W 206
ログローニョ(スペイン) 42°28′N 2°26′W 115, 139, 171, 206
ローケ・デ・ロス・ムチャーチョス山(スペイン) 28°45′N 17°52′W 220
ロケータス・デ・マール(スペイン) 36°46′N 2°35′W 187
ローコ岬(ポルトガル) 38°53′N 9°31′W 186
ローサス(スペイン) 42°15′N 3°11′E 195
ロザーダ(ポルトガル) 41°17′N 8°17′W 103
ロザン(ポルトガル) 40°07′N 8°15′W 212
ロス・アルファーケス(スペイン) 40°37′N 0°36′E 115
ロス・サントス・デ・マイモーナ(スペイン) 38°27′N 6°22′W 186
ロス・ベーチョス山(スペイン) 27°56′N 15°34′W 220
ロス・ミジャーレス(スペイン) 36°50′N 2°27′W 28
ロータ(スペイン) 36°37′N 6°21′W 186
ロダ(スペイン) 42°15′N 3°11′E 30, 39
ロデーヴ(ルテヴァ)(フランス) 43°44′N 3°19′E 39
ロデズ(セゴドゥヌム)(フランス) 44°21′N 2°34′E 39
ローヌ河 39, 58, 84
ローボス島(スペイン) 28°44′N 13°49′W 220
ローマ(イタリア) 41°53′N 12°30′E 58, 84
ローマ教皇領* 58, 84
ロメラール(スペイン) 36°40′N 4°33′W 28
ロリーサ(ポルトガル) 39°18′N 9°10′W 212
ロルカ(スペイン) 37°40′N 1°41′W 195
ローレ(ポルトガル) 37°08′N 8°02′W 186
ローヌ* 84
ローザ(ポルトガル) 41°00′N 8°32′W 212
ロワール川 39, 84
ロンセスバージェス(スペイン) 43°00′N 1°19′W 42, 206
ロンダ(アルンダ)(スペイン) 36°45′N 5°10′W 34, 186
ロンドン(イギリス) 51°30′N 0°00′ 84

ワ 行

ワルシャワ(ポーランド) 52°15′N 21°00′E 84

索　引

あ 行

愛国経済同友会　111
アウィエヌス　37
アヴィース朝　59, 75, 88, 101
アヴェイロ　173, 218
アヴェイロ公　117
アヴェロエス　53
アウグストゥス（ローマ皇帝）　34
アウト・デ・フェ　66, 84, 88, 94, 115, 117
アグスティーナ　123
アグリッパ　35
アストゥリアス　40, 46, 48, 215
アストゥリアス王国　40, 46
アストゥリカ　37
アストルガ　37
アソリン　146
アソーレス解放戦線　170
アソーレス諸島　12, 59, 72, 101, 130, 163, 170, 220
アッバース朝　45
アドルフォ・スアレス　167
アドルフ・ヒットラー　155
アニバル・カヴァーコ・シルヴァ　169, 172
アーネスト・ヘミングウェイ　207
アヒラ　42
アビラ　202
アビリオ（司教）　210
アブー・アブド・アラー　69
アフォンソ1世（ポルトガル王, アフォンソ・エンリーケス）　56, 218
アフォンソ5世（ポルトガル王）　59, 62, 72
アフォンソ6世（ポルトガル王）　106
アブデラ　30, 35
アブド・アッラフマーン1世　44, 45
アブド・アッラフマーン2世　44
アフリカ　59, 73, 145
アフリカ駐屯部隊　155
アーヘン条約　112
アマデウ・デ・ソウザ・カルドーゾ　151
アマデウ1世（スペイン王）　138
アメイシアールの戦い　103
アメリカ　70
アラゴン　46, 48, 58, 61, 66, 81, 101, 108, 207, 210
アラビア人（語）　21, 42, 52
アラリアの海戦　29
アラリーコ（西ゴート王）　41
アラルコスの戦い　53
アラン族　38
アランチャ・サンチェス・ビカリオ　180
アリウス派　41
アリカンテ　22, 199
アルヴァロ・クニャール　162
アルヴァロ・デ・カンポス　152
アルカソヴァス条約　72, 222
アルカラー・デ・エナーレス　37
アルカラー・デ・エナーレス大学　77, 112
アルガルヴェ　12, 21
アルカンタラ騎士修道会　49
アルガントニウス（タルテソスの王）　29
アルコイ　199
アルジェ　81, 84
アルジュバロータの戦い　59, 74
アルセタノ人　31
アルタミーラ洞窟壁画　24
アルテ・ポヴェラ　183
アルトゥーロ・ソリア　141
アルノルト・シェーンベルク　181
アル・ハカム2世（カリフ）　44
アルバ公　81, 85, 88
アルバ版聖書　60
アルハンブラ宮殿　43, 64, 187
アルビ十字軍　58
アルビトリスタ　96
アルフォンソ3世（アストゥリアス王）　40
アルフォンソ6世（レオン・カスティージャ王）　49
アルフォンソ10世（カスティージャ王）　58
アルフォンソ11世（カスティージャ王）　58
アルフォンソ12世（スペイン王）　138
アルフォンソ13世（スペイン王）　138, 146, 151, 167
アルフォンソ・ゲーラ　171
アルブフェーラ（湖）　198
アルフレッド・ヒッチコック　152
アルベルト・カエイロ　152
アルベルト公　92
アルマデン（水銀鉱山）　93
アルマンサの戦い　108
アルマンスール　44, 46
アルメリーア　16, 57, 188
アレクサンデル6世（ローマ教皇）　66, 71
アレサンドロ・ファルネーゼ（パルマ公）　88, 90
アレシャンドレ・エルクラーノ　131
アレンテージョ　12, 15, 17, 25, 188
アロルナ侯　117
アロンソ（アラゴン王フェルナンド2世の庶子）　78
アンヴェール　79
アンヴェール休戦条約　91, 93, 96
アンゴラ　117, 145, 162
アンシアン・レジーム（旧体制）　118, 133
アンセリューヌ　25
アンダルシーア　12, 17, 21, 25, 42, 56, 106, 130, 170, 187
アンテケーラ　25
アンドーシュ・ジュノー　120
アントニオ（ポルトガル王ジョアン3世の庶子）　88
アントニオ・ガーデス　181
アントニオ・カノバス・デル・カスティージョ　138, 146
アントニオ・ソレール　112
アントニオ・デ・オリヴィエラ・サラザール　168, 162, 173, 176, 179
アントニオ・デ・カベソン　83
アントニオ・デ・ネブリーハ　71, 77

アントニオ・テヘーロ　167, 169
アントニオ・ベルナルド・ダ・コスタ・カブラール　131
アントニオ・マイレーナ　181
アントニオ・マチャード　146
アントニオ・マリーア・フォンテス・デ・ペレイラ・デ・メーロ　139
アントニオ・ラマーリョ・エアネス　168
アントニオ・リベイロ・スピノラ　162
アントーニ・ガウディー　142, 145
アントーニ・タピエス　182
アンドーラ　12
アンドレア・ドリーア　81
アンリ2世（フランス王）　81
アンリ4世（フランス王）　93

イエスス会　77, 82, 88, 93, 97, 101, 104, 112, 114, 117, 131
イギリス　108, 110, 114, 120, 127, 130, 146, 214
イグナシオ・デ・ロジョーラ　77, 82
イサアク・アルベニス　144, 152
イサベル（カトリック両王の長女）　75
イサベル（スペイン王カルロス1世の妻）　79
イサベル（スペイン王フェリーペ2世の娘）　92
イサベル（ポルトガル王ペドロ2世の娘）　107
イサベル1世（カスティージャ女王）　66, 68, 71, 75
イサベル2世（スペイン女王）　129, 137
イサベル・ファルネシオ・デ・パルマ　109
イシドレ・ノネール　144, 151
イシドーロ（セビージャの司教）　41
イスパニア辺境領　46
イスラム教改革派　53
イスラム様式　44, 54, 64, 187
イダシオ　41
イタリア　78, 97, 110
イタリカ　31, 37
イダルゴ　69, 78, 79, 112
異端審問所　66, 69, 77, 85, 88, 101, 109, 115, 117, 125, 129
イドリーシー　52
イニゴ・ロペス・デ・メンドーサ（サンティジャーナ侯）　68
イビーサ島　199
イブン・ルシュド　53
イミルケ（ハンニバルの妻）　30
イリパの戦い　31
イルデフォンス・セルダー　142
イレルダの戦い　32
イングランド　90, 103
印刷術　68, 71, 77
印象派　145
インダレシオ・ブリエト　155
インド（イベリア先住民の王）　34
インド　73, 86, 87

ヴァスコ・ダ・ガマ　73, 86, 87
ヴァンダル族　38
ヴィラ・ヴィソーザの戦い　103
ヴィラ・ノヴァ・デ・サン・ペドロ　25
ヴィラフランカーダ　128
ウィリアトゥス　32
ウィリアム・カー・ベレスフォード　127
ウィーン会議　126
ヴィンセンチオ女子修道会　137
ウェスパシアヌス帝（ローマ皇帝）　36
ヴェネツィア　85
ウェリントン卿アーサー・ウェルズリー　121, 125
ウエルタ　194
ウエルバ　28, 29, 35
ウォルター・スコット　131
ヴォルテール　116
ウクビ　37
ウジャストレート　25, 30
ウマイヤ朝　45
ウルソ　34
ウルバヌス2世（ローマ教皇）　48

映画　152, 177, 181
エヴォラ　188
エヴォラ・モンテ　130
エウスケーラ　21, 213
エウリーコ（西ゴート王）　39, 41
エヴェラルト・ニタルト　104
エクトル・ベルリオーズ　125
エグモント伯　87
エゲリア　38
エシハの戦い　42
エスキラーチェ侯　114
エステル・トゥスケーツ　184
エストレマドゥーラ　12, 15, 17, 25, 31, 35, 118, 190
エストレーラ連山　15, 218
エスパニョーラ島　106
エスペーホ　37
エドゥアルド・ダート　146
エドゥアルド・チジーダ　182
エトルリア　29
エブロ川　15, 30, 207
エミリア・パルド・バサン　141
エミール・ゾラ　141
エメリタ・アウグスタ　35, 36, 190
エラスムス（ロッテルダムの）　77, 82
エリザベス1世（イギリス女王）　91
エリセイラ伯　111
エリ・バタスーナ（HB）　170
エル・インファンタード公　108
エルヴァス　21
エル・エスコリアル宮　122, 204
エル・エスコリアル修道院　80
エル・カサル・キビールの戦い　88, 101
エル・カランボーロ　29
エル・グレコ　83
エル・シード　52, 202
エルナン・コルテース　81
エルネスト・アルフテル　152
エル・フェロール　112
エルマンダード　67

エル・ロシーオ聖母教会　188
演劇　83, 93, 100, 133, 140, 150
エンセナーダ侯　112, 114
エンポリアエ　30
エンリーケ1世（ポルトガル王）　88
エンリーケ2世（カスティージャ王）　59
エンリーケ・グラナードス　144, 152, 210
エンリーケ航海王子　59, 86, 190, 220
エンリーケス家　104

王宮　122
黄金の世紀　48, 77, 83, 152
黄金羊毛騎士団　81
王室財政破綻　87, 91, 93, 97, 105
王立歴史アカデミア（ポルトガル）　111
オスカル・カルモナ　151, 158
オスカル・ドミンゲス　151
オーステンデの包囲戦　92
オストロゴート　39
オスーナ　25, 26, 34
オスーナ公　93
オーストリア　108, 111, 114
オディエル川　28
オデュッセイア　29
オビエド　48, 215
オプス・デイ　159, 173, 207
オラニエ公ウィレム　87, 96
オランダ　91, 92, 96, 107, 108
オランダ西インド会社　101
オランダ東インド会社　101
オリヴァー・クロムウェル　102
オリバーレス伯　93, 96, 100, 102, 105
オリベンサ　120
オルメーダ　37
織物産業　133
オレンジ戦争　120
オロシウス（ブラカラの）　38
オロペーサ伯　104, 108
穏健派　131, 135, 137

か 行

改革派（ポルトガル）　139
カエサル・アウグスタ　210
革命の6年　140
革命評議会　169
ガジェーゴ　21
カシーケ　139
カスティージャ　12, 15, 21, 46, 56, 61, 66, 78, 81, 105, 108, 202
カスティージャ語　21, 71, 106, 196
カスティージャ提督　108
カスティージャ・ラ・マンチャ　202
カスティージャ・レオン　202
カステーロ・ブランコ　218
カステーロ・メリョール伯　106
カストルム　35
ガスパール・サンス　106
ガスパール・デ・グスマン　93
カセリーオ　213
家族計画　178
ガータ　15

索引

カタストロ 112
カタリーナ（イングランド王ヘンリー8世の妻） 81
カタリーナ（ポルトガル王ジョアン3世の妻） 87
カタリーナ・デ・ブラガンサ 102
カタルーニャ 16, 25, 46, 59, 101, 105, 108, 112, 135, 153, 158, 170, 182, 194
カタルーニャ語 21, 133, 194
カタルーニャ自治憲章 153
カタルーニャの反乱 102
ガッラエキア 37, 39
カディス 28, 30, 34, 35, 57, 96, 106, 112
カディス議会憲法 126, 128
カディス湾 12
家庭生活 177
ガデス 34
カトー（執政官） 31
カトゥルス（詩人） 34
カトー・カンブレジ条約 84
カナヴェルデ 220
カナリア諸島 12, 59, 72, 220
カーネーション革命 162, 164, 168, 172, 178
カフェ「ヒホン」 144
カフェ「4匹の猫」 144
ガブリエル・テージェス 93
カーボ・ヴェルデ諸島 59, 71, 72
カミーロ・カステーロ・ブランコ 133
カミーロ・ホセ・セーラ 183
カラオーラ 37, 210
カラグリス 37
カラタジュード 37
カラトラーバ騎士修道会 49
カラビート 25
狩り 92
ガリシア 15, 21, 41, 133, 170, 173, 178, 194, 213, 215
カリフォルニア 106
カリブ海 103
カルヴィニズム 85
ガルシラーソ・デ・ラ・ベーガ 82, 106
カール大公（オーストリア） 107, 108
カルタギネンシス 37
カルタゴ・ノヴァ 30
カルタヘナ 22, 30, 112, 196, 199
カルタヘナの戦い 110
カールハインツ・シュトックハウゼン 181
カルモーナ 30
カルリスタ戦争 129, 136, 138
カルロス1世（スペイン王） 64, 78, 81
カルロス1世（ポルトガル王） 148
カルロス2世（スペイン王） 104, 107
カルロス3世（スペイン王） 113, 118
カルロス4世（スペイン王） 118, 121, 134
カルロス・アリアス・ナバーロ 167
カルロス皇太子（スペイン王フェリーペ2世の子） 85
カルロス皇太子（スペイン王フェリーペ4世の子） 103
カルロス・サウラ 181
カルロス親王（スペイン王カルロス4世の子） 129, 207

カルロス党運動 134, 138, 154, 158, 207
カルロータ・ジョアキーナ 129
カルロ・ファリネッリ 112
カロステ・グルベンキアン 183
カンガス・デ・オニース 46
カンタブリア 42, 46, 213
カンタブリア山脈 15, 24, 46, 207, 213
官僚機構 78, 91

議会制民主主義 168, 170
気候 16
騎士修道会 49, 67, 86
ギター 106, 125
北大西洋条約機構（NATO） 162, 169
ギネア 162
喜望峰 86
ギマランエス 218
救国評議会（JSN） 162
宮廷文化 83
98年の世代 146
旧石器時代 24
ギュスターヴ・フロベール 140
キューバ 106, 128
キューバ独立戦争 138
キュービズム（立体主義） 151
キュリアコス・テオトコプロス 83
教育 173
教会領 134
共産主義 155, 159, 162, 168, 176
共産党系労働委員会（CCOO） 166
狂信派 131
兄弟団 67
共和制 148, 152
漁業 15
巨石文化 25
ギリシア人 29
ギリシア陶器 29
近代主義 142, 144
吟遊詩人 58

グアダラーマ連山 15, 80
グアダルキビール川 15, 17, 25, 31, 37, 56, 174, 187
グアディアーナ川 12, 15, 187
グアルダ 218
グアンチェ 221
クインティリアヌス 37
クイントゥス・セルトリウス 32
クイントゥス・ロンギヌス・カッシウス 32
クエンカ 105
九月革命 131, 137
グスターボ・アドルフォ・ベッケル 133
グナエウス・コルネリウス・スキピオ 31
グラナダ 57, 59, 66, 69, 78, 85, 187
グラン・カナリア島 222
クリスト騎士修道会 59, 86
クリストバル・アルフテル 181
クリストバル・コロン 69
グリマルディ侯 113
クリュニー 49
クルクス（イベリア先住民の王） 25
グレードス 15

経済成長 172
ケイポ・デ・ジャーノ 156
啓蒙主義 114
ゲーテ 116
毛と羽 144
ケルトイベロ人 31, 34
ケルト人 21, 25
ゲロンティウス 38
検閲 176, 182

ゴア 88
コインブラ（大学） 111, 117, 218
工業化 135, 146, 215
交通路 15, 172
香料諸島 86
国軍運動（MFA） 162
国債 96
国際旅団 156
黒死病 59
国土回復戦争（レコンキスタ） 43, 48, 52, 56, 69, 199
国民戦線 158
国民党（PP） 171
コスタ・ブラーバ 196
コスタ・ブランカ 196
ゴシック様式 52, 54, 74
ゴート族 38
コニンブリガ 37
コバドンガの聖母 215
コバドンガの戦い 215
コバラーナス 24
コペルニクス 89
コムネーロの乱 79
ゴメーラ島 222
コーラン 46, 53, 187
コルクガシ 17, 188
コルドゥバ 31, 34, 37
コルドバ 42, 45, 48, 52, 56
コレヒドール 69, 79, 109
コンゴ 73
コンスタンティウス2世（ローマ皇帝） 38
コンスタンティヌス1世（ローマ皇帝） 38
コンセプシオン・アレナール 137
コンデイシャ・ア・ヴェーリャ 37
コンブルトゥム 37
コンベルソ 61, 66

さ　行

最高裁判所 66
祭司王ヨハネ 86
彩色タイル 118, 199
サウダーデ 215
サグントゥム 30
サッカー 179
刷新派（ポルトガル） 135, 139, 146
ザビエル 88
サミュエル・ジョンソン 116
サミュエル・ピープス 105
サモーラ 40
サラゴーサ 22, 114, 123, 210
サラゴーサ条約 87
サラザール体制 158, 176

サラマンカ 30, 94, 96, 202
サラマンカ大学 77, 89, 112, 202
サルスエラ 140, 210
サルダーナ 194
サルデーニャ島 59, 78, 108, 110
サルバドール・ダリ 150, 151
サン・ヴィセンテ岬沖の海戦 120
サン・カンタンの戦い 80, 81
サン・サルバドール島 70
三宗教共存 53, 54, 58, 77
三十年戦争 96
参政権 135, 149
サン・セバスティアン 118
サンタ・クルース侯 88
サンタ・マリーア島 220
サンタレン 56, 190
サンタンデール 79, 122, 140, 213
サンティアゴ騎士修道会 49
サンティアゴ巡礼路 52
サンティアゴ・デ・コンポステーラ 45, 52, 210, 215
サンティアゴ・ラモン・イ・カハール 146
サンティアゴ・ルシニョール 144, 145
サンドウィッチ卿 106
サン・トメ 73
サン・フアン・デ・バーニョス聖堂 40
ザンブジャール 25
サン・フルクトゥーゾ・デ・モンテリーオス聖堂 40
サン・ペドロ・デ・ラ・ナーベ聖堂 40
サン・ミゲール島 220

シウダデーラ 84
シウダード・ロドリーゴ 21
ジェイ・アレン 156
シエラ・レオーネ 59, 86
ジェルバ島 85
ジェルメーヌ・ド・フォワ 75
シェリー酒 187
自治州 170, 187, 194, 202, 210, 213, 220
七年戦争 114
シチリア 59, 78, 112, 220
シドニオ・パイス 149
使徒派 129
支配者層 135
ジプシー 91, 180, 187
ジブラルタル 12, 42, 108, 110
ジブラルタル海峡 29, 42
社会主義 146, 153, 158, 163, 169, 170
社会党（PS） 163
社会民主党（PSD） 169, 172
写実主義文学 141
ジャマイカ 103
シャランバ 220
シャルル8世（フランス王） 78
シャルルマーニュ 46
ジャン・アンリ・ルイ・オリー 108
ジャン・ジャック・アムロー 108

自由保守党 139
出生率 178
ジュリオ・アルベローニ 109
シュールレアリスム 151
ジョアカン・ミュラ 121
ジョアン1世（ポルトガル王） 59, 74
ジョアン2世（ポルトガル王） 62, 72, 86
ジョアン3世（ポルトガル王） 74, 79, 87
ジョアン4世（ポルトガル王） 102, 106
ジョアン5世（ポルトガル王） 107, 111, 115
ジョアン6世（ポルトガル王） 127, 129
ジョアン・アンドラーデ・コルヴォ 145
ジョアン・カルロス・サルダーニャ 137
ジョアン・ゴンサルヴェス・ザルコ 220
ジョアン・バプティスタ・アルメイダ・ガレート 131
ジョアン・ミロー 151, 181
城砦 202
植民地の独立 172
ジョージ・オーウェル 157
女性研究所 179
ジョゼ1世（ポルトガル王） 115, 116
ジョゼ・サラマーゴ 152, 183
ジョゼ・デ・フィゲイレード 62
ジョゼプ・プチ・イ・カダファルク 142, 144
ジョゼフ・ボナパルト 123, 124
ジョゼ・マリーア・デ・エサ・デ・ケイロース 141, 145
ジョルジュ・サンド 199
ジョルジュ・ビゼー 133
ジョルジュ・ブラック 151
ジョン・ムーア 123
ジョン・ロック 114
ジル・ヴィセンテ 83
シルヴェス 188
ジール朝 64
新カスティージャ 85
人口調査 112
新国家基本令 109
神聖同盟 85
神聖ローマ帝国 47, 58, 81, 107, 108
新生ポルトガル紀行 179
新世界 70, 106
新石器時代 25
人文主義 68, 77, 82
新法 71
進歩党（ポルトガル） 139
進歩派（スペイン） 131, 135, 137
人民戦線 155
人民民主党（PPD） 163, 169
スエヴ王国 36, 39
スキピオ・アエミリアヌス 32
スキピオ・アフリカヌス 31
スペイン
　1820年革命 128
　1837年憲法 131
　1868年革命 137

242

索　引

1923年クーデター　151
1936年革命　157
1981年クーデター　167
王政復古（1875年）　138, 151
王政復古（1975年）　167
海外領　71, 88, 103, 106, 126, 128, 146, 220
カディス憲法　125, 128
自治州　187, 194, 202, 210, 220
植民地支配　106
第1次共和制　137
第2次共和制　150, 152, 194
ポルトガルとの戦争　102, 105
民主主義への移行　167
スペイン右翼自治連合（CEDA）　154
スペイン王位継承戦争　108
スペイン軍道　87
スペイン神秘思想　82, 83
スペイン大艦隊　90
スペイン独立戦争　120, 123
スペイン内戦　156, 157, 160
スペイン・バレー　181
スペイン・ルネサンス　77
スポーツ　180
スルピビウス・ガルバ　31, 35
スレイマン1世（トルコ皇帝）　81
税　69, 79, 96, 101, 105, 110
性教育　173
青銅器時代　28
聖パウロ　37
征服者　70, 118, 190, 222
西方教会の分裂　61
セウタ　12
セゲダ　32
セゴビア　37, 79, 105, 202
セトゥーバル　22, 188
セネカ　37
セバスティアン1世（ポルトガル王）　88, 101
セバスティアン・デ・カルヴァーリョ　115, 116
セビージャ　31, 34, 56, 61, 66, 71, 79, 97, 106, 123, 133, 187
セビージャ万国博覧会　172, 174
セビージャ門　30
セベリアーノ・バジェステーロ　180
全国一律課税制度　96
全国労働連合（CNT）　146, 157
先史時代　24
宣伝　97
象嵌細工　202
祖国バスクと自由（ETA）　166, 168, 169
ソフィーア王妃芸術センター　183
ソールズベリー　145
ソ連　157, 159, 170
尊者ピエール　53

た　行

第1次世界大戦　147
大衆の一斉蜂起　154
大同盟　108
第2ヴァティカン公会議　166
第2次世界大戦　158
タイファ　46, 48, 53
ダウ・アル・セート　182
タヴォラ侯　117
多国語聖書　77
タホ川　15
ダマスキナード　202
ダマスコ　42, 46, 52
タラコ　31
タラゴーナ　31, 105
タラコネンシス　35, 37, 39
タラベーラ・デ・ラ・レイナの戦い　123
ターリク　42
タルテソス文化　28, 187
タンジール　59, 86, 102
治安警備隊　148
地域法　69, 78, 91, 101, 109
中絶　178
地図制作　89
地方長官制　109, 115
地方分離主義　130, 148, 153, 166, 170, 194
チャールズ1世（イングランド王）　96
チャールズ2世（イングランド王）　102
チャールズ・ネイビア　130
中央評議会　123
中絶　178
中道民主社会党（CDS）　169, 172
チュニス　81
超写実主義　150, 151
チリ　106
追従派　127
ディアー　199
ディエゴ・デ・ベラスケス　97, 98
ティツィアーノ　83
ティベリウス・グラックス　32
ティベリウス帝（ローマ皇帝）　35
ティルソ・デ・モリーナ　93, 132
テウディス（西ゴート王）　39
テオドシウス大帝（ローマ皇帝）　37
テオフィロ・ブラーガ　146
出稼ぎ　179, 215
テキサス　106
テージョ川　15, 116, 190
テナロン岬沖の海戦　111
テネリーフェ島　222
テレーサ・デ・アビラ　82, 83
統一マルクス主義労働者党（POUM）　158
ドゥエロ川　12, 15
闘牛　180, 207
洞窟壁画　24
同性愛　150
トゥールーズ　39, 123
トガード　69
都市計画　140
トスカーノス　28
土地改革　133, 153, 163
ドニャーナ保護区　188
トマース・デ・スマラカレギ　130
トマース・ブレトン　140
トマース・ルイス・デ・ビクトリア　83
トマール　75, 88, 190
ドミティアヌス帝（ローマ皇帝）　37
ドミニコ会修道士　57, 71, 74, 77, 93
ドメニコ・スカルラッティ　112
ドメネク・イ・モンタネー　145
トラス・オス・モンテス　12, 218
トラスタマラ朝　59, 61
トラファルガール沖の海戦　120
トラモンターナ　16
トラヤヌス帝（ローマ皇帝）　37
トリエント公会議　77
トルコ帝国　81, 84
トルデシージャス条約　71, 86
奴隷貿易　73, 88, 117
トーレス・ヴェドラス　123
トレード　39, 42, 52, 54, 61, 79, 105, 202
トレモリーノス　22
ドーロ川　12, 214, 218
ドン・キホーテ　83, 93, 96, 202
ドン・フアン伝説　93, 132, 133

な　行

内陸税関廃止　111
ナスル家（朝）　57, 61, 64
ナバーラ　81, 109, 207
ナバーラ王国　46, 48, 75
ナポリ王国　59, 78, 92, 108, 112
ナポレオン戦争　120, 132
ナポレオン・ボナパルト　120, 123
ニエブラ　29
二兄弟の戦争　130
西ゴート王国　36, 39, 40, 42
西ゴート様式　40, 41
27年の世代　152, 183
26年憲章派　131
二大政党政治　138, 145
日本　86
ヌーノ・ゴンサルヴェス　62
ヌマンティア　32
ネバーダ連山　12, 187
ネルトリンゲンの合戦　100
ネロ（ローマ皇帝）　35
農業と農作物　16, 22, 45, 57, 88, 91, 96, 105, 111, 112, 133, 135, 188, 190, 194, 196, 202, 210, 222

は　行

バイーア　101, 106
ハイメ1世（アラゴン王）　58
ハイメ・ミランス・デル・ボスク将軍　167
バイレンの戦い　123
バイロン　132
バヴィーアの戦い　81
バウ・カザルス　181
バウラ・レーゴ　183
バウリテイロ　218
バウロ6世（ローマ教皇）　166
バエージャ　198
バエティカ　35, 38
ハエン　57
ハカ　46, 52
バジャドリード　22, 66, 68, 72, 79, 84, 92
バスコ語　21, 25, 213
バスコ地方　42, 101, 109, 112, 130, 157, 166, 213
バダホースの占領　156
バターリャ聖堂　61, 74
バッセロ岬沖の海戦　110
バッランティア　37
ハドリアヌス（ユトレヒトの、ローマ教皇ハドリアヌス6世）　79
ハドリアヌス帝（ローマ皇帝）　37
ハプスブルク朝　75, 78, 81, 96, 104, 106, 108
バブレ　215
パブロ・ガルガージョ　151
パブロ・クリスティアーノ　58
パブロ・デ・オラビーデ　115
パブロ・ピカソ　144, 151, 183
ハミルカル・バルカ　30
早起き者の戦争　134
バラデーラ　12
パリアス　48, 49
パリ講和条約　114
バルカ一族　30
バルカ・ダルヴァ　12
バルセローナ　21, 48, 58, 130, 131, 133, 141, 142, 167, 194
バルセローナ・オリンピック　172, 174
バルセローナ神学論争　58
バルタサール・デ・スニガ　93, 96
バルドメーロ・エスパルテーロ将軍　131
バルトロメウ・ディーアス　73, 86
バルトロメー・カランサ（トレード大司教）　66
バルトロメー・デ・ラス・カーサス　71, 77
バルトロメー・ムリージョ　97
バルバストロ　48
バルバラ・デ・ブラガンサ　112
バルビー族　34
バレアール諸島　12, 21, 194, 199
パレストリーナ　83
バレンシア　37, 40, 79
バレンシア　21, 52, 59, 79, 101, 135, 157, 194, 198
バロック様式　97
蛮族　38, 46
ハンニバル　30, 31
パンプローナ　37, 207
ピエトロ・マルティレ・ダンギエラ　43
ヒエロニムス・ボッシュ　83
ビオ・バローハ　146
被害者の乱　129
東ゴート王　39
ピカレスカ文学　83
ビーゴ　22
ビーコ島　220
ヒシャーム2世（コルドバ・ウマイヤ朝カリフ）　45
ビジャメディアーナ伯　93
ビジャラールの戦い　79
ヒスパニア・ウルテリオル　31, 35
ヒスパニア・キテリオル　31, 35
ヒスパリス　34
ビセンテ・アレイクサンドレ　152, 183
ビセンテ・ブラスコ・イバーニェス　140
ビトーリアの戦い　123
ビルバーオ　21, 79, 105, 118, 141, 157, 215
ピレネー山脈　12, 46, 81, 207
ピレネー条約　98, 103
ファシズム　154, 157
ファージャ　199
ファティマの聖母像　173, 179
ファド　140, 179, 180
フアナ（カスティージャ女王）　75
フアナ（カルロス1世の娘）　88
ファランヘ　154, 158
ファーロ　22, 188
フアン・アルバレス・メンディサーバル　133, 137
フアン王子　72
フアン・カルロス1世（スペイン王）　167
フアン・グリス　151
フアン・クリソストモ・デ・アリアーガ　125
フアン・ゴイティソーロ　184
フアン・デ・アウストリア　85
フアン・デ・バルデース　77
フアン・デ・マリアーナ　93
フアン・デ・ラ・クルース　82, 83
フアン・ネグリン　158
フアン・ブリム将軍　137
フアン・ホセ　104
フアン・ルイス・デ・アラルコン　93
フアン・ルイス・ビーベス　77
フィゲーラス　118
フィリーパ（ランカスター家の）　59
フィリピン　88
風俗主義　133, 140
フェデリーコ・ガルシーア・ロルカ　150, 152
フェニキア人　28, 30, 34, 187
フェニキアの芽　30
フェラン・マルティネース　61
フェリーペ1世（カスティージャ王）　75
フェリーペ1世（スペイン王）　79
フェリーペ2世（スペイン王）　21, 66, 80, 83, 85, 88, 91, 101, 122
フェリーペ3世　92, 96, 101
フェリーペ4世（スペイン王）　96, 98, 102, 104
フェリーペ5世（スペイン王）　108, 110, 115, 122
フェリーペ・ゴンサレス　169, 170
フェリーベ・ペドレール　152
フェルディナント1世（神聖ローマ帝国皇帝）　81

243

索　引

ブエルトリコ　128
フェルナン・カバジェーロ　133
フェルナン・デ・マガリャンエス　72
フェルナン・メンデス・ビント　87
フェルナンド1世（アラゴン王）　59
フェルナンド1世（ポルトガル王）　59
フェルナンド1世（レオン・カスティージャ王）　50
フェルナンド2世（アラゴンとシチリアの王，カスティージャ王フェルナンド5世，ナポリ王フェルナンド3世）　59, 66, 75, 77, 78
フェルナンド2世（ポルトガル王）　137, 138
フェルナンド3世（カスティージャ王）　57
フェルナンド6世（スペイン王）　112
フェルナンド7世（スペイン王）　121, 123, 125, 126, 127, 129, 136
フェルナンド・ソール　125
フェルナンド・デ・バレンスエラ　104
フェルナンドとイサベル（カトリック両王）　43, 58, 66, 71, 75
フェルナンド・ペソーア　152, 188
フェレンス・プスカス　180
ブエン・レティーロ宮　101
フォス・デ・ルンビエール　37
ブサーコの戦い　123
普仏戦争　138
ププリウス・コルネリウス・スキピオ　31
ブラーガ　37, 173, 218
ブラカラ・アウグスタ　37
ブラガンサ　102, 216
プラクセデス・サガスタ　139
ブラーサ・マジョール　94
ブラジル　73, 86, 87, 96, 101, 106, 111, 117, 120, 128, 130
プラテレスコ様式　75
フラメンコ　106, 140, 180, 187
フランク族　39, 46, 47
フランコ体制　158, 163, 166, 173
フランシスコ・アセンホ・バルビエリ　140
フランシスコ会修道士　57, 71, 77
フランシスコ・スルバラン　97
フランシスコ・デ・オランダ　62
フランシスコ・デ・ケベード　93
フランシスコ・デ・ゴヤ・イ・ルシエンテス　124, 125, 133
フランシスコ・デ・サンドバール（レルマ公）　92
フランシスコ・デ・ロス・コーボス　78
フランシスコ・ハビエル　88
フランシスコ・ピ・イ・マルガール　138
フランシスコ・ヒメネス・デ・シスネーロス（トレード大司教）　66, 70, 77, 82
フランシスコ・フランコ将軍　155, 158, 163, 167, 173, 207
フランシスコ・マルティーネス・デ・ラ・ローサ　133
フランシスコ・ラルゴ・カバジェーロ　154

フランシス・ドレイク　88
フランシュ・コンテ　108
フランス革命　115, 118
フランスかぶれ　121, 123
フランス軍　128
フランソワ1世（フランス王）　81
フランドル　81, 85
フリアン　43
フリオ・ゴンサーレス　151
フルクトゥオスス（タラコの司教）　37
ブルゴス　52, 79, 166, 202
ブルゴーニュ　81
プルデンティウス　38
ブルボン朝スペイン　108, 112, 118, 122, 204
フレスコ画　50
ブレスター・ジョン　85
ブレダ　97
フレデリック・ショパン　199
プロイセン　114, 133
プロスペル・メリメ　132, 133
プロテスタンティズム　66, 77, 81, 84
プロヌンシアミエント　136, 137
フロリダ半島　114
フロリダブランカ伯　114, 123
フロンティア　48, 49
文学　83, 87, 93, 133, 140, 150, 151, 183
フン族　38

米西戦争　146
平民騎士　48
ベイラ　12
ベイラ・アルタ　218
ベイラ・バイシャ　218
ベージャ　188
ベジョン　93
ペーター・パウル・ルーベンス　97
ベティカ山脈　12
ペドロ1世残酷王（カスティージャ・レオン王）　54, 59
ペドロ2世（ポルトガル王）　107, 111
ペドロ3世（ポルトガル王）　118
ペドロ4世（ポルトガル王，ブラジル皇帝）　129, 130, 131
ペドロ5世（ポルトガル王）　137
ペドロ・アルヴァレス・カブラール　86
ペドロ・カルデロン・デ・ラ・バルカ　97
ペドロ・デ・ナバレーテ　93
ペトロニーラ（アラゴン王女）　56
ペドロ・ヌーネス　87
ペドロ・ロドリーゲス・デ・カンポマネス　114
ベニート・フェイホー　114
ベニート・ペレス・ガルドース　141
ベニート・ムッソリーニ　155
ベニドルム　22
ベーニャ・デ・フランシア　15
ベネディクト会　57
ベベ・カルヴァーリョ　184
ベラ・クルース学寮　68
ベラージョ　43, 215
ベラスケス　98
ベラスコ家　104

ベルチーテ　210
ベルベナ　32
ベルベル人　43, 46
ヘルマニーアの乱　79
ベルモンテ　218
ヘレース・デ・ラ・フロンテーラ　187
ペーレ・ロメウ　144
ベレンの塔　75, 117
ベロ　37
ヘロドトス　29
ヘンリー8世（イングランド王）　81
ホアキン・オムス　181
ホアキン・コスタ　146
ホアキン・ソローリャ　145
ホアキン・トゥリーナ　152
ホアキン・ロドリーゴ　181
ボアブディール　69
封建制　47, 58
放牧地　188
ポエニ戦争　30
ホーエンツォレルン家　138
ホシウス（コルドゥバ司教）　38
ポジェンサ　199
保守党（スペイン）　139
ポストゥムス　37
ホセ・アントニオ・プリモ・デ・リベーラ　154, 158
ホセ・オルテーガ・イ・ガセート　146
ホセ・オルナレーハス　146
ホセ・デ・エスプロンセダ　133
ホセ・デ・カルバハール・イ・ランカステル　112
ホセ・デ・シグエンサ　80
ホセ・ソローリャ　133
ホセ・バティーニョ　109
ホセ・マリーア・オラサーバル　180
ホセ・マリーア・デ・ベレーダ　140
ホセ・マルティーネス・ルイス　146
ホセ・モニーノ　114
ホタ　210
ボトリータ　32
ポートワイン　108, 214
ボルタレグレ　188
ボルダーロ・ピニェイロ一家　145
ポルト　12, 21, 22, 130, 133, 135, 173, 214, 218
ポルトガル
　1820年暴動　128
　1822年憲法　128, 135
　1838年憲法　131
　1976年憲法　168
　1982年憲法　169
　イギリスとの同盟　102, 120, 127, 149
　海外領　59, 73, 86, 87, 117, 145, 162, 172, 220
　カスティージャの侵入　59
　議会制民主主義　167, 169, 170
　共和制　148, 158
　九月革命　131, 137
　公国　56
　植民地　162, 172
　新国家　158
　スペインとの戦争　102, 105
　スペインとの連合　87, 101
　絶対主義時代　107, 111

　独立　101
　ユダヤ教徒　60, 70, 75
ポルトガル革命　162, 164, 168, 172, 178
ポルトガル共産党（PCP）　162
ポルト・サント島　220
ポルノ　177
ホルヘ・センプルン　183
ポンパエロ　37
ポンバール侯　115, 116, 118, 214
ボンベイ　102
ポンペイウス　32, 34

ま　行

マイナケ　30
マイモニデス　53
マウリタニア　43
マウリタニア・ティンギターナ　37
マオン　199
マカウ　86
マガジュフ　196
マカロニ・ウェスタン映画　16
マクシミリアン1世（神聖ローマ帝国皇帝）　75, 78
マグレブ　46
マジョルカ島　59, 79, 199
マセナ元帥　123
マゼラン海峡　72
マタパン岬沖の海戦　111
マッシリア　30
マデイラ諸島　12, 59, 72, 73, 163, 170, 220
マテオ・アレマン　93
マドリード　21, 22, 92, 114, 122, 141, 147, 150, 174, 183, 204
マドレーヌ文化　24
マニーセス　199
マヌエル1世（ポルトガル王）　73, 74, 86, 87
マヌエル2世（ポルトガル王）　148
マヌエル・アサーニャ　155
マヌエル・ゴドイ　118, 121, 127
マヌエル・デ・ファリャ　152
マヌエル・バスケス・モンタルバン　184
マヌエル・フラーガ・イリバルネ　171
マヌエル様式　74, 75, 190
マラガ　22, 28, 37, 42, 57, 131
マラグリーダ神父　117
マリー（ブルゴーニュの）　75
マリーア（カトリック両王の娘）　75
マリーア1世（ポルトガル女王）　118
マリーア2世（ポルトガル女王）　129, 137
マリーア・アーナ（ハブスブルク家）　111
マリーア・アーナ・デ・ネオブルゴ　104
マリーア・イザベル・バレーノ　179
マリーア・ヴェーリョ・ダ・コスタ　179
マリア・エレーナ・ヴィエイラ・ダ・シルヴァ　183
マリア・クリスティーナ（イサベル2世の摂政）　129, 131, 137

マリア・クリスティーナ（アルフォンソ13世の摂政）　138
マリーア・ダ・フォンテの乱　134
マリーア・デ・ルルデス・ピンタシルゴ　179
マリーア・テレーザ・オルタ　179
マリアーナ（フェリーペ4世の妻）　103, 104
マリア・フランシスカ・イザベル・デ・サヴォイア　106
マリア・ルイサ（カルロス3世の妻）　118
マリア・ルイサ・デ・オルレアンス　104
マリア・ルイサ・デ・サボージャ　108
マリオ・ロペス・ソアレス　163, 169
マリニャーノの戦い　78
マルガリータ（スペイン王妃）　92, 96
マルガリータ・デ・パルマ　85
マルクス・アウレリウス（ローマ皇帝）　37
マルセーロ・カエターノ　162
マルタ島　85
マルティアリス　37
マール・メノール　196

ミグリスタ戦争　129
ミゲール・エルナンデス　151
ミゲール親王　128, 130
ミゲール・デ・ウナムーノ　146
ミゲール・デ・セルバンテス　93, 96, 202
ミゲール・デリーベス　183
ミゲール・プリモ・デ・リベーラ　150, 151, 152
ミジョーネス　92
緑のスープ　216
ミニフンディオ　112, 215
ミーニョ　218
ミラノ　92, 108
ミランダ・ド・ドーロ　218
民主中道連合（UCD）　168
民主同盟（AD）　172

ムアーウィヤ1世（ウマイヤ朝カリフ）　45
ムーサ・イブン・ヌサイル　42
無政府主義運動　123, 146
ムデーハル　57
ムデーハル様式　54, 57, 58
ムニグア　37
ムハンマド　43, 45
ムハンマド5世（ナスル朝カリフ）　64
ムラセン山　12
ムルヴァ　37
ムルシア　16, 199
ムンダの戦い　32

メアリ1世（イングランド女王）　81
メキシコ　106
メシュエン条約　108, 111, 214
メスキータ　44
メスタ　111
メセータ　12, 15, 17, 21
メディーナ・アザハーラ宮　45
メディーナ・シドーニア公　90
メディナセーリ侯　104, 108

244

メディーナ・デル・カンポ 79
メノルカ島 84, 108, 110, 114, 199
メリージャ 12
メリダ 35, 36, 41, 156, 190
メルクリオ・ガッティナーラ 79
メルチョール・デ・マカナース 108, 109, 113
メンドーサ一族 68

モクテスーマ（アステーカ帝国皇帝） 106
モサラベ 43
モサンビーケ 145, 162
モシェ・ベン・マイムーン 53
モストレス 123
モーツァルト 132
モハチの戦い 81
モビミエント 158
モーラ将軍 156
モリスコ 66, 85, 91, 93
モレーナ連山 15, 35, 187
モーロ 43
モロッコ 12, 46, 62, 88
モンタルト公爵 104

や 行

ユウェンクス 38
ユーゴスラヴィア 170
ユスタ 38
ユスティニアヌス1世（東ローマ帝国皇帝） 39
ユースフ1世（グラナーダ王） 64
ユダヤ教 43, 48, 54, 60, 70, 75, 218
ユトレヒト条約 108, 110
ユトレヒト同盟 87
ユリウス・カエサル 32, 34
ユルサン夫人 108

用水裁判所 196
ヨーシフ・スターリン 158
ヨゼフ1世（神聖ローマ帝国皇帝） 108
ヨハネ23世（ローマ教皇） 166
ヨーロッパ共同体（EC） 167, 169, 172
4カ国同盟条約 130

ら 行

ラ・カルトゥーハ島 174
ラ・グランハ 122
ラ・コルーニャの合戦 123
ラサリージョ・デ・トルメスの生涯 83
ラス・パルマス・デ・グラン・カナリア 222
ラ・ディアダ 108
ラティフンディオ 112
ラファエル・アルベルティ 17, 152
ラプラタ河 106
ラ・マグダレーナ宮 122
ラ・マンチャ 15, 202
ラモン・カーサス 144, 145, 151
ラモン・ベレンゲール4世（バルセローナ伯） 56
ラモン・マリーア・ナルバーエス 137
ラ・リオハ 207
ランサローテ島 222

リアス式海岸 15
リア・フォルモーザ自然公園 188
離婚 178
リスボア 21, 56, 59, 75, 88, 101, 111, 130, 190, 218
リスボア大地震 62, 116, 117, 190
リチャード・フォード 132
立憲君主制 137
立体主義 151
リーバス公 133
リバテージョ 190

ルイ14世（フランス王） 98, 103, 105, 108, 111
ルイ16世（フランス王） 118
ルイス1世（スペイン王） 109
ルイス1世（ポルトガル王） 137
ルイス・ガルシーア・ベルランガ 181
ルイス・カレーロ・ブランコ 166
ルイス・デ・カモンエス 87
ルイス・デ・ゴンゴラ 152
ルイス・デ・パブロ 181
ルイス・デ・モリーナ 93
ルイス・デ・レオン 77, 82
ルイス・フィリーペ皇太子（ポルトガル） 148
ルイス・ブニュエル 151
ルイス・ミラン 83
ルカヌス 37
ルクセンブルク 108
ルシタニア 35, 36, 38, 190
ルシタニア人 31
ルシヨン地方 78, 103
ルネサンス 68, 71, 77, 82
ルネ・デカルト 114
ルフィーナ 38

冷戦 159
レイリーア 190
レオビヒルド（西ゴート王） 39
レオポルド・アラス 140
レオポルト1世（神聖ローマ帝国皇帝） 107
レオン市 50, 52
レオン王国 46, 48
レオン・カスティージャ 49, 50, 54
レカレード1世（西ゴート王） 41
レギオ 35, 38
歴史派 135, 139
レキントゥム 35
レケテー 207
レコンキスタ（国土回復戦争） 43, 48, 52, 56, 69, 199
レセスビント（西ゴート王） 41
レトラード 78
レトルナード 172
レバルティミエント 57
レパントの海戦 85
連合予備軍 96, 101

老セネカ 37
労働組合運動 146
労働者総同盟（UGT） 147
ロサリーア・デ・カストロ 133
ロス・ミジャーレスの砦 25
ロダ 30
ロドリーゴ（西ゴート王） 41, 42
ロドリーゴ・ディーアス・デ・ビバール 52
ロドルフォ・アルフテル 152
ロバート・グレイヴズ 109
ローペ・デ・ベーガ 93, 106
ロベルト・ヘラルト 181
ローマ人 26, 31, 32, 34, 38, 187, 222
ロマネスク様式 49, 50, 52
ローマ様式 32, 34, 37
ロマン主義 131, 132, 140
ロメラールの洞窟 25
ローリー・リー 15
ロンダ 187
ロンバルディーア 81

わ 行

わがシードの歌 52
ワシントン・アーヴィング 132

参考文献

一般

Birmingham, David : A Concise History of Portugal. Cambridge, 1993
Brenan, Gerald : The Literature of the Spanish People. Cambridge, 1951
Castro, Américo : The Spaniards. An Introduction to Their History. Berkeley & Los Angeles, 1971
Guidol, José : The Arts of Spain. New York, 1964
Herr, Richard : A Historical Essay on Modern Spain. Berkeley & Los Angeles, 1971
Kaplan, Marion : The Portuguese. The Land and its People. London, 1991
Lassaigne, J. : Spanish Painting from the Catalan Frescoes to El Greco. New York, 1952
Livermore, H.V. : A New History of Portugal. 2nd ed., Cambridge, 1976
Macaulay, Rose : They Went to Portugal. London, 1946
Oliveira Marques, A.H. de : A History of Portugal. 2 vols., New York, 1972
Payne, Stanley G. : A History of Spain and Portugal. 2 vols., Wisconsin, 1973
Russell, P.E. : Spain. A Companion to Spanish Studies. London, 1973
Smith, Bradley : A History in Art. New Jersey, 1979
Trend, J.B. : The Civilization of Spain. New Jersey, 1944
Vicens Vives, Jaime : Approaches to the History of Spain. Berkeley & Los Angeles, 1976
Way, Ruth : A Geography of Spain and Portugal. London, 1962

西ゴート王国滅亡までのイベリア

Arribas, A. : The Iberians. London, 1963
Bouchier, E. : Spain under the Roman Empire. Oxford, 1914
Galsterer, H. : Untersuchungen zum romischen Stadtewesen auf der iberischen Halbinsel. Berlin, 1971
González, J. : "The Lex Irnitana : a new Flavian Municipal Law", in Journal of Roman Studies 76, 1986
Harden, D. : The Phoenicians. London, 1980
Harrison, R.J. : Spain at the Dawn of History. London, 1988
James, Edward (ed) : Visigothic Spain. New Approaches. Oxford, 1981
Keay, S. : Roman Spain. London, 1988
Nicolini, G. : The Ancient Spaniards. Farnborough, 1974
Richardson, J. : Hispaniae : Spain and the Development of Roman Imperialism 218-82 BC. Cambridge, 1986
Savoury, H.M. : Spain and Portugal. London, 1968
Sutherland, C.H. : The Romans in Spain. London, 1939
Thompson, Edward A. : The Goths in Spain. Oxford, 1969
Tovar, A. : Iberische Landeskunde. Baden Baden, 1974/76

征服と再征服

Ashtor, Eliyahu : The Jews of Moslem Spain. Philadelphia, 1992
Bisson, Thomas : The Medieval Crown of Aragon : A Short History. Oxford, 1986
Collins, Roger : Early Medieval Spain : Unity in Diversity, 400-1000. London, 1983
Collins, Roger : The Arab Conquest of Spain, 710-797. Oxford, 1989
Fletcher, Richard : The Quest for El Cid. London, 1989
Fletcher, Richard : Moorish Spain. London, 1992
Harvey, L.P. : Islamic Spain, 1250 to 1500. Chicago, 1990
Hillgarth, Jocelyn N. : The Spanish Kingdoms, 1250-1516. 2 vols., Oxford, 1976/78
James, Edward (ed) : Visigothic Spain : New Approaches. Oxford, 1981
Liss, Peggy K. : Isabel the Queen. New York/Oxford, 1992
Lomax, Derek W. : The Reconquest of Spain. London, 1978
McKay, Angus : Spain in the Middle Ages:from Frontier to Empire, 1000-1500. London, 1977
Procter, Evelyn S. : Curia and Cortes in Leon and Castile 1072-1295. Cambridge, 1980
Reilly, Bernard F. : The Conquest of Christian and Muslim Spain. Oxford, 1992
Reilly, Bernard F. : The Medieval Spains. Cambridge, 1993
Thompson, Edward A. : The Goths in Spain. Oxford, 1969
Vones, Ludwig : Geschichte der iberischen Halbinsel im Mittelalter, 711-1480. Sigmaringen, 1993

カトリック帝国

Braudel, Fernand : The Mediterranean World in the Age of Philip II. London, 1972
Domínguez Ortiz, Antonio : The Golden Age of Spain, 1516-1598. London, 1971
Elliott, J.H. : The Count-Duke of Olivares. New Haven, 1986
Elliott, J.H. : "The Spanish Monarchy and the Kingdom of Portugal, 1580-1640", in M. Greengrass (ed) : Conquest and Coalescence : The Shaping of the State in Early Modern Europe. London, 1991
Fernández-Armesto, Felipe : Ferdinand and Isabella. London, 1975
Kamen, Henry : Spain 1469-1714 : A Society of Conflict. London, 1983
Kamen, Henry : Golden Age Spain. London, 1988
Lovett, A.W. : Early Habsburg Spain, 1516-1598. Oxford, 1986
Lynch, John : Spain, 1516-1598: From Nation State to World Empire. Oxford, 1991
Lynch, John : The Hispanic World in Crisis and Change, 1598-1700. Oxford, 1992
Mattingly, Garrett : The Defeat of the Spanish Armada. London, 1959
Parker, G. : The Dutch Revolt, London, 1977
Parker, G. : Philip II, Boston, 1978
Smith, Bradley : Spain: A History in Art. New Jersey, 1979
Stradling, R.A. : Europe and the Decline of Spain, 1580-1720. London, 1981
Stradling, R.A. : Philip IV. Cambridge, 1988
Vilar, Pierre : Spain : A Brief History. Oxford, 1967

王家の野心と現実路線

Callaghan, W.J. : Honor, Commerce and Industry in Eighteenth-Century Spain. Boston, 1972
Esdaile, C. : The Spanish Army in the Peninsular War. Manchester, 1988
Gates, D. : The Spanish Ulcer:A History of the Peninsular War. London, 1986
Hanson, C.A. : Economy and Society in Baroque Portugal, 1668-1703. London, 1981
Harbron, J.D. : Trafalgar and the Spanish Navy. London, 1988
Harcourt-Smith, S. : Alberoni, or the Spanish Conspiracy. London, 1943
Hargreaves-Mawdesley, W.N. : Eighteenth-Century Spain, 1700-1788. London, 1979
Herr, Richard : The Eighteenth-Century Revolution in Spain. New Jersey, 1958
Hull, A.H. : Charles III and the Revival of Spain. Washington (DC), 1981
Kamen, Henry : The War of Succession in Spain, 1700-1715. London, 1969
Kamen, Henry : Spain in the Later Seventeenth Century. London, 1980
Lynch, John : Bourbon Spain, 1700-1808. Oxford, 1989
Ringrose, D. : Madrid and the Spanish Economy, 1560-1850. Berkeley, 1983
Stradling, R.A. : Europe and the Decline of Spain, 1580-1720. London, 1981
Walker, G. : Spanish Politics and Imperial Trade, 1700-1789. London, 1979

立憲政治と内戦

Borkenau, Franz : The Spanish Cockpit. London, 1937
Borrow, George : The Bible in Spain. London, 1842
Brenan, Gerald : The Spanish Labyrinth : An Account of the Social and Political Background of the Spanish Civil War. Cambridge, 1943
Carr, Raymond : Spain 1808-1975. 2nd ed., Oxford, 1982
Figueiredo, António de : Portugal : Fifty Years of Dictatorship. New York & Harmondsworth, 1976
Ford, Richard : Gatherings from Spain. London, 1846
Fraser, Ronald : Blood of Spain : The Experience of Civil War 1936-1939. London, 1979
Gibson, Ian : The Assassination of Federico García Lorca. London, 1979
Kay, Hugh : Salazar and Modern Portugal. London, 1970
Lee, Laurie : A Moment of War. London, 1991
Orwell, George : Homage to Catalonia. London, 1938
Payne, Stanley G. : The Franco Regime 1936-1975. Wisconsin, 1987
Preston, Paul (ed) : Revolution and War in Spain. London, 1984
Preston, Paul : Franco. London, 1993
Robinson, Richard : Contemporary Portugal. London, 1979
Shubert, Adrian : A Social History of Modern Spain. London 1990
Sperber, Murray A. (ed) : And I Remember Spain : A Spanish Civil War Anthology. New York, 1974
Thomas, Hugh : The Spanish Civil War. Revised ed., London, 1977
Wheeler, Douglas : Republican Portugal. Wisconsin, 1975

民主主義の新生

Alonso Zaldívar, Carlos & Manuel Castells : Spain Beyond Myths. Madrid, 1992
Besas, Peter : Behind the Spanish Lens : Spanish Cinema under Fascism and Democracy. Denver, Colorado, 1985
Carr, Raymond & Juan Pablo Fusi : Spain : Dictatorship to Democracy. 2nd ed., London, 1981
Clark, Robert P. : The Basque Insurgents : ETA. 1952-1980. Wisconsin, 1984
Gallagher, Tom : Portugal. A Twentieth-Century Interpretation. Manchester, 1983
Gibson, Ian : Fire in the Blood : The New Spain. London, 1992
Gil Ferreira, Hugo & Michael W. Marshall : Portugal's Revolution : Ten Years On. Cambridge, 1986
Gilmour, David : The Transformation of Spain. London, 1985
Graham, Lawrence S. & Harry M. Maker (eds) : Contemporary Portugal. Austin, Texas, 1979
Graham, Lawrence S. & Douglas L. Wheeler (eds) : In Search of Modern Portugal : The Revolution and its Consequences. Wisconsin, 1983
Graham, Robert : Spain : Change of a Nation. London, 1984
Gunther, Richard, Giacomo Sani & Goldie Shabad : Spain after Franco. Berkeley & Los Angeles, 1986
Hooper, John : The Spaniards : A Portrait of the New Spain. London, 1987
Machado, Diamantino P. : The Structure of Portuguese Society. 1991
Maravall, José María : The Transition to Democracy in Spain. London & New York, 1982
Pérez-Díaz, Víctor : The Return of Civil Society. Cambridge, Mass., 1993
Preston, Paul : The Triumph of Democracy in Spain. London, 1986

地誌

Brenan, Gerald : The Face of Spain. London, 1950
Brenan, Gerald : South from Granada. London, 1957
Casas, Penelope : The Foods and Wines of Spain. USA, 1982
Chetwode, Penelope : Two Middle-Aged Ladies in Andalusia. London, 1963
Collins, Roger : The Basques. 2nd ed., London, 1992
Cutileiro, José : A Portuguese Rural Society. Oxford, 1971
Duijker, Hubrecht : The Wine Atlas of Spain and Traveller's Guide to the Vineyards. London, 1992
Fraser, Ronald : The Pueblo. A Mountain Village on the Costa del Sol. London, 1973
Gallop, Rodney : A Book of the Basques. London, 1946? Reprinted by University of Nevada Press, Reno, Nevada
Lee, Laurie : As I Walked Out One Midsummer Morning. London, 1969
Fernández-Armesto, Felipe : Barcelona : A Thousand Years of the City's Past. London, 1991
Hughes, Robert : Barcelona. London, 1992
Lisón-Tolosana, Carmelo : Belmonte de los Caballeros : Anthropology and History in an Aragonese Community. Princeton, 1983
Michener, James A. : Iberia. New York, 1968
Payne, John : Catalonia : Portrait of a Nation. 1991
Pitt-Rivers, Julian : The People of the Sierra. 2nd ed., Chicago, 1971
Pritchett, V.S. : The Spanish Temper. London, 1954
Read, Jan : The Catalans. London, 1978
Ríos, Alicia & Lourdes March : The Heritage of Spanish Cooking. London, 1992
Rogers, Francis : Atlantic Islanders of the Azores and Madeira. Massachusetts, 1979
Vieira, Edite : The Taste of Portugal. London, 1968

監修者

小林一宏
(こばやし かずひろ)

1937 年　群馬県に生まれる
1962 年　上智大学文学部卒業
1972 年　エル・コレヒオ・デ・メヒコ大学院 Ph.D.取得
現　在　上智大学外国語学部教授

訳者

瀧本佳容子
(たきもと かよこ)

1966 年　徳島県に生まれる
1989 年　上智大学外国語学部卒業
1995 年　マドリード・コンプルテンセ大学大学院単位取得満期
現　在　慶應義塾大学商学部専任講師

図説 世界文化地理大百科
スペイン・ポルトガル（普及版）

1999 年 9 月 20 日　初　版第 1 刷
2008 年 11 月 20 日　普及版第 1 刷

監修者　小　林　一　宏
訳　者　瀧　本　佳　容　子
発行者　朝　倉　邦　造
発行所　株式会社　朝　倉　書　店

東京都新宿区新小川町6-29
郵便番号　162-8707
電　話　03(3260)0141
FAX　03(3260)0180
http://www.asakura.co.jp

〈検印省略〉

© 1999〈無断複写・転載を禁ず〉　凸版印刷・渡辺製本

Japanese translation rights arranged with ANDROMEDA OXFORD Ltd.,
Oxford, England through Tuttle-Mori Agency Inc., Tokyo
本書の出版に当たってはスペイン教育文化省のグラシアン基金より
1998 年度の助成を受けた．
La realización de este libro ha sido subvencionada en 1998 por el Programa
"Baltasar Gracián" del Ministerio de Educación y Cultura de España.

ISBN 978-4-254-16878-5　C 3325　　　　Printed in Japan

Map of the Iberian Peninsula (Spain and Portugal), antique engraving.